Kniha Zohar

Rav Michael Laitman, PhD

LAITMAN
KABBALAH
PUBLISHERS

Kniha Zohar
Copyright © 2021 by Michael Laitman

Všechna práva vyhrazena
Publikováno vydavateli Laitman Kabbalah Publishers
Website: www.kabbalah.info
E-mail: info@kabbalah.info
1057 Steeles Avenue West, Suite 532, Toronto,
ON, M2R 3X1, Canada

Žádná část této knihy nesmí být bez písemného použití jakýmkoli způsobem použita nebo reprodukována svolení vydavatele, s výjimkou krátkých citací obsažených v kritické články nebo recenze.

ISBN: 978-1-77228-047-0

SECOD EDITION: červen 2021
První tisk

OBSAH

Informace o Knize Zohar 5
Slovo K Čtenářům 6
Jazyk Kabaly 7
Předmluva Ke Knize Zohar 8
Úvod Do Knihy Zohar 120
Doslov Ke Knize Zohar... 125
ZOHAR 131
   Úvod 132
   Seznam zkratek a vysvětlivek 137
   Originální jména a jejich přijatý český. 142
   Doslovné znění výše uvedeného hebrejského textu na základě ruského překladu... 145
   Růže.. 148
   Výhonky květů 165
   Kdo stvořil toto všechno?... 172
   Kdo stvořil toto (podle elijahu) (eliáš) 185
   Matka půjčuje dceři svoje oděvy..................................... 193
   Písmena rabiho amnona-saba 205
   Zámek a klíč.. 256
   Avraam (abraham) 262
   Vidění rabiho chiji... 265
   S kým jste společníci?.. 278
   Poháněč oslů 289
   Dva body.. 325
   Nevěstina noc... 332
   Nebe a země 358
   Mezi všemi mudrci národů světa není tobě rovného.................... 374

Kdo je to 382
Kdo se veselí o svátcích. 388
Tóra a modlitba 395
Odchod rabiho šimona z jeskyně 402
První přikázání. 404
Druhé přikázání 408
Třetí přikázání. 414
Čtvrté přikázání 418
Páté přikázání 422
Šesté přikázání. 426
Sedmé přikázání 428
Osmé přikázání. 432
Deváté přikázání. 436
Desáté přikázání 440
Jedenácté přikázání. 449
Dvanácté přikázání. 451
Třinácté přikázání. 452
Čtrnácté přikázání 453
Záměr Modlitby. 462
Vznesení modlitby. 468

Informace o Knize Zohar

Kniha Zohar je základní a nejznámější kniha z celé mnohasetleté kabalistické literatury. I když byla napsána již ve 2. stol. n. l., po mnoho staletí byla ukryta. Svým zvláštním, mystickým jazykem popisuje Zohar uspořádání světa, koloběh duší, tajemství písmen a budoucnost lidstva. Kniha je unikátní svou silou duchovního působení na člověka a možností kladného vlivu na čtenářův osud.

Největší kabalisté minulosti pravili o Knize Zohar:

> *… Kniha Zohar (Kniha záře) je nazvána tak proto, že vyzařuje světlo od Nejvyššího zdroje. Toto světlo přináší tomu, kdo ji studuje, vyšší působení, ozařuje jej vyšším věděním, odhaluje budoucnost a uvádí čtenáře do dosahování věčnosti a dokonalosti…*

> *…není vyššího zaměstnání než studium Knihy Zohar. Je nad jakékoli jiné učení, dokonce i tehdy, když čtenář nechápe…*

> *…I ten, kdo nerozumí jazyku Knihy Zohar, je povinen ji studovat, protože sám jazyk knihy chrání čtenáře a očišťuje jeho duši…*

Toto vydání Knihy Zohar je překladem citátů a jejich výkladu z pera Michaela Laitmana.

Rav Michael Laitman je největším praktikujícím kabalistou naší doby. Je profesorem ontologie a teorie vědění, PhD v oboru filozofie a kabaly, MSc v oblasti biokybernetiky a zakladatelem kabalistické studijní skupiny Bnejj Baruch (Baruchovi synové). Jeho práce, více než 30 knih série Kabala, Tajné Učení, byly přeloženy do 19 jazyků světa (*www.kab.info*)

Učení M. Laitmana, založené na bádání nejvýznamnějších kabalistů za celou historii lidstva a na vlastních zkušenostech, si získalo obrovskou mezinárodní popularitu. Po celém světě pracuje 150 oddělení jeho školy.

Slovo K Čtenářům

Je známo, že kabala je tajné učení. Právě její skrytost a tajnost se stala důvodem pro vznik mnoha legend, falzifikací, profanací, planých řečí, pověstí, ignorantských soudů a závěrů kolem kabaly. Až koncem 20. století bylo povoleno zpřístupnit znalosti nauky kabaly všem a dokonce je rozšířit po světě. A proto jsem na počátku této knihy nucen v tomto oslovení čtenářů strhnout letité nánosy ze staré všeobecné lidské vědy nazývané kabala.

Nauka kabaly není nijak spjata s náboženstvím. Přesněji řečeno je s ním spjata ve stejné míře jako řekněme fyzika, chemie, matematika, ale nikoli více. Kabala není náboženství a to se snadno pozná třeba jen z toho faktu, že nikdo z nábožensky založených lidí ji nezná a nerozumí v ní ani slovu. Hluboké znalosti základů vesmíru, jeho zákonů, metodiku poznávání světa, dosažení cíle stvoření kabala skrývala v první řadě před masou věřících, neboť čekala na dobu, kdy se základní část lidstva vyvine na takovou úroveň, která jim umožní přijmout kabalistické znalosti a správně je využívat. Kabala je nauka, jak řídit osud, je to vědění, které je poskytnuto celému lidstvu, pro všechny národy světa.

Kabala je nauka o tom, co je skryto před zraky člověka, před našimi pěti smyslovými orgány. Operuje pouze s duchovními pojmy, tj. s tím, co probíhá, aniž to našich pět smyslů vnímá, co se nachází mimo ně, jak říkáme, ve vyšším světě. Názvy kabalistických označení a termínů však kabala přejala z našeho pozemského jazyka. To znamená, že i když jsou předmětem studia nauky kabaly vyšší, duchovní světy, vysvětlení a závěry badatel kabalista vyjadřuje názvy a slovy z našeho světa. Známá slova člověka klamou, protože mu zdánlivě předkládají pozemský obraz, i když kabala popisuje to, co probíhá ve vyšším světě. Používání známých slov a pojmů vede k nedorozuměním, k nesprávným představám, k mylným výmyslům a domněnkám. Proto sama kabala zakazuje představovat si nějakou vazbu mezi názvy, převzatými z našeho světa, a jejich duchovními kořeny. To je nejhrubší chyba v kabale.

A proto byla kabala zakázána po tolik let, až do naší doby; vývoj člověka byl nedostatečný na to, aby si přestal představovat všechny možné duchy, vědmy, anděly a ostatní nadpřirozené bytosti tam, kde se hovoří o něčem zcela jiném.

Šířit nauku kabaly je povoleno a doporučuje se až od 90. let 20. století. Proč? Protože lidé již nejsou spjati s náboženstvím, povýšili se nad primitivní představy o přírodních silách jako o bytostech podobných člověku, rusalkách, kentaurech atd. Lidé jsou připraveni na to, aby si představovali vyšší svět jako svět sil, silových polí, svět nad hmotou. A právě s tímto světem sil a myšlenek operuje nauka kabaly.

S přáním úspěchu v odhalování vyššího světa
Michael Laitman

Jazyk Kabaly[1]

Když je třeba popsat vyšší svět, nevnímaný prostor, využívají kabalisté pro popis slova našeho světa, protože ve vyšším světě názvy neexistují. Avšak vzhledem k tomu, že odtud jako z kořene větve vycházejí síly, které dávají zrod objektům a dějům v našem světě, k zobrazení kořenů, objektů a sil vyššího světa, jsou používány názvy větví, jejich důsledků - objektů a dějů našeho světa. Takovýto jazyk se nazývá jazykem větví. Je v něm napsán Pentateuch, Proroci, Písmo svaté – celá Bible a mnohé jiné knihy. Všechny popisují vyšší svět a nikoli dějiny židovského lidu, jak by se mohlo zdát z doslovného pojetí textu.

Všechny svaté knihy hovoří o zákonech vyššího světa. Zákony vyššího světa se nazývají Přikázáními. Je jich celkem 613. Tím, jak člověk plní tyto zákony, dosahuje vnímání vyššího světa, vnímání věčnosti a dokonalosti, dosahuje úrovně Stvořitele. Jejich plnění lze dosáhnout za použití vyšší síly, nazývané vyšším světlem neboli Tórou. Všechny knihy hovoří o získání víry, čímž se chápe v kabale nikoli existence v temnotě, nýbrž právě zjevné vnímání Stvořitele.

Ten, kdo si přeje dosáhnout vnímání vyššího světa, nesmí v žádném případě chápat texty doslovně, nýbrž jen za použití jazyka větví. Jinak zůstane ve svém chápání na úrovni tohoto světa.

Rituály, přijaté u nábožných židů, jsou obecně rovněž nazývány Přikázáními a jsou popisovány týmž jazykem jako duchovní děje a procesy. Rituály byly zavedeny pro lid, aby stanovily hranice chování, umožňující udržovat lid ve vyhnanství.

Kromě pravdivého, duchovního výkladu pojmu Přikázání je pro začátečníka nezbytné, aby se adaptoval na duchovní interpretaci slov polibek, gój, objetí, Izrael, těhotenství, Žid, porod, vyhnanství, národy světa, osvobození, pohlavní akt, krmení atd. Časem se v člověku postupně rodí nové definice a skrze ně začíná vnímat vyšší, věčný svět.

---

[1] viz též: Učení deseti Sefirot, vstup

Předmluva Ke Knize Zohar

Podle článku J.Ašlaga (Baal HaSulam)
Předmluva ke knize Zohar
Originální text Baal HaSulama je označen
tučným písmem
Komentář M. Laitmana je uveden
bezprostředně pod textem originálu

Předmluva Ke Knize Zohar

1. Moje přání je vysvětlit v této předmluvě některé, zdánlivě prosté věci, protože se jich dotýkají ruce všech, a mnoho inkoustu bylo spotřebováno na to, aby byly vysvětleny. A přesto jsme v nich dosud nedosáhli jasného a dostatečného poznání.

Půjde o otázky týkající se každého, a proto autor říká, že se jich dotýkají ruce všech. Jsou to otázky, které si každý z těch, kdož žijí na zemi, položí alespoň jednou za život, zvláště v období strádání. I když se ale všichni, včetně velkých moudrých hlav, zabývali jejich vysvětlováním, stejně se každá generace opět ocitá před těmito věčnými otázkami, ale odpověď, která by uspokojila všechny, nalézt nemůže.

A proto stejné otázky vyvstávají před každým a v každé generaci. Otázky jsou to zdánlivě prosté, týkají se každého z nás, ale odpovědi na ně jsou natolik složité, že jestliže by nebyli kabalisté, kteří se povznesli do duchovního světa a poté nám dali odpovědi, sami bychom na ně odpovědět nedokázali.

Otázka 1: Kdo jsme? Dříve než si budeme něco vysvětlovat, musíme přesně definovat, nakolik je pravdivé naše poznání a jeho hranice, sebepoznání, poznání našeho světa, duchovních světů a Stvořitele.

Existují čtyři druhy poznání:

1. hmota,
2. vlastnost ve hmotě,
3. abstraktní vlastnost,
4. podstata.

Podstata a abstraktní vlastnost jsou pro nás zcela nedosažitelné, jak v našem světě a v nás, tak i v duchovních světech a ve Stvořiteli. A pouze hmotu a vlastnosti samotné hmoty můžeme postihnout jak v sobě samých a v našem světě, tak i v duchovních světech.

Na začátku posoudíme tyto čtyři druhy poznání na příkladu našeho světa. Představíme si člověka, který se skládá z:

1. hmoty, tj. z lidského těla;
2. vlastnosti, oděné do lidského těla, např. „dobrý";
3. abstraktní vlastnosti, tj. jestliže v myšlenkách oddělujeme vlastnost „dobrý" od hmoty člověka a studujeme ji odděleně a abstraktně, mimo vazby na konkrétního

člověka, tj. studujeme samotnou kategorii „dobra" v jejím kladném a záporném pojetí, samu o sobě;
4. podstaty člověka.

Podstata člověka, mimo jeho spojení s tělem, sama o sobě, je pro nás zcela nepostižitelná, protože našich pět smyslových orgánů a celá naše fantazie nám neumožňují uvědomit si a pocítit více než působení podstaty, nikoli ji samu, neboť všechny naše smyslové orgány vnímají vliv něčeho vnějšího na ně, a my pociťujeme pouze reakce našich smyslů na tato vnější působení.

Například, náš sluchový orgán pociťuje svoji reakci na vzduchovou vlnu, narážející na ušní bubínek (ostatně, všechny naše pocity jsou cítěním nikoli toho, co přichází, nýbrž cítěním reakce těla na to, co přichází, v odrazu od sebe je vnímáme podobně jako odražené světlo). A tento pocit nám poskytuje uvědomění si zvukového zdroje, což je něco, co nutí vzduch, aby se chvěl.

Stejně působí i zrak, vnímající určitý odražený a převrácený obraz, i čich, vnímající působení určité podstaty na svá citlivá nervová zakončení, i chuť. A dokonce i hmat, nejsilnější ze smyslů, nám dává pouze uvědomění si toho, že na nás něco působí, protože podstata zůstává stejná; jestliže se materiál ohříváním mění z kapalného na plynný, jeho vliv na naše smysly se změní, ale nezmění se jeho podstata.

Proto to, co vnímáme, jsou děje něčeho, čeho naše smyslové orgány nedosáhnou, a my dosahujeme pouze působení na nás, dílčích vlastností podstaty, a podle nich soudíme o jejich zdroji. Z toho je jasné, že našich pět smyslových orgánů nám nemůže odhalit podstatu, jen její úryvkovité, dílčí jevy.

Avšak to, co naše smyslové orgány nevnímají, nemůže vzniknout ani v naší fantazii a to, co nemůže vzniknout v naší fantazii, se nemůže objevit v naší mysli, a proto vypadává z pole možností studia. Z tohoto důvodu mysl nemůže zkoumat podstatu objektu.

Avšak nejen podstatu objektů, které nás obklopují, nýbrž i podstatu nás samých nemůžeme poznat, protože cítím a znám sebe, který zaujímá místo na světě svým pevným, teplým atd. fyzickým tělem, z odhalování působení nějaké podstaty. Jestliže se mě ale zeptáte, co je mou podstatou, z níž vycházejí veškeré tyto děje, nebudu vám schopen odpovědět, protože Vyšší řízení přede mnou skrývá poznání jakékoli podstaty a jako člověk mohu dosáhnout pouze dějů a důsledků dějů, vycházejících z nepostižitelné podstaty.

Poznání prvního druhu - hmoty, tj. působení podstaty, plně dosahujeme, protože tyto děje nám zcela postačují k vysvětlení podstaty, nacházející se ve hmotě, natolik, že nestrádáme nedostatkem poznání podstaty samé jako takové; nedostatek tohoto poznání se nepociťuje, jako se nepociťuje nedostatek šestého prstu na ruce.

Proto poznání hmoty je pro všechny naše potřeby zcela dostatečné, jak pro poznání nás samotných, tak i pro poznání všeho, co nás obklopuje.

Poznání druhého druhu – vlastnosti ve hmotě, je rovněž dostatečné a jasné, protože ji poznáváme ze své zkušenosti s chováním hmoty ve skutečnosti. Na tomto typu poznání jsou budovány veškeré vědy, o něž se můžeme plně opřít.

Poznání třetího druhu – abstraktní vlastnosti, je teoretickým případem poznání: poté, co se nám vlastnost otevřela jako oděná do hmoty, naše fantazie je schopna plně oddělit tuto vlastnost od hmoty a zkoumat ji abstraktně, odděleně od hmoty.

Například, v knihách o metodě výchovy Musar jsou uvedeny lidské vlastnosti, takové jako hněv, hrdinství, pravda, lež atd., které jsou odděleny od hmoty. A dostává se jim ohodnocení „dobře" nebo „špatně" i v době, kdy jsou tyto vlastnosti odděleny od hmoty.

Tento třetí typ poznání – poznání abstraktní – nepřijímají skuteční, opatrní badatelé, protože se na něj nelze plně spolehnout, vždyť zkoumáme-li vlastnost, neoděnou do hmoty, můžeme pochybit v jejím hodnocení. Například badatel Musar - idealista, tj. nevěřící, může jako důsledek svých teoretických, od hmoty oddělených zkoumání, učinit závěr, že nechť je celý svět zničen, on jej nespasí, jestliže k tomu bude třeba zalhat. To však není názor Tóry, kde se tvrdí, že ke všemu je třeba přistupovat ve jménu spásy života.

Avšak pokud by badatel studoval vlastnosti „pravda" a „lež" v jejich sepětí s hmotou, pak by tyto vlastnosti byly pochopitelné pouze z hlediska jejich užitku nebo škodlivosti vzhledem k této hmotě.

Tak by v důsledku životních zkušeností generací, kdy lidstvo spatřilo neštěstí, způsobená „lživými", a užitek, vycházející z „pravdivých" vlastností, došlo k závěru, že není na světě lepší vlastnosti než „pravda" a horší než „lež".

Avšak jestliže by to takto idealista pochopil, přijal by i názor Tóry a přiznal by, že spasení jednoho člověka je nesrovnatelně důležitější než teoretický význam vlastnosti „pravda".

Proto v závěrech tohoto druhu zkoumání neexistuje absolutní jistota a poznání vlastností abstrahovaných od hmoty, a už vůbec nelze dospět k poznání těch vlastností, které se ještě nikdy v žádné hmotě neprojevily.

Hovořit o nich – to znamená hovořit zcela nepodloženě. Tak jsme si vysvětlili, že ze čtyř druhů poznání materiálního světa je čtvrtý druh, podstata, námi zcela nedosažitelný. Třetí druh může vést k chybnému pojetí, a pouze první druh, hmota, a druhý druh, vlastnosti ve hmotě, nám poskytují správné a dostatečné postižení ze strany Vyššího řízení. A právě v tomto druhu probíhají naše zkoumání a dosažení duchovního světa.

Otázka 2: Jaká je naše úloha v dlouhém řetězci reality, jehož jsme jen malými články?

Jestliže hledíme na dlouhý řetězec postupného objevování a odchodu generací, nenacházíme odpovědi týkající se cíle a nezbytnosti existence veškerého lidstva: každá generace objevuje pro sebe tento svět a sil zbavená z něho odchází, aniž na něm cokoliv kvalitativně změnila. A každý z nás, jestliže se nezapomíná ve svých drobných starostech, objevuje celou ničemnost a bezcílnost své existence. Avšak vzhledem k tomu, že otázky o smyslu života člověku připravují strádání, podvědomě od nich odchází.

Náš egoismus nás automaticky odvádí od strádání a přibližuje nás ke zdroji rozkoše, a proto pouze beznaděj, hledání možnosti zbavit se strádání a ničivých okolností tlačí člověka k tomu, aby přesto hledal cíl své existence. Proto Stvořitel, když posílá strádání, dává nám možnost zamyslet se nad účelem našich strádání a to znamená, že nás přivádí k hledání cíle života.

Otázka 3: Když hledíme na sebe, cítíme, že jsme zkažení a nízcí natolik, že není nikoho tak nízkého.

Člověk je nejegoističtější stvoření v našem světě a není škodlivějšího a nebezpečnějšího tvora jak mezi jemu podobnými, tak i v celé přírodě. Pouze člověk, i když má to, co si přál, trpí, když vidí, co mají jiní. Jen člověk má potřebu pokořit celý svět a nejen své okolí. Pouze člověk, který vnímá minulost i budoucnost, si přeje jim vládnout a panovat v nich, proslavit se za jakoukoli cenu na všechny časy, protože když vnímá minulost i budoucnost, rozpaluje se závistí nejen vůči tomu, co mají jeho současníci, nýbrž i vůči tomu, co vlastnil kdokoli v jakoukoli dobu. Egoismus člověka vskutku překračuje rámce času! A to všechno, jakož i veškeré strašné důsledky používání egoismu, vytvořil velký a dokonalý Stvořitel.

Otázka 4: Jak si máme rozumně vysvětlit, že je-li Stvořitel absolutně dobrý, mohl vytvořit tolik stvoření, jejichž celý osud spočívá ve strádání? Cožpak může vyplývat z dobroty tolik nedokonalých činů a když už by netvořil dobro, tak alespoň aby nepůsobil tak velké zlo!?

A jestliže hledíme na toho, kdo nás stvořil, jsme jakoby zavázáni nacházet se na vrcholu stupňů, a není nikdo nám podobný, vždyť z dokonalého Stvořitele musí vycházet dokonalé činy.

Co znamená „hledíme na toho, kdo nás stvořil"? Všechno, co je nám známo o duchovních světech a o Stvořiteli, všechno, co obdrželi naši dávní prarodiče shůry a co je nazýváno Tórou, všechno, co je napsáno v našich svatých knihách, obdrželi ti, kdož se ještě za života v našem světě pozvedli do duchovního světa svými vlastnostmi a když pocítili a uviděli samotného Stvořitele, vyložili nám ve svých knihách v jazyce větví (podoby duchovního kořene a jeho důsledku v našem světě) to, čeho dosáhli v duchovních světech. Tito Velcí průvodci nám vysvětlují ve svých knihách naše předurčení.

Rozum nám říká, že On je dobrý a tvoří dobro, že není nic vyššího než On. Jak však mohl promyšleně stvořit tak mnoho tvorů, strádajících a ochuzených po celou dobu jejich života? Vždyť z dobra musí vycházet dobro, ne však něco natolik špatného.

Takto každý z nás pociťuje svoji existenci v tomto světě. Vždyť celý náš život je pociťováním nedostatku něčeho a honba za jeho uspokojením. A pocit nedostatku je strádání. Snaha dosáhnout něčeho žádoucího nás nutí k neustálému pohybu proti naší přirozenosti, která usiluje o stav klidu, protože náš zdroj – Stvořitel – se nachází ve stavu absolutního pokoje, vždyť je dokonalý a nejsou v Něm přání získávat, které nutí k pohybu, aby bylo dosaženo to, co je žádoucí.

A naše strádání samozřejmě nespočívá pouze v honbě každého za jeho osobním nasycením, nýbrž ve sjednoceném přání získávat, egoismu celých národů, který je staví proti sobě v boji za získání moci a bohatství libovolnými cestami. Ať je to jakkoli, jedinečnost Stvořitele nás odkazuje k Němu, Jeho jedinečnost na Něj ukazuje také jako na tvůrce všeho špatného. To je ale přirozené: všechno dokonalé se nachází ve Stvořiteli, všechno, co není v Něm, nýbrž je nově stvořeno z ničeho, je nedokonalé a zlé. Vždyť kdyby to bylo dokonalé, nacházelo by se to od prvopočátku ve Stvořiteli.

Otázka 5: Jak se může stát, že z Věčného, který nemá počátku ani konce, vycházejí stvoření ničemná, dočasná a vadná?

Jestliže je Stvořitel dokonalý, jak si mohl dokonce i jen představit něco tak nedokonalého, ba dokonce mu dát vznik a neustále podporovat jeho existenci, tj. být ve spojení s tím, co je Mu absolutně opakem? Vždyť v takovém případě musí být něco společného mezi vlastnostmi Stvořitele a vlastnostmi těchto ničemných stvoření.

Když si něco kupujeme, zajímáme se o podnik, který naše zakoupené zboží vyrobil, protože dobrý podnik vyrábí dobré věci. Jestliže však má naše zboží špatnou kvalitu, hovoří to o špatném výrobci, nikterak ale o tom, že by to byla vina té samotné věci.

2. Abychom to však mohli všechno vysvětlit, musíme provést jistá zkoumání, s jejichž pomocí bude možno pochopit zadané otázky. A proto je nezbytné znát jazyk Tóry a kabaly. Co se rozumí pod slovy, převzatými z našeho světa, takovými jako tělo, život, smrt atd., **nikoli však na zakázaném místě, tj. v samotném Stvořiteli, protože Ho naše mysl není vůbec schopna dosáhnout, a neexistuje o Něm žádná myšlenka ani pojem.**

Kabala nezná pojem „zakázáno". Pod příkazem „zakázáno" máme na mysli „nedosažitelné" vzhledem k omezenosti možností našeho poznání ve zkoumání okolního světa, ve zkoumání nás samotných i Stvořitele. Avšak poté, co člověk chápe a přesně si uvědomuje rámce a meze svého skutečného poznání, může v nich svobodně zkoumat všechno!

O tom jsme již hovořili výše ve vysvětlení první otázky. O Něm, tj. o Stvořiteli, můžeme soudit pouze podle Jeho činů ve stvoření, tj. v nás, ale všechny otázky, které se nás netýkají, nebo otázky o tom, co probíhalo do počátku stvoření, proč nás Stvořitel stvořil, jaký je sám o sobě – tyto otázky nemají odpovědi, protože my dosahujeme pouze toho, co od Něho dostáváme, a na základě našich reakcí a pocitů si o Něm vytváříme představu.

Avšak tam, kde je zkoumání Přikázáním, je bádáním o Jeho činech, jak je nám přikázáno v Tóře - znát Stvořitele otců a sloužit Mu - a jak je řečeno v Písni o jednotě, „Podle tvých skutků tě poznávám."

Když dosahujeme vlastností a činů Stvořitele, poznáváme odpovědi na všechny otázky, které v našem vědomí mohou vyvstat, protože zkoumáme Zdroj svého původu. A pouze z Jeho dosažení můžeme pochopit, „k čemu jsme stvořeni". A to nutí kabalisty vydávat knihy, které jsou instrukcemi, jak dosáhnout cíle stvoření. Vysvětlení těchto otázek je závazné, proto jsou v Tóře uvedena jako Přikázání. Vždyť bez jejich vysvětlení člověk není schopen dospět k cíli, který si přeje Stvořitel.

Zkoumání 1: Jak si představujeme stvoření jako nově vytvořené, co znamená nové, které nebylo dříve ve Stvořiteli do počátku stvoření, zatím co je všem rozumným lidem jasné, že neexistuje věc, která by nebyla ve Stvořiteli, a prostým rozumem chápeme, že to, co darující dává, se u něho též vyskytuje.

Jestliže je Stvořitel dokonalý, musí v sobě zahrnovat všechno, a není ničeho, co by musel vytvářet. Jestliže objevil, že ke splnění tvůrčího záměru něco potřebuje, neukazuje to snad na to, že On nezahrnuje v Sobě všechno, tj. je nedokonalý?

Zkoumání 2: Jestliže uznáváme, že On může všechno, může stvořit něco z ničeho, tj. něco nového, co v Něm naprosto není, vzniká otázka – co je to za novou věc, o níž lze říci, že se nenachází ve Stvořiteli, nýbrž je nově stvořená?

Co znamená „stvořit něco z ničeho", nejsme schopni pochopit. To je vskutku čin, jehož je schopen pouze Stvořitel. Otázka je, co stvořil nového, co v Něm nebylo. Avšak bez ohledu na to, že to neexistovalo před započetím stvoření, Stvořitel byl ve své dokonalosti a potřeba toho nového vznikla s tím, jak se objevil Stvořitelův záměr.

Zkoumání 3: Jak říkají kabalisté, lidská duše je částí samotného Stvořitele shůry, takže není rozdílu mezi Ním a duší, ale pouze On je všechno, celek, a duše je Jeho částí. Přirovnali to ke kameni, odštípnutému od skály, kde není rozdíl mezi kamenem a skálou, kromě toho, že skála je celek a kámen je její část.

Toto zkoumání 3 se dělí na dvě části:

1. Jak si lze představit část Stvořitele, jestliže On je dokonalý celek? Kromě toho, jak pochopit, že se v člověku nachází nějaká část Stvořitele?
2. Čím se tato část od Něho odděluje, jak lze od dokonalého oddělit část; zůstává On i poté dokonalý; je dokonalá část, která se oddělila od dokonalého?

Víme, že kámen se odděluje od skály pomocí sekery k tomu určené a jí se odděluje část od celku, jak si však máme toto představit ve Stvořiteli, který odděluje část od Sebe tak, že tato část vychází ze Stvořitele a stává se částí od Něj oddělenou, tj. duší, natolik, že si ji lze uvědomit jen jako část Stvořitele?

Pomocí čeho se odděluje část od Stvořitele? V našem světě není naprosto žádný rozdíl mezi celkem a jeho částí, pouze v jejich rozměrech.

Vzhledem k tomu však, že v duchovním světě není ani vzdálenost, ani rozměry, ani pohyb a veškerý rozdíl mezi duchovními objekty spočívá v jejich rozdílných přáních, protože duchovní svět – to je svět „holých" přání, neoděných do materiálních těl jako v našem světě, jak lze potom oddělit část od celku, aby přesto zůstávala částí celku, tj. nadále měla vlastnosti celku?

Jestliže je duše nadále částí Stvořitele, můžeme o Něm podle této části soudit? Můžeme vnímat pouze tuto část Stvořitele, která je v nás, nebo i Jeho samotného, či je to jedno a totéž? Proč nás Stvořitel stvořil jakožto Své části?

3. Zkoumání 4: Vzhledem k tomu, že soustava nečistých sil je vzdálena čistotě Stvořitele jako jeden pól od druhého natolik, že si nelze představit větší vzdálenost, jak může vycházet a rodit se z čistoty Stvořitele: ba co více, On ji ještě ze své čistoty oživuje.

Jde o smysl stvoření nečistých, Stvořiteli protikladných sil. Jestliže Stvořitel mohl dokonce jen pojmout záměr vytvořit něco tak nedokonalého, jak se u tak dokonalé bytosti mohla objevit myšlenka na něco co je Mu, co se týče vlastností, natolik opačné, neukazuje to snad na nedostatek v Jeho dokonalosti? Jaká může být vazba u opačných přání a vlastností?

Vždyť v duchovním světě není nic, kromě obnažených přání mimo těla. A jestliže jsou si přání (nebo vlastnosti, což je totéž) protikladné, jak mohou být mezi sebou v nějakém spojení, aniž by měla něco společného, tj. společné vlastnosti a kvality? A to natolik, že Stvořitel neustále podporuje toto sepětí a dokonce oživuje něco, co je Mu natolik stní protikladné a tak nízké.

Zkoumání 5: Vzkříšení mrtvých. Vzhledem k tomu, že tělo je natolik opovrženíhodné, je mu ihned, od okamžiku zrození, souzeno zemřít a být pohřbeno.

Tělem se v kabale nazývá přání přijímat potěšení pro sebe, egoismus. V žádném případě nemáme na mysli biologické, fyzické, materiální tělo typu našeho těla nebo tělo typu nádoby, mající přání.

A samotné přání je bez jakéhokoliv obalu, protože, jak už bylo zmíněno, duchovní svět je svět „obnažených" přání a ty se nazývají „tělem". Pod smrtí těla je chápáno umrtvení egoismu, jeho vymýcení, změna na jemu opačnou vlastnost – altruismus.

Kromě toho je v knize Zohar psáno, že dokud se tělo celé nerozloží, dokud z něj ještě něco zbývá, nedokáže se duše pozvednout na svoje místo do ráje. Do té doby, než se člověk osvobodí od svých egoistických přání přijímat (potěšení), což znamená „dokud se jeho tělo nerozloží", nedokáže vyjít z mezí vnímání pouze našeho světa a pocítit Stvořitele.

Proč se tedy tělo vrací a ožívá při vzkříšení mrtvých, jako kdyby Stvořitel nemohl oblažit duše bez těl? A ještě nepochopitelnější je to, co pronesli mudrci, že v budoucím vzkříšení mrtví vstanou ve svých nedostatcích, aby neřekli, že to jsou jiná těla, a poté Stvořitel jejich nedostatky vyléčí. Je však třeba pochopit, proč je pro Stvořitele důležité, aby neřekli, že to jsou jiná těla. Natolik, že k tomu nově vytvoří nedostatky těl a bude nucen je vyléčit.

Jak již bylo řečeno, pod tělem se v kabale chápe přání přijímat v našem případě náš egoismus. Člověk, když umrtví svoje tělo, se pozvedne do ráje – když se osvobodí od egoismu, člověk okamžitě začne vnímat místo sebe Stvořitele. Když člověk od Stvořitele obdrží altruistickou vlastnost, přání „dávat", s Jeho pomocí postupně po částech začíná napravovat svoje předchozí tělesná přání, včetně egoismu, a měnit je na své nové, altruistické, duchovní vlastnosti.

Náprava prapůvodních egoistických vlastností se nazývá vzkříšením těla, jeho vzkříšením k životu – k nápravě a naplnění světlem – vnímáním Stvořitele. Vzkříšení mrtvých: tělo, nenapravené přání, se napravuje, získává schopnost prožívat potěšení z odevzdávání, a tím ožívá.

Rozložení těla je takový stav, pocit člověka, kdy se sám sebou naprosto nezneklidňuje, kromě toho nejnutnějšího, naléhavého, minimálního, bez čeho se nemůže dále přibližovat ke Stvořiteli.

Zkoumání 6: Jak bylo řečeno mudrci (jak toho dosáhli kabalisté, kteří se ve svých pocitech pozvedli ke Stvořiteli a získali vědění), člověk je středem veškerého stvoření.

Střed znamená příčinu stvoření, záměr – pro koho; cíl stvoření – proč; hlavní jednající osoba stvoření, přivádějící stvoření k cíli, jak si jej přeje Stvořitel.

A proto: všechny vyšší světy, i náš materiální svět a všichni jejich obyvatelé jsou stvořeni pouze pro člověka. A člověka zavázali, aby věřil, že svět byl stvořen pro něj; přičemž je vůbec obtížné pochopit, že když to všechno tvořil, pracoval Stvořitel pro takového maličkého člověka v našem světě, a tím více ve srovnání s vyššími světy. A k čemu?

Člověk až do dnešního dne nedokáže využít tuto maličkou planetu, která mu byla dána. Nejnižší duchovní stupeň je nekonečně větší než náš svět. Slovem „větší" máme na mysli větší podle toho, jak vnímáme síly, rozměry a podle vnitřního obrazu jiného světa, který se v člověku otevírá. Iluze obrazů našeho světa se ihned začínají vysvětlovat v jejich skutečném, nepatrném rozměru.

Jakýkoli nejnižší duchovní stupeň patří k nejvyššímu jako zrnko písku k celému vesmíru. K čemu je to všechno člověku, jak to může využít, jestliže má špatnou představu i o tom, jak má postupovat na naší maličké Zemi?

Svět – „Olam" je odvozen od slova „HaAlama" – utajování. To znamená, že světy jsou něco podobného jako přikrývky, za nimiž se před člověkem skrývá Stvořitel. Všechny duchovní světy i náš svět materiální, všechny existují pouze v člověku, uvnitř nás, a jsou to stupně postupného vzdalování se od (vnímání) Stvořitele.

4. Avšak na to, abychom pochopili všechny tyto otázky a zkoumání, existuje jedna odpověď – hledět na konec děje, tj. na cíl stvoření, protože nic není možné pochopit v procesu, nýbrž pouze z konce.

Jak uvádí Baal HaSulam příklad ve své knize Matan Tóra: „Kdyby se v našem světě objevil badatel z jiného světa, tj. neseznámený s konečnými výsledky vývoje živé přírody, pak by při pohledu na novorozeného býčka a člověka dospěl k závěru, že vzhledem k tomu, že jednodenní býček již může stát a sám si nachází místo krmení, zatím co novorozenec je zcela bezmocný, jistě se i po dokončení svého vývinu býček změní v něco velkého, zatím co člověk, i když dospěje, nadále zůstává vzhledem k němu v tomtéž poměru."

Nový plod, který se objevil na stromě, je zcela nevzhledný a hořký a nic neukazuje na jeho budoucí stav, kdy se stane chutným a krásným. Ba co více, čím nevzhlednější je stvoření v procesu svého vývinu, čím je tento proces obtížnější a delší, tím vyššího výsledku dosahuje. Avšak ten, kdo nemá možnost pozorovat konečný výsledek, činí si nesprávné závěry, když pozoruje mezistavy. Proto mohou dospět ke správnému rozhodnutí pouze ti, kdož jsou seznámeni s konečným stavem stvoření.

Avšak vzhledem k tomu, že nejsme schopni vidět svůj konečný, napravený stav, vysvětlují nám jej kabalisté ze svých vlastních zkušeností

A je jasné, že není nic tvořeno bez cíle, vždyť s činy bez cíle se lze setkat pouze u šílence. V našem světě jednají bez předem známého cíle pouze šílení lidé a děti, přičemž u dětí k tomu dochází pod tlakem přírody, protože je to nezbytné pro jejich vývin. Není nic tvořeno bez cíle. Všechno bylo stvořeno pouze k tomu, aby člověk dosáhl nejvyššího stavu – spojení se svým Stvořitelem.

Přičemž, ať máme v současném stavu jakoukoli představu a při pohledu neozbrojeným zrakem na to, že byly stvořeny miliardy druhů tvorů, jejichž doba existence je někdy zlomkem vteřiny, daleká nebeská tělesa, která jsou pro nás neviditelná a která nemají žádný kontakt s člověkem atd., všechno co bylo stvořeno, bylo učiněno pouze z nutnosti pomoci člověku, aby dosáhl svého cíle!

A já vím, že existují chytráci za hranicemi Tóry a Přikázání, kteří tvrdí, že Stvořitel stvořil veškeré tvorstvo, ale zanechal je na milost a nemilost osudu, vzhledem k ničemnosti stvoření, protože se nehodí, aby Stvořitel, natolik vznešený, řídil jejich ničemné a opovrženíhodné cesty.

Filozofové, kteří na předchozí otázku nenacházejí logickou odpověď a nepozorují nic rozumného v chování našeho vesmíru, odpovídají na ni v rámci svého pozemského rozumu:

1. Stvořitel neexistuje;
2. Stvořitel, Nejvyšší síla, vytvořil všechno a ponechal to dalšímu vývoji podle zákonů, které vložil do svého díla;
3. Stvořitel stvořil vše, ale když spatřil chybné cesty vývoje přírody, celé své dílo opustil a ponechal jej sobě samotnému atd.

Jestliže je Stvořitel dokonalý, pak dokonce i v našich vjemech musíme pociťovat jakýkoli jeho čin jako dokonalý – to je námitka filozofů. Kabala však na tuto otázku odpovídá právě takto: činy Stvořitele jsou dokonalé vždy a ve všem, ale člověk je jako takové není schopen cítit, dokud nenapraví svoje vjemové orgány – pouze tehdy ucítí dokonalost Stvořitele, svou dokonalost i dokonalost svého stavu, vždyť je dokonalé vše kromě našeho vnímání. Změnit naše vjemy – to je naším úkolem v tomto světě. Dosáhnout skutečného vnímání našeho Stvořitele je cílem naší práce.

Ostatně, i v našem světě občas hodnotíme události, které se dějí nám nebo jiným, jako nespravedlivé, ale poté, co se dozvíme jejich skutečnou příčinu a poznáme cíl, sami je schválíme. K té chybě tedy dochází proto, že vidíme pouze malý fragment toho, co probíhá, a vnímáme jej ve svých představách.

Jako příklad uveďme chirurga, operujícího lidské tělo, nebo matku, která nutí dítě pít hořký lék, nebo toho, kdo chce zhubnout a omezuje se v jídle, i další podobné příklady, které se zdají někomu, kdo je nechápe, jako špatný přístup lidí k sobě navzájem nebo člověka k sobě samotnému.

A proto není jiného řešení než nutnost zkoumat konečný stav – cíl stvoření.

Jejich řeči však nejsou moudré, protože o naší nicotnosti a nízkosti není možné cokoli rozhodnout, pokud nerozhodneme, že jsme stvořili sebe i veškerou svou zkaženou a opovrženíhodnou přirozenost v nás.

Jestliže se rozhodujeme, že jsme sami příčinou našich špatných vlastností, vypovídá to o tom, že omezujeme dílo Stvořitele a rozhodujeme, že v nás nestvořil všechno On.

Avšak jestliže se rozhodneme, že Stvořitel je absolutně dokonalý a jak pojal záměr, tak i stvořil naše těla, se všemi jejich dobrými i špatnými kvalitami - vlastnostmi, pak z rukou dokonalého Stvořitele nikdy nemohou vyjít opovrženíhodné a zkažené činy, vždyť každý čin dokazuje kvalitu toho, kdo jej tvoří. A čím je vinen zkažený oděv, jestliže jej krejčí neušil zdařile?

Tak jako v životě, když hovoříme o špatné kvalitě nějakého výrobku, právě tím ukazujeme na kvality zhotovitele. Jestliže o něčem ve světě přemýšlíme, hovoříme špatně; ať bychom vnímali náš stav jakkoli, tento pocit je ihned adresován Stvořiteli jakožto zdroji všeho, co se děje.

To, co cítí člověk, to je právě jeho vztah ke Stvořiteli, jeho modlitba, jeho neuvědomělé oslovení příčiny jeho stavu. Všechno, co je v nás, vychází z Něho. Všechno, co pociťujeme, jsou naše reakce na Jeho působení na nás. Všechno lze redukovat na to, že si uvědomíme a dosáhneme takového stavu, kdy člověk cítí, že je k němu Stvořitel absolutně dobrý.

Jak se vypráví, rabi Eleazar, syn rabiho Šimona, když potkal jednoho krajně ohyzdného člověka, řekl mu: „Jak jsi ohyzdný." Na to ten člověk odpověděl: „Jdi a pověz mému Stvořiteli: „Jak ohyzdná je věc, kterou jsi stvořil."

Zde je uveden příklad z knihy Zohar, z něhož lze vyvodit, jak je napsána: že, i když se v ní hovoří o mnoha objektech, osobnostech a událostech, rozumějí se tím pouze vnitřní duševní síly, přání, vlastnosti člověka a interakce mezi nimi.

A tak, jak vypráví Zohar, rabi Eleazar, syn rabiho Šimona, autora knihy Zohar, se nacházel na břehu moře – moře znamená moře moudrosti – a rabi Eleazar k tomu došel svými kabalistickými cvičeními. A tehdy spatřil, kdo je on sám – potkal krajně znetvořeného člověka v sobě a zděsil se z toho, nakolik ohyzdný je ve svých kvalitách: když si kabalista přeje dosáhnout Stvořitele tím, že bude mít podobné vlastnosti, začíná v průběhu práce na sobě, na své přirozenosti, odhalovat kdo ve skutečnosti on sám je, nakolik je jeho egoismus bezmezný a ohyzdný.

Avšak, vzhledem k tomu, že rabi Eleazar dospěl ve svých cvičeních až k Nejvyšší moudrosti – ke břehu moře, současně, a jinak tomu nebývá, se mu odhalilo i to, že není schopen se napravit, protože to je dílo Stvořitele a pouze Stvořitel sám je schopen jej změnit.

A proto je řečeno: „Jdi a řekni to Tomu, kdo mě stvořil" – jestliže člověk cítí svoje chyby, čehož lze dosáhnout pouze spolu s vnímáním Stvořitele, podle kontrastu jeho vlastností a vlastností Stvořitele, pak si uvědomuje, že se může obrátit o pomoc pouze ke Stvořiteli. Stvořitel to záměrně učinil tak, aby člověk pocítil, že ho potřebuje, a hledal s ním sepětí a sblížení.

Tak chytráci, kteří tvrdí, že pro Stvořitele je kvůli naší nízkosti a nicotnosti nedůstojné, aby nás řídil, a proto nás opustil, tím dávají najevo, že nemají rozum. Je tomu tak proto, že o stvoření rozhodují na základě obrazu, který vidí, aniž si uvědomují omezenost svého poznání díla jako celku, a nedívají se na jeho konečný stav.

Představ si, kdybys potkal člověka, který si od prvopočátku usmyslil vytvořit stvoření tak, aby strádala a trpěla po všechny dny svého života jako my, ba co více, který by je opustil poté, co je stvořil, aniž by si přál na ně dohlédnout, aby jim alespoň trochu pomohl; jak bys jím opovrhoval a vytýkal mu to. Je vůbec možné na něco takového jen pomyslit o Vvšeoživujícímho a Všetvořícím?

To znamená, že není možné tvrdit, že Stvořitel je dokonalý, jestliže jeho stvoření dokonalá nejsou.

5. Proto nás zdravý rozum nutí, abychom pochopili opak toho, co se jeví na povrchu, a rozhodli se, že jsme skutečně nejvznešenější a nejvyšší stvoření a naše důležitost nemá hranic, stejně jako důležitost Toho, kdo nás stvořil. Protože jakýkoli nedostatek, který bys za všemi omluvami, které si jen můžeš vymyslet, chtěl vidět na našich tělech, padá pouze na Stvořitele, který stvořil nás i celou naši přirozenost, protože je jasné, že On je Stvořitel, a nikoli my.

Věz rovněž, že to všechno jsou důsledky, které vycházejí z našich špatných přirozenýchpovahových vlastností, které v nás vytvořil On. Právě toto je však případ, kdy se říká, že se musíme dívat na konec díla.

A tehdy to vše dokážeme pochopit a porozumíme také rčení v světských ústech světa: „Neukazuj nedokončenou práci hlupákovi."

Pouze tehdy, kdy člověk na sobě pozná dokončení díla, tedy stvoření, dokáže ospravedlnit činy Stvořitele, nikoli však dříve, protože před dosažením tohoto stavu na sobě mimoděk pociťuje strádání a nedokonalost. Cílem stvoření je, aby člověk dosáhl tohoto stavu.

Ten, kdo jej dosahuje, se nazývá „Cadik", protože Macdik ospravedlňuje činy Stvořitele, ale může je ospravedlnit pouze tehdy, dosáhne-li takovéhoto stavu, nikoli dříve. A až dotud nám kabalisté, tj. ti, kdož toho dosáhli, vysvětlují slovy to, co pociťují na sobě s tím, že i nás zvou, abychom dosáhli téhož.

6. Jak pravili mudrci, Stvořitel stvořil svět, aby naplnil stvoření potěšením.

Cíl stvoření, rozkoš ze Stvořitele, na sobě kabalisté zakoušejí v souladu se svým duchovním povznesením. Jak již bylo řečeno, všechno, co je nám známo, je známo z osobního dosažení těch, kteří toho dosáhli na sobě samých a kteří jsou nazýváni kabalisty (od slova kabala – dostávat), dostávajícími.

Nehovoříme o samotném Stvořiteli, nýbrž jen o tom, čeho dosahujeme a cítíme jako něco, co nám bylo od Něho dáno. Tak lidé obdrželi všechno, co o Něm a Jeho přáních víme. Toto vědění se nazývá Tóra.

Problém spočívá v tom, že není jednoduché pochopit to, co ve svých knihách píší kabalisté. Jde o to, že všechno, co popisují, jsou děje a objekty duchovního světa, o němž nemáme tu nejmenší představu, protože všechno, co bychom si mohli představit, je převzato z analogií k našemu světu. A v duchovním světě nejsou hmoty, pohyb, čas ani místo.

Jak může kabalista, když pozoruje něco duchovního, popsat to, co se s ním děje, jestliže to vůbec není podobné našim představám?

Veškerá naše řeč pochází z obrazů našeho světa, z našich pocitů z toho, co se dostává do našich senzorů, lépe řečeno, jsou to naše reakce na vnější vlivy. Je přirozené, že to, co si představujeme, není nic víc než deformovaný obraz, načrtnutý našimi omezenými smyslovými orgány, obraz nekonečně malého fragmentu něčeho vnějšího, co nás obklopuje, nebo to, co si přeje ono vnější, něco, co se nachází předtím, než to pocítíme, abychom je tak pocítili, a proto se nám tak jeví.

Ještě větší problém je s pravdivým popisem duchovního světa, tam, kde nám nemohou pomoci ani naše smyslové orgány, ani naše fantazie, podobnosti a analogie. A přitom jde o přenos skutečných informací, přísně vědeckých a prakticky cenných, které mají za cíl sloužit nám, kteří nepociťují to, o čem se hovoří, o přenos instrukcí pro osvojení něčeho zcela neznámého; přičemž kabalisté upozorňují, že jestliže se zkoumající člověk dopustí chyby a nepochopí pravdivě třeba jen jeden pojem, nepochopí správně celou nauku a zcela sejde z cesty.

Jak bylo již vysvětlováno v článku Jazyk kabaly, zvolili si kabalisté pro výklad své nauky zvláštní jazyk, nazývaný jazyk větví – Sefat Anafim. Je to možné, protože v našem světě není nic, jak mezi objekty, tak i mezi jejich ději, co by nemělo zdroj svého původu ve vyšším, tj. duchovním světě, z nějž tento objekt vychází a jímž je řízen.

Kromě toho se počátek všech objektů a dějů nachází právě ve vyšším světě, a poté sestupuje do našeho světa. Proto kabalisté převzali názvy objektů a dějů našeho světa k označení jim odpovídajících duchovních zdrojů, odkud tyto objekty a děje pocházejí. To znamená, že když kabalista cokoli v duchovním světě pozoruje a vnímá, popisuje to názvy objektů našeho světa, které jsou větvemi těchto duchovních kořenů. Proto každé jméno v nauce kabaly jakoby přímo ukazuje na svůj duchovní kořen ve vyšším světě.

Avšak poté, co na sebe vzali závazek popisovat duchovní světy jazykem jejich větví v našem světě, jsou již povinni přísně to dodržovat a v žádném případě nesmějí měnit názvy. Proto se lze v kabale setkat s takovými pojmy, jako polibek – Nešika, úder – Akaa, pohlavní akt – Zivug, porucha – Ševira atd., protože právě takové jsou důsledky těchto dějů v našem světě.

Existuje však několik omezení při užívání tohoto jazyka:

1. V žádném případě nelze zapomínat na to, co se říká o duchovních objektech a jejich dějích, o nichž nemáme vůbec žádnou představu, a proto je zakázáno představovat si formy, druh a děje jako jim podobné, popisované stejnými slovy, v našem světě.
2. Kterýkoli člověk našeho světa může vyslovovat pojmy Tóry nebo kabaly tak, že cituje z knih celé pojmy a výrazy. To ještě absolutně neznamená, že chápe to, co vyslovuje, protože slova jsou stejná, kabalista však chápe, co je za nimi, a jasně vnímá to, o čem hovoří a nejen je prostě vyslovuje, a tím může začátečníka přesvědčit, že přímo ví, o čem hovoří.

    Vždyť počínaje naším světem a konče nejvyššími duchovními stupni, všechny světy si jsou navzájem podobné a odlišují se pouze svým „materiálem". Proto název objektu v našem světě je stejný pro duchovní objekty, které se mu podobají ve všech světech; počínaje naším světem a konče tím nejvyšším. Všechny podobné objekty ve všech světech jsou jakoby protknuty nití.

    Ten, kdo vyřkne slovo nebo větu z Tóry, říká slova našeho světa, ale kabalista tuto větu chápe v souladu s tím, jaké úrovně dosáhl v některém z vyšších světů. Tomu, kdo nechápe, se zdá, že ten, kdo vyslovuje úryvky z Tóry, chápe a dosahuje jejich duchovní kořeny.
3. Ten, kdo začíná studovat kabalu, není schopen samostatně pochopit skutečný význam jemu známých slov v jejich duchovním významu a teprve když od kabalisty obdrží podrobné vysvětlení, podobné překladu z hovorového jazyka do jazyka větví, a neustále kontroluje, zda se znovu nespletl v chápání kabalistických termínů u pojmů našeho světa, postupně si začne uvědomovat pravé významy a pojmy duchovních kategorií.

A zde se musíme pozorně zahledět a zamyslet, protože to je konečný cíl záměru a činů stvoření světa. Protože pokud to je cíl stvoření, pak jsou všechny činy Stvořitele vůči stvořením, vůči nám, určovány a prováděny pouze na jeho základě. Proto, jak občas pociťujeme, jeho činy v nás působí strádání, ale jejich cílem je naše blaženost. A ještě něco: známe-li cíl každého Stvořitelova činu, můžeme pochopit Jeho úmysly a jeho jednotlivé činy.

Vmysli se do tohoto: jestliže záměr stvoření spočíval v naplnění stvoření, zavazuje nás to vytvořit v duších obrovské přání přijmout to, co se jim rozhodl dát.

Vskutku, jestliže si Stvořitel přeje naplnit sebou nebo svým světlem (což je pro nás totéž, protože nejsme schopni hovořit o samotném Stvořiteli, ale to, co z Něho vnímáme, nazýváme světlem), to jediné, čeho se „nedostává" aby jeho přání mohlo být uskutečněno, je stvořit přání být naplněn tím, co On si přeje dát.

Podobá se to matce, která lituje, že si dítě nepřeje sníst to, co mu nabízí. A ona by v něm tak chtěla vytvořit takové přání! Proto veškeré stvoření nepředstavuje nic více než přání naplnit se tím, co si Stvořitel přeje dát. Kromě touhy po potěšení, egoismu, Stvořitel nestvořil nic, protože samotné potěšení je v Něm.

Veškeré stvoření jsou pouze různě veliká přání naplnit se: všechno, čím se od sebe navzájem liší duchovní nebo materiální objekty, všechno, co určuje jejich libovolné vlastnosti, na všech úrovních života, rozvoje, civilizací, všechno, co dělí přírodu na neživou, rostlinnou, živočišnou a člověka – to všechno je jen rozdíl ve velikosti přání naplnit se.

Ve skutečnosti bylo stvořeno pouze přání naplnit se a jsou to jen jeho různé dávky, co vytvářejí jak duchovní, tak i materiální objekty, a rovněž jejich chování, protože chování je důsledkem přání.

Když v nás Stvořitel mění naše přání, vyvolává v nás myšlenky a činy dosáhnout toho, co si přejeme, a to znamená, že nás řídí. Proto, jestliže se člověk chce změnit, tj. změnit svoje přání, musí prosit Stvořitele, aby v něm tyto změny provedl.

K tomu však je třeba si uvědomit, že právě Stvořitel mi dává přání, co bych chtěl na sobě změnit, že Stvořitel slyší moji prosbu, že je schopen mi pomoci, že pouze On mi dává a vytváří všechny okolnosti k tomu, abych se na Něho obrátil atd.

A velikost naplnění se měří velikostí přání jej získat; je-li přání obdržet více, v téže míře je větší velikost naplnění, je-li přání naplnit se méně, o tolik se zmenšuje naplnění z přijímání. Proto záměr stvoření sám zavazuje vytvořit v duších nadměrné přání přijímat, odpovídající nadměrnému naplnění, které se Všemohoucí rozhodl duším poskytnout, vždyť velké přání a velká naplnění jsou navzájem spjaty.

Pouze touha po potěšení, hlad a snaha o něco určuje velikost naplnění, když člověk získá, co žádal. Vybrané pokrmy nepřinesou žádné potěšení, jestliže člověk nemá hlad, jestliže je syt nebo nemocen. A naopak: jestliže je hladový, pak i z toho nejprostšího pokrmu lze obdržet pocit obrovského potěšení. Proto je naším úkolem přát si právě to, co nám Stvořitel chce dát.

Člověk v našem světě potřebuje získat přání z objektů, které vidí před sebou, které mu byly i dříve známy a zanechaly z minulých potěšení vzpomínky (Rešimot). Naše výchozí přání jsou krajně nicotná, přičemž, vzhledem k tomu, že náš egoismus se automaticky vyhýbá nepříjemným pocitům, potěšení, jichž nejsme schopni dosáhnout, si nepřejeme: člověk si nemůže přát, aby mu všechny domy v jeho ulici patřily. V Tóře je to uvedeno jako pravidlo: „Ejn adam chošek be bat Melech" (prostý člověk si nepřeje královu dceru).

Všichni lidé si od dětství přejí potěšení, rozdíl je pouze v Levuším – oděvech této jiskřičky Boží blaženosti. Čím méně je člověk vyvinutý, tím snadněji může nalézt potěšení. Dítě se může těšit z velkého množství různých vnějších oděvů blaženosti, a čím je vzdělanější, duchovnější, tím obtížněji může nalézt oděvy pro svoje naplnění, o čemž je řečeno: „Ten, kdo si zvyšuje znalosti, zvyšuje si strádání."

Jestliže však cíl stvoření zavazuje k tomu, aby bylo ve stvoření obrovské přání po naplnění, jak a kde je lze získat? Jak bude vysvětleno níže, právě proto byl stvořen náš svět, množství předmětů a lidí, obklopujících každého z nás. Jak bylo řečeno: „Taava, kina ve kavod mociim adam min ha olam" (potěšení, závist a pocty člověka vyvádějí ze světa) - dávají mu tak rozvinutý egoismus, že si začíná přát Stvořitele, přát si být Jím sám naplněn.

A v duchovních světech, tj. poté, co člověk přestane pociťovat pouze náš svět, kdy začne vnímat i duchovní naplnění, rozvíjejí se přání člověka pomocí systému nečistých sil, který mu dodává stále nová přání, a to znamená, že roste, jak bylo řečeno: „Kol ha gadol mi chavero, icro gadol mimejno (kdo je větší než ostatní, ten má větší přání než ostatní). Za tímto účelem je systém nečistých sil právě vytvořen. Člověk se Stvořitelem splývá pouze tehdy, když v sobě rozvine obrovské přání, rovnající se velikostí a úsilím tomu, co ze Stvořitele vychází.

7. Když jsme pochopili to, co bylo napsáno výše, dokážeme pochopit zkoumání 2. Zkoumali jsme, co to je za skutečnost, o níž lze rozhodnout, že se nachází v samotném Stvořiteli, natolik, že bylo řečeno, že byla nově stvořena z ničeho. Teď však pochopíme, že záměr stvoření, spočívající v naplnění stvoření, zavazuje vytvořit přání obdržet od Stvořitele všechno nejlepší, co měl v záměru.

Stvořitel stvořil pouze touhu po potěšení, protože On k uskutečnění svého cíle potřebuje pouze ji. Je rovněž pochopitelné, že před záměrem stvoření „oblažit" neexistovala ve stvoření žádná potřeba „přání po potěšení". Vzhledem k tomu, že Stvořitel je dokonalý, nemá v sobě touhu po potěšení a musel ji vytvořit. A to je jediný tvůrčí čin. Jediný, protože je to podstata všech tvůrčích činů a to je právě podstata jejich řízení.

Když Stvořitel mění naše přání, vyvolává v nás všechny činy, které potřebuje, ať už fyzické nebo duchovní. A proto už nic nepotřebuje k tomu, aby přivedl každého z nás i veškeré tvorstvo k cíli, který si předsevzal.

Přání přijímat se samozřejmě předtím, než je stvořil v duších, v samotném Stvořiteli nenacházelo, vždyť od koho by dostával? Proto stvořil něco nového, co v Něm nebylo. A na druhé straně je pochopitelné, podle tvůrčího záměru, že nemusel stvořit nic, kromě přání přijímat, protože tento nový tvůrčí čin Mu již dostačuje k tomu, aby splnil veškerý záměr stvoření.

Stvořitel nám ukazuje, těm, kdož Ho dosahují a vnímají, že si přeje nás potěšit. Jako hospodář ukazuje hostu, že trpí tím, když si host nepřeje se u něho najíst, aby dal hostu možnost, po mnoha přemlouváních, vnímat se jako někdo, kdo činí hospodáři laskavost, když přijímá žádané pohoštění. Hospodář přitom vytváří v hostu přesvědčení, že čím více přijme, tím větší potěšení hospodáři způsobí.

Žádným způsobem však nelze připodobnit přání Stvořitele naplnit nás k našemu přání „dávat", protože veškerá naše přání vycházejí z prapůvodního, egoistického popudu, a proto dokonce i přání někoho naplnit je založeno na naší touze po potěšenií, jako když je matka blažená, když poskytuje potravu dítěti, ale kdyby jí Stvořitel nedal ono egoistické přání po naplnění, dítě by zemřelo hladem.

Naše přání dávat a naplnit vychází pouze z přání potěšit se dáváním. Jako všechny naše „krásné" city, kdy pod slovy „mám rád ryby" chápeme „pociťuji naplnění, když polykám ryby".

Naši přirozenost nelze změnit, a tím spíše ji vymýtit, vždy si budeme přát dostávat, vždyť to je to, co stvořil Stvořitel.

Člověk může omezit svoje činy, například nejíst během Jom Kipur, ale neovládá pocit hladu, neovládá přání. Napravení proto znamená změnu záměru, změnu zdroje, příčiny naplnění. Nepotřebujeme změnit činy, ale myšlenkové zaměření činu. Přitom to, že On nás stvořil právě s nutností naší další nápravy – to není rozmar Stvořitele, nýbrž nutnost, vyplývající z dokonalosti Jeho činů, aby stvoření nepocítilo stud z přijímání naplnění jako na příkladu s hostem a hospodářem, kdy hospodář ukazuje hostu, že mu poskytuje službu, když se u něho nají.

Přání „dávat", potěšit bez přání přijímat – to je Stvořitel. Přání „dávat", které je výše než přání „přijímat" je stvoření. Stvořitelem stvořené přání přijímat potěšení změnit nelze, je možné a nutné napravit ZÁMĚR jehosvých činů: v čí prospěch člověk dostává potěšení.

Ve stvoření jsou možná celkem čtyři spojení činů a záměrů:

1. dostávat ve svůj prospěch – absolutní egoismus, nečisté Kli (Klipa);
2. dávat ve svůj prospěch – „zdvořilý" egoismus;
3. dávat ve prospěch Stvořitele – mezistav; střední mezi Stvořitelem a stvořením, duchovní čistota (kKeduša)
4. dostávat ve prospěch Stvořitele – napodobení vlastností Stvořitele, protože dostávání ve prospěch Stvořitele se rovná dávání Jemu.

Ve stavech 3. a 4. člověk dostává duši, část Stvořitele, ale všechno, co naplňuje záměr stvoření, tj. všechna možná potěšení, zamýšlené pro nás, vychází přímo ze samotného Stvořitele a On je nepotřebuje nově tvořit, protože vychází z již existujícího, na velké přání duší. Tak je nám jasné, že veškerý materiál, od počátku až do konce, spočívá v nově vytvořeném stvoření a je pouze „přáním naplnit se"..

Veškerá potěšení,, vše, co nás láká, vychází bezprostředně od samotného Stvořitele, dokonce i když je dostáváme přes systém nečistých duchovních sil. V písních, verších, v každém našem činu i myšlence neděláme nic jiného, než že vyjadřujeme naše úsilí o minidávku Vyššího světla, oděnou do různých oděvů našeho světa. Stvořitel řídí naše úsilí, tím že mění místo jiskry světla v různých objektech našeho světa. Cílem našeho vývoje je dospět k pocítění duchovní blaženosti, nikoli ji vnímat neuvědoměle v různých formách našeho světa.

8. Po tom, co bylo řečeno, dokážeme pochopit zkoumání 3: nemohli jsme pochopit, jak mohou kabalisté říkat, že duše jsou částí Stvořitele shůry, podobné kameni, oddělenému od skály, kde veškerý rozdíl spočívá pouze v tom, že jeden - je částí, a druhý - je vším, celkem.

Stvořitel vnesl do Sebe přání přijímat (potěšení), čímž je oddělil, vzdálil od sebe. Stvořitel se nachází v absolutním pokoji tím, že všechno zaplňuje. Do té doby, než stvoření anuluje do něho vložené přání přijímat, egoismus, nelze pocítit Stvořitele, nejvyšší blaženost, světlo, protože v důsledku odlišnosti vlastností dvou objektů dochází k duchovnímu rozdělení k nepociťování, oddalování a skrývání.

Jakmile však stvoření vymýtí svoje přání přijímat, to jediné, čím je odděleno, vzdáleno od Stvořitele, okamžitě s Ním splyne. V takovém případě v sobě člověk pociťuje svoji duši, Stvořitele a děkuje Mu chválou: „Elohaj, nešama še natata bi..." „Stvořiteli můj, duše, kterou jsi ve mně umístil..."

Etapy nápravy přání přijímat na přání dávat se nazývají stupně duchovního žebříku, Sefirot, Parcufim, světy. Jak přání přijímat, tak přání dávat a všechny mezistavy stvoření se nacházejí a probíhají uvnitř samotného stvoření, ono se pouze mění, a tím mění svoje pocity. Mimo pocity stvoření existuje pouze Jediný Stvořitel...

V jazyce kabaly se stvoření skládá z Or – světla – blaženosti, vycházející ze Stvořitele, a Kli – nádoby – přání přijímat, potěšit se jím. Světlo je všude, v prostém, tj. všeobsahujícím stavu, a nádoba vnímá ze světla pouze ta potěšení, která si přeje pocítit.

Kámen, když se odděluje od skály, se stává částí prostřednictvím sekery, vyrobené k tomu, ale jak si lze představit něco podobného v samotném Stvořiteli, čím se oddělují duše od Stvořitele, vycházejí z Něho a stávají se stvořením? Z toho, co jsme si vysvětlili výše, chápeme, že jako sekera seká a rozděluje materiální objekt na dva kusy, tak odlišnost vlastností v duchovním smyslu vyčleňuje a rozděluje na dvě části.

Je přirozené, že při shodě vlastností, tj. přání, nově mizí příčina oddělení, která vede k tomu, že Stvořitele nepociťujeme. Proto veškerou naši nápravu lze redukovat na očištění našich přání od egoismu, stvořeného Stvořitelem proto, abychom na něm pracovali.

Proč vytvářet egoismus, jestliže jej bude třeba ničit? Protože když člověk ničí egoismus, v boji s ním získává obrovskou touhu po potěšení, napravuje ji k přijímání „ve prospěch Stvořitele" a získává vědění a rozum, potřebné k hodnocení duchovních potěšení.

Například, když se dva lidé milují, říkají, že jsou spolu spojeni jako jedno tělo. Proto, jestliže se dva nenávidí, říkají, že si jsou vzdáleni jako dva póly. Nehovoří se však o malé nebo velké vzdálenosti, nýbrž se má na mysli podobnost vlastností, že ti dva si jsou rovni svými vlastnostmi: jeden miluje to, co má rád ten druhý, a nenávidí totéž, co nesnáší ten druhý, proto se milují a jsou si blízcí.

Avšak jestliže se něčím odlišují, tj. jeden něco miluje, i když to ten druhý nenávidí, v souladu s touto odlišností se ti lidé nenávidí a jsou si vzdáleni. Jestliže jsou si například v protikladu jeden k druhémuní, tj. vše, co jeden miluje, ten druhý nenávidí, a vše, co první nenávidí, ten druhý miluje, jsou si vzdáleni jako dva póly.

Jde o to, že všechno, co člověka odlišuje a vzdaluje od Stvořitele, je odlišnost vlastností, a tak všechno, co je nutno napravit, jsou naše vlastnosti a přání. K tomu je třeba vědět, jaké jsou vlastnosti a přání Stvořitele.

Vzhledem k tomu, že vlastností Stvořitele je absolutně nezištné přání „dávat", nejsme schopni si v sobě tuto vlastnost uvědomit a pocítit, protože je nám absolutně cizí. Pouze postupně, v procesu své změny studiem kabaly člověk začíná od začátku poznávat svoji skutečnou egoistickou přirozenost.

První etapa duchovního vývoje se nazývá „Akarat Ra" „uvědomění si zla". Tato etapa se nazývá tak proto, že ji lze dosáhnout pouze tehdy, když si člověk přeje sblížit se se Stvořitelem, pouze tehdy člověk vnímá svá egoistická přání dostávat (potěšení) jako zlo, protože jej oddělují od Stvořitele.

Všechno, co si Stvořitel přeje, musí člověk přijmout týmiž smysly, a všechno, co se Stvořiteli protiví, musí člověk odvrhnout. Podobá se to prostému příkladu: Šimon se pohádal s Lévim, a když se Šimonův přítel Ruben dá do hovoru s Lévim, pak Šimon přestane hovořit s Rubenem, protože existuje rozdílnost vlastností mezi Šimonem a Lévim, a tudíž všichni Šimonovi přátelé musí mít stejný vztah k Lévimu.

Do té části svých vlastností, kterou se člověk připodobnil Stvořiteli, získává vnímání Stvořitele, Jeho světlo, svoji duši, duchovní blaženost. Je to týž pojem, který se v kabale nazývá světlo – or, a část přání člověka, která je podobně jako Stvořitel schopna přijmout a pocítit toto světlo, se nazývá nádobou duše neboli Kli. Část Stvořitele, kterou člověk vnímá, se nazývá jeho duše.

Co se týče člověka, je tato část oddělena od Stvořitele, protože jí člověk dosahuje jako části, je tomu tak ale pouze ve vztahu k člověku.

Ohledně Stvořitele tomu tak neříkáme, protože jak jsme si již vysvětlili, veškeré naše poznání vychází pouze z toho, co dosahujeme v nás samotných, co získáváme uvnitř našeho Kli. O tom, k čemu dochází mimo naše Kli, nemáme právo hovořit, protože se neprodleně ztrácí veškerý podklad pro správnost našich návrhů a závěrů, jelikož to nelze ověřit žádnými zkušenostmi.

9. Zjišťujeme, že v duchovních objektech působí odlišnost vlastností jako sekera v našem světě, která rozděluje materiální objekty, a míra vzdálení je určena mírou odlišnosti vlastností.

Vždyť pouze tím, že Stvořitel dal své části vlastnost, která se od Něho odlišuje, přání, odseklťal ji od Sebe a odloučil na nekonečně velkou vzdálenost.

A z toho pochopíme, že vzhledem k tomu, že duším bylo dáno přání „dostávat" potěšení a, jak jsme si již vysvětlili, tato vlastnost se ve Stvořiteli vůbec nevyskytuje, vždyť od koho by dostával, pak tato rozdílnost vlastností, získaných dušemi, působí tak, že je odděluje od Stvořitele, podobně jako sekera odděluje kámen od skály.

Pocit vlastních přání, to je veškerá podstata stvoření, a to jej odděluje od Stvořitele natolik, že jestliže pociťuje pouze svá přání, vůbec není schopno pocítit Stvořitele a takový stav stvoření se nazývá člověk v našem světě.

Tak prostřednictvím této odlišnosti vlastností vycházejí duše ze Stvořitele, odlišují se od Něho a stávají se stvořeními. Avšak všechno, co duše dostávají od Jeho světla, vychází z dříve existujícího, od samotného Stvořitele.

Jestliže se duše napravuje a dosahuje podobnosti svých vlastností vlastnostem Stvořitele, pak to, co přitom v sobě pociťuje, je částí Stvořitele. Stvořitel neboli Jeho světlo, se nachází v absolutním pokoji. Světlo nepřichází a neodchází, ale když samotné Kli mění své vlastnosti, pociťuje v závislosti na změně svých vlastností větší či menší výskyt světla, což vnímá jako příchod nebo odchod světla, přiblížení nebo vzdálení Stvořitele.

Proto je řečeno: „Ani avaja lo šiniti" „já se neměním", hovoříříká Stvořitel, protože si neustále přeje změnu duší až do stavu splynutí s nimi, a ke změnám dochází pouze v samotných duších, odkrývajících v té či jiné míře světlo Stvořitele.

Nedosahujeme všeho, co do nás vchází, nýbrž ze všeho existujícího jen to, co vnímají naše smyslové orgány. Nacházíme se v samotném Stvořiteli. On námi proniká, naplňuje a obklopuje nás. Příčina toho, že Jej nevnímáme, spočívá v tom, že naše smyslové orgány mají záchytné filtrační clony (Masachim), nazývané rovněž světy, pokrývkami, oděvy atd. Právě tyto clony skrývající Stvořitele nám dávají místo vnímání samotného Stvořitele pocit určitého obrazu, který nazýváme „náš" nebo „tento" svět.

V každém případě vidíme to, co se nám zobrazuje našimi orgány vnímání uvnitř nás. Hledíme jakoby dovnitř sebe a nejsme schopni spatřit to, co je mimo nás, protože nemáme orgány vnímání prostého světla (Or Mufšat) nebo samotného Stvořitele. K procítění samotného Stvořitele je zapotřebí zcela neomezené Kli, a takové Kli neexistuje, protože Kli – to je vždycky omezení.

Jakékoli Kli může pocítit pouze to, co je spjato s jeho osobními vlastnostmi, to, co se podobá jeho vlastnostem. Jako naladěné na určitou vlnu ji pociťuje právě proto, že se u zdroje i u příjemce objevila společná vlastnost.

Z toho můžeme pochopit, že jakmile člověk dokáže některé ze svých vlastností projevujících se v přáních, připodobnit přání Stvořitele „dávat", ihned v tomtéž přání pocítí Stvořitele a ono světlo, které jeho přání naplní a stane se částí jeho duše. A poté, co napraví – připodobní všechna svá přání přáním Stvořitele, člověk obdrží celou svoji duši, úplné naplnění Stvořitelem, což lze definovat jako splynutí se Stvořitelem (Dvekut).

Proto ve světle, získávaném do nádoby duše, do přání „dostávat", se duše od samotného Stvořitele nijak neliší, protože je získává přímo od Stvořitele.

Nádoba duše – to jsou její napravená přání. Prostá přání přijímat potěšení nemohou být nádobou pro přijímání potěšení, protože do egoistických přání světlo nevchází; Stvořitele nelze cítit. Avšak jestliže pro egoistická přání existuje clona, která brání dostávat ve svůj prospěch a obrací záměr na dostávat ve prospěch Stvořitele, pak takový záměr, nazývaný odraženým nebo opačným světlem (Or Chozer), proměňuje egoistická přání v přání altruistická, a tehdy se toto napravené přání nazývá nádoba, Kli.

A veškerý rozdíl mezi dušemi a Stvořitelem spočívá v tom, že duše jsou ČÁSTÍ samotného Stvořitele, tj. části světla, které duše získávají do svých Kli, do přání přijímat, a tím, že se nachází uvnitř odlišných vlastností, je to již od Stvořitele oddělená část, přání přijímat, a rozdíl vlastností ji činí částí, v důsledku čehož vychází ze „společného" a stává se „částí".

Vždyť není jiného rozdílu mezi nimi, než že toto je „všechno", a toto je „část" neboli kámen, oddělený od skály. Vmysli se do hloubky, vždyť něco tak vznešeného nelze více vysvětlovat.

V souladu s anulováním svých osobních přání a zájmů člověk odstraňuje to, co ho odděluje od Stvořitele natolik, že při úplné nápravě, tj. při úplném nepociťování vlastního „Já", které potlačí za účelem splynutí se Stvořitelem, člověk vnímá pouze Stvořitele v sobě a stává se šiřitelem pouze Jeho přání, přičemž pociťuje v celém svém těle Stvořitele, který se do něho usídlil, a začíná se řídit pouze Stvořitelovými přáními.

10. Nyní můžeme pochopit zkoumání 4. Jak je možné, že se z čistoty Stvořitele objevil nečistý systém, vždyť je krajně vzdálen od Jeho čistoty, a jak je možné, že On jej naplňuje a oživuje.

Dříve však je nezbytné pochopit podstatu nečistého systému. Uvědomme si, jak jsme hovořili o tom, že velké přání přijímat je právě ona podstata duší, vyplývající ze samotného jejich stvoření, a proto jsou ochotné přijímat veškeré naplnění, které je v záměru stvoření, avšak tato vlastnost nezůstává v duších v této podobě, vždyť kdyby v nich zůstávala, musely by být duše navždy odděleny od Stvořitele, neboť odlišnost vlastností v nich by je odlučovala od Stvořitele.

I když je přání přijímat nezbytné ke splnění záměru tvůrčího díla, vždyť bez přání je nemožné být naplněn, samoa potěšení musí být dokonalá, a proto je nezbytná náprava a nikoli anulování přání přijímat.

Na rozdíl od ostatních vyznání a nesprávného chápání stvoření vidíme, že cesta umrtvování naší přirozenosti absolutně neodpovídá procesu duchovního povznesení. Je zakázáno mechanicky se omezovat a nakládat na sebe dobrovolně jakákoli strádání.

Správnou cestou je, když člověk přirozeně mění své chování pouze jako výsledek svého duchovního povznesení coby důsledek shůry obdržených nových vlastností a přání.

A k tomu, aby napravil toto vzdálení (od Stvořitele), vložené na Kli duší, stvořil Stvořitel všechny světy a rozdělil je na dva systémy, jak bylo řečeno, „to proti tomu stvořil Stvořitel", čtyři světy čistého systému ABJA a proti nim čtyři světy nečistého systému ABJA.

A poskytl systému čistých ABJA vlastnost, která se projevuje v (altruistickém) přání dávat, odňal mu přání „dostávat" pro sebe a dal ji systému nečistých světů ABJA, v důsledku čehož se tento stal odděleným od Stvořitele a všech čistých světů.

Stvoření světů jako celku je podobné našemu světu, kde je všechno připraveno pro rozvoj a postup k cíli, který Stvořitel zamýšlí. Stvoření světů včetně našeho světa se nazývá sestup světů a Sefirot shora dolů a je přípravnou fází procesu Stvoření.

Celé stvoření světů se skládá z pěti světů: Adam Kadmon, Acilut, Berija, Jecira a Asija. Tři poslední světy se skládají ze dvou opačných systémů: světlých, čistých, altruistických a temných, nečistých, egoistických sil v podobě přání.

Poté se objevuje člověk v našem světě objevuje -a to je nejnižším bodě stvoření světů a zde začíná proces pozvedání duší a dosažení Stvořitele od zdola nahoru

A proto se nečistí nazývají mrtvými, a rovněž hříšníky, kteří z nich pocházejí; jak pravili mudrci, hříšníci se zaživa nazývají mrtvými, vždyť přání přijímat, které v nich bylo vytvořeno, je co do vlastností opačné čistotě Stvořitele, odděluje je od zdroje života a oni jsou od Něho krajně odloučeni. On přece nemá žádné spojení se získáváním, pouze dává, a v nečistém není žádné spojení s dáváním, pouze dostávat pro sebe, pro sebeuspokojení, a není většího protikladu než je toto.

Jednoduše řečeno: v přírodě jsou pouze dvě síly – podobná Stvořiteli a opačná Stvořiteli; obě vycházejí z přání Stvořitele, obě se projevují pouze ve vztahu k člověku, který pod vlivem těchto sil postupuje vynuceně nebo uvědoměle k Stvořitelem vytyčenému cíli.

Systém, představující stranu, vlastnosti Stvořitele, se nazývá čistým systémem světů ABJA. Systém, představující vůči Stvořiteli opačné síly a kvality, se nazývá systémem nečistých světů ABJA.

A jak je již známo, duchovní vzdálenost, která se začíná nepatrným odlišením vlastností, končí opačnými vlastnostmi, definovanými jako nekonečná vzdálenost.

V kabale se nečistá, tj. egoistická přání přijímat potěšení pro sebe ‚se nazývají Klipot – slupky, protože jako slupka chrání plod v době jeho dozrávání před škůdci a uchovává jej, když již dozrál; tak jsou i duchovní nečisté odpoutávající síly určeny k rozvoji člověka a poté co sehrají svou úlohu, mizí.

Baal HaSulam říká, že nejen nečistá přání se nazývají mrtvými, nýbrž i ta, která z nich pocházejí. A proto se hříšníci, v souladu se svými hříšnými, tj. vůči čistotě Stvořitele opačnými přáními, nazývají mrtvými, protože jsou krajně vzdáleni od Stvořitele, zdroje života.

„Hříšníci jsou mrtvi již zaživa." Je známo, že člověk může změnit svoje přesvědčení a činy, pouze dojde-li k závěru, že mu škodí. A to je smyslem uvědomění si zla: když člověk poznává, které z jeho vlastností jsou v něm zlem, protože si je uvědomuje jako ty, které mu přinášejí zlo, a proto se v myšlení i činech zbavuje jejich využívání.

A předtím, než si to uvědomí, nemůže být spravedlivým. Z toho je patrno, že pod pojmem „hříšníci" nelze chápat ty, kdož se dopustili nepravosti, nýbrž ty, kdož se takto vnímají, protože si uvědomují a pociťují zlo, které je v nich. „Jsou mrtvi již zaživa." Život je neustálé přijímání. Avšak člověk cítí, že přijímání je podobné smrti, a právě proto se podle vlastního vnímání tak nazývá: „Hříšník, mrtvý již zaživa".

V našem současném stavu si smrt představujeme jako ukončení fyziologického života tělesné schránky. Prudší přechody od jednoho stavu k druhému si nepředstavujeme. Lze však uvést srovnání: naše fyziologická existence, nazývaná život, ve srovnání s vnímáním reálného přebývání v duchovních světech, podobně jako ve snu nebo, jak se hovoří v Tóře, náš život, ve srovnání s duchovním – to je pouze „Zeat Chaim" (pot života), malá kapička skutečného pociťování existence ve světle Stvořitele.

Stvořitelovo světlo se nazývá Or Chochma nebo Or Chaim – světlo života, protože jsme stvořeni tak, že pouze Jeho přítomnost v nás vnímáme jako život. Podle toho, jak se vzdalujeme od Zdroje světla – Stvořitele, se Stvořitelovo světlo zmenšuje, až v našem světě, tj. v našich egoistických přáních, dostáváme pouze jiskřičku tohoto světla, i když vcelku nemáme právo ani na tuto jiskřičku světla, protože jsme diametrálně odlišní, nekonečně vzdáleni od jeho Zdroje.

Avšak k tomu, abychom měli možnost vyvíjet se a pozvedat se z hlubin našeho stavu, Stvořitel umístil do egoistických přání mikrodávku svého světla. Díky ní žijeme, tj. jsme přitahováni k předmětům, v nichž se nachází, a pokoušíme se ji pohltit.

Všechna naše strádání a radosti, hoře i láska, vše, co nás duchovně i fyzicky živí, je pouze tato jiskřička světla. Bez ní duchovní ani fyzická těla nemohou existovat – kdyby zmizela, všechno by zmizelo s ní. Právě tato nekonečně malá dávka světla se v našem světě nazývá život!

V obecné podobě vládnou nad člověkem Klipot, aby se nemohl ničím plně naplnit, nýbrž pouze dočasně, s omezením. To přináší člověku strádání a nutí ho k vývoji. Klipot nás nutí omezit se pouze na povrchní poznání; jako by místo toho, aby se naplnil plodem, člověk odkrajuje a jí pouze jeho slupku a dužina – to hlavní – zůstává. A člověku nepomůže pochopení stvoření, není schopen pochopit Tóru natolik, aby se mu dostávaly síly bránit se proti své přirozenosti a přijmout Stvořitelova přání za svoje...

11. A světy sestoupily do skutečnosti tohoto světa, tj. do místa, kde v našem světě existují těla a duše, a rovněž nastal čas na zkázu i nápravu, vždyť tělo jako přání sebenaplnění vychází ze svého kořene v záměru stvoření a tím, kráčí po cestě systému nečistých světů, zůstává pod nadvládou tohoto systému do 13 let, a to je čas zkažení.

„13 let" zde je konvenční označení období jeho vývoje, během nějž člověk přebývá pod vlivem egoistických sil a nemá žádnou vazbu na čas probíhající v našem světě.

K tomu, aby přivedl duši do konečného, krajně od Sebe vzdáleného stavu, který je žádoucí, a proto původní, skutečný stav duší v našem světě, Stvořitel uskutečnil tyto činy:

1. Dal duši úplně egoistické přání, nazývané hrdost, v důsledku čehož člověk přestal pociťovat Stvořitele; v Tóře je řečeno, že Stvořitel nechce mít nic společného s nadutcem, protože opak vlastností je od sebe odlučuje, až k absolutnímu necítění Stvořitele, neboli v jazyce kabaly „světlo opustilo Kli";

2. Rozdělil Sebou vytvořené stvoření na drobné části a umístil je do těla našeho světa. Aby svět zcela nezmizel a nebyl zničen, předal 288 jisker světla do systému nečistých sil, protože systém čistých sil nemůže člověka v našem světě živit v důsledku jejich opačných vlastností.

Tento systém nečistých sil živí člověka i celý náš svět až do ukončení nápravy. A proto se tyto síly nazývají Klipot – slupky, vždyť jejich úloha jako úloha tvrdé slupky je chránit plod, dokud nedozraje a nestane se vhodným pro žádaný účel. Tak i 288 jisker světla, poskytnutých systému nečistých sil, podporuje život světa a člověka v něm a tím, že se přemisťují z jedněch svých oděvů do druhých, přivádějí člověka k žádoucímu stavu.

Avšak i tuto maličkou jiskru světla, která zůstala v člověku, nepatrnou část jeho skutečné duše, i tu si zabírá pro sebe systém nečistých sil, prostřednictvím toho, že dává člověku světlo ze svých 288 jisker.

Všechny světy si jsou navzájem podobné, liší se pouze materiálem. Všechno, co je ve vyšším světě, sestupuje a opakuje se v nižším jako kopie z jiného materiálu, z něhož sestupuje do ještě nižšího atd. Zdroj objektu v nějakém světě, který se nachází ve vyšším světě, se nazývá kořen a jeho výtvor, důsledek v nižším světě, se nazývá větev. Všechny světy jsou si podobné, jako dvě kapky vody, jak svou strukturou, tak i fungováním.

Hledání potěšení nutí živočišné tělo pohybovat se a vyvíjet. Proto dalo Nejvyšší řízení dítěti možnost nacházet všude kolem sebe potěšení z těch nejnepatrnějších věcí, protože právě dítě, které vyžaduje vývin, nutí jeho stav zvýšit mu pocit života, aby obdržel dostatečné naplnění pro růst a vývin, a proto může ve všem nalézt zdroj naplnění.

Světlo v podobě potěšení je základem života. Takové je však pouze tehdy, obdrží-li je do duchovních, altruistických Kelim. Jestliže potěšení obdrží egoistické Kli, přináší tento zákon často opačný efekt. Například potěšení při škrábání svědící části pokožky nás nutí pokračovat v této činnosti a vytváří narůstající záporný efekt: čím více se člověk škrábe, tím více to potřebuje, dokud nedojde k okamžiku smrtelného nebezpečí.

Jakkoli je to paradoxní, světlo života, zdroj všech našich potěšení, může vést ke smrti. A příčina záporného efektu spočívá v tom, že egoistická potěšení jsou pociťována pouze v části Kli, a proto vede k opačnému výsledku než k potěšení – ke smrti, na rozdíl od toho, kdy je blaženost, je-li altruistická, vnímána plným Kli.

Z uvedeného příkladu pochopíme strukturu systému nečistých světů: jejijžichž základem je touha po sebenaplňování, přání přijímat pro sebe, aniž je ze sebe něco odevzdáváno, proto její žádost o potěšení nelze uspokojit, neboť uspokojení žádosti o potěšení okamžitě vytváří novou potřebu, zvýšenou dvojnásobně, aniž je naplněna potěšením ta předchozí.

Následkem přijetí egoistického potěšení není vnímáno uspokojení, nýbrž okamžitá touha po novém naplnění, tj. strádání z jejího nedostatku. Tělo systému nečistých sil končí narkotickou kapkou smrti, která je vábí a odlučuje i od poslední jiskry světla, kapkou, která člověka živočišné úrovně vývoje zabíjí tím, že jej odděluje i od této maličké jiskry.

I v těle člověka vzešly všechny neřesti ze systému nečistých sil, protože na počátku bylo stvořeno přání dostávat nasycení ze systému čistých světů. Když však později lidské tělo začíná dostávat ze systému nečistých světů, objevuje se v něm množství nepotřebných částí, orgánů a přání bez jakékoli jejich potřeby, protože nezískávají od systému nečistých sil to, co potřebují.

Když Stvořitel přemisťuje jiskru světla z jednoho objektu do druhého, nutí nás měnit činnosti v tomto světě tím, že nás přibližuje ke stále novým objektům. A to se děje v období hromadění egoistického Kli – do „13 let".

A když poté Stvořitel umisťuje jiskru světla v podobě blaženosti do oděvů, které nám přinášejí za potěšením pocit strádání, postupně nám ukazuje na nás samotných, že využití egoismu je chybné, protože honba za naplněním vede ke strádání, a tím nám pomáhá usilovat o osvobození od egoistických přání a dává nám možnost, abychom Jej o to začali prosit.

Právě k tomu, aby člověk mohl rychleji a plněji procházet všemi stadii hromadění egoismu (doba zkázy, „13 let") a uvědomění si zla, jsme stvořeni tak, že jsme v rámci našeho světa s egoismem spojeni. Proto kabalisté nejsou poustevníci, skrývající se na tajných místech, nýbrž lidé pracující a prožívající (navenek) obyčejný život.

Pouze v interakci s tímto světem člověk postupuje k nápravě. A pomocí plnění přikázání pro potěšení Stvořitele člověk postupuje vpřed.

Jakýkoli čin člověka se záměrem přinášet Stvořiteli uspokojení lze nazvat Přikázáním. Jednání proti egoistickému přání se nazývá Přikázání a světlo blaženosti, které člověk dostává v důsledku tohoto konání, se nazývá Tóra.

Celkem existují na světě dva druhy činů: altruistické – ve prospěch Stvořitele – „Lišma", čisté – Keduša, Přikázání – Micva a egoistické – ve vlastní prospěch – „Lo Lišma", nečisté – Tuma – Klipa, provinění – Avera.

U těchto činů není hlavní jejich fyzické provedení – přísně omezené zákony, které jsou vyloženy v Tóře, o nichž je řečeno, že k nim nelze nic přidávat ani z nich nic odstraňovat – ale neustálé zdokonalování záměru, v čí prospěch a kvůli čemu člověk koná tak nebo jinak. Vždyť právě záměr určuje čin.

Například pokladního v bance, když vám vydává peníze, nepovažujete ho za altruistu, protože jeho jednání není určeno jeho úmysly, a právě jen úmysly určují charakter činu.

Podle vnějšího jednání nikdy nemůžeme říci, na jaké duchovní úrovni se člověk nachází, protože to je určováno pouze silou jeho úmyslů, a ty jsou skryty před všemi, a často i jejich samotnému vykonavateli – a to je další příčina toho, že se kabala nazývá tajnou částí Tóry.

Člověk začíná očišťovat touhu po naplnění, která v něm byla vytvořena, a postupně ji obrací v přání dávat, čímž způsobuje sestup čisté duše z jejího kořene v záměru stvoření, a když duše prochází systémem čistých světů, odívá se do těla, a to je čas nápravy.

Postupně namísto přání dostávat ve vlastní prospěch, ať už dostávat nebo dávat, pro svoji výhodu (lekabel al minat leašpia nebo leašpia al minat leašpia) přichází přání dávat sebe, svoje pocity i myšlenky Stvořiteli, přání dávat ve prospěch Stvořitele – leašpia al minat leašpia.

A dále pokračuje osvojování si a získávání čistých stupňů záměru stvoření, které se nacházejí ve světě Nekonečna, a které člověku pomáhají změnit přání „dostávat pro sebe" v opačné přání, přání dostávat ve prospěch potěšení Stvořitele a nikoli pro vlastní výhodu.

Dostávat ve prospěch Stvořitele, lekabel al minat leašpia, získavat potěšení, protože si to tak přeje Stvořitel. Čin je stejný jako ten výchozí, egoistický, ale záměr mění jeho smysl v opačný. Z níže uvedeného příkladu je rovněž patrno, že to hlavní není samotný čin, nýbrž záměr, protože pouze ten charakterizuje čin.

A tím se člověk stává podobným Stvořiteli, vždyť dostávání ve prospěch dávání je považováno za čin čistého dávání (jak je řečeno, váženému člověku věnovala nevěsta prsten a on jej přijal, a to se chápe tak, že jej on dal jí, vždyť dostávání pro potěšení druhého je považováno za dávání).

Jestliže k člověku zavítá známý a ve společnosti vážený host, pro hospodáře bude velmi důležité, aby si od něho vážený host něco vzal, protože tím host prokáže hospodáři laskavost a službu, přičemž míra ocenění této laskavosti závisí na tom, jak veliký je host v očích hospodáře.

Podle zákona Tóry si ženich kupuje nevěstu, když jí předává svatební smlouvu a nějaký předmět (obvykle prsten) v ceně nejméně jednoho prutu (zcela nepatrná částka). Je-li však ženich vážený člověk, k uskutečnění svatební transakce stačí, aby od nevěsty přijal prsten, protože tím, že přijímá, ženich poskytuje nevěstě rozkoš, podobnou tomu, jakou obyčejný člověk někomu poskytuje obdarováním.

Z tohoto příkladu je patrné, že hlavní není čin, nýbrž jeho záměr, který může změnit smysl činu v opačný. V našem světě činíme závěry o lidském jednání podle vnějšího projevu, zatím co duchovní děje jsou hodnoceny právě podle skutečného záměru toho, kdo je realizuje.

Právě vůči záměru (Kavana) a nikoli činu bylo učiněno omezení a skrytí světla. Svoje činy duše, Kli, nemění: na konci nápravy; přijímá, stejně jako před ní, ale záměr mění čin v opačný, a Kli se z přijímajícího stává dávajícím. Svoji přirozenost Kli změnit nemůže, ale mění-li záměr, stává se podobným Stvořiteli.

A tím získává úplné splynutí se Stvořitelem, neboť duchovní splynutí je rovnost vlastností, jak bylo řečeno, že splynout se Stvořitelem znamená splynout s Jeho činy, v důsledku čehož se člověk stává hodným obdržet všechno dobré, co je v záměru stvoření.

Příklad: kolem nás je veškerý prostor naplněn rádiovými vlnami, avšak pouze rozhlasový přijímač, speciálně vyrobený přístroj, je schopen registrovat výskyt rádiových vln a přijímat je, rovnají-li se jeho vnitřní vlastnosti (kmity přijímacího obvodu) vlastnostem (kmitům) vln.

Další příklad: představ si, že se nacházíš v hloubi klidného krásného něžného prostředí, obestírajícího tvoje tělo ze všech stran a obtékajícího tě jako voda. To prostředí je natolik příjemné, že nepociťuješ sám sebe, pouze všemi buňkami těla je vnímáš a kocháš se jím.

Je to jako kdybys necítil sám sebe, nýbrž to, co tě obklopuje. Samozřejmě že pociťuješ to, co tě obklopuje, póry svého těla, všemi svými smysly, jsi však pohlcen pouze tím, co tě obklopuje. Jestliže si tvoje vlastnosti a vlastnosti tohoto prostředí budou podobné, nebudeš cítit nic kromě něj. Jestliže však tvoje myšlenky a myšlenky tohoto prostředí budou jedno, sliješ se s ním bez jakéhokoli odlišení od něj, prostě se v něm rozplyneš.

Stvořitel sebou naplňuje veškeré stvoření, nás všechny. Je venku i uvnitř. Pocítit Jej však může pouze někdo, kdo se mu podobá svými vlastnostmi. Pouze pokud nějakou ze svých vlastností připodobní vlastnosti Stvořitele „dávat", začíná v této své napravené vlastnosti cítit Stvořitele, a pouze v tomto případě se tato jeho vlastnost nazývá Kli – nádoba na přijímání potěšení, světla, vnímání Stvořitele.

Odtud je patrno, že i když se Stvořitel nachází všude „fyzicky", my jej nevnímáme, protože je nám krajně vzdálen „duchovně". Když se postupně očišťujeme od egoismu, jímž jsou prosáklé všechny naše smyslové orgány, spolu s tím jak získáváme Stvořiteli podobné vlastnosti, se s Ním duchovně sbližujeme a začínáme Jej vnímat. A úplná podobnost vlastností, tj. absolutní splynutí člověka se Stvořitelem, je právě cílem stvoření (koncem nápravy).

Problém předávání duchovních informací je podobný problému při předávání jakýchkoli informací, s nimiž nejsme seznámeni, které necítíme a nemáme o nich žádné představy ani analogie. Jako například když jsem absolvoval daleký kosmický let a vrátil jsem se, chci vám vyprávět o něčem zcela neobvyklém, co se ničemu nepodobá a nemá obdoby v našem obvyklém a známém světě. Jak mám postupovat?

Mohu použít jazyk našeho světa, názvy přijaté v našem světě, přitom mám však na mysli zcela jiné pojmy než vy, kdož znáte pouze pojmy našeho světa. Mohu použít názvy objektů a dějů našeho světa k popisu světa, kde jsem pobýval tehdy, pokud jsou v něm objekty a procesy podobné svými funkcemi.

Elektrickým drážděním mozku lze vyvolat v člověku pocit hladu, lásky, strachu, extáze atd. To je však možné pouze proto, že existuje chápání shody signálů s našimi pocity.

Kabalista, který při čtení textu Písně písní prožívá pro náš svět neobyčejné pocity, nemůže stejně jako my v našem světě předat své pocity druhému, dokonce ani jinému kabalistovi. Avšak když získává spolu s pocity i absolutní poznání, může všechny své pocity vyložit v jazyce kabaly, vědeckém jazyce, který popisuje stavy jeho duše, vnější působení na ni, a její reakce na tyto vlivy.

Když od sebe duchovní Kli kabalisty (Masach, Or Chozer) odpuzuje přicházející potěšení, tedy pocit Stvořitele (Or Jašar), získává potěšení z výsledku svého činu (Or Pnimi).

Tyto pocity popisuje kabalista v podobě symbolů v knize. Ti, kdož jsou schopni podle těchto symbolů reprodukovat tytéž (nebo jim podobné, avšak o řád nižší nebo vyšší) činy, pocítí totéž, co kabalista.

Kabalistovy pocity (světlo) jsou vnitřním zpracováním pociťovaného (interakce světla a clony) – popisem pociťovaného v jazyce kabaly (Bechinot, Sefirot) – čtením jiným kabalistou v jazyce kabaly – vnitřní reprodukcí popisovaného stavu Kli (děj se clonou) – obdržením téhož pocitu (světla).

Tento proces se podobá používaným metodám při záznamu jakýchkoli informací (slov, hudby atd.), avšak v našem případě se nám nedostává orgánů k jejich reprodukciinterpretaci – v jazyce kabaly nazývané clony, nebo srozumitelněji – altruistických orgánů vnímání.

Kelim se vztahují ke stupni 4 (Bechina 4), přání přijímat ve prospěch sebenaplnění (lekabel al minat lekabel), a zůstaly beze změny poté, co do nich vstoupilo světlo při dostávání ve prospěch Stvořitele (lekabel al minat leašpia), a tím Kelim přešly k systému nečistých sil ABJA.

Kli je přání přijímat potěšení v podobě světla ve svůj nebo Stvořitelův prospěch. Po omezení přijímání světla (Cimcum Alef) Malchut přijímá světlo s přihlédnutím k tomuto: část světla, kterou může obdržet ve prospěch Stvořitele, dostává a to, co není schopna vzít s tímto záměrem, to nepřijme.

Po přezkoumání, nazývané hlava (Roš) duchovního objektu (Parcufu), je světlo přijímáno dovnitř (Toch Parcufu). Kvůli nedostatečné síle záměru přijmout potěšení ve prospěch Stvořitele, zůstala část Kli nenaplněná a ta se nazývá konec (Sof Parcufu). Pro všechny Kli Roš-Toch-Sof existuje název Parcuf. Toch a Sof se nazývají tělo (Guf) Kli.

Toch je místo v Kli od úst (Peh) po pupek (Tabur), a Sof je místo v Kli od Taburu do jeho konce (Sium). Tabur se nazývá Malchut de Toch, zakončující přijímání světla (Malchut Mesajemet). Od Taburu a dále zůstávají Kelim prázdné, protože jestliže přijmou světlo, pak je to pro sebenaplnění, a proto jej nepřijímají.

Z tohoto důvodu se část Guf pod Taburem nazývá Sof – konec přijímání světla. Světlo, které Kli dostává do Tochu, se nazývá vnitřní světlo (Or Pnimi) a světlo, které by muselo zaplnit Sof Parcufu, ale nezaplňuje, vzhledem k nedostatečné síle záměru dostávat je ve prospěch Stvořitele, se nazývá okolní světlo (Or Makif). Toto světlo zůstává venku a čeká, dokud se v Kli neobjeví síla přijmout je.

Protože si však Kli nepřeje přijmout světlo do Sofu Parcufu, aniž si přeje oddálit se svými vlastnostmi od Stvořitele, dostává do Sofu Parcufu zvláštní blaženství z podobnosti se Stvořitelem – Or Chasadim, a rovněž trochu Or Chochma, protože si přeje být podobné Stvořiteli navzdory přijímanému Or Chochma.

Tak světlo přijaté v přání po sebenaplnění před Cimcum Alef se po Cimcum Alef částečně přijímá do Tochu Kli, a jeho zbývající část zůstává mimo Kli. K tomu však, aby celé Kli obdrželo všechno světlo, anuluje Or Makif Masach tím, že tlačí na Kli, aby obdrželo všechno světlo, nezávisle na podmínkách.

A vzhledem k tomu, že si Kli nepřeje přerušovat stav podobnosti vlastností se Stvořitelem, vyvrhuje ze sebe úplně všechno světlo, tj. i světlo z Tochu Parcufu, a zůstává prázdný jako před přijetím dávky světla. Tento čin však způsobil, že Sof Kli opustilo kromě Or Chochma, které bylo přijato do Tochu Parcufu, také Or Chasadim, které se s malým množstvím Or Chochma nacházelo pod Taburem v Sofu Parcufu. A celá příčina odchodu světla z Kli spočívá v tom, že si Kli nepřeje přijímat dodatečné světlo, protože je nemůže přijímat ve prospěch Stvořitele, a ve vlastní prospěch si to nepřeje, neboť tím se od Stvořitele vzdaluje.

Anulování Masachu v Taburu (Hizdakchut) znamená, že Masach, který v Taburu omezoval přijetí světla, a proto umožnil jeho přijetí do Tochu Kli, je nyní oslaben, a to právě vedlo k anulování jeho omezující síly, a proto Kli již vůbec nemůže přijímat světlo. Proto se Masach z Taburu pozvedá se všemi Rešimot (vzpomínkami) v Peh de Roš, kde se nachází jeho zdroj, a tam dostává sílu přijmout následující porci světla.

Odkud však Masach může vzít přání přijímat (Avijut)? Z místa, kde se nacházejí všechny Kelim – zpod Taburu. Tabur je Malchut Mesajemet a zakončuje přijímání světla z důvodu neexistence síly záměru přijmout ve prospěch Stvořitele. V důsledku činu Or Makif, se Masach de Tabur pozvedá do Peh – Malchut de Roš, Malchut, která má sílu záměru dostávat ve prospěch Stvořitele.

Do povznesení neměl Masach síly záměru dostávat ve prospěch Stvořitele. Z toho je patrno, že následující Parcuf napravuje Kelim zpod Taburu předchozího Parcufu, tj. dává mu sílu záměru přijmout světlo ve prospěch Stvořitele.

Avšak bez ohledu na to, že všech pět Parcufů světa Adam Kadmon přijalo pro sebe Kelim zpod Taburu, zůstaly tam ještě Kelim, které nemají síly záměru ve prospěch Stvořitele, jež plně patří k přáním dostávat, Kelim, které jsou beze světla a dokud nebudou naplněny, nedojde k plně napravenému stavu (Gmar Tikun).

A proto se tyto Kelim, jejichž vlastností je přání přijímat ve vlastní prospěch, smísily s Kelim Nekudot de SAG, které se spustily pod Tabur, v důsledku čehož došlo k Cimcum Bet. Před Cimcum Bet neexistovalo přání užívat tyto Kelim k nápravě a k tomu, aby obdržely záměry ve prospěch Stvořitele. Proto byl poté stvořen člověk, který se do 13 let nachází pod vlivem systému nečistých světů a přeje si přijímat všechno pro sebe. A když již má tyto Kelim, pak je může pomocí Tóry a Přikázání napravit, aby mohly přijímat ve prospěch Stvořitele.

Tak se vysvětluje princip nápravy přání „dostávat", daný duším, na základě záměru stvoření, tím, že jim Stvořitel připravil dva výše popsané systémy, čelící jeden druhému, podle nichž procházejí a dělí se na dva objekty, tělo a duši, které se do sebe navzájem odívají.

Období, během nějž člověk získává, dosahuje svého úplného přání dostávat, se obvykle nazývá obdobím do 13 let. Poté začíná napravovat obdržené přání. Na počátku Stvořitel stvořil společné přání přijímat, nazývané společná duše neboli Adam HaRišon – První člověk.

Protože však duše není schopna se najednou napravit a obdržet veškeré světlo ve prospěch Stvořitele, Stvořitel ji rozdělil na množství jednotlivých částí, z nichž každá je schopna provést vlastní nápravu, přijmout svoji dávku světla ve prospěch Stvořitele, protože postupně, během doby, tj. při dělení částečné dávky světla ještě na části v čase, je člověk schopen překonat vlastní sobectví, postavit se nevelkému potěšení a postupně přijmout veškeré světlo, připravené pro jeho duši.

Takový stav se nazývá Gmar Tikun Prati – konec individuální (osobní) nápravy. A poté, co se všechny individuální Kelim, duše, napraví, všechny se spojí do jedné společné duše, jako na počátku stvoření takový stav se nazývá Gmar Tikun Klali – konec společné nápravy.

Vidíme tedy, že celý proces je nezbytný pouze pro změnu směru duše: ta získává naplnění, stejně jako ve svém počátečním stavu, avšak již nikoli se záměrem sebenaplnění, nýbrž naplnit se proto, že si to přeje Stvořitel.

A pomocí Tóry a Přikázání se konečně mění vlastnost „dostávat" ve vlastnost „dávat" a tehdy mohou obdržet všechno dobré, co bylo v záměru stvoření, a rovněž dosahují splynutí se Stvořitelem, v důsledku naplnění Tóry a Přikázání, shodou vlastností se Stvořitelem. A to je definováno jako konec nápravy.

Člověk získává ve svém napraveném stavu nejen počáteční potěšení, nýbrž dodatečně ještě obrovskou blaženost ze splynutí se Stvořitelem svými vlastnostmi, blaženost ze splynutí s Dokonalostí.

A tehdy, protože již není zapotřebí systému nečistých sil, tento systém mizí a smrt navždy odchází. A veškerá práce v Tóře a v Přikázáních, daná celému světu během 6000 let jeho existence, a rovněž každému osobně během let jeho života, je zde pouze k tomu, aby je bylo možno dovést do konce nápravy, ke shodě vlastností.

Rovněž se vysvětluje nezbytnost toho, že Stvořitel stvořil systém nečistých sil, že byl povinen jej stvořit, aby z nich uskutečnil stvoření těl, a aby se těla poté napravila pomocí Tóry a Přikázání, a kdyby naše těla nevyšla ze systému nečistých sil v podobě nenapraveného přání dostávat, nebyla by zde možnost nápravy, vždyť napravit může člověk jen to, co je v něm.

Podmíněně se stupně-stavy Obvykle nápravy dělí na 6000 postupných stavů, nazývaných roky („6000 let doby existence") a individuální stupně nápravy se dělí na stavy, nazývané „létaroky".

Člověku není zapotřebí „let" k tomu, aby dosáhl svého duchovního kořene, - dosáhnout vlastnosti „dávat" je možné pouze prosbou, modlitbou pociťovanou v srdci, není nezbytně nutné pečlivě mechanicky vyslovovat slova nahlas. Je to prosba srdce, aby člověk obdržel shůry: síly „ve prospěch Stvořitele", studovat Jeho tvůrčí dílo, síly prosit Jej, síly pracovat na sobě; získává odpověď shůry v podobě vyššího světla (Or AB-SAG), očišťujícího jeho přání.

Člověk, který se nachází v procesu duchovního vývoje, pociťuje na sobě neustále se měnící vlivy, které vnímá jako změny svého vztahu k životu, cíli života, závažnosti cíle, místu a významu Stvořitele v jeho životě.

Občas nabývají jeho pocity odstínu zoufalství, únavy (z nesplnění jeho plánů, z toho, že Stvořitel si přeje ukázat, nakolik vztah člověka k duchovnu závisí na odměně aj. příčinách). V takových případech je nutno získat potěšení z práce či dětí, neboť bez naplnění v daný okamžik nebo perspektivy jejího získání člověk není schopen existovat.

Proto kabalisté zavazují člověka, který si přeje duchovně růst, aby pracoval, vychovával děti a zúčastňoval se veřejného života, aby se nezamykal mezi čtyřmi stěnami a nestal se poustevníkem, jak si obvykle představují kabalistu ti, kdož jsou kabale vzdáleni.

Kabalista je povinen pracovat nikoli pro peníze, nýbrž proto, aby při duchovním pádu, k němuž dochází v důsledku přidání přání dostávat, nezbytného pro další duchovní růst, byl nucen pokračovat v plnění svých každodenních povinností, bez ohledu na to, že prožívá stav úpadku ve své snaze učit se, modlit se atd., aby jej sám život a jeho běh nutil fungovat dále jako obyčejně.

A k tomu dává rovněž přesný pokyn Tóra: „Jafe Talmud Tora Jim Derech Erec" (dobré je spojení Tóry se světskými činy – Pirkej Avot, 2, 2). Základní smysl práce a jiných činností, i těch nejvšednějších - být spojený se Stvořitelem svými myšlenkami v době konání činnosti, ještě více než v době učení to je povinností jenom pro ty, kdokdož usilují o duchovní růst, protože si kladou za cíl změnit se již v tomto životě před shodou vlastností se Stvořitelem, zatím co ti, kdož pojali záměr získat odměnu až v budoucím světě, jejichž veškerým cílem není tento svět, nýbrž svět budoucí, v němž je očekává odměna za dlouhá léta učení, neočekávají v tomto světě žádné výsledky, neprocházejí pásy tlaku cíle stvoření a zvyšujícího se egoismu, celý jejich život je přímý v neustálém úsilí o studium Tóry a plnění Přikázání pro budoucí svět.

Systém nečistých sil vytvořil Stvořitel schválněpředevším proto, aby se v nás postupně vyvinulo přání dostávat v takovém rozměru, abychom dokázali získat veškeré pro nás připravené světlo. V celkové podobě se systém nečistých světů skládá ze tří nečistých sil – Ruach Seara, Anan Gadol, Eš Mitlakachat.

Tyto tři podoby egoistických duchovních přání se staví před člověka v podobě nekonečných variací vnějších forem (oděvů – Levušim). Stvořitel oživuje systém nečistých sil pouze proto, aby mohl existovat a poskytovat člověku stále silnější egoistická přání.

Člověk tím, že je překonává, duchovně roste. Jinak řečeno, přání dostávat, které se nachází v systému nečistých sil, to je ono Kli, jejž je člověk povinen napravit, aby v něm pocítil Stvořitele.

Ve třetí etapě (dni) stvoření Stvořitel stvořil egoismus, přání po sebenaplnění anděla (sílu) smrti (vycházení světla z Kli v důsledku egoistického přání). Tato etapa je v Tóře nazvána dvojnásob dobrou, právě proto, že při nápravě člověk vyhrává dvojnásob: z obdržení potěšení a ze splynutí se Stvořitelem.

Do nenapraveného Kli lze dočasně obdržet potěšení pouze od jiskry světla, nacházející se v systému nečistých sil, ale při nápravě Kli - čím více je Kli napraveno, tím více je člověk naplňuje.

V Tóře je řečeno: „Kol agadol mi chavejro, icro gadol mimejno" (čím větší je člověk, tím větší jsou jeho přání). Velký člověk si přeje naplnit se i duchovními potěšeními, nejen rozkošemi našeho světa. Spravedlivý si však přeje naplnit se pouze proto, že si to přeje Stvořitel, jinak i když si přeje potěšení stejně jako hříšník, nedovoluje si to, neboť si přeje splynout se Stvořitelem.

Proto spravedlivý v sobě potlačuje přání přijímat, jak bylo řečeno: „Ejn HaTora mitkajemet, ele be mi še memit et acmo aleja" (Tóra existuje pouze v tom, kdo se umrtvuje), což znamená, že světlo, nazývané Tóra, vchází pouze do toho, kdo zabíjí svůj egoismus.

Proces nápravy je krásný, člověk na sobě postupně dosahuje své přirozenosti a pociťuje celý svět, ale občas je dosti rozbolavělý, protože antiegoistické pocity jsou pro nás bolestivé. Všechno závisí na uvědomění si nezbytnosti vyléčit se: dítě, tj. člověk, který si neuvědomuje nezbytnost vyléčit se a hrozbu následků nemoci, nesouhlasí s užíváním hořkého léku, ale dospělý nemocný, tj. ten, kdo si uvědomuje nemoc a přeje si uzdravit se, je ochoten užívat hořké léky nebo dokonce jít na operaci ve jménu života.

13. Ještě nám zbývá pochopit: jestliže je veškeré přání přijímat ve svůj prospěch natolik špatné a zkažené, jak k němu došlo a jak se objevilo v záměru Stvoření ve světě nekonečna, jehož jednotu nelze slovy popsat?

Jde o to, že už v záměru stvořit duše, Jeho mysl všechno skončila, protože nepotřebuje konat jako my.

Protože v duchovnu je právě mysl a přání konáním, vždyť i v našem světě pouze výskyt těl vyžaduje naplnění záměru mechanickým jednáním. A to se vztahuje nejen na činy Stvořitele, nýbrž i na duchovní konání člověka, který se nachází svými vlastnostmi v duchovních světech.

A neprodleně, jakmile vznikl záměr stvoření, vyšly a objevily se všechny duše a všechny světy, které se měly zrodit v budoucnu, naplněné veškerým potěšením, usmysleljež pro ně Stvořitel zamýšlel, ve vší své konečné dokonalosti, jíž dosáhnou duše na konci nápravy, tj. poté, co jejich přání „dostávat" dosáhne veškeré a plné nápravy a promění se v čisté „dávání", v plné shodě vlastností se Stvořitelem.

Proto nebylo v záměru stvoření vytvořit něco zkaženého, nýbrž se ihned v záměru stvoření objevila naše napravená forma úplné podobnosti se Stvořitelem.

A to proto, že ve věčnosti Stvořitele jsou minulost, budoucnost i současnost považovány za jedno, a budoucnost je brána za současnost. V Něm neexistuje pojem času.

Protože duchovní svět je světem přání, mimo těla, hmotu, vzdálenosti, svět, kde působí pouze samotná přání, právě samotné přání je činem, a proto schází pojem času. Pod časem v duchovním světě chápeme souhrn postupných změn přání, vyplývajících jedno z druhého, jako příčina a důsledek, a proto jsou v našem světě nazývány jejich větvemi, dny, měsíci a roky.

Proto slova dříve, časněji, později, v důsledku, poté, aj. označují pouze příčinu a důsledek, nikoli čas jejich vzniku.

Vršek a spodek označují změnu vlastností člověka vzhledem ke Stvořiteli neboli vztah vlastností mezi dvěma stupni, kde vyšší označuje co do vlastností napravenější, duchovnější, „bližší" Stvořiteli.

Vyšší je významnější. Místo – přání dostávat – je oním „místem", do nějž stvoření dostává světlo Stvořitele. Blízký je co do vlastností ve vztahu k druhému. Dotýkající se je takový, jehož vlastnosti se příliš neodlišují od předchozího stupně, kořene, který jej zrodil, aby jej od kořene oddělily. To je nutný stav mezi dvěma sousedními (co do vlastností) duchovními objekty.

Pohyb je jakákoli změna vlastností od předchozí vlastnosti v podobě přání k současné, podobně jako oddělující se část v materiálním těle. Název – název duchovního objektu – vysvětluje cesty získávání světla na této duchovní úrovni. Kli je přání dostávat. Stvořitel – veškerá příčina – se nazývá „tvořící" vzhledem k tomu, že z ní vychází jak zrozené Kli, tak i světlo, které toto Kli naplňuje.

Proto vůbec neexistovalo nenapravené přání dostávat, které se liší od vlastností Stvořitele ve světě Nekonečna, právě naopak: ona budoucí podobnost vlastností, která se musí projevit na konci nápravy, se objevila ihned ve věčnosti Stvořitele.

A o tom praví mudrci: „Před stvořením světa byla jednota Jeho i stvoření." Vždyť odlišnost přání přijímat se nijak neprojevila v duších, které vyšly ze záměru stvoření, nýbrž byly spojeny se Stvořitelem podobou vlastností, tajemstvím jednoty.

Zde se žák obvykle zeptá: „Jestliže bylo všechno připraveno předem a my se nacházíme ve stavu „Gmar Tikun", ve splynutí se Stvořitelem, a pouze v našich pocitech jsme toho ještě nedosáhli, má cenu, abychom na sobě pracovali,, vždyť můžeme nadále existovat jako dosud a když nastane čas nápravy každého, přivedou jej k potřebnému stavu shůry?"

Stvořitel nám připravil dvě cesty k cíli: cestu Tóry a cestu utrpení.

Existujeme pouze v nich. Lidstvo se obvykle pohybuje vpřed cestou utrpení, a tím spíše lid Izraele, který je vyvolený, aby jako první dosáhl cíle stvoření. Utrpení vede lidstvo vpřed: pokoušet se nalézt uspokojení v materiálním nebo technickém pokroku, v útěku osobnosti do odtažitých – abstraktních činností, náboženství a vyznání, závislosti na drogách nebo fanatismu.

Bylo by vskutku možné ponechat lidstvo sobě samému, aby postupovalo k cíli cestou strádání.? Avšak právě kabalisté, kteří dosáhli cíle stvoření a prošli všemi etapami vlastní nápravy, jež nás ještě čekají, se pozdvihli na úroveň spojení se Stvořitelem a poté, co si uvědomili všechny Jeho cesty, přijali od Něho a poskytli nám Tóru a vyložili ve stovkách svých prací relativně bezbolestnou a krátkou cestu dosažení před námi stojícího cíle.

Jde o to, že pojem „cesta utrpení" není cesta jako taková, pouze krutá postrkující síla, která nás nutí přijmout cestu Tóry.

Tak či onak, máme právo volby: ihned přijmout cestu Tóry studiem kabaly (kabala od slova lekabel – dostávat, učení o dosažení cíle stvoření) plněním jejích předpisů, nebo nadále neuvědoměle existovat, dokud nás strádání nepřinutí hledat před nimi spásu, jak jsme jimi již byli přivedeni k poslechu přednášky a otevření knihy.

Vidíme, jak strádání může přimět člověka, aby šel dokonce na smrt, a krutě nás zezadu postrkuje. A Stvořitel, když nám vytváří podobné tísnivé situace, přibližuje nás k určitým užitečným věcem a vkládá do nich jiskru volajícího světla – Ner Dakik. Stvořitel postupně mění místo, kde se nachází jiskra světla, a přivede nás tím, že nás vábí spásou od strádání, i k přání odvrhnout egoismus.

14. Z toho nutně vyplývají tři stavy v duších.

Výrazem „v duších" máme na mysli to, co se týká duší, protože co se týká Stvořitele, neexistují žádné změny stavů, protože nedochází k žádným změnám přání, jak je řečeno, „Ani avaja lo šiniti" – (Já svoje záměry neměním). Proto v té podobě, v jaké si nás Stvořitel přeje vidět, v té nás také vidí, a pouze my sami vzhledem k sobě musíme projít změnami ve svých vlastnostech a jako důsledek toho v pocitech duchovna.

Stav 1 – to je stav ve světě Nekonečna v záměru stvoření, kde se již duše nacházejí v budoucí fázi konce nápravy.

Stav 2 – to je stav 6000 let, který se dělí dvěma systémy na tělo a duši, a je jim dána práce v Tóře a Přikázáních, aby bylo přání „dostávat", které je v nich, proměněno v přání „dávat" Stvořiteli.

A během tohoto stavu neexistuje žádná náprava pro těla, pouze pro duše, tj. ony musí od sebe odvrhnout veškerá přání dostávat pro sebe, což je vlastnost těla, a zůstat jenom s přáním dávat, což je druh přání v duších. A dokonce i duše spravedlivých se po smrti nemohou dostat do ráje, pouze poté, co se rozloží jejich těla v zemi.

Pod pojmem „stav" se chápou v té či oné míře napravené vlastnosti člověka, určující jeho duchovní stav. 6000 let není obdobím v našem světě, jinak jak by jej mohli spravedliví dosáhnout před kalendářním termínem!

Je to období práce člověka na sobě, kdy s pomocí vyšších sil, které se nacházejí v Tóře a při plnění Přikázání, získává vlastnost „dávat" a v případě nutnosti přijímá pro sebe pouze minimum k zachování existence, protože dosud ještě existuje ve fyzickém těle. Vzhledem k tomu však, že by nechtěl přijímat pro sebe ani toto, podobné přijímání se nepovažuje za projev egoismu.

Avšak poté, co přání dostávat (tělo) člověka opustilo (zemřelo), člověk může začínat přijímat potěšení (světlo Stvořitelovo), protože si přeje potěšit Stvořitele. A čím více potěšení dostává, tím více koná ve prospěch Stvořitele.

Proto jeho pocity naplnění se v takovémto případě nikdy nenasytí, a možnosti přijímání jsou vskutku bez hranic, zatím co jakékoli egoistické přání rozkoše má svoje meze přesycení, za nimiž přichází zklamání. Spravedlivý, který prožívá potěšení v tom, že naplňuje Stvořitele, naopak vyžaduje stále větší potěšení, neboť si přeje stále více potěšit Stvořitele a splynout s Ním.

Všechno, co musíme učinit, abychom přešli do takovéhoto stavu, je pouze odmítnutí malé, pomíjivé rozkoše z malé jiskry Vyššího světla, jak je to však pro člověka těžké! Představme si, že i to nejmenší duchovní potěšení má rozměr několika milionů této jiskry – jak nemožným nám připadá její odmítnutí!

Právě proto Stvořitel stvořil náš svět, zvláštní podmínky, kdy se na jiskře Vyššího světla, oděné do různých oděvů – objektů našeho světa, můžeme sami beztrestně trénovat v pokusech změnit svoji přirozenost; zatím co nezdařilý pokus přijmout světlo ve vyšších světech hrozí zničením nádoby, tzv. „Švirat Kli" (rozbitím Kli).

Avšak jakmile je člověk schopen získávat potěšení z jiskry světla ve prospěch Stvořitele, ihned začíná pociťovat naplnění z dávání (Ašpaa). A před dosažením takovéhoto stavu je nám otevřeno potěšení z jiskry světla, zatím co naplnění z altruistických, duchovních činů, 613 Přikázání, je skryta.

Proces přibližování k duchovnímu poznání je postupný a probíhá v našem světě v časovém rámci, v souladu se sestupem duší do našeho světa. Každým okamžikem do našeho světa sestupují stále nové duše. Existuje určitý řád jejich sestupu – od světlejších po hrubší. V každé generaci je však určitý druh duší, nazývaných Israel, které musí dosáhnout své nápravy rychleji než ostatní.

Proto v sobě lidé, kteří mají duši tohoto druhu, pociťují zvláštní egoismus (ve srovnání s egoismem jiných lidí) a zároveň ochraňující, ale přísnější vztah Vyššího řízení vůči nim. Mezi dušemi typu Israel existuje v každé generaci několik duší, které na sobě pociťují ještě silnější vliv Vyššího řízení, jenž je přivádí do Gmar Tikun Prati – osobní nápravy.

Ti, kteří mají takovéto duše, se nazývají kabalisty. Proces nápravy začíná u kabalistů, poté pokračuje s jejich pomocí u lidí typu Israel, a teprve potom dojde řada na nápravu veškerého ostatního lidstva. Výjimečnost Israele spočívá pouze v této prvořadosti v práci na nápravě naší přirozenosti.

S určitými záměry je možné vykonávat tyto činy:

1. „Dostávat" ve svůj prospěch – „Lekabel al Minat Lekabel", absolutní egoismus, naše skutečná přirozenost.
2. „Dávat" ve svůj prospěch – „Leašpia al Minat Lekabel", „zdvořilý" egoismus, chování vychovaných lidí v našem světě. Když pokladník vydává mzdu, rovněž svým konáním dává, zdalipak ho ale lze považovat za altruistu! Takový stav se v Tóře nazývá „Lo Lišma" (nikoli ve prospěch Stvořitele).
3. „Dávat" ve prospěch Stvořitele – „Leašpia al Minat Leašpia", duchovní altruismus, přičemž nezáleží na tom, zda člověk dává Stvořiteli nebo někomu jinému, protože když dává sám od sebe a ne pro svůj prospěch, nebere to tak, že by sám něco přijímal, jelikož vše mimo své tělo vnímá, jakoby to vůbec neexistovalo.

V Tóře se takovýto stav nazývá „Lišma" (ve prospěch Stvořitele), neboli „Matan be Seter" „tajné odevzdávání", protože člověk nejen nepociťuje to, že dává, ale ani to, komu dává, protože tyto pocity jsou již odměnou. V našem světě se „Matan be Seter" nazývá stav 2, dávání ve svůj prospěch.

Jak jsme již hovořili, naše egoistická přirozenost automaticky nutí naše tělo hledat pohodlnou polohu a naše myšlenky neustále hledat cesty sebeuspokojení. Táž přirozenost nám nikdy nedovolí uskutečnit třeba jen nějaký skutečně altruistický fyzický nebo duchovní pohyb. Jak tedy můžeme vyjít ze sebe, ze slupky svého egoismu, a dosáhnout stavu 3?

Tohoto stavu lze vskutku dosáhnout pouze za pomoci Stvořitele. Jak jsme již zkoumali, jestliže světlo vchází do Kli, předává Kli svoje přání, svoji přirozenost. Avšak do egoistického Kli světlo vejít nemůže pro zákaz Cimcum Alef. Později budeme analyzovat, jakou cestou jej Stvořitel vyvádí z jeho stavu, nazývaného „Olam HaZe" (tento svět), do „Olam HaBa" (budoucí svět).

4. „Dostávat" ve prospěch Stvořitele – „Lekabel al Minat Leašpia" se rovná čistému dávání, protože čin mění svůj význam vzhledem k záměru „ve prospěch Stvořitele". Tím se stvoření stává zcela podobným Stvořiteli. Proto je právě takovýto stav cílem stvoření: být blažený, protože si to přeje Stvořitel.

Tohoto stavu však lze dosáhnout pouze po úplném zvládnutí předchozího, kdy člověk dokončil práci na vymýcení, odmítnutí svého egoismu a prošel všemi 6000 stupni své nápravy. Stav 4 se proto nazývá sedmým tisíciletím (Elef Ašvii). Právě v něm působí Přikázání (povinnost) potěšit se Stvořitelovým světlem. Člověk dostává potěšení, ale nazývá se „dávajícím".

Před dosažením tohoto stavu může člověk dostávat potěšení, dokonce může sám sebe naplnit, pouze tehdy, vychází-li toto potěšení ze studia Tóry a plnění Přikázání – stejně si to přeje Stvořitel, i když to činí člověk pro sebenaplnění, zatím co jiná potěšení našeho světa se nazývají „Klipa" (slupka).

Rozdíl mezi stavem 3 a stavem 4 lze pochopit z příkladu: člověk si obléká Cicit (oděv se 4 cípy, na nichž jsou podle zákona přivázány Cicit – speciálním způsobem vyrobené nitěstřapce). Vzhledem k tomu, že sama činnost mu potěšení nepřináší, pak by to bez pokynu (Přikázání) Stvořitele nedělal. Proto se takovýto čin nazývá dávání (Mašpia).

Záměr člověka uskutečnit tuto činnost může být ve svůj prospěch – al Minat Lekabel, nebo ve prospěch Stvořitele – al Minat Leašpia. Až poté, co člověk dosáhne stavu 3 (Lišma), začíná pociťovat obrovskou rozkoš z Přikázání a je jimi naplněn, protože z toho má Stvořitel radost.

Čin „naplňovat se ve prospěch Stvořitele" se nazývá kabala a instrukcí k dosažení takovéhoto stavu je nauka, učení kabala.

Stav 3 je dokončení nápravy duší po vzkříšení mrtvých, kdy rovněž dojde i k úplné nápravě těl, protože přeměňuje získávání, vlastnost těl, se přetvoří v dávání, a těla se stanou hodnými obdržet vše dobré, co je obsaženo v záměru stvoření.

Na druhé straně se jim dostane úplného splynutí, v důsledku podobnosti vlastností se Stvořitelem. Protože nejsou naplněna svým přáním dostávat, nýbrž svým přáním dávat, dělat radost Stvořiteli, protože On má potěšení, jestliže od Něho duše přijímají.

Pro stručnost budeme dále nazývat tyto tři stavy duší jako stavy 1, 2 a 3. Zapamatuj si je.

Stav 3 znamená konec nápravy celého Kli, tj. obdržení veškeré připravené blaženosti. Je přirozené, že tohoto stavu lze dosáhnout po dokončení veškeré nápravy Kli ve stavu 2 a pouze poté, co se jím projde.

Poté, co člověk zcela vyloučí z užívání svůj egoismus - „umrtví svoje tělo" (nikoli proto, že jeho vlastností je „dostávat", s tím nic udělat nemůže, vždyť tato vlastnost byla vytvořena Stvořitelem, a právě to je samo stvoření, nýbrž proto, že tuto vlastnost využívá se záměrem „ve svůj prospěch"), získává vlastnost světla, záměr dávat, a tehdy začíná postupně vyvolávat svá přání „dostávat" (vzkříšení mrtvých těl) a napravovat svůj egoismus, všechny sebou odvržené vlastnosti, nikoli proto, že to jsou vlastnosti „dostávat", nýbrž proto, že jsou „ve svůj prospěch", a postupně v nich začíná „dostávat ve prospěch Stvořitele". Světlo, přicházející do napraveného Kli, „dostávání ve prospěch Stvořitele", se nazývá Tóra. Jak je v ní řečeno: „Tóra existuje pouze v tom, kdo pro Ni umrtvil sebe samého" – naplnění ze splynutí se Stvořitelem dosahuje pouze ten, kdo umrtvil své přání „dostávat ve svůj prospěch". A jakmile dosahuje stavu „dostávat ve prospěch Stvořitele" – ihned s Ním dosahuje splynutí.

15. Když se však pozorně zahledíme na tyto 3 stavy, zjišťujeme, že vzájemně podmiňují nutnost své existence natolik, že kdyby nemohl existovat jeden z nich, zbývající stavy by zmizely.

Například, kdyby se neprojevil stav 3, přeměna vlastnosti „dostávat" do vlastnosti „dávat", nemohl by se projevit stav 1, který je ve světě Nekonečna, protože ten se tam projevil ve vší dokonalosti pouze proto, že v budoucím stavu 3, díky Stvořitelově **věčnosti již slouží jako přítomnostý, a veškerá dokonalost, existující tam v tomto stavu, je pouze něco jako kopie budoucího stavu v současnosti, který tam je, avšak kdyby se budoucnost nemohla splnit, nebyla by tam žádná jeho skutečnost v současnosti. Proto stav 3 zavazuje k existenci stav 1.**

A jestliže by nebylo stavu 2, kde dochází ke vší budoucí práci, jež končí stavem 3, tj. práci při duchovním sestupu, a poté při jeho nápravě, jak by mohlo dojít v budoucnosti ke stavu 3? Tak stav 2 podmiňuje existenci stavu 3.

A rovněž stav 1, který je ve světě Nekonečna, kde již působí veškerá dokonalost stavu 3, zavazuje vší svou dokonalostí k projevení stavů 2 a 3. To znamená, že sám stav 1 zavazuje k projevení opačných systémů ve stavu 2, aby se za pomoci systému nečistých sil objevilo tělo ve zkaženém přání „dostávat", abychom měli možnost jej napravovat.

A jestliže by neexistoval systém nečistých světů, neměli bychom přání dostávat a nebyla by možnost je napravit a dosáhnout stavu 3, vždyť nelze napravovat to, co nemáme. Proto je nemístná otázka, jak se ze stavu 1 objevil systém nečistých sil, vždyť právě stav 1 zavazuje k jeho objevení a Stvořitelovu podporu jeho existence ve stavu 2.

Ve stavu 1 neexistuje stav 3, ale závaznost dosažení stavu 3 poskytuje dokonalost stavu 1, bez nějž by stav 1 nebyl dokonalý.

Do 13 let člověk nabírá touhu po potěšení rozkoši ze systému nečistých sil. Po 13 letech, když studuje Tóru se záměrem napravit se za její pomoci, získat přání poskytovat naplnění, člověk přání dostávat převádí z nečistých sil do čistých (Mevarer Necucot de Keduša).

Příklad: Jestliže se člověk učí hodinu denně se záměrem se napravit – převádí tuto hodinu z moci nečistých sil do čistých. Pojídá Paschální obětování v Chrámu (Kurban Pejsach) – převádí jídlo z moci nečistých sil do čistých.

Vzhledem k tomu, že stvoření – člověk – to je pouze přání dostávat (potěšení), při jeho činnosti všechno závisí na jeho záměru, a pouze záměr určuje, jakého typu bude tento čin, protože všechno závisí na přání, snaze a nikoli na fyzickém ztělesnění daného činu.

Pod stvořením chápeme pouze přání dostávat, nazývané duší nebo duší Prvního člověka (Nešamat Adam HaRišon). Vzhledem k tomu, že najednou nelze přijmout veškeré potěšení se záměrem „ve prospěch Stvořitele" (vždyť tento čin je proti přirozenosti duše!), Stvořitel tuto duši rozdělil na 600 000 částí, z nichž každá nikoli během jednoho, nýbrž mnoha životů na tomto světě, postupně napravuje egoismus a získává svůj podíl na společné připravené blaženosti se záměrem „ve prospěch Stvořitele".

Po nápravě se všechny části společné duše spojují do jednoho celku jako na počátku stvoření, a dostávají společně všechno, co Stvořitel svému stvoření připravil.

Vzhledem k tomu, že takovéto přijímání nevyvolává v příjemci pocit studu (záměr přijímat ve prospěch Stvořitele je dáváním), není omezeno pouze na jeho výchozí přání (čím více dostává, tím více naplňuje Stvořitele) a výsledkem takového přijímání je dosažení splynutí se Stvořitelem (dosahuje Nejvyšší dokonalosti, absolutního Vědění, potěšení Stvořitelem a naplnění z podobnosti se Stvořitelem), tím Stvořitel dosahuje dokonalosti svého činu. Právě proto se rozhodl pouze pro takovýto postup stvoření.

Člověku jsou dány veškeré možnosti určit, jaká jeho přání jsou nečistá a musí být napravena. V knize Zohar je řečeno,, že všechny světy, jak vyšší, tak i nižší, se všemi, kdo je obývají, se nacházejí v samotném člověku a všechny, tj. všechno, co bylo stvořeno, bylo stvořeno jen pro člověka. Což však člověku nestačí tento svět a potřebuje ještě i vyšší, duchovní světy a jejich obyvatele?

Cílem Stvořitele je naplnit stvoření. V duchovnu nejsou materiální těla, není fyzický pohyb, pouze myšlenky a přání. Vzhledem k tomu, že ve Stvořiteli je myšlenka činem, nepotřebuje, na rozdíl od nás, ještě nějaké činy mimo myšlenky. Proto jakmile v Něm vznikla myšlenka stvořit duše, aby je potěšitl,, ihned se objevilo celé stvoření ve své dokončené podobě, zcela naplněné blažeností vycházející ze Stvořitele.

Avšak jestliže může Stvořitel stvořit vše v konečném stavu – stvoření plná potěšení, proč tedy stvořil množství sestupujících, od Něho se vzdalujících světů, až k našemu nejnižšímu světu, a duše umístil do těl tohoto světa?

Jinak řečeno, jestliže je On dokonalý, jak mohl provést tolik nedokonalých (nedokončených) činů, že jsou nezbytné činy stvořených bytostí v našem světě k tomu, aby bylo stvoření dovedeno k dokonalosti, do stavu úplného naplnění?

Jediné, co Stvořitel stvořil, je přání potěšit se Jeho světlem. V našem světě se Stvořitelovo světlo odívá do různých materiálních obalů, které nás neuvědoměle přitahují světlem, jež se v nich nachází. V našem současném stavu nepociťujeme samo světlo, nýbrž se vzpínáme k tomu, v čem se nachází.

Jediné stvoření, přání potěšit se, se nazývá duše, a světlo – to je ono potěšení, kterým Stvořitel zamýšlel naplnit stvoření, tj. duše.

Protože se Stvořitel rozhodl naplnit duše, byl nucen stvořit je v podobě přání přijímat potěšení, přičemž pouze velikost přání naplnit se určuje sílu pociťovaného potěšení. Toto přání naplnit se – to je veškerá podstata duše, a blaženost je světlem, vycházejícím ze samotného Stvořitele.

Sbližování a vzdalování v duchovním prostoru probíhá podle podobnosti nebo odlišnosti duchovních vlastností:

1. jestliže si jsou dva duchovní objekty zcela rovny svými vlastnostmi, splývají do jednoho objektu;
2. do míry podobnosti svých vlastností nebo do míry jejich odlišnosti se duchovní objekty navzájem sbližují nebo vzdalují;
3. jestliže jsou všechny vlastnosti dvou duchovních objektů opačné, jsou označovány jako nekonečně (polárně, absolutně, krajně) vzdálené.

Podle Stvořitelových činů ve vztahu k nám, označujeme Jeho vlastnost jako „přání potěšit", protože stvořil všechna stvoření proto, aby nás naplnil svým světlem.

Tuto znalost jsme získali od kabalistů, lidí, kteří byli počteni tím, že se již za života v našem světě duchovně povznesli na úroveň vnímání Stvořitele a sdělili nám o Něm a jeho vztahu k nám.

Duše se nacházejí v absolutní vzdálenosti od Stvořitele, protože On je podle svých vlastností „dávající", není v Něm žádné přání přijímat potěšení, ale duše jsou stvořeny s přáním po sebenaplnění, což je vlastnost opačná vlastnosti Stvořitele. Kdyby duše přetrvávaly s přáním po sebenaplnění, zůstaly by navždy vzdáleny od Stvořitele.

Stvoření je přání dostávat (potěšení). I když je tím nedokonalé, v protikladu k vlastnosti Stvořitele, a proto je od Něho polárně vzdáleno, je tato vlastnost „dostávat", stvořena jako něco nového z ničeho, je nezbytná, abychom mohli získat to veškeré potěšení, kterým Stvořitel zamýšlel naplnit stvoření.

Příčina stvoření světů spočívá v nutnosti Stvořitele být dokonalým ve všech svých činech. Kdyby stvoření zůstávala vzdálena svými vlastnostmi od Stvořitele, nemohl by se On nazývat Dokonalým, protože z Dokonalého nemohou vzejít nedokonalé činy.

Proto Stvořitel skryl svoje světlo, stvořil světy postupným vzdalováním od Sebe, až do našeho světa, a umístil duši do těla našeho světa. Avšak za pomoci studia kabaly duše dosahuje dokonalosti, která v ní chybí, tím, že se přibližuje svými vlastnostmi ke

Stvořiteli, takže se stává hodnou přijmout veškeré potěšení, zamýšlené Stvořitelem při záměru stvoření, a rovněž dosahuje úplného splynutí s Ním shodou vlastností.

Studium kabaly vede člověka k ovládnutí duchovních přání a jako důsledek toho k obdržení Vyššího světla a ke splynutí se Stvořitelem, tj. k dvojité odměně.

Při přibližování vlastností ke Stvořiteli od počáteční (nulové duchovní úrovně našeho světa) po nejvyšší (splynutí shodou vlastností se Stvořitelem) existuje pět postupných stupňů zdola nahoru. Duchovní stoupání po nich je důsledek toho, že duše obdržela dávky světla (Nefeš, Ruach, Nešama, Chaja, Jechida), dostávané příslušně z pěti světů (Asija, Jecira, Berija, Acilut, AK), z nichž každý se skládá z pěti stupňů (Parcufim), z nichž každý se rovněž skládá z pěti stupňů (Sefirot).

Studium ? kabaly vyvolává vyzařování Vyššího světla na studujícího. Toto vyzařování není zpočátku pociťováno vzhledem k tomu, že duše nemá vlastnosti podobné světlu. Postupně však rodí v duších altruistické přání „dávat", a poté duše dosahují zjevného přijetí světla od stupňů, postupně, stupeň za stupněm, a tak duše (člověk) dosahuje úplné shody vlastností se Stvořitelem – a tehdy se v duších splňuje záměr stvoření: duše dostávají veškeré naplnění, které pro ně Stvořitel zamýšlel, a kromě toho navíc obdrží velké potěšení z pociťování Absolutní Dokonalosti tím, že splynou se Stvořitelem podobností svých vlastností.

Z toho pochopíme to, co bylo řečeno výše, že všechny světy – vyšší i nižší a vše, co je v nich, jsou stvořeny pro člověka: protože všechny stupně (světy) existují pouze k tomu, aby dovedly duše ke splynutí se Stvořitelem. Proto sestoupily stupně od Stvořitele spolu se zmenšováním, svět za světem, až k našemu materiálnímu světu, aby umístily duši do konečného tvaru přání po sebenaplneění, které nemá žádné altruistické přání dávat, čímž je člověk definován jako protikladný Stvořiteli.

Avšak poté, silami světla, získávaného z kabaly, člověk postihuje vlastnost dávat potěšení jiným jako Stvořitel: člověk postupně, krok za krokem dosahuje při svém stoupání vzhůru vlastností stupňů, sestupujících shora dolů, které mají pouze vlastnosti dávat – dokud člověk nedosáhne vlastnosti plně dávat a „nedostávat" nic pro sebe. Tím zcela splývá se Stvořitelem, k čemuž jedinému je stvořen. Proto jsou všechny světy a jejich obyvatelé stvořeni pro člověka.

Duše dostávají světlo, vycházející ze Stvořitele, v míře, kterou jim odměřují stupně. Nakonec získávají přijímající duše svoje vlastnosti, a proto i konají v souladu s duchovními vlastnostmi v podobě přání, která dostávají od světla toho nebo jiného stupně. Samo Stvořitelovo světlo uvnitř samotných stupňů je ve své trvalé podobě, bez jakýchkoli změn.

Tak všechny světy (stupně) jsou změny projevu nekonečného, homogenního světla vzhledem k duším, aby mohly postupně obdržet nekonečné světlo stupeň po stupni. Samy tyto stupně však nemají žádný vliv na nekonečné světlo, které je v nich, jako nepůsobí kryt na toho, kdo se pod ním skrývá, a Jeho úplné nebo částečné ukrytí se projevuje pouze vzhledem k těm, kdož si přejí Jej pociťit.

Jako člověk, který se zakrývá pokrývkami před cizími lidmi, tak se Stvořitel skrývá prostřednictvím pěti světů a elementů těchto světů (celkem 125 stupňů – postupných clon, ukrývajících Stvořitele před námi).

Na základě výše uvedeného existují tři účastníci tvůrčího díla:

- Stvořitel,
- duše,
- světlo.

Samotného Stvořitele nedosahujeme. V duších jsou dvě opačné vlastnosti: ukrytí a odkrytí: na počátku je Stvořitelovo ukrytí, avšak poté, co duše získává v souladu se svými vlastnostmi, proměňují se tyto stupně ukrytí ve stupně Stvořitelova odkrytí duším.

Tak v sobě duše spojují dvě opačné vlastnosti, které jsou vcelku jedním: vzhledem k tomu, že míra Stvořitelova odkrytí duším (míra Stvořitelova světla, kterou obdrží) přesně odpovídá předběžné velikosti ukrytí, přičemž hrubší duše poté, po nápravě, více odkrývá Stvořitele, a tak jsou dva protiklady jedním a týmž.

Světlo ve stupních – to je právě ona míra světla, která se duším musí odkrýt. Vzhledem k tomu, že všechno vychází od Stvořitele, a dosáhnout Jeho je možné pouze v souladu s podobností vlastností duše s Jeho vlastnostmi, pět světel v pěti světech je pět stupňů odkrytí Stvořitele těmi, kdož dostávají; přičemž Stvořitel a Jeho světlo – to je vzhledem k duším jedno a totéž, a rozdíl je v tom, že sám Stvořitel je nedosažitelný a my můžeme dosáhnout pouze toho, co k nám od Něho přichází prostřednictvím 125 (5x5x5) stupňů. **A to, čeho dosahujeme, nazýváme světlem.**

16. Z výše uvedeného však nevyplývá závěr, že nemáme svobodu volby, jestliže jsme nechtěně povinni napravit se a obdržet stav 3, protože ten již existuje ve stavu 1.

Kdyby duše nemohly působit na postup nápravy ve stavu 2, ze strany osobního a celkového řízení, neobdrželi bychom Tóru, protože Tóra je dána jako instrukce pro dosažení cíle stvoření. Náš stav by byl absolutně pasivní jako u zvířat a přechod z jednoho stavu do následujícího by probíhal pouze cestou strádání.

Avšak právě proto, abychom využili nám dané právo volby cesty ze stavu 1 do stavu 2, nám byla dána Tóra. Její obdržení, povolení shůry vydat kabalistická díla a provádění bezprostřední instruktáže kabalisty, lidmi, kteří se již pozvedli do duchovního světa, hovoří právě o existenci svobodné vůle.

Jedná se o to, že nám Stvořitel připravil dvě cesty ve stavu 2, aby nás přivedl do stavu 3:

- cesta plnění Tóry a Přikázání, o níž jsme již hovořili;
- cesta strádání, kdy samo strádání mučí tělo a nutí nás nakonec změnit přání „dostávat", které je v nás, a obdržet vlastnost přání „dávat" a splynout se

> **Stvořitelem. A jak pravili mudrcové: "Jestliže se vy sami vracíte k nápravě, je to dobré, a jestliže nikoli, pak Já postavím nad vámi krutého vládce a ten vás proti vaší vůli vrátí k nápravě".**

Není správné se domnívat, že existují dvě cesty a že lze dospět k cíli Stvoření rovněž i cestou strádání. Cesta strádání – to není cesta, nýbrž reakce na využívání egoismu, která nás vrací znovu na cestu Tóry. A jakékoli opuštění cesty Tóry ihned způsobuje, že nás ovlivňuje cesta strádání, která nás opět vrací na cestu Tóry. Přechod z cesty strádání na cestu Tóry musí člověk uskutečnit v jednom ze svých životů. Čtenáři je tato možnost dána již tím, že mu vyšší řízení dalo do rukou knihu, která o tom hovoří.

Pro celé lidstvo nebude cesta strádání ukončena, dokud si neuvědomí nutnost přechodu k duchovnímu rozvoji cestou Tóry. Po všechna tisíciletí své existence hromadí lidstvo záporné výsledky materiálně egoistického postupu, aby se poté tento hromadící postup přerušil v upřímném přání dát se cestou duchovního rozvoje.

Úloha Izraele spočívá v tom, aby prošel touto cestou jako první. Dosud, kdy se Izrael nachází sám ve vývoji cestou strádání, veškeré lidstvo mu "pomáhá" zvolit cestu Tóry, po které se má dát, tím, že jej pronásleduje a instinktivně nenávidí. Podrobněji o tom se dozvíte na konci této knihy.

Jak je řečeno: "Zlem nebo dobrem. Jestliže si to zasloužíte – dobrem, jestliže nikoli – zlem, strádáním". Zasloužíte-li si to, pak prostřednictvím 1. cesty, přes plnění Tóry a Přikázání, což urychluje naši nápravu a nepotřebujeme hořká strádání a prodloužení doby, než je dokážeme obdržet, aby nás tato strádání proti naší vůli vrátila k nápravě. A jestliže nikoli, pak strádáními, tj. pouze tehdy, kdy strádání dokončí naši nápravu a dojde k ní proti naší vůli. A do cesty strádání se zahrnou i tresty duší v pekle.

Avšak ať se dáme tou, nebo onou cestou, konec nápravy, tj. stav 3, je závazný a předem rozhodnut ve stavu 1. A veškerá naše svoboda volby je pouze mezi cestou strádání a cestou Tóry a Přikázání. Tak se ozřejmilo, jak jsou tyto tři stavy duší propojeny a plně se navzájem zavazují ke splnění.

Konec nápravy je osobní, soukromý, kdy člověk během existence v našem světě dosahuje úplného pocítění a splynutí se Stvořitelem, a společný, úplný, kdy veškeré lidstvo v jedné generaci vystoupí na takovouto duchovní úroveň.

Rozdíl spočívá v tom, že až do společného konce nápravy má každý z nás možnost dosáhnout tohoto stavu individuálně, a poté, kdy dojde ke společnému konci nápravy, každá duše obdrží nejen svoje osobní dosažení, nýbrž i dosažení všech ostatních duší, v důsledku čehož se splynutí a pociťování Stvořitele stane mnohokrát silnější.

Člověk může dojít k uvědomění si nezbytnosti vlastní nápravy, svých **přání dvojí cestou**:

Cesta Tóry (Derech Tora) to je cesta uvědomění si egoismu jako zdroje všech našich zel, a proto se nazývá uvědoměním si zla (Akarat Ra). Tato cesta poskytuje osvobození z uzavření v našem egoistickém světě před stanovenou dobou, tj. rychleji vede ke konci nápravy (Gmar Tikun).

Cesta strádání (Derech Isurim) je cesta přirozeného vývoje událostí, kdy okolnosti člověka nutí tím, že není jiného východiska, jak dostávat potěšení pouze od činů „dávání", protože od činů „dostávání", od využívání egoismu člověk zakouší obrovská strádání. (Je to podobné tomu, jak lze rybám ve vodě vytvořit strádání, když je vytáhneme z vody nebo vypustíme z vodní nádrže vodu).

Malé děti získávají potěšení ze svých her, ale v souladu s vývinem tato potěšení mizí a je třeba měnit oděvy naplnění, měnit druh zaměstnání, hledat nové hry, aby znovu pocítily rozkoš. Přijde doba, kdy člověk nepociťuje potěšení a uspokojení z ničeho, a tehdy si uvědomí, že uspokojení lze dosáhnout pouze prostřednictvím přání dávat, a proto se obrací k Tóře.

Rozdíl mezi dvěma cestami je pouze v čase: dosáhnout nyní osobního konce nápravy (Gmar Tikun Prati), nebo společně se všemi. Toho, kdo namítne, že může počkat, se lze otázat, zda bude ochoten počkat měsíc, než dostane jídlo, má-li hlad? To znamená, kdyby se pociťovalo naplnění z konce nápravy, přáli by si ji všichni.

Avšak na konci všeobecné nápravy není rozdíl v tom, kdo šel první, nebo druhou cestou. První cesta urychluje postup ke skončení nápravy, a v tom spočívá odměna těm, kteří si ji zvolili. Tato volba však je možná pouze předtím, než je člověk zavázán dát se cestou nápravy. Protože, jakmile je na řadě, dostává se do tvrdého, bezcitného působení přírodních sil, které ho zbavují potěšení ve všem, které ho dusí a nutí hledat spásu ze strádání dokonce i v odmítnutí egoismu.

Je velmi složité si včas uvědomit, že nikdy nemůžeme dosáhnout naplnění z oděvů jiskry potěšení (neustále je třeba měnit oděv), z uspokojení egoismu (kdo obdržel 100, začíná si přát 200).

K tomu je třeba včas předvídat strádání, což si naše tělo v žádném případě nepřeje. A ten, kdo zvětšuje vědění, zvětšuje i smutek – kdo si nepřeje strádání, ať nezvyšuje svoje vědění! A veškerá odměna spravedlivých (kteří již dnes ospravedlňují činy Stvořitele) spočívá do konce stvoření právě v tom, že mohou ospravedlnit Jeho činy.

Z výše uvedeného vyplývá, že veškerý rozdíl mezi spravedlivými, kteří jsou odměňováni, každý podle své duchovní úrovně, existuje pouze do dosažení stavu úplné nápravy. Tj. jejich odměna za správnou volbu je v tom, že vyhrávají čas tím, že učinili správnou volbu.

Avšak ve stavu konečné nápravy, kdy je vše napraveno a všechny jednotlivé napravené duše se spojí do jedné napravené duše, si budou všichni rovni a všichni budou potěšeni září Jediného vyššího světla, která je zcela naplní, a nebude rozdíl mezi dušemi.

A veškerý rozdíl mezi dušemi existuje pouze před dosažením tohoto stavu, kdy každý dostane podle své volby, v postupném přijímání světla, které se poté, na konci nápravy, shromažďuje do jednoho společného světla.

K úspěšnému překonání cesty nápravy existuje několik pomocných prostředků:

1. Kabalisté vyzývají všechny, aby studovali kabalu, protože kolem každé duše, kolem každého z nás se nachází světlo, které obklopuje jeho duši, které ji po její nápravě zaplní. Během studia, dokonce i člověk, který nechápe, vyslovuje jména a názvy duchovních objektů, toto světlo na něho svítí ještě více, i když je člověk nijak nepociťuje. Studium ve skupině je důležité právě proto, že společné studium duchovních struktur přivolává na každého z účastníků společné světlo, které jej povzbuzuje k duchovnu a očišťuje.

2. Po přípravném období, kdy začátečník studuje Úvod do nauky kabaly po večerech v pro něho příhodnou dobu, je žádoucí studovat v předjitřních hodinách, od 3 do 4 hodin ráno, předtím, než člověk odejde do práce, a poté, i když kratší 1 – 2 hodinové studium večer.

   Dokonce, i když člověk žije daleko od místa, kde se studuje, je žádoucí dojíždět, protože čas, strávený na cestě, přinese svoje plody, větší než samotné studium. Avšak je-li to nemožné, je žádoucí, aby člověk vstával před rozbřeskem a studoval to, co studuje skupina na jiném místě.

3. V Tóře je řečeno: „Učiň sobě rava a kup si přítele". Tím, že člověk vkládá svoje úsilí, prostředky, pomoc, myšlenky i starost do jiného, uvědomuje si v něm část sebe sama, a vzhledem k tomu, že se milujeme, tuto naši část v jiném milujeme, a pouze tak vzniká láska k ostatním.

   Proto je nutno vytvořit skupinu žáků, a ve všech generacích se kabalisté učili v takovýchto stmelených skupinách.

   A dokonce uvnitř samé skupiny je žádoucí vybrat si několik přátel a pracovat na sobě tím, že jim budeme dávat, protože mít vztah s přáním „koupit si" přítele ke všem najednou je těžké a neproduktivní.

4. „Učiň sobě rava": najdi si učitele a je-li to možné, rava. Učitel se od rava liší tím, že od učitele jsou přijímány pouze jeho znalosti jako od vyučujícího, nikoli však jeho cesta v životě, avšak rav je rádcem ve všech otázkách, ten, kdo ho považuje za rava, považuje své pochopení ve srovnání s ravovým za nižší a je předem ochoten přijmout jakýkoli jeho názor i radu, protože i sám usiluje o to, aby jeho myšlenky byly i v budoucnosti stejnými jako myšlenky rava.

Stvořitel nám pomáhá tím, že některým z nás, kteří duchovně přesahují meze našeho světa, dovoluje, aby s námi přebývali v bezprostředním sepětí a předávali nám svoje vědění. Prostý člověk si neuvědomuje, že kabalista je vskutku příchozí z jiného světa, zvlášť k lidem poslaný Stvořitelem.

Vzhledem k tomu, že žák si přeje získat duchovní vlastnosti rava a nikoli jeho suché znalosti, pak jakákoli jeho činnost, sbližující jej s ravem, má přednost před učením. Přímý pokyn o tom lze nalézt v samotné Tóře: Jozue se stal vůdcem lidu, který přišel z Egypta, po Mojžíšovi nikoli proto, že se u něho učil, nýbrž proto, že pomáhal při organizaci práce s masami.

A právě on se nazývá žákem Mojžíšovým a nikoli ti, kdož seděli a jen se od Mojžíše učili, protože tím, že pomáhal Mojžíšovi, přejal veškeré jeho vlastnosti, myšlenky a cestu. V přání žít hlavou rava, jeho myšlenkami, pomáhat mu, spočívá nejúčinnější prostředek k dosažení duchovna, protože člověk využívá myšlenky rava a svoje tělo k jejich splnění, tj. duchovní myšlenky a materiální, egoistická přání, a postupně myšlenkami rava napravuje svoje přání. A v tom spočívá rozdíl mezi učením „Peh le Ozen" a „Peh le Peh".

17. Z toho, co jsme si vysvětlili, nalezneme odpověď na otázku 3: Když hledíme na sebe, shledáváme sebe zkaženými a nízkými a není opovrženíhodnějších, hledíme-li však na Toho, Kdo nás stvořil, jsme přece povinni být vrcholem všeho, nade vším, podobně jako Ten, Kdo nás stvořil, vždyť je v přirozenosti Dokonalého uskutečňovat dokonalé činy.

Jestliže člověk vidí svoje skutečné kvality jako ničemné a opovrženíhodné, je to důsledek jejich srovnání, zatím dokonce neuvědomělého, s kvalitami Stvořitele, které začíná pociťovat, aniž ještě dokonce pociťuje jejich zdroj. Pouze světlo Stvořitele nám dává představu o Jeho kvalitách a o rozdílu mezi našimi a Jeho vlastnostmi.

Z toho, co jsme si vysvětlili, pochopíme, že toto naše ničemné tělo, ve všech jeho nízkých přáních, vůbec není skutečným, dokonalým, věčným tělem, protože naše skutečné tělo, věčné a dokonalé ve všem, se již nachází a existuje ve světě ve stavu 1, kde dostává dokonalé vlastnosti od budoucího stavu 3, v podobě přijímání ve prospěch dávání, které je podobné vlastnosti ve světě Nekonečna.

A pouze naše orgány vnímání, nasáklé egoismem, nám dávají takové zobrazení Stvořitele, které nazýváme „náš svět". Avšak v souladu s naší nápravou, tj. očištěním našich smyslových orgánů od egoismu, začínáme stále zjevněji pociťovat samotného Stvořitele a nikoli obraz „skutečnosti", který k nám dospěl přes množství oslabujících a deformujících clon. A konec nápravy spočívá právě v tom, že pociťujeme pouze Jeho, a proto s Ním splýváme.

Pocítění Stvořitele v nás, správněji naše reakce na jeho vliv na nás, nazýváme světlem, protože je námi vnímáno jako něco nejpříjemnějšího a nejdokonalejšího.

I když nás sám stav 1 zavazuje k tomu, aby nám byly dány ve stavu 2 nečisté síly našeho těla, v jeho ničemné a zkažené podobě, tj. přání dostávat pro sebe, což je síla, jež nás odděluje od světa nekonečna, aby bylo toto tělo napraveno a aby nám bylo umožněno obdržet naše věčné tělo ve stavu 3, nemáme vůbec důvod si na to stěžovat, protože naše práce je možná pouze v těle ničemném a dočasném, vždyť člověk může napravit pouze to, co má.

V daném stavu se nacházíme na naší nejnižší duchovní úrovni. Avšak zvedáme-li se duchovně právě z tohoto stavu, získáváme v souladu s duchovním vzestupem všechny pocity a návyky, které jsou nezbytné pro úplné pocítění blaženosti ze Stvořitele.

Podobá se to tomuto podobenství: Král si usmyslil učinit ze svého otroka sobě nejbližšího důvěrníka. Jak by to ale bylo možné, vždyť tento otrok je nevzdělanec a vzdálen znalostem a postavení králových důvěrníků. Jak se může povýšit nade všechny?

Co učinil král? Přikázal otrokovi, aby sloužil jako strážce, a svým sluhům, aby sehráli divadlo, jako že se chystají svrhnout a zabít krále. Tak bylo učiněno, sluhové začali hrát intriky a útoky a nešťastný otrok s nasazením života zachraňoval krále s neobvyklým hrdinstvím natolik, že se všichni přesvědčili o jeho obrovské oddanosti králi.

Tehdy bylo všem odhaleno tajemství, že to byl pouhý žert. A všichni se dali do smíchu a veselí, zvláště když útočníci vyprávěli, jak sehráli onen žert a jaký strach prožíval z jejich konání otrok.

Avšak vzhledem k tomu, že toho ještě nebylo dost, aby byl otrok povýšen do postavení nejbližšího králova důvěrníka, vymyslil si král ještě mnoho podobných žertů, a pokaždé nešťastný otrok dokazoval svoji věrnost králi, nasazoval za něho život a nešetřil se, a pokaždé se šprýmaři smáli, když vyprávěli, jak hrají útoky na krále.

I když otrok již předem věděl, že král nemá žádné nepřátele a všichni útočníci jsou pouze převlečení královi sluhové, kteří plní jeho přání, vymýšleli si útočníci pokaždé takové okolnosti, že byl nešťastník nucen věřit v jejich pravdivost.

Avšak v boji s „útočníky" na milovaného krále dostal otrok rozum – z poznání na konci, a lásku – z poznání na počátku, a stal se hodným pobývat v blízkosti krále.

Nejneuvěřitelnější a nejkrásnější je, že i když člověk ví, že všechno vychází ze Stvořitele, který jej miluje a proměny jeho stavů jsou jako hra a všechno je jen k lepšímu, přesto Galut potvrzuje svoji sílu a není žádná možnost usnadnit si válku s egoismem a strašnými hrozbami vnějších okolností, které posílá Stvořitel.

Proto se nacházíme v dokonalosti, hodné našeho dokonalého Stvořitele, rovněž i ve stavu 2, vždyť tělo nás nikterak neznehodnocuje, protože je připraveno zemřít a zmizet, a je nám dáno pouze na určitou dobu, potřebnou k jeho zničení a náhradě věčnou formou.

Náš stav si lze představit takto: člověk se nachází ve věčném Stvořiteli, naplněném dokonalostí a nekonečnými potěšeními, a sám je takový, avšak pouze mlha, vhozená na všechny jeho city, nazývaná egoismem, mu neumožňuje pociťovat svůj skutečný stav.

Proto i ve stavu 2 se nacházíme v téže dokonalosti, jako ve stavu 1 a 3, a veškerý rozdíl mezi skutečným pociťováním a nynějším je pouze v našem vnímání. A tak, abychom napravili svoje pocity a zbavili je této mlhy, musíme svými silami projít řadou stavů až k nápravě našeho pocitu zničením egoismu jako zábrany našeho citového splynutí se Stvořitelem.

Přání po sebenaplnění musí přejít v přání přijímat potěšení ve prospěch Stvořitele – změnit je nutno pouze náš záměr, nikoli čin, a i Kli je vytvořeno pouze jako „dostávající", schopné jen dostávat, nebo nedostávat, ale nikoli dávat. Dávat může pouze svůj záměr, je to však obtížné a bez pomoci Stvořitele to nelze uskutečnit.

Shodou vlastností se nazývá stav, kdy člověk prosí Stvořitele: „Dej mi naplnění, protože Ti chci poskytnout radost!", i když si přeje přijímat pro sebe, odmítá však ve prospěch Stvořitele svá přirozená přání.

Člověk však nemůže napravit to, co nevnímá jako zkažené. Proto musí především dospět ke zjištění, objevení, co je na něm zkaženého. Pouze tehdy u něho vzniká skutečná možnost to napravit, protože rozpoznání zkaženosti poskytuje jasné uvědomění si a pocítění toho, co jej odděluje od Stvořitele. A pocit vzdálenosti od Stvořitele rodí v člověku nenávist k těm vlastnostem v něm, jejichž je to vina.

Proto po rozpoznání zla ve stavu 1 člověk začíná dosahovat souladu záměrů se Stvořitelem (Ištavut Cura) ve stavu 2: nakolik si Stvořitel přeje dávat člověku, natolik si člověk přeje všechno odevzdávat Stvořiteli. A to se nazývá kvalita, vlastnost „Chasid": tvoje je tvoje i moje je tvoje, tj. pouze přání dávat. Jak již bylo uvedeno, přijímání pro podporu existence fyzického těla, to, co je nutné pro rodinu, není považováno za přijímání, protože vyplývá ze samotné naší existence v rámci požadavků přirozenosti našeho světa.

Jinak řečeno, všechno, co nemá záměr získat sebenaplnění, není přijímání. Je možné hodně jíst bez potěšení nebo málo s potěšením nebo mnoho ve prospěch jiného. Nikoli množství pohlcované stravy, nýbrž intenzita záměru určuje, kolik člověk odevzdal nebo obdržel. Avšak samo potěšení musí pocházet z myšlenky, že si mě Stvořitel zvolil, aby mě k Sobě přiblížil, a já Mu mohu odpovědět.

18. Zároveň pochopíme otázku 5, jak je možné, že z věčného vzejdou činy dočasné a ničemné. Z toho, co bylo řečeno, je pochopitelné, že vzhledem ke Stvořiteli se ve skutečnosti nacházíme ve stavu, hodném Jeho věčnosti, tj. jako stvoření věčná ve své dokonalosti, a naše věčnost nás zavazuje k tomu, že egoismus těla, daný nám pouze pro práci, musí být zničen, vždyť kdyby zůstával věčným, zůstávali bychom odděleni od věčné existence.

Již jsme hovořili v § 13, že tato forma našeho těla, přání dostávat pouze pro sebe, zcela chybí v záměru věčného stvoření, protože tam se nacházíme v našem stavu 3, je nám však vnucena ve stavu 2, aby nám byla dána možnost ji napravit.

A je nemístná otázka týkající se ostatních stvoření našeho světa, kromě člověka, vždyť vzhledem k tomu, že člověk je středem veškerého stvoření, jsou ostatní tvorové zcela nedůležití a mají význam pouze v té míře, v níž pomáhají člověku dosáhnout dokonalosti, a proto se pozvedají a spouštějí s ním, bez jakéhokoli osobního vyrovnání s nimi.

Uvědomění si zla (Akarat Ra) znamená vidět svoje zlo, jako člověk vidí nedostatky v ostatních. Vzhledem k tomu, že kabala hovoří pouze o dosažení Stvořitele člověkem, nikdy nehovoříme o vlastnostech abstraktně, odděleně od jejich nositele, nýbrž pouze o tom, jak je vlastnost vnímána člověkem.

Proto nazýváme hříšníkem člověka, který dosáhl takové úrovně duchovního růstu, že si uvědomil všechny svoje špatné vlastnosti, a právě proto tvrdí, že je hříšník. Spravedlivý je člověk, který dosáhl takové duchovní úrovně, na níž je již ve stavu ospravedlnit všechny Stvořitelovy činy jako důsledek svého dosažení stvoření. To se v zásadě rozchází s tím, co bylo přijato v našem světě, kdy hříšníkem nazýváme jiného a za spravedlivého považujeme sebe, protože jsme ochotni ospravedlnit všechny naše činy.

Člověk je povinen věřit (nelze mu přikázat, aby věřil! Takovéto věty ukazují, že existuje úroveň, kdy člověk věří, a tuto úroveň je člověk povinen dosáhnout, to znamená, že je „povinen věřit") v to, co pravili mudrci, že všechna potěšení našeho světa jsou pouze malou jiskérkou světla, která padla (vhozená silou, přáním Stvořitele, navzdory zákonu podobnosti světla a Kli - přání, dostávajícího světlo) do našeho světa, aby dokud člověk nedospěl do stavu přijetí potěšení z činů dávání Stvořiteli, mohl se alespoň něčím naplnit, protože bez přijetí alespoň nějakého potěšení, člověk, egoismus, existovat nemůže.

Skutečné světlo, nazývané Tóra, je zakázané, a proto je skryto do té doby, dokud nedosáhneme stavu „ve prospěch Stvořitele". Tehdy, v souladu se silou našich záměrů ve prospěch Stvořitele, dokážeme dostávat naplnění od světla, což se nazývá obdržet Tóru. Například při oblékání Cicit pocítíme obrovské potěšení, větší než všechna potěšení jak našeho, tak i potěšení duchovního světa.

Čin nikdy není složité uskutečnit. Potvrzuje to skutečnost, že se všechno kupuje a prodává, otázka spočívá pouze ve výši odměny.

Protože uskutečnit čin nebo jej neuskutečnit závisí pouze na přání samotného člověka. A za dobrou odměnu souhlasí pracovat každý. Není tomu tak se záměrem: za žádnou odměnu nelze změnit záměr, protože když měníme záměr, měníme čin z malého na velký, z těžkého na lehký a vůbec měníme čin, z přijímání jej měníme v odevzdání.

Pouze vzdáme-li se blaženosti z jiskry světla, tj. prostřednictvím jejich egoistických oděvů, můžeme dospět do stavu dávání (Leašpia al Minat Leašpia), a poté k přijímání ve prospěch Stvořitele (Lekabel al Minat Leašpia).

19. Současně s tím je pochopitelná otázka 4: vzhledem k tomu, že Dobrý nemůže činit zlo, jak se mohl rozhodnout vytvořit stvoření, aby strádala po celý svůj život.

Jak však bylo řečeno, všechna tato strádání jsou vázána na náš stav 1, kde je dokonalost a věčnost, které jsou tam dostávány z budoucího stavu 3 a nutí nás jít cestou Tóry nebo cestou strádání a dosáhnout stavu 3 navěky.

Příčina a cíl všech našich strádání ve světě je, aby si lidstvo uvědomilo jako fakt, že zdrojem všech jeho strádání je egoismus a že, jakmile si lidstvo bude přát jej odmítnout, získá dokonalost.

Když se odtrhneme od egoismu, odtrhneme se od všech nepříjemných pocitů, které po něm procházejí jako po formě, opačné vůči Stvořiteli.

A všechna tato strádání jsou spjata pouze s egoismem našeho těla, který byl vytvořen pouze pro jeho smrt a pohřbení, což nás učí, že přání dostávat pro sebe, které se v něm nachází je stvořeno pouze pro vymýcení ze světa a obrácení v přání dávat, a všechna naše strádání nejsou nic víc než odhalení ničemnosti a škody, jež se v něm vyskytuje.

A pochop, až bude celý svět souhlasit s tím, že se osvobodí a zničí přání přijímat pro sebe a ve všech bude pouze přání dávat ostatním, vyloučí tím všechny nepokoje a všechno škodlivé na světě, a každý bude mít jistotu zdravého a plného života, protože každý z nás bude mít celý velký svět, který se bude starat o něj a o jeho potřeby.

Avšak když každý má pouze přání přijímat pro sebe, plynou z toho všechny nepokoje a strádání, vraždy a války, a nezbavíme se toho. A to oslabuje tělo různými chorobami a bolestmi.

Z toho je patrno, že všechna strádání v našem světě jsou tu proto, aby nám otevřela oči, aby nás přiměla zbavit se tohoto egoismu těla a obdržet dokonalou formu přání dávat.

A jak je řečeno, cesta strádání sama je schopna přivést nás k žádoucímu stavu. A věz, že přikázání o vztahu mezi lidmi jsou důležitější než přikázání o vztahu ke Stvořiteli, protože dávání ostatním vede k dávání Stvořiteli.

Stvořitel vytvořil dva protikladné systémy egoistických a altruistických sil a cíl spočívá v tom, aby tma svítila jako světlo (Chašecha cachke Ora Jair), tj. veškerý egoismus se proměnil v altruismus a jako výsledek vznikla dvojitá altruistická síla, dvojitá výhra. Jak ale lze sjednotit tyto dva protikladné systémy?

Je to možné pouze v člověku, který se nachází pod tokem času: zpočátku na něho po „13 let" působí nečistý systém sil, od nějž získává egoistická přání. A poté, za pomoci Tóry a Přikázání, když studuje kabalu, připojí se k Učiteli a vkládá do všeho svého konání v životě myšlenku o tom, že všechna jsou prostředkem sbližování se Stvořitelem, - přetváří svoje egoistická přání v altruistická, a tak převádí opačný, nečistý systém v čistý. Nakonec dva protiklady splývají do jednoho celku, a proto mizí systém nečistých sil.

Vzhledem k tomu, že naší přirozeností je absolutní egoismus, nejsme schopni pochopit, jak lze dávat bez jakékoli odměny. Kdyby nám v tom nepomohl Stvořitel, nedokázali bychom se změnit: pouze když do egoistického Kli vchází světlo, mění svoji přirozenost na opačnou, na svoji vlastní.

Avšak jak může světlo vejít do egoistického Kli, vždyť jsou od sebe polárně vzdáleny? Existuje zvláštní světlo nápravy (Or AB-SAG), které přichází nikoli pro naplnění, nýbrž pro nápravu. Proto spočívá veškerá naše práce v modlitbě - prosbě ke Stvořiteli, aby nám to učinil, aby nám poslal světlo pro naši nápravu. K tomu však musíme natolik toužit po nápravě, aby nám Stvořitel odpověděl.

K tomu, abychom dosáhli takovéto prosby, existuje několik pomocných prostředků. Jedním z nich je konání altruistických činů (nikoli záměrů, ty ještě dát nemůžeme) vůči Stvořiteli nebo sobě podobným.

Vůči Stvořiteli je pro nás velmi obtížné konat jakékoli činy: nevidíme-li výsledek, nepociťujeme žádné uspokojení z toho, co jsme vykonali. Vůči sobě podobným můžeme konat altruistické činy, protože existuje uspokojení z našich činů, z jejich výsledku.

Proto „láska k bližnímu", „miluj bližního" je hlavním prostředkem Tóry k dosažení cíle – lásky ke Stvořiteli. Protože pozorování dobrých následků našich altruistických činů vůči sobě podobným nám pomáhá, abychom si postupně uvědomili a ocenili vlastnost altruismu a prosili o možnost konat stejné činy vůči Stvořiteli; přičemž naše činy mohou zůstávat stejnými, ale mění se jejich motivace: nakrmit chudého nikoli ze soucitu (uspokojení vlastní egoistické bolesti způsobené vnímáním jeho stavu), nýbrž ve prospěch Stvořitele.

20. Po tom všem, co jsme si vysvětlili, je povolena otázka 1: Kdo jsme. Protože naše podstata jako podstata všech částí stvoření je ne méně a ne více než přání dostávat, avšak nikoli v té podobě, jak to před námi vyvstává ve stavu 2, jako přání dostávat pouze pro sebe, nýbrž v té podobě, v jaké se to nachází ve stavu 1, ve světě Nekonečna, tj. ve své věčné formě, jako přání dávat potěšení Stvořiteli.

Naše podstata – to je přání přijímat potěšení ve prospěch Stvořitele – forma podobná Stvořiteli, dokonalá a věčná. Ale námi v daném okamžiku pociťovaná vlastnost přijmout potěšení ve svůj prospěch – to není naše vlastnost, nýbrž něco, co nám bylo uměle přidáno, mlha na našich skutečných, dokonalých kvalitách.

A třebaže jsme ve skutečnosti ještě nedosáhli stavu 3 a ještě existujeme v rámci času, stejně to nikterak nezmenšuje naši podstatu, protože náš stav 3 je nám zaručen ze stavu 1, a dostávající v budoucnosti je podoben tomu, kdo již přijal. Vždyť faktor času je nedostatkem pouze tam, kde existují pochyby, zda dokončíme to, co musíme, v určenou dobu. A pokud nemáme žádné pochyby, je to podobno tomu, jako bychom již dospěli do stavu 3.

A naše zkažené tělo, dané nám v současnosti, nesnižuje naši podstatu, protože ono i všechna jeho nabytí zmizí společně se systémem nečistých sil, jeho zdrojem, a mizející je podoben zmizelému a jako by vůbec neexistoval.

Navícco, my se nejen zříkáme našeho těla, nýbrž je i přetváříme do týchž vlastností, které má naše duše. Výsledkem je, že vyhráváme dvakrát: dostáváme potěšení, neomezené velikostí našeho přání, a nekonečné, protože dávat lze nekonečně, a dosahujeme naším napraveným tělem splynutí se Stvořitelem.

Avšak duše, oděná do tohoto těla, jejíž podstatou je rovněž přání, leč přání dávat, vycházející pro nás ze systému čistých světů ABJA, existuje věčně, protože druh tohoto přání dávat je podoben věčnému životu, a ten se nemění.

21. A nevěř názoru filozofů, kteří tvrdí, že podstatou duše je materiál rozumu a její životní síla že vychází pouze z jejího poznání, že z toho roste a tím se oživuje, a její nesmrtelnost po smrti těla plně závisí na míře získaných znalostí, natolik, že bez nich nemá základ, na němž by spočívala nesmrtelnost – to vůbec není názor Tóry.

A rovněž srdce s tím nesouhlasí, a každý, kdo získává znalosti, ví a cítí, že rozum je nabytí a nikoli podstata.

Rozum – to je přesně totéž nabytí jako nabytí materiální věci, nákup něčeho. A veškeré potěšení, získávaná z využití rozumu, vychází stejně jako ostatní egoistické potěšení, ze systému nečistých sil. Vždyť pouze naplnění z dávání, z čistého altruismu, vychází ze systému čistých světů ABJA.

A je řečeno, že veškerý materiál nového stvoření, jak materiál duchovních objektů, tak i materiál objektů hmotných, není ničím více ani méně než přání přijímat (a jak je řečeno, že duše – to je přání pouze dávat, to platí od její nápravy, odění do odraženého světla, které dostává od vyšších světů, z nichž sestupuje k nám, avšak podstata duše je pouze přání přijímat).

Potěšení, vycházející od Stvořitele, se nazývá přímým světlem, Or Jašar, protože vychází přímo z Jeho přání ohledně nás. Náš záměr při obdržení Stvořitelova světla se nazývá odraženým světlem – Or Chozer. Změna záměru mění sám čin z přijímání v dávání.

Přijetí potěšení, vycházejícího ze Stvořitele, je možné pouze do té míry, v níž odražené světlo odívá přímé světlo. Pociťování Stvořitele je možné pouze v souladu se silou odporu vůči egoistickému potěšení. A veškerý rozdíl mezi stvořeními není větší než rozdíl v jejich přáních.

Přání určuje všechny vlastnosti ve stvoření – fyzické, chemické, fungování na všech úrovních biologického organismu atd., na všech úrovních neživé, rostlinné a živočišné přirozenosti a v člověku.

Samotná přání člověk dostává shůry, avšak poté je může změnit svým konáním a uvědomělou prosbou Stvořitele.

Jde o to, že přání každé podstaty rodí její potřeby a potřeby rodí její myšlenky a poznání v míře potřebné k dosažení žádaného, k němuž ji nutí přání přijímat.

A jako jsou lidská přání odlišná od sebe navzájem, stejně tak jejich potřeby, myšlenky a znalosti se od sebe liší. Například, přání přijímat, omezená pouze na živočišná potěšení využívají a podřizují rozum výlučně ukojení těchto přání.

A u těch, jejichž přání dostávat vyžaduje lidské naplnění, takových jako pocty a moc nad ostatními, které neexistují u živočišného typu, spočívají základní potřeby, myšlenky a znalosti pouze v tom, aby naplnily toto jejich přání, čím jen lze.

Vidíme, že čím vyšší je přání, tím více je schopno potlačovat nižší přání. Například, člověk je ve jménu poznání nebo slávy schopen pohrdnout svým majetkem nebo zdravím – živočišnými přáními atd.

A u těch, jejichž přání dostávat vyžaduje v zásadě znalosti, spočívají jejich potřeby, myšlenky a znalosti v tom, aby naplnily jejich přání tím, co je požadováno.

Člověk se rodí s těmito přáními:

1. živočišná potěšení – získávané od neživé, rostlinné a živočišné úrovně stvoření;
2. potěšení z poct – získávané od neživé, rostlinné, živočišné a lidské úrovně stvoření;
3. potěšení z vědění – získávané z neživé, rostlinné, živočišné a lidské úrovně stvoření. S těmito třemi druhy lidských přání se rodí každý z nás. Druh 1 je nejprimitivnější, s druhy přání 2 a 3 člověk využívá svůj rozum;
4. potěšení z práce ve prospěch Stvořitele člověk získává z vyšších zdrojů, než je neživá, rostlinná, živočišná a lidská úroveň stvoření, a to ze zdrojů duchovních.

Jestliže se člověk nachází v procesu duchovní práce, pak všechny předchozí druhy potěšení 1,2,3 jsou zahrnuty rovněž do jeho práce, celý svět se tak pozvedá spolu s ním a získává vlastní nápravu prostřednictvím takovéhoto člověka.

Proto je řečeno, že Stvořitel umisťuje do každého pokolení několik spravedlivých (spravedlivým se nazývá ten, který ospravedlňuje Stvořitelovy činy tím, že se duchovně pozvedl, dosáhl cíle stvoření a potvrzuje všemi svými pocity, že má Stvořitel pravdu), kteří zahrnují do sebe ostatní svět, jeho drobný egoismus, a postupují s ním tak stále blíže a blíže k uvědomělému vnímání cíle stvoření, do té doby, než ostatní lidé dosáhnou úrovně uvědomělého pochopení a vnitřního úsilí dosáhnout cíle stvoření.

Avšak veškerý neživý, rostlinný a živočišný svět, který nemá dostatečný rozvoj, v důsledku toho, že v nich je nepatrná míra egoismu, nemohou napravit svoji přirozenost a člověk, když se napravuje, napravuje i je. A rovněž úrovně toho neživého, rostlinného a živočišného v člověku (1, 2, 3) se nemohou napravit, ale lidská úroveň v člověku (4), která si přeje sepětí se Stvořitelem, tím, že se napravuje, zahrnuje do sebe i jejich nápravu.

22. A tyto tři druhy přání se nacházejí v zásadě ve všech lidech, ale v každém z nás se spojují v různých proporcích, a z toho plynou veškeré rozdíly mezi lidmi. A z materiálních vlastností pochopíme vlastnosti duchovní, podle jejich duchovního rozměru.

Nejen že se tyto tři druhy přání nacházejí v každém z nás v různých proporcích, ona se rovněž neustále mění, a tak člověk neustále usiluje o různé oděvy vyššího světla v našem světě, a tím se vyvíjí.

První tři druhy touhy po potěšení se v nás nacházejí od okamžiku zrození, tj. od okamžiku našeho narození jsme ochotni mít z nich potěšení, na rozdíl od čtvrtého přání – je získávají vyvolení, když mají tzv. „Nekuda Še Ba Lev" (bod v srdci), což je opačná část (Achoraim) čisté duše.

23. Rovněž i lidské duše jsou duchovní – oděním do odraženého světla, získávaného z vyšších světů, z nichž sestupují, není v nich nic, kromě přání dávat ve prospěch Stvořitele; toto přání je ona podstata duše a po jejím odění do těla člověka v něm rodí potřeby, myšlenky a rozum, vůli plně uskutečnit její přání dávat, tj. dávat potěšení Stvořiteli, v souladu s velikostí přání v ní.

Díky úsilí, vytvářenému bodem v srdci, člověk za pomoci studia kabaly dosahuje přání „dostávat" ve prospěch Stvořitele.

V Přikázáních jsou obrovská potěšení, rovněž však, v souladu s nimi, velké skrývání těchto potěšení, aby nebyli přivedeni nehodní, tj. ti, kteří ještě nejsou připraveni k obdržení těchto potěšení ve prospěch Stvořitele, a aby nepocítili onu obrovskou blaženost a nestali se ještě většími otroky egoistického úsilí po sebenaplnění.

A čím větší potěšení je v Přikázání, tím méně prostého smyslu v něm je, protože čím více je světla v duchovním činu, tím více je tento čin od nás, od našeho rozumu a dosažení vzdálen, a proto se zdá být více zbaveným smyslu.

Smysl Přikázání (Taam Micvot) se začíná pociťovat až při dostávání ve prospěch Stvořitele, protože jinak člověk obdrží ve svůj prospěch, ještě hlouběji zabředne do egoismu a ještě obtížněji z něj bude vycházet.

A proto až do té doby, kdy se v člověku objeví příslušné síly, je na všechno duchovní potěšení neodpovídající jeho úrovni nahozeno pokrytí (Astara). Proto se veškerá potěšení pociťuje jako nepatrná.

Vcelku člověk může odměnu za splnění Přikázání pociťovat nebo nepociťovat: na počátku pociťuje potěšení, například ze sobotní hostiny, potěšení je to ve srovnání s duchovním naplněním nepatrné, dané proto, aby člověk dospěl do stavu dostávat toto potěšení ve prospěch Stvořitele, a poté se mu již nabízí naplnění, například, od Cicit, dříve před ním skrytá, neboť o mnoho větší než z hostiny, aby i ji mohl dostat ve prospěch Stvořitele.

Jestliže není potěšení z plnění Přikázání pociťováno, je to proto, že vlastnosti člověka neodpovídají duchovní úrovni mechanicky splněného Přikázání. Jakmile člověk dosáhne podobnosti přání s tímto duchovním stupněm, na němž se nachází dané Přikázání, okamžitě pocítí naplnění při jeho splnění.

24. A vzhledem k tomu, že podstata těla je pouze přání přijímat ve svůj prospěch a všechno, co dostává, je naplnění zkaženého přání přijímat, které bylo původně stvořeno pouze pro vymýcení ze světa, aby člověk dospěl ke stavu 3, který je na konci nápravy, a proto se tělo mění, nedokonalé jako všechna nabytí, přecházející jako stín a nic za sebou nezanechávající.

Proto všechna lidská nabytí, dokonce včetně nejvyšších z nich – vědění, umírají společně s tělem a pomáhají člověku pouze do té míry, v níž mu poskytují možnost uvědomit si jejich dočasnost a ničemnost.

Avšak proto, že podstata duše je pouze přání dávat a všechna její nabytí jsou naplnění přání dávat, které již existuje ve věčném stavu 1 jako ve stavu 3, které vejde do našeho cítění v budoucnu, je (duše) dokonalá, neměnná a nezaměnitelná, a jak ona sama, tak i všechna její nabytí jsou věčná a navěky, nezahynou smrtí těla, ale naopak, když zkažená forma těla mizí, duše se posiluje a může se vznést výše, do ráje.

Pouze úsilí člověka napravit se a dosáhnout Stvořitele zůstávají v jeho věčné moci a nezahynou společně se zmizením těla, nýbrž nadále se účastní nápravy, a poté i získání Stvořitelova světla.

Tak jsme si vysvětlili, že věčnost duše vůbec nezávisí na znalostech, které získala, jak se domnívají filozofové, nýbrž její věčnost je samotná její podstata, protože její podstatou je přání dávat. A znalosti, které získala – to je její odměna, a nikoli ona sama.

25. Z toho nacházíme odpověď na výzkum 5: Jestliže je tělo natolik zkažené, že dokud se nerozloží, nemůže do něj duše vejít, proč se vrací a ožívá vzkříšením mrtvých. Přičemž, jak pravili mudrcové, mrtví ožívají se svými nedostatky, aby neřekli, že to nejsou oni.

To pochopíme, když vyjdeme ze samotného záměru stvoření, tj. ze stavu 1, protože záměr naplnit stvoření zavazuje vytvořit v duších obrovské přání přijímat, přijmouto potěšení, které je v záměru stvoření, protože obrovské naplnění vyžaduje obrovské přání.

Již bylo řečeno, že obrovské přání dostávat je celý nový materiál stvoření, protože již nepotřebuje nic, aby byl splněn záměr stvoření, a dokonalý Stvořitel nevytváří nic zbytečně.

Rovněž bylo řečeno, že toto nadměrné přání dostávat je absolutně vyloučeno ze systému čistých světů a je dáno systému nečistých světů, z nějž vycházejí zkažená těla, jejich strava a řízení v našem světě, do té doby, než člověk dosáhne 13 let, kdy plněním Tóry začíná postihovat čistou duši a napájet se ze systému čistých světů, v míře té duše, které dosáhl.

Čas, potřebný k postižení úplného egoistického přání, se nazývá „13 let", ale nikterak není spojen s roky, s časem v našem světě. Během této doby člověk mění oděvy svého egoismu, postupně se rozvíjejí přání po rozkoši ze stále větších oděvů egoismu a tak člověk postupuje.

Probíhá to všemi možnými změnami situací v našem světě, kdy se člověk dostává podle záměru Stvořitele do různých, často zdánlivě bezvýchodných situací. Stavy, v nichž se ocitá, jej natolik dusí tím, že mu působí strádání, že ho nutí zříci se předchozích zdrojů potěšení a hledat nové: člověk se postupně zklamává v úsilí o živočišné naplnění, z potěšení z moci, poct, znalostí atd., tj. neustále mění vnější oděv jiskry potěšení.

Pohyby člověka jsou vždy vynucené, protože náš egoismus usiluje o stav klidu. K tomu, aby se člověk pohyboval, existují dvě síly, které náš egoismus chápe: potěšení (táhne kupředu) a strádání (strká zezadu).

Člověk se může pohybovat pouze od strádání k potěšení. Existuje však ještě síla víry: člověk jde do práce, i když mu to působí strádání, protože ví, že je to potřeba. A v tom je naše svoboda volby – uvěřit, že je nám zapotřebí spasit se!

Člověk nemá volbu být rozumným, bohatým atd. – volba existuje pouze v tom, být hříšníkem, nebo spravedlivým, a je nutno prosit Stvořitele, aby pomohl učinit správnou volbu, aby Stvořitel dal člověku potřebu v duchovnu. Avšak hned za stupni dosažení řízení trestem a odměnou (Ašgacha Schar ve Oneš) člověk dosahuje osobního řízení (Ašgacha Pratit).

To jsou dva postupné stupně dosažení Vyššího řízení a nelze, dokud se člověk nenachází na stupni osobního řízení, tvrdit, že postupuje v souladu se zákony tohoto stupně, tvrdit, že všechno činí Stvořitel a na člověku nic nezávisí. Člověk si musí neustále uvědomovat, že vždy je něco vyššího než to, co on zná!

Stejně tomu tak je i v učení, člověk postupně poznává, že nic neví, a to je to pravé skutečné vědění, a dále jestliže tím strádá, Stvořitel naplňuje jeho Kli v podobě strádání světlem vědění. Proto pocit, že „nic nevím", obvykle předchází pochopení a duchovnímu povznesení.

A všechno to je pro růst, aby člověk nezůstal nedovyvinutým. Jako nedovyvinutý je chápán člověk, který včas nemění vnější oděv potěšení: jako například, nevěsta si ještě přeje panenku místo ženicha. Výměna vnějších oděvů jiskry potěšení probíhá pouze z důvodu zklamání v existujícím oděvu, protože člověk už nemůže získat naplnění z jiskry v daném zevnějšku. A tak mění Levušim – oděvy jiskry světla, dokud se nepřiblíží k pravdě.

Po dosažení úrovně „13 let" začne člověk nabývat síly k odporu proti egoismu (Ekran-Masach), přání dávat ve prospěch Stvořitele (Leašpia al Minat Leašpia). Toto období získávání altruistických přání všechno dávat se nazývá 6000 let. A poté člověk začíná i „dostávat" ve prospěch Stvořitele (Lekabel al Minat Leašpia). A to se nazývá sedmým tisíciletím.

Rovněž bylo řečeno, že během 6000 let, která jsou nám dána k práci na Tóře a Přikázáních, není žádných náprav pro tělo, tj. pro obrovské přání přijímat, jež je v něm.

Po období hromadění, pěstování egoismu, nazývaného „13 let", člověk vstupuje do období, nazývaného 6000 let. Během 6000 let, neboli v jazyce kabaly poté, co člověk projde 6000 stupňů získávání přání dávat, dosahuje své nápravy ve zničení studu při přijímání potěšení, a proto může po obdržení vlastností těchto 6000 stupňů začít oživovat svoje tělo a dostávat do něj naplnění ve prospěch Stvořitele.

V jazyce kabaly se náprava během 6000 let nazývá obdržení síly dávat – Or Chozer - odraženého světla, záměru dělat vše pouze ve prospěch Stvořitele, všechno dávat Stvořiteli. Dosáhnout této dokonalosti jsou povinna všechna stvoření. V té míře, v níž člověk ještě nedosáhl přání dávat, nachází se v Astara – ukrytí Stvořitele před ním.

Ukrytí Stvořitele před námi – to je skrytí toho, že všechno dostáváme pouze od Něho, že dostáváme od Něho pouze dobré – je nezbytné k tomu, abychom neshořeli studem. Proto je ukrytí Stvořitele pro naše blaho.

A všechny nápravy přicházející v tuto dobu z naší práce, přicházejí pouze pro duši, která se v důsledku toho pozvedá na vyšší stupně čistoty, což znamená, že je to pouze pro zvětšení přání dávat, které sestupuje s duší.

Z toho plyne konec těla: zemřít, být pohřbeným a shnít, protože nedostalo-li pro sebe žádnou nápravu, nemůže takovým zůstávat, vždyť konec konců jestliže zmizí toto obrovské přání dostávat ze světa, nesplní se záměr stvoření, tj. nebudou získána všechna obrovská potěšení, připravená stvořením, protože obrovská touha po potěšení a obrovská rozkoš jsou navzájem propojeny. A v té míře, v níž se zmenší přání dostávat, zmenší se i potěšení z přijímání.

Poté, co člověk obdržel Masach, přání dávat Stvořiteli, vzkřišuje svůj egoismus ve všech jeho nepravostech, ale za pomoci Masach využívá již egoismus na přijímání ve prospěch Stvořitele a naplnňuje se z dávání Stvořiteli. (Ze strany Stvořitele ten, kdo se naplnňuje v jakékoli situaci, jakýmkoli potěšením plní záměr stvoření).

Jako výsledek nápravy záměru naplnit se člověk dostává dvojitou odměnu: potěšení ze samotného naplnění, protože, jestliže se nenaplní, nenaplní Stvořitele; a kromě toho dostává potěšení ze splynutí se Stvořitelem.

26. Jak již bylo řečeno, stav 1 je dokonalý a zavazuje stav 3, aby vyšel ve své plnosti, což je v záměru stvoření, to, co je ve stavu 1, není o nic méně, než bylo zamýšleno.

A proto stav 1 zavazuje ke vzkříšení mrtvých těl. To znamená, že jejich obrovské přání dostávat, které se již rozložilo ve stavu 2, je povinno znovu ožít v celé své nadměrné podobě, bez jakýchkoli zmenšení, tj. se všemi svými nedostatky, které v něm přebývaly.

A znovu začíná práce na tom, aby se obrovské přání dostávat proměnilo v přání dávat ve prospěch Stvořitele. Tím vyhráváme dvakrát:

1. existuje místo v nás, kde můžeme obdržet veškeré potěšení, které je v záměru stvoření, tím, že máme obrovské tělo, které si přeje přijímat do sebe a odpovídá těmto naplněním;
2. vzhledem k tomu, že přijímání za podmínky přijímání pouze v míře dávání ve prospěch Stvořitele, považuje se takové přijímání za plné dávání; tím bylo dosaženo rovněž podoby vlastností, tj. splynutí se Stvořitelem, což je stavem 3. Tak stav 1 zavazuje ke vzkříšení mrtvých.

Po období 6000 let, nazývaném stavem 2, člověk přechází k práci ve stavu 3 – přijímání ve prospěch Stvořitele. A přitom již nepociťuje žádný pocit studu, protože dostává nikoli do svých egoistických přání, nýbrž do nového přání, jež je záměrem, nazývaným odražené světlo – Or Chozer, a v souladu s velikostí tohoto odraženého světla, neboli, což je totéž, v souladu s velikostí své clony v podobě Masach, protiegoistické síly, dostává, ne více a ne méně, než přesně podle síly svého čistého záměru - Kavana, potěšení, která je pro něj připravena již na počátku stvoření (dostává světlo nikoli v AChAP de Alija, nýbrž v AChAP de Jerida, ba Makom).

27. Proto vzkříšení mrtvých bude poblíž konce nápravy, tj. na konci stavu 2. Je tomu tak proto, že byla uznána za hodnou vymýtit naše obrovské přání dostávat a získala přání dávat i poté, co byla uznána za hodnou všech nádherných čistých stupňů, které jsou v duši.

Duší se nazývá jak přání dávat, tak i světlo, naplňující toto přání, které svítí člověku, jenž dospěl k úrovni dávání ve prospěch Stvořitele (Leašpia al Minat Leašpia).

Druhy duše, které dostáváme v souladu se světlem, které do nás vchází, se nazývají Nefeš, Ruach, Nešama, Chaja, Jechida. V tom je naše práce na vymýcení přání dostávat.

Tím, že si člověk nepřeje využít přání přijímat sebenaplnění, dosahuje stupňů NaRaNChaJ – zkratka názvů světel: Nefeš, Ruach, Nešama, Chaja, Jechida.

A tehdy dosahuje obrovské dokonalosti, natolik, že lze znovu vzkřísit tělo.

Tělo – to je naše přání dostávat. Vzkřísit tělo – to znamená vrátit se k využití těchto přání. A ono nám již neškodí tím, že by nás oddělovalo od splynutí, naopak, překonáváme je a poskytujeme mu vlastnost dávat.

A tak to probíhá v každé špatné jednotlivé vlastnosti: jestliže si přejeme zbavit se jí, zpočátku ji musíme zcela odstranit, do konce, aby z ní nic nezůstalo.

Oddělit se plně od využívání přání znamená přát si toliko všechno dávat Stvořiteli (Leašpia al Minat Leašpia). Přání Stvořitele je potěšit stvoření. Proto je stvořil a dal jim přání přijímat potěšení. Proto se každý tvor stará pouze o své blaho.

Člověk je obvykle vychováván tak, že všechny jeho činy musí být „ve prospěch Stvořitele" (Le Šem Šamaim). Když se však začíná pokoušet učinit svým záměrem záměr „ve prospěch Stvořitele", zjišťuje, že to je nemožné, protože se tomu jeho tělo brání. A příčinou tohoto odporu je to, že člověk je stvořen s přáním dostávat sebenaplnění, a proto člověk nemá jiný důvod, který by ho mohl přinutit konat!

A jestliže člověk vidí, že má všechny myšlenky pouze pro vlastní blaho, ale přeje si dospět k pravdě, tj. záměru „ve prospěch Stvořitele", pociťuje potřebu pomoci.

Proto pravili mudrcové: „Tomu, kdo se přichází napravit, je pomáháno". Výraz „tomu, kdo přichází" znamená, že člověk je povinen sám začít práci na své nápravě.

Proč Stvořitel nedělá všechno sám? Je řečeno: „Egoismus člověka povstává proti němu každý den, a jestliže Stvořitel nepomůže, člověk není v stavu sám nic učinit". Z toho je patrno, že člověk je povinen začít a Stvořitel mu přichází na pomoc.

Proč ale není dáno člověku samotnému nejen začít, nýbrž i dokončit tuto práci na sebenápravě? Všechno kladné vztahujeme ke Stvořiteli a vše záporné ke stvořením: dávání a potěšení, světlo a dokonalost jsou vztahovány ke Stvořiteli, a všechny možné nedostatky se vztahují ke stvořením. Jinak řečeno, čin dávání se vztahuje ke Stvořiteli a čin přijímání se vztahuje ke stvořením.

Vzhledem k tomu, že přání Stvořitele spočívá v tom, aby člověk byl uznán za hodna světla a dosažení, Stvořitel koná tak, aby bez pomoci Stvořitele člověk nemohl dosáhnout záměru „dávat". Vidíme, že v záměru stvoření bylo to, že člověk nedokáže sám dosáhnout cíle Stvoření, dokončit svoji práci a bude potřebovat pomoc shůry. A je to proto, aby dokázal stát se hodným světla shůry, pokaždé od stále vyššího stupně.

A proto je řečeno: „Tomu, kdo se přichází napravit, je pomáháno". A Zohar se táže: „Čím je pomáháno?" A odpovídá: „Duší". Tj. jestliže člověk prosí o sílu k tomu, aby překonal sám sebe, je mu pomáháno „duší", tj. silou odporu vůči egoismu: když se rodí, dostává nefeš, snaží se být ještě čistší – dostává Ruach, přeje se být ještě čistší, tj. ještě více zvětšit svoje záměry „ve prospěch Stvořitele" – dostává Nešama.

Vidíme, že pokaždé člověk dostává stále vyšší duši, aby mu duše, toto světlo, pomohla dosáhnout cíle, kdy bude všechno dávat pouze Stvořiteli (Mašpia al Minat Leašpia). A v důsledku toho, že si přeje být celý pouze v dávání Stvořiteli, stává se hodným všech světel NaRaNCha.

A když člověk dosáhl celého stupně Nefeš (NaRaNChaJ de Nefeš), ví, že přání dostávat lze využít pouze se záměrem dávat, a proto již má síly „dostávat" ve prospěch Stvořitele. A on dostává vše s přáním přijímat a rovněž se nachází ve splynutí se Stvořitelem, protože dostává se záměrem ve prospěch Stvořitele. A tento stav se nazývá vzkříšení mrtvých: přání dostávat, které existovalo ve stavu smrti, protože je nevyužil, se vrací k životu, využívá se.

Proto je řečeno: „Hříšníci jsou mrtvi již zaživa". Je známo, že člověk může změnit svoje přesvědčení a činy, pouze tehdy, dospívá-li k závěru, že mu škodí. A to je smysl uvědomění si zla: když člověk poznává, že zlo je pro něj v něm, v jeho myšlenkách a činech, a tehdy opustí svoji cestu. Avšak než si takovýto stav uvědomí, nemůže být spravedlivým.

Z toho je patrno, že „hříšníci" nejsou ti, kdož se dopustili přestupků, nýbrž ti, kdož si uvědomují, že jsou takoví, protože pociťují svoje zlo, zlo v sobě, uvědomují si svoje zlo. „Mrtví již zaživa": život – to je neustále dostávání. On však cítí, že dostávání je podobno smrti, a proto podle svého cítění se právě tak nazývá: „Hříšník je mrtev již zaživa".

Když si však člověk toto vše uvědomuje, nepřeje si využít svoje přání dostávat, nýbrž využije přání dávat. A když dokončuje svoji práci na dávání (Mašpia al Minat Leašpia), může využít i svá bývalá přání dostávat pro přijímání ve prospěch Stvořitele (Lekabel al Minat Leašpia). I všechna bývalá přání přijímat jsou mrtvá, protože si nepřál je využít; začíná je využívat, oživuje je, protože za život je chápána možnost dávat, a nyní může využít dokonce přání dostávat ve prospěch dávání, protože může „dostávat" se záměrem „dávat". A tato úroveň člověka se nazývá jeho vzkříšením.

A poté se lze vrátit, přijímat a řídit přání jako prostředek. Avšak do té doby, než jej zcela odvrhneme, nemůžeme ho vůbec řídit jako potřebný prostředek.

28. A tak praví mudrcové: „V budoucnu mrtví ožijí ve svých nepravostech a poté se vyléčí, tj. na počátku se oživuje totéž tělo, ničím neomezené přání přijímat, jako odchované ze systému nečistých světů, dříve než bylo uznáno za hodna očištění Tórou a Přikázáními, ve všech svých nedostatcích.

A tehdy začínáme novou práci: proměnit toto obrovské přání dostávat v dávání pro jeho nápravu.

Během doby, kdy je člověk schopen přijmout na sebe záměr „ve prospěch Stvořitele", jeho přání dostávat není považováno za nepravost, právě naopak. Je to podobno příkladu, který uvádí Baal HaSulam: čím více je host nadšen pohoštěním, tím více je spokojen hospodář. Avšak jestliže host není v stavu pojíst, hospodář je zarmoucen.

Závěr: když má člověk přání dostávat, při němž může dostat, protože má záměr ve prospěch Stvořitele a je podoben vlastnostmi Stvořiteli – čím je jeho přání přijímat větší, tím více je Stvořitel potěšen (RABAŠ).

A je to proto, abychom neřekli, že to je jiné tělo – abychom neřekli, že má jiné vlastnosti, než jaký byl záměr stvoření, kde existuje toto obrovské přání dostávat, avšak dočasně, dokud jsou nám ještě dány nečisté síly pro očištění. Nemůže to být jiné tělo, vždyť jestliže bude menší o nějaké přání, je to jakoby něco zcela jiného a tělo vůbec nedosahuje potěšení, které je v záměru stvoření ve stavu 1.

Přání potěšit stvoření nás stvořilo, abychom dostávali stále lepší naplnění. Schématicky: Stvořitel si přeje dát 100 stupňů potěšení a odtud plyne, že velikost touhy po potěšení i musí být ve 100 stupních.

Ve stavu Ejn Sof - nekonečna, kdy všech 100 stupňů potěšení naplnilo všech 100 stupňů přání, se má za to, že veškeré stvoření je naplněno Stvořitelovým světlem, protože nezůstává nic nezaplněné, ani jedno nezaplněné přání.

Dospíváme k závěru, že jestliže zůstává nějaká část přání dostávat, která se nevyužije, bude scházet světlo, odpovídající tomuto přání. A jak může být konec nápravy, jestliže něco chybí? A proto je řečeno, že všechno musí dospět ke své nápravě (RABAŠ).

29. Ze všeho, co bylo vysvětleno, nacházíme odpověď na otázku 2, jaká je naše úloha v dlouhém řetězci skutečnosti, v níž jsme jednotlivými články, během našeho krátkého života.

Věz, že naše práce během 70 let se dělí na 4 období:

Období 1 – získat obrovské neomezené přání dostávat ve vší jeho nenapravené velikosti, pod mocí systému 4 nečistých světů ABJA. Vždyť kdyby v nás nebylo nenapravené přání dostávat, nebylo by možno je napravit, vždyť napravit lze jen to, co existuje.

A proto nestačí obdržet toto přání, které je v těle od jeho narození ve světě, nýbrž ještě musí existovat systém nečistých sil nejméně 13 let, tj. aby ho nečisté síly řídily a dávaly mu ze svého světla, pod jehož vlivem by se zvětšovalo jeho přání dostávat, vždyť potěšení, jimiž nečisté síly zásobují přání dostávat, rozšiřují a zvětšují jeho požadavky.

K tomu, aby bylo možno dosáhnout záměru stvoření, je nezbytné obrovské přání dostávat a tato obrovská přání existují pouze v systému nečistých sil. Růst přání dostávat potěšení probíhá pod vlivem naplnění tohoto přání.

Nejméně 13 let trvá do té doby, než člověk získá plné množství přání dostávat, které poté musí napravit, v souladu s osobním záměrem Stvořitele právě vzhledem ke konkrétnímu člověku. Proto je řečeno v Tóře, že do 13 let má člověk pouze Ecer Ra – zlou přirozenost a po 13 letech k němu přichází i Ecer Tov – dobrá přirozenost. Samozřejmě, že máme na mysli pouze vnitřní stav člověka, protože jestliže nepracuje na sobě, pak ani za stovky let neprojde stavem, nazývaným „13 let".

Například, když se rodí, je v něm přání pouze ve velikosti jedné dávky a ne více, ale když jej nečisté síly naplní touto dávkou, okamžitě se rozšiřuje přání dostávat a přeje si dvojnásobek, a když mu nečisté síly dají to, co si přeje, okamžitě se rozšiřuje jeho přání a přeje si čtyřnásobek.

Jaký je rozdíl mezi materiálnem (Gašmijut) a duchovnem (Ruchanijut)? Baal HaSulam na to odpověděl takto: jestliže člověk nemá materiálno, pociťuje strádání. Například, nemá-li co jíst, strádá. Avšak jestliže má jídlo a prožívá při něm potěšení, pociťuje nedostatek dodatečného potěšení: v ten okamžik, kdy jí, uspokojení mizí a znovu začíná usilovat o rozkoš...

Duchovno je tomu zcela opačné, je dostupné celému světu, ale ten, kdo je uznán za hodna je prožívat, cítí, že se ocitl v nejlepším světě, kde pociťuje jenom dobré.

A příčina toho spočívá v tom, že duchovno se nazývá dokonalým. Jestliže člověk pociťuje nedostatek třeba jen v něčem, již se nenachází v duchovním stavu. Dokonce na nejnižším duchovním stupni se člověk musí cítit dokonalým a musí se cítit nejšťastnějším na světě, je však povinen věřit v to, že existují stupně ještě vyšší než ten, na němž se nachází.

Nejstarší syn a první žák Baal HaSulama, můj rav Baruch Ašlag (RABAŠ) zde položil otázku: Jestliže žák ví, že jeho rav je větší než on, ví tak, že existuje vyšší stav než jeho vlastní. Jak se může cítit dokonalým, jestliže to ví?

Na to Baal HaSulam odpověděl, že žák musí VĚŘIT, že jeho rav je větší než on. Jestliže však VÍ, že rav je větší než on, pak se takovýto jeho stav nedefinuje jako duchovní, protože jakýkoli duchovní stav je dokonalý (RABAŠ).

Jestliže však za pomoci Tóry a Přikázání nemůže očistit přání dostávat a proměnit je v dávání, pak se jeho přání dostávat rozšiřuje během celého života a umírá s přáním naplněným z poloviny. A tím se stává zjevným, že se nachází v zajetí nečistých sil, jejichž úlohou je rozšířit a zvětšit jeho přání dostávat a přivést je do nekonečných rozměrů, aby člověku byl poskytnut veškerý materiál stvoření, který musí napravovat.

Právě ze systému nečistých sil vychází příčina toho, že ten, kdo obdržel potěšení ve velikosti jedné dávky, ihned si žádá dostat dvojnásobek. Tato vlastnost nečistých sil mu byla dána Stvořitelem zvlášť pro to, aby se v člověku rozvinula obrovská přání k přijetí cíle stvoření – obrovského naplnění.

Není-li uspokojení, člověk se domnívá, že může dosáhnout většího naplnění, ale zjišťuje, že právě potěšení je neustále nedostatek: jakmile přichází, uspokojení mizí. Jestliže nejsou materiální potěšení, existuje strádání. Jestliže jsou materiální potěšení, uspokojení stejně není. Jestliže nejsou duchovní naplnění, není strádání. Vznik strádání z nedostatku duchovní blaženosti hovoří o tom, že se člověk stává duchovním. Uspokojení je možné, jestliže člověk strádal při jeho nedostatku.

Chudý má větší radost než bohatý, ale přeje si být boháčem, ale bohatý nepociťuje uspokojení. Proto je nutno obdržet velká přání po naplnění z materiálna, abychom je poté mohli vyměnit za velká duchovní přání. Jestliže však ještě pociťuje alespoň nějaké přání ohledně materiálna, tj. nachází se v stavu pociťování nedostatku materiální rozkoše, nemůže ještě být duchovním.

Člověk, když zvládne duchovní, třeba jen ten nejnižší stupeň, cítí se dokonalým, nevidí vyšší stav než svůj, protože každý duchovní stav je dokonalý, vždyť jestliže cítí, že existuje něco většího než on má, dává mu to pocit nedokonalosti, a proto nemůže být duchovním, takže se může pozvedat výše, pouze vírou nad pocity, že ve světě je ještě něco dokonalejšího.

30. Období 2 – od 13 let dále, kdy se bodu, který je v srdci člověka a je opačnou stranou čisté duše, oděné do jeho přání přijímat od okamžiku jeho zrození, poskytuje probuzení; tehdy člověk začíná vcházet pod vliv činů systému čistých světů v té míře, v níž se zabývá Tórou a Přikázáními.

Bod v lidském srdci, temný bod (Nekuda Še ba Lev, Nekuda Šechora) je pocit nepřítomnosti světla. Je zřejmé, že pro pocit strádání z toho, že si přejeme světlo, vnímání Stvořitele, pocit něčeho duchovního, člověk musí prožít řadu stadií růstu.

Bod v srdci existuje od okamžiku narození, ale nutnou podmínkou počátku projevu jeho účinků, kdy jej člověk vnímá, spočívá v uvědomění si své egoistické přirozenosti, „Akarat Ra", a až poté již začíná cesta nápravy pociťovaného egoismu, a kromě toho člověk musí věřit v existenci duchovna.

Do 13 let existuje přání přijímat potěšení z materiálna – Gašmijut, všechno, co člověk vidí a o čem slyší v našem světě. Od 13 let a dále je přání přijmout duchovno – „Ruchanijut", s vírou, že existuje příští svět – „Olam Aba", potěšení z Tóry a Přikázání, věčná blaženost a odměna za jeho činy. Při výskytu světla v bodě, který je v srdci, nazývá se tento bod „Sefira".

Proces hledání stále nových zdrojů potěšení - oděvů existuje jak při přijímání potěšení, tak i při přijímání potěšení z dávání (egoistický altruismus): jestliže dávám, volím si, komu a kolik stojí za to dát, - chudému prosícímu u dveří o almužnu dám méně, než se sluší oblečenému, shromažďujícímu peníze na nějaký podnik. U dostávání není vůbec důležité, od koho, hlavní je, kolik obdržet, nemá význam, zda od dobrého, nebo špatného člověka, ale dávat je důležité, a to jakému člověku dáváš!

Výrazy „líc a rub", „tvář a záda" – „Panim ve Achoraim" mají mnoho významů. Tvář zde označuje rozkrývání, světlo, a opačná část znamená, že člověk nepociťuje, nevidí nic, nevnímá bod ve svém srdci. V takovémto případě přece jen existuje možnost jej vyvolat.

Podobá se to tomu, když při pohledu na dítě lidé říkají, že je silné a chytré, a myslí tím to, že při vhodné výchově se takovým skutečně stane. A hlavním cílem v tuto dobu je dosáhnout a zvětšit duchovní přání přijímat, vždyť od okamžiku zrození je v člověku přání přijímat pouze materiálno.

A proto i když člověk dosáhl obrovského přání přijímat do 13 let, ještě není konec jeho růstu přání dostávat, nýbrž hlavní růst přání dostávat je právě v duchovnu, jako například, do 13 let jeho přání dostávat chtělo pohltit veškeré bohatství a slávu, která je v našem materiálním světě, kde je každému jasná jeho dočasnost, svět přecházející a mizící jako stín. Když však člověk dosáhl duchovního přání přijímat, přeje si pohltit pro sebenaplnění všechna potěšení příštího věčného světa, který zůstane navěky.

Proto obrovské přání dostávat končí pouze v přání obdržet duchovno. Jestliže vložíme do bodu v lidském srdci správným studiem kabaly skutečné naplnění, pocítíme přání přijímat duchovní blaženství místo materiálních rozkoší, které v nás byly před úrovní 13 let. Je nutno získat obrovské přání naplnit se duchovními potěšeními a až poté lze začínat napravovat jejich záměr.

31. V Tikunej Zohar je řečeno: „pijavice má dvě dcery „haf-haf", kde pijavice znamená peklo a hříšníci, kteří se dostávají do pasti pekla, štěkají jako psi „haf-haf", tj. přejí si pohltit oba, tento i příští svět. „Haf" znamená „dej mi tento svět", prosba

kohokoli v našem světě. „Haf-haf" – dej ještě i „Olam Aba" – příští svět, prosba věřícího v příští svět.

Tento stupeň je přesto neobyčejně důležitý ve srovnání s prvním, vždyť kromě toho, že postihuje skutečné obrovské přání dostávat, a je mu tím dán k práci veškerý potřebný materiál, tento stupeň rovněž vede k dávání, jak pravili mudrcové, člověk se musí zabývat Tórou ve svůj prospěch a od toho přejde ke studiu Tóry ve prospěch Stvořitele.

A proto se tento stupeň, přicházející po 13 letech, projevuje jako čistý a jako služka, sloužící své paní, čistému přání, a přivádějící člověka ke stavu „ve prospěch Stvořitele" – „LiŠma" a obdržení Vyššího světla.

Čistá služka – „Šifcha de Keduša" – je stav, kdy se člověk nachází ještě v „Kavanot" – záměru nikoli ve prospěch Stvořitele, přeje si naplnit se ve svůj prospěch ze všeho, co člověk objevuje v Tóře, jako si dříve přál obdržet potěšení od tohoto světa, protože spatřuje potěšení v Přikázáních. To znamená, že jeho přání po sebenaplnění přešlo z objektů tohoto světa na objekty duchovní.

To je však již velká úroveň předběžného vývoje, a ne každý si zasluhuje jí dosáhnout! Člověk si musí přát pocítit úsilí o duchovní naplnění a teprve poté nastupuje etapa odění těchto snah do potřebného záměru, do přání učinit Mu radost.

Vzhledem k tomu, že každý z nás má část společné duše, jediného Stvořitelova stvoření, (tzv. duše Prvního člověka Adama HaRišona), můžeme v sobě za pomoci zvláštních činů a myšlenek nazývaných Tóra a Přikázání probudit výchozí bod, zárodek (Rešimo) naší osobní duše, který v nás dřímá, a proto jej nepociťujeme ... A tehdy si začneme přát naplnit se světlem!

Kdyby nebylo onoho bodu v srdci, části naší duše, umístěné do nás shůry, neměli bychom žádnou možnost dosáhnout přání, dokonce i toho egoistického, vůči Stvořitelovu světlu, protože bychom je nikdy nepociťovali. Růst přání prožívat rozkoš ze stále významnějších předmětů tohoto světa probíhá přirozenou cestou. Rozvinout v sobě přání potěšit se duchovnem však vyžaduje mimořádnou práci člověka na sobě, tzv. práci v Tóře a Přikázáních. A člověk není povinen předtím napravovat svoje přání po naplněníchpotěšeních tohoto světa.

Nápravu zaměření k potěšením našeho světa a duchovna provádí současně: „Jaá jsem potěšen, protože je potěšen Stvořitel". Rozvoj přání k duchovním potěšením probíhá v činu a nikoli v rozumu, prostřednictvím studia jako ve vědě, ale právě s náležitým záměrem.

Tak jako dítěti, které nechce užívat hořký lék, dáváme lék smíšený se sladkým sirupem, v té podobě, kterou je ochotno přijmout, tak i Stvořitel nám dává prostředek nápravy, světlo, protože by náš egoismus nikdy nesouhlasil s jeho obdržením. A jestliže člověk zjišťuje, že jeho rozum souhlasí s uskutečněním záměru ve prospěch Stvořitele, ale tělo je proti tomu, může mu pomoci jenom modlitba vyjadřující přání milovat Stvořitele celým svým srdcem.

Pouze Stvořitel může pomoci v nápravě těla. Jak je řečeno: „Ba letaer, mesajim lo" (tomu, kdo přichází, aby se očistil, je pomáhají). V čem spočívá Stvořitelova pomoc? „Notnim lo nešmata kadiša" (Dávají mu čistou duši). Jak je řečeno, „Or machzir le mutav" (Světlo se vrací ke zdroji). A nakonec člověk cítí, že jeho srdce „Rachaš libi davar tov" (Moje srdce obdrželo něco dobrého), tím, že „Maasaj le melech" (Všechny moje činy Stvořiteli).

Jak tedy člověk cítí, že jeho přání patří Stvořiteli? Tento pocit, stejně jako všechny ostatní pocity, mu dává sám Stvořitel. Vždyť veškeré naše pocity dostáváme pouze ze zdroje všech našich potěšení (strádání se pociťuje jako nedostatek potěšení). Modlitba je přání vnímáané srdcem, aby mu Stvořitel dal přání toho, co si tělo nežádá.

Práce v srdci – to je práce, zaměřená k tomu, aby srdce pocítilo skutečná přání, což se nazývá očištění srdce. Dokonalost lidských činů lze redukovat na to, aby člověk zpočátku pocítil stud při přijímání od Stvořitele, alespoň jako při přijímání od sobě podobných.

Proto prosba ke Stvořiteli musí spočívat v tom, aby odstranil svoje ukrytí, tehdy Jej člověk pocítí a začne se stydět. A do té doby člověk musí věřit, že ukrytí existuje, přičemž víra v to může být taková, že člověk začne pociťovat stud již ve stavu ukrytí.

A jestliže se objevil pocit studu, pak ukrytí Stvořitele mizí, protože to je již náprava. O tom je řečeno: „Spravedliví dosahují velikosti Stvořitele a hříšníci dosahují své velikosti". A vyšší světlo přichází k tomu, kdo je může odmítnout.

Je však povinen činit vše potřebné k tomu, aby toho dosáhl, a jestliže na to nevynaloží všechny svoje síly a nedosáhne stavu „ve prospěch Stvořitele", pak upadne do hloubky nečisté služky, která dědí místo své paní, neboť nedává člověku přiblížit se k paní, ke stavu „ve prospěch Stvořitele".

A poslední stupeň tohoto období je to, aby si člověk přál naplnit se Stvořitelem, podobně jako má vášnivé přání v našem světě, natolik, že pouze toto přání by v něm hořelo den a noc; jak je řečeno, neustále na to myslí natolik, že nemůže spát.

Je řečeno: „Poznej Stvořitele otců svých a služ Mu" („da et Elokej avicha ve avdeu"). Poznání znamená úplné sepětí, a proto, když člověk cítí, že usiluje, leč se nenachází v sepětí se Stvořitelem, strádá. Avšak i když pociťuje přání dosáhnout tohoto sepětí, stejně není v stavu sám učinit krok vpřed, dokud mu shůry nepomůže Stvořitel.

Je řečeno v Tóře: „Ty jsi stín Stvořitele" – tak jako stín člověka opakuje veškeré jeho pohyby, tak i člověk opakuje veškeré pohyby Stvořitele. A proto, jestliže člověk začíná pociťovat duchovní vzestup a úsilí o sepětí se Stvořitelem, musí si ihned uvědomit, že tento pocit u něho vznikl proto, že předtím Stvořitel pojal přání přiblížit si jej k Sobě, a proto v něm vyvolal podobný pocit.

Avšak po několika pokusech vnímat Stvořitele přichází k člověku pocit, že si s ním Stvořitel sepětí nepřeje. A jestliže bez ohledu na tento pocit člověk stále ještě věří, že to je pouze zkouška jeho věrnosti Stvořiteli, postupně si uvědomí, že se mu Stvořitel otevírá, a tehdy již člověk splývá se Stvořitelem celým srdcem a přirozeně.

Největší potěšení v egoistických Kelim, maximální „Lo Lišma", je obrovská vše pohlcující vášeň ke Stvořiteli. V nahromadění egoistického Kli existuje mnoho stupňů a přání po sebenaplnění Stvořitelem jako největší z existujících potěšení je největší egoismus, předcházející proražení do duchovního světa k altruistickým kvalitám.

Jak je řečeno, „strom života je zjevení vášně", protože pět stupňů duše je strom života o délce 500 let, neboť každý stupeň 100 let přivádí člověka k tomu, aby obdržel všech pět stupňů NaRaNChaJ, které se projevují ve stavu 3.

32. Období 3 – to je práce v Tóře a Přikázáních „ve prospěch Stvořitele", tj. pro dávání a nikoli přijímání odměny. Tato práce očišťuje přání člověka dostávat pro sebe a proměňuje jej v přání dávat, a v souladu s očištěním přání dostávat se stává hodným a připraveným obdržet 5 částí duše pod názvem NaRaNChaJ, protože se nacházejí v přání dávat a nemohou se odít do těla, dokud je přání dostávat, které v něm panuje, s duší v opačných vlastnostech nebo v různosti vlastností, neboť naplnění a podoba vlastností jsou jednoznačné.

A když se člověk stává hoden přání dávat naprosto nikoli ve svůj prospěch, dosahuje tím shody vlastností s jeho vyššími NaRaNChaJ (které sestupují ze svého zdroje ve světě nekonečna ze stavu 1 přes světy čistých ABJA), a ty ihned sestupují k němu a odívají se do něho podle pořadí stupňů.

Období 4 – to je práce po vzkříšení mrtvých, tj. když se přání dostávat, poté, co již zmizela v důsledku smrti a pohřbení, oživuje v největší a nejhorší podobě, jak je řečeno, „v budoucnu mrtví vstanou ve svých nepravostech", a tehdy je proměňují v přijímání pro dávání. Existují však jednotlivé zvláštní osoby, jimž se tato práce daří již za jejich života v našem světě.

Období 1 – do „13 let", člověk získává přání dostávat objekty tohoto světa. Období 2 – od „13 let", získává přání po sebenaplnění duchovními potěšeními, což se nazývá „Lo Lišma" (nikoli ve prospěch Stvořitele), je to však stupeň, který vede k duchovní čistotě, a proto se nazývá „Achoraim de Keduša" (obrácená strana svatosti, čistoty).

Toto přání se odívá do bodu, který je v lidském srdci. Období 3 začíná proměňovat část přání obdrženého v období 2 v záměr „ve prospěch Stvořitele" (Racon Leašpia) a příslušně dostává do tohoto napraveného přání část od světla, předem připraveného pro jeho duši. Toto světlo se odívá do člověka podle shody přání člověka se světlem.

Období 4 začíná dostávat ve prospěch Stvořitele. Dříve zahubil svoje tělo (přání), jak je řečeno, „Tóra existuje pouze v tom, kdo se zabíjí v Její prospěch", a nepřál si využít svoje egoistická přání, a nyní oživuje tato přání (vzkříšení mrtvých), aby v nich dostával potěšení ve prospěch Stvořitele.

V souladu s tím pochopíme, proč Tóra praví, že nelze člověku hledět více než na čtyři metry – „Amot" od sebe: člověk jsou čtyři kvality přání po sebenaplnění (čtyři Bechinot), a jenom podle nich musí soudit sám sebe a hledět pouze do sebe, protože mimo člověka, kromě oněch čtyř Amot, existuje pouze Stvořitel. Avšak jestliže „Notel Jadaim" - myje si ruce od přijímání, může jít i za čtyři Amot.

33. A nyní nám zůstalo vysvětlit výzkum 6, že všechny světy, jak vyšší, tak i nižší, byly stvořeny jenom pro člověka; je ale zcela podivné, že pro takové bezvýznamné stvoření jako člověk, ničemný vzhledem k našemu světu, a tím více vzhledem k vyšším duchovním světům, se Stvořitel snažil toto všechno stvořit.

A ještě podivnější je, k čemu jsou člověku tyto velké vyšší duchovní světy. Musíš ale vědět, že veškerá radost Stvořitele spočívá v naplnění stvoření, do té míry, v níž Jej stvoření pociťují, vědí, že On dává a že si přeje je naplnit.

Tehdy má s nimi obrovskou zábavu, jako otec hrající si s milovaným synem, a v té míře, v jaké syn pociťuje a zná otcovu velikost i sílu, otec mu ukazuje veškeré poklady, jež pro něj připravil, jak je řečeno: „Což Mi není Efrajim drahým synem? Což on není mým milovaným dítětem? Kdykoli však o něm mluvím, znovu a znovu si ho připomínám. Proto je mé nitro nad ním zneklidněno. Slituji, slituji se nad ním, je výrok Stvořitelův."

Pohlédni pozorně na to, co zde bylo řečeno, a dokážeš pochopit obrovskou Stvořitelovu lásku k těm dokonalým, kteří byli uznáni za hodny pocítit a poznat Jeho velikost, když prošli všemi těmi cestami, které jim připravil, než dospěli k tomu, aby vnímali Jeho vztah k nim, jako otec s milovaným synem, jak nám praví ti, kdož toho dosáhli.

A není možno dále o tom hovořit, stačí nám vědět, že pro toto potěšení z lásky k těm dokonalým mu stálo za to vytvářet všechny světy, jak vyšší, tak i nižší, jak si ještě vysvětlíme.

V práci na sobě využívá člověk svoje možnosti: rozum (Sechel) Keter, přání (Racon) Chochma, myšlenky (Machšava) Bina, slova (Dibur) Zeir Anpin, čin (Maase) Malchut. Vzhledem k nutnosti ukrytí skutečného vzdělání a výchovy před masami, musí být další vysvětlení méně otevřená, ale v souladu se svou duchovní přípravou čtenář sám pochopí vše, co potřebuje v každé etapě svého duchovního růstu.

Veškeré potěšení a radost Stvořitele spočívá v tom, aby Jej stvoření pocítila jako zdroj svého naplnění. Stvořitel je potěšen tím, že člověk vidí, co se pro něj u Stvořitele nachází. Právě toto vnímají ti, kdož Stvořitele dosahují. Právě tak si Stvořitel přeje, abychom jej pociťovali.

Kdyby měl člověk potěšení ze svých egoistických přání ve svůj prospěch, byl by omezen rámcem svých přání, protože by je nerozvinul do období 1 a 2. Stejně by byly jeho možnosti naplnění omezeny rámcem, mezemi, velikostí jeho přání. To, že člověk může dostávat nikoli ve svůj prospěch a přitom pociťovat potěšení, naplňovat se nikoli ze svých přání, mu umožňuje nekonečnou, bezmeznou blaženost bez přesycení.

Člověk musí dosáhnout úrovně vnímání Stvořitele jako jemu dávajícího. Stvořitel je potěšen tím, že člověk postihuje Jeho velikost. Dokonalost – to je cíl, jejž jsme my všichni povinni dosáhnout: pocítit velikost Stvořitele ve všech našich dosaženích jako zdroj naší existence a naplnění. Všechno, co Stvořitel stvořil, vytvořil nikoli proto, že by to potřeboval. Avšak jestliže člověk Stvořitele velebí, je potěšen Jeho velikostí a světlem, které z Něho vychází.

34. A k tomu, aby dovedl stvoření do tak vysokého zvláštního stupně, přál si Stvořitel konat postupně podle čtyř stupňů, přecházejících jeden do druhého, nazývaných neživý, rostlinný, živočišný a člověk. A v tom jsou čtyři odlišnosti v přání dostávat a každý z vyšších světů se skládá z těchto přání.

I když hlavní je čtvrtý stupeň přání dostávat, je nemožné, aby se odkryl okamžitě, nýbrž pouze silou předchozích tří stupňů, podle nichž se rozvíjí a rozevírá postupně, dokud nedosáhne dokonalosti ve všech svých vlastnostech čtvrtého stupně.

35. V prvním stupni přání dostávat, nazývaném neživý, je počátek odkrývání přání dostávat v našem materiálním světě, existuje v něm pouze společná síla pohybu pro všechny neživé druhy, ale nerozeznává se okem jednotlivý pohyb jeho částí.

Protože přání dostávat rodí potřeby a potřeby rodí pohyb dostatečný na to, aby bylo dosaženo toho, co je nezbytné. A vzhledem k tomu, že přání dostávat je krajně malé, panuje jenom nad vším společným současně a nerozeznává se jeho moc nad částmi.

Jak neexistuje vlastní osobní svoboda pohybu u neživého stupně, tak i člověk, když dosáhl stupně „Domem de Keduša" (čisté neživé /přání/), pociťuje pouze společné potěšení z Tóry a Přikázání a není v stavu rozlišit všechny možné naplnění v Přikázáních.

Člověk na nerozvíjející se úrovni koná činy a vůbec se nemění, protože přání dostávat je v něm natolik malé, že ho to nenutí k ničemu většímu než k zachování vlastní formy téhož procesu existence.

36. Dodatečně k němu rostlinný druh (2. stupeň přání dostávat) přání dostávat větší než u neživého, jež panuje nad všemi svými částmi, a nad každou částí. Každá část má svůj pohyb v rozšiřování do délky a do šířky a kmitání do strany východu slunce, a rovněž se v něm projevuje stravování, pití a vylučování odpadků v každé z jeho částí. Přesto v nich ještě neexistuje pocit svobody osobnosti každého.

Jako se všechny květy najednou otevírají vstříc slunci a nemají osobní přání, a proto ani pohyb, a žádná květina zvlášť nemá svobodnou vůli, tak i člověk, když dosáhl rostlinného stupně čistého duchovního rozvoje, pociťuje potěšení z každého činu, ale diferencovat může chutě podle skupin Přikázání (altruistických činů).

Například, pociťuje stejnou chuť ve všech požehnáních, jednu chuť, ale odlišnou od první, ve všech prosbách, jako by například pociťoval v našem světě jednu chuť u všech druhů masa a jinou chuť u všech druhů zeleniny. To znamená, že všechna potěšení, které pociťuje, dělí do skupin.

37. Dodatečně k němu živočišný druh – tj. 3. stupeň přání dostávat, jehož vlastnosti jsou již natolik dokonalé, že toto přání dostávat již rodí u každé části pocit svobodné osobnosti, představuje zvláštní život každé části, odlišné od jemu podobných.

Ještě však v nich schází pocit bližního, tj. nemají žádný důvod soucítit se strádáním ostatních nebo se radovat ze zdaru ostatních. Živočišný stupeň duchovního rozvoje již rozlišuje podle charakteru každé jednotlivé potěšení. Například, v každém požehnání pociťuje příslušné potěšení, odlišné od ostatních.

Ještě však nerozlišuje vnitřní charakter, protože živočich nemá od přirozenosti pocit bližního. Jestliže vidíme projev soucitu ze strany živočichů v našem světě, vychází to z jejich přirozenosti a nikoli z jejich svobodného rozhodnutí.

38. Dodatečně k živočišnému stupni lidský druh – to je 4. stupeň přání dostávat, podle velikosti již definitivně dokonalý, protože přání dostávat, které v něm je, vyvolává u něho pocit jiného.

A jestliže si přeješ znát naprosto přesně, jak se odlišuje 3. stupeň přání dostávat, které existuje v živočišném druhu, od 4. stupně přání dostávat, které je v lidském typu, povím ti, že to je jako vztah jednoho individua k celému stvoření.

Protože přání dostávat, které je v živočichovi, kde není pocit sobě podobných, je v stavu zrodit svoje přání a potřeby pouze v míře, kterou mu poskytuje Stvořitel, která se nachází v tomto druhu stvoření, zatím co u člověka, který má navíc pocit sobě podobných, vzniká potřeba rovněž všeho, co má ten druhý, a člověk se naplňuje závistí, protože chce vlastnit to, co mají ostatní. Tj. jestliže má dávku, přeje si dvojnásobek a jeho potřeby se rozšiřují a rostou natolik, že si přeje vlastnit všechno, co existuje ve světě.

Tento poslední vývojový stupeň – to je cíl všeho, avšak dosáhnout jej lze pouze postupným vývojem přes předchozí stupně. Vzhledem k tomu, že má pocit sobě podobných, pociťuje závist, lásku atd., a proto může mít potěšení ze všeho, čeho dosáhl jiný, protože společné pocity vytvářejí vazbu.

Proto může mít člověk potěšení ze znalostí ostatních, a každý může předat druhému to, čeho dosáhl, protože má pocit sobě podobných. Zatím co jazyk živočichů se nemůže vyvíjet, člověk rozvíjí svůj jazyk pro sepětí s ostatními a pro sdílení pocitů. Proto může tím, že se pozvedne, pozvednout s sebou ostatní a sám se s vynaložením úsilí pozvednout spolu s učitelem…

39. Poté, co jsme si vysvětlili, že veškerý Stvořitelem žádaný cíl stvoření všech jím stvořených stvoření spočívá v jejich naplnění, aby dosáhli Jeho velikosti a pravdy a obdrželi od Něho vše krásné, co jim připravil podle toho, jak je řečeno: „Mé drahé díítě Efrajim, můj milovaný syn", jasně zjišťujeme, že tento cíl nepatří k neživým velkým tělesům jako Země, Měsíc, Slunce, bez ohledu na jejich rozměry a záření, a nepatří ani k rostlinnému a živočišnému druhu, protože nemají pocit ostatních, ani sobě podobných, jak tedy mohou pocítit Stvořitele a jeho dobrotu.

Avšak pouze lidský druh, protože je v něm základ pro pocit ostatních, sobě podobných, v procesu práce na Tóře a Přikázáních, kdy proměňují přání dostávat, které je v nich, v přání dávat a blíží se podobnosti se Stvořitelem, dostává všechny stupně, které jsou mu připraveny ve vyšších světech a nazývají se NaRaNChaJ, v důsledku čehož se stávají schopnými obdržet cíl stvoření. Proto je cíl záměru stvoření všech světů určen pouze pro člověka.

Vzhledem k tomu, že existuje cit pro druhého, bližního, někoho mimo vlastní tělo, je člověk schopen pocítit Stvořitele. Pocit musí být nikoli v tom, že má naplnění, nýbrž v tom, že je naplňuje tím, že dává druhým nebo Stvořiteli. Dávání – to je pouze vazba pro možnost dosažení dávajícího!

Láska je pociťována nikoli proto, co dostává od Stvořitele, nýbrž z dosažení velikosti Stvořitele. Živočich není schopen se naplňovat pocitem, od KOHO dostává, nýbrž má potěšení pouze z toho, CO dostává. Člověk na této úrovni duchovního rozvoje si přeje pouze jedno – pocítit toho, kdo mu dává.

V tom spočívá zvláštní vlastnost díla rabiho Jehudy Ašlaga, protože v něm člověk nejrychleji nachází sebe sama i svého Stvořitele jako příjemce i dávajícího. Proto bez ohledu na odpor jistých kruhů nakonec začnou studovat knihy pouze tohoto velkého kabalisty a s jejich pomocí započnou se svou skutečnou prací.

40. A já vím, že to filozofové naprosto neuznávají a nemohou souhlasit s tím, že **člověk, tak ničemný v jejich očích, je středem veškerého velkého stvoření. Je to proto, že hledí na svět svýma „pozemskýma" očima, bez znalosti konečného stavu stvoření, a soudí je podle jeho současného mezistavu.**

A ani velikost stvoření nejsou zjevně schopni zhodnotit, protože za stvoření považují pouze náš svět, a bez zvláštního pochopení, vnímání vlastními smysly, tj. shodou vlastností, duchovních světů, nejsou schopni ničeho dosáhnout, aby pravdivě posoudili jejich velikost!

Jsou však podobni tomu červu, který se zrodil uvnitř hořkého plodu, sedí v něm a domnívá se, že celý Stvořitelův svět je stejně hořký, bez světla a velikosti, jako onen hořký plod, v němž se zrodil.

Totéž tvrdí každý z nás o našem světě, soudě podle svých pocitů. A totéž tvrdí i filozofové, kteří si neuvědomují cíle Stvoření.

Avšak v tom okamžiku, kdy červ prokouše slupku a vyhlédne ven z hořkého plodu, vzdá se egoismu, vyhlédne, dostává Stvořitelovo světlo, získává zrak (vidět lze pouze v odraženém světle, jako v našem světě, v reakci na vnější působení svou clonou – odporem vůči egoismu), **venku spatřuje ve skutečném světle všechny světy a jejich proporce, je udiven a vzkřikne: „Domníval jsem se, že je celý svět podoben hořkému plodu, v němž jsem se narodil, ale teď před sebou vidím obrovský, svítící, nádherný svět".**

Tak i ti kteří jsou ponořeni do své slupky přání dostávat, v níž se zrodili a nepokoušeli se získat zvláštní prostředek, Tóru a Přikázání, činy, schopné prorazit tak tvrdou slupku a proměnit ji v přání poskytovat potěšení Stvořiteli, samozřejmě se mimoděk rozhodují, že jsou ničemní a prázdní; takoví opravdu jsou a nedokážou si uvědomit si, že veškeré toto obrovské stvoření je stvořeno pouze pro ně.

Člověk neozbrojeným zrakem ve svých přirozených přáních nedokáže pochopit ani uvěřit v cíl Stvoření.

Kdyby se však zabývali Tórou a Přikázáními s čistými myšlenkami dávat všechno Stvořiteli, prorazili by slupku přání dostávat, v níž se zrodili, a získali by přání dávat, pak by se neprodleně **otevřely jejich oči a oni by dokázali uzřít** a postihnout sebe a všechny stupně moudrosti a zjevného poznání, nádherného a příjemného, až do nasycení duše, které je pro nás připraveno ve vyšších světech, a sami by tvrdili **to, co pravili mudrcové: „Dobrý host říká: Všechno, co učinil hospodář, učinil pro mne".**

Záměr znamená to, co si v daném okamžiku člověk přeje, proto kterýkoli čin, a tím spíše Přikázání, plněné bez záměru, je podobno mrtvole. Nemáme však na mysli, že je to zcela bez záměru, protože samo tělo neposkytne možnost něco provést bez uvědomělé motivace, nýbrž máme na mysli to, že člověk ještě není schopen pojmout skutečný záměr, ale usiluje o to.

41. Ještě však nám zbývá vysvětlit, proč přece jen jsou všechny tyto vyšší světy stvořeny Stvořitelem pro člověka. Je však nutno vědět, že veškerá skutečnost světů se dělí na pět světů nazývaných:

1. **Adam Kadmon,**
2. **Acilut,**
3. **Berija,**
4. **Jecira,**
5. **Asija.**

A v každém z nich je nekonečný počet součástí, které lze redukovat celkem na pět Sefirot:

- **Keter,**
- **Chochma,**
- **Bina,**
- **Tiferet,**
- **Malchut.**

Svět Adam Kadmon – to je Keter a svět Acilut – to je Chochma, a svět Berija je Bina a svět Jecira je Tiferet a svět Asija je Malchut. A světlo, odívající se do těchto pěti světů, se nazývá NaRaNChaJ:

- světlo Jechida svítí do světa Adam Kadmon,
- světlo Chaja ve světě Acilut,
- světlo Nešama ve světě Berija,
- světlo Ruach ve světě Jecira,
- světlo Nefeš ve světě Asija.

A všechny tyto světy a vše, co je v nich, jsou součástí svatého jména Stvořitele HaVaJaH, protože prvního světa, světa Adam Kadmon, my nedosahujeme, a proto se označuje pouze jako počáteční tečka písmene jod ve jménu Stvořitele, a proto o něm nehovoříme, nýbrž hovoříme pouze o čtyřech světech ABJA:

- **jod – svět Acilut,**
- **hej – svět Berija,**
- **vav – svět Jecira,**
- **poslední písmeno hej – svět Asija.**

Jméno Stvořitele HaVaJaH znamená kostru veškerého stvoření, podobnou kostře našeho těla. Toto jméno znamená, že kterékoli stvoření, tj. přání, se skládá z pěti částí nebo pěti znaků: tečka, kterou se začíná psát písmeno jod, písmeno hej a písmeno vav.

A není v tom rozdílu mezi nejvyšším objektem stvoření, nejvyšším Kli a nejnižším, jako není rozdílu v počtu orgánů a částí těla u dospělého a dítěte, a veškerý rozdíl spočívá v tom, jakým světlem (Miluj) se toto Kli naplňuje v závislosti na míře nápravy Kli (velikosti clony – „Masach").

42. A tak jsme si vysvětlili čtyři světy, zahrnující v sobě veškeré duchovní stvoření, vycházející ze světa nekonečna do našeho světa. Ony se však rovněž zahrnují navzájem, a proto se každý z pěti světů skládá z pěti Sefirot: Keter, Chochma, Bina, Tiferet a Malchut, v nichž se nacházejí světla NaRaNChaJ, odpovídající pěti světům.

Avšak kromě pěti Sefirot: Keter, Chochma, Bina, Tiferet a Malchut každého světa existují rovněž čtyři duchovní stádia (aspekty, úrovně) jako v našem světě v každém z nich: neživá, rostlinná, živočišná a člověk, kde lidská duše – to je stadium „člověk", která je v tomto světě, stádium „živočišné" – to jsou andělé, kteří jsou v tomto světě, stádium „rostlinné" se nazývá odíváním a stádium „neživé" se nazývá paláci.

A tyto stádia se odívají do sebe navzájem: člověk, lidská duše se odívá do pěti Sefirot: Keter, Chochma, Bina, Tiferet a Malchut, které jsou částí Stvořitele v tomto světě. Živočichové, andělé, se odívají do duší; rostliny, oděvy, se odívají do andělů; neživé stádium, paláce, se navléká na všechno předchozí.

Odívání znamená, že slouží sobě navzájem a vyvíjejí se jeden z druhého, jak jsme si to již vysvětlili v materiálních objektech: neživém, rostlinném, živočišném a v člověku našeho světa, a jak jsme ukázali, že tři stádia: neživé, rostlinné a živočišné nebyla stvořena pro sebe, nýbrž pouze pro to, aby čtvrtý stupeň, člověk, se mohl s jejich pomocí vyvíjet a povznést.

A proto je veškeré jejich předurčení jenom sloužit a pomáhat člověku. A rovněž tak tomu je ve všech duchovních světech, kde jsou tři stádia: neživé, rostlinné a živočišné, které jsou v nich, stvořeny pouze proto, aby sloužily a pomáhaly stádiu „člověk" v daném světě, lidské duši. A proto se má za to, že se všechny navlékají na lidskou duši, tj. pomáhají jí.

43. A tak člověk v okamžiku narození má hned čistou Nefeš, ne však samu Nefeš, nýbrž jenom opačnou část duše, což znamená její poslední část nazývanou, podle své

nevýznamnosti, bodem. **Obecný název duchovna v člověku se nazývá duše a v hebrejštině Nešama (neplést se světlem Nešama z pěti světel NaRaNChaJ).**

Člověk dostává při narození poslední, nejmenší část jemu nejbližšího duchovního stupně Malchut světa Asija. Vzhledem k tomu, že je krajně malá, nazývá se opačnou částí jeho duše. A proto, že je krajně malá, nazývá se bodem. A je oblečena do lidského srdce, tj. do přání dostávat, které je pociťováno především v lidském srdci.

Duchovní bod se odívá do lidských přání. Sám není pociťován, nýbrž koná prostřednictvím těchto přání. A existuje absolutní pravidlo: zákon obecného ve stvoření je plněn v každém světě a dokonce v každé jeho nejmenší části, jakou jen lze vyčlenit v tomto světě, jako existuje pět světů, tvořících veškeré stvoření, a to je pět Sefirot: Keter, Chochma, Bina, Tiferet a Malchut.

Shoda světů a Sefirot: svět AK Keter, svět Acilut Chochma, svět Berija Bina, svět Jecira Tiferet, svět Asija Malchut. Rovněž existuje pět Sefirot: Keter, Chochma, Bina, Tiferet a Malchut v každém světě:

Svět AK: **Keter** + Chochma + Bina + Tiferet + Malchut
Svět Acilut: Keter + **Chochma** + Bina + Tiferet + Malchut
Svět Berija: Keter + Chochma + **Bina** + Tiferet + Malchut
Svět Jecira: Keter + Chochma + Bina + **Tiferet** + Malchut
Svět Asija : Keter + Chochma + Bina + Tiferet + **Malchut**
(tučným písmem je označena základní Sefira, vlastnost světa) a existuje rovněž pět Sefirot v každé, té nejmenší části každého světa.

Každá Sefira se skládá z pěti Podsefirot a každá z nich se zase rovněž skládá z pěti Podsefirot atd. Výsledkem vzniká systém v podobě stromu, nazývaný Strom Života, v němž je každá část spjata se všemi ostatními, a proto nejnepatrnější náprava, duchovní čin člověka, vyvolává reakci a vede ke zvýšení světla ve všech světech!

Proto jsou veškeré činy člověka spjaty s celým Stvořením a my všichni jsme spojeni do jediného celku – duše, stvořené Stvořitelem, což se nám odhalí na konci nápravy. K tomu, abychom pochopili, proč se stvořené přání potěšit se, nazývané stvořením, skládá z pěti částí, je třeba pochopit jeho zrození:

1. Jediné, co je nám známo o Stvořiteli, je Jeho přání, přání stvořit stvoření, aby bylo naplněno. Je nám to známo od kabalistů, kteří se pozvedli do tohoto nejvyššího stupně poznání a pocítili na sobě, že ze Stvořitele vychází absolutní potěšení.

Toto potěšení nazýváme světlo (Or). Vycházení světla ze Stvořitele se nazývá stadium 0.

2. Světlo rodí přání naplnit se jím. Přání potěšit se nazýváme nádobou (Kli). Vzhledem k tomu, že světlo vytvořilo přání naplnit se jím samo, takovéto Kli nepociťuje přání světla jako svoje, nýbrž jako přijaté od světla a podobné zárodku v těle matky: neuvědoměle

dostává vše, co mu dává matka, při nedostatku vlastních přání. Tento stav se nazývá stadium 1: stvořené Kli je naplněno světlem Stvořitele. Potěšení z přijetí světla se nazývá Or Chochma.

K tomu, abychom se naplnili, jsou nezbytné dvě podmínky: samostatné úsilí naplnit se a žádané potěšení. Přitom velikost dostávaného potěšení závisí pouze na velikosti úsilí naplnit se (velikosti pocitu hladu, rozměrů Kli).

Všechny záporné pocity pocházejí z nedostatku naplnění a jsou důsledkem přirozenosti Kli. Všechny kladné pocity jsou důsledkem působení světla.

3. Vzhledem k tomu, že světlo ve stadiu 1 zcela Kli zcela naplňuje, světlo předává Kli s potěšením i svoji vlastnost, přání naplnit se, a proto se Kli postupně přestává naplňovat dostáváním světla: jestliže není přání, pak se naplnění nepociťuje. Objekty duchovního světa jsou „holá" přání bez materiálních obalů: duchovní objekt je přání potěšit se nebo potěšit.

Proto nové přání rodí nový objekt: oddělením nového přání od minulého se odděluje jeden stav od druhého, rodí se nové přání, a to znamená, že se rodí nový duchovní objekt. Proto, jakmile se stadium 1 naplní světlem, začíná pociťovat nové přání dávat, přijaté od světla, a tím se vyčleňuje ze stadia 1 nový stav - stadium 2. Potěšení, které má Kli z přání dávat, tj. od podobnosti se Stvořitelem, se rovněž nazývá světlem, ale je to jiné světlo, odlišné od stadia 1, a nazývá se Or Chasadim – potěšení z dávání, altruismu.

Stadium 2 je podobno Stvořiteli, ale považuje se za vzdálené od něho více než stadium 1, protože míra vzdálenosti Kli od Stvořitele se určuje podle pocitu samotného Kli (neboť o Stvořiteli nemůžeme nic říkat a vůbec vzhledem k Němu se Kli nachází ihned po vzniku záměru stvoření v jeho konečném stavu), a Kli ve stadiu 2 se cítí vzdálenější od Stvořitele než Kli ve stadiu 1, a právě proto chrlí světlo. Příčina toho, že Kli dostává od světla jeho vlastnosti, spočívá v tom, že každý následek si přeje být podobným své příčině, která jej zrodila. Ze stadia 0 vycházejí dva činy:

a) přání Stvořitele potěšit stvoření rodí přání potěšit se, Kli, stvoření

b) přání potěšit působí ve stvořeném Kli tak, že Kli začíná pociťovat, že potěšení, které dostává, vychází z přání Stvořitele naplnit jej, a proto v Kli vzniká stejné přání potěšit. Podobnou reakci pozorujeme i v našem světě: člověk, který obdržel dar, jestliže se vnímá jako příjemce, neprodleně si přeje jej vrátit nebo učinit něco podobného darujícímu, aby se zbavil tohoto pocitu příjemce.

Pouze jestliže člověk může sám sebe přesvědčit, že to, co dostává, „je mu určeno", nebo „tak konají všichni", nebo „to vrátí v budoucnu" atd., může přijmout, protože přesvědčil sám sebe o tom, že není příjemce, jinak není v stavu přijmout něco od jiného, protože nepříjemný pocit příjemce mu nedovoluje dar přijmout.

Stejně tak je to ve stadiu 1: jakmile se pocítilo jako příjemce, tento nepříjemný pocit je přinutil zbavit se světla, protože pocítilo dávajícího, světlo. Proto nám v našem světě schází pouze jedno – vnímat Stvořitele, a tehdy se snadno osvobodíme od přání dostávat potěšení v té míře, v níž pocítíme Stvořitele.

A vzhledem k tomu, že stadium 2 je důsledek pocitu Kli jako vzdáleného od Stvořitele, příjemce, je považováno za vzdálenější a hrubší než stadium 1, i když stadium 1 dostává a stadium 2 dává. Existují dva druhy světla v pocitu Kli:

a) světlo cíle stvoření, jímž si Stvořitel přeje naplnit Kli, které vychází bezprostředně od Stvořitele, nazývané Or Chochma;

b) světlo nápravy stvoření, vycházející od Stvořitele pouze při úsilí Kli napravit se, stát se podobným Stvořiteli, nazývané Or Chasadim – naplnění ze splynutí, podobnosti se Stvořitelem.

4. Když se však Kli zcela rozloučí se světlem Or Chochma, začíná pociťovat „umírání", protože je stvořeno pro dostávání Or Chochma. (To, že Kli si přálo obdržet Or Chasadim, je pouze důsledek toho, že v něm působí Or Chochma, není to jeho přirozenost).

Existovat bez Or Chochma není Kli schopno. Vzhledem k tomu, že veškerá přirozenost, podstata Kli – to je přání naplnit se Or Chochma, a kromě tohoto přání v něm není nic, anulovat toto přání, sebe samého, není Kli schopno. Jeho reakce na jej naplňující Or Chochma – to je rovněž reakce na přání naplnit se, protože přání naplnit se z přijímání Or Chochma pociťuje strádání z pocitu, že je příjemce, a proto odmítá Or Chochma dostávat. Kdo ale odmítá?

Též Kli je totéž přání naplnit se Or Chochma. Proto Kli, když vyhnalo Or Chochma, pociťuje bez něj nemožnost existence, protože to je jeho přirozenost, a rozhoduje se přijmout pouze pro existenci nezbytné množství Or Chochma, a v ostatním svém přání se naplňuje splynutím se Stvořitelem Or Chasadim. Takovéto pro existenci nezbytné obdržení Or Chochma se nepovažuje za dostávání.

Podobně jako když v našem světě říkáme, že člověk, například, žije pouze vědou, máme na mysli, že samozřejmě dostává vše nezbytné pro existenci, to se však nepovažuje za dostávání, protože to je diktováno nikoli jeho přáním, nýbrž nutností jeho přirozenosti, a kdyby jí nebylo, nepřijímal by ani toto nezbytné pro život.

V tom je rozdíl mezi stadii 2 a 3: ve stadiu 3 již je – i když jako nutnost, přání dostávat Or Chochma. Jak ale může existovat stadium 2 bez Or Chochma, jestliže to je světlo života Kli? Jde o to, že ve stadiu 2 je přítomno Or Chochma a z toho plyne reakce na jeho existenci přání dávat, a tím se naplňovat Or Chasadim. Kli, které v sobě pociťuje dvě protikladné přání: dostávat Or Chochma a dostávat Or Chasadim, rozhoduje se pro kompromis: dostávat trochu Or Chochma, v množství nezbytném pro svoji existenci, a v ostatním být podobným světlu. Takové kombinované (trochu přání dostávat a v ostatním dávat) přání Kli se nazývá stadium 3. Jestliže však stadium 3 dostává pod tlakem své přirozenosti Or Chochma, proč to není přijímáním ve prospěch Stvořitele?

Protože jeho přirozenost, tj. Stvořitel, který stvořil Kli takovým, jej nutí dostávat, ale Kli dostává ve svůj prospěch, protože není schopno existovat bez Or Chochma. Proto se člověk, který v našem světě dostává všechno, co vyžaduje jeho přirozenost, nepovažuje za tvora, který plní vůli Stvořitele, neboť má potěšení z dostávání a nikoli z toho, že naplňuje Stvořitele pocitem blaženosti, že naplňuje, protože je to příjemné Stvořiteli.

5. Změna přání, každé nové přání je zvláštním stavem, odděleným Kli, odděleným duchovním objektem. Proto po obdržení, v souladu se svými přáními Or Chasadim a trochu Or Chochma, Kli si ve stadiu 3 začíná přát mít plné potěšení z Or Chochma, jak to naplnil ve stadiu 1.

Každé následující stadium je důsledkem předchozího, důsledkem působení světla v Kli v předchozím stadiu: od naplnění světlem ve stadiu 1 si kKli přálo jednat podobně jako světlo, a objevilo se stadium 2. Od pocitu nezbytnosti Or Chochma ve stadiu 2 se objevilo stadium 3.

Od pocitu přirozenosti naplnění přijetím světla při volbě ze dvou potěšení působících ve stadiu 3 se objevilo stadium 4: přání plně se naplnit přijetím potěšení, které si Stvořitel přeje mu poskytnout, Or Chochma.

Toto poslední stadium vývoje Kli je konečné stadium jeho vývoje, protože v tomto stavu se v Kli projevují dvě nutné podmínky:

a) přeje si plně přijmout veškeré světlo, vycházející ze Stvořitele,
b) přání je pociťováno jako „vlastní".

Ve stadiu 1 bylo přání naplnit se pociťováno jako dané shůry, a proto v tomto přání scházelo úsilí ze strany Kli, aby dosáhlo potěšení. Nutnost čtyř stadií vývoje Kli vychází z toho, že ve stadiu 1 Kli necítí, že dostává!

Kromě toho bylo stadium 1 již naplněno světlem - naplněním, a proto všechna jeho přání byla zcela naplněna a Kli v takovémto stavu necítí samo sebe, nýbrž pouze světlo a je zcela přemoženo potěšením (jako obrovské potěšení přivádí člověka k šílenství a nedává mu možnost rozumně konat bez diktátu potěšení).

Naplněné Kli je přemoženo tím, co dostává, a stát se samostatným může jen tehdy, zřekne-li se jednou světla. Avšak poté, co světlo třeba jen jednou Kli opustilo a Kli pocítilo svoje samostatné přání, již při návratu světla, Kli a světlo jsou dvěma samostatnými přáními, a nikoli jedním, diktovaným světlem.

Je to proto, že ze Stvořitele vycházejí současně, světlo i Kli, a proto se musí rozloučit alespoň jednou, aby se Kli stalo nezávislým a začalo dostávat světlo podle svého přání, tj. Kli se stalo primárním, diktujícím, nikoli světlo. Proto stadium 1 nemůže být Kli a potřebuje dodatečný vývoj.

A pouze po čtyřech stupních vývoje Kli cítí samo sebe, svoje přání a to, že je příjemcem. (Avšak definitivně vhodné Kli pro plnění cíle stvoření musí být plně odtrženo od světla, což je realizováno pouze v člověku našeho světa).

Úsilí naplnit se existuje při nedostatku žádaného. Proto jenom šíření světla v Kli, což vytváří v Kli chuť k potěšení, a zmizení světla z Kli, což nutí Kli, aby toužilo po naplnění, rodí Kli, vhodné pro cíl stvoření: Kli pociťuje vlastní přání zaplnit svůj pocit hladu, uspokojit se, anulovat strádání z nedostatku potěšení.

Stadium 4, zcela naplněné, v souladu se svým přáním sebenaplnit se, Or Chochma, se nazývá Olam Ejn Sof – svět nekonečna (nekonečného = neomezeného přijímání potěšení).

Grafické znázornění čtyř stadií Kli:

STADIUM 0: rozšíření naplnění od Stvořitele s přáním vytvořit stvoření, aby byla naplněna tiímto potěšením.

STADIUM 1: Světlo vycházející ze Stvořitele vytváří přesně podle svých vlastností přání naplnit se právě jím co do kvantity i kvality. Avšak stvoření ještě nepociťuje přání naplnit se jako svoje, neusiluje o naplnění. Kli, když dostává od světla naplnění, dostává i tuto vlastnost naplňňovat, opačnou k jeho přání „dostávat", a vyhání Or Chochma.

STADIUM 2: Přání naplňňovat, dávat s potěšením z tohoto Or Chasadim. Avšak, poté, co dosáhne 100% dávání, zjišťuje nemožnost existovat bez Or Chochma a rozhoduje se přijímat jeho množství, nezbytné pro život.

STADIUM 3: Když dostává obaojí naplnění (90% světlo Chasadim a 10% světlo Chochma), Kli pociťuje potěšení z Or Chochma jako přímé, a proto si přeje přijímat pouze jej. „ZA" se nazývá rovněž Tiferet.

STADIUM 4: Kli si přeje naplnit se pouze Or Chochma v tom množství a vlastnostech, které jsou v něm, takový, jaký vychází ze Stvořitele ve stadiu 0. Liší se od stadia 1 v pociťování přání potěšit se jako svým, tj. existuje zde snaha potěšit se.

OLAM EJN SOF, zcela naplněné světlem Or Chochma podle SVÉHO přání, se nazývá Olam Ejn Sof – svět nekonečna, protože nevytváří omezení při dostávání světla.

OLAM ACIMCUM, když se naplnilo Or Chochma, pociťuje sebe sama jako příjemce, a Stvořitele jako dávajícího, a proto vyhání světlo a rozhoduje se, že již nikdy nebude přijímat světlo pro sebenaplnění.

MALCHUT DE KAV. Když vyhnal světlo, rozhoduje se Malchut přijímat pouze ve prospěch Stvořitele. Takovýto druh dostávání se nazývá Kav a Kli je Masach a Or Chozer.

6. Světlo, když naplnilo Kli ve stadiu 4, opět v něm rodí přání dávat, být jemu podobným. Přičemž jestliže ve stadiu 1 Kli nepociťovalo přání naplnit se jako „svoje", a ve stadiu 4 pociťuje přání sebenaplnit se jako „svoje", potom jestliže ve stadiu 2 Kli nepociťovalo přání dát jako „svoje", pak nyní, když se naplnilo světlem ve stadiu 4, začíná pociťovat přání dávat jako „svoje".

Proto se Kli rozhoduje zcela ze sebe vyhnat světlo a nadále jej nikdy nedostávat ve svůj prospěch, pro sebeuspokojení, protože dostávané potěšení - světlo v něm ihned vyvolává nepříjemný pocit příjemce, neboť mu předává svoje vlastnosti. Vyhnání světla z Kli a rozhodnutí nikdy více nepřijímat světlo Or Chochma pro sebenaplnění se nazývá prvním zkrácením neboli Cimcum Alef (CA). A stav Kli po vyvržení světla z něj se nazývá svět zkrácení Olam Acimcum.

7. Když však zůstane prázdným, po vyhnání světla, Kli zkoumá svůj stav a dospívá k závěru, že takovýto jeho stav je absolutně nedokonalý: nenaplňuje se světlem Or Chochma, jak si to přeje Stvořitel, k čemuž Kli stvořil, a tím i když není příjemcem, není podoben Stvořiteli: Stvořitel si jej přeje naplnit.

Kli, přeje-li si potěšit Stvořitele, musí přijímat, tj., naplňovat se Or Chochma. Avšak když přijímá a prožívá potěšení z Or Chochma, Kli neprodleně pociťuje sebe sama jako příjemce, vzdáleného od Stvořitele, protože Or Chochma, když mu dává naplnění, předává mu svoje vlastnosti „dávat" a nikoli přijímat.

A to, že se v Kli objevuje přání protikladné vůči původnímu, v něm vytváří konflikt: dvě opačná přání, v jejichž důsledku Kli vyvrhuje světlo, aniž si přeje pociťovat sebe sama jako příjemce potěšení, nýbrž si přeje být podobné světlu – Stvořiteli.

Proto Kli volí jediné možné řešení: přijímat – naplňovat se světlem, nikoli však ve svůj prospěch, nýbrž ve prospěch Stvořitele. V takovémto případě se může plně naplňovat samotným světlem, vycházejícím ze Stvořitele, Or Chochma, a přitom bude nikoli protikladné, nýbrž podobné Stvořiteli svými činy, a bude ho naplňovat tak, jako On si přeje naplniít Kli.

Proto, kromě 100% přijímání Or Chochma, Kli obdrží ještě 100% Or Chasadim, potěšení z altruismu, dávání, podobnosti Stvořiteli, splynutí se Stvořitelem.

8. Avšak přijímat nikoli pro sebenaplnění, nýbrž proto, že si to přeje Stvořitel, je Kli schopno pouze nevelkou část přicházejícího světla – naplnění (například 20%). Ostatní část Kli (80%) zůstává nezaplněná Or Chochma, avšak zaplňuje se potěšením z podobnosti Stvořiteli Or Chasadim.

Proto po Cimcum Alef (CA) se Kli zobrazuje již nikoli kružnicí, nýbrž obdélníkem, kde existuje horní a dolní část vzhledem ke Stvořiteli. Přijímání světla v souladu s jeho předchozím rozhodnutím se nazývá přijímáním světla v podobě čáry (Kav), protože Kli je povinno plnit zákony, přijaté vyšším Kli. Tak se objevuje horní a dolní část podle stupně důležitosti, čehož nebylo před přijetím rozhodnutí o CA a při obdržení pouze ve prospěch Stvořitele byla všechna přijatá rozhodnutí od stadia ke stadiu dobrovolná a nezavazovala k ničemu následující stavy.

Proto se stavy Kli do vzniku zákazu na všechny následující stavy dostávat Or Chochma pro sebenaplnění nazývají Igulim – kruhy neboli kružnice. A se vznikem zákazu se objevují stupně míry důležitosti a hrubosti v Kli poblíž přání po sebenaplnění (Malchut), která se stává nejnižší, nejméně důležitou, protože je zakázáno ji používat.

Rovněž i v samé Malchut je několik odlišných částí co do stupně důležitosti: tam, kde provádí výpočet, „jaké množství potěšení je schopna přijmout ve prospěch Stvořitele" (Roš), ta část Malchut, do níž přijímá naplnění (Toch), a ta část Malchut, která zůstává nezaplněná vzhledem k nepřítomnosti mMasachu (Sof).

A proto v samotné Malchut jsou tyto tři části rovněž rozloženy podle stupně důležitosti: nejvýše je Roš, protože rozhoduje o všech následujících činech. Pod ní se nachází Toch, protože v něm Kli dostává světlo a protože je tato část důležitější, a dále se nachází Sof.

Proto druh přijímání světla po CA se nazývá Kav. Přání po sebenaplnění se nazývá nízké podle důležitosti vzhledem ke Stvořiteli, protože Stvořitel je mu protikladný co do přání a protože je nemožné je využít a nic do něj nelze přijmout. Avšak všechno, v čem je alespoň trochu přání dávat, je již vyšší než stadium 4, protože díky tomuto přání je do něj možno přijmout odpovídající část vyššího světla.

Část Kli, která pociťuje naplnění, jež přichází od Stvořitele, a rozhoduje, jakou část přicházejícího potěšení je schopno přijmout nikoli ve svůj prospěch, nikoli pro sebenaplnění, se nazývá hlava – Roš.

Do Roš přichází Or Jašar. Masach, nacházející se v Peh, odpuzuje veškeré přicházející světlo, vytváří Or Chozer, poté se Kli rozhoduje, jakou část světla je v stavu přijmout nikoli pro sebenaplnění, přijímá tuto část světla – Or Pnimi v Tochu od Pehu do Taburu; zbylá část světla Or Jašar zůstává mimo Kli a nazývá se Or Makif.

Tato zbývající část světla, Or Makif, by byla nucena zaplnit Sof Kli od Taburu do Siumu. Vzhledem k tomu, že Kli nedostává do této své části světlo pro nedostatek síly odporu vůči sebenaplnění , od takovéhoto stavu přání podobat se Stvořiteli dostává potěšení Or Chasadim, pociťovanou a rozšiřovanou v Sofu.

9. Několik definic:

- Světlo přicházející od Stvořitele, přímé světlo – Or Jašar
- Síla odporu vůči sebenaplnění – clona – Masach
- Místo, kde se nachází Masach, ústa – Peh
- Světlo odražení od clony – Or Chozer
- Rozhodující část Kli, hlava – Roš
- Přijímající část Kli, tělo – Guf
- Světlo přijímané dovnitř, vnitřní světlo – Or Pnimi
- Světlo zůstávající venku, okolní světlo – Or Makif
- Místo obdržení Or Penimi dovnitř – Toch
- Místo, zůstávající nezaplněné v Kli, konec (přijetí) – Sof
- Místo vcházení světla do Toch, ústa – Peh
- Místo omezení přijímání světla, pupek – Tabur
- Místo skončení Kli, dovršení – Sijum
- Or Jašar = Or Pnimi + Or Makif
- Guf = Toch + Sof
- Roš + Guf = Parcuf, duchovní objekt.

10. Sestup světla od Stvořitele vytváří v procesu pět stadií – Bechinot, rozvoje samostatného přání po potěšení Malchut. Kli, naplněného Or Chochma nebo Or Chasadim, se nazývá Sefira, od slova Sapir – svítící. Kli bez světla se nazývá písmeno – ot.

Libovolné Kli, vzhledem k tomu, že pro jeho stvoření je nezbytný vývoj v pěti stupních, se rovněž skládá z pěti částí Bechinot – stadií, písmena – Otijot (Havajah), Sefirot. Jako je pět částí v Kli, je rovněž pět částí v každém světě, nazývaných Parcufim.

Jako je pět částí ve společném Kli Malchut světa Ejn Sof, tak je pět světů AK a A. Jako je pět částí přání po sebenaplnění– Avijut, tak je i pět sil odporu vůči egoismu pěti sil ve cloně – Masach.

11. Kabala zkoumá stvoření shora dolů, od Stvořitele do našeho světa:

Stvořitel bch.0 bch1 bch2 bch3 bch4: bch4 je jediné stvořené Kli. Nazývá se Stvoření. Všechny světy, jejich obyvatelé, náš svět, vše, kromě Stvořitele – to je bch4.

Sama bch.4, když dostává světlo od předchozích stupňů, se dělí na pět stupňů a kterákoli její část se rovněž musí skládat z pěti částí, protože k tomu, aby se objevilo určité přání potěšit se, musí světlo projít čtyřmi stupni a pátý stupeň již bude stvořením, potřebným přáním. Bch4, skládající se z pěti částí, se dělí na součásti: světy AK a ABJA, z nichž každý se rovněž skládá z pěti částí – Parcufim:

- AK: 1 – GALGALTA, 2 – AB, 3 – SAG (Nekudot de SAG, CB), 4 – MA (Olam haNekudim, Ševirat Kelim), 5 – BON.
- ACILUT: 1 – ATIK, 2 – ARICH ANPIN, 3 – ABA VE IMA + IŠSUT, 4 – ZEIR ANPIN, 5 – NUKVA.
- BERIJA: 1 – ATIK, 2 – ARICH ANPIN, 3 – ABA VE IMA + IŠSUT, 4 – ZEIR ANPIN, 5 – NUKVA.
- JECIRA: 1 – ATIK, 2 – ARICH ANPIN, 3 – ABA VE IMA + IŠSUT, 4 – ZEIR ANPIN, 5 – NUKVA.
- ASIJA: 1 – ATIK, 2 – ARICH ANPIN, 3 – ABA VE IMA + IŠSUT, 4 – ZEIR ANPIN, 5 – NUKVA.

Lidské srdce je nádobou pocitu (Sefira Malchut), od všech pěti smyslových orgánů, od devíti Sefir od Keteru do Jesodu. Lidský rozum (mozek) je jen pomocným nástrojem pro hledání možností dosažení těch přání, které člověk pociťuje v srdci.

Přání člověk dostává shůry a není schopen je změnit. Avšak když zkoumá a postihuje cíl stvoření, může si začít uvědomovat, že mu jeho přání škodí. Když v srdci vzniká uvědomění si toho, člověk se od nich automaticky distancuje.

Části Malchut Ejn Sof tvoří pět Parcufim, z nichž se skládá každý ze světů, části z Malchut Ejn Sof – to jsou obyvatelé světů, jejími částmi je náš svět a jeho obyvatelé (neživá, rostlinná a živočišná příroda, a nejposlednější, egoisticky nejnižší částí je člověk).

Proto člověk, když sám sebe napravuje, duchovně se pozvedá z našeho světa do stavu úplného splynutí se Stvořitelem a dosahuje úplného přijetí světla Or Chochma, jak si to přeje Stvořitel, jako v Malchut Ejn Sof do CA. A když dostává toto světlo ve prospěch Stvořitele, naplňuje se rovněž splynutím se samotným Stvořitelem (Or Chasadim).

Výsledkem svého postupného duchovního zhrubnutí sestupem po stupních od stavu „Olam Ejn Sof" dolů stvoření dosahuje takového stupně, kdy je zcela opačné svou přirozeností vůči Stvořiteli: PŘEJE SI POUZE „DOSTÁVAT" A NECHÁPE PŘÁNÍ „DÁVAT". A tento stav je považován za žádoucí pro začátek nápravy a povznesení.

V takovémto stavu se nacházíme i my všichni a nazývá se „náš svět" neboli svět činu. Naše přání přijímat potěšení diktují naše činy. Činy mohou být „dostávat" nebo „dávat", ale vycházejí z přání dostávat, a proto se nazývají „dostávat pro dostávání (potěšení)" nebo „dávat pro dostávání (potěšení)". Nic jiného si nejen nemůžeme přát, nýbrž ani nejsme ve stavu pochopit!

Materiálnem se v kabale nenazývá fyzický materiál našeho světa, nýbrž absolutně egoistická přání bez jakéhokoli přání „dávat". Rovněž nečisté světy ABJA se nazývají materiálními vzhledem k tomu, že v nich není přání „dávat". Člověk se nachází ve svém fyzickém těle: jestliže má přání po sebenaplnění, nazývá se materiální a on se nazývá nacházejícím se v našem světě a jako takový je rovněž vnímán.

Jestliže má přání dávat, nazývá se takovéto přání duchovním, a on se vnímá a považuje se za nacházejícího se v nějakém ze světů ABJA, v tom světě, který pociťuje v souladu s velikostí svého altruistického přání.

Veškerá fyzická přirozenost našeho vesmíru, neživá, rostlinná a živočišná kromě člověka nemá žádný duchovní význam, nýbrž pouze v míře pomoci člověku v jeho duchovním vzestupu se pozvedá spolu s ním, a při duchovním pádu člověka se společně s ním spouští.

43. Jak jsme již uváděli, náš svět se dělí na neživý, rostlinný, živočišný stupeň a člověka, které odpovídají čtyřem Sefirot: Chochma, Bina, Tiferet, Malchut, protože neživý odpovídá Malchut, rostlinný Tiferet, živočišný Bina a člověku odpovídá Chochma a kořenu jich všech odpovídá Keter.

Avšak, jak bylo řečeno, dokonce v každé části neživého, rostlinného a živočišného stupně a člověka jsou v něm rovněž čtyři rozdíly: neživý, rostlinný, živočišný a člověk. Tak v jednom typu, který je v typu člověk, tj. dokonce v jednom člověku je rovněž stupeň neživý, rostlinný, živočišný a člověk, které jsou čtyřmi částmi přání dostávat, jež je v něm, a do nichž je oděn bod od čisté duše.

44. Do „13 let" není možný žádný zjevný projev bodu v srdci. Avšak po „13 letech", kdy se člověk začíná zabývat Tórou a Přikázáními, dokonce bez jakýchkoli záměrů, což znamená bez lásky i strachu, které musí být při plnění přání Stvořitele, dokonce při plnění ve svůj prospěch, vidí, že není schopen plnit cokoli ve prospěch Stvořitele, protože jeho přání „dostávat" mu to nedovoluje. Plní Tóru a Přikázání, aby napravil svoje egoistické přání.

V takovém případě jsou Tóra a Přikázání schopny přivést ho k nápravě a očištění přání dostávat na první úrovni, neživé. Je to tehdy, jestliže plní Tóru a Přikázání, aby obdržel odměnu, a neusiluje o to, aby jejich plnění očistilo jeho přání dostávat, a toto se nazývá opačný čin.

Protože takový je záměr při plnění Tóry a Přikázání, záměr obdržet odměnu za to že je plní. **Bod v jeho srdci začíná růst a projevovat svoje účinky, protože Přikázání nevyžadují záměry, stačí dokonce jen činy bez záměrů.**

Nejen Přikázání, nýbrž jakékoli činy člověka, konané s přáním přiblížit se duchovnu, nezávisle na záměrech, mají sílu očistit – napravit přání dostávat, náš egoismus, mají sílu v člověku očistit přání dostávat, avšak pouze v rozměru prvního stupně, který je v něm a nazývá se „neživý".

Tak vidíme, že počáteční stav člověka může být jakýmkoli, jen aby v něm bylo přání postupovat s libovolným záměrem. A to je přirozené, protože po „13 letech" má velká egoistická přání. A v té míře, v níž očišťuje neživou část svých přání dostávat, staví 613 částí (orgánů) těla bodu, nacházejícího se v jeho srdci, který je neživou částí jeho duše (Domem de Nefeš de Keduša).

A když dokončuje všech 613 Přikázání v činu, dokončuje tím výstavbu všech 613 částí těla bodu v srdci, který je neživou úrovní jeho čisté duše, jejíž 248 částí těla je budováno plněním 248 Přikázání dělat (Taase) a jejíž 365 částí je budováno plněním Přikázání zákazů (Lo Taase – nedělat).

Jako výsledek se objevuje celistvé tělo čisté Nefeš, a tehdy se toto tělo Nefeš pozvedá a navléká se na Sefiru Malchut světa Asija. Duchovní tělo, objekt, se nazývá Parcuf. Parcuf se skládá z pěti Sefirot (někdy se říká také deseti, protože jedna z jeho Sefirot Tiferet se skládá z šesti Podsefirot, celkem je jich deset).

Parcuf se skládá ze tří částí: Roš (hlava) – místo, kde je vnímáno přicházející potěšení a kde se rozhoduje, jakou jeho část do sebe přijmout; Toch (vnitřek) – místo, kde je přijímáno potěšení, o jehož přijetí bylo rozhodnuto v Roš; Sof (konec) – místo, do nějž Parcuf nemůže potěšení přijmout, protože nedokáže pro toto přijímání najít potřebný altruistický záměr (ve prospěch Stvořitele).

Vzhledem k tomu, že přijímající část Parcufu je Toch, musí se naplnit světlem, jestliže v ní budou napravená přání. Proto se hovoří o tom, že člověk buduje 248 přání dostávat se záměrem ve prospěch Stvořitele, a tím buduje Toch svého Parcufu.

Plněním 365 zakázaných přání nepřijmout, omezit se, protože ještě není schopen je naplnit se záměrem ve prospěch Stvořitele, člověk buduje Sof svého Parcufu. Výsledkem je to, že obdrží dokončený čistý duchovní Parcuf, který tím, že se navléká na Sefiru Malchut světa Asija, od ní získává světlo.

A všechny duchovní části v tomto světě (neživá, rostlinná, živočišná), odpovídající Sefiře Malchut světa Asija, pomáhají Parcufu Nefeš člověka, který se tam pozvedl, tj. v té míře, v níž jich tělo Nefeš dosahuje, se tyto znalosti stávají jeho duchovní potravou, která mu dává sílu vyvíjet se a růst, natolik, aby mohlo přijmout světlo od Sefiry Malchut světa Asija ve vší jeho žádoucí síle a svítit jím v těle člověka.

A toto dokonalé světlo pomáhá člověku přidat úsilí v Tóře a Přikázáních a dosáhnout ještě větších stupňů. Protože světlo vcházející do přání je napravuje a poskytuje jim svoji přirozenost. A jak bylo řečeno výše, stejně jako se při zrození lidského těla do něj rodí a odívá bod světla Or Nefeš, tak i zde, když se zrodil jeho Parcuf Nefeš, zrodil se s ním bod vyššího stupně, poslední bod světla Or Ruach světa Asija, odívající se do Parcufu Nefeš.

Když se v člověku zrodí přání dostávat, rodí se s duchovním bodem vyššího duchovního stupně, který se v něm nachází. A takový je postup ve všech stupních: když se stupeň rodí, vstupuje do něj ihned poslední bod vyššího stupně, který je nad ním, protože to je veškerá vazba mezi vyšším a nižším až do nejvyššího stupně.

Tak za pomoci tohoto bodu vyššího stupně vzniká možnost pozvednout se na vyšší stupeň. Bez toho, aby v nižším stupni byla část vyššího stupně, se nelze pozvednout nad vlastní stav.

45. A toto světlo Or Nefeš se nazývá světlem neživého světa Asija. Je příslušně zaměřeno na očištění – nápravu části neživého přání dostávat, které je v lidském těle.

Vzhledem k tomu, že právě taková je síla tohoto světla, když prochází všemi oslabujícími přikrývkami, obaly, světy, skládajícími se z Parcufim, které se zase skládají ze Sefirot, je toto světlo natolik slabé, že je schopno napravit pouze neživá přání člověka.

A tento účinek jeho svícení v duchovnu je podoben působení neživého stupně v našem světě, jehož části se samy nepohybují, pouze společně, a zahrnuje všechny jeho části stejně, rovněž i světlo Parcufu Nefeš světa Asija. Přesto, že v něm je 613 částí, které představují 613 různých druhů přijímání naplnění, neprojevují se v něm jejich rozdíly, pouze společné světlo, jehož účinek zahrnuje vcelku všechny části stejně, bez jakýchkoli projevů individuality částí.

Právě takovou vlastnost začínají mít ti, kteří dostávají pomoc v nápravě ze světa Asija, a právě proto takových duchovních vlastností dosahují.

46. A věz, že i když Sefirot jsou božské a první Sefira Keter ve světě AK se nijak neliší od poslední Sefiry Malchut světa Asija, protože všechny Sefirot, světy, Parcufim – jsou pouze částečným pociťováním Stvořitele člověkem v souladu s jeho duchovní nápravou a očištěním od egoistických přání.

Název Sefiry, **P**arcufu a světa hovoří o stupni vnímání Stvořitele. Náš svět se nazývá úplným nepociťováním Stvořitele. Nejmenší vnímání Stvořitele se nazývá Sefira Malchut světa Asija, největší vnímání Stvořitele, úplné splynutí s ním, se nazývá Ejn Sof nekonečný, bez konce, tj. ničím neomezený, neomezený žádným projevem egoismu, úplné splynutí se Stvořitelem.

Proto jsou všechny světy, Sefirot a Parcufim, částečným vnímáním Stvořitele a jsou gradací odkrývání našich orgánů duchovního vnímání v souladu s jejich očištěním od egoismu. Proto všechny existují pouze uvnitř člověka, a jsou to filtry, jejichž prostřednictvím pociťujeme Stvořitele v té nebo jiné míře.

Co se týká těch, kteří od nich přijímají, v nich ale existuje velký rozdíl. Částečné či úplné vnímání Stvořitele, nebo jeho absence se týká pouze člověka. Sefirot se skládají ze světla (Or) a Kelim (orgánů neboli částí). Světlo v nich je čistě božské, Světlo v Sefirot je světlo

Stvořitele nebo sám Stvořitel, což je jedno a totéž. Vnímání Stvořitele v našich pocitech nazýváme světlem.

Správněji, světlem se nazývá reakce na Něho v našich orgánech vnímání, ony pocity, které v nás On vyvolává. O samotném Stvořiteli nemůžeme hovořit, protože hovoříme pouze o tom, čeho dosahujeme, co pociťujeme. Proto místo slova Stvořitel je v kabale používáno slovo světlo.

V závislosti na stupni vnímání Stvořitele určujeme tyto pocity, gradujeme je a dáváme jim čísla a názvy. Vzhledem k tomu, že se každý náš pocit skládá z pěti složek, dali kabalisté světlům názvy: Nefeš, Ruach, Nešama, Chaja, Jechida podle stále se zvětšujícího vnímání Stvořitele.

Stupeň pociťování Stvořitele závisí na lidských vlastnostech: čím jsou lidské vlastnosti podobnější vlastnosti Stvořitele dávat, tím více člověk Stvořitele pociťuje. Vzhledem k tomu, že člověk je stvořen s přáním získat potěšení a tuto svoji jedinou vlastnost, přirozenost nemůže změnit, zůstává mu možnost změnit záměr při dostávání: Jestliže dostává, protože si to přeje Stvořitel, neboť tím činí Stvořiteli radost, pak se podobné dostávání rovná „dávání" a je podobné vlastnostem Stvořitele.

V té nebo jiné míře napravená přání člověka se nazývají Kli. Jestliže do tohoto napraveného přání vchází odpovídající světlo, nazývá se Sefira, od slova Sapir – svítící (světlem). Vnímání Stvořitele na určitém stupni nápravy se nazývá Parcuf - tělo. Parcuf je napravené přání, naplněné světlem.

Parcuf se skládá z pěti částí v podobě Sefirot: Keter, Chochma, Bina, Tiferet a Malchut. Nebo z deseti Sefirot, protože Sefira Tiferet se zase skládá z šesti Podsefirot: Chesed + Gevura + Tiferet + Necach + Hod + Jesod.

Proto se často uvádí místo pěti počet deseti Sefirot: Keter, Chochma, Bina, Chesed, Gevura, Tiferet, Necach, Hod, Jesod, Malchut a Kelim se nazývají KaChaBTuM. KaChaB je zkratka názvů Sefirot Keter, Chochma, Bina; TuM je zkratka názvů Tiferet a Malchut.

Ve třech posledních světech, nazývaných Berija, Jecira a Asija, není nic božského, neboť to jsou přikrývky, skrývající světlo nekonečna, které je v nich. Světlo nekonečna, světlo svítící ve světě nekonečna, je světlo Stvořitele bez jakýchkoli zábran a oslabujících přikrývek. A odměřují míru svého svícení příjemcům, v souladu s mírou tloušťky přikrývky, tj. s mírou nápravy přání dostávat, aby každý příjemce přijal pouze podle míry své napravené části.

Tak přikrývky odměřují množství jim propouštěného světla od Stvořitele příjemci, duchovnímu tělu člověka, přesně v množství, které dokáže přijmout s náležitým záměrem, aby člověka nepoškodilo: Jestliže velikost světla v podobě potěšení bude větší než velikost ochranné clony (Masach), síly vůle člověka, pak v něm okamžitě vznikne přání naplnit se tímto světlem.

A v tomto smyslu, i když je světlo jen jedno, světlo Stvořitele nacházející se v Sefiře nemá název, a proto nejsou žádné rozdíly, druhy, pouze jedna jeho vlastnost naplňovat člověka.

Světla v Sefirot nazýváme podle jmen NaRaNChaJ. NaRaNChaJ jsou zkratky názvů světel: Nefeš, Ruach, Nešama, Chaja a Jechida. Protože se světlo dělí podle vlastnosti Kli: světlo se pociťuje při výskytu Kli v podobě přání je dostávat a v závislosti na vlastnostech Kli odkrývá z nekonečného množství vlastností světla pouze tu vlastnost, kterou je schopno vnímat.

Výše byl uveden příklad o tom, že elektrický vodič v sobě obsahuje energii, kterou příjemce - Kli získává v souladu se svými vlastnostmi: ochlazení, ohřívání, stlačení, rozšíření atd., dokonce protikladné vlastnosti.

V samotném světle tyto vlastnosti nejsou, ale Kli je pociťuje v souladu se svou podobností vlastnostem světla. Kli Malchut je nejtlustší přikrývka, skrývající světlo nekonečna. Světlo, které propouští od Stvořitele k příjemcům, je velmi malé a je určeno k nápravě pouze toho neživého v lidském těle, a proto se nazývá Nefeš.

Vzhledem k tomu, že světlo, přicházející od Malchut, je malé, je schopno napravit pouze nepatrnou část přání dostávat, nazývanou neživá. Proces nápravy však začíná právě touto částí, podobně jako v našem světě, kde všechno pochází z neživého jako základu všeho.

Kli Tiferet je již transparentnější než Kli Malchut, a proto světlo, které propouští z nekonečna, je určeno k nápravě rostlinné části, která je v lidském těle, protože působí silněji než světlo Or Nefeš, a nazývá se Or Ruach.

Vzhledem k tomu, že světlo je větší, je schopno uskutečnit ještě větší nápravu. Velikost nápravy závisí pouze na velikosti světla, přicházejícího pro nápravu. Kli Bina je ještě transparentnější než Kli Tiferet, a proto světlo, které propouští z nekonečna, je určeno k nápravě živočišné části, která je v lidském těle, a nazývá se Or Nešama.

Kli Chochma je nejtransparentnější, a proto světlo, které propouští z nekonečna, je určeno k nápravě části „člověk", která je v lidském těle, a nazývá se Or Chaja, a jeho působení nemá hranic, jak si ještě vysvětlíme. Toto světlo může přivést veškeré stvoření do stavu úplné nápravy.

47. A jak bylo řečeno, Parcuf Nefeš, který získá člověk, když pracuje na Tóře a Přikázáních bez jakéhokoli záměru, se již odívá do bodu ze světla Ruach. Jak bylo řečeno v § 44: „Do „13 let" není možný žádný zjevný projev bodu v srdci. Avšak po „13 letech", kdy se člověk začíná zabývat Tórou a Přikázáními, dokonce bez jakýchkoli záměrů, což znamená bez lásky i strachu, které musí být při plnění přání Stvořitele, se začíná bod projevovat dokonce i při plnění "ve svůj prospěch",.

A to je přesná definice slov „bez jakéhokoli záměru". **A jestliže se člověk namáhá plnit Tóru a Přikázání s žádoucím záměrem, ve prospěch Stvořitele, napravuje rostlinnou část svého přání dostávat, které je v něm. A v této míře buduje z bodu Ruach Parcuf Ruach prostřednictvím plnění 248 Přikázání, která je třeba plnit, se záměrem a tento bod se rozšiřuje do 248 orgánů, a prostřednictvím plnění 365 Přikázání zákazu se tento bod rozšiřuje do 365 orgánů.**

Rozvíjí-li člověk každé svoje přání a srovnává s ním záměr „ve prospěch Stvořitele", vytváří si tím svoje vnitřní, duchovní Kli, nazývané Parcuf. A když končí vytvoření 613 orgánů Parcufu, pozvedá se a odívá se do Sefiry Tiferet světa Asija, která přivádí z nekonečna důležitější světlo, silnější světlo, nazývané Or Ruach, určené k nápravě rostlinné části, která je v lidském těle. A všechny druhy: neživý, rostlinný, živočišný, které jsou ve světě Asija, vztahující se k úrovni Sefiry Tiferet, pomáhají Parcufu Ruach člověka, aby obdržel světlo od Sefiry Tiferet ve vší plnosti, jako dříve s Or Nefeš. A proto se nazývá duchovní rostlinnou částí, a povaha jeho svícení je jako rostlina v našem světě, kde má každá rostlina svůj vlastní pohyb. Rovněž i světlo rostlinné duchovní části již má větší sílu svítit zvláštními cestami každému z 613 orgánů Parcufu Ruach, a každý z nich projevuje sílu působení, vztahující se k tomu orgánu. Rovněž se s objevením Parcufu Ruach objevuje bod vyššího stupně, bod světla Nešama, odívající se uvnitř něho.

48. A tím, že se člověk zabývá tajemstvími Tóry a smyslu Přikázání, napravuje živočišnou část svého přání dostávat, a v souladu s tím buduje bod Nešama, odívající se do 248 a 365 tělesných orgánů. A když končí výstavba a stává se Parcufem, Kli se pozvedá a odívá se do Sefiry Bina čistého světa Asija a je o mnoho světlejší než Kli Tiferet a Malchut. A proto člověku propouští velké světlo z nekonečna, nazývané Or Nešama. A všechny druhy: neživý, rostlinný a živočišný, které jsou ve světě Asija, vztahující se k úrovni Bina, pomáhají Parcufu Nešama člověka, aby obdržel veškeré světlo od Sefiry Bina. A to se rovněž nazývá čistá živočišná část, protože je určeno k nápravě živočišné části, která je v lidském těle. A taková povaha jeho svícení je jako přirozenost u materiálního živočicha (viz § 37) dává uvědomění všem 613 orgánům Parcufu, že jsou živočichové a mohou pociťovat osobně, individuálně a svobodně, bez jakékoli závislosti na celém Parcufu, natolik, že se jeho 613 orgánů považuje za 613 jednotlivých Parcufim, oddělených svým světlem, každý podle své zvláštnosti. A převaha tohoto světla nad světlem Or Ruach v duchovnu je přibližně jako rozdíl mezi živočichem a rostlinou nebo neživým stupněm v našem světě. A rovněž s objevením se Parcufu Nešama, vychází bod světla Or Chaja (světlo Sefiry Chochma) a navléká se uvnitř něho.

49. A když byl člověk uznán za hodna tak velkého světla, nazývaného Nešama, když 613 orgánů tohoto Parcufu svítí každý svým úplným světlem, určeným pro něj, každý jako jednotlivý Parcuf, odkrývá se pro něj možnost zabývat se každým Přikázáním s jeho skutečným záměrem.

Je to proto, že z každého orgánu Parcufu Nešama mu svítí cesta každého Přikázání, určeného tomu orgánu, a velkou silou těchto světel napravuje část „člověk", která je v jeho přání dostávat, a obrací jej na přání dávat. A v souladu s tím je budován bod světla Or Chaja, do něho oděný, v 613 duchovních orgánech.

A když je dokončen Parcuf, pozvedá se k Sefiře Chochma světa Asija Kli, které je neobyčejně transparentní, a proto přivádí k člověku obrovské světlo z nekonečna, nazývané Or Chaja. A všechny části světa Asija, tj. stupeň neživý, rostlinný a živočišný, vztahující se k Sefiře Chochma, pomáhají člověku obdržet světlo Sefiry Chochma v plné míře.

A nazývá se duchovním člověkem, protože je zaměřen na nápravu (očištění) části „člověk", která je v lidském těle. Důležitost tohoto světla je v duchovnu jako význam člověka v našem světě, tedy že vnímá sobě podobné.

Tak je míra velikosti tohoto světla ve srovnání s neživým, rostlinným a živočišným duchovnem podobná poměru velikosti člověka vzhledem k neživému, rostlinnému a živočišnému stupni v našem světě. A část světla nekonečna, oděná do tohoto Parcufu, se nazývá Or Jechida.

50. Věz však, že všech těchto pět světel NaRaNChaJ, získávaných ze světa Asija, je pouze NaRaNChaJ světla Nefeš a není v nich nic ani ze světla Or Ruach, protože Or Ruach je pouze ve světě Jecira, a Or Nešama ve světě Berija a Or Chaja ve světě Acilut a Or Jechida ve světě AK. Světy – světla jsou tato: AK-Jechida, Acilut-Chaja, Berija-Nešama, Jecira-Ruach, Asija-Nefeš.

Jak ale bylo řečeno výše, vše, co je v celém stvoření, se odkrývá dokonce v jeho nejmenší poslední části. Proto existuje pět světel NaRaNChaJ i ve světě Asija, je to však NaRaNChaJ světla Or Nefeš. A rovněž existuje pět světel NaRaNChaJ ve světě Jecira, a je to pouze pět částí světla Or Ruach. Svět Jecira odpovídá Kli Tiferet, Kli Tiferet odpovídá světlu Or Ruach, složenému z pěti světel: Nefeš, Ruach, Nešama, Chaja, Jechida.

A rovněž existuje pět světel NaRaNChaJ ve světě Berija, a je to pouze pět částí Or Nešama. A rovněž existuje pět světel NaRaNChaJ ve světě Acilut, a je to pouze pět částí Or Chaja. A rovněž existuje pět světel NaRaNChaJ ve světě AK, a je to pouze pět částí Or Jechida. A rozdíl mezi nimi je jako rozdíl mezi světly NaRaNChaJ ve světě Asija, jak jsme si vysvětlili výše.

51. Věz, že přání duchovně se povznést a očistit Stvořitel přijímá pouze tehdy, jestliže je trvalé a neměnné, kdy existuje úplná jistota, že je to nezvratné.

Jak ale může člověk vědět, že jeho přání je dokonalé, stálé a nezvratné, když naše životní zkušenosti nám neumožňují zaručit se za trvalost našich přání, přičemž, jak jsme již hovořili, přání člověk získává shůry.

Proto je řečeno, že přání se považuje za účinné, jestliže sám Stvořitel dosvědčí, že se člověk nevrátí k přáním minulým. Stvořitel ví, jaké přání je v lidském srdci, protože je řídí. Jak se ale o tom člověk dozví?

Jestliže však člověk napravuje neživou část svého přání dostávat, z čehož dostává Parcuf Nefeš světa Asija, povznáší se a odívá Sefiru Malchut světa Asija, nutně tím dosahuje očištění a nezvratnou nápravu neživé části svého přání dostávat a již se k tomuto minulému stavu nevrátí.

A proto se může povznést do světa Asija, vždyť v něm je úplná shoda a podobnost s tímto světem. Vzhledem k tomu, že celý svět Asija odpovídá neživému duchovnímu přání, tedy když se člověk pozvedne do světa Asija, podle tohoto výsledku změny svého stavu pochopí, že úplně napravil určitou svoji část, o čemž podá svědectví sám Stvořitel, protože pozvedá člověka na novou duchovní úroveň.

Avšak ostatní stupně: Ruach, Nešama, Chaja, Jechida světa Asija je ještě povinen napravit a musí očistit rostlinnou, živočišnou a lidskou část svého přání, aby se oděly a obdržely svoje světla. Jejich očištění musí být stálým, neměnným a nezvratným natolik, aby to dosvědčil sám Stvořitel.

A je tomu tak proto, že celý svět Asija se všemi svými pěti Sefirot KaChaB TuM není více než Malchut, umožňující nápravu a očištění pouze pěti částí Malchut. A protože člověk již dosáhl nápravy a očištění neživé části svého přání dostávat, má shodu a podobnost vlastností s celým světem Asija.

Každá Sefira světa Asija dostává od odpovídajícího stupně vyšších světů. Například: Sefira Tiferet světa Asija dostává světlo Or Ruach od světa Jecira, který je celý Tiferet, Sefira Bina světa Asija dostává světlo Or Nešama od světa Berija, který je celý Bina, Sefira Chochma světa Asija dostává světlo Or Chaja od světa Acilut, který je celý Chochma.

A proto, i když nezvratně a trvale napravil a očistil pouze neživou část svého přání dostávat, přestože nikoli nezvratně napravil tři ostatní části svého přání dostávat, může přijmout rovněž světlo Or Ruach, Nešama, Chaja od Tiferet, Biny, Chochmy světa Asija, nikoli však trvale.

Je to proto, že v tom okamžiku, kdy se probouzí jedno z jeho tří přání dostávat, ihned tato světla ztrácí. A tato přání se probouzejí v člověku k jejich trvalé nápravě.

52. A poté, co člověk napravil a očistil nezvratně a trvale rostlinnou část svého přání dostávat, nezvratně se pozvedá do světa Jecira a nezvratně tam dosahuje stupně světla Or Ruach. A může tam dosáhnout rovněž Or Nešama a Chaja od Sefirot Bina a Chochma, definované jako Nešama a Chaja stupně Ruach, dokonce dříve, než byl uznán za hodna trvale a nezvratně napravit živočišnou a lidskou část svého přání dostávat, podobně, jak je to vysvětleno ve světě Asija.

To však není trvalé, protože dosažením trvalé nápravy a očištění rostlinné části svého přání dostávat jsou jeho vlastnosti již podobné a odpovídají celému světu Jecira až do jeho nejvyšších stupňů, jak bylo vysvětleno u světa Asija.

53. A poté, co napraví živočišnou část svého přání dostávat a promění je v přání dávat natolik, že sám Stvořitel dosvědčuje, že to je nezvratné, pak tím dosáhne podobnosti se světem Berija, pozvedne se a obdrží tam světlo Nešama trvale.

A rovněž, když napraví lidskou část přání svého těla dostávat, část, která patří k světu Berija, může se člověk pozvednout do Sefiry Chochma a obdržet rovněž světlo Or Chaja, které tam je. Avšak jestliže nenapravil tuto část nezvratně a trvale, světlo mu svítí nestálým způsobem.

54. A když je uznán za hodna napravit nezvratně a trvale lidskou část svého přání dostávat, stane se tím podobným světu Acilut, pozvedá se a dostává tam světlo Or Chaja

trvale. A když je uznán za hodna ještě většího, dosahuje světa nekonečna Or Ejn Sof a dostává Or Jechida.

55. Tak se vysvětluje podrobněji, jak bylo řečeno v bodě 41, k čemu jsou člověku všechny ty Vyšší světy, které pro něj Stvořitel stvořil.

Jak píše Rabaš (Šamati, Igrot. str. 82): Až do svého duchovního pádu se Adam skládal z těla Biny Malchut světa Asija se světlem NaRaN ze světů BJA a NaRaN světa Acilut. V důsledku duchovního pádu do hříchu však Adamovo tělo padlo do Malchut. A do tohoto těla je oděno vnitřní tělo z Klipa Noga, skládající se ze stejných částí dobrého a zlého.

Všechny lidské činy probíhají pouze v těle Noga: jestliže jeho činy vedou k sebenápravě, napravuje tělo Noga, aby bylo zcela dobrým, a vnější tělo jej opouští a on je uznán za hodna příslušného světla NaRaN.

Světlo NaRaN člověk dostává od Malchut tří Sefirot Bina, ZA a i Malchut světů Asija, Jecira, Berija a Acilut:

- NaRaN Nefeš člověk dostává od Biny, ZA, Malchut světa Asija;
- NaRaN Ruach od Biny, ZA, Malchut světa Jecira;
- NaRaN Nešama od Biny, ZA, Malchut světa Berija
- NaRaN Chaja od Biny, ZA, Malchut světa Acilut.

Lidským tělem jsou chápána jeho přání, pociťovaná v srdci. Ta se skládají ze čtyř složek: neživé, rostlinné, živočišné a lidské. Po svém pádu se Adam nebo, což je totéž, člověk v našem světě nachází v otroctví svých egoistických přání, nazývaných zemí nebo prachem.

Jestliže člověk plní Přikázání jen proto, aby tím poskytl radost Stvořiteli, pak Tóra, Přikázání a všechny jeho pokusy vyjít z egoistických přání a myšlenek očišťují jeho tělo v podobě přání a nakonec jej pozemské, egoistické tělo opouští a tělo Noga se z napůl dobrého a zlého proměňuje ve zcela dobré.

A tehdy je člověk uznán za hodna Stvořitelova světla NaRaN de Nefeš světa Asija. Poté, co člověk očistil všechna přání, patřící k světu Asija, dostává NaRaN de Ruach světa Jecira atd., dokud nedosáhne obdržení NaRaN de Ruach světa Acilut.

Tak vchází pokaždé stále silnější světlo do jeho srdce - přání, tj. tam, kde dříve panovala přání vnitřního těla Noga, napůl dobrého a zlého, nyní za působení světla se toto tělo stalo zcela dobrým.

Proto dříve, když přání člověku diktovalo pozemské tělo, byl povinen myslet jen na to, jak dosáhnout, čeho si žádá egoistické srdce, jak uspokojit přání, diktovaná nečistými silami, a nebyla žádná jiná možnost než myslet a hodlat učinit to, co si žádalo jeho srdce, tj. nejnižší myšlenky.

Tak i nyní, kdy svými silami při plnění Tóry a Přikázání, všemi pokusy vyjít z egoistických přání a vypočítavosti, dokonce bez žádoucího záměru (Lo LiŠma), ale s prosbami a požadavky na Stvořitele ohledně toho, jak mu pomoci ve všem, co činí, abychom se zbavili egoismu, doufá ve Stvořitelovo milosrdenství, aby dosáhl duchovních přání, altruismu (LiŠma), a tehdy VEŠKERÁ ODMĚNA, KTEROU VYŽADUJE ZA SVOJE ÚSILÍ, SPOČÍVÁ V TOM, ABY BYL UZNÁN ZA HODNA PŮSOBIT SVÝMI ČINY RADOST STVOŘITELI.

A vzhledem k tomu, že světlo očišťuje přání, (Or Machzir Le Mutav), egoistické tělo – přání – se odděluje od člověka a je uznán za hodna zcela nového těla – přání těla světa Asija. A poté, když na sobě nadále pracuje, člověk dosahuje stupně obdržení NaRaN od Biny, ZA a Malchut světa Acilut.

A jako si mohl dříve žádat a myslet pouze na to, co mu diktovalo jeho egoistické srdce, tak i nyní nemůže postupovat proti tomu, co mu diktuje nové, čisté, duchovní srdce, ono světlo, které dostává.

A nemůže přemýšlet proti tomu stupni, na němž se nachází, tj. je povinen myslet a je nucen postupovat pouze se záměrem činit všechno ve prospěch Stvořitele, poskytnout radost Stvořiteli, jak jej zavazuje světlo, jež ho naplňuje. Závěr toho, o čem jsme hovořili výše, zní: Člověk není schopen napravit svoje myšlenky, pouze srdce.

A pouze srdce je třeba nastavit přímo ke Stvořiteli a tehdy budou mimoděk všechny myšlenky pouze poskytovat radost Stvořiteli. A když člověk napravuje srdce a stává se zdrojem pouze čistých přání, stává se tím nádobou (Kli), naplněnou vyšším světlem.

Od tohoto světla se srdce ještě více očišťuje a nově se zaplňuje ještě vyšším světlem, a tak se postupně člověk povznáší. Vidíme tedy, že světlo neboli Stvořitel provádí veškerou práci na nápravě člověka, když proměňuje přání v lidském srdci, čímž člověka oddaluje od jeho pozemského těla a vytváří nové, svaté tělo, a vnitřní tělo Noga, napůl dobré a napůl zlé, se stává zcela dobrým a naplňuje se světlem NaRaN, jejž člověk dosáhl.

Avšak do té doby, dokud člověk není uznán za hodna nových přání, i když se všemi silami snažil osvobodit od přání minulých, nemohl nic učinit se svým srdcem. Právě snaha v takovýchto stavech však přivedla člověka k dokonalosti, protože se nemohl sám očistit od egoismu a od přání egoistického srdce, vždyť myšlenky jsou důsledkem přání a mozek jako věrný sluha pracuje pouze pro dosažení toho, co chce srdce.

A pouze světlo a vnímání Stvořitele může změnit přání člověka tím, že jej jeho tělo, oddělující, skrývající a izolující jej od Stvořitele, opustí a vnitřní tělo Noga se stává zcela dobrým. A nyní lze vidět, že pro člověka je zhola nemožné dosáhnout konání uspokojujícího Stvořitele, jedině za pomoci všech těchto světů.

Vzhledem k tomu, že v souladu s nápravou a očištěním svého přání dostávat člověk dosahuje světla a stupňů své duše, nazývaných NaRaNChaJ, světlo těchto stupňů mu pomáhá očistit se a napravit, a tak se pozvedá po svých stupních a dokud není uznán za hodna dosáhnout stavu komunikace se Stvořitelem, což je záměrem stvoření (viz § 33). Zde je na místě připomenout, že všechny tyto světy a stupně se nacházejí v člověku a jsou stadii pociťování, dosažení Stvořitele, a kromě člověka a Stvořitele není v celém stvořeném světě nic jiného.

Kdyby naše smyslové orgány nebyly prostoupeny egoismem a přáními po sebenaplnění, přáními obdržet potěšení pouze ve svůj prospěch, vnímali bychom se jako integrální součást Stvořitele, mimo veškerá rozdělení a odlišnosti. A pouze tím, že jsou prostoupeny egoismem, nám naše smyslové orgány vykreslují onen obraz okolního světa, který vidíme a pociťujeme místo vnímání samotného Stvořitele.

Není však správné se domnívat, že to, co nás obklopuje, je pravdivá skutečnost a mimo nás i v nás existuje pouze Stvořitel, a my se o tom přesvědčíme: Jakmile vyměníme naše egoistické snahy za altruistické, ihned zjistíme, že náš svět je projev Stvořitele, a jako náš svět Ho vnímáme jen v našich nenapravených smyslech.

Proto není žádný rozdíl v tom dělat něco altruisticky, tj. bez jakékoli odměny, „ve prospěch Stvořitele" nebo „ve prospěch jiného". A dokonce „ve prospěch jiného" je lepší, jak je řečeno v Tóře, protože v tomto případě se nemůžeme oklamat a vidíme dobré důsledky našich činů, které nám pomohou pokračovat i nadále v naší nápravě.

A i samotný egoismus svědčí o tom, že není rozdíl mezi altruistickým „dáváním Stvořiteli" a „dáváním někomu", protože vše, co je mimo naše tělo, bereme, jakoby neexistovalo a nejsme schopni uskutečnit ani ten nejmenší pohyb, aniž platíme našemu egoismu za snahu.

A proto na výrok: „Tomu, kdo přišel, aby se očistil, pomáhají," je řečeno v knize Zohar (kapitola Noe, § 63): „Pomáhají tím, že dávají čistou duši." Protože dosáhnout očištění, potřebného k dosažení záměru stvoření, lze pouze za pomoci všech stupňů NaRaNChaJ duše.

Jak jsme již několikrát uváděli, napravit egoismus lze pouze tím, že do něj vejde Stvořitelovo světlo a předá egoismu svoje vlastnosti. A právě pro postupnou nápravu přání dostávat na přání dávat byly stvořeny všechny stupně světů, všechny světy AK a ABJA.

56. A je nutno vědět, že všechny tyto stupně NaRaNChaJ, o nichž jsme hovořili výše, jsou prvky, z nichž se skládá veškeré stvoření. Avšak vše, co je v celém stvoření, působí dokonce i v jeho nejmenší části.

Vyplývá to z toho, že stvoření je přání dostávat (potěšení). K tomu, aby se objevilo přání, musí Stvořitelovo světlo projít čtyřmi předběžnými stadii a až páté stadium je vznik samostatného pociťovaného přání světla.

Proto nemůže být projevení, pociťování světla bez pěti stadií – Bechinot, nebo, což je totéž, deseti Sefirot. A proto kterékoli přání, tj. kterákoli část stvoření a ono celé, se skládá z pěti částí, do nichž patří světla NaRaNChaJ, odpovídající přání dané části stvoření.

Například, dokonce v části neživého světla Asija lze dosáhnout všech pěti světel NaRaNChaJ, která jsou spojena s pěti společnými světly NaRaNChaJ. Tak bez pomoci čtyř druhů výše uvedené práce nelze dosáhnout ani světla neživého světa Asija.

Tj. kabalista, který se duchovně pozvedl na první duchovní stupeň, nejnižší Sefiru světa Asija, již dostává představu o celém stvoření a záměrech Stvořitele, protože duchovní stupeň není nic jiného než stupeň splynutí, poznání a vnímání Stvořitele. Proto se nikdo nemůže osvobodit od práce na všech částech Tóry a je povinen se zabývat Tórou a Přikázáními se záměrem obdržet Ruach, tajemstvími Tóry se záměrem obdržet Nešama, a smyslem Přikázání.

To znamená plněním Přikázání s nápravou záměru, v čí prospěch jsou plněna. A pouze v tom je nezbytné neustále přidávat, nikoli však k plnění, o němž je řečeno: „Ne více a ne méně". Avšak z nepochopení cíle stvoření a z neznalosti skutečných požadavků Tóry dochází právě k zveličování v činech a absolutní nepozornosti vůči záměru, z čehož se tak raduje náš egoismus a umožňuje nám stále více pronikat do hledání dodatečných zveličování činů, čímž nás odpoutává od skutečné podstaty Přikázání.

Je to proto, že nelze dosáhnout nejmenšího světla, aniž se zabýváme všemi těmi částmi Tóry dohromady, neboť toto nejmenší světlo nese v sobě všechna ostatní světla NaRaNChaJ.

57. Z výše uvedeného lze pochopit tmu a neznalost, odhalované v naší generaci, jakých ještě nebylo po všechny časy. A je to proto, že dokonce i ti, kteří pracují pro Stvořitele, se přestali zabývat tajemstvími Tóry.

Jak vysvětloval můj rav, rabi Baruch Ašlag, nejstarší syn a pokračovatel svého otce, velkého rava J. Ašlaga, Baal HaSulama, před začátkem naší doby byli všichni velcí ravové rovněž kabalisty, ale obecně od časů rava Ašlaga nedosahují duchovních stupňů všichni, a tím spíše ne autoři knih,.

Rambam o tom hovoří ve svém skutečném příkladu: „Jestliže kolona tisíců slepých lidí kráčí po cestě, ale v čele kolony jde alespoň jeden vidoucí, mohou si být všichni jisti, že dosáhnou cíle, protože jdou za tím, kdo vidí na cestu."

Cestu v pravém smyslu toho slova vidí ten, kdo po ní přešel, dosáhl své osobní nápravy (což je možné pouze studiem kabaly), a proto je schopen vést masy za sebou. **Jestliže však nebude v čele kolony vidoucí vůdce, je přirozené, že sejdou z cesty a ztratí se.**

A právě k tomu dochází v naší době, kdy již několik generací zcela sešlo z cesty uznání Tóry jako pravdy, a bezděky procházíme cestou strádání k cíli stvoření. Tak i v naší generaci, jestliže by se alespoň ti, kdo pracují pro Stvořitele, zabývali jádrem, vnitřní částí Tóry, tj. kabalou, a nehledali důvod k tomu, aby se jí nezabývali, přitáhli by shůry světlo do našeho světa z nekonečna, od Stvořitele, a celá generace by je následovala, a všichni by si byli jisti, že jdou správnou cestou. Silou Stvořitelova světla by tito vůdci dokázali přesvědčit a vést za sebou celou generaci.

Jestliže se však ti, kdo pracují pro Stvořitele, vzdálili od kabaly, není divu, že celá generace jejich vinou žije v omylu. A já jsem velice roztrpčen a už nejsem v stavu o tom dále hovořit! Bohužel, nejen pro velkou roztrpčenost, nýbrž i ze strachu z pronásledování ti, kteří dosáhli vyšších příčin a skutečného řízení stvořeného světa, dávají přednost mlčení!

58. Já však vím, že příčina je v tom, že upadla víra, zvláště víra ve velké mudrce generací, a knihy kabaly a kniha Zohar jsou plné příkladů, vzatých z našeho světa. Proto se každý bojí, aby neměl větší škodu než užitek, protože si lze snadno představit zhmotněné obrazy.

Jak píše Rambam v Mišne Tóra, Sefer Mada § 1:

- Základ základů a sloup vědění je uvědomnění, že je tam někdo První a On vytváří veškerou skutečnost. A všechno, co se nachází na nebi a na zemi i uprostřed nich existuje pouze proto, že existuje On.
- A jestliže si představíš, že On neexistuje, není takového jiného, koho si lze představit.
- Jestliže si představíš, že není nikoho kromě Něho, On je jediný existující. A nezmizí při jejich zmizení. Vždyť jej potřebují všichni, kteří existují, ale On je nepotřebuje ani jako celek, ani jednoho každého z nich. Proto Jeho existence není jako jejich existence.
- Není nikoho kromě Něho. To znamená, že tam není nikoho takového jako On.
- Ten Někdo – to je Stvořitel světa.
- Je pánem všeho.
- Řídí veškerou sílu, která nemá konce ani kraje.

V Tóře a Prorocích bylo vysvětleno, že Stvořitel nemá tělo ani rozměry… ani žádný obraz. Jestliže tomu tak je, proč je řečeno v Tóře „pod Jeho nohama", „ruka Stvořitele", „oči Stvořitele"… Všechno je to tak, jak to chápe člověk, a proto to takovým jazykem Tóra popisuje.

Proto, aby začátečníci pochopili správně to, co je řečeno v knize Zohar a v knihách kabaly, a aby si nekreslili ve své představě zhmotněné obrazy, což je přímým porušením Tóry, aby se nezaplétali ve svých představách, pracoval Baal HaSulam po desítky let na vytvoření skutečných komentářů k celé kabale, aby ji odkryl přede všemi, beze strachu ze zhmotnění a nesprávného pojetí v obrazech našeho světa.

A to je to, co mě donutilo napsat podrobné komentáře k dílu velkého Ariho, a nyní i k Zoharu, a tím jsem zcela odstranil tento strach, protože jsem vysvětlil duchovní pojmy, abstrahované od našich pozemských, mimo čas a mimo prostor, jak se přesvědčí ti, kteří je budou studovat, aby umožnily každému z mas studovat knihu Zohar a rozmnožovat moudrost v jejím světle.

Tyto komentáře jsem nazval „žebřík" (Sulam), abych ukázal, že jejich úlohou je to, k čemu je určen žebřík, máš-li krásný vrch, schází pouze žebřík k tomu, abys na něj vystoupil, a tehdy všeho dobrého dosáhneš sám. A s pomocí komentářů Sulam každý, kdo si přeje duchovně se povznést, může uskutečnit výstup k cíli stvoření. Avšak žebřík není cílem, nýbrž prostředkem: protože, jestliže se zastavíš na jeho příčkách a nedosáhneš vrcholu, nesplníš to, co je požadováno a zamýšleno.

Studium komentářů nemá být pro získání znalostí, nýbrž pro duchovní nápravu a povznesení, k čemuž jsou skutečně vytvořeny. Stejně jako při plnění Přikázání závisí výsledek na záměru člověka, co si přeje získat jako výsledek studia.

Avšak Zohar člověku rovněž pomáhá objasnit mu jeho pravé záměry a změnit je v žádoucí. Tak i v mých komentářích ke knize Zohar, protože jsem úplně vysvětlil nejhlubší pojmy, které v našem světě ještě nemají sobě podobná slova, je cesta a brána pro kohokoli bez omezení pohlaví, věku a národnosti, aby se člověk mohl pomocí tohoto komentáře pozvednout, ponořit a spatřit vše v knize Zohar, protože jen v tomto případě se splní můj záměr při vydání těchto komentářů.

Studium knihy Zohar není samoúčelné, nýbrž je prostředkem, účinnějším a v naší generaci jediným, k dosažení cíle stvoření. Při správném studiu člověk vskutku vidí všechno to, o čem se hovoří v knize Zohar.

59. Všichni, kdo chápou knihu Zohar, se shodují v tom, že knihu Zohar napsal velký rabi Šimon bar Jochaj, kromě těch, kdož jsou vzdáleni kabale, a proto o tom pochybují a umožňují vyjadřovat názor na základě odpůrců kabaly, že knihu Zohar napsal rabi Moše de León nebo kdokoli, kdo v té době žil.

Jak jsem již napsal v článku Nezbytnost studia kabaly, byla Tóra poskytnuta lidstvu v celém svém objemu, ústní i písemná. Písemná Tóra zpočátku představovala pouze pět knih Chumaš, jež byly postupně doplňovány ostatními knihami, přecházejícími tak ze sbírky ústní Tóry v písemnou.

Celá Tóra byla zpočátku prakticky ústní, v ústní podobě byl tradován cíl stvoření pokolením. Po zničení Chrámu však byla celá ústní Tóra zapsána: jak její praktická, přikazující část Halacha v podobě Mišny a Talmudu Babylonského a Jeruzalémského, tak i tajná část Tóry, vnitřní práce člověka na sbližování s jeho Stvořitelem v podobě knihy Zohar.

Vzhledem k tomu však, že plnění Přikázání je závazné pro všechny, Mišna a Talmud byly odkryty pro všechny a studovali je všichni, zatím co kniha Zohar se měla objevit až tehdy, kdy ji bude zapotřebí. Proto byla před masami skryta do 13. století, dokud ji rabi Moše de León nevydal. **Proto světští „znalci" dějin náboženství připisují autorství Zoharu rabimu Moše de León, i když on sám to vždycky odmítal.**

Dějiny kabaly znamenají posloupnost sestupu určitých duší do našeho světa:

- Rabi Šimon bar Jochaj (Rašbi), autor knihy Zohar (2. stol.);
- rav Icchak Lurija Aškenazi (Ari), autor základních kabalistických knih (16. stol.);
- rav Israel Baal-Šem-Tov, položil základy masového studia kabaly (17. stol.);
- rav Jehuda Lejb HaLevi Ašlag, Baal HaSulam, autor moderního, pro naše duše vhodného studia kabaly, autor komentářů ke knize Zohar a k celému dílu Ariho (1885 – 1955);
- rav Baruch Šalom HaLevi Ašlag, nejstarší syn a pokračovatel svého otce, který napsal stovky metodických článků o praktické práci kabalisty naší doby.

Mezi těmito giganty byly četné stovky jejich učitelů, následovníků a žáků, ale právě uvedení kabalisté byli průvodci Stvořitele při šíření nauky kabaly v našem světě. Ambivalentní vztah ke knize Zohar vyplývá z toho, že tato kniha již samou svou existencí zavazuje člověka, aby se zamyslel nad cílem života, nad tím, že nestačí mechanické dodržování Přikázání, nad tím, že existují jiná kritéria hodnocení učitelů a vůdců pokolení.

Kniha Zohar, i když ji člověk nestuduje, se v člověku již samotnou zmínkou o sobě dotýká určitých bolestných strun, které pociťuje, ale neuvědomuje si je a nechápe je. Proto se v zásadě dává přednost tomu, že se neotevírá a se slovy „Zoar-HaKadoš" (svatý Zohar) se nechává opuštěná na polici… takovýto vztah ke knize Zohar mají masy věřících.

60. Avšak od toho dne, kdy jsem byl uznán za hodna Stvořitelova světla, s jeho pomocí jsem spatřil to, co je napsáno v knize Zohar.

Jak píše Baal HaSulam, vykládá ve svých knihách pouze to, čeho dosáhl sám, když se povznesl na duchovní úrovně, které popisuje. Jeho hlavní práce - šestidílná kniha Talmud Deseti Sefirot - začíná vykládat materiál od rozšíření prostého světla od Stvořitele, stupně vyššího než svět nekonečna! To hovoří o absolutním dosažení celého stvoření a dokonalém splynutí se Stvořitelem.

Jak píše v předmluvě ke knize Pri Chacham můj rav, nejstarší syn Baala HaSulama rav Baruch Ašlag, takovéto duše sestupují do našeho světa jednou za deset generací. Právě to znamenají slova „… jak byl uznán za hodna ve Stvořitelově světle…".

Dříve ve mně nevznikala potřeba zkoumat pravděpodobného autora této knihy. A je to prostě proto, že obsah knihy pozvedl v mém srdci velikost rabiho Šimona na nedosažitelnou výši nad všemi ostatními kabalisty. Kdybych však zjistil, že autorem knihy je někdo jiný, například rabi Moše de León, pozvedla by se ve mně velikost tohoto kabalisty více než všech ostatních, včetně rabiho Šimona.

Avšak jestliže bych se opravdu, v souladu s hloubkou moudrosti knihy, dozvěděl, že jejím autorem je jeden ze 48 proroků, moje srdce by s tím souhlasilo více, než kdybych měl souhlasit s tím, že takovouto knihu napsal kabalista-Tanai. A kdybych zjistil, že tuto knihu obdržel Mojžíš na hoře Sinaj od samotného Stvořitele, zcela bych se uklidnil, tak velká je tato kniha.

Stává se to jasným pouze pro toho, kdo chápe to, co je řečeno v knize Zohar. Proto svědčí odpůrci jejího studia o svém ignorantství.

A vzhledem k tomu, že jsem byl uznán za hodna vypracovat komentář, vhodný pro všechny zájemce, aby pochopili, co je napsáno v samotné knize, domnívám se, že jsem již splnil všechno pro to, abych se nadále zřekl všech podobných výzkumů, protože každý, kdo se vyzná v knize Zohar, nemůže připustit, že by autorem knihy Zohar byl člověk méně svatý než rabi Šimon.

61. Avšak v souladu s tím vzniká otázka, proč byla kniha Zohar skryta před prvními pokoleními. Od těch dob byla kniha Zohar skryta po dobu 9 století, od 4. do 13. století

po jejím napsání, i když první pokolení byla nepochybně větší než poslední generace a více si zasluhovala studium této knihy.

Oni byli většími v čistotě svých Kelim – přání. Právě proto však neměli potřebu knihy Zohar jako prostředku pro nápravu. A kromě toho vzniká otázka, proč se neobjevily vysvětlivky ke knize Zohar před Arim. Po dobu 13 století, od 3. stol. do 16. stol., od Rašbiho do Ariho nedosáhl ani jeden kabalista takové úrovně, aby byl schopen vysvětlit knihu Zohar a veškerou nauku kabaly.

Ari rabi Icchak Lurija (1534 – 1615) nám vysvětlil základní ustanovení v kabale, ale nenapsal žádné komentáře ke knize Zohar. Od 16. stol. se kniha Zohar objevuje v tištěné podobě.

A kromě toho vzniká otázka, proč se neobjevil skutečný komentář k dílu Ariho a knize Zohar ode dnů Ariho do naší generace. Ke knize Zohar nebyl žádný takový komentář jako Sulam, po dobu celých staletí, a k dílu Ariho po dobu 300 let.

Až když nastal čas rozšíření kabaly, sestoupila do našeho světa zvláštní duše v podobě kabalisty rabiho J. Ašlaga, která nám v postavě tohoto člověka dala veškerou tuto nauku v podobě, srozumitelné pro naši generaci.

Nesmíme si však myslet, že až do naší generace velcí kabalisté neexistovali. Byli, ale to, čeho dosahovali, dosahovali pouze pro svoji osobní práci a bylo jim zakázáno shůry učit kabalu. Dokonce až do Rašbiho byli kabalisté, kteří neznali méně než on, ale neměli právo odhalovat tajemství kabaly.

Jakožto příklad lze uvést řadu velkých kabalistů posledních století: rabi Moše Chaim Lucato (Ramchal), 1707 – 1746), autor mnoha knih o kabale; zakladatel chasidismu rabi Israel Baal Šem Tov (1698 – 1760); rabi Elijahu, Gaon z Vilna (1710 – 1798), autor knih jak o kabale, tak i o praktických a teoretických otázkách Halachy, autor komentářů ke kabalistickým knihám Sefer Jecira, Sefer HaBahir, Safra de-Cnijuta atd.

To, že v naší době je dovoleno studovat a rozšiřovat okruhy studujících kabalu (na základě povolení Ariho, a kdo vstane a bude mu odporovat, samozřejmě že naši současníci nikoli!), hovoří pouze o celkovém přání Stvořitele dát do rukou naší generace sílu, vedoucí ke konci nápravy.

62. Odpověď je taková: svět je během 6000 let své existence podoben Parcufu, který má tři části: Roš, Toch, Sof nebo ChaBaD, ChaGaT, NeHJ. 6000 let jako 13 let, i další data a zmínky o čase v kabale znamenají v zásadě počet stupňů, stavů, který je třeba překonat do dosažení určitého stupně: 13 let shromažďování a vývoje egoismu, let vytváření celého duchovního Parcufu ze 7 x 10 Sefirot, 6000 stupňů světů ABJA, překonávaných těmi, kteří se pozvedají ze stavu „náš svět", egoistického, do stavu splynutí se Stvořitelem, světa Acilut.

Jak pravili mudrci (Talmud, Sanhedrin 97; 1): 2000 Tohu (nepořádek), 2000 Tóra, 2000 dny Mašiacha. Mašiach (mesiáš) znamená zbavitel, od slovesa Limšoch – vytahovat, vytahující lidstvo z propasti egoismu ke skutečnému, věčnému životu.

Je to proto, že po dobu prvních 2000 let měly Roš a ChaBaD malé světlo a byly jako Roš bez Guf, kdy v něm je pouze světlo Or Nefeš, protože mezi Kelim a Orot existuje zpětná vazba, neboť jako první se v Parcufu rodí vyšší Kelim, ale objevují se malé Orot.

Proto se zpočátku objevují Kelim ChaBaD s Or Nefeš. A proto se hovoří o prvních 2000 letech stavu světa jako o stavu Tohu. Kelim ChaBaD jsou ve své přirozenosti čistě altruistické Kelim, blízké svými vlastnostmi světlu, jako první se spouští do našeho světa, protože náprava začíná od nejméně zkažených přání, aby poté za pomoci již napraveného bylo možno napravit i hrubší přání – Kli.

A během druhých 2000 let, Kelim ChaGaT, se do světa spouští světlo Or Ruach, nazývané světlo Tóry. A proto se hovoří o středních 2000 letech jako o době Tóry. Kelim ChaGaT jsou podobné svými přáními a vlastnostmi Kelim ChaBaD a liší se především pouze velikostí.

A posledních 2000 let – to jsou Kelim NeHJ, a proto v té době sestupuje a odívá se ve světě světlo Or Nešama, ještě větší světlo. A proto je to doba dní Mašiacha. Kelim NeHJ jsou egoistické Kelim, k jejichž nápravě je nezbytné velké světlo Nešama.

Takový je řád i v každém jednotlivém Parcufu: v Kelim ChaBaD ChaGaT je světlo skryto do jeho hrudi a existují pouze Or Chasadim, a Or Chochma svítí až od Chazeh a dolů, do NeHJ Parcufu. A je to tak proto, že před tím, než se začaly odhalovat Kelim NeHJ v Parcufu světa, v posledních 2000 letech, byla veškerá kabala včetně moudrosti knihy Zohar před světem skryta.

Kelim ChaBaD ChaGaT nevyžadují světlo Or Chochma pro svoji nápravu a jsou naplněny světlem Or Chasadim, protože nejen dostávají, nýbrž si i přejí všechno dát ve prospěch Stvořitele. Kelim NeHJ, vzhledem k jejich egoistickému charakteru, potřebují velké světlo pro nápravu, ale tím, že se napravují, odhalují do našeho světa vstup Or Chochma – přítomnost Stvořitele, protože dostávají ve prospěch Stvořitele.

Avšak za Ariho, kdy už se přiblížil čas naplnění Kelim pod hrudí Parcufu, byla tím odhalena nejvyšší moudrost prostřednictvím Ariho duše, připravené přijmout toto obrovské světlo. A proto odhalil základy knihy Zohar a celé kabaly natolik, že zastínil ty před ním. Kelim ChaBaD ChaGat se nacházejí nad hrudí duchovního těla Parcufu a Kelim NeHJ se nacházejí pod hrudí.

Čára hrudi duchovního těla odděluje „dávající" Kli od „dostávajících". Protože však se tyto Kelim zcela nenaplnily vzhledem k Ariho smrti v r. 5332, svět ještě nebyl připraven na to, aby odhalil tato dosažení, a pouze jednotlivci přijali to, co odhalil, nebylo jim však povoleno shůry, aby odhalovali to, co od Ariho obdrželi. Kniha Zohar byla napsána dříve, Ariho dílo bylo vydáno o mnoho později než ona (velká část z nich byla pohřbena v hrobě, a poté vyňata žáky a vydána během několika generací). A jak kniha Zohar, tak i Ariho dílo byly odhaleny světu komentáři Baal HaSulama až v naší době.

A tak v naší generaci, poté, co jsme již blízko konci posledního dvoutisíciletí, kdy Kelim NeHJ zcela vstupují do našeho světa, bylo dáno povolení odhalit ve světě moudrost knihy

Zohar, aby tato i následující generace stále více odhalovaly to, co je řečeno v knize Zohar, dokud ji neodhalí v plné šíři.

Proto jsou absolutně neodůvodněny poznámky a odpor vůči učení kabaly ze strany různých kruhů a tento jejich názor hovoří pouze o jejich nepochopení vývoje světa, což je přirozené vzhledem k neznalosti elementárních pravd kabaly.

63. Z toho pochopíme, že ve skutečnosti nelze srovnávat výšku duší prvních pokolení s posledními. Existuje totiž pravidlo, že ve všech Parcufim světů a duší se nejsvětlejší Kelim očišťují a napravují jako první.

Výška Kli je určována jeho podobností se světlem. Velikost nápravy však závisí právě na velikosti přání, a čím je egoismus větší, tím větší je náprava, a tím větší je dosažení a velikost sblížení se Stvořitelem. Avšak největší světlo se odhaluje ve vyšších světlu podobných Kelim. A proto se ve světě zpočátku napravily a očistily Kelim ChaBaD duší. A proto byly duše v prvních 2000 letech nejvyšší.

Bez ohledu na to však nedokázaly obdržet celé světlo, pro neexistenci nižších Kelim ve světě a v nich samých. Existují dvě vlastnosti v jakémkoli stvoření: velikost jeho přání po sebenaplnění (tloušťka přání) a síla, odporující tomuto přání ve jménu jím zvoleného cíle (tvrdost přání).

Obě se spojují v Masachu v podobě clony a určují duchovní úroveň Kli. V prvních 2000 letech se v našem světě objevovaly duše světlé (z nichž někteří jednotlivci dosahovali Stvořitele), s malými egoistickými přáními, při jejichž nápravě dostávaly malá světla: Kelim ChaBaD s Or Nefeš.

V následujících 2000 letech se v našem světě objevily duše hrubší, s větším egoismem, které při jeho nápravě dostávaly již větší světlo: Kelim ChaBaD-ChaGaT s Or Nefeš-Ruach.

Proto již byly uznány za hodny obdržet Tóru, kterou potřebovaly pro svoji nápravu, ale k jejich nápravě mohlo dojít dokonce i plněním Přikázání s malým záměrem, v souladu s velikostí jejich egoistického přání.

V posledních 2000 letech se postupně do našeho světa spouštějí stále hrubší egoistické duše, zvláště od dob Ariho, které pro nápravu potřebují studium a aplikaci kabaly.

Proto byla kniha Zohar skryta po všechny věky, neboť nebyla zapotřebí, a proto se objevily tak zvláštní duše, jako Ari a Baal HaSulam, které dovršily přípravu kabaly pro naše použití.

Vzhledem k tomu, že duše, které se nyní spouštějí do našeho světa, jsou nejhrubší a vztahují se ke Kelim NeHJ, pro jejich nápravu je zapotřebí právě takový silný prostředek jako kabala, ale světlo, které vyvolávají svými napravenými činy, je velmi velké, Or Nešama.

A i když je toto světlo Nešama součástí Kli ChaBaD a nikoliv Kli NeHJ, tj. jeho hlavní svícení zůstává ve vyšších světech, na konci nápravy ji obdrží ty duše, které způsobily její vstup do Kli. A zatím se potřeby stávají stále většími a hloubka mysli je stále povrchnější, dokonce u současných „velkých filozofů", a všichni se nepřetržitě honí za hmotou, která zaujímá všechny myšlenky i přání, a „otroci honí pány" (egoismus ovládá naše duše. Talmud. Sota).

Avšak jako v minulých generacích, tak i v té naší, jak píše Even Ezra (Jesod More 8, 2): „Zahleď se a znej, že všechna Přikázání, popsaná v Tóře nebo obdržená od otců, přesto, že většina je plněna činy nebo slovy, všechna jsou pro nápravu srdce, protože srdce od nás vyžaduje Stvořitel… abychom Jej prosili, aby nás napravil, protože nás stvořil nikoli pro ubohé zisky tohoto světa, nýbrž abychom se napravili studiem Nejvyšší moudrosti.

Protože písmena jsou mrtvá, ale jejich vnitřní smysl je jako duše, a jestliže někdo nechápe duchovní smysl toho, co je řečeno v Tóře, podobá se člověku, který listuje v lékařské knize a počítá její stránky, ale to mu nikterak vyléčení nepřinese, nebo jako velbloud, který nese hedvábí, jaký užitek má z toho, že je nese, a k čemu je velbloud pro hedvábí… tak i člověk: Jestliže nechápe smysl požadavků Tóry, všechna jeho úsilí v ní jsou marná!"

Ze všech myšlenek kabalistů – a kdo zná lépe než oni záměry Stvořitele! – vyplývá, že to hlavní je neustále se přidržovat cíle stvoření – splývat během tohoto života se Stvořitelem, a konat během celého svého života jen pro dosažení tohoto cíle, protože „Tóra je dána pouze pro ty, kdož pochopili vlastní srdce", pochopili srdce, schopné milovat Stvořitele, srdce, z nějž přitom mizí živočišný duch a které se ihned naplňuje Nejvyšší moudrostí.

A poté, během 2000 středních let, kdy se Kelim ChaGat přiblížily světu a duším, byly duše ještě dosti čisté, protože přirozenost Kelim ChaGaT je blízká Kelim ChaBaD, a proto bylo světlo ve světě ještě skryto vzhledem k neexistenci Kelim pod hrudí ani ve světě, ani v duších.

Svou přirozeností, svými vlastnostmi a přáními jsou Kelim – přání ChaGaT zcela podobné Kelim ChaBaD, ale jsou o mnoho menší než ony, slabší ve svých altruistických přáních, a proto již potřebují pomoc Tóry, konání činů pro svoji nápravu.

Vzhledem k tomu však, že jsou ještě daleko od egoistických přání NeHJ, nepotřebují pracovat na motivaci, záměrech za pomoci kabaly, a proto byla kabala skryta před těmito pokoleními. Lze říci, že pro tato pokolení spočívala cesta Tóry v plnění Přikázání, a záměry mohla napravit i bez studia kabaly, natolik byla jejich přání malá.

A proto v naší generaci, i když jsou duše krajně nízké, nedokážou se napravit a očistit až do dnešních dnů, ale právě ony dokončují konstrukci Parcufu světa a Parcufu duší svými Kelim. Nejhrubší duše sestupují do našeho světa právě v posledních, našich generacích, a jejich egoismus je natolik velký, že pouze veškerá síla kabaly je schopna dát jim možnost cestou Tóry napravit motivaci svých činů a přání. A právě ony dokončují veškerou práci na nápravě stvoření – přání dostávat, stvořené Stvořitelem pro to, aby dostalo potřebný záměr.

Jak vidíme, přání dostávat zůstává, to se nedá zničit, právě toto je stvoření, a bude jej třeba ještě mnohokrát znásobit za pomoci nečistých světů BJA k přijetí obrovského potěšení, které nám Stvořitel připravil.

Člověk má před sebou úkol pouze spojit přání s motivací, potřebnou pro získání neomezeného naplnění. Právě motivace proměňuje omezené egoistické přání v přání neomezené co do času ani co do velikosti. Neboť na konci dovršení Kelim NeHJ se v Parcufu nacházejí všechny Kelim v Roš, Toch, Sof a sestupuje úplný souhrn světla, tj. úplné světlo NaRaNChaJ do Roš, Toch, Sof, všem, jimž náleží,.

A proto pouze s dovršením nápravy všech těchto nízkých duší se mohou projevit vyšší světla. Právě poslední generace vyvolávají vstup největších světel. Tento zákon platí i v jednotlivém případě u každého: čím je člověk egoističtější, hrubší, tím se při nápravě stává vyšším, podle pravidla „Kol agadol mi chavejro, icro gadol mimejno" (člověk je větší než ostatní tím, že jeho přání (napravená) jsou větší).

64. Již mudrcové kladli tuto otázku (Talmud, Berachot 20) a odpovídali, že je jasné, že první generace byly o mnoho důležitější než ty poslední ve svých Kelim, vlastnostech a přáních o mnoho bližších k vlastnostem světla. Avšak podle Tóry a kabaly jsou poslední generace mnohem důležitější než první ve světle, vyvolávaném jejich činy.

Z toho je patrno, že i když první generace jsou důležitější než poslední podle vlastnosti samotných jejich duší, protože čistší jsou napravovány jako první, jako první přicházejí do našeho světa, přesto se moudrost kabaly a Tóry odhaluje stále více v posledních generacích, protože pro jejich nápravu je nezbytné velké světlo – pomoc Stvořitele.

A je to proto, že celková struktura Parcufu končí právě za pomoci těch posledních, a proto k nim sestupují plnější světla, i když jejich vlastnosti jsou nejhorší. Do Kli – Sefiry Keter jako první vchází světlo Or Nefeš: protože Kli Keter je nejčistší Kli, tj. s nejmenším egoistickým přáním, a proto je nejbližší světlu co do vlastností.

Poté se totéž světlo Or Nefeš spouští z Kli Keter do Kli Chochma, a tím uvolňuje místo v Kli Keter pro silnější světlo – Or Ruach, a Or Ruach vstupuje do Kli Keter. Poté se Or Nefeš spouští z Kli Chochma do Kli Bina, Or Ruach se spouští z Kli Keter do Kli Chochma a na uvolněné místo v Kli Keter vchází světlo Or Nešama atd.

Ze schématu je patrno, že se zpočátku naplňují světlem čistší Kli – Sefirot, a protože jsou nejčistší, patří k mechanickému plnění Přikázání, neboť jejich malý egoismus je pro masy relativně snadné překonat a mechanicky plnit Přikázání nebo dokonce i s náležitými záměry pro kabalisty té doby. Zatímco v našich posledních letech před příchodem Mašiacha, kdy se do světa spouštějí duše, patřící ke spodnímu Kli Malchut, jsou vyžadována zvláštní úsilí k překonávání egoismu, a pouze síla kabaly je schopna vyvést nás na cestu Tóry a nenechat nás v přírodním vývoji na cestě utrpení.

A pouze kabala je schopna dát modernímu člověku rozumný, jím požadovaný přístup k vysvětlení, že je pro něj nezbytná práce na plnění záměru „ve prospěch Stvořitele".

65. A to nijak neodporuje tomu, že prvním pokolením nelze nic namítat co do otevřené části Tóry. Ohledně praktikování Přikázání platí opačný vztah, první pokolení jich dovršila více než poslední. A je to proto, že činy pocházejí z čistých Kelim Sefirot, a tajemství Tóry a smysl Přikázání vycházejí ze světla v Sefirot.

Jako v Kelim nejsou žádné změny, tak není světla, které by se neskládalo z deseti Sefirot a veškerá odlišnost jedné Sefiry od druhé spočívá jen v jejich vnitřním záměru, nazývaném odražené světlo – Or Chozer, které je právě záměrem, „nakolik je schopno přijímat ve prospěch Stvořitele", tak i při plnění Přikázání není rozdílu mezi prostým věřícím a velkým ravem, a všichni jsou povinni plnit 613 Přikázání.

A právě zde platí pravidlo „nepřidávat a neubírat". I velkému spravedlivému je zakázáno přidávat, malému znalci Tóry je zakázáno zmenšovat. A souvisí to s pravidlem, které je v deseti Sefirot, jak je napsáno v knize Sefer Jecira: „10 a nikoli 9, 10 a nikoli 11".

Jak je již známo, existuje zpětná vazba mezi Kelim a světlem v nich: jako první se napravují čistší, vyšší Kelim, a proto první pokolení více dokončila část činu než ta poslední. Zatímco ve světlech: poslední světla se projevují, vstupují jako první, a proto je naplňují poslední pokolení více než první.

My na základě historického, společenského a náboženského vývoje společnosti vidíme, že minulá pokolení, z důvodu vlastností duší v nich, nehledala příčiny a základy víry a nezbytnost plnění přikazujících Přikázání, zatím co v naší generaci prakticky u každého vzniká potřeba právě pochopit a uvědomit si duchovno, potřebu duchovního dosažení Stvořitele, a poté již přichází kompromisní souhlas i s plněním přikazujících Přikázání.

Vzhledem k tomu však, že jakýkoli projev duchovních vlastností je úplný, i v naší generaci, v níž se do našeho světa spouštějí nejegoističtější duše, existují mezi nimi rovněž i takové, které patří k duším typu ChaBaD ChaGaT. Nikoli však k nim samotným, nýbrž k ChaBaD ChaGaT, zahrnutých (Hitkalelut) v NeHJ, protože jakýkoli duchovní stupeň se skládá z deseti Sefirot, obsahujících v sobě části ze všech stupňů, ale jeho hlavní vlastností je on sám.

Proto i v naší generaci jsou lidé, uspokojující se jen plněním Přikázání a nepociťující potřebu nápravy svých záměrů, vztahů k Stvořiteli. Mezi těmi, kdo mají námitky vůči studiu kabaly, jsou zpravidla osoby s malými přáními, podobné přáním ChaBaD ChaGaT.

Jediné stvoření je přání dostávat potěšení, to jediné, co existuje kromě Stvořitele, protože je to jím stvořeno, neboť On si přeje dávat naplnění. Vzhledem k tomu však, že:

1. při přijetí potěšení vzniká nepříjemný pocit studu z pocitu, že jsem příjemcem,
2. přání dostávat je omezené,

je nezbytná náprava tohoto přání dostávat cestou dodání myšlenky, motivace, záměru k ní. Jestliže přání dostávat využívá svoje úsilí po potěšení, protože to je přání Stvořitele, jeho přijetí se rovná dávání, neboť člověk dostává, aby poskytl radost dávajícímu a nikoli kvůli sebenaplnění.

K tomu, abychom vytvořili možnost takové nápravy záměru v přání dostávat potěšení, Stvořitel stvořil dva opačné systémy čistých a nečistých sil v podobě přání. Přání dostávat ve svůj prospěch se nazývá zlem (zlá přirozenost – Jecer HaRa), neboť právě jeho egoistická forma neumožňuje obdržet duchovní naplnění. Prostřednictvím systému nečistých, egoistických sil vzešel člověk v našem světě, jeho tělo je přání přijímat potěšení ze všeho, co vidí před sebou v našem světě.

Tuto přirozenost, jediné stvoření, nelze změnit, je však možno ji napravit, přivést ke stavu, kdy s přáním dostávat bude možno získat cokoli ve všech světech! A tato náprava formy záměru při získání naplnění proto, že si to přeje Stvořitel, těšit se ve prospěch dávajícího, se nazývá náprava.

Dosáhnout takové nápravy lze jen za pomoci Tóry a plněním Stvořitelových Přikázání. Tóra nám byla dána jako zbraň k nápravě našeho zla, a Přikázání jsou Stvořitelova přání, jakoby On nám říkal, že tyto činy jsou pro Něho žádoucí, jestliže to jsou přikazující Přikázání, a nežádoucí, jde-li o Přikázání zakazující.

Z toho vyplývá, že veškeré naše činy lze rozdělit na: zakazované (nežádoucí, „Lo Taase"), přikazované (žádoucí, „Taase") a neutrální (svobodné, „Rešut"). Ve vztahu k přikazujícím nebo zakazujícím Přikázáním, protože je to přesný pokyn a přání Stvořitele, je nezbytná opatrnost při jejich plnění, dokonce bez jakéhokoli záměru.

Avšak základní práce při dosahování náležitého, žádoucího záměru probíhá právě v činech Tórou neupravených, jejichž plnění nevede ani k plnění Přikázání, ani k jeho porušování: jde o to, že když člověk koná svobodný čin se záměrem „ve prospěch Stvořitele", přenáší tento čin ze svobodné oblasti svých přání do systému čistých sil a proměňuje jej tím v Přikázání, dokud se ke Stvořiteli celý nepřevede, všechny svoje svobodná přání a myšlenky.

Avšak právě ve změně motivace plnění svých svobodných činů člověk naráží na obrovské obtíže, na boj proti svému zlu, egoismu. Je to tím, že jeho tělo v podobě přání mu říká, že v jeho činech není nic, co by se vztahovalo k zákazu nebo pokynu plnit, a proto v nich není žádná výhra ani odměna.

A bez odměny tělo není schopno pracovat. Proto, jestliže člověk plní zavazující Přikázání, přikazující nebo zakazující, jako povinnost, pak v oblasti svobodných činů právě záměry člověka dělají z tohoto činu Přikázání, a převádějí jej do systému čistých sil. Přikázání může člověk plnit bez jakýchkoli záměrů v důsledku výchovy, očekávané odměny v tomto nebo v budoucím světě nebo ve prospěch Stvořitele, tj. se záměry nebo bez nich.

Avšak jestliže si člověk přeje splnit neutrální čin, pak jej k tomu nutí právě záměr, proti čemuž se ihned staví egoismus, protože není vysloven zákaz proti samotnému činu, nýbrž pouze proti jeho záměru, v Čí prospěch to činí.

Jak je řečeno: „Pro Stvořitele není důležité, jak porážet skot, zda od krku, či od zátylku, Tóra je dána pouze k očištění Izraele," kde se očištěním chápe očištění našeho těla od egoistických záměrů, což je cílem plnění Tóry a Přikázání (J. Ašlag, Matan Tora, str. 27).

Z toho plyne, že pouze tehdy, když vystupují do popředí naše altruistické záměry, tělo se nám prudce a okamžitě odmítá podřídit. A tento boj proti tělu se nazývá svobodnou válkou, nevnucenou (Milchemet Rešut), protože pouze sám člověk může určovat svoje záměry.

A tato válka s tělem probíhá jen ohledně záměrů, nikoli konání činů, protože tyto neutrální činy nejsou nikterak zakázány, ale co do záměru si člověk zjevně přeje zničit přání dostávat vlastní výhody, odměny, zabít svoje tělo, protože „Tóra žije jen v tom, kdo se zabil" – „Ejn HaTora mitkajemet, ele mi še memit et acmo aleja" - pouze ten, kdo se osvobozuje od egoistických přání, je uznán za hodna obdržení vyššího světla, nazývaného Tóra).

Z toho je pochopitelné, že to hlavní u stvoření je přání dostávat (potěšení), ale ve své výchozí egoistické podobě takto nejsme schopni získat vyšší naplnění, které pro nás připravil Stvořitel, a jedině proměnou záměru při z přijímání „ve svůj prospěch" na „ve prospěch Stvořitele" dospíváme k žádoucímu stavu.

Proto přání dostávat, stvořené Stvořitelem, nemizí, naopak, ještě mnohonásobně vzrůstá za pomoci systému nečistých světů, je však nutná změna našeho záměru při získání naplnění – být naplněn proto, že si to přeje Dávající.

A vzhledem k tomu, že samo stvoření - „přání dostávat" - nemizí, pouze se mění jeho záměr, říká se: „Barati jecer ra, barati Tora tavlin" (Já jsem ve vás stvořil egoistické přání a Já jsem vám pro ně dal Tóru jako koření), protože za pomoci Tóry pouze měníme druh našeho záměru, aniž měníme samo stvoření – přání po potěšení, a proto Tóra pouze činí náš egoismus vhodným k použití, jako koření dělá nechutnou stravu žádoucí, neboť člověk může získat vyšší naplnění.

Plnění Přikázání s náležitým záměrem, jak těch přikazujících, tak i zakazujících, je možné až do konce nápravy. Avšak pouze plnění svobodných činů ve prospěch Stvořitele vede k úplné nápravě egoismu, ke Gmar Tikun (Jazykem kabaly, veškerý boj je veden o neutrální část, prostřední třetinu Tiferet de Zeir Anpin neboli Adama HaRišona, a celá Tóra prakticky hovoří pouze o tom. Viz „Bejt Šaar HaKavanot.")

Jak je řečeno v předmluvě ke knize Zohar: „Přikázání Tóry se nazývají radami (Ejcot) a zárukami (Pikadon-Pkudot)." Rozdíl mezi nimi je v tom, že když člověk plní Přikázání ještě předtím, než získal altruistická přání plnit je ve prospěch Stvořitele, pak se Přikázání, která plní, nazývají RADAMI.

Jestliže člověk dosáhl stupně plnění Přikázání v jejich duchovním významu, pak každé z nich přináší člověku svoje světlo, nazývané ZÁRUKOU, protože v každém z 613 duchovních činů, nazývaných Přikázání, se nachází jeho určité světlo, odpovídající jedné z 613 částí duše, duchovní nádoby – Kli člověka.

Tak když člověk plní Přikázání, napravuje a naplňuje po částech svoje duchovní tělo, nazývané duše. Tato dvě období v práci člověka, se v souladu s „radou" předběžného, přípravného stadia a se „zárukou" stadia přijímání světla nazývají Naase (dělat) a Nišma (slyšet). Existuje čtrnáct souhrnných skupin záruk, spojujících v sobě všech 613 záruk, podobně jako sedm dní, během nichž byl stvořen svět, v sobě spojuje všech 6000 let existence světa. Proto existuje přímá vazba mezi čtrnácti zárukami a sedmi dny stvoření.

Každý den odpovídá duchovní stav určitým Přikázáním, ale vzhledem k tomu, že jsou všechna spojena, je nutno plnit všechna Přikázání – duchovní činy každý den na každé nové duchovní úrovni. Princip pyramidálního vývoje lze sledovat na vývoji člověka: cílem stvoření je postupný rozvoj člověka až do stavu vnímání Stvořitele jako sobě nejbližšího.

Aby bylo možno v člověku, krajně vzdálenému svými vlastnostmi na počátku jeho cesty od Stvořitele, vypěstovat skutečné duchovní přání, posílá mu Stvořitel okolnosti, které vedou k vnímání ničemnosti, prázdnoty a bezcílnosti jeho života a myšlenek, že nestojí za to žít pro ony dočasné, falešné cíle a přechodná potěšení, pro něž až dosud žil, že musí hledat skutečné hodnoty v životě, pro něž vskutku stojí za to žít, nalézt takové hodnoty, pro něž má smysl v tomto životě pracovat.

Poté si člověk uvědomuje, že podobné hodnoty se nacházejí jen v náboženství, neboť pouze ono hovoří o tom, co nepomíjí jako náš pozemský život, ale co existuje věčně v lidské duši, protože náboženství potvrzuje, že naše duše je nesmrtelná.

Když člověk přichází na myšlenku o nezbytnosti zabývat se náboženstvím, začíná navštěvovat všechna možná jemu dostupná studijní místa, aby dále pochopil to, oč začal usilovat: poznat více o tom, jak dosáhnout stavu, aby svůj život nepociťoval tak ničemný a aby jeho zisky v tomto životě byly věčnými.

Člověk byl stvořen Stvořitelem v množství variací, jak je řečeno: „Jako si jsou lidé nepodobni navzájem svými obličeji, tak i vnitřně si nejsou podobni." Kromě toho, sám člověk se neustále mění, protože jeho duše je nesmrtelná a neustále se obnovuje, k neuvědomělé, a později i uvědomělé nápravě.

Proto jsou mezi zájemci ti, kdož se spokojí se studiem nebo plněním vnějších náboženských rituálů a zůstávají na vnějších atributech, takových jako oděv, náboženské písně atd., neboť v dané etapě duchovního vývoje nepotřebují pro nápravu duše nic více než to.

Uprostřed této masy lidí, kteří navštěvují všechny možné kroužky a přednášky, jsou tací, kteří se spokojí studiem a přesným plněním Přikázání a věnují svůj život jejich maximálně přesnému plnění.

Jsou takoví, kteří ve své snaze nalézt cíl života dojdou k veřejné práci na nápravě jiných, k získání ostatní masy pro náboženství, protože když si uvědomí, že je něco důležité, přejí si, aby všichni přijali jejich názor, což vyplývá z nutnosti seberealizace a možnosti dokázat celému světu, že mají pravdu, aby si zvýšili jistotu, že si vybrali správnou cestu životem.

Existují tací, kteří projdou všemi těmito stadii, ale nedokážou se zastavit ani na jednom z nich, i když se možná občas zdrží na každém nebo na libovolném z nich dost dlouhé časové období, stejně však se neuspokojí ani pochopením vnějších forem náboženství, ani maximálně přesným plněním Přikázání, ani veřejnou prací pro seberealizaci nebo jakožto prostředek k existenci, dokud je hledání nepřivede, dokonce přes všechno, co proti ní dříve slyšeli, ke kabale.

Jsou takoví, kteří se začnou opatrně zajímat o kabalu, ale zastaví se na vnějších vyprávěních o této nauce a jejích dějinách, jak se uspokojují ti, kteří studují kabalu na univerzitě.

Existují ti, kteří se spokojí se studiem kabaly, přesným popisem prvků duchovních struktur.

Máme takové, kteří se spokojí s vnějšími atributy, podle nichž se mohou nazývat kabalisty, a jako důsledek toho mohou dávat požehnání k obdržení odměny v penězích a poctách, a jsou i takoví, kteří jsou pro pocty a hodnosti ochotni platit sami.

Vyskytují se takoví, kteří když projdou všemi možnými amatérskými kroužky, Machony, přednáškami, kde se zdržují, jako kdyby procházeli stále drobnějším sítem, z počáteční hledající masy, která odešla ze života v polospánku do hledání nových životních hodnot, najdou sebe ve skupině studujících skutečnou kabalu.

Je tomu též tak, že i tam člověk sedí, ale poslouchá jen to, co slyší jeho ucho, tj. to, nač je nastaveno jeho přání dostávat, jeho „Já", a tak každý slyší to, co z knihy nebo z přednášky potřebuje slyšet .

V kabalistické skupině je každý již natolik individuální, že nelze zobrazit člověka jako stálého, neměnného, protože se každý den mění, v souladu se svým vývojem, v závislosti na stavu, v němž se nachází, a v každém okamžiku se prezentuje jako někdo jiný, s jinými otázkami, chutěmi a myšlenkami, jakoby jen jeho vnější vzhled a jméno zůstaly beze změny, ale veškerá vnitřní část se zcela změnila a již nemá žádnou vazbu na to, co bylo ještě včera, a občas i před několika minutami, v tomtéž těle.

A k takovým změnám neustále dochází rovněž ve studijním společenství. Změny jsou natolik obrovské, že popsat je a jejich variace je prostě nemožné. Před samotným člověkem jsou skryty jeho skutečné záměry, v důsledku čehož po celé měsíce i roky pracuje automaticky, podněcován reflexem, a uvědomuje si svoje stavy až poté, kdy přejdou a on se pozvedl na dokonalejší úroveň, a může si proto uvědomit minulost, když se stal moudřejším z dosažení následující úrovně vývoje.

Člověk se v procesu určitého stadia svého vývoje nachází pod vlivem sil, které jej nutí konat v souladu s tímto stadiem, a proto nepřijímá rady jiného a může na ně dát, až když vyloučí svůj rozum.

Celé lidstvo nakonec zjistí, že došlo k závažným činům spojeným s hledáním cíle stvoření a Stvořitele, ale prozatím se každý z nás nachází v nějakém z mezistadií svého vývoje, a proto ještě musí uzrát, a nelze uměle urychlovat vývoj, protože všechna mezistadia jsou nezbytná k uvědomění si a pocítění samotného cíle stvoření; jak píše Baal HaSulam, civilizované národy působí svým „pokrokem" obrovskou škodu „zaostalým" národům, protože jim berou poslední samostatnou cestu přirozeného vývoje.

Na konci nápravy jim bude chybět vědomí cíle a jeho vnímání, a proto jim to lze pouze nevtíravě napovědět v podobě informace, nikoli však více.

66. Věz, že ve všem je vnitřní a vnější část. Izrael patří k vnitřní části celého světa, a ostatní národy jsou považovány za jeho vnější část.

Kořenem všech našich vnitřních přání a kořenem všech národů světa (vnějších přání) je 7 x 10 = Sefirot Parcufu Zeir Anpin světa Acilut. To, že k dnešnímu dni existuje větší počet národů, to je čistě historicky vzniklé dělení.

Rovněž i sám Izrael se dělí na vnitřní část, to jsou ti dokonalí, pracující ve prospěch Stvořitele, a vnější část – ti, kteří se tím nezabývají.

Nezabývají se tím – mám na mysli právě ty, kteří provádějí vnitřní práci, sebenápravu za pomoci studia kabaly, a nikoli prostě ty, kdož se zabývají Tórou jako vědou nebo za účelem poznání mechanického plnění Přikázání.

Rovněž i v národech světa existuje vnitřní část – to jsou spravedliví z národů světa, a existuje vnější část – hrubí a škodliví lidé. Spravedliví se poznají podle svého úsilí konat altruisticky. Příslušně hříšníci národů světa jsou jeho egoističtí ničitelé.

Rovněž i uprostřed Izraele, mezi těmi, kteří pracují pro Stvořitele, existuje vnitřní část, to jsou ti, kteří byli poctěni tím, že pochopili vnitřní duši Tóry a její tajemství. Jak již bylo řečeno, slovo Israel pochází od slov Isra (přímo) a El (Stvořitel), a ti, kteří v sobě pociťují tuto snahu, se nazývají vnitřní část Izraele; i když ještě nedosáhli žádaného, to, že patří k vnitřní části, je určováno nikoli podle jejich dosažení, nýbrž na základě jejich úsilí.

A vnější část – to jsou ti, kdož se zabývají pouze činem, konáním činů v Tóře, ti, kteří studují plnění Přikázání a plní je, aniž k tomu připojují záměr napravit se, a pečují pouze o přesnost vnějšího plnění činů Přikázání. **Rovněž tak v každém člověku z Izraele je vnitřní část, část Izraele, která je v něm,** bod v jeho srdci, kde člověk vnímá snahu o duchovno.

A vnější část, část národů světa, které jsou v něm, jsou samo jeho tělo, egoistické snahy. Avšak dokonce i národy, které jsou v Izraeli, jsou v něm považovány za takové, které přešly do Izraele, protože jsou připojeny k jeho vnitřní části a jsou podobny spravedlivým, kteří přešli od národů světa do Izraele, přišli a připojili se k Izraeli.

Jestliže jsou v člověku kromě úsilí přiblížit se Stvořiteli ještě další snahy, všechny se nakonec vlijí do jeho duchovní práce a dojdou své nápravy. Pyramida, uspořádaná podle vlivu na proces nápravy, vypadá následovně:

1. V Židovi:
   a) bod v srdci (Izrael v Izraeli);
   b) tělo v podobě přání (národy světa v Izraeli);
2. V národě Izraele:
   a) Ti, kteří dosahují Stvořitele (kabalisté), kteří plní Přikázání s příslušným záměrem „ve prospěch Stvořitele";
   b) ti, kteří plní pokyny Tóry (věřící).
3. V národech světa:
   a) spravedliví z národů světa;
   b) ostatní z národů světa (ničitelé).

67. Když člověk z Izraele povyšuje svoji vnitřní část, Izrael, která je v něm, nad vnější část, národy světa, která je v něm, tj. vynakládá svoje hlavní úsilí na povýšení a posílení své vnitřní části pro užitek své duše, a malá úsilí, pouze v nezbytné míře, vynakládá

na existenci části národů světa, která je v něm, tj. pro potřeby těla, pak, jak je řečeno, **činí Tóru svým trvalým zaměstnáním a svůj obor druhořadým**, tj. považuje duchovní povznesení, nápravu a studium kabaly za prostředek k dosažení Stvořitele, za cíl života.

I když se lidé masově ještě nezabývají nápravou a přibližováním k dokonalosti – Stvořiteli, přesto jestliže se jeden Žid zabývá duchovní nápravou, již se to v určité míře odráží na celkovém vztahu světa k nám.

A národy světa, představující vnější část celkového světa, si uvědomují a hodnotí velikost synů Izraele. Uvědomují si a hodnotí mimovolně, přirozeným způsobem, protože Vyšší řízení je pod vlivem povznášejících se, a zvyšuje se přítomnost Stvořitele ve světě i vliv Jeho světla na egoismus národů světa.

Jestliže však naopak člověk ze synů Izraele povyšuje a oceňuje svoji vnější část, která je považována za část národů světa, která je v něm, pak egoistický materiální vývoj a hromadění na úkor části Izrael, která je v něm, nad altruistickou částí přání, zaměřených na Stvořitele (od slova Isra-El – přímo Stvořitel, přímo ke Stvořiteli), **pak jeho vnější část, národy světa, která je v něm, se povznáší, a jeho vnitřní část, Izrael, která je v něm, upadá.**

Podle svých přání a činů má člověk svobodnou vůli v tom, jakou část v sobě si zvolí. A jestliže povyšuje, oceňuje svůj materiální a veřejný pokrok více než duchovní, **vede to k tomu, že se vnější část v celém světě, národy světa, povyšují nad Izraelem svou vnější částí, vším pojmem Izrael, a ponižují jej až k zemi, a synové Izraele, vnitřní část světa, jsou ponižováni stále více.**

68. Nediv se, jak může jeden člověk způsobit svými činy povznesení nebo pád světa. Je to zákon, vycházející z toho, že vyšší síla zahrnuje nižší síly jako svoje složky, protože jakýkoli vyšší stupeň je Stvořitelem ve vztahu k nižšímu.

Kabalista, ovládající určitý duchovní stupeň, může do sebe nasát nenapravená přání okolí a pomoci, aniž to okolí pocítí, přiblížit se k uvědomění si duchovního povznesení. Proto je ve světě tak málo Pozvedajících se, vždyť jejich duchovní síly jsou obrovské ve srovnání s drobnými přáními mas.

Avšak dospět do stavu duchovního osvobození musí každý osobně. To, že jeden malý člověk může způsobit velké změny a dokonce otřesy ve světě, můžeme vidět z dějin. Je to proto, že existuje zákon, že to obecné a jeho část si jsou rovny jako dvě kapky vody. A všechno, co působí v celkové struktuře, působí i v jejích částech.

Ba více, právě části dělají a určují všechno, co působí obecně, proto se obecné otevře jen po odhalení všech jeho částí, v souladu s mírou a vlastnostmi těchto částí. Pouze uvědomělé duchovní povznesení každého povede k obecnému povznesení světa, což se nazývá příchodem Mašiacha.

A působení částí, podle jejich kvalit, nutně pozvedá nebo snižuje obecné jako celek. Největší síly v našem světě jsou neviditelné a je obtížné je poznat a zkoumat. A čím mohutnější je síla, tím je nedosažitelnější, jako například radioaktivní záření.

Duchovní síly však nejsou dosažitelné našimi smyslovými orgány vůbec, ale právě ony udržují celý svět, tím, že je jimi prodchnut každý atom a také tím, že vládnou hmotě na všech jejích úrovních. Proto přirozeně člověk, který umí ovlivňovat svými altruistickými činy stav těchto sil, vyvolává obrovské změny ve Vyšším řízení našeho světa. Stvořitel si přeje právě toto a očekává od nás, abychom se duchovně pozvedli a sami řídili světy jako On. Tím ospravedlňujeme Jeho konání.

Tím se stáváme svobodnými. Ovlivňujeme tím celý svět. A nyní pochopíme, co je řečeno v knize Zohar a v kabale o tom, že budou poctěni možností odejít z vyhnanství k úplnému osvobození. Je nepochopitelné, jaký vztah má studium knihy Zohar k osvobození Izraele od národů světa.

69. Z toho, co bylo řečeno, je však jasné, že v Tóře je rovněž vnitřní a vnější část jako ve světě. Tyto dva stupně jsou přítomny i v práci s Tórou. Existují dvě možnosti studia Tóry a plnění jejích Přikázání: vnitřní, kdy si člověk přeje vnitřně přijmout tento lék proti své nemoci egoismu, nebo vnější, kdy studuje Tóru pouze pro obdržení odměny v tomto nebo v budoucím světě, protože si nepřeje užívat lék vnitřně a vnitřně se měnit buď z důvodu své výchovy, nebo proto, že se sklání před „autoritami", atd.

A jestliže člověk zvyšuje svoje úsilí při studiu vnitřní části Tóry a jejích tajemství, povznáší tím vnitřní část světa, jíž je Izrael. Kterýkoli člověk, toužící po Stvořiteli, se nazývá Israel, nezávisle na jakýchkoli jiných údajích, pouze pro toto přání. (Ostatně, proto pojem národnosti u Židů neexistuje a v současné době vznikl historicky jako u ostatních národů.)

Když vyniká vnitřní část nad vnější částí světa, jíž jsou národy světa, pak všechny národy uznávají převahu Izraele nad nimi, dokud se nesplní, co je řečeno (prorok Išajahu (Izajáš), Iz 14): „Národy je totiž samy dovedou na jejich místo a Izraelův dům je dostane do dědictví v Hospodinově zemi jako otroky a otrokyně."

A jak je řečeno (prorok Išajahu, Iz 49): „Takto pravil Stvořitel: 'Hle, Já povzvednu k národům ruku moji a před kmeny zdvihnu korouhev moji, a oni přinesou tvé syny v pole a tvé dcery budou neseny na ramenou'."

Jestliže člověk pozvedá do čela všech svých přání spojení se Stvořitelem, praví se, že nese na svých ramenech syny Izraele, pak i ve světě se mění linie řízení z cesty utrpení na cestu Tóry a u všech národů dochází k přehodnocení životních hodnot.

Řečeno je „synů Izraele", protože syn (Ben) je od slova Mevin (chápání, dosažení): ze všech ostatních přání v člověku ponesou všechny národy světa v čele svých životních hodnot pochopení, dosažení Stvořitele.

Jestliže však, nedej Bože, tomu bude naopak: člověk z Izraele snižuje důležitost vnitřní části Tóry a jejích tajemství, hovořících o cestách vývoje a nápravy našich duší a o stupních jejich duchovního povznesení, a rovněž smysl Přikázání, co se týče vnější části Tóry, hovoří pouze o jejich mechanickém plnění a dokonce i když se zabývá vnitřní částí Tóry a věnuje tomu minimum času jako něčemu, co není vůbec potřebné, pak tím

vyvolá ponížení a snížení až na nejnižší úroveň vnitřní části světa, synů Izraele, a posiluje vnější část světa, národy světa, které poníží a zostudí syny Izraele, a budou považovat syny Izraele za nepotřebnou a zbytečnou věc ve světě, kterou svět vůbec nepotřebuje.

Ba více, ten, kdo se nezabývá kabalou, vyvolává tím to, že dokonce vnější část národů světa se posiluje vůči jejich vnitřní části, protože ti nejhorší z nich, největší škůdci a ničitelé světa, se posilují a povyšují stále více nad jejich vnitřní částí, nad spravedlivými z národů světa. A tehdy dojde k veškerým hrozným ničením a vraždám, jak toho byla svědkem naše generace. Nechť nás Stvořitel chrání dál!

Tak vidíme, že vysvobození Izraele a celá jeho velikost závisí pouze na studiu knihy Zohar a vnitřní části Tóry. A naopak, veškerá ničení a všechny pády synů Izraele jsou pouze důsledkem toho, že opustili vnitřní část Tóry, snížili její hodnotu až na nejnižší stav a učinili ji věcí, která vůbec není zapotřebí.

Je řečeno v knize Zohar (Tikunej Zohar, 30): „**Povstaňte a probuďte se pro duši Izraele, vždyť vaše srdce je prázdné bez moudrosti vědění a Jeho dosažení, i když On se nachází uvnitř vás.**" Stvořitel naplňuje a obklopuje veškeré stvoření, každého z nás, avšak cílem stvoření je to, abychom toho dosáhli a pocítili to sami tím, že budeme mít shodné vlastnosti se Stvořitelem.

A před dosažením takovéhoto stavu jsou naše city v srdci považovány za prázdné, protože jsou zaplněny přáními tohoto světa. Smysl toho, co bylo řečeno, spočívá v tom, že v srdci každého ze synů Izraele zní hlas a vyzývá k prosbě o povznesení společné duše Izraele (Prorok Išajahu, Iz 40).

Avšak duše praví, že nemá sil pozvednout se z popela, protože všichni, podobně jako zvířata, která se živí senem, plní Přikázání bez jakýchkoli znalostí a všechny milosrdné činy konají pouze ve svůj prospěch, protože v plnění Přikázání nejsou záměry učinit radost Stvořiteli, a proto plní tato Přikázání jen ve svůj prospěch, pro svoji výhodu.

A dokonce ti nejlepší z nich, kteří věnují čas na práci s Tórou, činí tak pouze pro výhodu svého těla, bez žádoucího záměru učinit radost Stvořiteli. V takovémto případě je řečeno o podobném pokolení, že duch prochází a nikdy se nevrátí. To znamená, že duch Mašiacha, nezbytný pro ochranu Izraele před egoismem a všemi jeho strádáními, až do úplného osvobození, do stavu, o němž je řečeno: „A naplní se země Izraele poznáním Stvořitele" – tento duch mizí a již ve světě nezasvítí.

Hoře těm, kdo jsou příčinou toho, že duch Mašiacha mizí a možná se již nikdy na svět nevrátí, protože oni zbavují Tóru chuti, zbavují ji jakékoli přímísi rozumu a vědění, protože se omezují pouze na přikazující část Tóry a nepřejí si snažit se pochopit nauku kabaly, znát a studovat tajemství Tóry a smysl Přikázání. Hoře těm, kteří svými činy vyvolávají hlad, chudobu, krutost, ponížení, vraždy a loupeže ve světě.

Tak je řečeno v Zoharu! Velký kabalista minulých staletí rav Avraham Azulaj v předmluvě ke své knize Or HaChama vysvětluje, že existují čtyři skupiny lidí, kteří si nepřejí zabývat se kabalou. Zvláště vyčleňuje ze všech čtyř skupin skupinu třetí: ty, kteří věří v nauku kabaly a vědí, že jejich nedostatkem je neznalost kabaly, kteří však přesto tvrdí, že v naší době není nikdo, kdo by byl schopen pochopit tuto moudrost v důsledku její neobyčejné hloubky.

Právě proti této skupině vystupoval rabi Šimon v knize Zohar (Zohar, Kedušim), kde jasně ukázal, že všichni jsou povinni studovat knihu Zohar, dokonce i ten, kdo nic nezná. Avšak kromě toho píše rav Azulaj: „Zjistil jsem, že zákaz otevřeného masového studia kabaly byl jen po omezenou dobu do konce roku 5250. Od r. 5250 a dále se dává povolení studovat nauku kabaly a knihu Zohar. A od r. 5300 je žádoucí, nezbytné a přednostní, aby se masy začaly zabývat studiem kabaly, velcí i malí, významní i prostí, protože v důsledku toho, a pouze toho, v budoucnu nastane osvobození, a nikoli v důsledku čehokoli jiného!"

Smysl toho, co je řečeno v knize Zohar, jak jsme si již vysvětlili, spočívá v tom, že jestliže ti, kdož se zabývají Tórou, ponižují svoji vnitřní část a vnitřní část Tóry (kabalu) a zanechávají ji jako věc, která není vůbec zapotřebí ve světě, podobají se slepým, kteří narážejí na stěnu.

A tím zesilují svoji vnější část, tj. to, co je užitečné tělu. Vnější část Tóry povyšují nad její vnitřní část. Má to za následek, že všechny vnější části světa se posilují na úkor vnitřních částí, každá proti své části podle svého charakteru, protože vnější část Izraele, představující národy světa uvnitř Izraele, se posiluje a anuluje vnitřní část Izraele, velké osobnosti v Tóře.

Vnější část národů světa, ti z nich, kteří působí ničení, je posilována a anuluje jejich vnitřní část, spravedlivé v národech světa. Vnější část celého světa, samotné národy světa, je posilována a anuluje syny Izraele, kteří jsou vnitřní částí světa.

A v takovém pokolení všichni ničitelé z národů světa pozvedají hlavy a v zásadě si přejí zničit syny Izraele, jak je řečeno v Talmudu (Javamot, 63): „Všechny nepořádky přicházejí do světa pouze kvůli Izraeli," v souladu s tím, co je řečeno v knize Zohar, že právě oni (ti z Izraele, kteří opovrhují studiem kabaly) jsou příčinou chudoby, vražd, loupeží a ničení v celém světě.

A po našich velkých hříších jsme se stali svědky všeho, co bylo předpovězeno v knize Zohar, tím spíše, že trest se týká v první řadě těch nejlepších z nás, jak je řečeno v Talmudu (BK, 60): „(Zúčtování) začíná právě od spravedlivých." A z celého výkvětu Tóry, který měl Izrael v Polsku a v Litvě, nám nezůstalo nic, kromě ubohých zbytků v naší zemi, a nyní je pouze nám, oněm zbytkům, uloženo napravit tuto strašnou zkázu.

Pouze na naší práci s kabalou závisí stav jak osobně každého z nás, tak i našeho národa i celého světa a vztah k nám. A jestliže každý z nás, zbytků minulosti, přijme na sebe úkol celou svou duší i rozumem, od nynějška do budoucnosti, povznést vnitřní část Tóry a poskytnout jí náležité místo v našem srdci, v práci i činech, které by bylo vyšší než naše drobné a dočasné snahy, což je její skutečná důležitost, povznést ji nad vnější část Tóry, a tím bude každý z nás uznán za hodna posílit svou vnitřní část, tj. část Izrael, která je v něm, tj. potřeby duše, ve srovnání se svou vnější částí, národy světa, která je v něm a je potřebou těla.

A tato síla zapůsobí rovněž na celý národ Izraele, dokud si národy světa, které jsou v nás, neuvědomí a nepoznají význam a velikost velkých osobností Izraele nad nimi, neuposlechnou je a nepodřídí se jim; až se tak stane, bude vnitřní část národů světa, spravedliví z národů světa, posílena a bude pokořena jejich vnější část, ničitelé světa. Vnitřní část světa, Izrael, překoná ve své velikosti a důležitosti vnější část světa, národy světa.

A tehdy si všechny národy světa uvědomí a přijmou význam Izraele ve srovnání s nimi a splní se řečené (prorok Išajahu, Iz 14): „A vezmou je (Izrael) národy a přivedou je (Izrael) na jejich místo a Izraelův dům je (národy světa) dostane jako dědictví v Hospodinově zemi." Jak je řečeno (Išajahu, Iz 49): „A přinesou tvé syny v pole a tvé dcery na ramenou."

A splní se to, co předpovídá kniha Zohar (Naso, str. 124, 2): „Silou této knihy vyjdou milostí Stvořitele z otroctví." Duchovní a následkem toho i fyzické osvobození jsou navzájem spojena, a pouze osvobození z otroctví vlastního egoismu přinese záchranu Izraele před pronásledováním národy světa a přivede celý svět ke skutečně šťastné existenci, beze strachu z dočasnosti, nemocí, smrti, ve věčném splynutí se Zdrojem všeho existujícího, v nekonečném skutečném naplnění Vyšším a Věčným naplněním. Amen!

STRUČNÁ REKAPITULACE §§ 66 – 70

Veškerá stvoření se skládají z vnitřní a vnější části.

Vnitřní část stvoření se nazývá Izrael. Dělí se na části:

1. Pracující pro Stvořitele:
   a) uznaná za hodna vnitřní Tóry,
   b) zabývající se pouze konáním činů z Tóry.
2. Nepracující pro Stvořitele:
   a) pociťující bod v srdci,
   b) nemající spojení s vyšším světem (podobně jako spravedliví z národů světa).

Vnější část stvoření se nazývá 70 národů světa. Dělí se na části:

1. Vnitřní část – spravedliví z národů světa.
2. Vnější část – škůdci.

Jestliže synové Izraele povyšují svoji vnitřní část nad vnější, působí tím ve vnitřní a vnější části světa vzestup Izraele a národy světa si uvědomují hodnotu Izraele.

Jestliže však synové Izraele povyšují svoji vnější část nad vnitřní, působí tím povýšení vnější části společného světa, národů světa, nad Izrael a národy světa Izrael ponižují.

Rovněž v Tóře je vnitřní a vnější část. Syn Izraele, vynakládající úsilí ve vnitřní části Tóry, povyšuje vnitřní část světa, Izrael, nad vnější část světa, národy světa – a všechny národy světa si Izraele váží.

Syn Izraele, který snižuje význam vnitřní části Tóry (dosažení Stvořitele) ve vztahu k vnější části Tóry (mechanickému plnění), působí tím ponížení vnitřní části světa, synů Izraele, a posílení vnější části světa, národů světa, které začínají považovat syny Izraele za nepotřebné v tomto světě.

Ba co více, člověk, který se nezabývá kabalou, povzbuzuje posílení vnější části národů světa ve srovnání s jejich vnitřní částí, a nejhorší z nich, škůdci a ničitelé světa, se posilují a povyšují stále více nad vnitřní část, nad spravedlivé z národů světa, a působí ničení a zkázu až do Katastrofy!

Je jasně patrno, že osvobození Izraele a veškerý rozkvět závisí na studiu vnitřní části Tóry – kabaly. A naopak, všechny katastrofy a pády Izraele jsou následkem pohrdání vnitřní částí Tóry až k tomu, že je v našem světě považována za zcela nepotřebnou.

Hoře těm, kdož vyhánějí ducha Mašiacha, těm, kteří plní Tóru bez příměsi rozumu a vědění, protože se omezují jen na výkonnou část Tóry a nepřejí si pochopit nauku kabaly, poznat tajemství Tóry. Hoře těm, kdož těmito svými činy působí hlad, chudobu, krutost, ponížení, vraždy, loupeže a ničení ve světě!

Příčinou strádání světa je pouze to, že ti, kdož se zabývají Tórou, zesilují vnější část Tóry nad vnitřní – tím působí posílení vnější části světa ve srovnání s vnitřní. Následkem toho vnější část národů světa, ničitelé, vítězí nad jejich vnitřní částí, spravedlivými z národů světa, a vnější část celého světa, národy světa, ničí syny Izraele, až k přání zničit je, jak je řečeno v Talmudu (Javamot, 63): „Veškerá neštěstí přicházejí do světa pouze kvůli Izraeli".

Jestliže však na sebe vezmeme práci povýšit vnitřní část Tóry ve srovnání s její vnější částí, tato síla se rozšíří a zapůsobí na celý národ Izraele. V důsledku toho se vnitřní část národů světa, spravedliví z národů světa, posílí ve srovnání s jejich vnější částí, ničiteli světa. A národy si uvědomí význam Izraele, a splní se řečené (prorok Išajahu, Iz 14): „Národy samy dovedou Izrael na jeho místo a Izraelův dům je dostane do dědictví v Hospodinově zemi." A splní se to, co předpověděla kniha Zohar (Naso, str. 124, 2): „Silou této knihy vyjdou z nesvobody."

ÚVOD DO KNIHY ZOHAR

Úvod Do Knihy Zohar

Kniha Zohar byla ode dne, kdy byla napsána, uzavřena před nezasvěcenými. V naší době vznikly odpovídající podmínky, kdy může být otevřena širokému okruhu lidí. K tomu, aby tato práce mohla být dostupná libovolnému čtenáři, je nezbytné předeslat některá vysvětlení.

Především je třeba konstatovat, že vše, co je popsáno v knize Zohar, představuje systém, skládající se z deseti Sefirot – Keter, Chochma, Bina, Chesed, Gevura, Tiferet, Necach, Hod, Jesod, Malchut a jejich spojení. A tak jako k vyjádření jakékoli myšlenky nám stačí 22 písmen, tak i všechna možná spojení deseti Sefirot jsou zcela dostatečná k popisu kteréhokoli duchovního činu nebo objektu.

Existují však tři jasná omezení, která je nutno mít na paměti, abychom nepřekračovali jejich meze. Existují čtyři úrovně poznání objektu v našem světě: hmota, vlastnost, abstraktní forma a podstata. Tyto čtyři úrovně dosažení existují v deseti Sefirot.

První omezení. Kniha Zohar zkoumá pouze hmotu a formu ve hmotě a v žádném případě nezkoumá abstraktní formu a podstatu.

Druhé omezení. Veškeré stvoření se dělí na tři úrovně:

1. Nekonečno;
2. svět Acilut;
3. světy Berija, Jecira, Asija.

Kniha Zohar zkoumá pouze tři poslední světy: Berija, Jecira a Asija. Nekonečno a svět Acilut zkoumá pouze v jejich vzájemné závislosti se světy Berija, Jecira a Asija.

Třetí omezení. V každém ze světů Berija, Jecira a Asija existují tři úrovně:

1. Deset Sefirot, jež se nazývají částí Stvořitele v tomto světě.
2. Duchové, duše všeho existujícího a duše lidí.
3. Vše ostatní existující – Malachim, Levušim, Hejchalot.

Kniha Zohar zkoumá duše lidí a všechny ostatní objekty pouze ve vzájemné závislosti s dušemi lidí. Je třeba konstatovat, že veškeré chyby, nepřesnosti a omyly jsou důsledkem překročení hranic těchto tří omezení.

Čtyřem posuzovaným světům ABJA odpovídají tyto Sefirot: světu Acilut Sefira Chochma, světu Berija – Bina, světu Jecira – šest Sefirot od Chesed do Jesod, nazývané

Tiferet, světu Asija – Malchut. Všechny ty, jež se nacházejí výše než svět Acilut, patří k Sefiře Keter.

Každý z výše uvedených světů se však rovněž dělí na deset Sefirot. Dokonce nejmenší objekt v kterémkoli ze světů se dělí na deset Sefirot, tj. skládá se z nich.

V knize Zohar se uvádí shoda určité barvy s každou Sefirou: bílá je Sefira Chochma, červená - Bina, zelená - Tiferet, černá - Malchut. I když je světlo naplňující Sefirot bezbarvé, vzhledem k jeho příjemcům, má jeden z odpovídajících odstínů.

Ve všech pěti světech (od Nekonečna do našeho světa) představuje světlo, vycházející ze Stvořitele, zcela bezbarvou substanci, kterou nevnímáme. A pouze když prochází skrze světy a Sefirot jako skrze světelné filtry, je námi vnímáno v určité barvě a intenzitě, které závisí na úrovni duše, která světlo dostává.

Například svět Acilut vede světlo bez jakékoli barvy, protože sám svět Acilut je svými vlastnostmi blíže světlu. A proto je barva světla ve světě Acilut definována jako bílá. Vlastnosti ostatních světů se liší od vlastnosti světla, a proto každý z nich na něj působí v závislosti na své duchovní blízkosti ke světlu.

Jestliže si připodobníme bílou barvu k papíru, pak je zde souvislost: jako to, co je v knize napsáno, představuje informaci a vyčleňuje se z bílého papíru, tak i vnímáním červené, zelené nebo černé barvy jsme schopni pocítit a vnímat světlo.

Tak svět Acilut (Sefira Chochma) je bílý podklad knihy, a proto nejsme schopni jej vnímat. Bina (svět Berija), Tiferet (Jecira), Malchut (Asija) – červeň, zeleň a čerň – nám však poskytují informaci na základě jejich vzájemného spojení, interakce a reakce na světlo, procházející ze světa Acilut do našeho světa.

Tak světy Berija, Jecira a Asija představují jakoby soustředné obaly světa Acilut.

Na příkladu z našeho světa nyní rozebereme čtyři druhy pochopení objektu: hmotu, vlastnost hmoty, abstraktní formu a podstatu.

Dejme tomu, že objektem je člověk, který lže. Hmotou je lidské tělo. Vlastnost hmoty je lhář. Abstraktní vlastnost je lež, aniž by byla vázána na hmotu. Čtvrtá je podstata člověka. Podstata člověka mimo její vazbu na tělo je zcela nepoznatelná.

Naše smyslové orgány, dokonce ty, jež jsou doplněny libovolnou fantazií a přístroji, nám neumožňují představit si samu podstatu. My můžeme poznat pouze její činy, reakce na okolí a všechny možné interakce s ním.

Například zrakem nevnímáme sám předmět, nýbrž jeho interakci se světlem, správněji interakci odraženého světla s naším zrakem. Sluchovým orgánem nevnímáme sám zvuk, nýbrž jeho interakci se sluchovým orgánem. Chuťovým orgánem vnímáme důsledek interakce nervových zakončení, sliny a žláz s objektem, nikoli však sám objekt.

Všechny naše city nám odhalují pouze reakci na působení podstaty, nikoli ji samu. A ani hmatové orgány – ruce, tělo, které nám poskytují informaci o tvrdosti a teplotě objektu, neodhalují sám objekt, nýbrž nám umožňují soudit o něm jen z reakce na naše doteky a pocity.

Tak maximální dosažení světa spočívá ve výzkumu působení podstaty. Vzhledem k tomu však, že jsme ji ani jednou nepocítili, dokonce si ji nemůžeme v té nejsmělejší fantazii představit, schází nám i myšlený obraz a přání ji zkoumat. Z toho je patrno, proč nemůžeme poznat ani sami sebe, svoji podstatu.

Když se vnímáme jako objekt, který zaujímá místo a má formu, teplotu, myšlenky, vnímáme výsledky působení své podstaty, nikoli však ji samu. Nejúplnější představu o našem světě získáváme z prvního druhu dosažení objektu – hmoty – a tato informace nám plně dostačuje k naší existenci a styku s okolním světem.

Druhý druh dosažení – vlastnost hmoty – se nám stává dostupným v důsledku výzkumu okolní přírody pomocí našich smyslových orgánů. Vývoj tohoto druhu dosažení vedl k vytvoření vědy, o niž se opíráme ve všech případech života a o jejíž hodnověrnosti jsme přesvědčeni. A toto dosažení světa člověka rovněž zcela uspokojuje.

Třetí druh dosažení – abstraktní vlastnost objektu – by byl možný, kdybychom mohli pozorovat tuto vlastnost neoděnou do objektu, tj. nespojenou s hmotou. Pouze v představě je možno oddělit vlastnost od hmoty: dejme tomu, že lež jako abstraktní pojem nemá s člověkem souvislost.

Avšak výzkum vlastnosti mimo spojení s hmotou, v její abstraktní podobě nedává zpravidla správné výsledky a není potvrzen v praxi. A co teprve kdybychom hovořili o vlastnosti, která není ani jednou pozorována v jejím odění do hmoty!

Tak vidíme, že ze čtyř druhů poznání objektu je jeho podstata zcela nepoznatelná a poznání jeho abstraktních vlastností nutně dává nesprávný výsledek. A pouze hmota a její vlastnosti, posuzované v souvislosti s hmotou, nám dávají zcela pravdivou a dostatečnou představu o zkoumaném objektu.

V duchovních světech ABJA (Acilut, Berija, Jecira, Asija) může být každý objekt plně pochopen až po všech čtyřech druzích zkoumání; přičemž barvy (červená, zelená a černá) v těchto světech představují hmotu.

Bílá barva ve světě Acilut představuje formu, oděnou do hmoty, a světlo, které je v nekonečnu, představuje podstatu. Čtenář, který studuje knihu Zohar, musí mít na paměti, že je povinen omezit svoje myšlenky a přání pouze na dva druhy zkoumání, které mu jsou zcela dostupné.

Všechny Sefirot se příslušně dělí také na čtyři druhy dosažení, kde Sefira Chochma představuje formu; Bina, Tiferet a Malchut hmotu, oděnou do dané formy.

V knize Zohar jsou zkoumány Sefirot Bina, Tiferet a Malchut. Forma mimo spojení s hmotou se v knize nezkoumá. Tím více pak podstata, tj. část Stvořitele (část Nekonečna), oživující každou část Stvoření.

Přitom Sefirot Bina, Tiferet a Malchut ve světě Acilut jsou dostupné našemu výzkumu a Sefirot Keter a Chochma nám nemohou být dostupné ani na konci světa Asija.

Všechny objekty existující v každém ze světů se dělí na čtyři úrovně: neživá, rostlinná, živočišná a „člověk", což odpovídá čtyřem úrovním přání přijímat a těšit se Stvořitelovým světlem. Přitom libovolný objekt se rovněž skládá z těchto čtyř úrovní přání. A proto se člověk v tomto světě živí ze čtyř úrovní – neživé, rostlinné, živočišné a „člověk" – které se nacházejí rovněž v jeho těle.

Jestliže chce člověk získat jen to nezbytné pro svou existenci a uspokojuje pouze svoje živočišné instinkty (jídlo, sex) – takováto úroveň rozvoje jeho egoismu se nazývá duchovně neživou. Jestliže touží po bohatství a přepychu, znamená to, že jeho egoistické přání se nachází na rostlinné úrovni. U člověka, který chce slávu, moc a pocty, se egoismus rozvinul do živočišné úrovně. Úsilí o vědění, zkoumání světa již odpovídá lidské úrovni přání. A snaha člověka přiblížit se Stvořiteli je duchovní úroveň rozvoje egoismu.

Všechny duchovní světy jsou si navzájem podobny a liší se svou úrovní. Tak jsou úrovně neživá, rostlinná, živočišná a „člověk" ve světě Berija promítány na příslušné úrovně neživé, rostlinné, živočišné a „lidskou" úroveň ve světě Jecira. Tyto úrovně světa Jecira se zase otiskují a promítají na příslušné úrovně světa Asija atd. až do našeho světa.

„Neživá" úroveň v duchovních světech se nazývá Hejchalot.

„Rostlinná" Levušim.

„Živočišná" Malachim.

Úroveň „Člověk" jsou duše lidí ve zkoumaném světě.

Deset Sefirot každého světa je považováno za část Stvořitele. Duše lidí v každém světě jsou centrem tohoto světa a dostávají potravu od ostatních úrovní.

Ten, kdo studuje knihu Zohar, musí mít neustále na paměti, že všechny objekty jsou posuzovány pouze ve vztahu k jejich interakci v daném světě a veškeré zkoumání je redukováno na výzkum lidské duše a toho, co s ní přichází do styku.

Vzhledem k tomu, že kniha Zohar hodnotí duše, obývající pouze náš svět, posuzuje se Nekonečno v tomtéž aspektu – tj. vliv Nekonečna, program a přání týkající se nás, nikoli ostatních objektů, obývajících jiné světy.

Do pojmu Nekonečno je zahrnut veškerý program stvoření od počátku do konce. A světy Berija, Jecira, Asija a náš svět jsou pouze přetvořením tohoto programu v čin.

Proto veškeré činy, duchovní i fyzické, ve všech světech, jsou pouze důsledkem plnění programu, založeného v Nekonečnu. Odtud se spouštějí do světa Acilut, kde se rozdělují na jednotlivé subprogramy a v určitém pořadí se spouštějí skrze světy do našeho světa v podobě obecného a dílčího řízení.

Lidské duše mají počátek ve světě Berija. A proto pouze počínaje tímto světem lze zkoumat jejich závislost a spojení s Nekonečnem. Deset Sefirot v každém ze světů BJA dostávají příslušně z deseti Sefirot světa Acilut program postupu, metodu a čas přetvoření její části v čin.

Vzhledem k tomu, že ve světě Acilut existuje plán stvoření v podobě programu, světlo Nekonečna, procházející skrze Acilut, se nezbarvuje.

Veškerá informace, kterou dostáváme, je založena na všech nekonečných změnách světla, které nám odhalují barvy světů Berija, Jecira a Asija.

Objevení se písmen je spjato s přetvářením světla ve světech. Duše, které dostávají světlo v duchovních světech, je musí dostávat v souladu s 613 částmi, z nichž je tvořena každá duše. A proto ve vyšším světě systém sil, napájející duše, nazýváme podobou člověka.

V našem světě je lidské tělo vybudováno v souladu se systémem těchto sil. Avšak v žádném případě si nelze představovat, že v duchovním světě existuje nějaká forma, podobná naší materiální. Pouze interakce těchto sil se příslušně přetváří v našem světě v materiální formu.

V duchovním světě pak forma vzniká omezením působících sil. Obvyklý omyl spočívá v tom, že duchovní síly, nazývané například anděly, si představujeme v pozemských obrazech.

DOSLOV KE KNIZE ZOHAR

Doslov Ke Knize Zohar

Je známo, že správné a důsledné plnění Tóry vede ke splynutí se Stvořitelem. A je třeba pochopit, co máme na mysli pod slovem „splynutí". Vždyť mysl Ho nemůže dosáhnout, protože je omezena rámcem času, trojrozměrného prostoru, je vystavena přáním těla a nemůže být čistě objektivní.

Proto Tóra navrhuje jako prostředek ke sblížení podobnost vlastností a činů. Je řečeno: splyň s jeho činy, buď jako On, dobrý, starostlivý, ústupný atd. Kde však je jistota, že tyto Stvořitelovy činy a On sám jsou jedno a totéž? A proč, když napodobuji Jeho činy, splývám s Ním?

V materiálním světě si splynutí a sblížení představujeme jako zmenšení vzdálenosti mezi těly. A rozdělení je jako vzájemné oddálení. V duchovním světě však není pojmů místa, pohybu, prostoru, a proto shoda vlastností, vznikající mezi dvěma duchovními objekty, je sbližuje a rozdíl vlastností je navzájem vzdaluje. A nemůže zde být prostorové přiblížení či oddálení, protože sám duchovní objekt nezaujímá místo.

Avšak jako sekera dělí materiální předmět na části, tak objevení nové vlastnosti v duchovním objektu jej rozděluje na dvě části. Jestliže je rozdíl ve vlastnostech nepatrný, jsou si duchovní objekty navzájem blízké, a čím větší je rozdíl ve vlastnostech, tím vzdálenější jsou od sebe. Jestliže se lidé navzájem milují, nacházejí se duchovně „vedle sebe" a nemá význam vzdálenost mezi materiálním oděvem – jejich vzájemný vztah je určován jejich duchovní blízkostí.

Jestliže jeden něco miluje a druhý nenávidí, pak v závislosti na rozdílu v názorech a pocitech jsou si navzájem vzdáleni a opační. Jestliže všechno, co jeden miluje, druhý nenávidí, jsou si jakoby vzdáleni a nenávidí se.

Tak je patrno, že v duchovním světě, tj. ve světě přání, plní shoda nebo rozdíl snah roli sekery, která dělí duchovno na části. A vzdálenost duchovních objektů od sebe navzájem je určována velikostí nesouladu pocitů a vlastností.

Proto tím, že sledujeme přání, pocity a myšlenky Stvořitele, se s ním sbližujeme. A vzhledem k tomu, že Stvořitel koná pouze ve prospěch svých stvoření, i my si musíme přát a konat dobro všem stvořením. A protože existujeme i v materiálním a nejen v duchovním světě, pak se minimum, nezbytné pro existenci těla, nepovažuje za projev egoismu. Což jsme schopni zcela nezištně konat dobro? Vždyť nás Stvořitel stvořil jako absolutní egoisty pouze s přáním dostávat potěšení. A nejsme schopni změnit svoji přirozenost a dokonce tehdy, když konáme dobro ve prospěch druhého, uvědoměle nebo nevědomky počítáme s tím, že z toho budeme mít výhodu pro sebe, a jestliže výhodu pro sebe nevidíme, nejsme schopni vykonat ten nejmenší duchovní nebo fyzický pohyb ve prospěch druhého.

Skutečně, člověk nemá sílu změnit svoji přirozenost, jejíž podstata je absolutní egoismus, a tím více ji přetvářet v něco zcela opačného, tj. konat dobro, bez poct, klidu, slávy, zdraví a peněz. A proto nám byla dána Tóra s jejími zákony, a není jiného prostředku, s jehož pomocí by bylo možno změnit naši přirozenost.

…Tělo a jeho orgány jsou jeden celek a neustále si vzájemně vyměňují pocity a informace. Například jestliže tělo cítí, že nějaká jeho část může zlepšit celkový stav těla, tato část ihned pocítí a splní toto přání. A v případě, jestliže nějaká část těla strádá, neprodleně se o tom dozví celé tělo a pokouší se napravit situaci.

Z tohoto příkladu lze pochopit situaci člověka, správněji řečeno, jeho duše, která dosáhla spojení se Stvořitelem. Před oděním do těla představovala duše jakoby jeden celek se Stvořitelem. Avšak když se oděla do těla, zcela se oddělila od Stvořitele v důsledku rozdílu vlastností Stvořitele a těla.

To znamená, že tím, že Stvořitel dal duši vlastnost egoismu, dosáhl vytvoření něčeho jiného než sebe, protože právě rozdíl přání rozděluje objekty duchovního světa. A proto objekt (duše) a egoismus (tělo) se stává oddělenou, od Stvořitele vzdálenou částí – člověkem (jako orgán, odtržený od těla). A jsou si navzájem natolik vzdáleni, že člověk vůbec nevnímá svého Stvořitele do té míry, že v Něj může pouze věřit.

A proto člověk, když usiluje o shodu duchovních vlastností, dosahuje duchovního spojení se Stvořitelem (cestou plnění zákonů Tóry tím, že promění svůj egoismus, který jej odděluje od Stvořitele, v altruismus – přání konat dobro) a chápe Jeho myšlenky a přání. A dosahuje znalosti tajemství Tóry, protože myšlenky Stvořitele jsou tajemstvím Tóry.

Celá Tóra se dělí na dvě části – otevřenou a tajnou, a obě jsou myšlenkami Stvořitele. A podobá se záchrannému lanu, hozenému člověku tonoucímu v egoismu a hmotě. Nám nejbližší část tohoto lana se podobá otevřené části Tóry, protože hovoří pouze o faktickém duchovním plnění zákonů.

Když člověk plní Přikázání v jejich duchovním smyslu, jakoby se připravuje na druhé, hlavní stadium – plnit Přikázání, přání Stvořitele zcela bez jakéhokoli egoistického prospěchu.

V tomto případě vzniká duchovní splynutí toho, kdo plní, s Tím, kdo zavazuje. A ten, kdo plní, prochází v souladu s plněním pěti úrovněmi, nazývanými Nefeš, Ruach, Nešama, Chaja a Jechida, z nichž každá se opět skládá z pěti, a každá z nich rovněž z pěti, tj. celkem je to 125 stupňů žebříku duchovního povznesení, sblížení se Stvořitelem.

Pět základních stupňů tohoto žebříku se nazývá světy, jejich podstupně se jmenují Parcufim a jejich další podstupně jsou Sefirot. Všichni, kteří jsou v jednom světě, pociťují pouze ty, kteří se nacházejí s nimi v tomtéž světě, a nemohou si ani představit nebo pocítit cokoli z jiného světa.

A proto ten, kdo dosahuje určitého stupně – ze 125, dosahuje všeho, co se tam nachází od minulých, přítomných a budoucích pokolení, a nachází se tam společně s nimi. My v našem světě si nejsme schopni představit, nebo pocítit cokoli, co existuje v jiném stupni, pocítit jiné světy a jejich obyvatele.

Kabalisté na cestě k sbližování se Stvořitelem, když dosáhli určité úrovně, světa, mohou ji popisovat v narážkách, srozumitelných pouze těm, kdo rovněž dosáhli téže úrovně. Avšak tomu, kdo nedosáhl popisované úrovně, nepomůže čtení těchto narážek nebo, což je ještě nebezpečnější, uvede jej to v omyl a zavede stranou možného pozdějšího správného chápání. Jak bylo řečeno výše, celá cesta od našeho světa ke Stvořiteli se dělí na 125 stupňů – úrovní, ale před příchodem Mašiacha je nemožné překonat všech 125 stupňů. A existují dva rozdíly mezi všemi pokoleními a pokolením Mašiacha:

- pouze v tomto pokolení bude možno dosáhnout všech 125 stupňů, a nikoli dříve;
- ve všech pokoleních je těch, kteří se pozvedají do jiných světů, málo, avšak v pokolení Mašiacha se každý dokáže pozvednout po duchovních stupních až ke splynutí se Stvořitelem.

Rašbi a jeho žáci překonali všech 125 stupňů, a proto mohli napsat knihu Zohar, obsahující popis všech 125 světů. A z tohoto důvodu je řečeno v samotné knize Zohar, že se otevře až na konci dnů, tj. před příchodem Mašiacha, neboť jiná pokolení nemohou pochopit tuto knihu, protože nemohou překonat všech 125 stupňů.

A z toho plyne jasný důkaz toho, že se nacházíme v pokolení Mašiacha, protože se do našich dnů neobjevil prakticky ani jeden komentář ke knize Zohar, a v našich dnech jsme byli uznáni za hodny komentáře HaSulama, jasného, úplného a dostupného všem, jak to má být v pokolení Mašiacha.

Je však třeba pochopit, že duchovní činy neprobíhají jako fyzické, tj. příčina a následek nejdou bezprostředně za sebou. V naší době je duchovní stav světů již připraven na příchod Mašiacha, to nám však dává pouze možnost a fyzické dosažení závisí na nás samotných, na naší duchovní úrovni.

Nezávislost našeho národa a duchovní obrození jsou navzájem spjaty, a kdo usiluje o pochopení tajemství Tóry, dychtí po zemi Izraele, a nemůže být duchovní nezávislosti bez fyzické. A vzhledem k tomu, že jsme již obdrželi fyzickou nezávislost, zjevně se nacházíme i v období duchovního obrození a sblížení se Stvořitelem, a když toho dosáhneme, obdržíme i ekonomickou nezávislost a budeme zcela nezávislí.

Není však svobody těla bez svobody duše, a proto náš národ dosud ještě usiluje o to, aby byl mezi jinými národy, s radostí přejímaje jejich kulturu, jazyk a mravy; i když jsme ve své zemi, jsme okupováni jinou kulturou, nacházíme se jakoby pod cizí nadvládou a nikdo nepociťuje nezávislost, jakou bychom měli pociťovat po 2000letém vyhnanství.

Ti, kteří jsou ve vyhnanství, k nám nespěchají, naopak, mnozí doufají, že budou moci tuto zemi opustit – což to není důkaz pokračujícího vyhnanství! Vždyť podstatou vyhnanství není tělesné, fyzické a územní vypovězení, nýbrž duchovní!

A i když Stvořitel naši zemi druhým odňal a předal ji nám, ještě jsme ji nepřijali a jsme pouze ve stavu možnosti ji získat. To znamená, že musíme – protože není fyzické svobody bez duchovní – přijmout Tóru a její zákony ve skutečné, duchovní podobě, tj. s láskou k druhým. A teprve tehdy bude postaven Chrám, a teprve tehdy se pocítíme nezávislými a svobodnými. A zatím nám Stvořitel vrátil zemi a rozevřel před námi knihu Zohar.

Spojit se se Stvořitelem lze cestou shody vlastností, přání a cílů, tj. při úplném zničení egoismu a nezištném konání dobra. Vzniká však otázka: odkud může člověk, svou přirozeností absolutní egoista, natolik, že není schopen učinit ani ten nejmenší pohyb duše nebo těla, jestliže mu nepřináší sebeuspokojení, odkud může vzít síly a zainteresovanost v životě pro druhé?

Odpověď na to lze snadněji pochopit z příkladu ze života. Představte si situaci: Je přirozené, že milovanému, váženému, ve vašich očích důležitému člověku chcete z celého srdce dát dar. Připusťme, že tento člověk souhlasí s tím, že jej od vás přijme nebo že k vám přijde na návštěvu na oběd.

A situace je taková, že i když vy vynakládáte peníze, pracujete na tom, abyste pohostili tohoto pro vás důležitého hosta, máte z toho potěšení, jako kdyby ne vy jemu, nýbrž on udělal laskavost vám (dával vám, hostil vás) tím, že souhlasil, že si to od vás vezme. Proto kdybychom si mohli představit Stvořitele třeba jen jako námi váženou osobnost, pak bychom Mu s obrovským potěšením dělali radost.

A plnit Tóru pro Stvořitele lze jen v případě, že dosáhneme Jeho velikosti – tehdy, když budeme konat pro Něho, uvědoměním si Jeho velikosti jakoby dostáváme. Vzhledem k tomu však, že myšlenky člověka závisí pouze na vlivu okolní společnosti, pak se všechno povyšované v očích společnosti povyšuje i v jeho očích – očích jednotlivce. A proto to hlavní je být uprostřed co možná největšího množství lidí, vychvalujících Stvořitele.

Proto je řečeno: „Učiň sobě rava a kup si přítele", tj. vyber si člověka, který je v tvých očích významný, učiň jej svým učitelem a snaž se poskytovat mu radost, protože je pro tebe důležitý, a tak si zvykneš konat pro „někoho", a poté, ze zvyku, dokážeš něco dělat i pro Stvořitele.

A když tak budeš duchovně blízký učiteli, obdržíš jeho úroveň hodnocení Stvořitele, což ti umožní učinit alespoň něco pro Stvořitele, a tak vejít do duchovního světa, a když získáš pocit velikosti Stvořitele, dokážeš jít dále – do úplného splynutí s Ním.

Když žák plní pokyny a dělá něco pro rava za účelem udělat mu radost, dosahuje duchovní shody, a tak dostává jeho znalosti, myšlenky a především touhu po Stvořiteli a lásku k Němu, dostatečnou pro duchovní rozvoj, pro pohyb vpřed.

Samotné studium u učitele má vždy za cíl získat pro sebe znalosti, a proto nevede k duchovnímu sblížení. To znamená, že když prokazujeme ravu služby, chápeme jeho myšlenky, zatímco studiem chápeme pouze to, co říká. To vše však za podmínky, jestliže jsou služby prokazovány jemu a nikoli aby na tom měl výhodu žák, v opačném případě je studium důležitější než služby.

Jestliže společnost obklopující člověka nevyvyšuje Stvořitele do náležité výšky, neumožní to člověku dosáhnout duchovní úrovně. A ještě by měl žák sám sebe považovat za nejmenšího ve srovnání s druhými, protože tak dokáže přijmout názor těch, kteří k této společnosti, kterou on potřebuje, patří – proto je řečeno: „Kup si přítele."

Vždyť od čím většího počtu lidí uslyší potřebný názor, tím s větší horlivostí na sobě dokáže pracovat při vymýcení egoismu, aby pocítil Stvořitele.

Je řečeno, že každý člověk je povinen dosáhnout kořene, zdroje své duše, tj. konečným cílem se musí stát úplné splynutí se Stvořitelem cestou shody vlastností. Vlastnosti Stvořitele se nazývají Sefirot, z nichž každá vyjadřuje určitý duchovní pojem – strach, radost, štěstí atd. A proto když studujeme Sefirot, jejich působení, jako bychom se učili těmto vlastnostem, splýváme s nimi, jako bychom se spojovali s vyšším Rozumem, splýváme se Stvořitelem.

A hodnota kabaly spočívá v tom, že když ji studujeme, poznáváme činy Stvořitele, Jeho vlastnosti, poznáváme, že musíme být Jemu podobní, abychom se s Ním spojili.

Ti, kteří dosahují, pochopí, že veškeré jejich povznesení pochází od Stvořitele, od Stromu života. „Prozíraví budou zářit jako záře oblohy (Daniel, Da 12, 3), díky knize rabiho Šimona, knize Zohar, vycházející z vyšší síly a navracející všechny ke Stvořiteli. A v budoucnu všichni okusí ze Stromu života, jak se kniha Zohar nazývá, a vyjdou díky ní z duchovního vyhnanství silami Stvořitelova milosrdenství (Naso, 90).

ZOHAR

Úvod

Kniha Zohar byla napsána velkým kabalistou Rašbim – rabim Šimonem bar Jochajem (bar Jochaj znamená syn Jochaje; rabi od slova rav – velký, moudrý). Rašbi se narodil 40 let po zničení druhého Chrámu. Byl žákem samotného Tany (Tana je mimořádný mudrc pokolení) rabiho Akivy. Rabi Akiva (Jeruzalémský Talmud, Sanhedrin, § 1, č. 2) řekl o Rašbim: „Já a Stvořitel známe tvoji sílu", z čehož je patrno, kým Rašbi byl. Zvláště se sblížil s rabim Akivou, když rabiho Akivu Římané zavřeli za šíření Tóry do vězení a poté co z 24 000 žáků rabiho Akivy po epidemii moru zůstalo pouze pět a rabi Šimon byl jedním z nich.

Sám rabi Akiva a rabi Jehuda ben Bava zmocnili rabiho Šimona, aby dále předával znalosti, které získal. Od těchto pěti zbylých žáků rabiho Akivy pokračoval velký mnoho staletí trvající proud Tóry.

V poměrně mladém věku se rabi Šimon oženil s dcerou Tany rabiho Pinchase ben Jaira. Ta mu porodila jeho velkého syna, rabiho Eleazara. O něm v Talmudu (Sukka 45, 2) rabi Šimon řekl: „Vidím duchovně se povznášející, ale je jich málo. Jestli je jich tisíc, jsem já a můj syn jedním z nich. Jestli je jich sto – jsem já a můj syn jedním z nich. Jestli jsou dva, jsme já a můj syn tito dva".

V následujících letech zaujímal rabi Šimon vedoucí postavení mezi všemi mudrci své generace: jeho jméno je připomínáno více než 350krát v Mišně a více než 2300krát v Talmudu a v Midraši.

Za šíření Tóry byl rabi Akiva uvězněn a rabi Šimon utekl a byl nucen se po 13 let skrývat v jeskyni u vesnice Pkiin. Během těchto let, když žil v jeskyni a živil se plody rohovníku a vodou z nedalekého pramene, dosáhl rabi Šimon se svým synem všech 125 stupňů duchovního povznesení (Talmud, Šabat 33, 2).

Zohar vypráví o tom, že rabi Šimon a jeho syn dosáhli úrovně stupně proroka Elijahu (Eliáše), a proto se říká, že se u nich zjevoval sám prorok Elijahu, aby je učil Tóře. (Jeskyně ve vsi Pkiin existuje do dnešního dne).

Jak hovoří autor Divrej Joel v knize Tóra Rašbi: „Jestliže do té doby, než rabi Šimon začal v jeskyni studovat tajemství Tóry, existovalo pravidlo rozhodovat o sporné otázce v souladu s názorem rabiho Jehudy, autora Talmudu, po odchodu rabiho Šimona z jeskyně vše, co pravil v knize Zohar, bylo považováno za předstihující vše, čeho může člověk dosáhnout, a sám rabi Šimon byl nazván „Bucina Kadiša" – svatá svíce, protože dosáhl duše Mošeho (Mojžíše).

Rozhodnutí o zákonodárných a výkonných otázkách jsou přijímána podle Talmudu nebo knihy Zohar v závislosti na tom, kde se tato otázka posuzuje přísněji. Jestliže v Talmudu nebo v knize Zohar není o otázce zmínka, pak se rozhodnutí přijímá podle toho pramene, který tuto otázku osvětluje. Jestliže je otázka mezi Talmudem a zákonodárci sporná, pak je řešením potvrzení knihy Zohar. Jestliže existuje sporná otázka mezi samotnými zákonodárci, je rozhodnutí přijímáno na základě názoru knihy Zohar (viz Mišna Brura, 25, 42).

Velký pokračovatel rabiho Šimona, dědic (následující příjemce) jeho duše, kabalista ARI, ve svých knihách uvádí, že jeho duše je návratem duše rabiho Šimona, a duše rabiho Šimona byla návratem duše Mošeho (ARI. Šaar HaGilgulim, § 64) a oděla se do rabiho Šimona pro nápravu duše Ichije Hašiloniho, který „poškodil" Malchut, v souvislosti s hříchem krále Jeravaama (Jarobeám), z čehož zhřešil celý Izrael. Proto se zjevila duše rabiho Šimona, aby napravila hříchy Izraele. O pochopení duše Mošeho rabim Šimonem, o splynutí s ní a poznání vyššího vědění se vypráví v části knihy Zohar, nazývané Raja Meheimna – pravý průvodce.

Rovněž velký HaChida ve svých pracích Maranan i Rabanan a Kli Jakar (Malachim 2, 12) hovoří o tom, že veškerá práce Rašbiho spočívala v nápravě hříchu Ichije Hašiloniho.

Jak praví rabi Šimon v Talmudu (Suka 45, 2): „Mohu osvobodit celý svět od soudu ode dne svého narození až do dnešního dne. A jestliže je se mnou můj syn, můžeme společně osvobodit celý svět od soudu ode dne stvoření do dnešního dne. A jestliže je s námi Jotam ben Azijahu – ode dne stvoření světa do jeho konce." O Jotamovi ben Azijahu se hovoří v knize Malachim (20, 15).

Poté, co byl rozsudek zrušen, založil rabi Šimon svoji ješivu v mošave Tekoa a ve vsi Meron, kde učil kabale své žáky a napsal knihu Zohar, v níž odhalil to, co bylo od časů udělení Tóry Izraeli zakázáno odhalovat (viz Tikunej Zohar. Hakdamah, str. 17).

Avšak k tomu, aby zapsal všechna tajemství Tóry, byl rabi Šimon nucen vyložit je v utajené podobě. Proto požádal svého žáka rabiho Abu, aby vyložil jeho myšlenky, neboť ten v souladu s vlastností duše mohl předávat duchovní znalosti v tajné, skryté podobě, „PROTOŽE KNIHA ZOHAR MUSÍ BÝT SKRYTA AŽ DO POKOLENÍ, BLÍZKÉHO PŘÍCHODU MAŠIACHA (Mesiáše), ABY SE DÍKY STUDIU TÉTO KNIHY LIDSTVO ZBAVILO SVÉHO DUCHOVNÍHO VYHNANSTVÍ". (ARI. Šaar HaHakdamot. Hakdamah, str. 3). Proto rabi Aba zapsal učení rabiho Šimona v aramejštině, neboť je opačnou stranou hebrejštiny.

Jak píše ARI (Maamarej RAŠBI, str. 100), napsání knihy Zohar v tajné podobě se ukázalo možným proto, že duše rabiho ABY vycházela z okolního světla a nikoli z vnitřního, a proto mohl vykládat nejvyšší znalosti v tajné podobě, ve formě prostých vyprávění.

(Rabi Šimon prožil asi 80 let a zemřel ve svátek LAG BA OMER, 18. dne měsíce Jaar, obklopen svými žáky a celonárodním uznáním. Tento den se slaví jako svátek světla. Tělo rabiho Šimona je pohřbeno v jeskyni hory Meron. Deset metrů od něho je pohřben jeho syn, rabi Eleazar.)

Jako později díla ARIho a jiných kabalistů (zřejmě byl takový osud všech skutečných duchovních děl), byla kniha Zohar skryta ode dne svého napsání asi 800 let v jedné jeskyni, nedaleko hory Meron, dokud ji nenašel jeden Arab a neprodal náhodným kolemjdoucím jako obalový materiál.

Část odtržených listů se dostala do rukou jednoho mudrce, který dokázal ocenit její obsah a po pátrání našel mnoho listů v odpadních bednách nebo je koupil od obchodníků, kteří prodávali koření zabalené do stránek knihy Zohar. A právě z nalezených stránek byla sestavena tato kniha, která je nám dnes známa.

Po mnoho staletí, od té doby až do našich dní, neutichají spory filozofů, vědců a ostatních „mudrců" ohledně této knihy. Jde o to, že pouze kabalista, tj. osoba duchovně povznesená na odpovídající stupeň, chápe to, o čem se v této knize hovoří. Pro ostatní, nezasvěcené, vypadá jako sborník vyprávění, příběhů, staré filozofie atd. O knize se přou pouze ti, kteří ji nechápou. Kabalistům je však jasné jedno – Rašbiho kniha je největším zdrojem vyššího dosažení, který lidem do tohoto světa udělil Stvořitel.

I když byla kniha Zohar napsána ve 2. století, úplný komentář k ní dokázal napsat pouze rabi Jehuda Ašlag ve 30. – 40. letech 20. stol. Příčina ukrytí knihy Zohar od 2. stol. do 11. stol. a nedostatekže k ní po 18 neexistoval úplnéhoý komentáře v průběhu 168 - ti věkůstoletí, je vysvětlena v Předmluvě ke knize Zohar.

Rabi J. Ašlag nazval svůj komentář Sulam – žebřík, protože když jej člověk studuje, může stoupat po duchovních stupních dosažení vyšších světů, podobně jako po žebříku v našem světě. Poté, co vyšel komentář Sulam, byl rabimu J. Ašlagovi udělen titul Baal HaSulam, jak je zvykem mezi mudrci Tóry nazývat člověka nikoli podle jeho jména, nýbrž podle toho, čeho nejvýše dosáhl.

Kniha Zohar se skládá z:

1 – **Hakdamat Sefer HaZohar** – Předmluva ke knize Zohar. Tato část se skládá z řady statí, které nejúplněji odhalují vnitřní smysl Tóry.

2 – **Sefer HaZohar** – Kniha Zohar. Je rozdělena na části a kapitoly v souladu s týdenními kapitolami Tóry:
Kniha Berešit (Genesis): Berešit, Noach, Lech Lecha, Vajera, Chajej Sarah, Toldot, Vajece, Vajišlach, Vaješev, Mekec, Vajigaš, Vajichi.
Kniha Šemot (Exodus): Šemot, Vajera, Bo, Bašalach, Jitro, Mišpatim, Truma (Safra de Cnijuta), Tecaveh, Ki Tisa, Vejikahel, Pekudej.
Kniha Vajikra (Leviticus): Vajikra, Cav, Šmini, Tazrija, Mecura, Acharej, Kedušim, Emor, Ba Char, Vechukotaj.
Kniha Bamidbar (Numeri): Bamidbar, Naso (Idra Raba), Baalotcha, Šlach Lecha, Korach, Chukat, Balak, Pinchas, Matot.
Kniha Devarim (Deuteronomium): Veetchanan, Ekev, Šoftim, Tice, Vajelech, Aazinu (Idra Zuta).

3 – **Zohar Chadaš** (Nový Zohar) – doplňky k týdenním kapitolám:
Berešit, Noach, Lech Lecha, Vajera, Vajece, Vaješev, Bašalach, Jitro, Terumah, Ki Tice, Cav, Acharej, Ba Char, Naso, Chukat, Balak, Matot, Veetchanan, Ki Tice, Ki Tavo.

4 – Doplňkové knihy v knize Zohar, které nejsou bezprostředním komentářem k Pentateuchu:
Idra Raba, Idra Zuta, Safra de Cniuta, Raza de Razin, Tosefta, Raja Miemna, Ašmatot, Sitrej Tóra, Sitrej Otiot, Tikunej Zohar.

5 – Midraš Haneelam – komentáře ke svitkům: PÍSEŇ PÍSNÍ, RÚT, EJCHA – a k Pentateuchu.

Baal HaSulam poskytl komentář ke všem částem Zoharu, které jsou nám známy. Jeho hlavní komentáře – v Předmluvě ke knize Zohar a kapitole Berešit – jsou vyloženy jazykem duchovní práce člověka. Pro nauku kabaly mají největší hodnotu stati Zohar, Idra Raba, Idra Zuta, Safra de Cniuta, vyložené jazykem kabaly. Kromě těchto statí je zbývající část knihy Zohar napsána jazykem Midraš.

Ve své původní podobě, jak byla napsána rabim Abou před 18 stoletími, nebyla kniha Zohar rozdělena na týdenní kapitoly, její objem byl několikrát větší než to, co se dochovalo, poskytovala vysvětlivky nejen k Tóře, nýbrž i k 24 knihám Tanachu (knihy Proroci a Písmo svaté).

Kromě samotné knihy Zohar se nám dochovala kniha Tikunim rabiho Šimona, která se skládá ze 70 komentářů ke slovu NA POČÁTKU, což je první slovo Tóry, protože v sobě zahrnuje všechno.

V knize předkládané čtenáři je podáván sémantický překlad samotné knihy Zohar, komentář Sulam rabiho J. Ašlaga a moje vysvětlivky. Tato kniha obsahuje první část knihy Zohar – Akdamat Sefer HaZohar.

Na začátku textu je předkládán tučným písmem sémantický překlad. Komentář Sulam a text mých vysvětlivek je psán obyčejným písmem nebo kurzívou, protože se ukázalo jako technicky mimořádně obtížné oddělit moje vysvětlivky od svatých textů rabiho Ašlaga. Číslice na začátku odstavců odpovídají číslům odstavců knihy Zohar s komentářem Sulam, svazkem 1.

Příčinou prolínání textů je to, že byla v první řadě hledána možnost objasnit smysl toho, co vypovídá kniha Zohar současně v několika jazycích: a) v jazyce kabaly – jazyce Sefirot, Parcufim, Gematrie, světů; b) v jazyce duchovní práce – jazyce pocitů; c) v jazyce Tóry – vypravěčském; d) v jazyce Talmudu – právnickém.

Doporučuji: po přečtení a osvojení komentáře se znovu vrátit k překladu originálního textu – pro ujasnění stylu knihy Zohar.

Kniha Zohar, jako celá Tóra, hovoří pouze o lidském stvoření a o jeho vztahu ke Stvořiteli. Všechny vnitřní vlastnosti člověka nazývá Tóra jmény našeho světa: dychtění po Stvořiteli se nazývá Izrael, snaha o sebenaplnění se nazývá Národy světa. Není však žádná vazba mezi těmito názvy v Tóře a Židy a ostatními národy v našem světě. Kabala oslovuje ČLOVĚKA!

V knize jsou stati, komentované v jazyce kabaly, a jsou tam stati, komentované jazykem pocitů, což je začátečníkovi srozumitelnější. Čtenář může začít studovat knihu od těchto statí: Nevěstina noc, Kdo se veselí o svátcích atd., i když úplné studium knihy Zohar je vybudováno na postupném procházení materiálu. Kabala postupně vchází do lidského srdce, v souladu s tím, jak k ní naše vědomí přivyká. Osvojit si ji lze až mnohonásobným opakováním materiálu.

Michael Laitman

Seznam zkratek a vysvětlivek

AA – Parcuf Chochma, ústřední, výchozí Parcuf světa Acilut, z nějž se rodí všechny ostatní Parcufim.

Aba – otec – Parcuf Chochma
Ima – matka – Parcuf Bina
ZA – syn (vzhledem k AVI)
ZON – ZA a Nukva-Malchut

Nukva, Malchut – Sefira nebo Parcuf, přijímající od všech předchozích Parcufim. Malchut světa Acilut je souhrn všech stvoření, všech lidských duší, pročež se nazývá Kneset Israel – shromáždění Izraele.

Israel – vlastnost „dávat", altruismus, vlastnost Stvořitele, vlastnost Biny. Israel pochází ze slov Isra (přímo) a EL (Stvořitel). Israel je tedy vlastnost dychtění (sbližování vlastnostmi) po Stvořiteli. Národy světa – to je snaha o sebenaplnění. Je přirozené, že v každém člověku existují tyto dvě vlastnosti a kabala je metodikou rozvoje vlastnosti Israel s cílem, aby člověk dosáhl Stvořitele ještě v tomto životě.

Sefirot	Jména Stvořitele
KETER	EKIJEH = alef-hej-jod-hej
CHOCHMA	JAH = jod-hej
BINA	HAVAJAH s Nekud Elokim
CHESED	EL = alef-lamed
GEVURA	ELOKIM = alef-lamed-hej-jod-hej
TIFERET	HAVAJAH s Nekud šva, Cholam, Kamac
NECACH a HOD	CEVAOT
JESOD	ŠADAJ = šin-dalet-jod nebo EL = alef-lamed CHaJ = hej-jod
MALCHUT	ADNI = alef-dalet-nun-jod

Kli – egoistická přání a snahy, egoismus se nepovažují za Kli. Kli jsou napravená přání, hodná získání světla, tj. již neegoistická, ale se clonou, proměňující egoismus v altruismus.

Nádoba – lidské srdce, přijímající veškeré pocity, se nazývá nádobou dostávání pocitů. Duchovní nádoba, pouze o takové Zohar hovoří – je to přání dávat Stvořiteli, nabídnout

Stvořiteli celé svoje srdce, všechna svoje přání, jakoby se slovy, že člověk souhlasí celým srdcem, všemi svými přáními vzdát se všeho pro Něho. Takovýto úplný, skutečný záměr se nazývá „LiŠma" (pro Stvořitele).

Mituk - zmírňování zákona omezení; omezení – to je zákaz Malchut dostávat světlo. Odstraňuje se v důsledku toho, že vlastnostmi Biny přijme nápravu.

Zivug – překládá se jako pohlavní styk muže a ženy v našem světě. Vzhledem k tomu, že duchovní činy jsou absolutně odtrženy od našich pojmů, dal jsem přednost ponechání hebrejského slova Zivug jako takového, které chápou více abstraktně ti, kdož neznají hebrejštinu, a proto to méně mate svými asociacemi. Duchovní Zivug je snaha vyššího – ZA – mužské části předat světlo v podobě potěšení nižšímu – Malchut – ženské části. Obě přání jsou přitom zcela nezištná, jako v příkladu pána domu a hosta.

PbP – Panim be Panim, tváří v tvář. Když Zachar – mužská Sefira neboli Aba – otec, předává Or Chochma ženské Sefiře Ima – matce, aby je předala dětem – ZON. Stejné vztahy AbA, PbP atd. nastávají i mezi jejich dětmi – ZON, ZA a Malchut.

AbA – Achor be Achor, zády k sobě (vyslovuje se Ach be Ach). Jestliže Parcuf Aba-Chochma má světlo Or Chochma, ale nepřeje si předat je Parcufu Ima-Bina a Ima je rovněž nechce přijmout, pak se takovýto jejich vztah nazývá zády k sobě. Stejné vztahy mohou být i mezi ZA a Malchut.

Chesed – milosrdenství, soucit, altruismus, Or Chasadim – světlo milosrdenství, soucitu a altruismu. Vzniká a pociťuje se v podobě přání pouze v tom Kli, které si přeje nezištně „dávat", být podoben Stvořiteli. Je to vlastnost Sefiry nebo Parcufu Bina. Bina světa AK se nazývá SAG. Bina světa Acilut se nazývá Ima, nejvyšší matka, IŠUT, AVI atd. Světlo Bina je potěšení z podobnosti a blízkosti vlastnostem Stvořitele, a proto je toto světlo v podobě pocitu nejspolehlivější ochranou před nečistými silami, a Kli, které má vlastnosti Biny, ani hřešit nemůže, protože jeho přáním je pouze „dávat".

K-Ch-B – Keter-Chochma-Bina (vyslovuje se KaChaB) - tři první Sefirot, tvoří Roš – hlavu Parcufu. Hlava rozhoduje, kolik potěšení může Parcuf přijmout nikoli ve svůj prospěch, nýbrž pro Stvořitele, a toto světlo sestupuje z Roš do Guf – těla.

Ch-B-D – Chochma-Bina-Daat (vyslovuje se ChaBaD) - totéž, co Keter-Chochma-Bina = hlava Parcufu. Sefira Daat není Sefira, nýbrž prosba ZON, nazývaná MAN, jejich oslovení Biny, které se týká přání přijmout Or Chochma, aby jim je Bina dala. Tato modlitba ZON se nazývá MAN, neboť se pozvedá do Biny, vyvolává v Bině – Imě – jejich matce - přání dát dětem – ZON - to, co si žádají. MAN v Bině se nazývá Sefira Daat – není to Sefira jako ostatních deset Sefirot, nýbrž prosba, ale aby byl takovýto stav zdůrazněn, namísto K-Ch-B se nazývá Ch-B-D.

Ch-G-T – Chesed-Gevura-Tiferet (vyslovuje se ChaGaT) – Sefirot těla, podobné Sefirot hlavy: Chesed je podobné Keteru, Gevura Chochmě, Tiferet Bině. Nazývají se GE těla.

Ne-H-J-M – Necach-Hod-Jesod-Malchut (vyslovuje se nehim) - přijímající od Sefirot Ch-G-T = GE. A protože dostávají, mají přání dostávat, nazývají se AChaP těla.

GE – Galgalta-Ejnaim (lebka-oči) – Sefirot Keter-Chochma-Gar de Bina, v nichž není přání dostávat, jen přání dávat, a proto se nemohou stát egoistickými.

NaRaN – světlo Nefeš-Ruach-Nešama, naplňující malý Parcuf. KATNUT – malý stav – když má Parcuf síly - clonu pouze dávat, nikoli dostávat, ale není schopen dostávat pro Stvořitele, i když si to přeje. V takovémto případě má pouze Or Chasadim, nikoli však Or Chochma, světlo moudrosti, a proto se nazývá malým Parcufem, bez sil a bez rozumu, podobně jako dítě v našem světě.

AChaP – Ozen-Chotem-Peh (ucho-nos-ústa) – Sefirot ZAT de Bina-ZA-Malchut, v nichž je přání dostávat, a proto, nemají-li odpovídající clonu – odpor vůči tomuto přání, stávají se egoistickými. Parcuf, který nemá clonu na svoje AChaP, se nazývá Katan - malý - a jeho stav se nazývá Katnut - malý, neúplný, podobně jako dítě v našem světě, protože nemá síly v podobě clony a má pouze světlo Chasadim bez Chochmy – světla moudrosti.

Gadlut – velký stav. Parcuf, který má clonu – sílu odporovat své egoistické přirozenosti, aby nejen nepřijímal pro sebe, nýbrž přijímal, ale ne ve svůj prospěch (podobně jako v příkladu hosta a hostitele). V takovémto případě naplňuje Parcuf světlem Chasadim a Chochma všechna svoje přání – všech deset Sefirot.

První Velký stav – Gadlut Alef, dosažení světla Nešama.

Druhý Velký stav – Gadlut Bet, dosažení světla Chaja

Or Chochma – světlo moudrosti, světlo, naplňující přijímající Kli v podobě přání, přicházející pouze tehdy, jestliže existuje clona na altruistické dostávání.

Ateret Jesod – doslova „předkožka" místo svazku Izraele se Stvořitelem. Jde o to, že po druhém zkrácení je kvůli absenci clony zakázáno provádět Zivug na samotné Malchut, ale je možno dělat Zivug na vlastnostech, které dostává od ZA, nazývané Ateret Jesod. Podobně jako se odtínají přání samotné Malchut, odřezává se předkožka a zůstávají v ní přání, přijatá od ZA, nazývaná Ateret Jesod, přání, na něž může dělat Zivug s ZA a dostávat světlo Chochma. Přirozeně že světlo Chochma není stejné, jaké by Malchut obdržela, kdyby dokázala udělat Zivug na svá přání, tj. na sebe samu, na svoje vlastnosti, skutečně egoistická přání, nazývané ústřední bod stvoření,. To dokáže dělat až po 6000 letech, na konci nápravy. A předtím, protože ji Zivug na Ateret Jesod sbližuje se Stvořitelem, se toto místo, tato přání nazývají místem, znakem svazku se Stvořitelem.

NaRaNChaJ – Nefeš-Ruach-Nešama-Chaja-Jechida – světlo, naplňující velký Parcuf = GE + AChaP.

Světlo = potěšení = Or = pociťování Stvořitele – vždy to je třeba chápat jako stejné pojmy, protože se obvykle používá slovo světlo, ale rozumějí se pod tím všechna jeho synonyma!

Kli = přání = stvoření - obvykle se používá slovo Kli, ale mají se na zřeteli všechna jeho synonyma!

Gematrie – číselný význam písmene nebo spojení písmen, slova. Určitý druh záznamu duchovní informace.

Parsa – nebeská klenba, obloha, rozdělení světa Acilut a světů BJA. Rozdělení deseti Sefirot na dvě části Kelim: dávající – altruistické, GAR, K-Ch-B a GE – a dostávající, ZON neboli Bina-ZA-Malchut, protože Bina úmyslně poklesla do ZA AChaP, aby jej napravila. Malchut, která se pozvedla nad Binu, Malchut, stojící pod Chochmou, se nazývá Parsa neboli „obloha" a odděluje GE od AChaP.

ZAT, ZAK – sedm Sefirot: Hch-g-t-n-h-j-m

VAT, VAK – šest Sefirot: Hodch-g-t-n-h-j

DE – čaástice…

Český překlad – tam, kde je tak v závorkách uvedeno, označuje to knihy Tóry – Pentateuch, Neviim - Proroci, Ketuvim – Písmo Svaté v hebrejštině, vydané Mosad HaRav Kuk. Například Ješajahu (Izajáše 11, 9. U textů ze Zoharu, Talmudu a Talmudu deseti Sefirot je český překlad pořízen z ruského textu, neboť český text není k dispozici. Doporučujeme tam, kde je uváděn původní pramen, ihned se na něj obracet a přečíst si alespoň úryvek, k němuž se vztahuje uvedený výrok – pomůže to čtenáři ještě více si ozřejmit, jak jinotajně, obrazným jazykem Tóra hovoří pouze o duchovním světě a povznesení člověka k němu, a nikoli o historii nebo našem světě vůbec.

Oděvy – vlastnosti, přání, Kelim. Obvykle se hovoří o oděvech, které Malchut dostává od Biny.

Chupah – svatební baldachýn, nebesa, pod nimiž probíhá svatební ceremonie.

Nartik – Kryt ZA, totéž co Chupah.

Ozdoby – světlo Chasadim, světlo Biny, které Bina předává do Malchut. To napravuje Malchut a umožňuje jí do světla Chasadim přijmout světlo Chochma.

Orla – předkožka na Sefiře Jesod, místě Zivugu ZA a Malchut, které je třeba oddělit, protože během 6000 let není možno provést Zivug – záměr na samotné Malchut a přijímat ve prospěch Stvořitele. To je možné pouze ve spojení Malchut s ZA, což se nazývá Ateret Jesod – ta část Sefiry Jesod, která zůstává po odříznutí Orla a na které lze provádět Zivug během 6000 let. Orla je Malchut de Malchut, nečisté síly.

Ateret Jesod – zbývá po odříznutí-obřezání Orla – předkožky, Malchut de Malchut; napravená část Malchut, její spojení se Sefirou Jesod, na kterou lze během 6000 let dělat Zivug a přivést tak Malchut ke konci nápravy.

Matka – Bina ve vztahu k Malchut, dceři.

Dcera – Malchut vzhledem k Bině, matce.

Nejsvětější – světlo GAR = Nešama-Chaja-Jechida.

Otázka - pocit nedostatku světla Chochma v Malchut.

Sela – skála, pravda. Jméno Malchut.

Šechina – pocit (cítění, vnímání) Stvořitele osobou, která Jej dosahuje. Malchut schopná přijímání světla, Stvořitele, se nazývá Šechina. Pociťování Stvořitele člověkem, to, v čem člověk Stvořitele pociťuje, se nazývá Šechina.

Techum – vzdálenost, za níž je v sobotu zakázáno vycházet. Techum Šabat – to je maximální vzdálenost, do níž se člověk během Šabatu může pohybovat.

Sigim – nečistá přání, nacházející se uvnitř čistých. Práce člověka na oddělení jedněch od druhých a postupné nápravě Sigim. Slovo Sigim pochází od slova SAG, protože se objevily v důsledku zničení Kelim světa Nekudim, patřících k systému Parcufim Parcufu SAG. Toto slovo Sigim z kabaly vešlo do hovorové hebrejštiny.

ŠaCh – šin-chaf = 300 + 20 = 320 střepů z rozbité nádoby.

RaPaCh – reš-pe-chet = 200 + 80 + 8 = 288 střepů rozbité nádoby, které může a musí člověk napravit během 6000 let, tj. vzestupem po 6000 stupních duchovního žebříku.

LEV HaEVEN – lev = lamed-bet = 30 + 2 = 32 střepů, na něž se rozbila Malchut. Tyto části Malchut nelze napravit na altruistické, ale lze pouze odmítnout používání těchto přání. Lev HaEven, v překladu „kamenné srdce", se napravuje po 6000 letech (tj. po nápravě 288 střepů v člověku Stvořitelem), stává se zcela altruistickým a nazývá se „Lev Basar" – živé srdce.

Lo LiŠma – nikoli pro Stvořitele. A protože není ve stvoření nic víc než Stvořitel a člověk, není-li to činěno pro Stvořitele, pak je to činěno ve svůj prospěch". Egoistický záměr člověka.

LiŠma – pro Stvořitele. Nezištný záměr člověka konat pouze pro potěšení a radost Stvořitele.

Čtyři andělé, účastnící se stvoření člověka, čtyři hlavní charakterové vlastnosti: milosrdenství – **Chesed**, spravedlnost – **Cedek**, pravda – **Emet**, mír – **Šalom**.

Země Izraele – Jecira tohoto světa. Jerušalaim (Jeruzalém) je Ateret Jesod v Malchut.

Originální jména a jejich přijatý český

ZPŮSOB PSANÍ ZEJMÉNA V EKUMENICKÉM PŘEKLADU BIBLE:

Aaron – Áron
Ariel – Ariel
Bat Ševa – Bat-šeba
Becalel – Bezaleel
Bilam - Bileám
Cefanija - Sofoniáš
Cur - Tyros
Eden – Eden
Ejcha – Ejcha
Eliša – Elíša
Elijahu – Elijáš
Esav – Ezau
Ester – Ester
Ezra – Ezra
Gavriel – Gabriel
Hanoch – Enoch
Havakuk – Abakuk
Chagaj – Ageus
Jakov – Jákob
Jehošua - Jozue
Jehuda - Juda
Jechezkel - Ezechiel
Jerušalaim - Jeruzalém
Ješajahu - Izajáš
Jicchak – Izák

Jirmijahu - Jirmejáš
Jišmael - Jišmáel
Jov – Jób
Josef - Josef
Korach – Kórach
Leah – Lea
Micha – Micheáš
Moav – Moáb
Moše – Mojžíš
Nachum – Nahum
Navuchadnecar – Nebúkadnesar
Nechemija – Nehemjáš
Noach – Noe
Ovadija – Obadjáš
Pinchas - Pinchas
Rahel – Ráchel
Rivka – Rebeka
Rut – Rút
Šet – Seth
Šimon – Šimeóm
Šlomo – Šalomoun
Šmuel – Samuel
Tamar – Támar
Zachariah - Zacharjáš

ORIGINÁLNÍ NÁZVY A JEJICH PŘIJATÝ ZPŮSOB PSANÍ

V EKUMENICKÉM PŘEKLADU BIBLE:

Berešit – Genesis
Šemot – Exodus
Vajikra – Leviticus
Bamidbar – Numeri
Devarim – Deuteronomium
Kohelet – Kazatel
Šmuel 1, 2 – 1. a 2. Samuelova
Malachim 1, 2 - 1. a 2. Královská
Divrej HaJamim – Paralipomenon (Letopisů)
Mišlej - Přísloví
Tehilim – Žalmy
Šir HaŠirim – Píseň písní
Šoftim - Soudců

Hebrejský text

Doslovné znění výše uvedeného hebrejského textu na základě ruského překladu
(uvnitř knihy je dán překlad podle smyslu, nikoli doslovný):

1. Rabi Chizkijah (Chizkijáš) otevřel, je psáno, jako růže mezi trním. Ona růže, to je shromáždění Izraele. Protože je růže a je růže, že je ta růže mezi trním, je v ní červená i bílá, tak Shromáždění Izraele, je v něm zákon a milosrdenství. Jako je v té růži 13 lístků, tak Shromáždění Izraele, je v něm 13 vlastností milosrdenství, které jej obklopují ze všech stran. Avšak Elohim, který je zde, když pojal záměr vyvést 13 slov, aby obklopila Shromáždění Izraele a chránila je.

2. Poté je připomenuto po druhé, proč je připomenuto po druhé, aby bylo vyvedeno 5 lístků silných, obklopujících růži. A těch 5 se nazývají spasení. A těch 5 bran. A o tomto tajemství je napsáno, že pozvednu číši spasení, je to požehnaná číše. Požehnaná číše musí být na 5 prstech a ne více, jako růže sedí na 5 lístkách silných podobných 5 prstům. A růže – to ona je požehnaná číše, od Elohim dva do Elohim tři 5 slov. Odtud a dále, světlo bylo stvořeno a skryto, spojeno v tom svazku a vešlo do růže a vyvedlo v ní semeno. A to se nazývá strom, přinášející plod, který v něm zasadili. A toto semeno skutečně existuje v písmeni svazku.

3. A jako druh svazku, zasetého v 42 početích, od toho semene, tak bylo zaseto zákonodárné zvláštní jméno stvoření.

4. Na počátku. Rabi Šimon otevřel, výhonky se ukázaly v zemi, výhonky jsou činem stvoření. Ukázaly se v zemi, kdy v den třetí, je řečeno: „Zazelenej se země zelení," tehdy se ukázaly v zemi. Nadešel čas zpěvu, to je den čtvrtý, v němž bylo zkracování, od světla Chasadim. Hlas hrdličky, to je den pátý, kde stojí psáno: „Naplňte vody v mořích," vyvést potomstvo. Je slyšet, že to je den šestý, kde stojí psáno: „Učiňme člověka," a je řečeno: „Učiníme a uslyšíme." V naší zemi je to den Sobotní, který je podoben zemi života.

5. Jiný význam mají tyto výhonky – jsou otcové, kteří vešli do mysli světa budoucího, a jsou tam skryty. Odtud vyšly ve skrytu, skryly se ve skutečných prorocích, narodil se Josef, a skryly se v něm, vešel Josef do země svaté a založil je tam, tehdy se ukázaly v zemi (půdě) a rozevřely se tam. Když jsou viditelné. Když se ukazuje duha ve světě, je to když je vidět duha, tehdy se ony otevírají. Neboť nadešel čas zkracovat. Nadešel čas vymýtit hříšníky ze světa. Proč se zachraňují. Protože jsou výhonky vidět v zemi a kdyby nebyly vidět, nezůstaly by ve světě, a svět by nemohl existovat.

6. Kdo oživuje svět a vyzývá otce, aby se ukázali, hlas dětí, zabývajících se Tórou, tj. tyto děti světa zachraňují svět. Příslušně: „Učiníme ti zlaté přívěsky," to jsou tyto děti, děti světa, jak je řečeno: „Učiň dva Cheruby zlaté."

7. Na počátku. Rabi Eleazar ukázal: „Pozvedněte svoje oči vzhůru a hleďte, kdo to stvořil." Pozvedněte svoje oči, do jakého místa. Do místa, kde všechny oči závisí na něm, a kdo je on. Ten, kdo otevírá oči. A tam se to dozvíte. Je to skrytý Atik, kde je otázka, kdo to stvořil. A kdo je on, MI = kdo. Nazývá se od kraje nebe vyššího, kde vše náleží jemu. Protože je otázka, on se po skryté cestě neodhaluje. Nazývá se MI, protože není vyšší otázky, tento kraj nebe se nazývá MI.

8. A je jiný dole a nazývá se MA, který je mezi tím a tím, ale ten první je skryt, nazývaný MI, je v něm otázka, protože se ptá člověk, zkoumá a hledí a poznává od stupně ke stupni do konce všech stupňů, poté, co se tam nachází MA, co zná, co vidí, co zkoumá, vše je skryto jako na počátku.

9. O tomto tajemství stojí psáno: „Na koho ti mohu ukázat, s kým tě mám srovnat." Vždyť Chrám je zničen, vyšel hlas a pravil: „Co ti ukázat a s kým tě srovnat," to je MA = jako svědectví, každý den a den svědectví tobě od minulých dnů, jak stojí psáno: „Vyzývám jako svědka nebe i zemi," co se ti podobá. Podle stejného typu: „Ozdobil jsem tě svatými ozdobami," učinil jsem tě vládnoucí nad světem, jak stojí psáno: „Zdali je to město, které se nazývá dokonalostí krásy," aj. Nazýval jsem tě: „Jeruzaléme, vybudovaný můj, podoben jsi městu." „Co se s tebou srovnává," jak sedíš, tak je podoben nahoře, jak do tebe nyní nevchází národ svatý plnit svatou práci, tak to Já přísahám, že nevejdu nahoře, dokud se neusídlím dole. To je tvoje útěcha, protože tento stupeň se ti ve všem rovná. A nyní co jsem Já zde, „Veliké jako moře je neštěstí tvoje." A jestliže pravíš, že už nemůžeš existovat a vyléčit se, MI tě vyléčí, právě toto je vyšší skrytý stupeň, vše se jím oživí, vyléčí tě a existuje v tobě.

10. MI je horní kraj nebe, MA dolní kraj nebe, to zdědil Jákob, že svítí od začátku do konce, od prvního kraje, který je MI, do posledního kraje, který je MA, protože stojí uprostřed. Proto kdo to stvořil.

11. Pravil rabi Šimon: „Eleazare, synu můj, přestaň hovořit a odhal nám nejvyšší tajemství, které lidé světa neznají." Rabi Eleazar mlčel. Plakal rabi Šimon a pravil: „Jednu minutu." Pravil rabi Šimon: „Eleazare, co je to ELE. Jestliže pravíš hvězdy a znaky zvěrokruhu, ty jsou nám neustále viditelné." Avšak MA jsou stvořeny, jak je řečeno, slovem Stvořitele jsou stvořena nebesa. Jestliže o věcech skrytých, pak nestojí psáno ELE, které jsou odhaleny.

12. Toto tajemství však nebylo odhaleno, jeden den jsem byl na břehu mořském, a zjevil se Eliáš a pravil mi: „Rabi, víš, co to je, KDO TO STVOŘIL." Pravil mu: „To je nebe a jeho síly, činy Stvořitele, do nichž se člověk může dívat, žehnat jim, jak stojí psáno, když vidím nebesa tvoje dílo Tvých rukou, Pane náš, jak je vznešené jméno Tvoje po celé zemi."

13. Pravil mi: „Rabi, byla jedna věc skrytá před Stvořitelem a odhalil ji v nejvyšším shromáždění, a to je ono." V hodinu, kdy skrytý ze všech skrytých pojal přání otevřít se, učinil na počátku jeden bod a ten se pozvedl a stal myšlenkou. Nakreslil jí všechny obrázky a vyřezal jí všechny obrazy.
14. Vyřezal v svíci svatý skrytý obraz kresby skrytého nejsvětějšího, struktura hluboká vyšla z této myšlenky, a nazývá se MI – kdo, počátek struktury stojící a nestojící, hluboko skryté ve jménu. Nenazývá se, nýbrž jenom MI – kdo. Pojal přání otevřít se a nazývá se tímto jménem, oděl se do oděvu drahého svítícího a stvořil ELE, a pozvedly se ELE ve jménu. Tato písmena se spojila s těmito a dokončilo se jméno Elohim. A dokud nestvořil ELE – tyto, nepozvedl se ve jménu Elohim. A ti jsou prohřešivší se v beránkovi. O tomto tajemství je řečeno: ELE – to je tvůj Pán, Izrael.
15. Nakolik jsou spjaty MI s ELE, tak je to jméno spojeno neustále a na tomto tajemství stojí svět. Odletěl Eliáš, a já jsem ho neviděl. Od něho jsem znal toto, stojící na tajemství, a jeho vysvětlení. Přišel rabi Eleazar, a všichni žáci se mu poklonili, plakali a pravili, jestliže (ne)byli povinováni (být) pouze uslyšet – je to dostatečné.
16. Pravil rabi Šimon: „Kvůli tomu bylo toto nebe a jeho síly v MA stvořeny, jak je řečeno, když vidím nebesa, dílo rukou Tvých, a je řečeno: MA – jak vznešené je jméno Tvoje na celé zemi, kterou jsi vybudoval Ty vyšší než nebesa, on se pozvedá ve jménu. Proto stvořil světlo pro světlo, oděl to v to a pozvedl v nejvyšším jménu, to na počátku stvořil Stvořitel. Je to Stvořitel nejvyšší, protože MA není takové a není stvořeno."

Růže

1. Rabi Chizkijah otevřel (začal): „Je řečeno, jako růže mezi trním (Šir Hаširim, 2, 2). Ptá se: „Co znamená růže?" Odpovídá: „Je to Shromáždění Izraele, tj. Malchut. Protože je růže a je růže. Jako růže mezi trním, je v ní červená a bílá, tak i Shromáždění Izraele, Malchut, je v něm zákon a milosrdenství. Jako má růže 13 lístků, tak se Shromáždění Izraele skládá ze 13 druhů milosrdenství, které jej obklopují ze všech stran. Vždyť Elohim (jméno Stvořitele, poukazující na vztah k nižším silou zákona), jak je řečeno: „Na počátku stvořil Elohim" (první věta v Tóře), na počátku – od prvopočátku, když si pomyslel, stvořil 13 slov pro ochranu Shromáždění Izraele, aby jimi obklopil Shromáždění Izraele, a to jsou ona: ET (předložka), NEBE, A-ET, ZEMI, A-ZEMĚ, BYLA, PUSTÁ, A CHAOTICKÁ, A-TMA, NAD, POVRCHEM, PROPASTNÉ TŮNĚ, A-DUCH – do slova Elohim (spojka „a" se v hebrejštině píše dohromady s následujícím slovem, a proto je toto spojení považováno za jedno slovo).

Kabala bere jako objekt studia jediné stvoření, to jediné, které existuje kromě Stvořitele – lidské „Já", a studuje je: tato nauka rozděluje „Já" na části, vysvětluje konstrukci a vlastnosti každé části, cíl a účel jejího stvoření. Vysvětluje, jak lze každou část lidského „Já", nazývaného duše, změnit, aby člověk dospěl k cíli stvoření, stavu, žádoucímu jak pro Stvořitele, tak i samotného člověka, jestliže si to uvědomuje.

Ani jedna nauka na světě není schopna ani analyticky v podobě vzorců ani graficky, popsat naše pocity a naše přání, natolik jsou mnohotvaré a rozmanité, tak jsou proměnlivé a naprosto různé u každého, natolik jsou nepředvídatelné. Je to proto, že naše přání se nám, našemu rozumu a našim pocitům neustále, v určité posloupnosti, postupně odhalují, abychom si je uvědomili a napravili.

Naše „Já" – to je naše podstata, to jediné, co člověka charakterizuje. Ono se však neustále mění, a to co zůstává, je pouze vnější živočišný obal – proto se říká, že se člověk každým okamžikem jakoby znovu rodí. Ale je-li tomu tak, jaký vztah máme mít k sobě navzájem, jak máme chápat sebe samé? Jak můžeme cokoli v sobě a kolem nás „stabilizovat", jestliže se neustále měníme a vše, co vnímáme, je funkcí našeho vnitřního stavu.

Stvořitel představuje zdroj světla, potěšení. Tak Jej pociťují ti, kdož se k němu přibližují. Takovíto lidé, kteří se přibližují ke Stvořiteli, a proto Jej pociťují, se nazývají kabalisty. Od slova Lekabel – přijímat Stvořitelovo světlo. Ke Stvořiteli se lze přiblížit pouze podobností přání. Stvořitel je netělesný a pocítit Jej lze pouze naším srdcem. Srdce je samozřejmě chápáno nikoli jako čerpadlo, pohánějící krev v hmotě masa, nýbrž jako centrum všech lidských pocitů.

Stvořitele však nelze pocítit pouhým srdcem, nýbrž jen jedním malým bodem v srdci. Avšak k tomu aby jej člověk pocítil, musí jej sám rozvinout, a když se rozvine, rozšíří, může do něj vejít vnímání Stvořitele. Jeho světlo. Naše srdce jsou naše egoistická přání a malý bod v něm je vštípen shůry, samotným Stvořitelem, je to část duchovního, altruistického přání. A tento zárodek duchovního přání v sobě musíme vypěstovat do takového rozměru, aby určoval všechna naše úsilí namísto naší egoistické přirozenosti. Současně s tím se egoistické přání srdce pokořuje, stlačuje, uvadá a zmenšuje.

Člověk, který se zrodil v našem světě, je povinen změnit svoje srdce z egoistického v altruistické během pobytu v tomto světě. Je to cíl jeho života, to, k čemu se objevil v tomto světě, a je to cíl celého stvoření. Úplná změna egoistických přání na přání altruistická se nazývá koncem nápravy. Toho je povinen dosáhnout každý a celé lidstvo společně v tomto světě. Do té doby, než toho člověk dosáhne, bude se rodit v tomto světě. Pouze o tom vypráví Tóra i všichni proroci. Metodika nápravy se nazývá kabala.

Dosáhnout změny svých přání je možné jen tehdy, pokud je budeme chtít změnit. Člověk je stvořen jako absolutní egoista a od sobě podobných, od jej obklopujícího světa, nemůže přijmout jiná přání a rovněž nemá žádné spojení s duchovními světy, protože spojení s nimi je možné pouze prostřednictvím společných vlastností, duchovno lze pocítit jen v altruistických přáních.

Proto člověk v našem světě nemá žádnou možnost sám překročit hranice našeho světa. Proto je nám dána Tóra a její nejúčinnější část – kabala, aby pomohly člověku získat přání duchovních světů.

K tomu, aby mohl stvořit člověka od Sebe vzdáleného, aby si člověk uvědomil svoji ničemnost a sám pojal přání se povznést, stvořil Stvořitel veškerá stvoření v podobě od Něho sestupujících stupňů, po nichž se spustilo Stvořitelovo světlo, a na nejnižším stupni stvořil náš svět a člověka v něm. Když si člověk uvědomil svoji ničemnost a pojal přání povznést se ke Stvořiteli, v souladu se svým přáním se sblížit se Stvořitelem, pozvedá se po stejných stupních, po nichž došlo k sestupu.

Celkem je těchto stupňů deset a nazývají se deset Sefirot: Keter-Chochma-Bina-Chesed-Gevura-Tiferet-Necach-Hod-Jesod-Malchut. Těchto deset Sefirot jako deset clon nebo závěsů před námi skrývá Stvořitelovo světlo nebo, což je totéž, Jeho samého. Těchto deset clon je deset stupňů našeho vzdálení od Stvořitele.

Tak k tomu, abychom se přiblížili Stvořiteli o jeden, zpočátku nejnižší stupeň, jsme povinni místo našich vlastností získat vlastnosti tohoto nejnižšího stupně. To znamená, že se svými vlastnostmi stáváme stejnými jako on a nenacházíme se pod ním. Obdržet shodné vlastnosti – to znamená mít stejná přání. Jakmile se naše přání shodnou s přáními tohoto stupně, jeho ukrytí padá, my jako bychom již stáli na něm a jsme odděleni od Stvořitele pouze devíti stupni. Atd.

Všechny stupně se však liší od posledního, nejnižšího: jakmile se člověk povznese z našeho světa na první, již začíná vidět (pociťovat) Stvořitele. A všechny následující stupně – to jsou stupně sbližování se Stvořitelem. Jenom poslední stupeň, na němž se nyní nacházíme, úplně skrývá Stvořitele, zatím co všechny vyšší stupně Jej pouze oddalují.

I když hovoříme o deseti stupních, je jich pouze pět, protože šest stupňů Chesed-Gevura-Tiferet-Necach-Hod-Jesod se sdružují do jednoho, nazývaného Zeir Anpin (ZA). ZA se sám někdy nazývá Tiferet, protože tato Sefira odráží společné vlastnosti všech jeho šesti Sefirot.

Od Stvořitele do našeho světa tedy existuje pět stupňů ukrytí: Keter-Chochma-Bina-ZA-Malchut. Každý stupeň se nazývá rovněž Olam-svět, od slova Olama-ukrytí. Každý ze stupňů má svoje podstupně, nazývané Parcuf (množné číslo je Parcufim) a každý z podstupňů má zase svoje podstupně, nazývané Sefira (množné číslo Sefirot). To znamená, že nás od Stvořitele dělí celkem 5 x 5 x 5 = 125 stupňů-Sefirot.

Níže je tabulka stupňů od Stvořitele k našemu světu:

Stvořitel: absolutně altruistické přání stvořit duši – člověka, aby ji naplnil potěšením.

Svět nekonečna: existence duší v konečném dokonalém stavu.

SVĚTY	SEFIROT	PARCUFIM
1. Svět Adam Kadmon (AK)	Keter	Galgalta (*)
	Chochma	AB (*)
	Bina	SAG (*)
	ZA	MA (*)
	Malchut	BON (*)
2. Svět Acilut	Keter	Arich Anpin (AA) (*)
	Chochma	Aba ve Ima (AVI) (*)
	Bina	Israel-Saba ve Tevuna (IŠSUT) (*)
	ZA	MA (ZA a Malchut se nazývají ZON) (*)
	Malchut	BON, Nukva (*)
3. Svět Berija	Keter	Arich Anpin (AA) (*)
	Chochma	Aba ve Ima (AVI) (*)
	Bina	Israel-Saba ve Tevuna (IŠSUT) (*)
	ZA	MA (ZA a Malchut se nazývají ZON) (*)
	Malchut	BON, Nukva (*)
4. Svět Jecira	Keter	Arich Anpin (AA) (*)
	Chochma	Aba ve Ima (AVI) (*)
	Bina	Israel-Saba ve Tevuna (IŠSUT) (*)
	ZA	MA (ZA a Malchut se nazývají ZON) (*)
	Malchut	BON, Nukva (*)
5. Svět Asija	Keter	Arich Anpin (AA) (*)
	Chochma	Aba ve Ima (AVI) (*)
	Bina	Israel-Saba ve Tevuna (IŠSUT) (*)
	ZA	MA (ZA a Malchut se nazývají ZON) (*)
	Malchut	BON, Nukva (*)

Náš svět: pět egoistických přání, pociťovaných v srdci.
(*) –skládá se zase z pěti Sefirot, K-Ch-B-ZA-M.
Celkem je to 125 stupňů od Stvořitele do našeho světa.

CÍL STVOŘENÍ: Vzhledem k tomu, že v duchovnu neexistuje pojem času, existujeme již v našem konečném dokonalém stavu ve světě nekonečna (Ejn Sof). Protože přání v duchovnu znamená čin samotný, samo přání působí, bez těla. Z tohoto důvodu, když Stvořitel pojal přání stvořit duše, přání potěšit je a naplnit je nejdokonalejším potěšením – naplněním ze své dokonalosti, pocitem Sebe, učinit stvoření stejnými jako je On sám, Jeho přání se ihned splnilo. Tak vznikl svět nekonečna, v němž již existujeme v našem konečném stavu.

Svými pocity však musíme teprve tohoto stavu dosáhnout, jako spící člověk, i když spí na nějakém místě, nechápe, kde se nachází, dokud neprocitne. Ale k tomu, abychom dospěli k tomuto dokonalému stavu, jsme povinni projít cestou postupné změny svých vnitřních vlastností a přání, což odpovídá duchovnímu vzestupu z našeho světa, přes všechny světy, do světa nekonečna.

K tomu, aby nás Stvořitel dovedl ke konečnému stavu, řídí nás shora dolů, přes všechny světy. Tak není ničeho v našem světě, co by nemělo počátek ve světě nekonečna, kde konečný stav každé duše určuje, jakou cestou musí projít VŠEOBECNĚ a jakou změnou ZVLÁŠŤ musí projít v každém okamžiku – stavu své duchovní cesty vstříc světu nekonečna.

Není cesty zpátky: všechno, k čemu dochází, je diktováno nutností přivést každou duši k jejímu konečnému stavu, a jen tento cíl určuje stav našeho světa v každé vteřině, co se v něm obecně a s každým z nás děje. Stvořitel nestvořil nic zbytečně, nýbrž pouze ve jménu svého cíle. Avšak vůle, vycházející shůry, nevylučuje naši aktivní účast ve vlastním postupu vpřed: nemusíme být otroky, jdoucími proti své vůli, hnáni holí, nazývanou strádáním, ale když si uvědomíme žádaný Stvořitelův cíl, můžeme proměnit svoji cestu strádání v cestu Tóry, tj. sami můžeme aktivně a rychle projít touto cestou zdola nahoru.

Je to možné prostřednictvím naší prosby o duchovní povznesení, vznesením MAN, modlitbou. V odpověď na to obdržíme duchovní síly shora, které nám pomohou zlepšit naše kvality, tj. pozvednout se. Celá Tóra hovoří jen o tom, a kabala ještě podrobně vysvětluje samu cestu jako s mapou v ruce, tím, že ukazuje člověku, co v něm probíhá a kde (v jakém stavu a na jakém stupni) se nachází.

Kabala zkoumá strukturu duchovních světů. Tyto světy jsou určeny k tomu, aby oslabily signály – přání Stvořitele tak, abychom je mohli pochopit svým egoismem a uvědomit si je svým rozumem. Olam znamená v hebrejštině svět od slova Olama – skrytí, protože tyto světy skrývají, oslabují Stvořitelovo světlo do takové míry, abychom je mohli pocítit.

V závislosti na duchovních kvalitách každého, tj. na tom, na jakém stupni se člověk nachází: v úplném egoismu = našem světě, v částečném altruismu = duchovních světech – pociťuje Stvořitele, světlo, různě na každém ze 125 stupňů. Těchto 125 stupňů je redukováno na pouhých deset, nazývaných deset Sefirot od Stvořitele k nám, kde každá nižší Sefira je, ve vnímání těch, kdo se na ní nachází, pro Stvořitelovo světlo méně transparentní. Čím nižší je Sefira, tím méně Stvořitelova světla propouští pro ty, kteří se nacházejí pod ní.

SEFIROT: Názvy Sefirot: KETER, CHOCHMA, BINA, CHESED, GEVURA, TIFERET, NECACH, HOD, JESOD, MALCHUT. Avšak šest z nich je sdruženo do jedné Sefiry Zeir Anpin, celkem je to pouze pět Sefirot: Keter, Chochma, Bina, ZA, Malchut. Sám ZA se někdy nazývá Tiferet, protože ze šesti Sefirot je v něm Tiferet hlavní, která do sebe pojala vlastnosti všech šesti Sefirot ZA. Tak Stvořitel stvořil toliko pět Sefirot:

Keter – přání Stvořitele naplnit nás potěšením, Malchut;
Chochma – samo potěšení, to, čím si nás přeje naplnit;
Bina – předává potěšení z Chochma do ZA;
ZA – přijímá potěšení od Biny a předává Malchut;
Malchut – přijímá potěšení.

Bina se skládá ze dvou částí: její horní část, nazývaná GAR nebo AVI, si nepřeje přijímat světlo od Chochmy. Vzhledem k tomu však, že Stvořitel si přeje předat toto světlo nižším, pak nižší část Biny, nazývaná ZAT nebo IŠSUT, dostává světlo od Chochmy a předává je do ZA. A ZA sám si nepřeje světlo přijímat. Avšak Malchut, v souladu se svou nápravou, podněcuje ZA přijmout světlo od Biny a předat jí je. Proto se někdy hovoří o společném přijetí světla ZA a Malchut, které se společně nazývají ZON = ZA a Nukva.

Postup je však takový: Malchut, v míře, v jaké jsou její přání napravena z egoismu na altruismus, žádá ZA o přijetí světla „ve prospěch Stvořitele". V této míře ZA žádá světlo od Biny. V této míře se Bina obrací a dostává světlo od Chochmy a předává je do ZA. Malchut, v souladu se svými napravenými vlastnostmi, splývá se ZA podobou vlastností – přání a dostává toto světlo.

Keter, Chochma a GAR Bina si nepřejí dostávat světlo, a počínaje ZAT Binou = IŠSUT se v Sefirot objevuje přání dostávat světlo pro předání nižšímu:

Keter	- Galgalta nebo Mecach	- čelo	„dávající"
Chochma	- Ejnajim	- oči	
GAR Bina	- Nikvej Ejnajim	- zorničky	**GE**
ZAT Bina	- Ozen	- ucho	**AChaP**
ZA	- Chotem	- nos	
Malchut	- Peh	- ústa	„přijímající"

Sama Malchut je Stvoření – egoistické přání přijímat potěšení, naplnit se Stvořitelovým světlem. Toto přání naplnit se Stvořitelovým světlem nebo, což je totéž, samotným Stvořitelem, je podstatou Malchut. My jsme části Malchut. Jestliže však jsou v nás pouze egoistická přání, pociťujeme Stvořitelovo světlo jako potěšení v našem světě. Je to mikrodávka Jeho světla. Když se napravujeme ve svých přáních – vlastnostech, můžeme se pozvednout na duchovní stupně vyšších světů a tam pocítit skutečné potěšení ze Stvořitele.

Podle záměru stvoření musí Malchut přijmout světlo od čtyř předchozích Sefirot a naplnit se jím. Proto se sama skládá z pěti částí: ve čtyřech dostává světlo od předchozích Sefirot a v páté je pociťuje. Všechny Sefirot až k Malchut, kromě Malchut, se podobají našim smyslovým orgánům. Malchut se pak podobá srdci, dostává od všech orgánů: od mozku, zraku, sluchu, čichu a hmatu. Srdce je Malchut a vnímající orgány – to je devět Sefirot k Malchut. Všechny tyto části Malchut jsou egoistické – žádají si dostávat světlo = potěšení, aby se jím naplnily. S takovýmito vlastnostmi Malchut nemůže přijmout více než mikrodávku světla našeho světa, a pocítit Stvořitele v „podobě" nazývané „tento svět".

Jestliže však Malchut, tj. každý z nás, obdrží shora jiná přání = snahy: dávat Stvořiteli, těšit Stvořitele, v téže míře, v jaké sám pociťuje, že Stvořitel dává jemu, pak se člověk touto vlastností – přáním, duchovně pozvedá na stupeň nad naším světem a pociťuje Stvořitele v podobě duchovního světla – altruistické blaženosti a veliké vědomosti, pochopení vyšších myšlenek a podstaty existence.

CLONA: Malchut (člověk) může přijmout světlo pouze v protiegoistických přáních. Jestliže v ní taková přání vznikají, v důsledku uvědomění si za pomocí kabaly, nakolik je egoismus jejím nepřítelem, v souladu se svou nenávistí k němu, člověk může odvrhovat egoistické potěšení ve prospěch duchovní dokonalosti = podobnosti se Stvořitelem, v přání potěšit a konat pro Něho.

Taková možnost odvrhnout sebenaplnění se nazývá clonou, a odvrhované potěšení se nazývá odražené světlo (přicházející potěšení se nazývá přímým světlem). Právě v odvrhovaném potěšení, tj. v přání bezvýhradně a nezištně „dát" lze pocítit Stvořitelovo světlo a vyšší vědění.

Vzhledem k tomu, že Malchut (egoismus člověka) musí odvrhnout potěšení z pěti částí svého egoismu, musí se i odrážející clona skládat z pěti částí, a proto vytváří pět částí odraženého světla. Pět částí v Malchut se nazývají podle jmen Sefirot, od nichž dostávají. Pět druhů přímého světla se nazývá NaRaNChaJ = Nefeš-Ruach-Nešama-Chaja-Jechida. Světlo vychází ze Stvořitele v takovémto pořadí:

Jechida
Chaja
Nešama
Ruach
Nefeš

PARCUF: Poté, co Malchut odrazila světlo – potěšení, rozhoduje se přijmout je, aby potěšila Stvořitele, protože On si přeje, aby Malchut potěšení přijala, aby Jej pocítila. Odraz veškerého přicházejícího potěšení se nazývá Roš – hlava. Částečné přijetí světla, v souladu se svými antiegoistickými silami, se nazývá Toch – vnitřní orgány. Nenaplněná přání, vzhledem k tomu, že na nich není clona, se nazývají Sof – konec (viz obrázek).

Tak je vybudována duše (Kli, nádoba, napravené altruistické přání, Parcuf, duchovní tělo). Části duchovního těla nazýváme podle částí našeho fyziologického těla: hlava, trup, končetiny. V hlavě je pět částí: čelo – Galgalta, oči – Ejnajim, uši – Ozen, nos – Chotem, ústa – Peh. V trupu, od úst – Peh k pupku – Tabur, je pět částí. V končetinách, od Taburu k prstům u nohou, je také pět částí (viz obrázek).

Or Makif

Or Chozer   Or Jašar

Parcuf	Guf	Roš	Keter
			Chochma
			Bina
			Zeir Anpin
		Peh	Malchut
		Toch	Keter
			Chochma
			Bina
			Zeir Anpin
			Malchut
		Sof	Keter
			Chochma
			Bina
			Zeir Anpin
			Malchut

ZPĚTNÁ VAZBA NÁDOBY A SVĚTLA: Čím jsou v Malchut větší síly odporu vůči egoismu, tím větší světlo do ní vchází. Avšak, i když člověk pracuje na nápravě hrubé části nádoby, ze svého úsilí dostává do svých jemných přání – tj. existuje zpětná vazba nádoby a světla: čím hrubší přání (Kli) je napravováno, tím větší světlo vchází do Malchut – nádoby, avšak do jejího nejvyššího Kli – přání.

Vzhledem k tomu, že Malchut, tj. všichni kromě Stvořitele, je absolutně egoistická, lze Malchut napravit jen tím, že jí jsou poskytnuty vlastnosti Biny, vlastnosti Stvořitele – dávat, ale nedostávat. Je to vlastnost absolutního altruismu, vlastnost nezištného dávání. Získat takovouto vlastnost – přání, znamená pozvednout se z úrovně Malchut na úroveň Biny.

SEFIRA	SVĚTLO Jechida Chaja Nešama Ruach Nefeš	Jestliže mohou všechny části Kli přijmout světlo, vchází do Sefirot veškeré světlo zvenku:	
Keter Chochma Bina ZA Malchut		**SEFIRA** Keter Chochma Bina ZA Malchut	**SVĚTLO** Jechida Chaja Nešama Ruach Nefeš

Sama Malchut je přání dostávat potěšení. Zákaz přijímat potěšení ve svůj prospěch (pro sebe) se nazývá Prvním zkrácením (Cimcum Alef). Zkrácení - to je omezení přijímání potěšení, potěšení však lze dostávat, jestliže je úmyslem příjemce potěšit tím Stvořitele, nikoli však sebe. Ať si to Malchut žádá, nebo nikoli, jestliže v ní = duši = člověku jsou egoistická přání, světlo do ní nevejde = nepocítí se. Proto vůbec nepociťujeme duchovno, Stvořitele.

MALÝ STAV: Avšak nejen Malchut nemá právo přijímat do sebe světlo: od světa Acilut níže, Sefirot Bina a ZA do sebe rovněž nemohou světlo přijímat. Tento zákaz se nazývá Druhým zkrácením (Cimcum Bet): Malchut se svými přáními jakoby pozvedla do Sefiry Bina, její přání „dostávat" vládnou nad třemi Sefirot Bina-ZA-Malchut, Sefirot Bina a ZA se rovněž ocitly pod pozvednuvší se Malchut, pod její vládou, přáním.

Jestliže v Parcufu není sil odporovat svým egoistickým přáním dostávat v Sefirot Bina-ZA-Malchut, AChaP, pak tato jeho spodní část nemá právo přijmout od Stvořitele světlo, protože přijme ve svůj prospěch, čímž si způsobí obrovskou škodu. Aby k tomu nedošlo, horní část Parcufu, Sefirot Keter-Chochma, GE, se od spodní odděluje Parsou – příčkou, skrze niž světlo nemůže projít dolů. Proto, v důsledku vzestupu Malchut do Biny, se každý stupeň rozdělil na dvě části:

Keter-Galgalta Chochma-Ejnajim	nazývají se společně **GE**	- Galgalta-Ejnajim
Bina-Ozen ZA-Chotem Malchut-Peh	Parsa =pozvednutá Malchut nazývají se společně **AChaP**	- Ozen-Chotem-Peh

Malchut omezila šíření světla v Parcufu a tak v něm vznikly dvě části: první část GE dostává světlo, Sefirot Keter a Chochma se světly Nefeš, Ruach, a druhá část Parcufu – jeAChaP, Sefirot Bina, ZA a Malchut, pod Parsou, a proto nedostává světlo: Sefirot Bina, ZA a Malchut. Mimo Parcuf se rovněž nacházejí jim odpovídající světla – Nešama, Chaja, Jechida.

SEFIRA Keter Chochma	SVĚTLO Jechida Chaja Nešama Ruach Nefeš	Parsa Parcufu	GE
Bina ZA Malchut			AChaP

Takovýto stupeň – Parcuf je zbaven světla Nešama-Chaja-Jechida a zůstává pouze se světlem Nefeš-Ruach, nazývaným „vzduch". Je to označeno vstupem písmene jod do slova světlo – Or = alef-vav-reš, čímž se ze slova světlo – Or získá slovo vzduch – AVIR = alef-vav-jod-reš. Takový stav nádoby se nazývá malý – Katnut. Jinak řečeno, vzestup Malchut do Biny se označuje jako vcházení písmene jod do slova světlo Or = alef-vav-reš + jod = alef-vav-jod-reš = Avir – vzduch. To znamená, že při vzestupu Malchut do Biny Parcufu ztratil světlo a zůstal v něm vzduch.

V takovémto stavu se stupně nebo Parcufim nazývají malými (Katnut): v Sefirot K-Ch je jen světlo Nefeš-Ruach, protože Sefirot B-ZA-M se nacházejí pod Parsou a nedostávají světlo. Parsa omezuje šíření světla pod ní. Sefirot K-Ch a B-ZA-M se označují písmeny:

Keter	- mem	-M
Chochma	- jod	-I
Bina	- hej	- k
ZA	-lamed	-Lo
Malchut	- alef	- E

V obráceném pořadí tvoří tato písmena jméno Stvořitele Elohim, kde GE = písmena mem+jod = IM (vyslovuje se MI), a AChaP = písmena ELEH=alef+lamed+hej. Vzhledem k tomu, že člověk dosahuje Stvořitele zdola nahoru, čte se jméno Stvořitele Elohim zdola nahoru.

Po zrození všech světů a sestupu celého stvoření do našeho světa, všechny Parcufim světa Acilut a světů BJA přešly do malého stavu: světlo je přítomno v GE, ale není světlo v AChaP. AChaP vyššího stupně poklesl do GE nižšího stupně. A tak byl vytvořen žebřík od Stvořitele k člověku v našem světě a nejspodnější část posledního duchovního stupně světa Asija klesla do bodu v lidském srdci. A všechny mezistupně se nacházejí v sobě navzájem: AChaP vyššího stupně se nachází v GE nižšího:

STVOŘITEL
    pokles světla od Stvořitele
    k člověku v našem světě
SVĚT AK

Hlava AA, „nepoznatelná", je považována za nekonečno

K Ch				SVĚT ACILUT=GE, AChaP klesly do světa BERIJA
B ZA M	K Ch			SVĚT BERIJA=GE a AChaP světa ACILUT
	B ZA M	K Ch		SVĚT JECIRA=GE a AChaP světa BERIJA
		B ZA M	K Ch	SVĚT ASIJA=GE a AChaP světa JECIRA
			B ZA M	NÁŠ SVĚT = bod v lidském srdci, v němž se nacházejí AChaP světa ASIJA

    Lidská přání obecně se nazývají jeho srdcem. Vzhledem k tomu, že naše přirozenost, s níž se rodíme, je absolutním egoismem, člověk duchovní bod ve svém srdci nepociťuje. Avšak v některé z reinkarnací v podobě koloběhu svých životů člověk začíná mimovolně tíhnout k poznání příčin života, jeho hodnocení, touží dosáhnout sebe sama, svůj zdroj, jako vy v daném okamžiku. Právě snaha dosáhnout svého původu je dychtěním po Stvořiteli. Často je v tomto hledání oporou nespokojenost se životem, kdy člověk v tom, co ho obklopuje, nespatřuje nic vábivého. Takováto okolnost je poskytována shora k tomu, aby člověk začal pociťovat ve svém srdci prázdný bod a pojal přání jej naplnit.
    Stvořitel projevuje svoji vlastnost – jako altruistickou vlastnost dávat potěšení bez jakéhokoli prospěchu pro sebe. Z toho můžeme pochopit vlastnost Sefirot K-Ch-B, které mají vlastnosti Stvořitele, dávajících. Jediné stvoření je Malchut, přání dostávat světlo v podobě potěšení. My všichni, celý náš svět, je nejnižší částí této egoistické Malchut.

VELKÝ STAV: Jestliže však Malchut – člověk projeví prosbu = MAN duchovně se poznést v podobě úsilí vyjít z egoismu a modlí se o pomoc ke Stvořiteli, sestupuje shora světlo AB-SAG. Je to světlo ze světa AK, které přináší Malchut altruistické síly a umožňuje jí vrátit se z Biny na svoje místo, tj. k silám Malchut, jež spočívají v nepřijímání potěšení pro sebe, se připojují síly, jež spočívají v přijímání potěšení pro Stvořitele, světla Chochma v AChaP ve prospěch Stvořitele: znovu se navracejí k činu AChaP, Sefirot B-ZA-M, znovu je všech pět Kelim – částí v Parcufu. Ze slova „vzduch" se ztrácí písmeno jod a stává se slovem „světlo", Parcuf se naplňuje všemi pěti světly NaRaNChaJ, písmena MI se spojují s písmeny ELEH, čímž tvoří jméno Stvořitele – Elohim. Takovýto stav se nazývá velkým – Gadlut.

VZESTUP NIŽŠÍHO DO VYŠŠÍHO: V důsledku vzestupu Malchut do Biny se objevila vazba vyššího Parcufu s nižším, díky níž se nižší může pozvednout na úroveň vyššího. A v tom spočívá příčina druhého zkrácení: umožnit nižším = člověku pozvednout se do světa nekonečna, až k samému Stvořiteli.

K tomu, aby se tato vazba objevila, vyšší se vědomě zmenšuje, sestupuje na úroveň nižšího, stává se svými vlastnostmi jakoby nižší: AChaP vyššího Parcufu sám dobrovolně, jako kdyby neměl sil přijmout do sebe světlo, klesá do nižšího, do GE nižšího, a stává se s nižším jedním celkem. Podobá se to tomu, jako když silný člověk vchází do společenství banditů a napodobuje je, aby poté, co jej přijmou a vznikne mezi nimi vazba, je mohl poznenáhlu začít ovlivňovat a napravovat.

Jak? Přichází vyšší světlo, tzv. světlo AB-SAG, které dává síly AChaP vyššího pozvednout se ke svým GE. A spolu s nimi se pozvedají GE nižšího: protože byly jedním celkem, jsou si svými vlastnostmi dole rovny, dostávají stejnou sílu pozvednout se vzhůru.

Po přijetí světla AB-SAG, GE nižšího se stává jakoby vyšším. Proto není správné posuzovat druhé zkrácení jako negativní, nýbrž jako pomoc vyššího: ten sestupuje do nižšího, tím, že sám pokazil svoje vlastnosti, proto, aby se srovnal s nižším, aby se poté pozvedl spolu s nižším na svoji bývalou úroveň. Tak se nejnižší stupeň může pozvednout nejen na vyšší, nýbrž až na nejvyšší stupeň duchovního žebříku.

SVĚTLO ZON JE SVĚTLO SVĚTŮ BJA: Parcuf IŠSUT– to je AChaP Parcufu Bina světa Acilut a všechno, co dostává a předává do ZON světa Acilut, poté sestupuje do světů BJA a k nám.

V malém stavu AChaP IŠSUT klesly do ZON. Poté IŠSUT dostává síly a tím, že pozvedá své AChaP, pozvedá s ní i ZON. Když se ZON pozvedly do IŠSUT, připodobňují se IŠSUT a dostávají tam světlo úrovně IŠSUT. Na své úrovni ZON nikdy nemohou obdržet světlo Chochma, nýbrž pouze světlo, nezbytné pro jejich existenci, světlo Chasadim.

ZON světa Acilut se nazývají Olam – svět, jako i náš svět se nazývá Olam – svět, protože všechno, co dostávají ZON de Acilut, může člověk získat v tomto světě. A naopak, všechno, co ZON de Acilut nemohou získat, ani člověk nemůže dostat, protože dosahujeme pouze do úrovně – stupně ZON, nikoli více.

A protože ZON na svém místě nemohou přijmout světlo Chochma, Stvořitel zvlášť stvořil druhé zkrácení tím, že spustil Sefirot AChaP Parcufu IŠSUT dolů, do ZON, aby se poté ZON dokázaly pozvednout do IŠSUT a výše – na nejvyšší stupeň. Proto v Tóře je řečeno (Berešit Barah): „Na počátku stvořil Stvořitel vše v přísnosti (omezení), avšak když spatřil, že nemůže svět (ZON) existovat (přijmout celé jemu připravené světlo Chochma), dodal k přísnosti vlastnost milosrdenství."

Na počátku pozvedl Malchut – omezení IŠSUT (protože u ní je omezen příjem světla), do Biny – milosrdenství IŠSUT. Proto AChaP IŠSUT klesly do ZON a spojily se s nimi. Svět – ZON tak ale ještě nemůže existovat. Proto dodal k přísnosti milosrdenství: dal IŠSUT síly k pozvednutí svých AChaP spolu se ZON na stupeň IŠSUT. Tam ZON dostávají světlo IŠSUT a předávají je dolů, do všech světů BJA a do našeho světa.

NÁPRAVA VE TŘECH LINIÍCH: Každá z deseti Sefirot se skládá zase z deseti jednotlivých Podsefirot. Malchut se pozvedá do Biny v každé jednotlivé Sefiře, tj. po celé výšce deseti Sefirot, v každé z nich se Malchut posunuje dolů, od svého místa do Biny, která je v této Sefiře:

(M-ZA- | B-Ch-K) – K
(M-ZA- | B-Ch-K) – Ch
(M-ZA- | B-Ch-K) – B
(M-ZA- | B-Ch-K) – ZA
(M-ZA- | B-Ch-K) – M

Znak | označuje jednotlivou Parsu v Sefiře, omezení šíření světla. GE, které zůstaly v každé Sefiře nad Parsou, se nazývají „pravá linie", protože v nich je světlo. Malchut, která se v každé Sefiře pozvedla do Biny, vytváří svým omezením příjmu světla, „levou linii". Zivug na pozvednuté Malchut (avšak pouze na volných Kelim K-Ch-B, které nejsou pod zákazem a omezením,) umožňuje svítit světlu Chasadim v GE. A tento příjem světla Chasadim v GE se nazývá „střední linie".

A nyní přejdeme k vysvětlení toho, co je řečeno v Zoharu: Deset Sefirot: Keter (K), Chochma (Ch), Bina (B), Chesed (Ch), Gevura (G), Tiferet (T), Necach (N), Hod (H), Jesod (J) a Malchut (M). Avšak celkově je jich pět: Keter (K), Chochma (Ch), Bina (B), Tiferet (T) a Malchut (M), protože Tiferet (nazývaná rovněž Zeir Anpin – ZA) se skládá ze šesti Sefirot, od Chesedu do Jesodu. Pět Sefirot K-Ch-B-ZA-M vytvořilo pět Parcufim v každém světě. Ve světě Acilut jsou to Parcufim: Arich Anpin (AA), Aba ve Ima (AVI) a Zeir Anpin ve Nukva (ZON). Keter se nazývá AA. Chochma a Bina se nazývají příslušně jménem AVI. Tiferet a Malchut se nazývají příslušně jménem ZON.

Podstata sedmi dnů stvoření spočívá v Parcufim ZA a Nukva světa Acilut, které se skládají ze sedmi Sefirot: Ch, G, T, N, H, J, M. A z popisu stvoření vychází najevo, jak AVI,

Chochma a Bina, rodí ZON, všechna stvoření, včetně nás, a jak jsou odchovávána až do konečného stavu během 6000 let. A o tom k nám dále hovoří kniha Zohar.

Rabi Chizkijah započal se svými vysvětleními Nukvy ZA světa Acilut vysvětlením zrození ZON z Ima, Biny, nazývané Elohim. A proto započal svoje vysvětlování růží, Nukvou ZA. Nukva ZA ve stavu svého velkého úplného rozvoje se nazývá Kneset Israel – Shromáždění Izraele. Vzhledem k tomu, že se Nukva skládá ze všech duší, nazývaných Izrael a proto je řečeno, že růže – to je Kneset Israel.

V růži, Malchut, jsou dva stavy: nižší, počáteční, malý – když se skládá jen z jedné Sefiry Keter se světlem Nefeš v ní, a devět jejích zbývajících Sefirot jsou ty, které klesly ze světa Acilut do světa Berija. A v Nukvě je stav zralý, velký, úplný – když se pozvedá jejích devět Sefirot ze světa Berija do světa Acilut a naplňuje se její Parcuf do úplnosti, do deseti Sefirot. A ona se tehdy, rovná svému muži, ZA, pozvedá společně s ním do AVI a odívá se na nich, tj. dostává jejich světlo.

Odívání nižšího, vnějšího Parcufu na vyšší, vnitřní, znamená, že nižší dosahuje část vyššího, pozvedá se na vyšší duchovní úroveň a začne se vyššímu něčím podobat.

A tehdy se nazývá ZA jménem Izrael, od písmen LI (mně) a ROŠ (hlava), což znamená velký stav, a Nukva se nazývá Shromáždění Izraele, protože v sobě shromažďuje celé světlo svého muže, ZA, a předává je nižším – duším ve světech BJA.

Malý stav Nukvy se nazývá „růže mezi trním", protože jejích devět nižších Sefirot v malém stavu kleslo pod Parsu světa Acilut, a tím ztratily světlo světa Acilut a staly se suchými jako trny. A v jejím velkém stavu se nazývá prostě růže nebo Shromáždění Izraele. A proto je řečeno, :„je růže a je růže".

Červená barva hovoří o tom, že v růži je spojení s vnějšími, nečistými silami, které z ní vzhledem k tomuto spojení mohou nasávat síly – světlo. Jde o to, že jejich devět Sefirot je ve vyhnanství, pod světem Acilut, ve světě Berija, kde se již nacházejí nečisté síly. A v růži je rovněž bílá barva, v její Sefiře Keter, protože její Sefira Keter se nachází ve světě Acilut, nad Parsou, kde není sepětí s nižšími, nečistými. To znamená, že existují dva opačné stavy, dokonalost a její absence, světlo a tma. Pociťuje to člověk, který toho byl uznán za hodna.

A proto je řečeno: Jako v růži mezi trním je červená a bílá, tak i Shromáždění Izraele se skládá ze zákona a milosrdenství, aby bylo zřejmé, že ve velkém stavu, kdy se Malchut nazývá Kneset Israel, bez ohledu na to, že se pozvedla a oděla na Binu, zůstává v ní vlastnost zákona, omezení, tvrdého, spravedlivého, a nikoli soucitného vztahu, protože potřebuje clonu, sílu odporu vůči svým egoistickým přáním, která, je-li v ní, umožňuje přijmout vyšší světlo.

Zákon, soud a omezení neumožňuje dostávat světlo do egoistických přání. Clona, snaha odporovat vlastním egoistickým přáním, odtlačuje vyšší světlo, potěšení, zpět k jeho zdroji, Stvořiteli. Toto světlo, které člověk navrací, se nazývá opačným světlem nebo světlem zákona, které umožňuje, v souladu s intenzitou síly odrazu, existenci sil odporu vůči svému přání po sebenaplnění, přijetí do sebe, právě do těchto altruistických přání, deseti Sefirot vyššího světla, nazývaných přímé světlo nebo světlo milosrdenství, ve prospěch Stvořitele. A proto se Shromáždění Izraele dokonce ve svém úplném stavu skládá ze zákona a milosrdenství v souladu s červenou a bílou barvou růže mezi trním.

A to je nádrž, kterou vybudoval král Šlomo (Šalomoun). Stojí na dvanácti bycích, protože těchto devět nižších Sefirot Malchut, které klesly do světa Berija, tam bylo napraveno dvanácti hlavami býků. A jedna ze Sefirot, Keter, která zůstala ve světě Acilut, se nazývá „nádrž", stojící na těchto bycích. A dohromady se nazývají třinácti lístky růže. (Příčina rozdělení deseti Sefir Malchut na deset-Chasadim nebo na třináct-Chochma bude vysvětlena později).

Světlo úplné Nukvy, nazývané Chochma, protože je v něm světlo rozumu, pochází ze třinácti jmen, nazývaných „třináct vlastností milosrdenství". Avšak to hlavní, co nám chce rabi Chizkijah říci, je to, že růže mezi trním je nad Shromážděním Izraele, protože, jak je známo, všechno, co je v Nukvě v jejím úplném stavu, musí být v jejím malém stavu, avšak ve zmenšené podobě,.

A proto je řečeno, že vlastnosti bílé a červené v malém stavu odpovídají vlastnostem milosrdenství a zákona ve velkém stavu. A třináct lístků malého stavu při nápravě vytvářejí v Nukvě třináct vlastností milosrdenství v jejím velkém stavu. Dále posoudíme, jak těchto třináct vlastností mění Malchut světa Acilut v malém a velkém stavu.

Stojí psáno, že Stvořitel ve svém procesu stvoření, jak bylo řečeno: „Na počátku stvořil Elohim" (kde Elohim je Bina světa Acilut) Nukvu ZA třinácti slovy: ET, ŠAMAIM, VEET, AREC, VEAREC, CHAJTA, TOCHU, VABOU, VECHOŠECH, AL, PNEJ, TECHOM, VERUACH (od slova Elohim ke slovu Elohim). A těchto třináct slov označuje třináct lístků růže mezi trním (její malý stav), jako nádrž, vybudovaná králem Šlomem, stojící na třinácti (dvanácti) bycích (devět nižších Sefirot Malchut jsou beze světla, protože se nacházejí ve světě Berija, pod Parsou světa Acilut) a jsou přípravou k očištění a nápravě Shromáždění Izraele pro obdržení třinácti vlastností milosrdenství.

Těchto třináct vlastností milosrdenství, které jsou světlem úplné Nukvy, ji obklopují a svítí jí ze všech stran kolem dokola a chrání ji před dotykem cizích (egoistických přání). Vždyť do té doby, než v ní bude celé světlo, jež ji bude naplňovat během jejího úplného, velkého stavu, který je světlem Chochma, je možnost, že se k ní přisají a budou se z ní živit cizí, egoistická přání.

2. A dále se připomíná jméno Elohim po druhé: „Elohim se vznáší". Proč je použito v tomto smyslu? Je to proto, aby se objevilo pět tvrdých listů, obklopujících růži, které se nazývají „spasení". A je to pět bran. A o tomto tajemství je řečeno: „Kalich spásy" zvednu (Ž 116, 13) – to je kalich požehnání. Kalich se musí nacházet na pěti prstech, jako růže sedí na pěti tvrdých listech, odpovídajících pěti prstům. A tato růže je kalich požehnání, od druhého slova Elohim do třetího slova Elohim (str. 1 Tóry) – je tam pět slov: vznášel se, nad, hladinou, vod, řekl – celkem pět slov proti pěti listům. A dále: I řekl Stvořitel: „Buď světlo!" Je to světlo stvořené, ale skryté a zahrnuté do smlouvy, vešlo

do růže a dalo jí semeno. A nazývá se „Rozmanité druhy stromoví, které nese plody se semeny". (Berešit, Gn 1, 12). **A toto semeno se nachází ve znaku smlouvy.**

Pět listů je pět Sefirot světla odraženého od Malchut, které Malchut pozvedá od Zivugu úderem Přímé přicházející světlo se nazývá pět Chasadim Ch-G-T-N-H, a odívá se do pěti částí (druhů omezení) odraženého světla Ch-G-T-N-H, nazývaného pět tvrdých listů růže, odpovídajících textu od druhé (nad vodami vznášel se duch Boží) do třetí (I řekl) připomínky slova Elohim v Tóře.

V těchto slovech se hovoří o tom, jak vyjmout z Malchut (vlastnosti) pět tvrdých listů, aby se stala hodnou Zivugu a dosažení velkého stavu. A během velkého stavu, kdy se pět tvrdých listů stává pěti omezeními, jsou definovány jako pět bran přijetí světla Chasadim přímého světla a nazývají se spásou, a Malchut se nazývá kalichem spásy nebo kalichem požehnání, zdaru, protože právě díky těmto listům – omezením, může Malchut přijmout světlo Chasadim – požehnání.

Kalich požehnání je nutno držet na pěti prstech, protože Malchut může přijmout světlo Chochma pouze je-li předem oděna do světla Chasadim. Proto je předem třeba učinit požehnání, což znamená přijmout pět částí (NaRaNChaJ) světla Chasadim, za pomoci pěti prstů, pěti omezení, a poté již v nich (k nápravě záměru) lze přijmout světlo Chochma.

Proto je třeba pozvedat kalich s vínem oběma rukama, vždyť pět prstů pravé ruky symbolizuje milosrdenství – Chasadim a pět prstů levé ruky omezení. Avšak když začneme žehnat, je třeba kalich držet pouze pěti prsty pravé ruky (Chasadim, dávající), jinak se vzbudí nečisté síly, které berou od levé (přijímající) strany, neboť nečisté síly přijímají pouze tam, kde je příjem světla.

A dále následuje velký stav Malchut, kterému odpovídají slova Tóry: „Buď světlo." Je to těch pět světel, jak je řečeno v Talmudu (Chagiga 12), v nichž Adam spatřoval svět od konce do konce. Stvořitel však uviděl, že v pokolení potopy a Babylonské věže budou hříchy, a skryl tento svět. A následující pokolení ho již musí dosahovat sama.

Dříve se těchto pět Chasadim nacházelo v Jesod de ZA a Malchut od něho dostávala, ale nikoli tak jako nyní od Biny, nazývané Elohim. Jesod de ZA se nazývá znakem smlouvy se Stvořitelem (poté, co přejdou nápravy, nazývané obřezáním), a pět Chasadim, dostávaných na pěti omezeních, se nazývají „semeno". Základní síla omezení a úderných sil clony, jimiž odráží světlo zpět, se nachází v Ateret Jesod, konci Sefiry Jesod. Tam dochází k Zivugu úderem, z něhož Malchut dostává světlo. Pouze na konci nápravy přejde Zivug na samu Malchut.

Proto během 6000 let clona, když se nachází v Jesod, naráží do přicházejícího světla – potěšení svými pěti omezeními, silami, odporujícími egoistickému potěšení, čímž tvoří pět částí odraženého světla a dostává do nich pět částí světla Chasadim. A poté předává těchto pět světel Chasadim ZA ze svého Jesod do Nukvy. A těchto pět světel Chasadim se nazývají „semeno".

3. Jako se smlouva oplodňuje ve 42 Zivugim od tohoto semene, tak tajné jméno naplňuje a oplodňuje všech 42 písmen počátečního aktu stvoření.

Jméno 42=MB=mem+bet=40+2 se skládá z HaVaJaH=4 písmena, naplněné HaVaJaH=10 písmen, dvakrát naplněné HaVaJaH=28, celkem 4+10 + 28=42, označující semeno, existující ve znaku smlouvy, tj. uzavřené v pěti Chasadim a v pěti Gevurot.

V Nukvě jsou dvě strany: samo její tělo – Parcuf, které vzniká z Biny, a její Zivug, nazývaný tajemstvím jednoty se ZA. Nukva může být v malém nebo velkém stavu. Malý stav je neúplný, nedostatečný stav Malchut, ale je nezbytný jako přípravný pro velký stav, nazývaný odhalením tajného, skrytého.

A vzhledem k tomu, že velký stav odhaluje malý a vše, co je skryto v malém stavu, vysvětluje se ve velkém, pak ve stavu duchovního pádu, člověku nejsou jasné příčiny jeho stavu, ale vše se vysvětluje, když dosahuje dále následujícího velkého stavu.

Důsledkem vzestupu Malchut AVI do jejich Biny se rozdělil Parcuf Bina, AVI, na dva: horní část, GE, se začala nazývat AVI, a dolní část, AChaP, se začala nazývat IŠSUT. AVI jsou naplněny světlem Chasadim, protože si nepřejí nic jiného, a IŠSUT je dostává od nich, i když si přeje světlo Chochma, ale nemůže jej přijmout, vzhledem k tomu, že Malchut AVI se pozvedla nad ním.

Avšak přestože v AVI není světlo Chochma, nikterak tím nestrádají, a proto se nacházejí v dokonalosti, nazývané GAR, dokonce v případě absence světla Chochma. A dokonce když člověk pozvedá MAN s prosbou obdržet sílu, tj. světlo Chochma, aby ovládl svoje nečistá přání, AVI nedostávají světlo Chochma. Dostává je IŠSUT a předává je do ZA. Proto, i když se AVI nacházejí pod hlavou AA a není v nich světlo Chochma, nestrádají tím.

Avšak IŠSUT strádá nedostatkem světla Chochma, protože je chce předat ZA, a tak čeká na MAN od ZA, aby se v podobě Sefiry Daat pozvedl do AVI. To protože když nižší pozvedají MAN, pozvedá se celá Bina do hlavy AA, IŠSUT dostává od AA světlo Chochma a předává je do ZON. To odpovídá odchodu jod z Avir – vzduchu a znovu slovo vzduch – Avir se mění v slovo Or – světlo (Chochma).

Avšak AVI při tom všem zůstávají dokonce v hlavě AA pouze s Or Chasadim = vzduchem. Proto se hlavy AA a AVI nazývají „nejvyšší vody" nebo „nebesa". A to přitom, že AVI mohou být pod hlavou AA, ale vzhledem k tomu, že to nemá vliv na jejich nezávislost a dokonalost, jakoby se nacházejí v hlavě AA.

Pod AVI se nachází nebeská klenba – Parsa světa Acilut, který rozděluje „dávající" a „přijímající" Kelim světa Acilut. A pod Parsou, stojící v hrudi AA, se nachází IŠSUT a ZON, spodní vody, potřebující světlo Chochma. Proto je řečeno, že spodní vody pláčou – nacházejí se v malém stavu, protože pociťují nedostatek světla Chochma a přejí si pozvednout se do hlavy AA. V žádném případě se nesmí plést Parsa světa Acilut, která se nachází uvnitř světa Acilut, který jej dělí na GE a AChaP, s Parsou pod světem Acilut, oddělující jej od světů BJA.

Světlo, které je přijímáno nad Parsou světa Acilut, se nazývá světlo mem-bet (MB). Avšak ZON, sedm Sefirot (šest Sefirot ZA a jedna Sefira Malchut), označující sedm dní stvoření, nemohou přijmout toto světlo MB, protože se nacházejí pod Parsou, a dostávají od IŠSUT pouze světlo Chasadim, minimum pro existenci.

Když však nižší (člověk) pozvedají MAN a MAD klesá z AB-SAG, světlo, které vrací Binu do hlavy AA, tehdy IŠSUT dostává světlo Chochma a předává je do ZON, čímž se ZON pozvedají nad Parsu, která se nachází v hrudi AA, a dostávají světlo MB.

Proto se světlo MB v ZON vyjadřuje v 32 Elohim a deseti výrocích, kde 32 Elohim je IŠSUT ve stavu vzestupu, kde dostává 32 proudů moudrosti – Chochma, které v něm generují 32 jmen Elohim, uvedených v aktu stvoření: „Na počátku stvořil Stvořitel" atd.

Deset výroků je pět Chasadim. Poté, co již ZON již obdržely světlo Chochma od 32 Elohim, se pět světel Chasadim, přijímaných od AVI a označujících MB, nazývá „nejvyšší vody". Vidíme, že pět Chasadim v ZON se neproměňují ve jméno MB předtím, než obdrží od 32 Elohim. Proto je řečeno, že 32 Elohim s deset výroků tvoří jméno MB, tj. je ve stavu vzestupu.

Proto, jak pravil prorok Chizkijah, těchto pět světel ve výroku „Buď světlo", označujících pět Chasadim, se nazývá semeno (hojnost), které Jesod de ZA předává Malchut. A nazývá se MB, i když v zásadě jde pouze o pět Chasadim, ale vzhledem k tomu, že v něm je světlo Chochma od 32 Elokim IŠSUT, patří k MB.

Výhonky květů

4. Na počátku rabi Šimon otevřel: „Po zemi se objevily výhonky květů" (v hebrejštině, je výraz pro stát a zeměkouli stejný – Arec. (Šir Aširim, Pís 2, 12). Výhonky jsou činem počátku stvoření. Objevily se na zemi – kdy? Bylo to třetí den, kdy je řečeno: „Zazelenej se země zelení" (Berešit, Gn 1, 11). „Nadešel čas zpěvu" – to byl čtvrtý den, čas přísnosti, zákona, omezení. Protože v čtvrtém dni je slovo „světla" napsáno s vynechaným písmenem, což je náznak přísnosti zákona a prokletí. „Je slyšet hlas hrdličky" – to bylo pátý den, kdy je řečeno: „Hemžete se vody", aby bylo vytvořeno potomstvo. Ale slovo „slyšet" je až v šestý den, kdy je řečeno: „Učiňme člověka", který v budoucnu předstihne činem pochopení (Naase ve Nišma). Protože je zde řečeno: „Učiňme člověka," a tam je řečeno: „Učiníme a uslyšíme." „V naší zemi" to je Sobota, která je jako země života, budoucí svět.

Je pro nás zcela nepochopitelné, jak Zohar srovnává to, co je řečeno v Šir Aširim (Pís 2, 12) s tím, co je řečeno v Berešit o prvních dnech stvoření. Šest dní stvoření – je to šest Sefirot Ch-G-T-N-H-J ZA, z nichž se tvoří všech deset Sefirot Parcufu Nukvy. Jde o to, že Nukva je pouze přání dostávat (potěšení), ale veškeré její duchovní tělo, přání dávat, je budováno od Sefirot ZA, jejího manžela, od těch altruistických vlastností, které jí předává.

Samotná Nukva je stvořené přání po sebenaplnění – prázdné místo, nenaplněné světlem, Stvořitelem, protože světlo může vejít pouze do přání, jež je mu podobné vlastnostmi (Kli). Proto v souladu se svou podobností ZA, jaké vlastnosti od něho Malchut dostává, takové, napravené, jeho vlastnosti, stávají se Parcufem a naplňují se světlem, odpovídajícím své nápravě: Čím větší náprava je v nějaké části, tím větší světlo (z pěti světel NaRaNChaJ) vchází do této části. Napravená a naplněná část Malchut se nazývá „svět". Zde a dále Zohar vysvětluje, jak je Nukva budována od ZA, tj. jak se tvoří svět.

Nukva se nazývá „země". Výhonky jsou Sefirot – vlastnosti ZA, které se ukazují, prorůstají do Malchut třetí den stvoření, což odpovídá Sefiře Tiferet (Chesed-1, Gevura-2, Tiferet-3). Na počátku byla Malchut stvořena podle výšky jako ZA, dvě stejně velká nebeská tělesa, Slunce je ZA a Měsíc je Malchut, proto je vidíme v době úplňku jako stejné co do velikosti. Vždyť se o všem hovoří vzhledem k člověku. V počátečním stavu, po svém stvoření představuje Malchut bod u nohou ZA, a poté roste podél něj.

To znamená, že v třetí den stvoření se Malchut rovnala výškou Tiferet ZA, tj. měla stejné vlastnosti. Avšak v takovémto stavu Malchut nemohla dostat světlo. Proto je řečeno PŘÍSNOST (zákon) SE PROJEVILA NA ZEMI, tj. v Malchut.

Avšak v takovémto stavu Malchut nemohla dostat světlo. Proto je řečeno, že se výhonky pouze objevily. A poté – NADEŠEL ČAS ZPĚVU – to již je čtvrtý den stvoření, kdy se Malchut zmenšila, protože si stěžovala Stvořiteli: „Nemohou dva andělé používat jednu korunu" – jestliže se rovná ZA, je s ním stejná co do výšky, pak od něj nemůže dostat světlo Chochma.

Příčina spočívá v tom, že Malchut, která nedostala předběžně od ZA světlo Chasadim, nemůže dostat světlo Chochma, protože světlo Chochma lze přijmout pouze uvnitř světla Chasadim, po odění světla Chochma, potěšení, do světla Chasadim, záměr potěšit se „ve prospěch Stvořitele". A Stvořitel jí odpověděl: „Tak jdi a zmenši se". To znamená, jestliže nemůžeš dostávat světlo samostatně, v důsledku svých egoistických vlastností, nýbrž pouze od ZA, pak zmenši svoje vlastnosti a přijmi jeho vlastnosti a postupně se napravuj, a poté dokážeš dostat veškeré světlo a být takovým jako on (ZA=Stvořitel). To všechno je popsáno v Talmudu, Chulin 60,2, avšak pouze s vysvětlením knihy Zohar se to přestane chápat jako pohádka.

Tehdy poklesla Malchut pod Jesod ZA a devět jejích nižších Sefirot upadlo pod Parsu, do světů BJA. A v Acilut zůstala pouze její Sefira Keter v podobě bodu, stojícího pod Jesodem ZA. A dále není Malchut budována od svých Sefirot – vlastností, které jsou v BJA, nýbrž od Sefirot – vlastností, Necach a Hod ZA. I když byla Malchut dříve větší, nemohla dostat světlo vzhledem k nepřítomnosti světla Chasadim; nyní bude menší, ale bude mít světlo Chasadim, do nějž může dostat světlo Chochma; přestože bude mít nejmenší stupeň, může jej využít, protože světlo Chasadim odhání nečisté síly, které se přisály k Nukvě. To je řečeno slovem Zamir – zpěv, zde se však má na mysli jiný smysl tohoto slova - odseknutí nečistých sil od Malchut – výhonku růže.

HLAS HRDLIČKY: Hrdlička je Sefira – vlastnost, Necach ZA a hlas hrdličky je Sefira Hod ZA, pátý den stvoření. A protože Malchut dostává od Jesod, který dostává od Hod, spojeného s Necach, nazývá se takovýto příjem do Malchut „hlas hrdličky".

Proto slovo „slyšet" je šestý den, neboť hlas hrdličky Malchut je slyšet pouze za pomoci šestého dne, Jesodu ZA, zahrnujícího Necach a Hod dohromady a předávajícího jejich světlo do Malchut. Proto je řečeno, že je slyšet tento hlas v Malchut jen od Jesod, v šestý den.

Příčina spočívá v tom, že Malchut může dostávat světlo pouze od střední linie ZA: buď od Jesodu ZA (dostává stupeň, nazývaný NeHJ = N-H-J, Ibur – zárodek), nebo od Tiferet ZA (dostává stupeň, nazývaný ChaGaT = CH-G-T = VAK, Jenika – kojení, neboli Katnut - malé), ne od Daat ZA (dostává stupeň, nazývaný ChaBaD = CH-B-D = GAR, Mochin – rozum, nebo Gadlut – velké).

| linie | | | Název stupňů | Světlo ve stupni |
levá	střední	pravá		
Bina	Daat	Chochma	Ch-B-D = ChaBaD	světlo Nešama = světlo ChaBaD
Gevura	Tiferet	Chesed	Ch-G-T = ChaGaT	světlo Ruach = světlo ChaGaT
Hod	Jesod	Necach	N-H-J = NeHJ	světlo Nefeš = světlo NeHJ

UČIŇME ČLOVĚKA, PROTOŽE ON V BUDOUCNU PŘEDSTIHNE ČINEM POSLOUCHÁNÍ: zrak je Sefira Chochma, sluch je Sefira Bina, Čin, činnost je vlastností Malchut. Aby bylo možno napravit Malchut, to jediné, co bylo stvořeno Stvořitelem (ostatní Sefirot jsou vlastností samotného Stvořitele, jimiž postupně tvořil Malchut), bylo stvořeno druhé zkrácení - vzestup Malchut k Bině, aby byly spojeny vlastnosti Malchut, egoistické – dostávat s vlastnostmi Biny, altruistickými – dávat: Malchut se pozvedla až do Aba-Chochma a Ima-Bina se ocitla pod Malchut – Parsou, kde se ukázala jako podobná Malchut svými vlastnostmi.

Oči jsou Sefira Chochma, Aba. Malchut se pozvedla k očím a stojí v zornicích očí. Malchut se nazývá Nukva, a Malchut, která stojí v očích, se nazývá Nukva Ejnajim - Nikvej Ejnajim, NE. Proto má AA v hlavě pouze Keter a Chochmu: Bina klesla z hlavy do těla, Malchut je nad Binou, tj. Malchut = čin je výše, tj. dříve než vnímání a chápání. To znamená, že „učiníme a uslyšíme" – čin podle druhého zkrácení, dostávání pouze do GE. Takovýto stav se nazývá návrat (vlastnostmi ke Stvořiteli). Úplný návrat je tehdy, když se napravuje a připojuje ke stupni a jeho AChaP.

V důsledku vzestupu Malchut do NE změnila Malchut svoje vlastnosti (pouze toto potřebuje každý z nás – pozvednout se na úroveň vlastností Stvořitele, abychom se stali, poté, co přijmeme Jeho vlastnosti, jako On) a začala být připravena pozvednout se k AVI, dostat světlo Chaja. Věčné světlo této úrovně se nazývá První chrám. Proto dal Izrael při obdržení Tóry přednost na počátku konat, a teprve potom slyšet. A proto byl uznán za hodna obdržení Tóry (Talmud, Šabat 85, 1), neboť čin = Malchut se pozvedl a navlékl na AVI, čímž bylo odhaleno tajemství padesáti bran Biny.

Výstavba Chrámu neznamená jeho pozemské budování, nýbrž dosažení stupně Chrámu, stupně AVI světa Acilut, světla Chaja, Prvního chrámu neboli stupně IŠSUT světa Acilut, světla Nešama, Druhého Chrámu.

Zde v Zoharu je řečeno: „bylo slyšet" šestý den, protože v ten den, tj. v tomto stavu, došlo k nápravě Malchut jejím vzestupem nad Binu, což se nazývá předčit „činem poslouchání", dělat a slyšet jako při obdržení Tóry. Malchut ve stavu vzestupu do Biny se nazývá věčnou zemí, zemí života, protože získává život od Biny.

V NAŠÍ ZEMI JE TO ŠABAT JAKO VĚČNÁ ZEMĚ ŽIVOTA: Ima-Bina se nazývá země života neboli věčná země. V důsledku činu šestého dne, tj. činu Stvořitele shůry (faktorem času se označuje čin samotného Stvořitele, čin, který nemá příčiny v našem světě), Malchut se pozvedla v sedmém dnu stvoření, v Sobotu, k Ima a stala se jako ona, protože nižší, když se pozvedne na stupeň vyššího, se stává svými vlastnostmi jako vyšší. Proto Malchut, když se pozvedla do Biny a přijala tam světlo Chaja, se nazývá zemí věčného života.

5. Jiné vysvětlení: výhonky jsou otcové, kteří vešli do rozumu a vešli do budoucího světa, do Biny, a jsou tak skrytí. A odtud vycházejí skrytí a skrývají se ve skutečných prorocích. Narodil se Josef – a skryli se v něm. Vešel Josef do svaté země a postavil je tam. Tehdy se ukázali na zemi a rozvinuly se tam. Kdy se ukázali? Když je vidět duha,

to se rozvíjejí. V tu dobu přichází doba zpěvu, tj. doba zničení všech hříšníků na zemi. **Proč se zachránili? Protože se výhonky ukázaly na zemi (ze země). A jestliže by byly vidět dříve, nemohly by zůstat ve světě, a svět by nemohl existovat.**

Zde Zohar vysvětluje dosažení ZA světla Chaja. N-H-J ZA se nazývají „synové" a Ch-G-T ZA se nazývají „otcové". Rovněž hrdlička je Ch-G-T ZA. Sám ZA se skládá jakoby ze dvou částí: do jeho hrudi se jeho Sefirot Ch-G-T nazývají velkými ZON, pod jeho hrudí se Sefirot N-H-J nazývají malými ZON. Ch-G-T jsou příslušně: Abraham – Jicchak – Jakov. N-H-J jsou příslušně: Moše – Aaron - Josef. Malchut je David.

Gevura-Jicchak Chesed-Avraham Tiferet – Jakov	Tři otcové
Hod – Aaron Necach – Moše Jesod – Josef	Tři synové
Malchut – David	

Sefirot N-H se nazývají „proroci", Jesod je „spravedlivý" atd. Zde se hovoří o výhoncích, které postupně rostou z malého stavu do velkých ZON: na počátku byly ZON malé, Sefirot N-H-J, se světlem Nefeš, nazývané Ubar – zárodek. Poté za pomoci Jenika – kojení, přijímání světla od Ima, vyrostly: Sefirot N-H-J příslušně vyrostly svými vlastnostmi do vlastností Sefirot Ch-G-T a přijaly světlo Ruach. Tak již sestává Parcuf z částí ChaGaT a NeHJ je se světlem Ruach a Nefeš. Poté, v důsledku dalšího přijímání sil od nejvyššího, dalšího růstu, dosáhly „Gadlut Alef", prvního velkého stavu, Sefirot Ch-G-T se příslušně staly Sefirot Ch-B-D se světlem Nešama, Sefirot N-H-J se staly příslušně Sefirot Ch-G-T a dostaly nové Sefirot N-H-J. Tak Parcuf vyrostl do tří částí Ch-B-D, Ch-G-T. N-H-J se světly Nefeš, Ruach a Nešama. A nazývá se Gadol – velký (velký-1). A poté, v důsledku dalšího růstu, dosáhly zralého stavu (velký-2), Gadlut Bet", druhého velkého stavu a do Sefirot Ch-B-D vešlo světlo Chaja.

				B Ch D
		G Ch T		G Ch T
H N J		H N J		H N J

1. zárodek 2. malý 3. velký

„Růst" – máme na zřeteli růst clony, protiegoistických vnitřních sil, přání v samotném člověku. Pouze toto odlišuje velkou nádobu od malé, pouze v tom spočívá rozdíl mezi Parcufim. A v důsledku velikosti clony se mění i jejich vnitřní vlastnosti.

TITO OTCOVÉ VEŠLI DO NEJVYŠŠÍHO ROZUMU A POVZNESLI SE DO BUDOUCÍHO SVĚTA – je řečeno o nitroděložním vývoji ZA, když se zvedá k AVI, nazývaným „vyšší rozum", „vyšší myšlenka". Aba-Chochma se nazývá „rozum", „myšlenka" a Ima-Bina se nazývá „budoucí svět". A oba se nazývají „rodiče", otec a matka, AVI. A tam začíná počátek stvoření, početí ZA od jeho původního stavu duchovního zárodku.

Jako je v našem světě zárodek zcela závislý na matce, úplně je na ní odkázán, nemá zcela žádná vlastní přání a život, vyvíjí se pouze díky ní, tak i každý člověk se může stát duchovním zárodkem, jestliže úplně odstraní všechna svoje přání a činy, a bude plnit pouze to, co si přeje vyšší Parcuf, učiní ze sebe duchovní embryo, podobné tomu fyziologickému. Rozdíl mezi fyziologickým zárodkem a duchovním spočívá v tom, že k tomu, aby se člověk stal duchovním zárodkem, je zapotřebí obrovského osobního úsilí a přání, zatím co existenci fyziologického zárodku řeší rodiče.

V důsledku svého nitroděložního vývoje v Bině, kdy člověk plně ničí všechna svoje osobní přání a myšlenky a je ochoten přijmout, jako zárodek v matce, všechno, co mu dává, všechny její myšlenky a vlastnosti. ať se zdají jakkoli nepochopitelnými a nepřirozenými vzhledem k jeho podstatě – tento zárodek dosahuje stavu svého duchovního narození.

Avšak toto je stav, kdy vyšší světlo je před ním ještě více skryto, protože ještě nemá clonu přijímat toto světlo. Proto se takovýto stav nazývá malý, SKRYTÝ VE SKUTEČNÝCH PROROCÍCH, tj. v Sefirot Necach a Hod, kterých ZA dosahuje v důsledku procesu kojení, přijímání mléka, světla Chasadim od matky – Imy – Biny.

Světlo kojení postupuje do N-H-J ZA, a ZA dosahuje VAK = světla Nefeš - Ruach = malého stavu. V kojení ZA dosahuje Sefiry Jesod – proto je řečeno, že se narodil Josef: po skončení kojení se ZA zvedá, aby přijal od AVI světlo Nešama – velký stav, nazývaný Josef.

ZA se skládá ze tří částí: ChaBad = Ch-B-D-, ChaGaT = Ch-G-T, NeHJ = N-H-J. Proces růstu ZA, proces získávání clony na svoje přání, začíná nejsvětlejší, nejméně egoistickou částí – Sefirot Ch-B-D, do nichž dostává zpočátku světlo Nefeš. Poté získává clonu na těžší egoistická přání, Sefirot Ch-G-T, a do nich přechází světlo Nefeš z Ch-B-D, a do vyprázdněných Ch-B-D vchází světlo Ruach.

Poté ZA přijímá clonu rovněž na nejegoističtější Kli, Sefirot N-H-J, a světlo Nefeš z Ch-G-T přechází do N-H-J, do vyprázdněných Ch-G-T přechází světlo Ruach z Ch-B-D, a do vyprázdněných Ch-B-D vchází světlo Nešama.

Dosažení ZA velkého stavu se nazývá zrození Josefa, protože se objevily Sefirot N-H-J, kde poslední Sefira, Jesod, se nazývá Josef. Avšak vzhledem k tomu, že ještě není světlo Chaja, nazývá se takovýto stav ukrytím. VEŠEL JOSEF DO SVATÉ ZEMĚ A POSTAVIL TAM – tj. po dosažení prvního velkého stavu, přijímání světla Nešama, ZA nadále roste, buduje svoji clonu, až do doby, kdy do ní získá světlo Chaja.

V takovémto stavu se od něj Malchut ZA odděluje do samostatného Parcufu, nazývaného SVATÁ ZEMĚ, protože světlo Chaja se nazývá svatost. Proto je řečeno, že vešel, správněji, POVZNESL SE JOSEF, ve velkém stavu ZA, DO SVATÉ ZEMĚ, staly se

ZA a Nukva rovnými a stejně velkými ve stavu PBP – Panim be Panim, tváří v tvář, stavu, určujícím Zivug mezi ZON.

A POSTAVIL TAM JOSEF – světlo Chaja neboli Chochma naplňuje Parcuf pouze během Zivugu, kdy ZON dělají Zivug mezi sebou. A toto světlo zůstává v Malchut, protože se odhaluje pouze s její pomocí, její clonou. Jako AVI-GAR de Bina a IŠSUT – ZAT de Bina – a pouze IŠSUT je světlo Chochma, tak ZA a Malchut mají k sobě vztah a světlo se odhaluje pouze v Malchut. Proto se hovoří o tom, že je světlo odhaleno, pouze když světlo Chochma naplňuje Nukvu, a předtím se považuje za skryté.

KDY JSOU VIDĚT? KDYŽ JE VE SVĚTĚ VIDĚT DUHA – ZA se nazývá „duha", svět je Malchut, jejich spojení se nazývá „duha na oblaku". NADEŠEL ČAS ZNIČIT VŠECHNY HŘÍŠNÍKY NA ZEMI – nárůstem hříšníků na světě, při zvýšení přisávání nečistých sil k ZON, mohou nečisté síly natolik ovlivnit ZON, že jako v době potopy přivedou k zániku celý svět. V takovémto případě není pro člověka jiná spása, než že se mu odhalí vyšší světlo – světlo Chaja. Proto je řečeno v Zoharu, že svět se zachraňuje tím, že se ukazují výhonky ze země, tj. tím, že světlo Chaja ničí nečisté síly člověka ze země – jeho přání, z Malchut, a ony se k ní nemohou přisát, nemohou člověku uškodit.

A JESTLIŽE BY SE NEUKÁZALY, NEBYLO BY PRO SVĚT SPÁSY – protože na počátku se Nukva buduje velká, jako ZA, což se nazývá dvě velká nebeská tělesa, kdy Malchut má stejný stupeň jako ZA, ale stojí za ním, jsou zády k sobě a nejsou v stavu přijmout světlo Chochma, v důsledku nepřítomnosti světla Chasadim. Proto si Malchut stěžuje, že pro nedostatek Chasadim nemůže získat Chochmu: i když je co do rozměrů Měsíc jako Slunce, nemůže sám svítit, může svítit jen pokud mu slunce, ZA, dá světlo. A vzhledem k tomu, že se mu nedostává světla Chochma, nazývá se takovýto stav opačným (Achor – záda). A v poloze zády k sobě nemůže být Zivug.

Avšak poté, co se Nukva zrodí a roste (přijímá vlastnosti) od těla ZA, jak je řečeno v Tóře, že Chava (Eva) se rodí z Adamova těla, stává se mu rovnou a PBP, Panim be Panim, tváří v tvář se ZA do Zivugu. Minulé světlo však rovněž zůstává v ní. Ba více, právě v důsledku pocitu nedostatku světla ve svém počátečním stavu, právě za minulých strádání, Malchut dostává světlo Chaja. Kromě toho může člověk pocítit potěšení právě a pouze díky minulým strádáním.

Proto, jak je řečeno v Zohar, kdyby se neukázaly výhonky v Malchut během jejího malého stavu, kdy stála za ZA, nemohla by přijmout světlo Chaja během svého velkého stavu, protože by neměla Kelim – přání dostávat toto světlo. Veškeré stvoření nového je založeno na pocitu tmy, jak je řečeno, Stvořitel šíří ze Sebe světlo a z ničeho tvoří tmu. To, že člověk pociťuje tmu, znamená jeho přípravu k přijímání světla.

6. Kdo oživuje svět a vyvolává odhalení otců. Je to hlas dětí, zabývajících se Tórou. Díky těmto dětem existuje svět. Proto je řečeno: „Přívěsky zlaté ti uděláme" (Šir Aširim, Pís 1,11). Jsou to děti, výrostci světa, jak je řečeno: „Potom zhotovíš dva cheruby ze zlata" (Šmot, Ex 25, 18).

Světlo Ruach se nazývá „děti světa" a Zivug v tomto (PBA – tváří k zádům) stavu se nazývá HLAS DĚTÍ, ZABÝVAJÍCÍCH SE TÓROU. A to se nazývá zlaté nítě a dva zlatí cherubové. Před růstem Nukvy měly nečisté síly sílu zničit svět. Avšak právě tím, že v růstu Nukvy od ZA se v ní spojují pravá a levá linie v jedno, DUHA - pravá, svítí V OBLAKU - levá, může vejít do Malchut světlo Chaja, bez něhož může být zničen svět jako během (ve stavu) potopy.

KDO OŽIVUJE SVĚT – kdo vyvolává příchod světla Chaja – právě tyto děti, zabývající se Tórou. Děti, tj. světlo opačné strany, světlo Ruach, pociťování nedostatku světla Chaja, protože dítě znamená proces kojení. Děti domu Raban (Tinokot Bejt Raban) jsou světlo Chaja, protože Raban pochází od slova Rav – velký – Chaja. Nepoznaly hřích – nevyužily AChaP, svoje přání (egoistická, ještě nenapravená přání, protože děti znamenají malý stav) přání dostávat.

Kdo stvořil toto všechno?

7. Na počátku rabi Eleazar otevřel a pravil: „K výšině zvedněte zraky a hleďte: KDO STVOŘIL TOTO VŠECHNO?" (Išajahu, Iz 40, 26). Kam pozvednout zrak? Na to místo, na němž závisejí oči všech. Kdo je ON? On je otevírající oči, Malchut hlavy AA. A tam uvidíte, že Atik je ukryt a v něm je odpověď na otázku, KDO STVOŘIL TOTO VŠECHNO – je to MI, ZAT de Bina, vyšší mez nebe, všechno závisí na Něm. A protože je v Něm otázka, a On je ukryt, nazývá se MI. Protože MI – to je jako když se dotazuji MI – kdo? Protože výše od Něho již není otázek. Otázka je pouze na horní mezi nebe.

V hebrejštině MI znamená otázku „kdo?" a rovněž předložku „z". Vzhledem k tomu, že kabala k nám hovoří o vlastnosti kořenů našeho světa, jeden duchovní objekt nám odhaluje občas celou stupnici vazeb, vlastností a kategorií. Tak i zde je slovo „MI" částí slova ElohIM, kde poslední dvě písmena tvoří slovo MI. Současně však nesou na sobě množství dodatečných zátěží a významů.

Rabi Eleazar si přeje vysvětlit, jak bylo stvořeno nebe a země. Přirozeně, jako celá Tóra má Zohar na zřeteli pouze duchovní stupně, kategorie a nezabývá se vysvětlováním fyziky původu a vývoje našeho světa. Ostatně pochopit skutečný původ a vývoj našeho světa je nemožné bez dosažení duchovního světa. Kromě toho to, čeho dosahuje dosahující, není v stavu předat, a proto, i když dokonce obsáhl veškerou podstatu původu a působení naší přírody, stále to nedokáže popsat v podobě srozumitelné pro ostatní.

Nebe a země tvoří sedm dnů Stvoření, je to ZON světa Acilut. Avšak jestliže to je část světa Acilut, proč tedy je o ní řečeno BARAH – vytvořil, od slova Berija, světa Berija, a nikoli Acil – stvořil, od slova Acilut? Avšak právě zde je možnost otevřít nám oči na Stvoření.

V hlavě AA je pouze Keter a Chochma. Malchut, stojící pod očima, pod Sefirou Chochma, se nazývá „otevření očí" – vždyť přes ni při jejím otevření sestupuje světlo Chochma od hlavy AA ke všem Parcufim světa Acilut.

Proto je řečeno, že je třeba pozvednout oči NA MÍSTO, NA NĚMŽ ZÁVISÍ OČI VŠECH – protože světlo Chochma může naplnit všechny Parcufim světa Acilut pouze při otevření Malchut v hlavě AA. Proto veškeré tajemství otevření spočívá v Malchut. Světlo Chochma, světlo moudrosti je světlo očí. A ono vychází z očí, a pouze v tomto světle lze vidět.

Slovo BARAH označuje BAR – mimo, za hranicemi světa Acilut. Jde o to, že Bina sama vyšla z hlavy AA a dostala se níže, mimo hlavu AA, když porodila, tj. právě BARAH – když stvořila ZON. V hebrejštině má každý pojem několik možných názvů, určujících, právě k jakému činu zde došlo. Zde k zrození ZON došlo výstupem Biny ze svého stupně dolů, proto se takové zrození ZON nazývá BARAH, od slova Bar – mimo (svůj stupeň).

Veškeré stvoření je celkem pouze deset Sefirot. Vzhledem k tomu však, že každá Sefira zahrnuje v sobě všechny ostatní a všechny jsou navzájem spjaty, pak každý svět, stupeň a Sefira má vlastnosti všech, skládá se z částí, které jsou u všech ostatních. Proto je K-Ch-B-ZA-M v každé Sefiře, celkem 5 x 5 x 5 = 125 Sefirot, z nichž každá se skládá zase z 5, celkem 125 Sefirot neboli stupňů žebříčku od nás, nejnižších, ke Stvořiteli, nejvyššímu.

Vlastností samotné Biny je nedostávat Chochmu. Avšak k tomu, aby bylo předáno světlo Chochma do ZA a Malchut, které si přejí dostat je ve prospěch Stvořitele, neboť přijetí Chochmy je cílem stvoření, Bina vyčleňuje v sobě určitou část, nazývanou ZAT de Bina neboli IŠSUT, která dostává Chochmu od Parcufu Chochma a předává jej do ZON. Základní část, samotná Bina, se nazývá GAR de Bina. Část Biny, která dostává světlo Chochma, se nazývá ZAT de Bina.

Proto jestliže Bina vychází z hlavy, padá z hlavy do těla, jak tomu bývá v druhém zkrácení; to se neprojevuje na ní samotné, protože ona sama nikterak nestrádá nedostatkem světla Chochma a jakoby z hlavy nevycházela. To se však týká pouze horní části Biny, GAR de Bina, která si nepřeje Chochmu. Tato část se nazývá AVI, a nachází se od úst k hrudi AA.

Avšak ZAT de Bina, která si přeje dostat Chochmu pro ZON, jako si matka přeje dostávat pro svoje děti, pociťuje výstup z hlavy AA do jeho těla, protože tam nemůže dostat světlo Chochma, může dostat pouze světlo Ruach-Nefeš, VAK světla. Tato část Biny se nazývá IŠSUT a nachází se od hrudi do Taburu AA.

ZON světa Acilut, přijímající od IŠSUT, se nacházejí od Taburu do konců nohou AA, stojících na Parse. Tak existují dvě Parsy: jedna ve světě Acilut, oddělující „dávající" Sefirot, GE, od „dostávajících" Sefirot, AChaP. Tato Parsa se nachází v hrudi AA. A druhá Parsa se nachází mezi Acilutem a BJA. Lze však říci, že v každém Parcufu je vlastní Parsa, oddělující přání dávat od přání dostávat.

				ATIK	
			AA hlava ústa	ústa	
		AVI=GAR Biny		hruď	
			hruď		Parsa světa Acilut
	IŠSUT=ZAT BINA		Tabur		
ZON			nohy	nohy	Parsa

Berija
Jecira
Asija
Tento svět   Machsom

I když se GAR de BINA nachází pod hlavou AA, má se za to, že nevyšly z ní, protože samy to nepociťují, tj. nepřejí si Chochmu, přejí si pouze dávat, a kdo si přeje pouze dávat, ten se na kterémkoli místě pociťuje jako dokonalý. Veškeré Parcufim a jejich části, které nemají vztah k přijímání Chochmy (K-Ch-GAR de Bina), se oddělují Parsou od ostatní částí světa Acilut, které si Chochmu (ZAT de Bina a ZON) přejí.

„Existence otázky", o níž hovoří Zohar, znamená pociťování nedostatku světla Chochma, přání světla Chochma. To pociťují ZON, a proto pozvedají MAN. MAN je prosba nižšího o to, aby mu vyšší dal síly přijmout světlo Chochma ve prospěch Stvořitele. Nazývá se „otázka", protože otázka se podobá modlitbě, prosbě. V Zoharu je řečeno, že pouze v IŠSUT existuje otázka, tj. dostává MAN zdola, ze ZON.

A předtím bylo o IŠSUT řečeno BARAH od slova Berija = BAR, který se nachází MIMO svůj stupeň. Co učinil? – BARAH ELEH stvořil ELEH, ELEH, AChaP, ZON. Stvořil je však rovněž bez hlavy jako je on sám. Protože slovo BARAH = MIMO, hovoří o neexistenci hlavy = Kelim světa Acilut.

ZAT de Bina, očekávající „odpověď na svoji otázku", světlo Chochma, se nazývají MI. O nich se říká BARAH, protože ony samy vyšly, spustily se z úrovně hlavy AA pod jeho hruď. Tyto ZAT de Bina jsou nazývány IŠSUT, MI, „vyšší mez nebe", protože nebe je ZA, dostávající od IŠSUT. Malchut se nazývá „země".

ZAT de Bina	- nebeská klenba
ZA	- nebe
Malchut	- země

Všechno, co se nachází pod IŠSUT – ZON a světy BJA, dostávají od něho, a proto se má za to, že IŠSUT oživuje veškerá stvoření: má-li on, pak dostávají i oni. Avšak na nich, na jejich MAN, závisí, bude-li jim mít IŠSUT, co dát.

GAR de Bina, AVI – NENÍ V NICH OTÁZKY, ony nedostávají MAN pro přijetí Chochmy, nikdy nepociťují nedostatek Chochmy, ani pro sebe, ani pro druhé. Pouze ZAT de Bina, IŠSUT, je stvořen a existuje pro otázku, tj. pro přijetí MAN – snažné prosby ZON. IŠSUT pozvedá MAN, který dostal od ZON, do hlavy AA a dostává odtud světlo Chochma. IŠSUT se nazývá vyšší mez nebe, protože ZA, nazývaný nebe, dostává od něj.

8. Je však ještě jeden dole, nazývaný MA. Co je společného mezi tím a oním? První, skrytý, se nazývá MI. Je v něm otázka, aby se člověk ptal, aby viděl a znal všechny stupně, do konce svých stupňů, do Malchut. To je MA. Co znamená MA = co, co víš, co vidíš, co zkoumáš, vždyť všechno je na počátku skryto.

Malchut, která je s ZA v Zivugu PbP, se rovněž nazývá MA jako ZA a považuje se za nižší mez nebe, protože je koncem všech stupňů a zakončuje Acilut. ZA nazývaný „nebe", stojí mezi Malchut = nižší mezí nebe a IŠSUT = vyšší mezí nebe.

ČLOVĚK SE MUSÍ ZEPTAT, UVIDĚT, ZKOUMAT – pouze jestliže člověk, který je pod ZON, pozvedne MAN, svoji modlitbu, k ZON, ZON pozvedají tento MAN výše. Jde o to, že samy ZON jsou napraveny světlem Chasadim a nepřejí si dostávat světlo Chochma. A pouze jestliže existuje prosba zdola, od člověka, pozvedají se ZON do IŠSUT s prosbou o obdržení světla Chochma. IŠSUT dále pozvedá MAN do AVI, AVI pozvedají MAN do AA: AVI se pozvedají do hlavy AA, kde je světlo Chochma, a dělají tam Zivug na světlo Chochma.

Zivug AVI se nazývá jejich pohledem na sebe navzájem. Dívat se znamená dostávat světlo Chochma (slyšet znamená dostávat světlo Chasadim). V důsledku vzestupu AVI do hlavy AA začíná Bina dostávat Chochmu pro ZON. Všechny Parcufim světa Acilut jsou napraveny světlem Chasadim tak, že samy pro sebe si nepřejí dostávat světlo Chochma.

Člověk, který je schopen pozvednout svoji prosbu, aby jeho prosba, MAN, přinutila ZON pozvednout se do IŠSUT, v důsledku čehož se IŠSUT spolu s AVI pozvedne do hlavy AA, aby obdržel světlo pro člověka – takovýto člověk se nazývá „spravedlivý", nikoli jen člověk!

Pozvedaná prosba = MAN od člověka do ZON se nazývá duší člověka, protože duše je nádoba, přání se světlem. Avšak světlo v nádobě je určováno přáním. Proto samo duchovní přání, tj. záměr učinit ve prospěch Stvořitele, je duší. Přirozeně, jestliže v člověku takovýto záměr ještě není, není v něm ani duše. Duchovní svět je svět pouhých přání, bez tělesných obalů. Čtenář musí revidovat svoje představy o duši, těle a vazbách mezi světy a neustále se napravovat ve správném pochopení těchto kategorií.

Tak se napravená přání člověka nazývají dušemi spravedlivých. Duše spravedlivých se pozvedají jako MAN k ZON a vyvolávají vzestup ZON do IŠSUT. Přítomnost ZON vytváří u IŠSUT přání dostávat světlo Chochma. To nutí IŠSUT = ZAT de Bina pozvednout se do hlavy AA a spojit se tam s GAR de Bina = AVI do jednoho Parcufu. Tehdy se dívají AVI (AB + SAG = AA + AVI) na sebe navzájem, vyměňují si světlo Chochma a předávají ho dolů do ZON.

Bez prosby zdola se AVI nacházejí v stavu uspokojení světlem Chasadim a „nehledí" na sebe navzájem. Pouze obrácení jejich dětí, ZON, nutí AVI, aby se postavily tváří k sobě, PbP a provedly Zivug. Ima-Bina dostává v tomto Zivugu od Aby-Chochmy světlo Chochma pro děti = ZON.

K tomu však docháyí, PROTOŽE SE ČLOVĚK ZEPTAL – otázka člověka znamená vzestup MAN, aby AVI pohlédly na sebe, tj. aby udělaly Zivug mezi sebou, aby Ima dostala Chochma od Aby pro člověka, který pozvedá svoji duši. Sestupující světlo Chochma se nazývá vědění – moudrost (Daat), protože se ZON pozvedají do IŠSUT + AVI, vyvolávají tam Zivug na světlo Chochma, nazývané „vědění". Proto je řečeno v Tóře: „I poznal člověk svou ženu Evu" (Berešit, Gn 4, 1).

Tak POZNAT znamená přijmout světlo Chochma. ZON, které jsou v AVI a nutí AVI přijmout světlo Chochma, se nazývají Daat – vědění neboli Sefira Daat. To není dodatečná

Sefira. Není více než deset Sefirot. Ale k tomu, aby bylo možno označit, že v Parcufu z deseti Sefirot AVI nachází se nyní prosba ZON o světlo Chochma, říkáme, že v AVI je Sefira Daat. V takovémto případě místo obvyklého vyjmenování Sefirot: K-Ch-B-Ch-G-T-N-H-J-M se vyjmenovávají tyto Sefirot: Ch-B-D-Ch-G-T-N-H-J-M. Neříká se Sefira Keter, nýbrž se říká Sefira Daat po Chochmě = Aba a Bina = Ima. OD STUPNĚ KE STUPNI znamená předávání světla Chochma od Sefiry Daat stupně AVI ke stupni ZA a DO KONCE VŠECH STUPŇŮ – od ZA do Malchut, nazývané koncem všech stupňů.

Když je v Nukvě světlo, nazývá se MA a světlo, které předává nižším, se nazývá sto požehnání. Existuje několik stavů v Nukvě, Malchut světa Acilut. Je třeba je znát, protože všechno, co dostáváme, dostáváme pouze od ní. Kromě všech stadií růstu od bodu do úplného Parcufu, ve vyrostlé Malchut je první a druhý velký stav:

První velký stav – dosahuje jej Malchut, když dostává světlo Nešama. Dochází k tomu, když se od jejího MAN pozvedají AVI o jeden stupeň, ze svého stálého místa do hlavy AA. Avšak IŠSUT, i když se pozvedá ze svého stálého místa od hrudi do Tabur AA na místo, kde se nacházely AVI, od úst do hrudi AA, zůstává oděn na tělo AA, i když se spojuje s Parcufem AVI do jednoho Parcufu.

A protože IŠSUT nyní odívá zvenku od úst ke hrudi AA, stává se na jedné straně IŠSUT jako hlava AA, protože se spojil s AVI, nacházejícími se v hlavě AA jako jeden Parcuf. A rovněž se pozvedl zpod Parsy Acilutu, který je v hrudi AA, nad ní, kde svítí hlava AA.

Proto IŠSUT předává světlo Chochma do ZA a ZA je předává do Malchut, která se naplňuje tímto světlem, nazývaným „sto požehnání", protože ZON, když přijaly toto světlo, mohou se pozvednout na stálé místo IŠSUT, kde byl dříve IŠSUT, od hrudi do Tabur AA. Když se pozvedla na tento stupeň, stává se Malchut jako Ima. V duchovním světě určuje všechny vlastnosti duchovního objektu pouze stupeň, kde se nachází. A i v našem světě pouze stupeň, velikost vnitřního vývoje člověka, určuje jeho vlastnosti, myšlenky i přání. Vzhledem k tomu, že Ima = 100, pak i Malchut se nazývá 100, aby se zdůraznilo to, že se pozvedla do Biny světa Acilut.

Avšak, na druhé straně, Malchut se nyní podobá MI, jako byl IŠSUT do vzestupu MAN a předávání světla, protože odívá místo malého stavu IŠSUT, od hrudi do Tabur AA, a stojí pod Parsou světa Acilut, pod kterou neprochází světlo z hlavy AA.

Proto Malchut tím nezískala světlo, pro něž pozvedala MAN. Avšak, na druhé straně, zisk Malchut spočívá v příjmu vlastností Ima = Bina, protože se pozvedla do IŠSUT, nazývaného Ima.

Proto se světlo, které dostává Malchut, považuje pouze za VAK velkého stavu neboli první velký stav. GAR velkého stavu, druhý velký stav, světlo Chochma, světlo Chaja, Malchut nemůže dostat, když je pod Parsou Acilut, která je v hrudi AA. (Jak Malchut dostává GAR velkého stavu, bude vysvětleno v následující kapitole, §§ 11 – 15).

Zohar nazývá Nukvu, která se pozvedla do IŠSUT, slovem MA od slova Meah = 100, protože tímto vzestupem Malchut získala vlastnosti Biny, sto požehnání. A vyhrála pocítění otázky – pociťuje, že v ní je pouze VAK, polovina, část velkého stavu, tj. pociťuje přání ohledně jeho druhé poloviny, GAR. Přesto však získala část velkého stavu, VAK de AVI.

To znamená, že Nukva se stala tím, čím byl IŠSUT před pozvednutím MAN, ale vyhrála vlastnosti Biny, sto požehnání. A protože je to VAK světla velkého stavu, pociťuje nedostatek = otázku, jak to pociťoval IŠSUT před pozvednutím MAN – IŠSUT na svém místě měl malý stav. Když se pozvedl do AVI, AVI se pozvedly do AA, ZON se pozvedly na místo IŠSUT. AVI svítí z hlavy AA na místo IŠSUT. ZON, které tam nyní stojí, pociťují světlo, které dostávají od AVI, a uvědomují si, že to je pouze část světla, což v nich vyvolává ještě otázku.

9. Toto tajemství určuje slovo MA: CO dosvědčuješ a CO se ti rovná. Když byl zničen Chrám, vyšel hlas a pravil: „Co (MA) ti lze ukázat, co (MA) lze srovnat s tebou" (Ejcha, 2, 13). Zde však MA znamená: „Co je to za odkaz, svědectví, MA – Co se ti rovná". Protože každý den ti dosvědčuje předchozí dny, jak je řečeno: „Dovolávám se dnes proti vám svědectví nebes i země." (Devarim, Dt 30, 19). CO se ti rovná. Jak je řečeno: „Zkrášlil jsem tě svatými ozdobami a učinil jsem tě vládkyní světa." Jak je řečeno: „Zdalipak to je ono město, které nazývali dokonalostí krásy?" (Ejcha 2,15). Nazval jsem tě „Můj Jeruzalém je znovu zbudován" (Tehilim, Ž 122, 3). „CO lze s tebou srovnat?" (Ejcha 2, 13). Jak sedíš, tak je On nahoře, ve Vyšším Jeruzalému. Jako do tebe nevchází svatý národ, tak i Já ti přísahám, že nevejdu nahoře, dokud nevejdu do tebe dole. A to je tvoje uspokojení, že Já tě srovnám s tímto stupněm, s Vyšším Jeruzalémem, tj. s vyšší Malchut, která vládne (Malchut je v překladu království) ve všem. A dokud jsi zde, „Veliké jako moře je tvoje neštěstí" (Ejcha, 2, 13). Jestliže však říkáš, že nemůžeš existovat a být spasen, MI – KDO tě vyléčí (nikoli Kdo? s otazníkem, nýbrž vyšší síla, nazývaná KDO, tě vyléčí), tj. onen vyšší skrytý stupeň, nazývaný MI, Bina, oživující vše, tě vyléčí a oživí.

To znamená, že MA a MI, kromě toho, že jsou překládány jako CO a KDO, znamenají názvy duchovních objektů, které konají činy, o nichž hovoří Zohar. Zničení Chrámu bylo důsledkem hříchu Izraele plynoucího z dostávání ve svůj prospěch, protože si nepřáli pozvednout MAN pro Zivug ZON, nýbrž si přáli dostat světlo do nečistých sil, svoje egoistická přání, nazývaná „jiní stvořitelé" neboli „cizí bohové" (Elohim Acherim). Je pouze jediný Stvořitel.

Existuje pouze jediná vlastnost Stvořitele, která je nám známa – vlastnost „dávat". Sblížení s touto vlastností se nazývá prací „ve prospěch Stvořitele". Jakékoli jiné přání může být pouze vzdálením od této vlastnosti, od Stvořitele, protože kromě této vlastnosti nebo jí opačné, správněji její nepřítomnosti, není ve stvoření nic. Proto vnitřní pohyb člověka k vlastnosti „dostávat" je pohybem od Stvořitele, a proto se nazývá klaněním jiným božstvům. V důsledku toho skončil Zivug ZON, zmizelo sto požehnání z Nukvy a byl zničen Chrám.

První Chrám – Malchut se pozvedla do AVI, dostává tam světlo Chaja. Zničení – Malchut se spouští na úroveň obdržení světla GAR de Ruach.

Druhý Chrám – Malchut se pozvedla do IŠSUT, dostává světlo Nešama. Zničení – Malchut se spouští na úroveň obdržení světla Nefeš do své Sefiry Keter, všech ostatních devět Sefirot Malchut kleslo pod Parsu. Takovýto stav se nazývá Galut – vyhnání z duchovna, ze světa Acilut. Jediná Sefira Malchut ve světě Acilut se nachází jako bod pod Sefirou Jesod ZA.

ZA se nazývá „šest dnů" a Malchut se nazývá „Sobota". Zdali však je Malchut větší než ZA, jako je Sobota větší (vyšší) než všední dny? Světy BJA, včetně našeho světa, dostávají světlo, oživující sílu od Malchut. „Šest všedních dnů" – tak se nazývá takový stav ZON, kdy ZA a Malchut nejsou mezi sebou spojeny. Sobota se nazývá takový stav ZON, kdy se Malchut spojuje se ZA, dochází k Zivugu a Malchut dostává od ZA světlo a předává je celému světu.

Vzhledem k tomu, že je pro nás důležitý stav Malchut, kdy ona předává od ZA světlo nižším, celému světu, pak měříme-li naše stavy tím, co dostáváme od Malchut, nazýváme míru největšího dostávání Sobotou. (Je samozřejmé, že to, co bylo řečeno, nemá žádný vztah k našim kalendářním dnům a všední dny a Sobota – Šabat jsou duchovní stavy, které jsou mimo čas.)

VYŠEL HLAS A PRAVIL: „KAŽDÝ DEN JE MŮJ ODKAZ V TOBĚ OD MINULÝCH DNŮ" – Zohar hovoří o světle VAK, které ZON dostávají ve velkém stavu, který Nukva dostává jako MA. Toto světlo se nazývá „minulé dny" (Jamim Kadmonim). Proto je řečeno v Tóře (Devarim, Dt 4, 32): „Jen se ptej na dřívější časy, které byly před tebou, od chvíle, kdy Stvořitel stvořil na zemi člověka. Ptej se od jednoho konce nebes ke druhému, zda se stala kdy tak veliká věc jako je toto?..."

Světlo VAK velkého stavu se nazývá v ZON „minulé dny", protože je to VAK de AVI. IŠSUT je ZAT de AVI. ZAT je zkratka ze slov Zajin = sedm Tachtonot = spodních Sefirot. ZAT de AVI, tj. sedm spodních Sefirot Parcufu AVI je IŠSUT. Tyto Zain = sedm dnů, tj. sedm původních Sefirot AVI vzhledem k Zajin = sedm dnů, sedm Sefirot ZON. Proto je řečeno: „BERU SI DNES PROTI VÁM ZA SVĚDKY NEBE I ZEMI" (Devarim, Dt 4, 26) – tato slova Tóry hovoří o Zivugu ZON, nazývaných „nebe" = ZA a „země" = Nukva. Předchozí dny nebo vyšší dny jsou IŠSUT a nižší dny neboli nynější dny jsou ZON.

V této větě Stvořitel upozorňuje, že je nezbytné neustále provádět a podporovat Zivug ZON. V opačném případě, jak upozorňuje Stvořitel, „zmizíte ze země". A v tom spočívá smysl varování Stvořitele ohledně sta požehnání – chránit je a neustále vytvářet.

Jde o to, že k tomuto stu požehnání, které Nukva dostává od ZA každý den v Zivugu MA, dochází mezi nimi během vzestupu ZON do IŠSUTU, kdy se ZA připodobňuje IšS = Israel – Saba a Nukva se stává podobnou T = Tevunah. IŠSUT = Israel-Saba = Tevunah. Tehdy světlo, přijímané do Nukvy od ZA, se stává stem požehnání, jako světlo v Tevunah.

O tom je řečeno: „Město, spojené s ní dohromady", protože Nukva, nazývaná město, se spojila s Tevunah dohromady a Nukva se stala podobnou Tevunah. A Nukva dostává tam, v Tevunah, světlo Tevunah, nazývané „svaté ozdoby", a tehdy Tevunah jako královna krásy obklopuje zemi a získává vládu nad zemí.

Avšak v důsledku hříchů Izraele (posílení nečistých přání nad čistými), byl zničen Chrám (zmizelo světlo) a Izrael byl vyhnán ze své země (upadl do nižších stupňů). A to vedlo rovněž ke vzdálení Nukvy (všech stvoření) od ZA (Stvořitele), protože jejích devět nižších Sefirot (její přání) upadlo do nečistých sil (staly se egoistickými). To znamená, že čistých = altruistických devět přání = sil se stalo egoistickými, byla jim odňata clona a sama Nukva se stala bodem, nacházejícím se pod Sefirou Jesod ZA.

Proto je řečeno: „KDO TĚ OBNOVÍ A KDO TĚ VYLÉČÍ" – jestliže se navrátí synové Izraele svým úsilím ke Stvořiteli, tj. k altruismu, což se nazývá „návrat", napraví svoje činy (přání), vznesou svoje modlitby o pomoc při vlastní nápravě ke Stvořiteli, MAN, v ZON, pak opět budou moci dostat vyšší světlo do ZON, znovu se pozvedne Nukva do IŠSUT, nazývaného MI, a tím se vyléčí (vyšší světlo vejde do Malchut, duší, a poskytne jim svoje vlastnosti).

10. MI je Kdo, omezuje nebe shora – IŠSUT. MA je Co, omezuje nebe zdola – ZA a Malchut. A to zdědil Jakov (Jákob), protože on je ZA, svítící od jednoho konce k druhému. Od jednoho konce, MI, do druhého konce, MA. Protože on, ZA, Jakov, stojí uprostřed, mezi IŠSUT a Malchut. Proto je řečeno MI BARAH ELEH: MI – IŠSUT, BARAH – stvořil, ELEH – ZA a Malchut.

Vůbec by bylo třeba říci „od počátku, tj. z výšky nebe do jeho konce, tj. nejnižšího bodu." Je však řečeno: „od okraje nebe". MI je IŠSUT, podporující vše svou otázkou, přáním dostat světlo pro ZON. MA je Nukva. Dříve než Nukva pozvedne MAN, je posledním stupněm, stojícím pod hrudí ZA. Mezi IŠSUT a Nukvou stojí Jakov – to je ZA, odívající AA od Taburu do Malchut AA.

STVOŘITEL
SVĚT AK
SVĚT ACILUT

					AA hlava	Atik uvnitř AA, nepostižitelný
				AVI	ústa hruď	Parsa světa Acilut
			IŠSUT		Tabur	
Keterr	ZA Malchut				nohy	Parsa světů ABJA

devět
nižších
Sefirot
Malchut

SVĚT BERIJA
SVĚT JECIRA
SVĚT ASIJA
NÁŠ SVĚT

AA je centrální Parcuf světa Acilut. Vzhledem k tomu, že Atik je nedosažitelný, všechno vychází od AA a všechny Parcufim světa Acilut se odívají na něj, tj. dostávají od něj: hlava AA se povznáší nad všechny a nikdo se nemůže odít na jeho hlavu, což znamená dosáhnout jeho mysli, příčiny jeho činů.

Dalším Parcufem jsou AVI. AVI se odívají na AA, tj. dosahují jej, od úst ke hrudi. Poté, pod AVI stojí Parcuf IŠSUT, odívající se na AA od hrudi do Taburu. Poté stojí pod IŠSUT ZA od Taburu dolů: ZA je neúplný Parcuf, má pouze šest Sefirot Ch-B-D-Ch-G-T, VAK, malý stav, končí na své Sefiře Tiferet, své hrudi.

Pod ZA, přesněji paralelně s jeho poslední Sefirou, Tiferet, hrudí ZA, stojí Nukva, Malchut. Ta má pouze jednu Sefiru Keter a devět ostatních, jejích nižších Sefirot kleslo pod Parsu, do světů BJA. Celý svět Acilut končí na hrudi ZA, kde stojí jedna Sefira Malchut, která se proto nazývá bodem.

V našem světě je přání a je jeho fyzické naplnění, čin. Člověk si například přeje dostávat, ale nedovolí si vzít, vykonat fyzický čin. Přitom jeho přání vzít si zůstává stejným. V duchovním světě nejsou těla, jsou pouze holá přání. Proto samo přání je již činem, samo přání je jako dokončený myšlenkový a fyzický čin v našem světě. Proto pouze samotné přání určuje duchovní stav člověka.

Jen si představte, kdybychom v našem světě soudili člověka nikoli podle jeho činů, nýbrž podle přání! Je to strašná představa, nakolik jsme vzdáleni od duchovních požadavků. Naše přání jsou však důsledkem toho stupně, na němž se nacházíme. A jak vysvětluje Zohar, pouze vzestup MAN, žádost o jeho nápravu, může vyvolat vylití vyššího světla na nás, které nás napraví, pozvedne na vyšší stupeň. A my ihned začneme myslet a přát si to, co v nás úroveň tohoto stupně vyvolá.

Proto je naším úkolem přát si nápravu. K tomu je nezbytná „otázka", pociťování toho, že náš stav je nesnesitelný, což se nazývá uvědoměním si zla, uvědoměním si svého egoismu jakožto zla; že mi způsobuje zlo tím, že mě odtrhuje od duchovna. K tomu však je nezbytné pocítit alespoň trochu, co je to duchovno a nakolik je dobré. Zlo si lze uvědomit pouze v kontrastu s dobrem. Jak ale můžeme pocítit duchovno, jestliže jsme nevyšli z egoismu? V jakých Kelim = přáních je můžeme pocítit? I když nemáme napravená přání, a proto v sobě duchovno pocítit nemůžeme, v důsledku práce s kabalou člověk začíná pociťovat okolní světlo, které mu dává přání duchovna. (Viz Předmluva k Talmudu deseti Sefirot, § 155.)

Přáním člověka, který se fyzicky nachází v našem světě, ale duchovně je ve světech BJA, je přání naplnit se světlem. Ale proti těmto přáním má člověk protipřání, nazývané clonou, které neutralizuje přirozené přání naplnit se.

Clona se vytváří (objevuje se, vzniká, rodí se) v Kli (v přání, člověku) v důsledku toho, že člověk pociťuje duchovní světlo (Stvořitele). Proto veškeré naše prosby (modlitby, MAN, „otázky") musí být pouze o jedno: aby nám Stvořitel dal síly duchovně se povznést, tj.

změnit naše přání, což se v kabale nazývá získat clonu. Je nemožné anulovat přání po naplnění. To stvořil Stvořitel a je to Jeho jediné stvoření. Je možno na něj pouze získat clonu, odpor vůči němu, a tak se postavit nad stvoření = egoismus, stát se podobným Stvořiteli! A v souladu s podobností se s Ním spojit.

Tak stojí Parcuf Jakov od MI = IŠSUT do MA = Malchut, od konce do konce. Zde se však hovoří o stavu ZON, kdy se pozvedají do IŠSUT a dostávají tam světlo stupně IŠSUT.

Veškerá duchovní vzdálenost od nás ke Stvořiteli je rozdělena na 125 neviditelných stupňů, jimž jsou dány názvy. Stupně se liší od sebe navzájem pouze velikostí clony na egoistická přání člověka. Do svých napravených, altruistických přání člověk dostává světlo. Velikost dostávaného světla závisí na velikosti clony, velikosti napravené části přání.

Na každém stupni je určitým způsobem pociťován Stvořitel, tento pocit se nazývá světlem. Proto můžeme duchovní stav Kli (člověka) v duchovním světě označit jménem stupně neboli názvem světla, které dostává, protože v každém stupni se nachází jeho určité světlo. Gradací pociťování Stvořitele, světla, jsou duchovní stupně.

Proto, když se ZON pozvednou na stupeň nazývaný IŠSUT, dostávají tam světlo IŠSUT, i když sám Parcuf IŠSUT se pozvedl příslušně na vyšší stupeň a dostává tam světlo toho stupně, nazývaného AVI, a AVI, když se pozvednou na stupeň, nazývaný AA, dostávají tam světlo AA. Stupně nazýváme podle jmen Parcufim, které se ve svém obvyklém, nejnižším stavu nacházejí na nich. Takovýto stav se nazývá stálým.

I když je nižší, přesto, když se pozvedne na vyšší stupeň, dostává tam světlo toho stupně, které příslušně mění jeho vlastnosti, přitom však Parcuf zůstává sám sebou: jako člověk, který nabyl jiných vlastností, zůstává člověkem, jenže už jiné úrovně. Proto když se říká, že „nižší, který se pozvedne k vyššímu, stává se jako vyšší", má se na zřeteli pouze změna vnitřních vlastností člověka neboli Parcufu, nikoli však jeho osobnosti.

ZA, když se pozvedne do IŠSUT, dostává velké světlo, protože vzestup v duchovním světě označuje zvětšení clony a příslušně dostává větší světlo. Tj. sám ZA vyrostl, ale neproměnil se v IŠSUT: dříve, na svém místě, měl pouze světlo Ruach-Nefeš a když se pozvedl a dostal clonu, získává ještě světlo Nešama.

Proto všechna místa od nás ke Stvořiteli jsou určena a na nich se nacházejí, jak se říká, „stojí" Parcufim, ve svém stálém stavu. Ony všechny, všechny světy, se však mohou pozvedat vzhledem ke svým stálým, nejnižším stavům o jeden, dva nebo tři stupně vzhůru. V nejnižším stavu má Parcuf pouze GE a nikoli AChaP, má pouze světlo Nefeš-Ruach.

Když Parcuf dostává shůry světlo nápravy, může postupně napravit svůj AChaP: napravit Sefiru Bina a dostat světlo Nešama, což znamená vzestup o jeden stupeň. Poté může napravit Sefiru ZA, získat světlo Chaja, což znamená vzestup ještě o jeden stupeň, tj. již o dva stupně. Pak napravit Sefiru Malchut a dostat světlo Jechida, což znamená vzestup ještě o jeden, tj. třetí stupeň.

Keter	=	Galgalta

                                  GE = malý stav

Chochma	=	Ejnaim

             —————————— Parsa, NE, clona Parcufu

Bina	=	Ozen (vzestup Biny k GE = vzestup o jeden stupeň)
ZA	=	Chotem (vzestup ZA k GE = vzestup o dva stupně)
Malchut	=	Peh (vzestup Malchut k GE = vzestup o tři stupně)

Nové světlo však nevchází do právě napraveného Kli, Sefiry, nýbrž když přijde shůry, vchází přes Sefiru Keter:

              Jechida
              Chaja
              Nešama
              Ruach
              Nefeš

Keter   -

               GE

Chochma -

     ——————————

Bina   -

ZA   -   **AChaP**

Malchut

Vzestup (Alija) člověka může být následkem:

a) toho, že se v něm probudilo přání shůry, což se nazývá „zvláštní dny" – svátky, novoluní, Sobota. Takovýto vzestup se nazývá „probuzení shůry" a vede k celkovému vzestupu všech světů ABJA a příslušně všech, kdo se v těchto světech nachází;

b) úsilí samotného člověka ve studiu a vnitřní práci, modlitbou dosáhnout toho, aby mu Stvořitel osobně dal síly pozvednout se na vyšší stupeň.

A takovýto vzestup může být nejen o tři stupně vzhůru, nýbrž k samotnému Stvořiteli, o všech 125 stupňů. Pozvednout se na nejvyšší stupeň, to je cílem stvoření člověka. Ten je povinen toho dosáhnout ještě za života v tomto světě. A do té doby, dokud svého cíle nedosáhne, bude nucen rodit se v tomto světě.

I když se ZON nazývají „poslední dny", když se pozvednou a získají světlo IŠSUT, nazývají se „uplynulé, první dny". V tomto případě jeden konec nebe, Malchut, MA, se pozvedl a odívá se na druhý konec nebe, IŠSUT, MI. MA a MI se slévají v jedno, což Zohar zdůrazňuje. A VĚZ:

MI = KDO
BARAH = STVOŘIL
ELEH = TOTO

MI je IŠSUT, stojící na místě Biny AA, od hrudi k Taburu AA. I když je ve světě Acilut pouze Kelim GE, „dávající", uprostřed nich jsou ti, kdož si přejí pouze „odevzdávat" – Atik, AA, AVI a ti, kdož si přejí dostávat pro dávání, předávání dále – IŠSUT a ZON.

SVĚT ACILUT:

ATIK

AA   - tyto tři Parcufim jsou GE světa Acilut

AVI

_____ Parsa světa Acilut

IŠSUT

ZA   - tyto tři Parcufim jsou AChaP světa Acilut

MALCHUT

IŠSUT a ZON si přejí dostávat světlo k jeho předání duším spravedlivých, lidem, kteří si přejí napravit se. Proto i uvnitř světa Acilut jsou rozdělené dva druhy těchto Kelim – GE a AChaP – a ty od sebe odděluje Parsa světa Acilut, stojící na hrudi AA.

SVĚT ACILUT:

ATIK

			AA	
		AVI	ústa	
	IŠSUT		hruď	Parsa světa Acilut
ZON			Tabur	
			nohy	

Parsa mezi Acilut
a světy BJA

Pod Parsu světa Acilut neprochází světlo od hlavy AA. Proto IŠSUT ve svém stálém stavu, neboli ZON, když se pozvedají do IŠSUT, nemohou dostat světlo hlavy AA. Proto je v nich přání dostávat světlo Chochma, nazývané „otázka". Proto otázka = přání dostávat Chochmu se redukuje na MI = IŠSUT, světlo IŠSUT, které se nachází BARAH = mimo ELEH = ZON; a když se pozvednou, ZON nedostávají světlo Chochma, nacházejí se mimo hlavu AA, mimo světlo Chochma, avšak s otázkou, přáním k němu. A to jim umožňuje další vzestup.

Kdo stvořil toto (podle elijahu) (eliáš)

11. Pravil rabi Šimon: „Eleazare, synu můj, odhal vyšší tajemství, které vůbec neznají obyvatelé tohoto světa." Rabi Eleazar mlčel. Rabi Šimon zaplakal, chvíli mlčel a pak pravil: Eleazare, co znamená ELEH? Jestliže řekneš, že je to jako hvězdy a znamení zvěrokruhu (osudu), pak jsou vždy vidět (a nikoli jako jsou znamení osudu proměnlivá) a v MA, tj. v Malchut, jsou stvořeny, jak je řečeno, „Nebesa byla učiněna Stvořitelovým slovem (Tehilim, Ž 33, 6), tj. Malchut, nazývanou slovem Stvořitele, byla stvořena nebesa. A jestliže ELEH hovoří o skrytých tajemstvích, nemělo by se psát ELEH, protože hvězdy a znamení osudů jsou vidět všemi (slovo ELEH = TOTO – hovoří o tom, že věc je jasná).

Rabi Eleazar neodhalil přijetí světla prvního velkého stavu, světla Nešama, ale rabi Šimon si přál odhalit cestu dostávání světla druhého velkého stavu, světla Chaja. Proto dal pokyn rabimu Eleazarovi, aby se vyslovil a odhalil cestu dosažení světla Nešama, která je skryta vyšším tajemstvím před lidmi, protože ještě nebylo odhaleno toto světlo ve světě a rabi Šimon je odhaluje zde.

Jde o to, že i když byli spravedliví, kteří dosáhli světla Chaja, ještě mezi nimi nebyl takový, kdo by objasnil v podrobnostech cestu jeho dosažení, kdo by ji odhalil pro celý svět. A je to proto, že aby to pochopil sám, znamená to, že by musel sám dosáhnout, pozvednout se na tento stupeň, což závisí pouze na úsilí člověka. A mnozí v pokoleních dokázali dosáhnout stupně ELEH, avšak odhalení světu je ještě větší stupeň a k tomu je zapotřebí zvláštní povolení Stvořitele (viz článek Podmínky prozrazení tajemství Tóry).

Rabi Šimon se ho zeptal, co znamená ELEH, co nového k nám hovoří Tóra ve slovech MI BARAH ELEH (KDO STVOŘIL TOTO), kde ELEH znamená ZON. Vždyť jestliže se hovoří o hvězdách a znameních zvěrokruhu – zdaru, která znamenají světlo VAK velkého stavu, co je na tom zvláštního, vždyť toto světlo ZON lze dostávat dokonce ve všední dny. Není to až taková mimořádnost, aby se o ní zvlášť hovořilo: MI – KDO TOTO STVOŘIL.

(Lze říci, že toto světlo se nachází neustále, vždyť neustále je v ZON pouze světlo VAK, nikoli GAR. A pouze v důsledku MAN dostává ZON světlo VAK velkého stavu, světlo Nešama. Odpověď spočívá v tom, že lze dostat toto světlo vždy, dokonce ve všední dny v ranní modlitbě. Ještě však nechápe, proč byly stvořeny v MA. Vždyť toto světlo patří nikoli k Bině, nýbrž k ZON světa Acilut jménem MA, a vychází z nich, jak je řečeno, SLOVEM STVOŘITELE, kde Stvořitel je ZA a slovo je Malchut.)

12. Avšak toto tajemství bylo odhaleno na druhý den, kdy jsem byl na břehu moře. Zjevil se mi prorok Eliahu a pravil: „Rabi, víš, co znamená MI BARAH ELEH – KDO STVOŘIL TOTO?" Odpověděl jsem mu: „Je to nebe a nebeské síly, činy Stvořitele,

a lidé, když na ně hledí, musí Mu žehnat, jak je řečeno: „Vidím tvá nebesa, dílo tvých prstů" (Tehilim, Ž 8, 4), „Hospodine, Pane náš, jak vznešené je tvoje jméno po vší zemi!" (Tehilim, Ž 8, 10).

13. Odvětil mi: „Rabi, uzavřené vzal Stvořitel a odhalil je vyšší radě. A to je ono: Když pojal přání odhalit se nejskrytější ze všech skrytých, učinil na počátku jeden bod, Malchut, a ten se pozvedl do jeho mysli, tj. do Biny, tj. Malchut se pozvedla a spojila se s Binou. Zobrazil s ní všechny stvořené a schválil v ní všechny zákony."

Parcuf Atik je první Parcuf a hlava světa Acilut. A nazývá se skrytý a nejtajnější ze všech Parcufů, o čemž hovoří jeho jméno – Atik od slova Neetak – izolovaný, nedostižitelný. Jeho samého, tj. jeho vlastností, nikdo nemůže dosáhnout, dosahujeme však toho, jak před nás předstupuje: Atik se zvlášť zmenšuje a mění tak, aby ho mohli nižší dosáhnout, nikoli však jeho samého, nýbrž jeho vnější formy (vlastností), s níž vystupuje vzhledem k nim.

Slovy Zoharu, když Atik pojal přání odhalit se světům, i když je sám Parcuf, konající v prvním zkrácení, vzhledem k nižším však vytvořil na sebe oděv – vnější Parcuf se zákony druhého zkrácení, aby jej nižší dokázali pocítit – dosáhnout ho.

Rozdíl mezi vlastnostmi smyslových orgánů, vnímajících cítění prvního a druhého zkrácení, je obrovský. Tak jako člověk našeho světa nemá od narození orgány cítění duchovních světů, a proto je nemůže pocítit, tak i Parcuf, napravený do podmínek duchovní práce druhého zkrácení, není schopen přijmout, tj. pocítit světlo, jdoucí podle zákona prvního zkrácení. Rozdíl stejného typu je mezi Parcufem Atik a ostatními Parcufy světa Acilut a světů BJA.

K tomu, aby měl spojení s nižšími, Atik v hlavě nižšího AA pozvedl Malchut hlavy AA k Sefiře Chochma. V důsledku toho klesly Sefirot Bina a ZON hlavy AA z hlavy AA do jeho těla: vždyť Malchut se pozvedla z úst do očí, stojí v hlavě místo Biny, a Bina a ZON vyšly z hlavy. A tělo začíná po Malchut hlavy (po rozhodnutí, jak postupovat), ať by stála kdekoli.

Je to třeba chápat takto: Sefirot hlavy jsou myšlenky, přání, na které Parcuf, vnitřní vlastnosti člověka, tj. sám člověk, přijímá svoje rozhodnutí: jak je lze plnit, a přitom se maximálně sblížit s cílem stvoření. To, že Sefirot Bina a ZON vyšly z hlavy AA, znamená, že na nich nemůže Parcuf AA přijímat žádná rozhodnutí, protože na nich není clona, a z tohoto důvodu se ocitly mimo hlavu, v těle.

Proto jim zůstala úloha pouze dostávat světlo, tak jak je dostávají všechny Sefirot těla, z hlavy. To znamená dostávat světlo, přijímané clonou Sefirot Keter a Chochma, které zůstaly v hlavě. Člověk samovolně omezuje využívání svých přání a využívá pouze ta z nich, jimiž může pracovat ve prospěch Stvořitele.

Proto, když se Malchut pozvedla a postavila se pod Sefiru Chochma, Chochma se stala jakoby mužskou – dávající, naplňující část, a Malchut jakoby ženskou – dostávající, část hlavy. A vzhledem k tomu, že Malchut se postavila místo Biny, nazývané myšlenka, nyní se Malchut nazývá myšlenkou, vždyť nyní Malchut dělá Zivug a dostává světlo Chochma.

Ten, kdo dostává od Chochmy, je definován jako Bina, nikoli jak Malchut. Proto, i když sama Malchut je pouze černý bod, egoistické stvoření, v důsledku svého vzestupu se stala ona Binou, získala vlastnosti Biny. Proto se Malchut nazývá nyní Bina, myšlenka.

Zohar nazývá myšlenku Chochma nebo Bina. Rozdíl je v tom, že myšlenka je něco, co je přijímáno od Chochmy. Proto se Bina nazývá myšlenkou pouze v tom případě, kdy se nachází v hlavě a dostává světlo od Chochmy. V prvním zkrácení je Bina vždycky dostávající od Chochmy a nazývá se myšlenkou. Avšak ve druhém zkrácení se Malchut pozvedla nad Binu a stala se dostávající od Chochmy. Proto se nyní nazývá myšlenkou Malchut a nikoli Bina.

Tímto vzestupem Malchut do Biny jsou vytvořeny všechny Parcufim světů ABJA. Proto je řečeno: ZOBRAZIL V NÍ VŠECHNA STVOŘENÍ A STVRDIL V NÍ VŠECHNY ZÁKONY – v hlavě každého Parcufu zůstaly Sefirot Keter-Chochma, Zivug se vytváří na tyto dvě Sefirot, a proto světlo, přijímané v těle Parcufu, se skládá pouze ze dvou světel – Nefeš a Ruach. Dříve se Malchut nacházela v ústech hlavy a tam končila hlava – ta část Parcufu, kterou vypočítával, kolik světla může dostat ve prospěch Stvořitele. A poté Parcuf dostával toto světlo z hlavy do těla, od úst k Taburu.

Nyní se však Malchut pozvedla k očím hlavy a stojí pod nimi, což se nazývá vzestupem Malchut do NE = zorničky, které se právě proto nazývají NE – Nukva Ejnaim = Malchut očí. Před vzestupem Malchut do očí jakoby nebyly zorničky, NE. Je třeba konstatovat, že pouze v Malchut (přání) můžeme pocítit to, co nás obklopuje (Stvořitele, světlo). Proto jsou všechny naše smyslové orgány vybudovány na otvorech: Nekev, Nukva, Malchut v očích, uších, v nose a v ústech.

Pouze ten, kdo může vytvořit svými silami přání, fungující podle zásady druhého zkrácení, může postavit Malchut po K-Ch, tj. myslet pro „odevzdávání", pouze ten začíná pociťovat tímto napraveným duchovním orgánem. Tam, kde se může nacházet clona, tím orgánem člověk může vnímat vyšší světlo.

Po vzestupu se Malchut dostala pod Chochmu, udělala Zivug na svoji clonu, tj. na Sefirot Keter-Chochma = GE. Sefirot Bina-ZA-Malchut = AChaP se nacházejí pod hlavou, v těle Parcufu a pasivně dostávají světlo z hlavy. To vede k tomu, že deset Sefirot těla K-Ch-B-ZA-M se dělí odpovídajícím způsobem, jako se rozdělilo deset Sefirot hlavy: Sefirot K-Ch těla nadále dostávají od Sefirot K-Ch hlavy, a Sefirot B-ZA-M těla, protože nedostávají od hlavy, stávají se dostávajícími od K-Ch těla, jako Sefirot pod Taburem Parcufu.

Vždyť, jak je známo, každý Parcuf se skládá z hlavy, těla a končetin. Hlava rozhoduje, kolik může dostat tělo ve prospěch Stvořitele, v souladu s velikostí clony, odrážející světlo = potěšení. Rozhodnutí přijmout toto světlo, způsobuje sestup pod clonu, z hlavy do těla, a naplnění těla od úst k Taburu. Každá Sefira hlavy naplňuje jí odpovídající Sefiru těla.

Parcuf v prvním zkrácení		Parcuf v druhém zkrácení			
Keter Chochma Bina ZA Malchut	PĚT ČÁSTÍ HLAVY	Keter Chochma	Dvě části hlavy **ústa**		
---	Ústa	Bina ZA Malchut	Keter Chochma	Dvě části těla **Tabur**	
Keter Chochma Bina ZA Malchut	PĚT ČÁSTÍ TĚLA		Bina ZA Malchut	Keter Chochma	Dvě části nohou **Chodidla**
---	Tabur			Bina ZA Malchut	Části mimo Parcuf
Keter Chochma Bina ZA Malchut__	PĚT ČÁSTÍ KONČETIN Chodidla nohou				

Jestliže jsou v hlavě pouze dvě Sefirot K-Ch, pak i v těle zůstávají jenom dvě Sefirot K-Ch, protože pouze ony mohou dostat od příslušných Sefirot v hlavě. Sefirot B-ZA-M hlavy dostávají stejné světlo jako Sefirot K-Ch těla – to znamená, že se nacházejí pod clonou = Malchut, která se pozvedla pod Chochmu hlavy. Tak jsou v těle K-Ch, které dostávají příslušně světlo Ruach-Nefeš a AChaP hlavy, jež dostávají rovněž tato dvě světla Ruach-Nefeš.

B-ZA-M = AChaP těla nemohou dostat světlo od hlavy, protože jim odpovídající Sefirot B-ZA-M hlavy se nepodílejí na Zivugu, neboť nemají síly clony odrážet egoistická přání AChaP hlavy, aby dostávaly ve prospěch Stvořitele. To znamená, vzhledem k tomu, že AChaP v hlavě nejsou, nejsou v souladu s tím AChaP v těle. A protože AChaP těla nedostávají světlo od AChaP hlavy, jsou podobné končetinám – zakončení Parcufu, pod jeho Taburem. Proto na konci, pod Taburem, je GE nohou a AChaP těla, které sem klesly. A AChaP nohou vůbec nejsou částmi Parcufu, nacházejí se na nižším stupni.

Světlo, které Parcuf nemůže dostat, zůstává venku, kolem Parcufu, a čeká, kdy se u Parcufu objeví síly dostat je. Nazývá se okolním světlem a odpovídá přáním, která se neúčastní na Zivugu, jsou ještě nenapravená a nemají clonu.

Jestliže se dříve, před druhým zkrácením, Malchut, poslední Sefira těla, nacházela v Taburu, pak jestliže v těle zůstávají pouze dvě Sefirot K-Ch, Malchut těla se rovněž pozvedá do Biny těla, nazývané hruď. Proto při vzestupu Malchut do Biny v hlavě se celý Parcuf stává „menším" co do rozměru: hlava pouze k očím, poté tělo pouze k hrudi, poté končetiny pouze k Taburu. A proto se takovýto stav Parcufu nazývá malým.

Jestliže však přijdou shůry k Parcufu nové síly, objeví se v něm clona a dokáže rozhodovat o přijímání světla ve prospěch Stvořitele do svého AChaP, pak se znovu pozvednou z těla do hlavy AChaP hlavy a doplní hlavu do deseti Sefirot, Sefirot AChaP těla se znovu pozvednou z jeho nohou na svoje místo, aby dostaly dodatečné světlo. A v hlavě, těle a nohou bude po deseti Sefirot. Takovýto stav Parcufu se nazývá velkým.

Jazykem Zoharu se zkrácení Parcufu, jeho přechod z velkého k malému stavu, popisuje jako dělení každé části Parcufu, hlavy-těla-nohou, na GE = ELEH a AChaP = MI. Všech deset Sefirot se nazývá jménem Stvořitele – Elohim, skládajícím se z písmen ELEH-IM, které se dělí na MI = GE = K-Ch a ELEH = B-ZA-M. V malém stavu zůstávají ve svém stupni pouze Sefirot ELEH a Sefirot IM klesají na nižší stupeň. Slovo Elohim se čte zdola nahoru, jak ho dosahuje člověk.

Parcuf ve velkém stavu	Parcuf v malém stavu:
M- K	M-K
I – H	I-H Parsa
E – B	E-B
L- ZA	L-ZA
Eh-M	Eh-M

ZOBRAZIL V NÍ VŠECHNA STVOŘENÍ A STVRDIL V NÍ VŠECHNY ZÁKONY – má se na zřeteli dělení každého stupně na dvě části, jejich nová forma – dělení na ELEH a MI, rozdělení „odevzdávajících" a „dostávajících" Kelim-přání, kde vzhledem k nepřítomnosti sil odporu vůči své přirozenosti – egoismu, se stává část přání - Sefirot nevyužitými, mimo svůj stupeň. A příslušně i jejich světlo zůstává venku v podobě okolního světla a čeká, kdy se u Parcufu objeví dodatečné síly a on, když se stane velkým, dostane celé světlo.

Během 6000 let probíhá veškerá naše náprava pouze podle zákonů druhého zkrácení. A jakmile se opět objeví síly-clona dostávat nezištně světlo do Sefirot-.Kelim B-ZA-M = ELEH, Parcuf je ihned k sobě připojí a dostane do nich světla Nešama-Chaja-Jechida. A stane se velkým Parcufem: pěti Kelim = deset Sefirot s pěti světly NaRaNChaJ.

14. Stvrdil ve svaté skryté svíci (v Malchut, která se spojila s Binou) jednu skrytou podobu, nejsvětější, tajnou strukturu, vycházející z mysli, GAR, nazývané MI, počátek struktury. Ono stojí i nestojí, je velké i skryté ve jménu Elohim = ELEH + IM. Nazývá se MI od slova Elohim, tj. schází písmena ELEH jména Elohim. Pojal přání odhalit se a nazývat se plným jménem Elohim - oděl se do drahocenného zářícího oděvu, světla Chasadim. Stvořil ELEH. Pozvedla se písmena ELEH jména Elohim a spojila se písmena ELEH s písmeny MI, čímž vytvořila plné jméno Elohim. A dokud nestvořil ELEH, nepozvedl se (nepovýšil se) ke jménu Elohim. Proto ti, kdo zhřešili tím, že se klaněli

zlatému teleti, ukazovali na toto tajemství slovy: „ELEH = TOTO - to je tvůj bůh, Izraeli! (Šemot, Ex 32,4).

ELEH – TO je tvoje božstvo, Izraeli! – tj. tato egoistická přání ELEH, to je tvoje božstvo, jemuž jsi povinen se klanět do té doby, než se napravíš. Použití ELEH, to je příčina všech hříchů a pádů: rozbíjení nádob – Kli, Adamův hřích a rozbíjení jeho duše na 600 000 částí, klanění se zlatému teleti a rozbíjení Mošem desek s Přikázáními, zničení prvního a druhého Chrámu atd.

V důsledku pozvednutí MAN nižšími, proseb po získání síly pro Zivug, přijímání (ve prospěch Stvořitele) světla Chochma, sestupuje shůry odpověď, nazývaná MAD, síla dávající Kli možnost vytvořit clonu odrážející světlo, odporovat své egoistické přirozenosti. Tato síla přichází v podobě světla, pocitu velikosti Stvořitele, a nazývá se světlo AB-SAG, protože sestupuje od Parcufim Chochma-AB a Bina-SAG světa AK (Adam Kadmon). Jestliže se člověk pozvedl ze stupně „našeho světa" do světů BJA, pak ať se člověk nachází kdekoli ve světech BJA, jeho prosba po duchovní nápravě se pozvedá přes všechny světy a stupně k Parcufu SAG. SAG se obrací k AB, dostává od něho světlo Chochma a předává toto světlo dolů, přes všechny Parcufim, po nichž se k němu pozvedl MAN.

Vzhledem k tomu, že celý svět AK se nachází v prvním zkrácení, nad druhým, pak světlo, které z něj vychází, dává sílu Kli, který toto světlo dostává, přejít ze svého malého stavu do velkého. To znamená, že světlo AB-SAG umožňuje Kli, aby vytvořilo clonu a odrazilo světlo Chochma, a poté je získal ve prospěch Stvořitele. Velký stav se nazývá „nejsvětější", protože tím, že se naplňuje světlem GAR, nazývaných „nejsvětější", je dokonalé.

Světlo AB-SAG sestupuje zpočátku k hlavě Parcufu AA a spouští bod, Malchut, z mysli = Biny na její místo, do úst, jak tomu bylo před druhým zkrácením. V důsledku toho tři Sefirot B-ZA-M se znovu připojují ke dvěma Sefirot K-Ch a ukládají se v hlavě pěti Sefirot, AChaP = ELEH se pozvedají a spojují s GE = MI a jméno Stvořitele – Elohim se stává úplným.

To však neznamená, že se Parcuf může naplnit pěti světly NaRaNChaJ – pouze získal clonu, sílu přijmout světlo do všech svých deseti Sefirot. Vzhledem k tomu, že v AA svítí pouze světlo Chochma, toto světlo nemůže zaplnit pozvednuté Kelim ELEH, protože mohou dostat světlo Chochma pouze v odění světla Chasadim. Pouze GAR de Parcuf K-Ch-B mohou mít čisté světlo Chochma, ale ZAT de Parcuf, Sefirot ZA-M, mohou dostat pouze zmenšené světlo Chochma – napůl smíšené se světlem Chasadim. To se nazývá dostáváním světla Chochma do střední (napůl složené z Chochmy, napůl z Chasadim) linie.

Proto, jak je řečeno v Zoharu, TATO STAVBA STOJÍ I NESTOJÍ – i když už jsou všechny Sefirot v hlavě, je nutno je ještě naplnit světlem, tj. Sefirot ELEH ještě nejsou odhaleny ve jménu Elohim. Odhalena, tj. naplněna světlem, jsou zatím ještě pouze písmena MI.

Proto Parcuf na počátku dělá Zivug na svůj malý stav a dostává světlo Chasadim. Poté odívá do tohoto DRAHOCENNÉHO ODĚVU SVĚTLO CHASADIM, světlo Chochma. A až poté může smíšené světlo Chasadim a Chochma naplnit Sefirot ZAT, ELEH. A všech pět Sefirot zazáří ve své dokonalosti.

Avšak dříve, než MI dá světlo Chasadim do ELEH, aby ELEH mělo do čeho přijmout Chochmu, ELEH nemohou dostat světlo Chochma a v celém jménu Elohim svítí pouze světlo MI. A dále je řečeno v Zoharu, že opovržení světlem Chasadim, záměrem ve prospěch Stvořitele, je veškerý hřích. A protože zhřešili, opovrhli světlem Chasadim, nepřáli si dostávat „ve prospěch Stvořitele", nýbrž si přáli dostávat pouze světlo Chochma, oddělili tím MI od ELEH. Proto pravili ELEH = TOTO (přání dostávat, nikoli MI, přání odevzdávat) JE TVŮJ VLÁDCE, IZRAELI – a světlo neprodleně přešlo k nečistým silám.

Tóra nám nevypráví o dějinách starobylého lidu, nýbrž o struktuře duchovních stupňů, jichž musíme dosáhnout. K tomu, abychom znali vlastnosti těchto stupňů, přičemž vystoupit po nich znamená získat jejich vlastnosti, kabala nám vysvětluje, jak byly vytvořeny, jak vznikly – postupným sestupem, duchovním zhruběním od samotného Stvořitele.

K tomu, aby nám vytvořil možnost nápravy egoismu, Stvořitel, již při vytvoření duchovních stupňů, smísil jej s altruismem. Toto smíšení opačných vlastností je možné pouze „výbuchem", jinak opačné vlastnosti nelze spojit. Takových spojení výbuchem, rozbíjením vlastností, bylo několik.

O jednom z nich nám hovoří Tóra (Šemot 32, 4). Při klanění se zlatému teleti synové Izraele, altruistická přání „odevzdávat", pojali přání dostávat světlo ve svůj prospěch. V důsledku toho se smísily Sefirot, Kelim GE a AChaP a do AChaP pronikly vlastnosti, přání GE. Prostřednictvím těchto altruistických vlastností, skrytých v malém, egoistickém člověku, které se v něm tajně nacházejí, lze jej probudit, vzbudit v něm snahu po duchovním povznesení a opovrhování tímto světem.

Proto na všechno, o čem se vypráví v Tóře, je nutno pohlížet jako na instrukci, která nám byla dána, nikoli jako na historii. Všechny děje, popisované Tórou, jsou kladné: všechna zničení, včetně zničení prvního a druhého Chrámu, válek, smilstva a vraždění. Musíme pouze pochopit, o čem Tóra hovoří. Správně pochopit Tóru lze tehdy, jestliže na ni přestaneme nahlížet pouze jako na sborník předpisů k mechanickému plnění Přikázání.

15. Jako se spojují MI s ELEH do jednoho jména Elohim – když se Chochma odívá do Chasadim, stejně tak se jméno spojuje tímto nádherným zářícím oděvem. Díky tomuto tajemství existuje svět, jak je řečeno „Svět byl stvořen milosrdenstvím". A Eliahu odletěl a už jsem ho nespatřil. Od něho jsem se však dozvěděl, že jsem stál na tajemství a jeho skrytí. Přiblížili se rabi Eleazar a ostatní a sklonili se před ním. Zaplakali a pravili: „Kdybychom přišli do tohoto světa, pouze abychom to uslyšeli – je to pro nás dostatečné!"

Rabi Šimon pokračuje ve svém vysvětlování: Existuje pouze jeden zákon dostávání světla Chochma: světlo Chochma lze dostat, pouze jestliže se předem oděje do světla Chasadim. Stejně tak, jako k tomu dochází v Parcufu Bina, nazývaném „vyšší svět", dochází k tomu i v Parcufu Malchut, MA, Nukvě ZA, nazývané „nižší svět". Malchut se obvykle nazývá BON, ale když se spojuje se ZA a dostává od něho světlo, nazývá se rovněž jeho jménem MA.

Vyšší svět, Bina světa Acilut, si přeje pouze Chasadim, ale nižší svět, Malchut světa Acilut, si přeje Chochmu. Prorok Eliahu však hovořil pouze o řádu a struktuře jména Elohim v AVI, Bině světa Acilut a rabi Šimon sám pokračuje ve vysvětlování a v následujícím článku vysvětluje strukturu a dostávání světla ve jménu Elohim v samotné Malchut světa Acilut.

Matka půjčuje dceři svoje oděvy

16. Celé nebe, země a jejich obyvatelé jsou stvořeny MA, tj. Malchut, jak je řečeno: „Vidím tvá nebesa, dílo tvých rukou" (Tehilim, Ž 8,4). A předtím je řečeno: „MA = CO (Jak) vznešené je tvoje jméno po vší zemi" (Tehilim, Ž 8,10), „kterou jsi postavil nad nebe." Vždyť nebe bylo stvořeno jménem (vlastností) MA (Malchut). Stojí psáno „na nebi", což ukazuje na Binu, nazývanou MI, nebe, která je nad ZA. Vysvětlení spočívá ve jménu Elohim. MA, Malchut, se pozvedá a vstupuje svými vlastnostmi do Biny, tj. vchází do Biny a dostává její vlastnosti. Bina se nazývá Elohim. Poté, co STVOŘIL SVĚTLO PRO SVĚTLO – jak stvořil světlo Chasadim, nazývaný „drahocenné ozdoby nebo oděvy", aby do něj oděl světlo Chochma. Tehdy se odívá světlo Chochma do světla Chasadim, což znamená stvoření světla pro světlo, a Malchut se pozvedá silou vyššího jména Elohim, jak se jmenuje Bina, a po spojení s Binou přijímá všechny její vlastnosti a vstupuje do ní. Proto BEREŠIT BARA ELOHIM – hovoří se o vyšším Elohim, o Bině, a nikoli o Malchut. Protože MA, Malchut, není stvořena jménem MI ELEH.

Nižší svět, Malchut, MA, dostává od Biny světlo, označené shůry jménem Elohim. Od tohoto světla se v Malchut objevují síly, projevují se v ní vlastnosti, které se hodí k tomu, aby bylo stvořeno nebe i země a vyvedeno potomstvo. Vždyť nemůže být potomstva, zrození pokolení, beze světla Chaja.

A je řečeno v Zohar: rovněž i nižší svět, Malchut, MA, existuje jménem Elohim, jménem z vyššího světa, proto je síla v Malchut, světlo Chochma, vytvářet pokolení. A jestliže je v Malchut světlo Chochma, je možné s její pomocí stvořit svět.

(Chaja je jeden z druhů světla Chochma. Existuje jedno světlo, vycházející ze Stvořitele. Správněji, pociťování Stvořitele nazýváme světlem. Tento pocit závisí na tom, v jakých přáních – Kelim Jej cítíme. A vzhledem k tomu, že jsou pouze dva druhy přání – Kelim – „dostávající" a „odevzdávající", pak existují pouze dva typy světla – Chasadim a Chochma. Je však několik poddruhů v každém, a světlo Chaja je jedna z jednotlivých forem světla Chochma. Protože Chochma je světlo, potěšení, vnímané přáním „dostávat", a Chasadim je potěšení, vnímané přáním „odevzdávat". Jestliže je v Parcufu pouze Kelim „odevzdávat" = GE, je naplněn světlem Chasadim. Jestliže jsou v něm síly dostávat ve prospěch Stvořitele je naplněn světlem Chochma). (Neplést s MA, které se zde užívá, kde MA – Malchut se ZA = MA ve své gematrii.)

Zohar vysvětluje, že světlo sestupuje od jména Elohim díky spojení MI s ELEH. ZA se nazývá „nebe". IŠSUT se nachází nad nebem, ZA. V nebi, v ZA, není MI, nýbrž pouze MA. Avšak poté, co se světlo Chochma odívá do světla Chasadim, světlo MA = GE do světla ELEH = AChaP, spojují se všechna písmena dohromady a pozvedají se jménem Elohim nad nebe = ZA = MA, do IŠSUT = Bina = MI.

MI, Bina, se nachází nad druhým zkrácením, nad jeho zákazem, protože její vlastnosti jsou vyšší, lepší než to, nač se vztahuje zákaz: vlastnost Bina spočívá v tom, aby se nic nedostávalo, proto zákaz druhého zkrácení „nedostávat" se jí prostě netýká, vždyť ona sama o sobě si nepřeje dostávat.

Zůstává pouze zákaz od prvního zkrácení, zákaz dostávat světlo do samotné Malchut, Malchut de Malchut, ústřední bod veškerého stvoření, do jediného stvořeného. Sama Malchut je egoistická, ale jestliže má clonu a světlo pouze za pomoci úderného Zivugu (odpor vůči vlastnímu přání, pouze ve prospěch Stvořitele) do přání odevzdávat, nazývá se to dostáváním nikoli do Malchut, nýbrž do devíti prvních Sefirot. Proto může Malchut přijímat světlo do svých devíti prvních Sefirot.

To znamená, že v Malchut je přání (síly) dostávat (potěšit se) světlo (potěšení), ale nikoli ve svůj prospěch, nýbrž pouze proto, že si to přeje Stvořitel, pak dostává pouze toto množství světla (potěšení). K tomu, aby dostávala za takovéto podmínky, Malchut (touha člověka po něčem příjemném, po potěšení) musí především odvrhnout veškeré potěšení, která k ní přichází a kterou pociťuje jako stojící před ní. To se nazývá náraz světla (potěšení) o clonu a jeho odraz od clony (odraz potěšení silou vůle nedostávat, přes přirozené, prapůvodní přání po sebenaplnění).

Odražené potěšení se nazývá světlem Chasadim. Není to vlastně světlo, nýbrž záměr Malchut dostávat jen ve prospěch Stvořitele. Tento záměr však je právě ta nutná i dostatečná podmínka následného obdržení světla Chochma od Stvořitele. Protože poté, co Malchut odvrhla celé světlo, tj. vyjádřila svůj záměr nedostávat ve svůj prospěch, splnila tím podmínku prvního zkrácení, a to do svého záměru dostávat pouze ve prospěch Stvořitele, nazývaného odraženým světlem neboli světlem Chasadim, a nyní může dostat světlo Chochma, onu blaženost, kterou si Stvořitel přeje jí dát.

Avšak tím, že dostává toto světlo, není již pouhým příjemcem – stvořením, nýbrž podobně jako Stvořitel poskytuje potěšení samotnému Stvořiteli! Tak stvoření dosahuje stupně Stvořitele, srovnává se s Ním vlastnostmi, protože si přeje všechno odevzdat, je plna světla Chasadim. A kromě toho, Malchut dostává, naplňuje se, protože jestliže nebude pociťovat naplnění, neposkytne potěšení Stvořiteli.

Proto Malchut dostává, tj. je naplněna světlem Chochma, plna vědění a naplnění, jak z odevzdávání, tak i dostávání ve prospěch Stvořitele. A to je dokonalost stvoření stvořeného Stvořitelem - stvoření se stává dokonalým a podobným Stvořiteli. A to je dokonalost činů Stvořitele, který stvořil stvoření, jež se samo může pozvednout na Jeho úroveň!

Cestu člověka z nízkosti našeho světa až do nejvyšší duchovní výšky, Stvořitele, si lze představit v podobě přechodu dlouhou řadou komnat. Od našeho stavu ke Stvořiteli je celkem 125 průchozích komnat. Každá komnata má svoje vlastnosti, a být v ní může pouze ten, kdo má stejné vlastnosti. Jestliže člověk mění tyto vlastnosti, je jedno, z jakého důvodu, jakoby se automaticky přemisťoval neviditelným proudem na místo, které odpovídá jeho novým vlastnostem.

Stejně tak se lze pohybovat v tomto prostoru komnat: ta nejmenší změna vlastností vyvolává působení silového duchovního pole na člověka, a ten se neprodleně přemisťuje a zaujímá nové místo své rovnováhy, místo, kde se jeho vnitřní vlastnosti plně shodují s vnějšími vlastnostmi duchovního pole. Proto není u vchodu a východů z komnat stráž, ale jakmile se člověk změnil v souladu s následující, vyšší komnatou, automaticky je tam přemisťován duchovním proudem, polem.

Jaké vlastnosti musí člověk měnit, aby se přemisťoval v duchovním poli, z komnaty do komnaty? Člověk musí měnit pouze svoje úsilí vůči druhu potěšení. Nemůže být bey potěšení, protože to je celý materiál stvoření, vše, co bylo stvořeno. Můžeme však měnit objekt našich úsilí, to, čím se chceme potěšit. Od hrubého dostávání, od dostávání pouze toho nejnutnějšího, nebo od toho, že je Stvořitel s námi spokojen, od toho, že mu odevzdáváme, od toho, že dostáváme, protože si to On přeje.

Ve všech našich přáních, která se neustále mění jak co do velikosti, tak i co do žádaného objektu, existuje „Já", dostávající potěšení. Toto „Já" se nikdy neztratí. Jediné, čeho se člověk musí zbavit, je cítění, že to dělá proto, aby jeho „Já" mělo potěšení. Člověk musí usilovat o pociťování přání Stvořitele, o vnímání, jak je (s ním) Stvořitel spokojen (jako matka má radost ze synových úspěchů).

Poté, co se Malchut rozhodla přijímat pouze ve prospěch Stvořitele, tj. podle síly své clony, síly odporu vůči svému egoistickému přání po potěšení, dostává světlo Chochma pouze v souladu s velikostí jí odraženého světla. Nebo lze naopak říci, že velikost odraženého světla určuje sílu vůle člověka, jeho přání konat ve jménu Stvořitele.

Avšak devět prvních Sefirot z deseti Sefirot Malchut nejsou egoistické, protože to jsou vlastnosti Stvořitele, jimiž si přeje napravit Malchut. A pouze poslední Sefira v Malchut, sama Malchut, jediné stvoření, Malchut de Malchut, je egoistická, nachází se pod zákazem prvního zkrácení: tam, kde je přání po sebenaplnění, světlo Chochma nevstupuje. Proto lze do prvních devíti Sefirot dostat světlo Chochma.

Avšak po druhém zkrácení, aby se napravila Malchut – aby jí byly dány vlastnosti milosrdenství, Chasadim, aby si mohla přát „odevzdávat", získat vlastnosti Biny, aby byl přeměněn sám prapůvodní egoismus na altruismus, pozvedla se Malchut k Aba, a dostala se do Parcufu Aba místo Biny a Bina se ocitla pod Malchut. Sama Bina může dostávat světlo Chochma bez jakýchkoli omezení, dokonce pod Malchut. Avšak Bina přijala na sebe omezení druhého zkrácení pouze proto, aby napravila Malchut.

Proto v důsledku vzestupu MAN z nižších, proseb člověka o duchovní nápravu, sestupuje světlo od AB-SAG, spouštějící zpětně Malchut s Binou na její místo: Malchut sestupuje z Biny a otevírá se světlo dosažení, moudrosti.

V důsledku spuštění Malchut se očišťuje Bina od všech zkrácení a omezení a může opět dostávat světlo Chochma. A poté, co se světlo Chochma odívá do světla Chasadim, svítí MI v ELEH a odhaluje se jméno Elohim, tj. svítí světlo Chochma.

Struktura jména Elohim nemůže být v MA, protože dolní kraj nebe, sama Malchut, má omezení prvního zkrácení – zákaz dostávat do sebe světlo Chochma a omezení, během 6000 let, druhého zkrácení využívat pouze přání „odevzdávat". Proto, jak je řečeno v Zoharu, jméno Elohim je vytvořeno s MI a nikoli s MA, tou vlastností, kterou Malchut dostala, když se pozvedla do Biny.

17. Avšak v době, kdy písmena ELEH sestupují shůry, z Biny, dolů k Malchut, protože matka půjčuje, předává na určitou dobu svoje oděvy dceři a zdobí ji svými ozdobami, sestupuje jméno Elohim z Biny, matky, k Malchut, dceři. Kdy ji zdobí svými ozdobami? – Když vidí před ní mužský princip. Tehdy o ní je řečeno: „Třikrát v roce se ukáže každý, kdo je mužského pohlaví, před Pánem Hospodinem" (Šemot, Ex 23, 17; 34, 23). Protože se tehdy nazývá Malchut pánem, mužským jménem. Jak se praví, zde je archa smlouvy, pán veškeré země. Tóra je smlouva a archa je Malchut, nazývaná mužským jménem „pán". Je to proto, že Malchut dostala Kelim, vlastnosti, přání nazývaná „oděvy" a světlo nazývané „ozdobami" od Biny, své matky. Tehdy vychází písmeno hej = A z MA = mem-hej a místo ní vchází písmeno jod = I a Malchut se nazývá MI, jako Bina. A tehdy se zdobí mužskými oděvy, tj. oděvy Biny, aby přijala všechny muže Izraele.

Jak bylo řečeno v § 13, druhé zkrácení působí z hlavy AA a níže, protože jeho Malchut se pozvedla do Biny a ve vlastnosti druhého zkrácení vytvořila všechny nižší Parcufy světa Acilut. Tak v každém Parcufu AA, AVI a ZON jsou pouze dvě Sefirot K-Ch, zatím co tři Sefirot B-ZA-M se oddělily (svými vlastnostmi) od tohoto stupně a odešly k nižšímu stupni (srovnaly se s ním svými vlastnostmi). Tak B-ZA-M = AChaP Parcufu AA sestoupily do Sefirot K-Ch = GE Parcufu AVI, B-ZA-M = AChaP Parcufu AVI sestoupily do K-Ch = GE Parcufu ZON, B-ZA-M = AChaP Parcufu ZON sestoupily pod Parsu do světů BJA.

STVOŘITEL
SVĚT AK

K Ch				AA (před AA působí první zkrácení)
B ZA M	K Ch			AChaP AA sestoupily do GE de AVI
	B ZA M	K Ch		AChaP AVI sestoupily do GE de ZON
		B ZA M	K Ch	AChaP ZON sestoupily do GE de BJA
			B ZA M	AChaP BJA sestoupily do bodu našeho světa – v pociťování člověka, který dosáhl stupně „náš svět"

Sefirot K-Ch = GE, které zůstaly na svém stupni, ve svém Parcufu, se nazývají MI, a Sefirot B-ZA-M, které se oddělily (svými vlastnostmi) a sestoupily (shodou vlastností) do nižšího Parcufu, se nazývají ELEH.

AVŠAK V DOBĚ, KDY PÍSMENA ELEH SESTUPUJÍ DOLŮ – když je Malchut vyháněna z Biny, oddělují se písmena ELEH od AVI a klesají do ZON, nižšího stupně, a odívají se do ZON: ELEH Aba = IŠS = Israel Saba se odívají do ZA a ELEH Ima = Tevuna se odívají do Malchut. Bina světa Acilut představuje složitý Parcuf: její GE je AVI, dva Parcufim a její AChaP se nazývají odděleným Parcufem IŠSUT, protože plní oddělené funkce vzhledem k ZON: Bina: GE = MI = GE Aba + MI = GE Ima ELEH = AChaP Aba = IŠS (Israel Saba + T (Tevuna) = ELEH = AChaP Ima.

Když přichází shůry světlo Chaja, v důsledku čehož Malchut sestupuje z Biny na svoje místo, vracejí se tím tři Sefirot B-ZA-M na svůj stupeň a příslušně do Parcufu, který se stal úplným, z pěti Sefirot, vstupují K-Ch-B, nazývané „nejsvětější". (Světlo se zde nazývá jménem Sefirot, které zaplňuje.) V K-Ch bylo pouze světlo Ruach-Nefeš, nyní bylo doplněno světlo Nešama-Chaja-Jechida do K-Ch-B, a Ruach-Nefeš se spustily do ZA-M.

Když se však pozvedají AChaP hlavy AA, tj. B-ZA-M hlavy AA, které klesly do jeho těla, se vracejí z těla do hlavy AA, pak se pozvedají společně s nimi do hlavy AA Kelim GE AVI (ty Kelim GE de AVI, které se odívaly na AChaP AA v jeho malém stavu – když AChaP AA byl pokleslým do GE de AVI) a dostávají tam světlo „nejsvětější", svítící v hlavě AA.

Je to způsobeno tím, že vyšší, který se spustil k nižšímu, se stává jako nižší, a nižší, který se pozvedl k vyššímu, se stává jako vyšší. Je to proto, že v duchovnu není místo a pohyb, pouze změna vlastností přemisťuje Parcuf nebo jeho část v duchovním prostoru, neprodleně, automaticky se změnou vlastnosti, blíže = výše nebo dále = níže vzhledem ke Stvořiteli. Proto vzestup sám znamená změnu vlastností nižšího na vlastnosti vyššího, a sestup vyššího znamená, že jeho vlastnosti se staly jako vlastnosti toho stupně, na který se spustil.

Proto v malém stavu, kdy se B-ZA-M = AChaP hlavy Parcufu AA oddělují od jeho hlavy a klesají (přemisťují se, ve shodě se svými horšími vlastnostmi) do jeho těla, od úst k hrudi, kde se na Parcuf AA odívá Parcuf AVI, stávají se svými vlastnostmi B-ZA-M = ZON = AChaP hlavy AA takovými jako samy AVI, bez světla Chochma, pouze se světlem Bina = Chasadim.

Proto ve velkém stavu, tj. když se vracejí B-ZA-M = AChaP AA do hlavy, na stupeň vyšší než tělo, berou s sebou rovněž GE de AVI, protože se staly jedním stupněm s nimi v malém stavu. Proto ve velkém stavu GE de AVI se pozvedají s AChaP hlavy AA do hlavy AA a stávají se mu (vlastnostmi) rovnými a dostávají tam světlo, které svítí v hlavě AA, nazývaného „nejsvětější".

Rovněž se pozvedají ZON v AVI: poté, co AVI dostávají světlo v hlavě AA, získávají tím síly, clonu a spouštějí Malchut z Biny na její místo, do Malchut, a tím se vracejí jejich Sefirot B-ZA-M = AChaP na svůj stupeň AVI, jako v AA. Když se však Kelim-Sefirot B-ZA-M = AChaP Biny, které byly uvnitř K-Ch = GE de ZON, pozvedají do AVI, berou s sebou rovněž ty Sefirot ZON, na něž se odívaly, tj. K-Ch = GE de ZON, a tak K-Ch = GE de ZON se pozvedají do AVI a dostávají tam světlo „nejsvětější", světlo Chaja.

Proto je řečeno, že MATKA – Ima, SESTUPUJE K DCEŘI, ABY JI ODĚLA A OZDOBILA = 3 písmena ELEH, Ima, Bina v jejím malém stavu se spustila do Malchut. To znamená, že MATKA SESTUPUJE K DCEŘI, protože tři Sefirot Ima přijaly vlastnost Malchut, oddělily se tím od Biny a staly se částí Malchut. To se podobá tomu, že Bina odevzdává Malchut část svých Kelim. Toto odevzdání je však dočasné, jako kdyby Bina PŮJČOVALA, PŘEDÁVALA DO DOČASNÉHO UŽÍVÁNÍ, a Malchut dočasně využívá tyto Kelim.

A poté Ima-Bina – matka, ZDOBÍ DCERU SVÝMI OZDOBAMI, protože ve velkém stavu, kdy se tři Sefirot ELEH vracejí k Bině, pozvedá se s nimi na stupeň Bina Malchut, a tam dostává světlo „nejsvětější", protože pozvednout se do Biny znamená mít vlastnosti jako Bina, a proto má právo přijmout stejné světlo jako Bina.

V důsledku toho dochází k tomu, že matka spustila do dcery svoje Kelim (vlastnosti) ELEH, když přijala speciálně na sebe místo svých vlastností – přání vlastnosti - přání Malchut tím, že si udělala malý stav a dobrovolně přijala na sebe zmenšení, když získala vlastnosti Malchut místo vlastností Bina, díky čemuž Bina – matka ozdobila Malchut – dceru do svých ozdob = světla během velkého stavu, který poté přišel: světlo Bina vešlo do Malchut a tomu se říká, že Malchut dostala ozdoby.

Existují dva druhy ozdob od matky – Biny dceři – Malchut: světlo Chochma, světlo Chaja, světlo GAR, světlo dokonalosti, protože poskytuje naplňovanému Kli vlastnost dokonalosti; světlo, které dostává Malchut od vyšší matky, od Imy, stojící od úst ke hrudi Parcufu AA, tj. nad jeho Parsou; světlo Nešama, ještě nedokonalost, dostávané od nižší matky, Parcufu Tevuny, stojícího od hrudi k Taburu AA, tj. pod jeho Parsou.

Přirozeně, pro obdržení toho nebo jiného světla se Malchut musí pozvednout na příslušný stupeň, tj. změnit svoje vlastnosti tak, aby dokázala dostat, být uznána za hodna tohoto světla.

Když se Malchut pozvedá do Tevuny a ta ji zdobí svými ozdobami, tyto ozdoby jsou ještě nedokonalé, protože Malchut ještě zůstává s „otázkou", tj. beze světla Chochma jako Tevuna před vzestupem MAN, tj. Malchut ještě potřebuje dostat MAN od nižších, nazývaných „mužové Izraele", aby dosáhla své dokonalosti. V tomto stavu nižší, spravedliví nebo mužové Izraele, dostávají světlo od ZA, které se pozvedlo do IŠS = Israel-Saba.

Když se však Malchut pozvedá ještě o jeden stupeň, na místo vyšší matky, Biny, na místo nad hrudí AA a dostává tam ozdoby od Imy a nikoli od Tevuny, pak jsou tyto ozdoby dokonalé, neboť v nich je světlo Chaja, už v ní není „otázka", protože se považuje za mužský princip, dávající Kli, a mužové Izraele od ní dostávají.

A všichni mužové Izraele před ni předstupují a dostávají od ní světlo. A Malchut SE NAZÝVÁ PÁN – pán je v hebrejštině „Adon". Obvyklá Malchut se nazývá jménem Stvořitele

Ado-naj, paní, ADNI, ženským jménem, a v tomto stavu se nazývá jménem mužským, jménem Adon, pán.

A je tomu tak proto, že v ní už není otázka, neboť v ní již není vzestup MAN, protože dosáhla dokonalosti – světla Chaja, a proto se nazývá „muž", pán – Adon. Proto pravil prorok Jošua (Jozue) (Joz 3,11): HLE ARCHA SMLOUVY PÁNA (Adon) CELÉ ZEMĚ. Malchut se nazývá „archa", neboť ZA jí dávající se nazývá „smlouva". Zohar nazývá Malchut pánem vší země, mužem.

V důsledku toho, že písmeno hej z MA = mem-hej, znamenající ženský princip, odešlo do Malchut, neboť toto písmeno znamená otázku v Malchut, tj. nepřítomnost světla Chochma, a světlo Chochma přináší absolutní vědění, mizí všechny otázky a písmeno hej mizí. Místo odešlého písmene hej se na jeho místo pozvedá písmeno jod a nazývá se Malchut MI, jako Ima, což znamená přijetí Malchut jména Elohim, jako jméno Ima.

18. Poslední písmena, tj. ELEH, dostává Izrael shůry, od Biny, do toho místa, tj. do Malchut, nazývané nyní jménem MI, jako jméno Bina. Vyslovuji písmena ELEH a prolévám slzy celé mé duše, ABYCH dostal tato písmena ELEH od Biny do domu ELOHIM, Malchut. Aby se Malchut nazývala Elohim, jako se Bina nazývá Elohim. Jak je mohu získat? Hlasem Tóry děkovných písní a veselících se mas. Rabi Eleazar pravil: „Mlčení moje vytvořilo vyšší Chrám, Binu, a nižší Chrám, Malchut. Samozřejmě, jak říkají lidé, „slovo je zlato (v originálu: Sela – mince), avšak dvojnásob cenné je mlčení." „Slovo je zlato" znamená, že někdo něco vyslovil a litoval toho. Dvojnásob je cenné mlčení, moje mlčení, neboť se tímto mlčením vytvořily dva světy, Bina a Malchut. Protože kdybych nemlčel (viz § 11), nedosáhl bych jednoty obou světů."

Poté, co hej odešlo z MA a pozvedlo se místo něj jod tím, že vytvořil MI, tehdy, když pozvedá MAN, pozvedá Izrael k Malchut POSLEDNÍ PÍSMENA ELEH. Jak již bylo vysvětleno, ELEH vyššího klesly do GE nižšího v malém stavu – proto patří k nižšímu i ve velkém stavu. Je tomu tak proto, že když se B-ZA-M = ELEH vyššího vracejí do hlavy vyššího, pozvedají s sebou GE nižšího. Tím nižší získává ELEH vyššího a světlo, jímž se naplnily ve svém nynějším velkém stavu.

Vyšší speciálně dělá na svůj AChaP druhé zkrácení, malý stav, aby se srovnal s nižším. A když se spojí s nižším, vyšší se poté znovu vrací do velkého stavu a předává světlo do té části nižšího, s níž byl společně v malém stavu. Podobá se to tomu, jako když dobrý, silný člověk vchází ke zkaženým lidem, spojuje se s nimi předstíraje, že je jako oni. A poté, když je mezi nimi spojení, začíná je pomalu napravovat, právě prostřednictvím tohoto spojení, které se mezi nimi vytvořilo dříve.

Každý Parcuf v malém stavu se dělí na dvě části, GE a AChaP. Vzhledem k tomu však, že existuje sloup Parcufů od našeho světa ke Stvořiteli, tj. spojení přes společné části vyššího a nižšího, právě proto, že v každém nižším je část vyššího, pak prostřednictvím této společné vlastnosti může nižší dostávat síly a sám se pozvedat až k samotnému Stvořiteli.

Každý vyšší, když klesne do nižšího, doplňuje jeho Kelim do deseti Sefirot: do GE nižšího klesly AChaP a společně tvoří deset Sefirot, protože se dostávají na stejnou úroveň. A AChaP nižší zase klesly do GE ještě nižšího atd.

Poté, ve velkém stavu, když GE vyššího nabývají sil připojit k sobě svůj AChaP a pozvedají jej k sobě, společně s AChaP se pozvedá rovněž GE nižšího, protože byly spojeny dole. Proto, když se pozvedl vzhůru, je GE nižšího nadále ve spojení s AChaP vyššího a tvoří s ním Parcuf deseti Sefirot.

VYSLOVUJI PÍSMENA ELEH – Izrael (člověk, který si přeje získat vlastnosti Stvořitele) pozvedá MAN (modlitby o to), aby dostal světlo velkého stavu (pro sebenápravu) za pomoci písmen ELEH, Imy-Biny, do Malchut. Toho lze dosáhnout modlitbou u Brány pláče, od níž se nikdo nevrací s prázdnýma rukama – tj. po pozvednutí MAN spustil písmena ELEH od AVI do Malchut, domu Elohim. Je tomu tak proto, že po obdržení ELEH se Malchut sama nazývá Elohim, jako Ima.

SLOVO JE ZLATO, ALE DVOJNÁSOB CENNÉ JE MLČENÍ – slova (duchovní čin) rabiho Eleazara (tohoto duchovního Parcufu) pozvedla Malchut k Tevuně, pod hruď AA, kde ještě není světlo Chochma, což znamená, že v Malchut je otázka, prosba o světlo Chochma. A nazývá se „zlato" (v originále je Sela - zlatá mince), protože se tak nazývá Malchut.

Avšak mlčení rabiho Eleazara poskytlo místo rabimu Šimonovi, aby odhalil světlo Chaja pozvednutím Malchut k vyšší matce, čímž byly stvořeny hned oba světy, protože nižší svět, Malchut, byl stvořen spolu s vyšším světem, Binou, o čemž se hovoří v Zoharu: DVOJNÁSOB (dva světy) CENNÉ JE MLČENÍ.

19. Rabi Šimon pravil: „Odtud a dále dokonalost napsaného, jak je řečeno, vyvozuje početnost vojsk. Protože to jsou dva stupně a každý musí být zapsán, tj. označen. Jeden, který se nazývá MA, a druhý je MI. Tato MI je vyšší a MA je nižší. Vyšší stupeň zapisuje, hovoří a vyvozuje početnost vojsk, kde písmeno Hej hovoří o známé, která nemá obdoby, tj. o MI. Je tomu podobně, jako bylo řečeno „HaMoci Lechem – vyrůstající obilí ze země (dovolávání se Stvořitele), kde písmeno A = Hej hovoří o tom, že je znám nižší stupeň, tj. MA. A obě dohromady jsou jedním stupněm, Malchut. Vyšší však je MI de Malchut a nižší je MA de Malchut, která vyvozuje početnost vojsk. Jde o to, že číslo 600 000 je počet hvězd, stojících vedle sebe, a ony vyvádějí svoje vojska, kterých je bezpočet.

Zohar má na zřeteli slova z knihy proroka Ješajahu (Izajáš) (Iz 40, 26): „K výšině zvedněte zraky a hleďte: KDO STVOŘIL TOTO VŠECHNO (je) - MI BARAH ELEH)? „Ten, který v plném počtu vyvádí zástupy vojsk a všechny volá jménem; má obrovskou sílu a úžasnou moc, nechybí mu ani jedna."

Záznam – má se na zřeteli to, co je poznamenáno písmenem hej, protože dva stupně musí být zapsány do Malchut – MI a MA. Za pomoci světla, dostávaného během vzestupu nad hruď AA, do vyššího světa, kdy se Malchut stává jako vyšší svět, nazývá se MI, protože odchází z MA = Mem-Hej písmeno Hej a pozvedá se místo ní písmeno Jod, v důsledku čehož se Malchut nazývá MI jako vyšší svět a zdobí se mužskou vlastností.

Přesto však se v Malchut neztrácí její předchozí stupeň, MA. Je to proto, že stupeň MI je nezbytný k tomu, aby bylo předáno světlo, dokonalost „nejsvětější", k pokolením, potomstvu Malchut, NaRaN spravedlivých, k nižším. Zrození a rozmnožení těchto pokolení (synů) závisí však na jménu MA. Proto, jestliže bude v Malchut scházet jeden ze dvou, MA nebo MI, nedokáže rodit následující pokolení, vytvářet nové duše, nižší, naplněné světlem Parcufim.

Proto Malchut VYVÁDÍ ZÁSTUPY VOJSK JEJICH POČTEM – je to stupeň MI, který Malchut dědí po vyšší matce, protože písmeno Hej před slovem „vyvádí" – Moci = Amoci, což svědčí o tom, že Malchut je dokonalé světlo, které dostává od AVI a nazývá se „ozdoby". A to je maximální světlo, které může být v Malchut během 6000 let.

Stejné písmeno Hej hovoří o tom, že v Malchut je světlo IŠSUT, stupně MA. Je tomu tak proto, že i tento stupeň musí být zapsán, tj. musí se nacházet v Malchut. A tyto dva stupně, MI a MA, se nacházejí v Malchut: MI výše a MA níže.

Zohar nazývá Malchut „odhalujícím se světem". Jde o to, že co Malchut odhaluje, to dostávají nižší. Toto svoje dosažení, svoje pociťování světla, sestupujícího od Malchut, nazývají svým světem. Tak i my nazýváme naším světem to, co vnímáme našimi smyslovými orgány. A není to více než to, co dostáváme od Malchut nejspodnějšího stupně světa Asija, Malchut předchozího stupně.

Je však třeba vědět, že tento pojem „náš svět" znamená skutečné lidské dosažení tohoto stupně, nazývaného „náš svět", tj. pociťování krajního vzdálení od Stvořitele, úplné bezmoci, uvědomění si absolutního vlastního egoismu. Tohoto pocitu lze dosáhnout, pouze jestliže shůry bude člověku svítit duchovní světlo, přičemž v kontrastu s ním člověk uvidí svůj skutečný duchovní stav. Avšak k tomu, aby bylo možno dosáhnout takovéhoto stavu, je nutno věnovat velké úsilí studiu kabaly, aby bylo možno přivolat na sebe svícení okolního světla (viz § 155 Předmluvy k Talmudu deseti Sefirot). Když však člověk dosahuje tohoto stavu, neprodleně pozvedá takovouto prosbu ke Stvořiteli, a MAN nezůstává bez odpovědi a člověk dostává síly vyjít z „našeho světa" a postoupit svými vlastnostmi na vyšší stupeň, Malchut světa Asija. A tehdy se již stává jeho světem.

V našem případě však hovoříme o velmi vysokých stupních. Odhalující se Malchut je Malchut světa Acilut, Nukva de ZA. A to, že Zohar ji nazývá vyšší, hovoří o tom jejím stavu, kdy dostává stupeň MI během vzestupu a odívání na vyšší svět, vyšší matku. Proto se tehdy i sama Malchut nazývá vyšší a stupeň MA se příslušně nazývá nižším.

ZNÁ VŠECHNY ZÁSTUPY VOJSK JEJICH POČTEM – počet znamená dokonalost. Světlo bez počtu znamená, že toto světlo je nedokonalé, a světlo s počtem hovoří o tom, že světlo je dokonalé. Čin ZA spojený s předáváním světla od Biny do Malchut je popsán ve výrazu „NEBE VYPRÁVÍ O VELIKOSTI STVOŘITELE": NEBE je ZA, VYPRÁVÍ je v hebrejštině „Mesaper", od slova Mispar – počet, dokonalost světla, které předává ZA od AVI do Malchut, nazývanou VELIKOST STVOŘITELE.

Toto světlo se nazývá 600 000. Jde o to, že stupeň Malchut jsou jednotky, stupeň ZA jsou desítky, stupeň IŠSUT jsou stovky, stupeň AVI jsou tisíce a stupeň AA jsou desítky tisíc.

V AVI jsou dvě části: vlastní – tehdy se považují za tisíce, od světla Chochma, dostávaného od hlavy AA, tehdy se považují jako AA za desítky tisíc. Nikoli však za úplný stupeň AA, nýbrž za jeho VAK, protože odívají AA od jeho úst níže, k hrudi. A protože VAK = Vav Kecavot = šest Sefirot x 10 = 60, pak stupeň VAK de AA je 60 x 10 000 = 600 000.

Proto, když se Malchut pozvedá do AVI, dostává úplný dokonalý počet, 600 000, kde 60 hovoří o tom, že to je pouze VAK, protože Malchut ještě není v hlavě AA a nedosahuje ještě tohoto stupně. A 10 000. stupeň hovoří o AA, o části, odívající se do AVI, protože AVI je VAK de AA. Proto má Malchut v tomto případě počet 600 000.

Tak jsou v Malchut (zapsány) dva stupně:

- MI, stupeň AVI, odívající se do Malchut, pročež Malchut dostává stupeň vyššího světa a nazývá se tak a světlo v ní se nazývá 600 000;
- MA, stupeň IŠSUT, odívající se do Malchut, pročež je v Malchut otázka, pociťování nepřítomnosti světla Chochma a prosba o obdržení světla Chochma, pročež se Malchut nazývá „nižší svět".

Tyto dva stupně vytvářejí v Malchut jeden Parcuf: ve své části nad hrudí se odívá do AVI, a svou částí pod hrudí se odívá do IŠSUT. Proto i v pokoleních, potomstvu Malchut, jsou v každém Parcufu dvě části – stupně: od horní části, od MI je světlo 600 000 a od nižší části, od nižšího světa, MA, je v každém potomstvu nepřítomnost počtu – dokonalosti.

V PLNÉM POČTU VYVÁDÍ ZÁSTUPY VOJSK, KTERÝCH JE BEZ POČTU – to není chápáno jako nekonečně velký počet a „je bez počtu" znamená nedokonalost světla, dostávaného do spodní části, protože vychází od IŠSUT, jehož stupeň je bez počtu.

Proto se potomstvo Malchut definuje jako nedokonalé, neboť tyto dva stupně v ní existují jako jeden a jsou mezi sebou spojeny jako jeden. Proto jsou i v jejím potomstvu dva stupně: vyšší – 600 000 a nižší – bez počtu. Nižší se však definuje jako doplněk k dokonalosti a nepovažuje se za nedostatek.

Je to proto, že požehnání semenu, rozmnožování, závisí pouze na nižším světě, MA, bez počtu, jak je řečeno v Tóře na Avraamovu (Abraham) stížnost, že je bezdětný (Berešit, Gn 15,5): „Pohleď na nebe a sečti hvězdy, dokážeš-li je spočítat. Tak tomu bude s tvým potomstvem." Z toho je patrno, že požehnání semene vychází z nepřítomnosti počtu, tj. od jména MA.

Proto po veškeré dokonalosti, které dosahuje Malchut od světla AVI, MI, je v Malchut dodatečné požehnání od MA, nazývané „nepřítomnost počtu", a oba tyto stupně jsou zahrnuty do jejího potomstva – duší a pokolení.

20. „Všechny z těch 600 000 a všechna vojska, kterých je bez počtu, volá jménem" – co znamená „volá jménem"? Jestliže řekneš, že je nazývá jejich jmény, je to nesprávné, protože by jinak bylo řečeno „nazývá je jmény". Když však se tento stupeň nepozvedá ve jménu Elohim a nazývá se MI, ona nerodí a neodhaluje, co je v ní skryto. A i když všechna byla v ní skryta, tj. i když se již pozvedla písmena ELEH, ještě je skryt drahocenný oblek světla Chasadim. A když je skryt, pak se nenazývá jménem Elohim. Protože vytvořil písmena ELEH, pozvedla se v jeho jménu, tj. oděla se do drahocenných oděvů světla Chasadim, pročež se spojují ELEH s MI a nazývá se Elo-him. Tehdy, v důsledku tohoto jména, je vyvedl v dokonalosti, což se definuje jako VOLÁ JE JMÉNEM, což znamená: volá každého jménem a vyvedl každý druh i rod, aby existoval v dokonalosti. Proto je řečeno V PLNÉM POČTU VYVEDL ZÁSTUPY VOJSK a všechny volá jménem, tj. jménem Elohim.

Již bylo řečeno, že dokonalost světla, které je jménem Stvořitele Elo-im, sestupuje na duše, pokolení, potomstvo ve dvou stupních, spojených do jednoho. V tomto stupni je obsaženo jak od vyššího stupně 600 000, tak od nižšího stupně, kde je nevyčíslitelný počet vojsk, a na obě sestupuje jméno Stvořitele.

Požehnání semenu zcela závisí na MA, protože je definováno světlem Chochma, neboť toto světlo určuje dokonalost. A světlo bez počtu, světlo Chasadim, vychází právě od jména MA. Jak je již známo, světlo Chochma je přijímáno pouze do oděvů světla Chasadim. Před tímto děním, i když se ELEH pozvedají k MI, není působení jména Elohim: ELO-IM = ELEH + IM.

Proto je řečeno, že MI NERODÍ, i když odešel bod Malchut z mysli - Biny, a spustil se na svoje místo, a navrátilo se deset Sefirot a i veškeré světlo do Parcufu, JMÉNO ELEH však je ještě SKRYTO, protože nemůže dostat Chochmu, v důsledku nepřítomnosti Chasadim.

Avšak, PROTOŽE STVOŘIL ELEH, tj. poté, co doplnil Zivug na clonu MA, nižší svět, Malchut, objevilo se světlo Chasadim, nazývané BEZ POČTU, a ELEH se naplnily světlem Chasadim, což znamená BARAH – STVOŘIL ELEH, protože odívání do světla Chasadim se nazývá BARAH – stvoření. Až poté SE NAZÝVÁ ELOHIM, protože až po obdržení světla Chasadim mohou dostat světlo Chochma. nazývané „světlo počtu", světlo 600 000, pročež se spojují písmena do úplného jména Elohim.

A rovněž na duše a na potomstvo, vycházející od jména Elohim, se vztahuje táž dokonalost – odívání Chochmy do Chasadim. A TÍMTO JMÉNEM SE NAZÝVÁ – tímto jménem se nazývá všechno, co vychází – těmito vlastnostmi vytváří veškeré potomstvo, Parcufim od svého Zivugu na světlo Chochma, JMÉNEM 600 000 – tj. Chochma, a ONI S CHASADIM – aby v nich byla dokonalost jména, aby se odělo světlo do světla, jako jsou ony oděny do JMÉNA. Proto je řečeno VIDÍŠ, JÁ VOLÁM JMÉNEM, protože volat znamená oživovat a přivádět k dokonalosti.

21. Ptá se: „Co znamená od velikých sil a bohatství?" Je to hlava stupně, kam se pozvedají všechna přání a ve skrytu se tam nacházejí. Silný, který se pozvedl ve jménu, ELOHIM, jak je řečeno, je tajemství vyššího světa, nazývaného MI. Ani jeden člověk

se neztrácí – z těch 600 000, které stvořil silou tohoto jména. A protože nikdo z lidí se neztratil z počtu 600 000, všude, kde hynuli synové Izraele a byli trestáni za svoje hříchy, zjišťujeme, že ani jeden z těch 600 000 se neztratil, aby všechno zůstalo v tomto počtu – jak nahoře, tak dole. A jako se nikdo neztratil z 600 000 nahoře, tak se neztratil ani jeden člověk z tohoto počtu dole.

OD VELIKÝCH SIL A BOHATSTVÍ – znamená Keter AVI, nazývaný HLAVA STUPŇŮ. Je to Bina AA, která se stala Keter Parcufu AVI, KAM STOUPAJÍ VŠECHNA PŘÁNÍ, MAN spodních a všechny stupně dostávají odtud. Tento stupeň je naplněn světlem Chasadim a dokonce v nepřítomnosti světla Chochma se nachází v dokonalosti, protože jeho světlo Chasadim vychází z GAR de Bina AA. To znamená, že v něm je tak velké světlo Chasadim, že tento stupeň, i když vyšel z hlavy AA, není považován za vyšlý z něj, neboť nepociťuje žádnou potřebu světla Chochma. Tento stupeň, Keter AVI, je hlavou všech stupňů světa Acilut, odkud dostávají AVI, IŠSUT a ZON.

SILNÝ JE TAJEMSTVÍ VYŠŠÍHO SVĚTA, vlastnost MI, která je v Malchut, odkud sestupuje počet 600 000, protože se odívá na vyšší svět, na AVI. Proto je řečeno, že ANI JEDEN ČLOVĚK SE NEZTRÁCÍ Z TĚCH 600 000, protože tam Malchut dostává světlo Chochma nazývané 600 000. A proto je řečeno, JAKO NAHOŘE SE ANI JEDEN NEZTRATIL, TAK I DOLE – protože Malchut se odívá na AVI, což se vyjadřuje slovy MATKA ZDOBÍ DCERU DO SVÝCH OZDOB, v důsledku čehož se Malchut stává zcela jako AVI. A jako je světlo AVI dokonalé, a proto se nazývá 600 000 a ANI JEDEN ČLOVĚK SE NEZTRATIL, tj. nepociťuje se nedostatek ve světle Chochma, tak i Malchut je dokonalá v tomto počtu, což znamená i dole ANI JEDEN ČLOVĚK SE NEZTRATIL.

Písmena rabiho amnona-saba

22. Pravil rabi Hamnuna-Saba: „Ve čtyřech prvních slovech Tóry NA POČÁTKU STVOŘIL STVOŘITEL Et – Berešit Bara Elohim Et, dvě první slova začínají písmenem Bet a dvě následující písmenem Alef." (Písmeno Alef se vyslovuje jako zvuk A a jako zvuk E.) Je řečeno: když Stvořitel pojal úmysl stvořit svět, všechna písmena byla ještě skryta a již 2000 let před stvořením světa Stvořitel hleděl na písmena a bavil se jimi.

V jazyce kabaly vypadá táž věta takto: Když se Stvořitel (Bina) rozhodl stvořit svět (ZON světa Acilut), Kelim ZON se ještě nacházely v Bině. Chochma a Bina – Aba ve Ima (AVI) se nazývají 2000 let. Před stvořením světa, zrozením ZON, všechna písmena – Kelim ZON – byla v AVI v podobě MAN a MAN vždy vyvolávají u nejvyššího přání zabývat se jím.

Vyšší Parcuf vzhledem k nižšímu se nazývá Stvořitel, protože skutečně rodí nižší a všechno, co dostává nižší, dostává pouze bezprostředně od svého vyššího. Kromě toho lze říci, že všechna přání, veškerá existence vyššího je pouze pro nižšího. A proto vyšší pouze očekává skutečnou prosbu nižšího o přání duchovně se povznést, která se nazývá MAN, na kterou, je-li toto přání skutečné, on neprodleně reaguje a předává nižšímu světlo, které nese síly nápravy.

Vzhledem k tomu, že nižší je ZON světa Acilut a vše, co je pod tímto Parcufem, všechny světy ABJA i náš svět, je jakoby jeho částí, pak vyšším Parcufem jsou AVI světa Acilut. Přání nebo vlastnosti ZON se nazývají písmeny a zde nám Zohar vysvětluje, s jakými vlastnostmi byl stvořen ZON, tj. duchovní i náš svět, my sami, jaké vlastnosti jsou žádoucí a jaké potřebují nápravu a jak toho lze dosáhnout.

Vzhledem k tomu, že vlastnosti budoucího stvoření jsou určovány cílem Stvořitele ve stvoření, říká se, že již před stvořením světa si Stvořitel hrál s písmeny. Hrál – má se na mysli, že všechno stvoření vzhledem ke Stvořiteli je jako Jeho hra s leviathanem (legendární mořskou příšerou), s vůči Němu opačnou vlastností. Všechna písmena se nakonec spojují a sjednocují na konci nápravy do jediného jména Stvořitele.

Pořadí písmen Alef – Bet hovoří o přímém světle shora dolů, o vnitřním světle, naplňujícím Parcuf. Opačné pořadí od konce abecedy k začátku hovoří o odraženém světle, zdola nahoru. Přímé pořadí písmen Alef-Bet hovoří o milosrdenství a opačné o přísném zákoně a omezeních na využívání egoistických přání.

Když Adam zhřešil, odtrhla se od něho písmena a zůstala mu pouze písmena Šin a Tav – Kelim pro světlo VAK Nefeš. Kelim pro světlo Nešama jsou písmena od Alef do Jod, Kelim pro světlo Ruach jsou písmena od Jod do Kof, Kelim pro GAR Nefeš - písmena Kof a Reš – od něho zmizela.

Proto nazval svého syna, zrozeného po pádu do hříchu, ŠeT: Šin-Tav podle posledních dvou písmen abecedy, Kelim, které u něho zůstaly. Kli Š-T (Šin-Tav) jsou vhodné pouze pro odražené světlo zdola nahoru, nikoli však k tomu, aby dostaly světlo shora dolů. Avšak poté, co dostane Jesod ZA, písmeno Jod, stává se ze Š-T slovo Šit. A jestliže Stvořitel vytváří svět písmenem Bet, vstupuje mezi Š-T a vznikne Š-B-T (Šabat), stav duchovní dokonalosti, cíl stvoření. Proto je první slovo Tóry – Berešit: Bara – stvořil Šit.

23. Když Stvořitel pojal úmysl stvořit svět, přišla k Němu všechna písmena abecedy v opačném pořadí, od poslední Tav do první – Alef. Jako první vešlo písmeno Tav a řeklo: „Vládce světa! Je dobré, a rovněž se Ti sluší postavit mnou, mými vlastnostmi, svět. Protože já jsem pečeť na Tvém prstenu, nazývaném pravda – EmeT, končící na písmeno Tav. A proto se Ty sám nazýváš pravda, a proto je vhodné, aby král začal se stvořením světa od písmene Tav, a jím, jeho vlastnostmi, stvořil svět."

Stvořitel mu odpověděl: „Jsi krásné a rovné, ale nejsi hodno toho, aby byl tvými vlastnostmi stvořen svět, který jsem si usmyslil, protože v budoucnu budeš zapsáno na čelech skutečně věřících, plnících veškerou Tóru od Alef do Tav (od prvního do posledního písmene) a těch, kteří pro tebe zahynuli" (viz Talmud, Šabat 55).

Co znamená to nebo jiné jméno Stvořitele? Jméno duchovního objektu znamená, jak lze dosáhnout obdržení světla, které jej naplňuje, jak lze dosáhnout jeho duchovní úrovně. Obecně dvacet dva písmen je deset Sefirot – Kelim v zárodku (Ibur) budoucího Parcufu, které se nacházejí v Sefiře Jesod, protože se tam nachází clona zárodku nového Parcufu. Proto se Jesod nazývá „číslo" – vždyť měří velikost nového Parcufu.

Ze znalosti toho, že každé jméno určuje jisté duchovní vlastnosti a stav objektu, lze pochopit, co znamená výměna jména, výměna místa a výměna činu.

Základem všech písmen je HaVaJaH, ale náplň každého písmene vysvětluje samo písmeno. Náplň písmene je slyšet při vyslovení písmene. Ve jménu HaVaJaH - Jod-Hej-Vav-Hej, když řekneme: Jod, vyslovujeme tři zvuky: hlásky i-o-d, i když píšeme pouze jedno písmeno, přestože hlásky „o-Vav" a „d-Dalet" jsou slyšet spolu s hláskou „i". Když říkáme „Hej", slyší se po hlásce „ch" rovněž „ej" = Jod nebo „ej" = Alef. V tom spočívá vysvětlení HaVaJaH v procesu vzniku tohoto jména.

Podoba a vlastnosti Stvořitele jsou označeny v jeho činech, a proto tři linie, které jsou v Bině – Stvořiteli, se odrážejí, působí v jeho stvořeních, v nižších světech, jako pečeť a její otisk. Proto jméno MB je jak v Bině, tak i v ZA a v Malchut. V ZA se však jméno MB dělí na deset výroků a třicet dvě síly stvoření Elohim, které vytvářejí Malchut – stvoření.

Bina se označuje písmenem Mem, písmeno Bet označuje Malchut, jméno MB označuje stvoření Biny Malchut. Písmeno Alef označuje ZA, který předává Malchut (Bet) všech dvacet dva písmen, od Alef do Tav, a proto se Malchut nazývá ET, Alef-Tav (Alef se vyslovuje jako „e".)

Malchut je ústřední část, cíl stvoření, jediné stvoření, jehož částmi jsou všechny světy a jejich obyvatelé, včetně nás. Části Malchut nebo, což je totéž, sama Malchut, v závislosti na svých stavech má různé vlastnosti, označované různými spojeními písmen, a proto části Malchut dostávají různé „kódy" – spojení vlastností a písmen neboli jména. Odtud pocházejí všechna slova na světě. Není ani jedna vlastnost na světě mimo Malchut. Každá z jejích vlastností, tj. každé stvoření, neboť všechna stvoření jsou jejími částmi, se označuje tou vlastností, kterou se odlišuje od ostatních, tj. svým jmenným souborem vlastností – písmen, což tvoří jeho jméno.

Malchut se nazývá Šechina, protože je v ní světlo, Šochen – Stvořitel. Stvořitel se nazývá Šochen, když jej jako takového v sobě pociťuje Malchut. Jestliže se člověk, jakožto část Malchut, napravuje, částečně nebo úplně, z egoismu a naplňuje k tomu příslušně světlem svoje napravená přání, naplňuje se Stvořitelem, pak se takovýto člověk stává částí Šechiny.

Malchut se skládá ze čtyř částí, nazývaných podle svých vlastností – rovněž tvářemi: tvář lva, tvář býka, tvář orla, tvář člověka nebo se Malchut připodobňuje duchovnímu ořechu, obklopenému čtyřmi skořápkami, odpovídajícími čtyřem Klipot - nečistým silám: Ruach Seara – uragán, Anan Gadol – velký oblak, Eš Mitlakachat – požírající oheň, Noga – zářící.

Kabala může popisovat duchovní činy buď v podobě jmen Sefirot a Parcufim, nebo v podobě jmen HaVaJaH, EKJEH atd., s jejich naplněními, gematriemi. I když se nejčastěji využívá jazyk Sefirot a Parcufim, přesto se někdy používá, dokonce paralelně a současně, jazyk HaVaJaH a jejich naplnění.

Složeným způsobem se rodí většina slov kabaly: Maacil – Stvořitel, od slova Cel – stín, protože se stvoření rodí z ukrytí Stvořitele, jeho zkratek. Jiný název Stvořitele je Boreh od slova Bo – přijď a Reeh – hleď. Jméno znamená dosažení. Podle toho, jak člověk dosahuje objektu, dává mu jméno. Rovněž Stvořiteli dává člověk jméno podle té vlastnosti, které dosahuje, podle toho, jak pociťuje Stvořitele. Je několik druhů jmen Stvořitele: jména podle jeho vlastností, jako například v našem případě, kdy se připomíná jméno Stvořitele EMET – „pravda", a jména Stvořitele, sestavená z pociťování Jeho světla, naplňujícího Parcuf atd.

Jména Stvořitele v souladu se jmény Sefirot:

- **Keter:** Alef-Hej-Jod-Hej (EKJEH)
- **Chochma:** Jod-Hej (JA)
- **Bina:** HaVaJaH se zněním Segol-Cholam-Chirek, jako Elohim: Jod (Jod-Vav-Dalet)-Hej (Hej-Jod) – Vav (Vav-Alef-Vav)-Hej (Hej-Jod)
- **Chesed:** Alef-Lamed = EL (vyslovuje se KEL)
- **Gevura:** Alef-Lamed-Hej-Jod-Mem (ELOHIM)
- **Tiferet:** Jod-Hej-Vav-Hej (HaVaJaH)
- **Necach:** HaVaJaH CEVAOT,
- **Hod:** ELOHIM CEVAOT
- **Jesod:** Šin-Dalet-Jod = ŠADAJ
- **Malchut:** ADONAJ (vyslovuje se ADNI)

Když je třeba ukázat splynutí dvou světů, nižšího a vyššího, píše se ADNI-HaVaJaH, pozvednutí Malchut-ADNI na úroveň Biny-HaVaJaH se zněním Elohim.

Jméno ZA HaVaJaH je od pravé linie, Chesed a jméno ADNI od levé linie, Gevury. Když se tyto dvě linie spojí, vytvoří se střední linie, v níž svítí světlo Chochma, díky tomu, že od pravé linie tam je světlo Chasadim. Takovýto stav se vyjadřuje smíšeným psaním jmen HaVaJaH-ADNI:

JOD-Alef-HEJ-Dalet-VAV-Nun-HEJ-Jod. Spojení (Zivug) ZA a jeho Nukvy se označují smíšením jmen.

HaVaJaH-ADNI: Jod-Alef-Hej-Dalet-Vav-Nun-Hej-Jod. Jod na začátku hovoří o světle Chochma v ZA a Jod na konci o předání tohoto světla Nukvě.

V důsledku druhého zkrácení se Malchut pozvedla do Biny, tj. vládne svým přáním nad Binou a ZA. V důsledku toho, že nelze obdržet světlo Chochma ve třech Sefirot Bina, ZA, Malchut, v nichž vládne egoistické přání Malchut, není v Parcufu světlo Chochma, pouze světlo Chasadim.

To se označuje takto: do slova světlo – Or, Alef-Vav-Reš, označujícího Or Chochmu, vešlo písmeno Jod a vzniklo slovo Alef-Vav-Jod-Reš, Avir - vzduch, označující světlo Chasadim. Jestliže Parcuf znovu přechází k velkému stavu, písmeno Jod od něj odchází a znovu se naplňuje světlem Chochma, z Avir - vzduchu se stává Or - světlo.

Nenaplněná HaVaJaH označuje Parcuf Keter. HaVaJaH s naplněním AB = 72 označuje Parcuf Chochma (AA). HaVaJaH s naplněním SaG = 63 označuje Parcuf Bina (AVI). Všechny dohromady tyto tři HaVaJaH vytvářejí MB - 42 písmen - svaté jméno světla, napravující duše svým vlivem na Kli, clonu.

Všechno, co je stvořeno, představuje přání po potěšení, které nazýváme stvořením. Kromě tohoto přání po potěšení není již stvořeno nic. Všechny světy, jejich obyvatelé, náš svět se vším, co je v něm, nejsou nic více než různé velikosti přání po potěšení. Velikost přání určuje jeho místo v duchovním prostoru, v němž se nachází všechno stvoření, v jehož nejnižším bodě je náš svět. Jaký druh potěšení mít, co si přát, určuje samo místo, kde se nachází člověk: v jakém světě, na jakém stupni se nachází.

K tomu, aby se ze Stvořitele objevilo stvoření, musí světlo, vycházející ze Stvořitele, projít čtyřmi stadii svého sestupu a páté stadium se již pociťuje jako samostatné, na Stvořiteli nezávislé přání potěšit se právě tím světlem, které vychází ze Stvořitele.

Přání po potěšení, které se zrodilo postupným šířením světla ze Stvořitele a nazývá se Kli – nádoba, se rovněž skládá z pěti částí, označených písmeny: tečka – začátek písmene Jod, písmeno Jod, Hej, Vav, Hej. Těchto pět částí, čtyři písmena se nazývají jménem Stvořitele HaVaJaH, protože jméno Stvořiteli dává Kli podle svého pociťování Stvořitele, tj. podle pociťování světla, které jej naplňuje. Světlo, naplňující Kli, se nazývá Miluj – naplnění.

Kli - stvořené Stvořitelem se dělí na pět částí, nazývaných světy. Každá taková část – svět se dělí dále na pět částí, nazývaných Parcufim – tváře – objekty. Každý Parcuf se skládá rovněž z pěti částí, nazývaných Sefirot. Celkem vychází 5 x 5 x 5 = 125 duchovních objektů neboli stupňů od nejnižšího stupně k samému Stvořiteli.

Každý Parcuf se skládá z pěti částí = pěti Sefirot: bodu a čtyř písmen: Keter-tečka + Chochma-Jod + Bina-Hej + ZA-Vav + Malchut-Hej = HaVaJaH. Veškerý rozdíl mezi 125 Parcufim spočívá v tom, jaké světlo je naplňuje, a kostra Kli, písmena HaVaJaH, zůstává stejná. A je tomu tak proto, že nemůže vzniknout přání, jestliže světlo Stvořitele neprojde předem pěti stupni, kde je pouze pátý stupeň zrozením nového stvoření – nového přání.

Vše, co bylo stvořeno, všechny světy představují pouze deset Sefirot neboli jméno Stvořitele HaVaJaH:

SEFIRA	PÍSMENO	PARCUF	SVĚT	SVĚTLO
Keter	bod, začátek písmene Jod	Galgalta	AK	Jechida
Chochma	Jod	AB	Acilut	Chaja
Bina	Hej	SaG	Berija	Nešama
ZA	Vav	MA	Jecira	Ruach
Malchut	Hej	BoN	Asija	Nefeš

Naplnění HaVaJaH světlem je jejím odhalením. Tím písmena vycházejí ven z ukrytí, stavu, kdy nejsou naplněna. Je pouze pět Parcufim: Keter (Galgalta), AB, SaG, MA, BoN. První z nich – Parcuf Keter – je základem a zdrojem všech ostatních. Jeho deset Sefirot je prostá HaVaJaH neboli vnitřní HaVaJaH, protože z každého ze čtyř písmen jeho HaVaJaH vychází cosi ven, čímž odhaluje nový Parcuf, který jej zvenku odívá. Tak z Parcufu Keter-Galgalta: od Jod vychází Parcuf Chochma, AB, od Hej vychází Parcuf Bina, SaG, od Vav vychází Parcuf ZA, MA, od Hej vychází Parcuf Malchut, BoN. Tak se Parcuf Keter označuje prostou HaVaJaH a Parcufim, které jej odívají, se označují naplněnými HaVaJaH. Záznam HaVaJaH se světlem, které ji naplňuje, se nazývá Miluj, naplnění. Pro krátkost označení názvu Parcufu je zaveden pojem gematrie – číselný souhrn světla, naplňujícího Parcuf.

Moudrost – Chochma, se nazývá výpočet (Chešbon) gematrie. Výpočet se provádí pouze v místě obdržení světla: a) probíhá předběžný výpočet, kolik světla je Parcuf schopen přijmout ve prospěch Stvořitele, b) obdržení světla podle výpočtu, c) výpočet obdrženého, nazývaný Miluj, gematrie.

Malchut nemůže dostávat světlo Chochma bez Chasadim, v takovém případě Chochma v ní nemůže svítit. Tehdy se Malchut pozvedá do Biny a stává se v ní jakoby zárodkem, z čehož dostává pravou linii – Chasadim. Když Malchut spojuje minulý a současný stav, dostává Chochmu do Chasadim a světlo Chochma v ní svítí. Všechny tyto činy Malchut jsou doprovázeny výpočty, nazývanými gematrie.

Gematrie Parcufu, nenaplněného světlem, je gematrie nezaplněné, prázdné HaVaJaH:

HaVaJaH = Jod + Hej + Vav + Hej = 10 + 5 + 6 + 5 = 26. Gematrie zaplněné HaVaJaH se tvoří naplněním každého písmene: v hebrejštině má každé písmeno svůj úplný název: A – Alef, B – Bet atd. Proto jsou čtyři druhy naplnění HaVaJaH – a) AB, b) SaG, c) MA, d) BoN:

a) HaVaJaH náplně AB:
Jod = Jod + Vav + Dalet = 10 + 6 + 4 = 20
Hej = Hej + Jod = 5 + 10 = 15
Vav = Vav + Jod + Vav = 6 + 10 + 6 = 22
Hej = Hej + Jod = 5 + 10 = 15

Celkem : 20 + 15 + 22 + 15 = 72 = AB, kde písmeno A označuje nikoli písmeno Alef = 1, nýbrž písmeno Ajn = 70. HaVaJaH, naplněna takovýmto světlem, se nazývá Parcuf AB, Parcuf Chochma, protože písmeno jod v naplnění označuje světlo moudrosti, Or Chochma. Takovéto naplnění se nazývá HaVaJaH s naplněním Jod.

b) HaVaJaH s naplněním SAG: Parcuf, naplněný světlem milosrdenství, Or Chasadim, se nazývá SAG, protože jeho gematrie je taková:
SaG = Samech(60) + Gimel(3) = 63:
Jod: Jod + Vav + Dalet = 10 + 6 + 4 = 20
Hej: Hej + Jod = 5 + 10 = 15
Vav: Vav + Alef + Vav = 6 + 1 + 6 = 13
Hej: Hej + Jod = 5 + 10 = 15
Celkem 63 = 60 + 3 = Samech + Gimel = SAG.

Jestliže Kelim a jejich naplnění vycházejí z prvního zkrácení, pak i v naplnění HaVaJaH je přítomno písmeno Jod. Jestliže se však Kelim naplňují světlem od druhého zkrácení, pak v naplnění HaVaJA je přítomno písmeno Alef. Rozdíl mezi gematriemi AB a SaG spočívá v naplnění písmene Vav: v AB gematrie Vav = 22 od naplnění světlem Chochma, a v SAG gematrie Vav = 13 od naplnění světlem Chasadim. Z toho, co bylo řečeno, je jasné, že Parcuf AB pochází z prvního zkrácení a v Parcufu SaG jeho písmeno Vav, ZA, pochází z druhého zkrácení.

c) HaVaJaH s naplnění MA:
Jod: Jod + Vav + Dalet = 20
Hej: Hej + Alef = 6
Vav: Vav + Alef + Vav = 13
Hej: Hej + Alef = 6

Takové naplnění HaVaJaH se nazývá 20 + 6 + 13 + 6 = 45 = 40 + 5 = Mem + Hej = MA (písmeno hej se čte jako „a").

d) HaVaJaH s naplněním BoN:
Jod: Jod + Vav + Dalet = 20
Hej: Hej + Hej = 10
Vav: Vav + Vav = 12
Hej: Hej + Hej = 10

Takovéto naplnění HaVaJaH se nazývá 20 + 10 + 12 + 10 = 52 = 50 + 2 = Nun + Bet a pro snadnější výslovnost se čte jako BON. Je to gematrie Parcufu Malchut a rovná se zdvojené nezaplněné HaVaJaH: HaVaJaH = 26; 26 x 2 = 52 = MA.

Vzhledem k tomu, že Parcuf Malchut není schopen sám dostávat světlo od Stvořitele, v důsledku toho, že v něm není clona, a může pouze pasivně dostávat to, co mu dává Parcuf ZA, pak dvojitá gematrie hovoří o tom, že všechno, co je v Malchut, je v ní od ZA.

Ze čtyř druhů HaVaJaH je vidět, že kořen stvoření není Parcuf Chochma nebo Bina, pouze Parcuf ZA, protože je jako první vybudován na druhém zkrácení.

Základních deset Sefirot se nacházejí v Parcufu Keter; vycházející z něj AB, SaG, MA a BoN jsou pouze větve, vycházející z prvního Parcufu. Když se však šíří světlo zevnitř Parcufu, je v něm pět vnitřních světel NaRaNChaJ a pět vnějších: z pravého ucha vychází pět vnějších světel Bina, z levého pět světel Bina vnitřních, z pravé nozdry vychází pět světel ZA vnějších a z levé pět vnitřních.

Jelikož dvě Malchut jsou od sebe vzdáleny, představuje to v našem světě, v člověku, rozdělení a vzdálenost ušních otvorů navzájem, menší vzájemnou vzdálenost mezi nosními otvory a pět vnitřních i vnějších světel společného světla úst vychází z jednoho otvoru, a proto při výstupu z úst do sebe udeří, navzájem se propletají a z jejich srážek se rodí písmena – Kelim.

Vzhledem k tomu, že z Biny – SaG = Samech + Gimel = 60 + 3 = 63 pocházejí dvacet dvě písmena, a otvor, z nějž pocházejí, se nazývá 63 + 22 = 85 = Peh + Hej = Peh (ústa). Písmena vycházejí z úst ZA, protože v ústech ZA se nachází Jesod Ima.

Všechny znalosti o duchovních světech, veškerou naši Tóru jsme získali od našich velkých Praotců, kteří tím, že se duchovně povznesli nad náš svět, cítili vyšší světy a popsali nám je. Tak jsme obdrželi Tóru ve vší její úplnosti, jak písemnou, tak i ústní.

Nemůžeme si představit duchovno, protože je nepostihujeme našimi smyslovými orgány. K tomu však, aby nám předali objekty a pojmy, kterých ještě nedosahujeme, využívají kabalisté několik metod a jazyků. Celá Tóra nám hovoří o cestě stvoření, řízení a nápravě světa. A hovoří pouze o tom a v žádném případě nikoli o dějinách, geografii atd. Jak je řečeno v samotné Tóře, Tóra jsou svatá jména, tj. projevy Stvořitele, způsoby a metody Jeho dosahování.

Tuto informaci nám přinášejí kabalisté, tj. každý, kdo se povznáší do duchovního světa, a má proto bezprostřední vazbu na Stvořitele, ve čtyřech jazycích:

1. Jazyk TaNaKh (T – Tóra – Pentateuch, N – Neviim – Proroci, Kh – Ketuvim (Svaté texty / hagiografie). Tímto jazykem je napsána písemná Tóra.

2. Jazyk zákonů (plnění Přikázání).
3. Jazyk legend.
4. Jazyk Sefirot a Parcufim – jazyk kabaly.

Všechny jazyky hovoří o jednom – o cestě, jak bychom mohli dosáhnout Stvořitele my, kteří žijeme v tomto světě. Jde o to, že jsme stvořeni pouze k tomu a podle Stvořitelova záměru musíme používat veškeré naše rozumové, fyzické i duchovní možnosti pouze k tomu. Kdybychom se zaměřili jenom na toto, používali bychom k tomu jazyk naší komunikace. Vždyť všechno, co je nám dáno, je nám dáno jedině ke splnění našeho úkolu v tomto světě – dosažení pociťování Stvořitele již za života.

Proto byla prvním jazykem, který si lidé osvojili, hebrejština. Jak se však lidé vzdalovali od plnění svého předurčení, získali dodatečné jazyky. I ve všech ostatních jazycích světa je skryt vnitřní smysl, ale vzhledem k tomu, že tyto abecedy nám kabalisté neodhalili, studujeme duchovní síly, zobrazované hebrejskou abecedou, jež je zdrojem všech ostatních.

Každý Parcuf se dělí na pravou a levou část. Pravá část se skládá z Ramach = Reš – Mem – Chet = 248 částí v podobě orgánů, naplněných světlem Chasadim, a levá část se skládá ze Šasa = Šin – Samech – Hej = 365 částí, naplněných světlem Chochma. ZA se nazývá hlasem, v principu je to světlo Chasadim a když se spojuje s Malchut, nazývanou řečí, dostává světlo Chasadim s Chochmou od ZA a vzniká řeč.

Sedm základních Sefirot ZA se nazývá Sedm nebes. Sedmdesát jmen ZA pochází od 70 = 7 x 10 Sefirot ZA. Samotný ZA se nazývá nebe, nebesa a Malchut je země. Sefirot ZA se nazývají rovněž: Ruach, podle světla Ruach, které je v nich a pozvedá se do Biny – uší a tam se přetváří ve zvuk, Chochma je v levém uchu a Chasadim v pravém.

Jazyk se odlišuje od abecedy, jako v našem světě jsou lidé, kteří ovládají mluvený jazyk, ale neumějí číst ani psát. Nejstarší mluvený jazyk je jazyk Tanacha, sahající původem k Adamovi. Z něho pochází jazyk zákona, poté jazyk legend. Všechny tyto jazyky dohromady i každý zvlášť se používají v naší náboženské literatuře.

Jako poslední se vyvinul jazyk kabaly. Jde o to, že je nejobtížnější – vždyť k jeho pochopení je nezbytné, aby sám člověk pociťoval duchovní kategorie, o nichž jazyk hovoří. A nejpřesnější z jazyků je jazyk kabaly. Pouze on je schopen absolutně přesně předávat veškerou duchovní informaci. Naučit se tomuto jazyku a získat v něm informace však může pouze žák bezprostředně z úst svého učitele-kabalisty. A vzhledem k tomu, že během mnoha pokolení pouze jednotlivci dosahovali pochopení a ti se navzájem nestýkali, vyvinul se jazyk kabaly jako poslední. A dnes je možno jej „studovat" pouze bezprostředně od učitele kabalisty.

Zpočátku skrývali kabalisté všechno svoje vědění o duchovním světě v podobě písmen, jejichž tvary vzali z poměru duchovních sil. Jinak řečeno, na každém duchovním stupni působí určitý poměr duchovních sil, vlastní pouze jemu. Dáme-li každé vlastnosti určitý znak, můžeme obrázkem znázornit poměr a celkový výsledek spojení duchovních sil každého stupně, jeho podstatu.

Tak kabalisté vytvořili naši abecedu v podobě dvaceti dvou písmen. V knize Zohar je velká pozornost věnována vysvětlení vazby mezi písmeny, což pomáhá studujícímu zobecnit svoje vědění a nalézt nové cesty, jak v sobě pocítit duchovní síly a jejich působení.

Jak je řečeno v knize, napsané naším praotcem Abrahamem, Sefer Jecira (Kniha stvoření), představují písmena kameny, z nichž se skládá budova v podobě slova. Jak nám vyprávějí mudrcové, svět byl stvořen písmeny „svatého jazyka", jehož každé písmeno představuje určitou svatou, duchovní, altruistickou sílu stvoření.

Písmeno nám představuje vlastnosti této síly svým tvarem, významem ve srovnání s ostatními, svými možnými spojeními s ostatními písmeny, svou možnou výslovností, korunami a notovými značkami, svým číselným významem – gematrií a variacemi.

Toto se však týká pouze jednotlivých písmen a jejich spojení. Jsou rovněž určitá pravidla, podle nichž můžeme určovat vlastnosti duchovních sil nikoli z písmen, nýbrž z celých slov. Přitom často používáme záměnu písmen ve slovech nebo celých částí slova za jim podobné.

Sám jazyk, kořeny jeho slov, hovoří o vlastnostech objektu, jejž nazývá. Například Adam pocházel z Adamu – země, čímž se zdůrazňuje jeho nicotnost, a od slova Adame – podobný (vyššímu), čímž se zdůrazňuje jeho vznešenost. Jméno Jakov pochází od slova Ekev (obejít) (Ejsava). Podobných příkladů je v Tóře množství, protože všechno má svůj kořen, podle nějž se nazývá, jako je to u jména po otci.

Poté, co jsme si vysvětlili, že místo jazyka Sefirot a Parcufim lze používat spojení písmen – Kelim (jazyk písmen) v popisu duchovních činů, veškerý popis duchovních světů se redukuje na zobrazení objektů a činů v podobě písmen a jejich spojení (jak je napsána celá Tóra), tj. slov:

a) každé písmeno hovoří svou podobou a způsobem psaní o všech vlastnostech a celkovém stavu duchovního objektu, Sefiry nebo Parcufu, který zobrazuje;

b) pořadí písmen ve slově hovoří o vazbě objektů, Sefirot a jejich společných činech a vlastnostech. Pochopení slova v jeho duchovním významu znamená vzestup na duchovní úroveň tohoto objektu. V tomto případě se sám dosahující stává tímto slovem, nazývá se jím. Jméno člověka, pozvedajícího se po duchovních stupních, se mění v závislosti na tom, na jakém stupni se nachází: nazývá se jménem tohoto stupně. Proto je řečeno, že všichni se mohou stát jako Moše (Mojžíš) - dosáhnout stupně, nazývaného Moše;

c) samo slovo v jeho „pozemském" čtení, jeho „pozemský" smysl nám hovoří o jeho duchovním kořenu a o jeho větvi – důsledku v našem světě;

d) spojení slov nám hovoří o celém duchovním procesu, který má zpravidla odpovídající čin - Přikázání v našem světě.

Jména se mění v závislosti na tom, jaký aspekt je žádoucí vysvětlit:

a) **podle základů Sefirot:**

Keter	-	nemá
Chochma	-	oheň
Bina	-	voda
ZA	-	vzduch
Malchut	-	země

b) **podle barev:**

Keter	-	nemá
Chochma	-	bílá - základ všech barev
Bina	-	červená – nejzřetelnější
ZA	-	zelená - nejdokonalejší
Malchut	-	černá – neměnná žádnou jinou barvou

Barvy se nacházejí pouze v těle Parcufu, nikoli v hlavě. Tyto barvy jsou projektovány shůry na Malchut a od ní dostávají všechny nižší.

c) **linie:**

Chesed	-	pravá	- bílá
Gevura	-	levá	- červená
Tiferet	-	střední, zahrnuje všechny barvy	- zelená

Často se místo názvů Sefirot používají názvy jejich vlastností, jejich barev, jejich čtyř principů: oheň, vzduch, voda a země (Zohar, Vajera, § 32). Malchut se nazývá „země", ale Malchut, která se povznesla svými vlastnostmi do Biny, se nazývá „země Chrámu". Čtyři strany světa – Chochma, Bina, Tiferet a Malchut - se spojují v Chrámu a sjednocují se se čtyřmi elementy – oheň, vzduch, voda a země. Ze dvou bodů Biny a Malchut spojených dohromady Stvořitel stvořil jeden Parcuf – Adam.

Čtyři elementy světa – neboli čtyři světové strany:
oheň – sever – Šuruk – levá linie – Gevura
vzduch – východ - Chirik – střední linie – Tiferet
voda – jih – Cholam – pravá linie – Chesed
země – západ – Malchut – dostává od všech.

Čtyři principy od Zivugu s Malchut vytvářejí **čtyři základní kovy:** zlato, stříbro, měď a železo. Všechny tyto názvy a mnohé jiné se používají v Tóře místo názvů deseti Sefirot.

A proto, i když jazyk Tóry, legend, Talmudu a Svatých textů je mimořádně malebný, jazyk kabaly je stručný a pouze on je přesným jazykem pro popis vyšších světů.

Čtyři druhy zápisu písmeny:

Taamim – zvukové odstíny čtení písmene – vyjadřují přímé světlo, šířící se shora dolů v těle Parcufu.

Nekudot – znění písmen – vyjadřují světlo během jeho postupného vzdalování z těla Parcufu zdola nahoru.

Tagin – koruna nad písmeny – vyjadřují vzpomínky – Rešimot, od dřívějšího světla, od Taamim. Tagin vycházejí od GAR Biny

Otiot – písmena – jsou to vzpomínky – Rešimot, vzdálení světla z těla Parcufu, od Nekudot. Písmena vycházejí ze ZAT Biny.

Deset Sefirot se dělí na tři záklafní části – Taamim, Nekudot, Otiot:

Taamim	-	Keter
Nekudot	-	Chochma
Otiot	-	ZAT Biny a ZON

Podle světla v nich se Sefirot dělí na:

Taamim	-	Chochma
Nekudot	-	Bina
Otiot	-	ZON

Pořadí tvoření písmen: Alef, které bylo na počátku na pravé straně, zrodilo písmeno Šin, které z něj vyšlo na levou stranu. Písmeno Šin se skládá ze tří stran: levé, prostřední a pravé, z čehož se tvoří ze tří písmen Vav a když se spojilo s písmenem Alef, vytvořilo se na levé straně slovo Alef – Šin = Eš – oheň.

Poté ze součinnosti dvou stran, pravé a levé, se vyvinula tato dvě písmena ve vzájemném protikladu, kde pravá linie obsahuje vodu a levá linie obsahuje oheň. A z jejich střetů se zrodila písmena Reš, Vav, Chet a vytvořilo se slovo Ruach – vítr. Tento vítr vešel mezi dvě strany, oheň a vodu, a spojil je dohromady, z čehož vzniklo pořadí prvních písmen a jejich dokonalost.

Na začátku Zohar vysvětluje tři linie v ZA v obecné podobě, označované třemi jmény Stvořitele: El, Elohim a Elokejnu, a poté vypovídá o sestupu stupňů naplnění ZA a Malchut světlem Chochma v podobě spojení písmen, v pořadí sestupu stupňů shora dolů. Majim (voda), Eš (oheň), Ruach (vítr) jsou tři linie v ZA od AVI. Proto jsou první písmena v ZA – je to s ohledem na AVI.

Poté byla odhalena další spojení: Alef odhalila Mem ze své pravé strany a Mem stojí u levé linie od Alef. Mem odhalila Šin jako prostřední linii, protože Mem se od počátku skládá z levé linie, vždyť se nachází v podobě zakrytého písmene Mem ve slově Elohim, které patří k levé linii, atd. Tak se zrodila všechna písmena hebrejské abecedy.

PÍSMENA HEBREJSKÉ ABECEDY

PÍSMENA	NÁZEV	VÝSLOVNOST	GEMATRIE
	Alef	a, e	1
	Bet	b, v	2
	Gimel	g	3
	Dalet	d	4
	Hej	a, e	5
	Vav	v, u, o	6
	Zain	z	7
	Chet	ch	8
	Tet	t	9
	Jod	i	10
	Chaf	ch, k	20
	Lamed	l	30
	Mem	m	40
	Nun	n	50
	Samech	s	60
	Ajin	a	70
	Peh	p, f	80
	Cade	c	90
	Kof	k	100
	Reš	r	200
	Šin	š, s	300
	Tav	t	400

Písmena Alef a Ajin nemají samostatnou zvukovou podobu a jejich výslovnost určuje průvodní interpunkční znaménko.

Písmena Bet, Chav a Peh s tečkou uvnitř se čtou jako B, K, P a bez tečky jako V, CH a F.

Písmeno Hej se vyslovuje pouze jako přídech.

Tvar písmen Mem, Nun, Sadik, Peh a Chaf (vyslovuje se MaNCePaCh) se na konci slova mění.

Tvar, vnější podoba písmen: vystupující prvek písmene hovoří o tom, že světlo v jedné části písmene je větší než v druhé. Naplnění (Miluj) hovoří o velikosti a výšce stupně. Interpunkční znaménko – Nekud hovoří o původu každé části Parcufu: zda pochází od vyššího a je jeho částí v tomto Parcufu, nebo od nižšího, nebo od sebe sama.

Samy Kelim – Sefirot se nazývají „písmena" a jejich interpunkční znaménka Nekudot hovoří o světle, které vchází a vychází z nich. Do Kelim může vejít světlo Bina, ZA a Malchut, nikoli však světlo Keter a Chochma. Tečka nad písmenem (Cholam) hovoří o světle Keter a Chochma, které se nikdy neodívají do Kli, a proto je nad písmenem ona tečka.

Dvě horizontální tečky Cejre hovoří o Sefirot Chochma a Bina, že Bina nedostává světlo Chochma a obsahuje pouze světlo Chasadim, světlo milosrdenství (AVI zády). Sama Bina se rovněž nazývá Cejre, protože ZA dostává všechno od ní. Jestliže uprostřed těchto dvou teček stojí třetí (Segol), znamená to, že ZA pozvedl svoji prosbu k AVI, aby dostal světlo Chochma. Tato prosba ZA k AVI se nazývá Daat. Daat dostává světlo Chochma k předání do ZA. Znaménko Kamac znamená, že ZA shromažďuje (Mekabec) světlo Chochma.

Tečka hovoří o Malchut s odrážející, nikoli však přijímající clonou. Toto zobrazení znamená, že v takovémto Kli není světlo – je to prostě černá tečka, protože jí vládne zákon zkracování světla.

Sefira Hod je zahrnutím vlastností Malchut do ZA a z ní dělá ZA celý Parcuf Malchut. Písmeno Hej slova Hod je Keter v Malchut a devět nižších Sefirot Malchut se nachází mezi nečistými silami a nečisté síly se k nim přisávají. To se označuje dolů prodlouženou nohou písmene Kof pod řádek a hovoří to o tom, že prostřednictvím tohoto prvku Kof dostávají nečisté síly sílu od duchovně čistých sil.

Bílé pozadí je prosté, bez jakéhokoli rozlišení, a proto námi nevnímané světlo. To, že jsme schopni rozlišovat, může být vyjádřeno pouze pomocí omezení šíření tohoto bílého světla. Podoby a stupně jeho omezení se nazývají písmeny. Proto vidíme černé hranice na bílém pozadí a vnímáme pouze černá omezení.

Jakékoli světlo ve světech musí mít hranici svého šíření, ale k zobrazení musí být jak přitažlivost, tak i omezení světla. A tyto dvě síly musí působit současně. Rovněž při pociťování čehokoli našimi smyslovými orgány vnímáme pouze pomocí omezení, protože povrch objektu nebo zvuková, světelná aj. vlna naráží na náš smyslový orgán, který omezuje její šíření, a proto je může pocítit.

Duchovní kořeny tvarů: kružnice pochází z prvního zkrácení světla ve světě nekonečna, od prvního omezení šíření světla. Vzhledem k tomu, že toto omezení bylo stejné a rovnoměrné, zobrazilo se v podobě kružnice.

Vertikální linie, délka bez šířky, hovoří o tom, že takový pojem nechápeme, proto se nazývá „tenká linie" šíření světla Chochma. Přijmout světlo Chochma lze pouze pomocí clony v Malchut, která vytváří odražené světlo, do nějž se odívá světlo Chochma. Proto vyšší světlo, přicházející do Kli, se nazývá linie.

Horizontální linie, šířka bez výšky: když se setká s clonou, od vzájemné srážky (přání) přechází vertikální linie, šíření světla Chochma shora dolů, do horizontální linie (vpravo) a dostaneme podobu latinského písmene L, kde je šířka určována velikostí odraženého světla, vycházejícího z clony zdola nahoru.

Obdélník: přicházející světlo Chochma a odražené světlo se vzájemně proplétají a tvoří obdélník: pět vertikálních linií shora dolů – pět Sefirot světla Chochma a pět horizontálních linií zprava doleva – pět Sefirot světla Chasadim. Velikost strany obdélníka se nazývá Ama, skládá se z pěti částí, Tefachim (Tefach). Proto Kli zobrazujeme v podobě obdélníka. Ama a Tefach jsou jednotky měření vzdálenosti.

Dvě šíření světla, světlo Chochma a odražené světlo, se nazývají příslušně pravá a levá tvář, přecházející do horního a dolního rtu. Vzhledem k tomu, že odražené světlo je přijímáno pouze do čtyř a nikoli do pěti částí Kli, neboť do Malchut po prvním zkrácení přijímat světlo nelze, pak 4 x 4 = 16 zubů na horní a 16 zubů na dolní čelisti (odražené světlo pochází od odporu, žvýkání, než se přijme světlo dovnitř).

V druhém zkrácení se vytváří Trojúhelník, protože Malchut se pozvedá do Biny a tvoří nakloněnou linii. Tak rodí spojení přímého světla, odraženého světla a omezení různé duchovní obrazce.

Světlo Chasadim je definováno jako „vyrážející ven", protože vyrážení za hranice duchovního těla znamená, že:

1. Světlo je natolik velké, že vychází ven v podobě povznesení, vyčlenění za hranice;
2. Pochází od prostřední linie, Tiferet.

Vyhloubenina v těle pochází z:

1. Nedostatku světla, světlo tam nemůže svítit;
2. Světlo Chochma tam je, ale pro nepřítomnost Chasadim světlo Chochma nemůže svítit.

INTERPUNKČNÍ ZNAMÉNKA HEBREJSKÉ ABECEDY (NEKUDOT):

Sefira	Interpunkční znaménko	Výslovnost
Keter	Kamac	a
Chochma	Patach	a
Bina	Segol	e
Chesed	Cejre	je
Gevura	Šva	-
Tiferet	Chlam	o
Necach	Chirek	i
Hod	Kubuc	u
Jesod	Šuruk	u
Malchut	není žádné	-

Nekudot se definují podle tří linií:
V HLAVĚ:
Kamac – Keter – pravá linie
Patach – Chochma – levá linie
Cejre – Bina – prostřední linie
Cholam – Tiferet – prostřední linie

V TĚLE:
Segol – Chesed – pravá linie
Šva – Gevura – levá linie
Šuruk – Tiferet – prostřední linie

V KONČETINÁCH:
Chirek – Necach – pravá linie
Kubuc – Hod – levá linie
Malchut – prostřední linie (nemá označení)

Úrovně Nekudot:
nad písmeny – světlo Nešama
v písmenech – světlo Ruach
pod písmeny – světlo Nefeš

Zivug Nekudot je Zivug Chochma Aba s Chochmou Ima.
Zivug písmen je Zivug Biny Aba s Binou Ima.

Vzájemně spojená písmena jsou odražené světlo, při vzestupu clony z Taburu do úst. Jsou spojena, protože se všechna pozvedají ke svému kořenu, který všechno sjednocuje, zatím co využití přání dostávat, i když ve prospěch Stvořitele, rozděluje.

Rozdělená písmena: když světlo vchází do Kli, do nádoby, do písmen HaVaJaH, pak se tím čtyři písmena rozdělují, protože světlo činí rozdíl mezi Sefirot, neboť v závislosti na jejich různých vlastnostech se do nich různě odívá.

Na clonu o tloušťce 1 (Aviot Alef) vychází HaVaJaH s naplněním Alef a o tloušťce 2 – Hej. Prostě jméno označuje tloušťku 0 se světlem Nefeš. Pouhá písmena jsou tehdy, jestliže Parcuf s clonou se dostane do tloušťky 1.

Skutečně věřící ve tři základy: Stvořitele, Jeho řízení a v Tóru, potřebují pro duchovní postup dvě neustále vyvážené linie: levou – vědění, světlo Chochma, dostávané na přání dostávat, patřící k levé straně, a pravou – víru – světlo milosrdenství – světlo Chasadim, altruistické přání odevzdávat.

Být pouze ve vědění znamená nacházet se v moci nečistých levých sil (Klipat Smol), v důsledku čehož člověk vůbec nepociťuje duchovno, ocitá se v duchovní tmě. Jestliže se nachází pouze ve víře, znamená to, že je v moci nečistých pravých sil (Klipat Jamin), které mu dávají pocit, že žije v dokonalosti, že už nemá na čem v sobě pracovat, napravovat se, v důsledku čehož se člověk rovněž zbavuje možnosti postupovat vpřed.

Zohar pokračuje: A odpověděl mu (písmeni Tav) ještě Stvořitel: „Tebou končí slovo smrt – MaveT. A proto, že jsou tvoje vlastnosti takové, nehodíš se ke stvoření světa." Písmeno Tav od Něho neprodleně odešlo.

Jakmile Stvořitel přistoupil ke stvoření světa – ZON tím, že začal vybírat jejich vlastnosti, objevilo se před Ním všech dvacet dva písmen ZON, počínaje posledním – tav, až k alef – hlavě všech písmen. Příčina toho, že písmena přišla v opačném pořadí, spočívá v tom, že představují MAN ZON, Kelim ZON, jejichž pořadí je zdola nahoru. Obvyklé abecední pořadí písmen odpovídá světlu (MAD), sestupujícímu shora dolů. Pořadí MAN je však opačné MAD, protože se pozvedá zdola nahoru.

Písmena nejsou nic jiného než přání, vlastnosti, myšlenky, které, jak si člověk myslí, jsou vhodné k dosažení duchovna, Stvořitele, Jeho řízení. Člověk se vrhá od jedné myšlenky ke druhé, chvíli se domnívá, že duchovních světů lze dosáhnout pouze vlastností, jindy se mu zdá, že lze vejít do duchovních sfér ovládnutím jiné vlastnosti, nebo začne úporně plnit všechna Přikázání a horlivě se modlí, často zanechá všech činů a ponoří se do kontemplace a čtení a leckdy si přeje pouze vědět nebo věřit, až k fanatismu.

Jako v našem světě jsou dvě krajnosti – vědění a víra, tak i v duchovním světě existuje duchovní práce na dosažení vědění a víry, kdy se člověk již uvědoměle pozvedá po duchovním žebříčku ke Stvořiteli. (Vysvětlivky rabiho Ašlaga k Zoharu se proto nazývají žebřík – Sulam.)

Každé z dvaceti dvou písmen představuje tu nebo jinou vlastnost. Člověku se střídavě zdá vhodným k dosažení duchovna buď vlastnost písmene Tav, nebo nějakého jiného písmena. Je to proto, že současně se svým duchovním vzestupem člověk začíná pokaždé lépe chápat skutečný cíl stvoření, Stvořitele, což se od něho žádá.

A tak přebírá všechno, dokud nedojde ve svém hledání k pravdě: pouze za pomoci písmene bet, protože jím začíná slovo Bracha – požehnání – spojení se Stvořitelem, pouze za pomoci této síly lze dospět k cíli.

Proto Zohar vypráví, jak přicházejí písmena – vlastnosti, síly, přání ke Stvořiteli, podobně jako modlitba – MAN, kterou člověk vznáší; člověk pokaždé prosí o to, co se mu zdá skutečným cílem, o to, jakou vlastnost a sílu si přeje ovládnout. A každé písmeno – vlastnost se pokouší dokázat, že je nejlepší k dosažení vnímání Stvořitele, splynutí se Stvořitelem. A Stvořitel dokazuje, že nejlepší a jediné je písmeno Bet, že pouze ono může dát člověku spojení s Ním. A proto Tóra začíná tímto písmenem.

Popis duchovních sil, označovaných každým písmenem, je neobyčejně hluboký a k tomu, aby bylo možno všechno vysvětlit, potřebujeme překonat ještě několik předběžných vysvětlení: stvoření světa zahrnuje jeho zdokonalování a existenci, aby svět mohl dosáhnout toho cíle, pro nějž je stvořen.

Stvořitel stvořil svět, který se skládá ze dvou protikladných sil, a proti každé čisté, altruistické síle stvořil nečistou, egoistickou sílu, rovnou a opačnou. Jako jsou čtyři čisté světy ABJA, tak jsou stvořeny Stvořitelem protikladné čtyři nečisté světy ABJA.

Proto v našem světě, na posledním stupni světa Asija, se vůbec neliší (v cizích očích) duchovně rozvinutý člověk, pociťující Stvořitele, který vyšel svými vlastnostmi do duchovně čistého světa, od egoistického, duchovně nerozvinutého člověka, tj. takového, který nedosáhl duchovních světů. To znamená, že ten, kdo nepociťuje duchovno, nemá vůbec žádnou možnost odlišit duchovně čistý princip od nečistého.

Vidíme, že v našem světě není sil jít vpřed čistými silami, naopak, egoistická úsilí poskytují člověku síly vybojovat si všechno na světě. Jak často lze vidět nadšené fanatiky, pohroužené do nečistých úsilí získat pro sebe tento i budoucí svět, ale ten, kdo dychtí po Stvořiteli, nemá vůbec žádné síly na ten nejmenší duchovní pohyb! V našem světě není žádný důkaz a potvrzení toho, že člověk kráčí správnou cestou. A už v žádném případě nelze činit závěry na základě životních zkušeností nebo „zdravého rozumu".

Jak v takovém případě může člověk existovat a postupovat k cíli stvoření, nachází-li se v našem světě, jestliže není schopen odlišit dobro od zla, čisté od nečistého? Je však jeden příznak, podle nějž lze odlišit čisté od nečistého: nečistá síla nepřináší duchovní plody, a proto ti, kteří kráčejí cestou nečistých světů ABJA, nedosahují ničeho duchovního. A ti, kdož jsou spojeni s čistými silami, dosahují na své cestě duchovních plodů.

Jak se vysvětluje v předmluvě k Talmudu deseti Sefirot, § 18, jestliže člověk kráčí správnou cestou, pak do tří nebo pěti let dosáhne tajemství Tóry. Těm, kteří touží dosáhnout altruistických přání, Stvořitel pomáhá ještě více, než oni sami prosí, a tak člověk dosahuje toho, co si přeje. Člověk se svým malým přáním upíná ke Stvořiteli zdola (MAN) a Stvořitel vylévá na člověka shůry dolů obrovská vyšší přání a síly (MAD).

A to je jediná možnost ověřit, zda jde člověk správnou cestou, nebo nikoli – k altruismu, nebo k ještě většímu egoismu. V žádném případě nemůže být ověřením správnosti cesty člověka jeho dobrý osobní pocit, jeho vznášení se, jeho nadšení a úspěch. Právě tehdy, když se nachází v pocitu dokonalosti, blahobytu a uspokojení ze svého duchovního stavu, je povinen zeptat se sám sebe: „Dosáhl jsem tajemství Tóry?" A jestliže ještě nedosáhl, pak je jeho „dokonalost" nečistá.

Na své cestě je člověk neustále povinen dosahovat prostřední linie – rovnováhy víry a vědění – ve třech pojmech: ve Stvořiteli, Jeho řízení a Tóře. V žádném případě v nich nesmí kráčet pouze na základě víry nebo pouze věděním. Jestliže si přeje pouze poznat Stvořitele, Jeho řízení a Tóru, vchází do duchovní tmy, protože nelze získat světlo moudrosti (Or Chochma) beze světla milosrdenství (Or Chasadim).

Takovýto stav se nazývá levou nečistou silou, „Klipat Ezau". Jestliže člověk usiluje o to, aby šel pouze cestou víry, vstupuje do nečisté síly pravé strany, „Klipat Išmael", která mu říká, že se nachází v dokonalosti. V takovémto případě nevidí žádný smysl ve své práci, a proto nemůže postupovat vpřed.

To znamená, že i tehdy, nachází-li se v radostném stavu, k čemuž Tóra vyzývá (aby přijímal řízení Stvořitele s radostí, neboť radost hovoří o ospravedlnění stvoření, o chápání řízení jako neustále dobrého), avšak jestliže přitom nedosáhl tajemství Tóry, znamená to, že jeho cesta je nesprávná, protože nedosahuje svého záměru „ve prospěch Stvořitele", který odhaluje tajemství Tóry.

Tento článek objasňuje zvláštnosti vlastností písmen – jak se všechna písmena dostavují ke Stvořiteli s prosbou vybudovat, každé svou vlastností, svět. Každé z dvaceti dvou písmen představuje duchovní stupeň ve světech ABJA a každé se domnívá, že jeho čisté duchovní síly jsou nejvhodnější, že při dosažení jeho stupně, při získání jeho vlastností dokážou obyvatelé světa povznést čisté síly nad nečisté natolik, že dojdou ke konečné nápravě, k cíli stvoření.

Stvořitel však odpovídá každému písmeni, že je proti němu odpovídající nečistá síla, a proto člověk nedokáže s jeho pomocí provést přesné rozdělení nečistých a čistých sil, a poté, za pomoci čistých sil, dosáhnout cíle. Bylo tomu tak, dokud se neobjevilo písmeno bet, které představuje stupeň, nazývaný „požehnání Stvořitele", proti němuž nejsou žádné nečisté síly.

I souhlasil Stvořitel, že stvoří písmenem Bet, jeho vlastností, svět, protože pouze v něm je možnost provést analýzu dobra a zla, určit, kdy člověk pracuje pro sebe a kdy ve prospěch Stvořitele, protože k němu není protějšek mezi nečistými silami. A proto pouze jeho silou a vlastností může existovat svět: odhalit čistá přání ze společné „směsi" přání člověka, povznést čistá přání nad nečistá, až ke zničení těch nečistých a dosažení touto cestou úplné nápravy lidské přirozenosti.

Jak vyplývá ze Zoharu, pouze pomoc Stvořitele, nazývaná požehnání, je silou spásy člověka, jedinou možností zbavit se vlády nečistých sil. A tato síla, nazývaná požehnáním, sestupuje pouze na toho, kdo jde po správné cestě.

Správná cesta je souhrn tří podmínek: a) úsilí člověka ve studiu skutečných kabalistických (a pouze takových!) pramenů, b) spojení se skutečným kabalistou, kterého pro sebe člověk přijímá jako rava), c) spojení s těmi, kdo si přeje duchovně se povznést. Podrobnější vysvětlení získá pouze seriózní žák.

Všech dvacet dva písmen se dělí na tři stupně: Bina, Zeir Anpin (ZA), Malchut, protože nad Binou nejsou Kelim, tj. písmena. Dvacet dva písmen v Bině se nazývá velkými, dvacet dva písmen v ZA se nazývá prostředními a dvacet dva písmen v Malchut se nazývá malými.

Rovněž na tři stupně se dělí i každá ze tří Sefirot Bina, ZA a Malchut: ve dvaceti dvou písmenech je vlastní Bina, ZA a Malchut. Rovněž v ZA je deset vlastních Sefirot, z nichž jeho Bina, ZA a Malchut mají rovněž dvacet dva písmen. A stejně tak tomu je v Malchut.

A dvacet dva písmen v každém stupni se dělí na tři druhy: od Alef do Tet (1 – 9) – jednotky, a to je devět Sefirot Bina, od Jod do Cade (10 – 90) – desítky a devět Sefirot ZA a čtyři písmena Kof, Reš, Šin a Tav (100 – 400) – stovky, a to jsou čtyři Sefirot Malchut, protože Malchut se nachází od hrudi ZA dolů, což odpovídá výškou čtyřem Sefirot ZA.

Bina, Jednotky, Velká písmena tvoří devět písmen: Alef, Bet, Gimel, Dalet, Hej, Vav, Zain, Chet a Tet.

ZA, Desítky, Prostřední písmena, tvoří devět písmen: Jod, Chaf, Lamed, Mem, Nun, Samech, Ajin, Peh a Cade.

Malchut, Stovky, Malá písmena, čtyři písmena: Kof, Reš, Šin, Tav.

Je však známo, že jednotky jsou v Malchut, desítky v ZA a stovky v Bině, což odporuje tomu, co bylo řečeno, totiž že jednotky jsou v Bině, desítky v ZA a stovky v Malchut. K nepřímé závislosti dojdeme v důsledku nepřímé závislosti světla a Kelim: nejnižší světlo vchází do nejvyšších Kelim. Kelim se začínají rodit ve vyšších, od Keter do Malchut, K-Ch-B-ZA-M a světlo do nich vchází počínaje nejmenším světlem, Nefeš až do světla Jechida.

Proto, jestliže jsou v Kelim pouze jednotky, od Alef do Tet – je tam pouze světlo Nefeš. A jestliže se přidávají do Kelim ještě i desítky, objevuje se již světlo Ruach.. A jestliže se přidávají ještě stovky do Kelim, objevuje se světlo Nešama.

A proto se stovky definují jako Biny, desítky jako ZA a jednotky jako Malchut. Ve vztahu k Kelim je to však obráceně: jednotky v Bině, desítka v ZA a stovky v Malchut.

Bina: světlo (100)   - Kelim (1)
ZA: světlo (10)   - Kelim (10)
Malchut: světlo (1)   - Kelim (100)

Písmena od Biny sestupují do ZA a od něj do Malchut. Když sestupují z Biny do ZA, sestupuji třemi liniemi: 22 : 3 = 7 písmen v každé. A ještě jedno, osmé písmeno v prostřední linii. Těchto dvacet dva písmen sestupuje do tří linií k Malchut, která se skládá z pěti koncových písmen MaNCePaCh a celkem se dostane do Malchut 22 + 5 = 27 písmen. Prostřední linie se nazývá „nebe", „obloha". Proto když Zohar hovoří o písmenech na obloze, má se na mysli, že dvě prostřední linie, 7 + 7 = 14 = Jod + Dalet = Jad (ruka) píše přes prostřední linii, přes dvacet dva písmen na nebesích – ZA. Tak je třeba chápat slova Tóry, že písmena se objevují na nebi nebo že byla viděna ruka, která píše přímo na nebe.

Dvacet dva písmen Tóry jsou Kelim pro naplnění světlem NaRaN. Jednotky: od Alef do Jod – Kli pro světlo Bina – Nešama. Desítky: od Jod do Kof – Kli pro světlo ZA – Ruach. Stovky: od Kof do Tav – Kli pro světlo Malchut - Nefeš.

Písmena jsou Kelim, do nichž se odívá světlo, a je celkem dvacet dva zvláštních vlastností, a proto je dvacet dva znaků pro jejich popis, které se nazývají písmena. Tak jako nám v jazyce stačí spojení z dvaceti dvou písmen pro popis všeho vědění, tak i spojení, slučování, Zivug dvaceti dvou Kelim, vlastností a přání Parcufu stačí k tomu, aby s pomocí všech možných spojení (Zivugů Sefirot) bylo přijato a odevzdáno světlo, aby byly konány veškeré duchovní činy a přivedena všechna písmena, přání člověka, k nápravě.

Písmena jsou různé vztahy ZON:

a) ZA, skládající se ze šesti částí svých končetin, muž Malchut, znázorněný písmenem Vav, Sefira Jesod – úroveň zárodku;
b) ZA, znázorněný písmenem Vav, Sefira Tiferet, skládající se z šesti částí rukou – úroveň kojení;
c) ZA stojí mezi AVI a Nukva se musí k němu pozvednout, a tehdy dosahuje úrovně přijímání světla Chochma;
d) ZA, písmeno Vav, nad ním Jod – Sefirot K-Ch, pod ním Jod – Sefirot B-T-M a všechny tvoří písmeno Alef, a ke konečnému napravenému stavu dojde, když se na konci nápravy Malchut pozvedne do Keter ZA (horní Jod v písmeni Alef). Když se Malchut pozvedne nad Parsu – Vav, ona sama, a když sestupuje pod Vav, dostává od ZA. Když se pozvedne, vytvoří Taamim (zvukové notové značky). Když klesá, nazývá se Nekuda-tečka. Když splyne se ZA, nazývá se tečkou uvnitř Vav = Šuruk.

Pořadí ATBaŠ: Existuje zvláštní spojení písmen hebrejské abecedy: první – poslední A – T, druhé – předposlední B – Š atd., označující podmínky šíření vyššího světla shora dolů.

MaNCePaCh: Všechny světy a všechny Parcufim jsou vytvořeny dvaceti dvěma písmeny Malchut. Clona stojí v hlavě Parcufu a neumožňuje světlu vejít. Odpuzuje světlo, zvažuje, kolik může přijmout ve prospěch Stvořitele, a teprve poté přijímá.

Proti každému z pěti přání dostávat, která jsou v Malchut, v těle Parcufu, stojí vlastní omezení v cloně, jež je v ústech, aby světlo neprošlo do těla. Proto se clona v ústech skládá z pěti sil, částí.

Těchto pět omezujících sil clony, pět úsilí clony se označuje pěti koncovými písmeny hebrejské abecedy Mem – Nun – Cade – Peh – Kav, zkráceně MaNCePaCh. Koncovými jsou proto, že se píší pouze na konci slov. Tyto síly určují příjem světla do těla, a proto rodí zbývajících dvacet dva písmen – Kelim, napravená přání, dostávající světlo. Pět písmen MaNCePaCh se píší na konci slov, ale v ústní řeči označuje pět písmen MaNCePaCh pět skupin výslovnosti dvaceti dvou písmen. A písmena MaNCePaCh stojí v čele každé skupiny.

Z pěti písmen MaNCePaCh pochází pět skupin zvuků:

1. PEH-Keter – z hrdla vychází skupina ze čtyř zvuků – písmen, nazývaných AChHA-Alef-Chet-Hej-Ajin: Alef je před nižšími skryté světlo Parcufu Keter světa Acilut, nazývané Atik. Chet je světlo parcufu Chochma světa Acilut, nazývaného Arich Anpin, které je rovněž skryto před nižšími; Hej je světlo Parcufu Bina světa Acilut, nazývaného Ima (matka), přijímajícího do sebe světlo Chochma od Aba otce, k tomu, aby bylo předáno ZON, jejich dětem; Ajin je světlo tváře ZA. Vzhledem k tomu, že světlo ZA, vcházející do Malchut, se nazývá Tóra, říká se, že Tóra má

Ajin = 70 tváří, což je Ajin = 70 jmen Stvořitele, ZA. Vždyť vzhledem k Malchut je ZA Stvořitelem. Proto se 70 duší spustilo do Egypta atd.

2. ChAF-Chochma: z patra vychází skupina ze čtyř zvuků – písmen, nazývaných GJChiK-Gimel-Jod-Chaf-Kof. Písmena AChA předávají světlo písmenům GJChK. Alef předává světlo do Gimel, který přináší odměnu (Gemul – Gimel) spravedlivým; Chet předává světlo Chochma do Jod, ale toto světlo je ukryto; Chej svítí písmeni Chaf světlem Bina, poskytujícím radost; Ajin svítí písmeni Kof. Jako Ajin = 70, protože se skládá ze sedmi Sefirot Ch-G-T-N-H-J-M, z nichž každá se skládá z deseti Sefirot, tak Kof = 100, protože se skládá z deseti Sefirot od Keter do Malchut, z nichž každá se skládá z deseti Sefirot. Proto patro doplňuje hrdlo ve všem.
3. NUN-Bina: od jazyka vychází skupina z čtyř zvuků – písmen, nazývaných DaTLaT – Dalet-Tet-Lamed-Nun-Tav.
4. MEM-ZA: od rtů vychází skupina ze čtyř zvuků – písmen, nazývaných BOMoCh: Bet-Vav-Mem-CHaf.
5. CADE-Malchut: od zubů vychází skupina z pěti zvuků – písmen, nazývaných ZaSŠRaC: Zajin-Samech-Šin-Reš-Cade.

Hlas a řeč: hlas se tvoří v ZA a řeč v Malchut. Jestliže spravedlivý, který je ve světech BJA, vznáší svoje modlitby, MAN, k Malchut světa Acilut, vyvolává tím vzestup ZON do AVI, svádí je do stálého Zivugu, aby zajistil sestup světla k nižším. ZON dostávají světlo od AVI, nazývané „hlas" a „řeč". A to je síla spravedlivých vytvářet, budovat čisté a ničit nečisté svým hlasem.

Z plic se rodí lidská řeč: vzduch, když vychází z plic a dosahuje k ústům, stává se hlasem a když vychází z úst, stává se řečí. Dvě části v plicích – pravá a levá, dva rty od nich přijímají hlas a mění jej v řeč. Každá ze stran plic se skládá z pěti částí – k tomu, abychom předali pěti částem v ústech: guturálním hláskám AChHA, labiálním BOMoCh, palatálním GIChiK, lingválním DaTLaT a dentálním ZASŠRaC.

Sedm základních Sefirot ZA se nazývá „sedm nebes". 70 jmen ZA pochází od 70 = 7 × 10 Sefirot ZA. Sám ZA se nazývá „nebe", „nebesa" a Malchut je „země". Sefirot ZA se nazývají rovněž Ruach, podle světla Ruach, které je v nich a které se pozvedá do Biny – uší a proměňuje se tam ve zvuk, Chochma v levém uchu a Chasadim v pravém.

PÍSMENO TAV

Každému z dvaceti dvou písmen odpovídá určitý duchovní stupeň, na němž koná. Správněji, samo písmeno je určitý duchovní stupeň. Proto písmeno Tav tvrdí, že je nejvíce hodno toho, aby jeho vlastnostmi byl stvořen svět, že jeho vlastnostmi lze přivést svět k nápravě a k cíli stvoření, protože určuje vlastnost „pravda", která je pečetí Stvořitele.

Nečisté síly existují pouze z toho, že čisté síly jim posílají malé světlo, nazývané Ner Dakik (malá svíce). Bez tohoto světla by nečisté síly nemohly existovat a tím spíše fungovat – získávat si člověka slibem potěšení, které v nich je pouze od tohoto malého světla, které kleslo z čistých Sefirot. Proto poslední, nejnižší čistý stupeň propouští od sebe dolů, k nečistým silám, trochu vyššího světla.

Kdyby čisté síly nepodporovaly existenci nečistých sil, nečisté síly by okamžitě zmizely. Vzniká otázka, kdo potřebuje existenci nečistých sil a k čemu? Samozřejmě, nečisté síly byly speciálně vytvořeny zároveň s čistými samotným Stvořitelem, vždyť není jiné síly kromě Stvořitele v celém vesmíru.

Nutnost vytvoření nečistých sil spočívá v tom, aby byly soustředěny do obrovských přání potěšit se, do ohromného egoismu. Systém nečistých světů ABJA je něco jako sklad přání potěšit se, z nějž člověk, v souladu se svou nápravou, může brát pro nápravu stále nová a nová přání. Tak člověk má možnost, když k sobě připojí nenapravené nečisté síly, tím, že je napravuje, pozvedat se stále výše, až k úrovni Stvořitele. K tomu Stvořitel stvořil nečisté síly a udržuje jejich existenci prostřednictvím systému čistých sil.

Nečistý systém světů ABJA se nachází na jedné úrovni, paralelně s čistým systémem světů ABJA. Pod těmito dvěma duchovními systémy se nachází náš svět. Náš svět se rovněž nazývá egoistickým, nečistým, ale jeho síly a přání jsou natolik ničemné, že se nacházejí pod světy nečisté ABJA.

Když člověk pomocí kabaly překonává úroveň egoismu našeho světa, vchází do čistého světa Asija. A ihned člověka začíná ovlivňovat nečistý svět Asija, který jej láká svými lživými potěšeními. Tím, že překonává pokušení nečistého světa Asija, člověk se duchovně povznáší. Do té doby však, než člověk překoná nečistá přání svého těla, našeho světa, nezačne pociťovat, tj. nevyjde do duchovních světů, protože nemůže odolat nečistým silám, které tam působí.

Na rozdíl od sil, působících v duchovních světech, v našem světě na člověka působí pouze egoistická malá síla, nazývaná jeho „tělo", jeho ego. Člověk může bojovat s touto silou, vítězit a prohrávat svoje bitvy s ní. Avšak i když člověk prohraje, neztrácí onu malou jiskru světla, Ner Dakik, která je v něm a která udržuje jeho existenci.

Rabi Ašlag dal takovýto příklad: práce člověka v našem světě se podobá školní tabuli, z níž lze v případě chyby mazat to, co bylo napsáno, bez jakékoli škody pro toho, kdo píše, opravit to a psát znovu, dokud se nenaučí psát správně. A až tehdy, když se naučí psát správně, je člověku umožněno, aby vstoupil do duchovního světa. A je tomu tak proto, že jestliže se dopustí chyby, až bude v duchovním světě, ztratí všechno, co má, a bude muset začít všechno znovu!

Proto je náš svět ten nejnicotnější. Od něj musí každý začínat. A každý bude do něj sestupovat a rodit se v tomto světě až dotud, dokud nepřejde z našeho světa do světa duchovního. (Pravda, je ještě mnoho podmínek k tomu, aby se duše již nevracela do našeho světa, a kdo bude uznán za hodna toho, ten to pozná.)

Proto vertikální linie, noha písmene Kof, se spouští pod linii psaní písmen, což znamená sestup světla skrze toto písmeno do nečistých sil. A již není žádné písmeno, které by se spouštělo pod linii psaní jako písmeno Kof.

K tomu, aby nečisté síly mohly existovat - a existovat stvoření jak čisté, tak i nečisté, může pouze tehdy, dostává-li světlo – sestupuje poslední, nejnižší stupeň čistých sil do nečistých a dává jim světlo, potřebné pro jejich existenci a pro plnění jejich úlohy: lákat člověka svými potěšeními a přesvědčovat jej, aby konal podle zákona nečistých sil.

Na počátku se levá noha písmene Tav rovněž spouštěla pod linii písmen. Stvořitel však uviděl, že v takovémto případě bude příliš silná vazba mezi nečistými silami a čistými, a proto tuto vazbu roztrhl a vrátil levou nohu písmene Tav nahoru na úroveň řádku, na úroveň, kde se nacházejí čisté síly.

V důsledku tohoto zkrácení se zdvojnásobila tloušťka levé nohy písmene Tav, protože se složila nadvakrát. A již jím neprochází žádné světlo k nečistým silám, a dokonce se stalo pečetí Stvořitele tím, že nedovoluje nečistým silám přiblížit se a ukrást vyšší světlo, naopak všechny nečisté síly, které se jej dotýkají, neprodleně umírají.

A veškerou sílu, potřebnou k existenci nečistých sil, předává Stvořitel přes písmeno Kof, protože je vzdáleno nečistým silám jako první písmeno Malchut, a není strach ani riziko, že se jeho vazba s nečistými silami stane příliš silnou.

V Malchut jsou celkem čtyři písmena shora dolů: Kof, Reš, Šin a Tav. Kof je první, Tav je poslední, pod nímž se nacházejí nečisté síly. Proto jestliže nečisté síly dostávají světlo, které podle úmyslu stvoření potřebují, od písmene Kof, jež je od nich nejvíce vzdáleno, nemají možnost „ukrást" si více než je jim Malchut, která se skládá ze čtyř písmen, povinna dát.

Proto se toto písmeno nazývá Kof, aby se ukázalo, že od něj dostává sílu nečistý systém ABJA, falešný (neexistující) člověk, jako je opice (hebrejsky Kof) podobná člověku.

A ona lidi mate, protože se vydává za pravdu a říká, že její cestou lze dosáhnout duchovna, Stvořitele, „Li Šma", dosáhnout pociťování Stvořitele. Čisté síly však tvrdí, že pouze za pomoci Tóry může člověk dosáhnout takové nápravy svých vlastností, že svými vlastnostmi dosáhne splynutí se Stvořitelem.

A toto tvrdilo písmeno Tav: vzhledem k tomu, že je pečetí pravdy Stvořitele – stojí na konci čistého systému a nedovoluje nečistým silám přiblížit se a přisát k čistým silám, aby poté lhaly, jakoby ony byly čistými silami, a proto jeho vlastnosti jsou hodny stát se základem stvoření světa, aby se jimi prováděla analýza zla a dobra, čistoty a nečistoty, aby byli obyvatelé tohoto světa přesvědčeni, že když získají jeho vlastnosti, dosáhnou cíle svého stvoření.

Čtyři písmena Kof-Reš-Šin-Tav představují čtyři Sefirot Malchut světa Acilut: K-Ch-B-T, kde se Tiferet skládá ze šesti Sefirot Ch-G-T-N-H-J. Když však je písmeno Kof samo, bez písmen Reš-Šin-Tav, Tóra, která se šíří ve světech BJA, svítí rovněž nečistým silám a anděl smrti dostává síly umrtvovat všechno živé. A tento stav se označuje písmenem Kof. A když je Malchut v napraveném stavu, označuje se písmenem Hej, od nějž se písmeno Kof liší prodlouženou levou nohou – Malchut de Malchut.

Prodloužená levá noha, proměňující písmeno Hej v písmeno Kof, hovoří o tom, že od čistých sil – Parcufim sestupuje světlo do nečistých světů BJA, nečistých sil, nazývaných smrt. A když se Malchut spojuje s Binou a dostává od Biny síly vzestupem dostávat světlo, připojují se k Malchut všechna ostatní písmena a ona přitahuje do sebe světlo života z Biny.

V takovémto stavu se levá noha písmene Kof dvakrát zkracuje a z písmene Kof se vytváří písmeno Tav, v němž je levá noha dvakrát ztluštělá díky zkrácení: ta část Malchut, která vedla světlo do nečistých sil, se z nečistých sil pozvedla, a proto jsou dva typy Malchut: Miftecha (klíč) – ta část Malchut, která se spojila s Binou, a Manula (zámek) – ta část Malchut, která se pozvedla z nečistých sil.

Tyto dvě části Malchut se projevují různě: Miftecha se projevuje otevřeně a Manula skrytě. Z nich pocházejí dvě cesty přivádění člověka k nápravě – dobrou cestou Tóry, nebo cestou strádání. Avšak poté, co Malchut napravila svoje vlastnosti tím, že se spojila s Binou, již se od Biny neodděluje, nýbrž když od Biny dostává světlo, vylévá je na světy. A nečisté síly již nemají možnost zasévat smrt a vládnout ve světě. A jestliže je nezbytné potrestat hříšníka, musí nečisté síly dostat předem povolení k trestu a bez povolení nemohou odhalit Manulu.

Tak poté, co se Malchut spojila s Binou a napravila tím svoje vlastnosti, nemají nečisté síly svobodu vládnout ve světě, nýbrž pouze s povolením k tomu.

Příčina toho spočívá v písmeni Tet – posledním písmeni Biny, posílající všem za pomoci Miftecha, světla života. A Malchut, poté co navázala spojení s Binou a stala se Miftecha, již toto spojení neopouští a nečisté síly, noha písmene Kof, nemají možnost rozsévat smrt.

Odtud se objevují tři místa: 1 – kde vládnou vlastnosti pouze písmene Tet, tím, že svítí svým světlem života tohoto světa; 2 – celý svět po spojení Malchut s Binou, definovaný jako Miftecha, když svítí písmeno Tet všem, dává však právo trestat hříšníky podle pravidla „Buď půjdete k cíli cestou Tóry, nebo cestou strádání"; 3 – peklo, místo stálého trestání písmenem Kof jako protiklad k prvnímu místu, kde pomocí písmene Tet, na místě jeho vlády, neustále vzkvétá život.

Na místě Chrámu se nacházejí všechna písmena se všemi tajnými vlastnostmi, popisovanými těmi, kdo jim rozumí, všechny vyšší i nižší světy jsou stvořeny a konají v rámci svých zákonů a vlastností, a nejvyšší jméno – jméno Stvořitele HaVaJaH vládne všem.

Rovněž Miškan v Chrámu byl vytvořen pomocí písmen, protože jeho stavitel Becalel věděl, jak je nutno spojovat písmena, jimiž byly stvořeny nebe i země. A vzhledem k tomu, že se touto moudrostí lišil od všech, bylo mu uloženo stavět Miškan.

Jak Stvořitel vybral Becalela nahoře, tak si přál, aby jej vybrali dole, jak nahoře pravil Stvořitel Mošemu: „Vyber Becalela", tak dole pravil Moše svému lidu: „Stvořitel vybral Becalela." Bylo to proto, že takové bylo jeho jméno – vlastnost: Becalel = Be Cel El – sedící ve stínu Stvořitele.

Stvořitel se nazývá ZA neboli Sefira Tiferet v Parcufu ZA, která svítí Sefiře Jesod, nazývané Cadik (spravedlivý). Becalel se nazývá Sefira Jesod, dostávající od Sefiry Tiferet světlo VAK – neúplné světlo, nazývané proto „sedící ve stínu", a na druhé straně svítící v Malchut. Protože se Tiferet skládá ze šesti Sefirot Ch-G-T-N-H-J, tak i sama Sefira Jesod, předávající toto světlo, se skládá ze šesti Sefirot Ch-G-T-N-H-J.

Název písmene Tav – „pravda" – hovoří o tom, že k tomu, aby bylo možno dosáhnout jej, tj. jeho úrovně, jeho stupně, je nutno dosáhnout vlastnosti pravdy. Proto, jak tvrdilo písmeno Tav, člověk, když dosáhne mých vlastností, dokáže plně analyzovat dobro a zlo, odvrhne svoje nečistá přání jako lež a v souladu s odvržením nečistých přání se přiblíží k čistým přáním - silám, a to mu dodá jistoty, že dosáhne cíle stvoření – nápravy všech svých přání (Gemar Tikun).

A to souvisí s tím, co je řečeno: „Stvořitel je blízký pouze těm, kdo Jej vpravdě prosí o pomoc." Vždyť pouze za pomoci Stvořitele lze dosáhnout nápravy a duchovního povznesení. Tato pomoc však přichází pouze k těm, kdo o ni žádají upřímně, „vpravdě", skutečně. Jakmile člověk skutečně dokáže všemi svými silami křičet o pomoc ke Stvořiteli, neprodleně ji získá. A jestliže nedostane odpověď od Stvořitele, je to příznak toho, že jeho prosba je ještě neúplná, že si ještě plně neuvědomil svoji egoistickou přirozenost, vlastnosti jako ničemné a ještě plně nepocítil svoji úplnou bezmoc dostat se sám ze svých vlastností a napravit je. Proto bylo písmeno Tav, vlastnost pravdy, přesvědčeno o tom, že když zvládne tuto vlastnost, člověk dokáže dosáhnout cíle.

Stvořitel mu však odpověděl, že není hodno stát se základem stvoření, protože z něj budou pocházet příliš velké síly spravedlnosti, natolik, že dokonce dokonalí spravedliví, kteří již splnili celou Tóru od Alef do Tav a dosáhli vlastností pravdy, jsou jím stejně trestáni, protože nezničili všechny hříšníky, jak je řečeno v Talmudu (Šabat, 55).

A kromě toho, Stvořitel je odmítá, jak pravil, protože toto písmeno je rovněž pečetí smrti, neboť jeho silou se zrodila ve světě smrt. Vždyť člověk musí zemřít a jeho smrt pochází z toho, že had zfalšoval jeho pečeť a oklamal tím Adama v poznání Stromu vědění. A proto svět nemůže existovat jeho vlastnostmi.

PÍSMENO ŠIN

24. Před Stvořitele předstoupilo písmeno Šin a pravilo: „Stvořiteli světa, mnou náleží stvořit svět, protože mnou začíná Tvoje jméno Šadaj." Stvořitel mu odpověděl: „I když jsi dobré, krásné a pravdivé, avšak vzhledem k tomu, že písmena – vlastnosti slova Šeker (lež) tě vzala s sebou, nemohu tvými vlastnostmi stvořit svět, protože ŠeKeR (lež) existuje pouze díky tomu, že písmena Kof a Reš si tě vzala."

Malchut se skládá z deseti Sefirot a má dvě zakončení:

1. jestliže má pouze svoje vlastnosti, tj. je v ní všech deset Sefirot, od Keter de Malchut do Malchut de Malchut. Přitom přísně omezuje šíření světla a označuje se písmenem Tav;
2. jestliže Ima – Bina světa Acilut ji naplňuje svým světlem, pak Parcuf Malchut končí nikoli v Sefiře Malchut, nýbrž v Sefiře Jesod a označuje se písmenem Šin.

Tři vrcholy písmene Šin, nazývané korunou, znamenají světlo Bina, Or Chasadim – světlo milosrdenství, které sestupuje z Parcufu Ima – Bina do Parcufu Malchut. Toto světlo Bina Or Chasadim – světlo milosrdenství, vytváří v Malchut nové altruistické vlastnosti, altruistické záměry dostávat ve prospěch Stvořitele, po čemž je Parcuf Malchut schopen dostávat od Parcufu ZA Or Chochma – světlo moudrosti (Talmud, Sanhedrin, 22). V takovémto spojení mezi sebou se ZA a Malchut nazývají mužem a ženou a světlo, které Malchut dostává od ZA, se nazývá „sto požehnání".

Proto se toto nové zakončení Parcufu Malchut v Sefiře Jesod místo Sefiry Malchut, který má jméno Jesod Nukvy, nazývá centrálním bodem obývání, neboť veškeré obývání světa pochází od něj, existuje díky jemu. Parcuf Malchut je souhrnem všech stvoření, my všichni jsme jeho části. Všechny světy a jejich obyvatelé představují různé části Parcufu Malchut světa Acilut.

Každý vyšší Parcuf vzhledem k nižšímu se nazývá jeho stvořitelem, protože pochází, zrodil se z tohoto vyššího. Proto vzhledem ke všem stvořením se Parcuf ZA světa Acilut nazývá a je Stvořitelem, naším Stvořitelem.

A proto se písmeno Šin nazývá pravdou jako písmeno Tav a rovněž se nazývá pečetí Stvořitele jako písmeno Tav, neboť pečeť znamená, že zakončení duchovního objektu – Parcufu podobně jako pečeť, která se dává na konec dopisu, napsaného jménem Stvořitele; znak samotného Stvořitele je podobný Jemu samému, odtud se pečeť nazývá znakem pravdy, neboť pouze pečeť dává dopisu sílu pravdy, pečeť potvrzuje pravdivost toho, co bylo napsáno.

Avšak význam písmene Šin převyšuje význam písmene Tav, protože písmeno Šin je počáteční písmeno slova Šadaj, jednoho ze jmen – vlastností Stvořitele, a označuje Jeho sílu, s níž pravil stvoření „Daj" – zastav se a nespouštěj se níže (Talmud, Chagigah, 12) – nespouštěj se pod písmeno Šin.

Tím se odhaluje, že svět může existovat a jeho obyvatelé mohou existovat pouze za pomoci písmene Šin, díky jeho vlastnosti omezující šíření světla. Stvořitel pravil: „Zastav se, stvoření, u písmene Šin a nešiř se více k písmeni Tav," protože kdyby se světlo rozšířilo až k písmeni Tav, nečistá přání by nabyla tak velké síly, že by člověk neměl možnost vyjít z nich a dosáhnout altruistických vlastností. A proto se tečka konce písmene Šin nazývá centrální tečkou existence stvoření.

Proto, poté, co písmeno Šin uvidělo, že Stvořitel odmítl žádost písmene Tav právě proto, že v důsledku konce šíření světla tímto písmenem jsou vytvářeny příliš obtížné podmínky, nesplnitelné pro nápravu světa člověkem, tvrdilo písmeno Šin, že jeho vlastností „Šadaj" lze stvořit svět, a bylo přesvědčeno, že si Stvořitel vybere je, jeho vlastnosti jako základ stvoření, vždyť jsou v něm všechny přednosti, jejichž nedostatek u písmene Tav byl důvodem, proč je Stvořitel odmítl.

Přičemž má stejnou výhodu jako písmeno Tav: je pečetí Stvořitele, je pravdou. A kromě toho v něm je výhoda navíc: za jeho pomoci je nazváno jméno Šadaj, nové zakončení Malchut pro obyvatele světa, místo zakončení vlastností písmene Tav. Na základě toho všeho našlo v sobě písmeno Šin síly i smělost předstoupit před Stvořitele s návrhem, aby jím byl stvořen svět.

Stvořitel mu však odpověděl, že právě vzhledem k jeho výhodám navíc ve srovnání s písmenem Tav se zesilují jemu protikladné nečisté síly. Vždyť proti každému písmeni - síle - vlastnosti duchovně čistého se nachází jemu protikladná nečistá síla - egoistické přání, jak je řečeno: „Ten i onen učinil Bůh..." (Kohelet, Kaz 7, 14).

Zesílení nečistých sil od vlastností písmene Šin pochází od spojení jeho vlastností s nečistými vlastnostmi podvodu, padělání duchovní čistoty písmen Kof a Reš: nebylo by sil pro existenci lži ve světě, ihned by byla rozpoznána, kdyby si písmena Kof a Reš nevzala do čela písmeno Šin, pro vytvoření slova ŠeKeR (lež). A když v čele slova, které určuje vlastnost lži, stojí pravda, člověk tím přirozeně chybuje.

A je tomu tak proto, že jsou dva zdroje nečistých sil: Za prvé Ner Dakik (malé svícení), které sama čistá síla, sám Stvořitel posílá nečistým silám - přáním, aby mohly existovat a nezmizely po tu dobu, dokud existuje potřeba „trestat" jimi hříšníky. Jsou to však malé síly, jejich výška je nevelká, neboť dostávají pouze malé svícení, dostatečné k udržení jejich života.

Toto malé svícení sestupuje do nečistých sil od písmene Kof, z čehož začínají nečisté síly být podobnými člověku světů BJA, jako opice ve srovnání s člověkem, jak je řečeno: „Ten i onen učinil Bůh" (Kohelet, Kaz 7, 14).

Druhý zdroj nečistých sil pochází od duchovního pádu nižších: v důsledku špatných, egoistických činů lidí světlo ze systému čistých sil odchází do nečistých. A první provinění je Adamův hřích, v důsledku čehož systém nečistých sil získal stejnou konstrukci jako systém čistých sil a rozložil se naproti, paralelně s ním. V důsledku toho se proti čistým světům ABJA objevily jim paralelní nečisté světy ABJA.

Druhý zdroj nečistých sil je písmeno Reš, které hovoří o tom, že nečisté síly se pozvedají a přisávají k čistým silám až k Bině a Malchut, označované písmenem Dalet.

Jak již bylo řečeno, dvacet dva písmen Parcufu Malchut světa Acilut se v ní dělí na tři skupiny písmen: jednotky v Bině, desítky v ZA a stovky v Malchut.

PARCUF	SEFIROT	PÍSMENA
BINA (IMA)	Bina	Alef – Tet
	ZA	Jod – Cade
	Malchut	Kof – Tav
ZA	Bina	Alef – Tet
	ZA	Jod – Cade
	Malchut	Kof – Tav
MALCHUT	Bina	Alef – Tet
	ZA	Jod – Cade
	Malchut	Kof – Tav

Písmena Alef-Bet-Gimel odpovídají Sefirot Keter-Chochma-Bina, nazývaným hlava duchovního objektu (Parcufu), písmena od Dalet po Tet patří k tělu Parcufu:

Alef – Keter Bet - Chochma Gimel - Bina	HLAVA
Dalet - Chesed Hej - Gevura Vav - Tiferet Zajin - Necach Chet - Hod Tet - Jesod	TĚLO

Tělo dostává pouze to, co do něj sestupuje z hlavy. Proto Dalet, počáteční písmeno těla, přes něž tělo dostává světlo od hlavy, se nazývá „Dala ve Anija" (postrádající a chudá). Dalet dostává pouze to, co mu dává Gimel. Vzhledem k tomu, že v Gimelu je světlo milosrdenství – Or Chasadim, sestupuje do Dalet.

A písmeno Gimel se proto nazývá Gomel Chasadim (tvořící milosrdenství) (Talmud, Šabat, 104) – podle jeho konání vzhledem k Dalet, které by bez toho bylo vůbec zbaveno světla. Vyčnívající ostrý pravý úhel v písmeni Dalet je příznakem toho, že Dalet má hojnost světla milosrdenství.

Avšak proti čisté (altruistické) Malchut existuje nečistá Malchut, která si z pýchy nepřeje dostávat od Gimel a záviset na něm. Povstává v přání být samo hlavou, v důsledku čehož se v písmeni Dalet stírá ostrý úhel, který hovoří o výskytu světla milosrdenství, a proměňuje se v písmeno Reš, které se píše tak, jak se vyslovuje, dvěma písmeny Reš a Šin.

Skutečné splynutí čistých ZA a Malchut se nazývá EChaD – jeden a skládá se z písmen Alef, Chet, Dalet, protože písmena od Alef do Chet – to je devět Sefirot ZA a ten dává od písmene Gimel Biny písmeni Gimel Malchut, pročež se Malchut stává písmenem Dalet, s vystupujícím pravým úhlem, od výskytu světla milosrdenství. V důsledku toho se ZA a Malchut spojují v jedno.

Když nižší, tj. člověk, hřeší svými činy, tj. záměry, dává tím sílu nečisté Malchut, aby se přisála k čisté Malchut – Dalet, setřela její ostrý úhel světla milosrdenství a učinila z něj písmeno Reš. A tím se ze slova Echad (jeden) stává slovo Acher (druhý, jiný, cizí): Alef-CHet-Dalet slova Echad se mění na Alef-CHet-Reš slova Acher, protože se místo spojení se Stvořitelem objevuje spojení s jinými, nečistými silami, nazývanými „jiní bohové" (Elohim Acherim), kteří se přisávají k ZA a Malchut čistého světa Acilut.

To vede k tomu, že písmena Kof a Reš deformují pečeť Stvořitele Šin, písmeno pravdy. V důsledku toho se Jesod Malchut, dostávající od Jesod ZA, ztrácí spojení s čistým zdrojem a spojuje se se zdrojem nečistým, protože za pomoci písmene Šin byl vytvořen nový Jesod nečisté Malchut.

Na základě toho se nečisté síly rozvíjejí k deseti Sefirot, s hlavou a tělem a Šin se stává výchozím bodem všeho pustošícího, neboť ze zničení čistého se rodí nečisté. A proto se z toho zrodil systém nečistých světů ABJA nečistého člověka.

Tak jsme objasnili, jak se písmena Kof a Reš stala dvěma zdroji vzniku a vývoje nečistých sil. A protože nečisté síly se vydávají za čisté, nazývají se lživými, falešnými písmeny, jejichž cílem je zničit systém čistých sil a jejich jednotu se Stvořitelem, aby se vytvořily ze zničení čistých sil.

Toto zrození nečistých sil ze zničení čistých je možné v důsledku toho, že písmeno Šin, Jesod Malchut, se spojilo s nečistými silami, v důsledku falešné proměny písmene Dalet v písmeno Reš, čímž předělaly a zfalšovaly AChaD na AcheR a vytvořily tím systém nečistých sil (Elohim Acherim).

A kdyby se písmena Kof a Reš nezmocnila písmene Šin, neobjevil by se tak velký systém nečistých sil s jeho velkými možnostmi lhát a všechno padělat v lidských očích.

Proto odpověděl Stvořitel písmeni Šin: „I když jsi dobré, dostaneš se na začátek slova Šeker (lež), s písmeny Kof a Reš, vždyť tato písmena, která tě ukradla, dokážou tvou silou vytvořit celý systém nečistých sil lži a padělání čistých sil. Proto nemohu tvými vlastnostmi stvořit svět, vždyť proto, že proti tobě stojí nečistý systém, nelze tebou dosáhnout cíle stvoření."

PÍSMENA KOF a REŠ

25. Z výše uvedeného vyplývá, že kdyby si kdokoli přál říci lež, uspěje, jestliže na začátku řekne pravdu jako základ, na němž posléze vyroste a začne působit lež. Je tomu tak proto, že písmeno Šin je písmeno pravdy, v němž se sjednotili praotcové, neboť tři čáry u písmene Šin ש označují tři praotce, kteří byli Sefirot – vlastnostmi Chesed-Gevura-Tiferet.

Písmena Kof a Reš ukazují na špatnou stranu, protože se z nich skládá nečistá strana, KaR (chlad), která je zbavena tepla a života, protože saje svoji sílu od Malchut, kdy je Malchut ledem a nikoli živou vodou. Avšak k tomu, aby v tomto případě byla možnost existovat, berou tato písmena písmeno Šin k sobě a vytvářejí spojení KeŠeR (spojení, uzel), který zosobňuje sílu a přežití.

Příčinou toho je to, že světlo od Chesedu-Gevury-Tiferet Biny, které dostává od Jesodu ZA, buduje nové zakončení v Malchut, nové Kli – přání dostávat od ZA světlo, nazývané sto požehnání. A protože se Chesed-Gevura-Tiferet nazývají „praotcové" a od nich přichází světlo do Malchut, pak písmeno Šin, které je označuje, se nazývá „pravda".

Když nečisté síly stírají ostrý úhel v písmeni Dalet, proměňují je v písmeno Reš. Tím proměňují slovo AChaD na slovo AChaR, čímž si kradou pro sebe Jesod čisté Malchut, označovaný Šin, a budují písmenem Šin Jesod nečisté Malchut, z čehož vzniká silné přisávání nečistých sil k čistým, nazývané KeŠeR – vzájemná oboustranná vazba mezi čistými a nečistými silami, uzel, který je velmi nesnadné rozseknout.

Z výše uvedeného vyplývá, že veškeré přání písmen, aby byl jimi stvořen svět, je způsobeno tím, že každé má za to, že právě ono může svými vlastnostmi napravit svět. Písmeno Šin se domnívá, že světlo milosrdenství přivede duše k cíli stvoření. Písmena Kof a Reš, KaR (chlad) si však nepřejí toto světlo, protože dostávat světlo milosrdenství pro odevzdávání je čistota a dostávat je pro potěšení je nečistota.

PÍSMENO CADE

26. Předstoupilo písmeno Cade před Stvořitele a pravilo: „Stvořiteli světa, stojí za to stvořit svět mnou, protože mnou jsou označováni Cadikim (spravedliví). I Ty se nazýváš Cadik (spravedlivý), Ty sám jsi zaznamenán ve mně, protože jsi Spravedlivý a miluješ spravedlnost. Proto se moje vlastnosti hodí k tomu, aby byl jimi stvořen svět."

Stvořitel mu odpověděl: „Cade, ty jsi Cadika – spravedlivý, ale musíš být skryto a neodhalovat se natolik, aby bylo možno tebou začít se stvořením světa, aby nebyl dán světu důvod". Ukrytí písmene Cade je nezbytné, protože na počátku bylo písmeno Nun a poté se k němu připojilo písmeno Jod od svatého jména Stvořitele Jod-Hej-Vav-Hej (HaVaJaH) a postavilo se nad něj jako znamení svazku stvoření se Stvořitelem, dostalo se do čela písmene Nun a spojilo se s ním, po jeho pravé straně, z čehož vzniklo písmeno Cade.

Příčina nezbytnosti ukrytí písmene Cade, v důsledku čehož je nevhodné pro to, aby jím byl stvořen svět, spočívá v tom, že když Stvořitel stvořil Adama, tj. ZA, stvořil jej v podobě dvou Parcufim – objektů, mužského a ženského, navzájem spojených opačnými stranami. Proto je písmeno jod obráceno opačnou stranou k opačné straně písmene Nun a jejich tváře jsou obráceny k vzájemně opačným stranám, jak je zobrazeno v písmeni Cade: tvář Jod hledí vzhůru a tvář Nun hledí dolů.

A ještě mu pravil Stvořitel: „V budoucnu zruším spojení opačnými stranami a spojím je tváří v tvář. A na jiném místě se povzneseš a budeš takové, leč nikoli na počátku stvoření. Protože na počátku stvoření musíš být spojeno opačnými stranami písmen Nun a Jod, neboť tato podoba ukazuje na to, že je v tobě skryto světlo. Proto tebou nelze stvořit svět." Písmeno Cade tedy od Něho odešlo.

Cade přišlo navrhnout, aby byl stvořen svět jeho vlastnostmi, protože poté, co spatřilo, že písmeno Tav Stvořitel odvrhl, v důsledku těžkých zákonů v něm, a písmeno Šin je odvrhnuto proto, že se k němu přisávají nečisté síly, pomyslelo si, že je-li tomu tak, může se hodit ono, jeho vlastnosti, k tomu, aby jimi byl stvořen svět: Vždyť je v něm rovněž pečeť Stvořitele a nečistá síla se k němu nepřisává.

Proto řeklo Cade Stvořiteli, že se jím jako pečetí označují spravedliví ve znamení jejich svatého svazku se Stvořitelem, obřezáním a zakládáním místa spojení (Zivugu) se Stvořitelem, které v důsledku těchto náprav odpuzuje všechny nečisté síly.

Stvořitel, nazývaný Bina, je sám označen znamením Cade, protože je spravedlivý jako ZA, neboť horní část Biny světa Acilut, nazývaná Aba ve Ima (AVI), odpovídá mužské a ženské části jako ZA a Malchut. AVI jsou v neustálém spojení mezi sebou, aby posílaly dolů světlo milosrdenství k podpoře existence všech, kdož se nacházejí pod nimi. Proto, domnívalo se Cade, je vhodné pro stvoření světa, vždyť světlem milosrdenství žije svět a může dojít k svému cíli.

Písmeno Cade se nazývá Sefira Jesod ZA. Když se Jesod spojuje s Malchut, nazývá se Cadik – spravedlivý, protože devět Sefirot ZA je od Jod do Cade a Kof je počátek Malchut, která se skládá ze čtyř Sefirot Kof, Reš, Šin a Tav.

Když je Malchut spojena s Jesod ZA, je Kof spojeno s Cade a Jesod se nazývá Cadik (spravedlivý). A na to mu odpověděl Stvořitel, že ono je Cade v Jesod ZA: „A ty jsi Cade ve Mně, protože existuje neustálé spojení AVI, aby se dolů vylévalo světlo milosrdenství, k podpoře existence nižších. A jsi spravedlivý, protože Malchut je rovněž spojena s tebou, jako písmeno Kof následuje v abecedě za Cade. Přesto všechno nejsi hodno stát se svými vlastnostmi základem světa."

Jesod ZA zahrnuje Malchut v podobě písmene Kof ve slově CadiK – spravedlivý. A když je Malchut zahrnuta do Jesodu v podobě Cade, označuje se písmenem Nun, protože Nun je Gevura ZA (Jod-Keter, Chaf-Chochma, Lamed-Bina, Mem-Chesed, Nun-Gevura).

Když ZA vyroste a stane se velkým, jeho Sefirot Chesed-Gevura-Tiferet se stávají Sefirot Chochma-Bina-Daat. Tak se Gevura stává Binou. A když se ZA znovu stává malým, Bina se znovu stává Gevurou – Nun. A tento její pád je označen tím, že hlava Nun hledí dolů.

Písmeno Cade se skládá z písmen Nun a Jod, spojených zády. Písmeno Nun označuje Malchut s do ní zahrnutými vlastnostmi Sefiry Jesod a Jod označuje sám Jesod ZA. Jejich spojení opačnými stranami, tvářemi ven na protilehlé strany, hovoří o tom, že se k jejich zádům přisávají nečisté síly.

Skrývají před cizími svoje záda: vzhledem k tomu, že je nedostatek v jejich zádech – přání dostat světlo rozumu Or Chochma, je nutno tento nedostatek skrýt, aby se zabránilo nečistým silám přisát se k jejich zádům. Proto písmeno Cade není vhodné ke stvoření světa svými vlastnostmi. Vždyť sama jeho podoba odhaluje možnost, aby se k němu přisávaly nečisté síly. A proto Adam, stvořený ze ZA a Malchut, které jsou spojeny jako Cade, byl rovněž stvořen ze dvou polovin, mužské a ženské, spojených zády.

A kdyby písmeno Cade namítlo, že ve velkém stavu, kdy je přítomno Or Chochma, spojují se ZA a Malchut tvářemi k sobě, dostalo by odpověď, že takovéto spojení je možné, ale nikoli na jejich místě, nýbrž pouze při vzestupu nahoru, do AVI. A kdyby bylo takovéto spojení na jejich místě, ihned by se k nim přisály nečisté síly. A proto není písmeno Cade hodno stát se základem stvoření světa.

PÍSMENO PEH

27. Vešlo písmeno Peh a řeklo: „Vládce světa, je dobré stvořit svět mnou, protože budoucí osvobození světa je vepsáno ve mně, neboť slovo Pedut (osvobození, záchrana) začíná mnou. Je to osvobození, záchrana před všemi strádáními. A proto stojí za to stvořit svět mnou."

Stvořitel mu odpověděl: „I když jsi dobré, začíná tebou a tebou se tajně označuje slovo Pešah (hřích), podobné hadovi, který uštkne a skryje hlavu do svého těla. Rovněž hříšník skloní hlavu, když se skrývá před pohledem ostatních, a natahuje ruce, aby jimi hřešil. Tak je tomu i u podoby písmene Peh, jehož hlava je v sobě skryta. A rovněž odpověděl Stvořitel písmenu Ajin, že není vhodné stvořit svět jeho vlastnostmi, protože je v něm vlastnost Avon (hřích, zločin). A i když se písmeno pokoušelo namítnout, že jsou jeho vlastnosti ve slově Anava (skromnost), přece je Stvořitel odmítl.

Osvobození začíná písmenem Peh, tj. vlastnost písmene Peh je v budoucím osvobození. A proto písmeno Peh říká, že je hodno být základem světa. Vždyť Galut (vyhnanství) a Geula (osvobození) závisí na Malchut: když Malchut nemá vnitřní světlo Chochma, je lid Izraele vyháněn ze země Izraele. Jde o to, že země Izraele v našem světě se nachází v souladu s Malchut světa Acilut, duchovní zemí Izraele.

Jako je v duchovním světě ZA, nazývaný Izrael, vzdálen od Malchut, nazývané jeho zemí, tak i v našem světě se rozděluje a vzdaluje lid Izraele od země Izraele. A když synové Izraele zlepšují svoje činy, působí tím to, že v duchovním světě naplňuje Izrael světlem svoji Malchut, nazývanou jeho zemí, buduje ji svým světlem a spojuje se s ní tváří v tvář. A tehdy dole, v našem světě, jsou synové Izraele uznáváni hodnými záchrany a návratu do své země.

Světlo od ZA, které buduje a naplňuje Malchut, vychází ze Sefirot Necach a Hod v ZA. Chochma Malchut se odívá do Necachu a Bina Malchut se odívá do Hodu. Písmena Ajin a Peh jsou Necach a Hod v ZA. Proto písmeno Peh tvrdilo, že ono, Sefira Hod v ZA, je hodno stát se základem světa. Je tomu tak proto, že světlo Chochma, přinášející záchranu celému světu, vychází z něho do Malchut. A jestliže přijde svět k jeho vlastnosti, pak se nepochybně zcela napraví, dosáhne konce nápravy – úplné záchrany.

Písmeno Peh se domnívalo, že je hodno stát se základem světa více než písmeno Ajin, protože, i když světlo Chochma vchází do Necachu-Ajin a do Hodu-Peh a v zásadě se nachází v Necachu-Ajin, osvobození přesto závisí na Hodu-Peh. Jde o to, že na počátku Bina osvobozuje Malchut od omezení, čímž se Malchut stává hodnou osvobození.

Tohoto osvobození se Malchut stává hodnou proto, že Bina jí předává svoje vlastnosti Milosrdenství. Děje se to takto: Bina překračuje meze svých vlastností a spojuje se s Malchut, v důsledku čehož může Malchut, když dostane světlo milosrdenství, dostat světlo Chochma. Omezení příjmu světla působí více na levou stranu, tj. na Hod-Peh v ZA. A proto se písmeno Peh domnívalo, že vzhledem k tomu, že světlo od Biny vchází do něj a nikoli do Necach-Ajin, je více hodno stát se základem světa.

Avšak do úplné definitivní nápravy jsou všechny dílčí nápravy během 6000 let existence světa neúplné, neboť není úplné vyšší světlo, které by umožňovalo objevit a analyzovat v sobě všechny nečisté síly. Proto nelze dostávat světlo ve světech BJA, pod Parsou, pod hranicí světa Acilut, oddělující Acilut od světů BJA.

Parsa je Malchut, která se pozvedla do Biny, aby omezila šíření, dostávání světla do svých částí, které se nacházejí pod Binou. A v důsledku toho, že Adam se přece jen pokoušel dostat světlo pod Parsu, vkradla se do Malchut nečistota, o níž je řečeno, že se Chavě ukázal had a vnesl do ní nečistotu (Talmud, Šabat, 146), která se napraví až na konci nápravy.

Jde o to, že nepřítomnost vyššího světla v té síle, jaká by dovolila odlišit dobro od zla v celé tloušťce Malchut, rodí nedostatek, nazývaný „slzy", dvě slzy, padající do obrovského moře ze dvou očí Chochmy a Biny, skrytého před všemi.

Dvě oči – to je Chochma a Bina a slzy jsou jejich nedostatek způsobený nečistou silou, která se v nich objevila v důsledku Adamova hříchu, což vedlo ke zboření dvou Chrámů. Tyto slzy vyschnou v očích Malchut až při definitivní nápravě, při zmizení smrti ze světa, kdy se rozzáří celé světlo v Chochmě a Bině (viz § 56).

Proto bylo řečeno písmeni Peh, že i když přináší světu Pedot (záchranu) svým světlem, je toto světlo neúplné, přestože veškerá záchrana přichází pouze skrze ně. Všechny dílčí záchrany jsou nedokonalé, protože přicházejí a odcházejí jako dva Chrámy.

A je tomu tak proto, že v písmeni Peh nejsou vlastnosti Pešah (hřích) a Pedot (osvobození) natolik dokonalé a úplné, aby čelily Adamově hříchu, protože se přisávají nečisté síly vzhledem k nepřítomnosti úplného světla Chochma. A proto, že se přisávají nečisté síly, písmeno Peh není hodno stát se základem světa.

A proto, že vlastnost Pešah (hřích) se nachází ve skrytu, je tam síla hada, který podvádí lidi a přivádí je ke smrti. A není možno zabít jej stejně jako hada, který člověka uštkne a neprodleně vtahuje hlavu do sebe jako hlava písmena Peh, pročež jej nelze zabít, neboť zabít „hada" v sobě je možné pouze tím, že se zasáhne jeho „hlava". A proto se písmeno Peh nehodí k tomu, aby jím byl stvořen svět.

PÍSMENO AJIN

Bina světa Acilut se nazývá Ima Ilaa (vrchní matka), a nazývá se rovněž Anavah (skromnost, mírnost). (Velké písmeno „A" jsem zde zavedl pro označení písmene Ajin, aby se nepletlo s Alef.) Sefira Necach ZA, označovaná Ajin, se odívá, se světlem, které ji naplňuje, do Malchut, pozvedá se a odívá do Biny, která ji zdobí do svých ozdob: Bina se odívá do Necachu ZA. Protože však je v Necachu skryto písmeno Peh, označující Pešah (hřích), jak je uvedeno v § 27, Stvořitel odmítl stvořit jeho vlastnostmi svět.

Pro hřích má hebrejský jazyk dvě slova: Pešah a Avon. V zásadě se však hřích nachází v písmeni Peh, protože se Malchut ZA zahrnuje do Sefiry Hod ZA. A k Malchut ZA se přisávají Klipot, v důsledku Adamova hříchu. Necach ZA jsou však vlastnosti samotného ZA, k němuž se nečisté síly přisát nemohou. Jak však bylo řečeno v Talmudu (Baba Kama, 92), i k Necachu se přisávají nečisté síly.

A tento nedostatek – možnost přisávání nečistých sil k Necachu ZA – se nazývá hřích. Slovem Avon a nikoli Pešah je ukázáno, že sám Necach je čistý a přímý. Hřeší však sepětím se Sefirou Hod.

Příčina toho, že se Stvořitel obrací na písmeno Ajin zároveň s písmenem Peh, spočívá v tom, že Necach i Hod jsou jako dvě části těla – dvě nohy, a proto obě společně předstoupily se svou prosbou před Stvořitele. Zohar však vysvětluje každou z nich (jejich vlastnosti) po pořádku.

PÍSMENO SAMECH

28. Předstoupilo před Stvořitele písmeno Samech a řeklo: "Stvořiteli světa, bylo by dobře stvořit mými vlastnostmi svět, protože je ve mně Semicha (podpora pro padající), jak je řečeno: "Podporuje (Somech) Stvořitel všechny padající." Stvořitel mu odpověděl: "Proto jsi potřebné na svém místě a neodcházej z něj. Jestliže se však odebereš ze svého místa, které je ve slově Somech (podpora), ztratí v tobě oporu padající, protože se opírají o tebe – tvoje vlastnosti." Když to písmeno Samech uslyšelo, odešlo stranou.

Písmeno Samech je Sefira Tiferet v ZA, tj. Bina v těle ZA. Vzhledem k tomu, že Sefirot Keter-Chochma-Bina (K-Ch-B) se proměnily v ZA v Chesed-Gevuru-Tiferet (Ch-G-T) a zbavily se světla Chochma a zůstaly pouze se světlem Chasadim, změnily se jejich názvy z K-Ch-B na Ch-G-T (někdy se K-Ch-B označuje jako KChB).

Jak je známo, Bina se dělí na dvě části: vrchní, nazývanou GAR, od slov Gimel = tři Rišonot - prvních - tři první Sefirot K-Ch-B, a spodní, nazývanou ZAT od slov ZAJIN = sedm Tachtonot - spodních - sedm spodních Sefirot od Chesed do Malchut. Vrchní část Biny se nazývá Aba ve Ima (AVI). Jsou naplněny světlem milosrdenství, a proto se nacházejí ve stavu dokonalosti, v pocitu, že si nic nepřejí dostávat, nýbrž si přejí pouze odevzdávat.

AVI se nazývají Samech = 60, protože zahrnují tři Sefirot K-Ch-B a první tři Sefirot ZA, které vzhledem k nepřítomnosti světla Chochma v ZA se nazývají v něm nikoli K-Ch-B, nýbrž Ch-G-T. Proto se AVI skládá ze šesti Sefirot, každá z nich zase z deseti, celkem šedesát = Samech.

ZAT Biny dostává světlo shůry a předává je do ZA. Tato část Biny nemá vlastnost Biny, nýbrž ZA, protože musí dostat právě to, co ZA potřebuje, a předávat mu. A protože musí dostávat světlo moudrosti – Or Chochma, pro ZA, a pociťuje jeho nedostatek, na rozdíl od samotné Biny, která si nepřeje nic dostávat, oddělila se tato část od samotné Biny a stala se z její spodní části odděleně existujícím objektem – Parcufem.

Tento Parcuf, který se oddělil od Biny, se nazývá IŠSUT a označuje se písmenem Mem = 40, protože se skládá ze čtyř Sefirot Tiferet-Necach-Hod-Jesod od Parcufu AVI. A tiskací písmeno Mem se nazývá Mem Stuma (uzamčené), díky svému tvaru (svým vlastnostem).

K tomuto rozdělení AVI na dvě části však dochází tehdy, když v nich schází světlo Chochma a je tam pouze světlo Chasadim. V důsledku toho zůstává vrchní část Biny ve své dokonalosti a spodní, která nedostává světlo Chochma, pociťuje nedostatek ve svém stavu. A protože se duchovní objekty liší vlastnostmi, pocit nedokonalosti odděluje spodní části Biny od vrchní.

Jestliže však ti, kteří se nacházejí dole, zlepšují svoje „záměry", což se v duchovnu nazývá „činy", a prosí ZA o pomoc při zlepšování svých činů, prosí o síly k překonání egoismu nečistých přání a získání duchovně čistých, altruistických přání, pak se ZA zase obrací na vyšší IŠSUT a ten se obrací na AVI. AVI se obracejí ještě výše, dostávají světlo Chochma a předávají je IŠSUT.

Výsledkem je, že se IŠSUT a AVI spojují do jednoho Parcufu, protože, když IŠSUT dostal světlo Chochma, stává se dokonalým, jako jsou AVI dokonalé od světla Chasadim. IŠSUT předává světlo Chochma dolů do ZA a ZA je předává Malchut. Světlo, které ZA předává Malchut, se nazývá sto požehnání, protože Samech = 60 se spojilo s Mem = 40.

Když však člověk hřeší ve svých záměrech – přáních – činech, neobrací se k Malchut o pomoc, pročež světlo Chochma mizí ze ZA a ZA se z velkého stavu vrací do malého (když ZA má světlo Chochma, nazývá se velký, a když má pouze světlo Chasadim, nazývá se malý). A společný Parcuf Biny se znovu rozděluje na AVI a IŠSUT.

V tomto malém stavu jsou ZA a Malchut ohroženy tím, že se k nim přisají nečisté síly – Klipot. A proto, aby k tomu nedošlo, vždyť když mohou spadnout ze světa Acilut pod Parsu do světů BJA, posílají jim AVI vlastnost Samech – světlo milosrdenství. A i když to je pouze světlo Chasadim bez světla moudrosti – světla Chochma, dává toto světlo ZA a Malchut pocit dokonalosti v činech odevzdávání, a proto se nečisté síly k nim již nepřisávají, vždyť veškerý záměr nečistých sil je dostat od čistého Parcufu světlo moudrosti.

A proto světlo, naplňující ZA v malém stavu, se nazývá Samech, což ukazuje na jeho činy: Samech podporuje ZA a Malchut, aby nespadly ze světa Acilut pod Parsu.

Proto se písmeno Samech domnívalo, že jestliže by se jeho vlastnostmi stvořil svět, dokázal by přijít k cíli stvoření, ke splynutí se Stvořitelem svými vlastnostmi, neboť světlo Samech může svítit v ZA i Malchut dokonce v jejich malém stavu a nečistá síla nemá zálusk odtrhnout od nich světlo, naopak, nečisté, egoistické síly utíkají před jeho světlem. A kdyby byl jeho vlastnostmi stvořen svět, dokázalo by ochránit všechna stvoření i tehdy, když by byly jejich činy zkažené. A ani v takovém stavu nebude mít nečistá síla možnost uškodit.

Stvořitel mu však odpověděl, že právě proto, že jeho úloha je v podpoře padajících a ochraně nižších v okamžicích jejich duchovního pádu, musí být pouze na tomto místě a nesmí se z něj pohnout. A kdyby byl jím stvořen svět, jeho moc bude vždy nad všemi, což neumožní ZA a Malchut vyrůst ze svého malého stavu.

A jestliže ZA a Malchut nebudou stimulovat nižší, člověka, aby vznesl MAN – prosbu o pomoc stát se velkými, vyšší světlo, přinášející stvořením definitivní nápravu a záchranu, nedokáže sestoupit. Proto je písmeno Samech povinno podporovat nižší, dokud nejsou hodni něčeho většího. Jakmile však budou uznáni za hodny toho, dokážou dostat velké světlo, nazývané sto požehnání, do celého svého Parcufu. A Stvořitel pravil, že písmenem Samech stvořit svět nemůže.

„Vzhledem k tomu, že nižší potřebují písmeno Samech pouze ve svém malém stavu: pouze když není světlo moudrosti – Or Chochma, ZON tě potřebují a ty jim můžeš pomoci. Pouze však v malém stavu. Nebudeš jim však pomáhat dojít do stavu dokonalosti, a proto se nemůžeš stát základem stvoření."

PÍSMENO NUN

29. Vešlo písmeno Nun a řeklo Stvořiteli: „Bylo by dobře vybudovat mnou svět, protože mnou jsou napsány Nora Tehilot (velké chvály), a rovněž je řečeno: „Velebením spravedlivých."

Stvořitel mu odpověděl: „Vrať se na svoje místo, protože se pro tebe vrátilo písmeno Samech na svoje místo. Opírej se o ně. Písmeno Nun se totiž nachází ve slově Nefila (pád), které musí napravit písmeno Samech, k čemuž se musí vrátit na svoje místo, aby posílilo nižší." Písmeno Nun od Něho neprodleně odešlo.

Když Nun spatřilo, že písmeno Samech Stvořitel poslal pryč, protože jeho vlastnosti jsou využívány pouze v malém stavu, tj. pouze pro podporu těch, kteří spadli z velkého stavu, Nun si pomyslelo, že je hodno stát se základem stvoření světa, vždyť v něm jsou všechny přednosti Samech a navíc využívá rovněž světlo moudrosti, světlo Chochma velkého stavu. To znamená, že příčina, proč bylo písmeno Samech odmítnuto, v něm není.

Gevura v ZA se nazývá Nun, protože je celá změkčená vlastností milosrdenství od Biny, která se nazývá Nun = 50 bran Biny. A pro tuto vlastnost Sefiry Gevura se ZA nazývá Norah Tehilot (velké chvály). Ima-Bina se nazývá Tehilah (chvála), a protože Gevura sestupuje od Biny, nazývá se Norah Tehilot (velké chvály). Ima-Bina se nazývá Tehila (chvála), a vzhledem k tomu, že Gevura sestupuje od Biny, nazývá se Norah Tehilot (velké chvály) a Nun se využívá v Sefiře Jesod, ve velkém stavu ZA, během jeho Zivugu s Nukvou. Proto Nukva dostává jméno Tehilah (chvála) jako IMA a ZA se stává jedním jak v Imě, tak i v Nukvě – v obou Tehilot (chválách).

Proto řeklo písmeno Nun, že když se nachází v Gevuře, levé linii ZA, přitahuje světlo milosrdenství, sestupující od písmene Samech (Biny, Imy), které se nazývá „vrchní Tehilah", z čehož ZA dostává jeho vlastnosti a nazývá se příslušně Norah Tehilot (velké chvály). A proto v něm jsou všechny přednosti písmene Samech: světlo milosrdenství, které dává dokonalost a zcela odpuzuje nečisté síly – přání.

„Ve mně však je," řeklo písmeno Nun, „ještě přednost v tom, že jsem používáno během velkého stavu ZA v jeho Jesodu, v písmeni Cade, jehož levým prvkem jsem já." Toto písmeno Nun v písmeni Cade je ono Nun, které se definuje jako Norah Tehilot (chvála spravedlivým), protože když se ZA stává velkým, během vzestupu ZON do AVI, pak i tehdy Nun, které koná v Jesodu v ZA, spojuje jej s Nukvou zády a dostává ZA od AVI – Samech světlo milosrdenství.

A v takovémto případě se Nun nazývá „chvála spravedlivým", protože Jod je spravedlivý, je to základ světa a sedí na něm. A tehdy se písmeno Nun nazývá „velké chvály", protože přitahuje do Malchut světlo moudrosti ve velkém stavu.

Zjišťujeme, že celou svou krásu dostává Malchut od Nun, které je v Jesodu v ZA. Proto písmeno Nun prohlásilo, že je hodno toho, aby jeho vlastnostmi byl stvořen svět, neboť jeho svícením se doplňuje světlo moudrosti, které spojuje a oživuje ZON samo o sobě a nejen že je podporuje jako písmeno Samech.

Proto mu odpověděl Stvořitel: „Nesprávně se domníváš, že jsi hodno svými vlastnostmi dovést svět k úplné nápravě, aby již nadále neexistovalo přisávání nečistých sil. Vždyť i tvoje vlastnosti potřebují podporu písmene Samech. Vždyť právě proto jste spojeny opačnými stranami s písmenem Jod a světlo písmene Samech je světlo milosrdenství, ochraňuje tě před přisáváním nečistých sil k tobě. A proto nejsou tvoje vlastnosti, opírající se o sílu písmene Samech, nic víc než podpora. A proto nejsi hodno stát se základem světa.

PÍSMENA MEM A LAMED

30. Vešlo písmeno Mem a řeklo: „Vládce světa, bylo by dobře stvořit mnou svět, protože se mnou nazývá Melech (král)." Odpověděl mu Stvořitel: „To je pravda, ale svět tebou nestvořím, protože svět potřebuje krále. Vrať se na svoje místo. A rovněž nestvořím svět písmeny Lamed a Chaf, které tvoří slovo MeLeCh (král), protože svět bez krále nemůže existovat."

Písmeno Mem je Sefira Chesed v ZA, dostávající od příslušné Sefiry Chesed v Bině. Když ZA dostává navíc ke světlu milosrdenství, ke svému malému stavu ještě světlo moudrosti a stává se velkým, jeho Sefirot Ch-G-T se stanou Sefirot Chochma-Bina-Daat (Ch-B-D, ChaBaD). To znamená, že Chesed v ZA se pozvedá a stává se Chochmou, pročež se otevírá nové světlo, světlo Chochma, světlo tváře Stvořitele.

Proto řeklo písmeno Mem, že se hodí pro stvoření světa, protože odhaluje světu Stvořitelovo světlo, a tím mizí veškeré nebezpečí přisávání nečistých sil, a proto je světu zaručena definitivní náprava.

Stvořitel mu však odpověděl, že je zakázáno odhalovat toto světlo světu, protože svět potřebuje, aby toto velké světlo se nejprve odělo do tří písmen slova MeLeCh. To znamená, že velké světlo se může odhalovat ve světě pouze tehdy, bude-li Mem spojeno s písmeny Lamed a Chaf „Proto jdi a spoj se s nimi," pravil Stvořitel.

Mem slova Melech je Chesed. Lamed je Bina, předávající světlo do ZA. Písmeno Chaf je Malchut, Nukva ZA, vždyť není Melech (král) bez Malchut (království). A právě díky Malchut se odhaluje veškeré světlo.

V takovémto případě Malchut svítí od ZA ve třech místech:

1. Malchut se pro něho stává jako pro krále Kiseh (trůn). Kiseh od slova Kisui (zakrytí, skrytí) a proto se písmeno Chaf zobrazuje ohnuté;
2. Malchut se stává oděvem pro ZA, protože se velké světlo otevírá pouze pro Israel. A proto se Malchut stává oděvem pro ZA a když se odhaluje jeho království, osvobozuje se od tohoto oděvu a nahazuje jej na národy světa, na modloslužebníky, a světlo jeho tváře se vylévá na Israel. A tehdy každý spravedlivý ukazuje prstem na Stvořitele a říká: „To je ten Stvořitel, po němž jsem toužil!" Toto šíření světla se označuje písmenem Chaf;
3. Malchut se stává korunou na hlavě ZA. A to je vlastnost písmene Chaf, Keter (koruny ZA).

PÍSMENO CHAF

31. V té době sestoupilo z Kiseh (trůnu) Stvořitele písmeno Chaf a předstoupilo před Stvořitele. Zachvělo se a řeklo Mu: „Stvořiteli světa, já jsem hodno stát se svými vlastnostmi základem světa, protože jsem Kavod (Tvoje sláva)." Když se písmeno Chaf spustilo ze Stvořitelova trůnu, zachvěly se všechny světy i sám trůn, téměř ke zničení. Stvořitel mu pravil: „Chaf, tady nemáš co dělat, Já tebou svět nestvořím, vrať se na svoje místo, vždyť tys ve slově Kelajah (ničení, vyhlazování) a ve slově Kalah (nevěsta)."

Stvořitelovým trůnem je svět Berija. To, že písmeno Mem předstoupilo před Stvořitele, vedlo k pádu písmena Chaf z trůnu, pročež se zachvěla Chochma a Bina světa Berija a rovněž všechny nižší světy a jejich obyvatelé.

Všechny důvody písmen, proč by měl svět být stvořen každým z nich, jsou jako „Aliat MAN" – vznesení prosby o pomoc shůry v podobě vyššího světla, nazývané MAD, přesně v té míře, která odpovídá tomu nebo jinému písmeni. V tomto případě bude ZON řídit svět a řízení se bude uskutečňovat právě světlem, sestupujícím ze ZON, v podobě takového množství MAD, které to nebo jiné písmeno stimulovalo a jehož příčinou se stalo, protože MAD přesně odpovídá co do množství i podoby vznášenému MAN a MAN je vlastnost písmene. Proto každé písmeno dokazuje, že může vyvolat shůry takové světlo, které přesně přivede všechna stvoření k cíli.

A rovněž odpovědi Stvořitele každému z dvaceti dvou písmen ZON světa Acilut je sestup MAD, vyššího světla, síly, pomoci, které přesně odpovídají MAN, jenž se pozvedá od toho nebo jiného písmene. A když vyšší světlo, sestupující od toho nebo jiného písmene, začíná se svými činy spojenými s řízením světa, znamená to odpověď Stvořitele danému písmeni. Je tomu tak proto, že se tím odhaluje jeho neschopnost řídit svět v důsledku přisávání nečistých sil k nějaké jeho vlastnosti, protože dva přesně vyvážené opačné systémy čistých a nečistých sil a světů stvořil Stvořitel. A tím odmítl každé písmeno v jeho nároku, aby byl jeho vlastností vybudován svět a aby byl přiveden k cíli stvoření.

A v tom spočívá „hra" Stvořitele s každým ze dvaceti dvou písmen, aby umožnil každému z nich projevit jeho vlastnosti, moc a síly, dokud nebude z jejich úsilí a analýzy jasné, které z nich si vskutku zaslouží, aby svět byl stvořen jím.

Z toho je pochopitelné, že když písmeno Mem začalo projevovat své velké světlo ve světě, způsobilo tím pád Kiseh (trůnu). Protože Kiseh (trůn) má dvě vlastnosti: 1 – Kiseh - pokrývá, skrývá Stvořitele, kde Kiseh je od slova Kisuj, 2 – odhaluje slávu Stvořitele ve světech pomocí tří písmen MeLeCh. A tehdy ta Malchut, která se stala Kiseh (pokrývkou) na trůnu, se pozvedla vzhůru a stává se Chaf – oděvem samotného Stvořitele. A král – Stvořitel se jí odhaluje a ona se stává věncem, korunou na Jeho hlavě.

Jakmile však písmeno Mem, bez odění do písmene Chaf, začalo odhalovat světlo Stvořitelovy tváře, spadlo písmeno Chaf z Kiseh - trůnu Stvořitelovy slávy, přestalo zakrývat Stvořitele a prohlásilo, že od nynějška je bude řídit pouze odkrytá sláva Stvořitele, bez jakéhokoli ukrytí, jak si to přeje Mem.

Pro pád písmene Chaf z trůnu se zachvělo dvě stě tisíc světů, vycházejících od Chochmy a Biny světa Berija, a nižší světy kvůli hrozbě pádu. Vždyť veškeré spojení nižšího stupně, Parcufu, s vyšším, který se nachází nad ním, spočívá v tom, že Malchut vyššího stupně se stává Keterem nižšího stupně. Vlastnost písmene Chaf právě spočívá v odívání Malchut vyššího duchovního objektu do Keteru nižšího.

Trůn vykazuje tři zvláštnosti: 1. – šest stupňů, které vedou k trůnu, šest Sefirot Ch-G-T-N-Ch-J nižšího, 2. – čtyři nohy trůnu, světlo nacházející se v Sefirot K-Ch-B-D nižšího, 3. - Malchut vyššího, sestupující do nižšího a odívající se do něj, po níž celé světlo z vyššího sestupuje do nižšího. Proto když písmeno Chaf spadlo z trůnu Stvořitelovy slávy, přerušilo se spojení světa Acilut s trůnem, světem Berija. A je tomu tak proto, že Chaf, Malchut světa Acilut, odívající se do Sefirot K-Ch-B-D světa Berija, vylévá na svět Berija, nazývaný trůnem Stvořitelovy slávy, veškeré světlo. Když však písmeno Chaf spadlo z trůnu, přetrhlo se spojení světa Acilut se světem Berija a písmeno Chaf se zachvělo, protože zmizela jeho síla odevzdávat světu Berija, a zachvělo se dvě stě tisíc světů, tj. Chochma a Bina ze Sefirot K-Ch-B-D světa Berija a všechny světy se zachvěly ve strachu, že spadnou, protože z nich zmizela veškerá životní síla, kterou dostávají ze světa Acilut.

Stejným způsobem je ve světě Acilut Bina světa Acilut, Stvořitel, spojena se ZON. Je tomu tak proto, že Parcuf Biny světa Acilut se skládá z deseti Sefirot. A jeho poslední Sefira, Malchut, se svou vlastností písmene Chaf odívá do ZA světa Acilut. Malchut Sefiry Bina, odívající se do ZA, je právě písmeno Chaf. A toto písmeno Chaf je Stvořitelův trůn, nacházející se v ZA. Protože Stvořitel je Bina, vyšší nad ZA Sefiry. A ZA se stává trůnem pro Binu. A během pádu se ruší spojení Biny se ZA. Protože Chaf je Malchut Biny, odívá se do ZA a předává mu veškeré světlo.

A proto se zachvělo ono samo, tj. zmizela jeho schopnost odevzdávat do ZA. A rovněž se zachvělo dvě stě tisíc světů, které jsou světlem pro ZA a nazývají se Chochma a Bina neboli K-Ch-B-D - čtyři nohy trůnu, protože v nich zmizelo veškeré světlo. A zachvěly se světy strachem z pádu, Sefirot Ch-G-T-N-H-J v ZA, které zahrnují všechny světy pod nimi, neboť z nich zmizelo veškeré světlo Bina.

Řekl o tom Stvořitel písmeni Chaf, že v důsledku jeho pádu z trůnu Stvořitelovy slávy se zachvěly první tři Sefirot v ZA a všechny ostatní světy jsou ohroženy úplným pádem a zničením, bez jakékoli naděje na obnovení, a proto je písmeno Chaf povinno vrátit se na svoje místo na trůně slávy.

A k návratu písmene Chaf na jeho místo na Stvořitelově trůnu dochází společně s odpovědí Stvořitele písmeni Mem, že jím nestvoří svět, protože svět potřebuje krále. To znamená, že se písmeno Chaf během svého pádu z trůnu Stvořitelovy slávy zachvělo, z čehož se zachvěly všechny světy ve strachu možného pádu, a Stvořitel odpověděl písmeni Mem současně.

PÍSMENO JOD

32. Vešlo písmeno Jod a řeklo: „Stvořiteli světa! Bylo by dobře stvořit mnou svět, protože mnou začíná Tvoje svaté jméno." Stvořitel mu odpověděl: „Stačí to, že jsi vepsáno do mého jména, do Mne, všechna tvoje úsilí jsou zaměřena na Mne, tebe nelze odstraňovat z toho všeho."

Vzhledem k tomu, že Jod je první písmeno ve jménu Stvořitele HaVaJaH (Jod-Hej-Vav-Hej), tj. začátek odhalení Stvořitele stvořením, první stupeň vyššího svatého světla, Jod žádalo, aby jeho vlastnostmi byl stvořen svět, protože tehdy bude absolutně zaručena jeho úplná náprava. Ale Stvořitel nesouhlasí. Jak již bylo řečeno, otázka každého písmene a odpověď na tuto otázku je Stvořitelovou hrou s každým písmenem, kde otázky písmen jsou jejich MAN a odpověď Stvořitele je MAD v podobě vyššího světla shůry.

Proto když Stvořitel pravil písmeni Jod „stačí", vysvětlil tím vytvoření omezení, že se světlu povoluje sestupovat shůry k jeho úrovni a ne dále. A toto omezení je ustanoveno ve jménu Stvořitele ŠaDaJ (Šin-Dalet-Jod). Protože poté, co se Jod začalo šířit s velkým světlem, zastavil je Stvořitel a nenechal je rozšířit se až k písmeni Tav, pouze k písmeni Šin (jak je řečeno výše v § 25). Pravil mu: „To stačí, více se nerozšiřuj. Protože jinak nedokážeš trvale zůstávat v mém jméně HaVaJaH."

Jak pravili mudrci: „Moje jméno se nevyslovuje tak jak se píše, neboť se píše HaVaJaH a vyslovuje se Adonaj (Talmud, Pesachim, 50). Vždyť jméno HaVaJaH se nemění, jak je řečeno: „Já sebe (HaVaJaH) neměním" (Malachi, 3). Jde o to, že ve dnech existence světa se projevují nesprávnosti a jejich náprava, tj. dochází k neustálým změnám. Proto se až do konečné nápravy Stvořitel nazývá jménem Adonaj, neboť v tomto jméně jsou možné změny, a nikoli jménem HaVaJaH, v němž žádné změny být nemohou.

V budoucnosti však, po veškeré nápravě, se bude HaVaJaH číst tak, jak se píše. Proto pravil Stvořitel: „Jestliže v tobě uvidím jakoukoli nesprávnost, zkažení, vzdálí tě to od Mého jména, protože v Mém jménu HaVaJaH nemůže být nic zkaženého nebo opraveného, ani zkáza, ani náprava. A proto nelze tvými vlastnostmi stvořit svět." V písmeni Jod, které je ve jméně Stvořitele HaVaJaH, jsou tři stupně: v Sefiře Chochma ZA, v Sefiře Chochma AVI a v Sefiře Chochma AA, nazývané skrytou moudrostí.

HaVaJaH začíná tečkou, která se stává písmenem Jod. Poté Jod, označující Or Chochma, se šíří do stran a dolů a proměňuje se v písmeno Dalet, které se skládá z čáry jako střecha, nahoře, která hovoří o vlastnosti Bina-Ima – Chasadim, o šíři, milosrdenství. A když Or Chasadim zakončil šíření do šířky, začíná šířit světlo Chochma v podobě svislé čáry dolů, nohy písmene Dalet, jako vlastnost Chochma-ABA.

Společná vlastnost AVI se označuje písmenem Dalet. AVI rodí ZA, což se označuje písmenem Vav uvnitř písmene Dalet, což jako výsledek dává obrys písmene Hej. Správněji, prosba ZA = Vav dostávat od AVI je nutí spojit se mezi sebou, spojit svoje vlastnosti – Chochma (svislá čára) a Chasadim (vodorovná čára), za pomoci písmene Jod, z čehož AVI vedou od Jod světlo do ZA.

Clona spolu s přáními Malchut se nazývá bodem, protože srážka clony s přicházejícím světlem rodí odražené světlo. A vzhledem k tomu, že přijímané světlo se vždy skládá z deseti světel, nazývá se clona deset bodů.

Jod označuje šíření Nekudot v Parcufu Keter – od světla Chochma a níže v Parcufu, a Vav hovoří o šíření Nekudot v Parcufu Chochma. Šíření světla v Keter však v HaVaJaH není nijak označeno.

Vstup a výstup písmene jod ve slově označuje výskyt nebo nepřítomnost světla Chochma; jsou čtyři druhy nápravy:

a) Ibur 1. – zrození malého stavu ZON: absolutně pasivní duchovní stav – písmeno Jod vstupuje do slova Or (světlo) a toto slovo se stává Avir (vzduch) – dostává se VAK Parcufu;
b) písmeno Jod vychází ze slova Avir a to se stává Or (světlo): světlo Chochma vstupuje do VAK Parcufu;
c) Ibur 2. – zrození velkého stavu ZON: AChaP Bina se pozvedá ze ZON do Biny a spolu s ním se do Biny pozvedá GE de ZON, protože společně byly v malém stavu, což se definuje jako zrození GE de ZON;
d) šíření světla Or Chochma.

PÍSMENO TET

33. Vešlo písmeno Tet a řeklo: „Stvořiteli světa, bylo by dobré stvořit mnou svět, protože mnou Jsi nazván Dobrým." Odpověděl mu Stvořitel: „Nestvořím tebou svět, neboť

tvoje dobrota je skryta v tobě samém a není vidět. A proto se nemůže účastnit na tomto světě, který si přeji stvořit, odhalí se až v budoucím světě. A vzhledem k tomu, že tvoje dobrota je v tobě skryta, utone v zemi brána paláce, neboť písmeno Chet je proti tobě a když se spojíte, vznikne slovo CheT (hřích). A proto tato dvě písmena nejsou zapsána ve jménech svatých kolen." Písmeno Tet neprodleně ustoupilo stranou.

Písmeno Tet = 9 je vnitřní vlastnost Sefiry Jesod v ZA, a vnější vlastností Sefiry Jesod v ZA je písmeno Cade = 90 a to se spojuje s Nukvou ZA a vytváří pojem Cadik (spravedlivý). Kromě toho, že písmeno Tet je vnitřní vlastnost Sefiry Jesod v ZA, je ještě i deváté mezi písmeny Biny v ZA. A nazývá se Tov – dobře. A vzhledem k tomu, že Tov znamená dobře, nazývá se Cadik, neboť Tet je vnitřní světlo Sefiry Jesod, nazývané Cadik, k němuž se nečisté síly vůbec nepřisávají, a tím se vysvětlují nároky písmene Tet stát se základem stvoření světa.

V Talmudu (Hagiga, 12) mudrci pravili: „Ve světle, jímž Stvořitel stvořil svět, Adam viděl od jednoho konce světa na druhý. Stvořitel však spatřil, že činy pokolení, při nichž došlo k potopě, a budovatelů Babylonské věže jsou nevítané, a proto skryl toto světlo pro spravedlivé v budoucnosti" – protože Stvořitel spatřil, že jejich činy způsobí hrozbu přisávání nečistých sil, skryl toto světlo, tj. toto světlo sestupuje skrytě od vyšších spravedlivých – AVI ke spravedlivému – Jesod v ZA, v písmeni Tet.

A proto mu odpověděl Stvořitel, že vzhledem k tomu, že je povinen skrývat je před hříšníky, a hodni jej budou pouze spravedliví a pouze v budoucím světě, pak se nemůže účastnit na stvoření a nápravě světa, protože svět je ZON a v písmeni Tet je neustálá hrozba přisávání nečistých sil.

A protože toto světlo svítí pouze skrytě, uvnitř Jesod ZA, a nikoli odkrytě, Nukva nedokáže přijmout přímo toto světlo, nýbrž pouze prostřednictvím jeho skrytosti v ní. Proto se brána Nukvy noří dovnitř své Sefiry Jesod, čímž jsou chráněny před přisáváním nečistých sil, a jsou si jisty, že nečisté síly nedokážou vládnout na její bráně. A dokonce ani během zničení Chrámu nedokázaly nečisté síly vládnout nad bránou Chrámu, nýbrž utonuly v zemi, pohltila je země. „Vzhledem k tomu však, že potřebuješ takovouto ochranu, nemohu tebou stvořit svět," odpověděl mu Stvořitel.

V Sefiře Jesod v ZA světa Acilut jsou dvě trubice: pravá, k rození duší, a levá, k odhazování odpadků nečistým silám. Písmeno Chet je Sefira Hod, jejíž vlastnost je Malchut v ZA, levá trubice je v Jesodu ZA, protože vlastnosti písmene Chet jsou vlastnosti písmene Kof, vložené do Jesodu, a od písmene Kof vychází „Ner Dakik" – malé světlo do nečistých sil, od nějž nečisté síly dostávají sílu být podobnými obrazu čistého člověka, jako opice vzhledem k člověku, protože Stvořitel souběžně stvořil čisté a nečisté.

Tyto dvě trubice jsou uloženy velmi blízko u sebe a odděluje je pouze tenká přepážka, nazývaná „slupka česneku". V důsledku toho má levá trubice sílu vládnout nad pravou, z čehož vzniká CheT, která se v gematrii – číselném významu – rovná Ch + T = 8 + 9 = 17.

Číselná hodnota slova CheT = 17 se rovná číselné hodnotě slova TOV = 9 + 6 + 2 = 17, což znamená, že čisté síle odporuje nečistá. A jestliže vládne pravá trubice, tj. písmeno Tet, při téže číselné hodnotě se ze slova CheT (hřích) stane slovo TOV – dobře, dobro).

V levé trubici, v Chet, je síla vládnout nad pravou, Tet, v důsledku čehož mohou nečisté síly odsávat vyšší světlo k sobě, čímž se u hříšníků ve světě objevuje moc vládnout. A proto není ve jménech kolen Izraele písmeno Chet ani písmeno Tet, aby se ukázalo, že kolena jsou výše než písmeno Chet, které je kořenem všech protikladných nečistých sil.

Poté, co byla všechna písmena uznána za hodna dostat požehnání prostřednictvím písmene Bet, postavila se všechna po pořádku od Alef do Bet, v němž se spojují písmena Tet a Reš dohromady. Pozvedlo se písmeno Tet a nezaujalo své místo, dokud mu Stvořitel nepravil: „Tet, proč jsi se pozvedlo a nezaujímáš svoje místo?" Tet Mu odpovědělo: „Ty jsi mě stvořil, abych bylo písmenem v čele slova Tov (dobře) a Tóru jsi začal ode mne, jak je řečeno: „I spatřil Stvořitel světlo jako Tov – dobré. Jak se mohu spojit a posadit se s písmenem Reš, když stojí v čele slova Rah (zlo)?"

Stvořitel mu odpověděl: „Vrať se na svoje místo, protože právě ty potřebuješ písmeno Reš. Protože v člověku, jehož se chystám stvořit, se spojí všechny tyto vlastnosti dohromady, ty jsi jako pravá vlastnost a písmeno Reš jako levá." Poté se písmena Tet a Reš vrátila na svá místa.

Ve světě Acilut v ZA se rodí tři linie. Rodí se však ve svém zdroji, v Bině: Malchut v důsledku druhého zkrácení se pozvedá do Biny, z čehož Sefirot B-ZA-M spadly do nižšího Parcufu, do ZA. Bina se nazývá Eloh-im, a v důsledku druhého zkrácení její část Alef-Lamed-Hej, ELEH od Eloh-im, AChaP, spadlo do nižšího Parcufu, ZA. Pouze písmena Jod-Mem ("IM" od Eloh-im) zůstala v Bině, což znamená, že v ní zůstala polovina, VAK, GE, od předchozí úrovně, GAR. To, co zůstalo, se označuje znaménkem Cholam – Vav s tečkou nad ním, protože je to pravá linie, Or Chasadim.

Poté se ve velkém stavu vrátila písmena Alef-Lamed-Hej (ELEH) do Biny a spojila se s „IM", znova byl GAR, světlo Chochma v Bině, ale neúplné, protože zmizelo světlo Chasadim a světlo Chochma nemůže svítit bez světla Chasadim. Písmena ALH, která se vrátila, jsou Šuruk – Vav s tečkou uvnitř, protože vzhledem k omezení v ní tvoří levou čáru.

Tato omezení existují do té doby, dokud nedojde k příjmu světla na ZON, které se pozvedly do Biny, a nevyjde střední čára, zmenšující GAR Chochma v levé čáře. V důsledku toho se pravá čára spojuje s levou: uvnitř Or Chasadim svítí Or Chochma. Tato střední čára se nazývá Chirik – Vav s tečkou pod ním, neboli clona Chirik, protože díky ní prochází světlo uvnitř Parcufu.

A vzhledem k tomu, že Bina si za pomoci ZA vrátila GAR, pak i ZA, když se stává majitelem tří čar, dostává nyní od Biny toto světlo. IM, Tet, Cholam vytvářejí pravou čáru, Alef-Lamed-Hej (ELEH), Reš a Šuruk tvoří čáru levou.

A nyní to převedeme do jazyka Sefirot. Když se Bina znovu vrátila do velkého stavu, vrátily se ELEH k IM, levá linie se spojila s pravou, a to vyhnalo Tet – pravou čáru, Chasadim, od Reš, levé čáry, a nemohou být vedle sebe, protože je mezi nimi rozpor. Mezitím Stvořitel, ZA, střední čára, silou své clony střední linie zmenšil GAR levé a pravé čáry, což znamená: Stvořitel mu přikázal vrátit se na své místo.

GAR Chochma se nazývá Manula (zámek), uzamykající šíření světla do Parcufu, a jeho zmenšení se nazývá Miftacha (klíč), otevírající šíření světla, VAK Or Chochma, v levé čáře do Parcufu. A tehdy Tet, pravá čára, dostává Or Chochma od levé, Tet se spojuje s Reš a dostává od něj světlo Chochma, jinak by zůstalo ve VAK. A spojením těchto dvou čar byl stvořen Adam.

Proč se však písmeno Tet nechtělo spojovat s písmenem Reš a Stvořitel je k tomu donutil? V duchovním světě kořen řídí a vládne všem svým větvím a větve se mu podřizují. Proto si Tet nepřálo spojit se s Reš, dostat od něj světlo Chochma, vždyť tehdy se stane Reš kořenem a Tet větví, podřizující se Reš, kořenu.

Stvořitel si však přál, aby Tet dostalo světlo Chochma od Reš, aby z tohoto spojení i člověk dokázal dostat světlo GAR. Proto to učinil tak, aby při návratu ELEH do Biny se v Bině oslabila omezení a Reš dokázal spojit se s Tet a dostat od něj světlo Chasadim. Výsledkem je to, že Tet se stalo kořenem vzhledem k Reš, vždyť bez něj by světlo Chasadim, Reš nemohlo svítit v důsledku omezení jeho světla.

PÍSMENO ZAJIN

34. Vešlo písmeno Zajin a řeklo: „Stvořiteli světa, bylo by dobře stvořit mnou svět, protože mnou se dodržuje Šabat, jak je řečeno: Zachore, zapamatuj si den sobotní, abys jej dodržoval." Odpověděl mu Stvořitel: „Nestvořím tebou svět, protože je v tobě síla války, protože tebou se vyrábějí šavle a meče, nazývané „Kli Zajin" (zbroj). A ty jsi jako písmeno Nun, jímž svět nestvořím, protože v něm je Nefilah (pád) (viz § 29). Když to písmeno Zajin uslyšelo, odešlo od Něho.

Písmeno Zajin se zobrazuje kombinací písmen Vav a Jod, jako hlava nad ním, což znamená velký stav a velké světlo v Malchut, ženě ZA, protože Malchut se zapojuje do muže, do ZA, označovaného písmenem Vav, a stává se korunou na jeho hlavě, označované Jod. A tato dvě písmena, Vav a nad ním stojící Jod, tvoří písmeno Zajin.

Proto je řečeno: „Pamatuj den sobotní pro jeho posvěcení" - jako důsledek povznesení soboty, tj. vzestupu Nukvy, k hlavě ZA, kdy se stává jeho korunou, zapojuje se do slova Zachor (pamatuj) a Nukva se nazývá Kodeš (svatá). Proto písmeno Zajin tvrdilo, že vzhledem k tomu, že toto světlo je velké a svaté, až k úplnému pokoji v tento den, neboť se svatost plně odděluje od nečistoty v tomto stavu, nazývaném Sobota, je hodno toho, aby se stalo základem stvoření světa jeho vlastnostmi.

Zajin je Sefira Necach v ZA. A když se Nukva zapojuje do Necach, spojuje se s jeho vlastnostmi a ono získává sílu pozvednout se ze ZA do AVI, kde se stává korunou na jeho hlavě, a on se jím zdobí, což právě znamená sobotní den. Vzhledem k tomu však, že k veškeré nápravě dochází pouze v důsledku jeho zapojení do mužského základu a vzestupu do AVI a nikoli na jeho místě, tam, kde se obvykle nachází se ZA, nemůže se úplně napravit během 6000 let.

A k tomu dochází v důsledku toho, že ve všední dny, kdy se Nukva vrací na svoje místo, je její spojení s písmenem Zajin definováno jako Kli Zajin (vyzbrojení), až k tomu, že od něj vycházejí všechny války s nečistými silami, jako všední dny, připravující sobotu.

Jde o to, že ve všední dny musí každý porazit v sobě nečistou sílu, a tehdy si zasluhuje dceru krále, sobotu. Avšak během 6000 let je samo světlo soboty nedostatečné k úplné neutralizaci nečistých sil, protože se vracejí po sobotě opět všední dny a sobotu obklopují. A tak tomu bude až do konečné nápravy, kdy nastane pouze sobota, bez všedních dnů, jako den úplného dokonalého stavu, navěky.

A proto mu Stvořitel odpověděl: „Nestvořím tebou svět, neboť když jsi na svém místě, je tvoje světlo ještě nedokonalé; až tehdy, kdy porazíš ve válce nečisté síly, může tě člověk dosáhnout. A písmeno Vav, ZA, je svým zobrazením podobno kopí, které je připraveno probodnout nečisté síly. Vždyť Gevurot (chrabrost) je levá linie mužské části od Biny, Nun.

PÍSMENA VAV A HEJ

35. Vešlo písmeno Vav a řeklo: „Bylo by dobře stvořit mnou svět, protože jsem písmeno z Tvého jména HaVaJaH (Jod-Hej-VAV-Hej)." Stvořitel mu odpověděl: „Vav! Jak tobě, tak i písmeni Hej musí stačit to, že se nacházíš v Mém jménu. A proto svět nestvořím vašimi vlastnostmi."

I když se s podobnou prosbou zjevilo písmeno Jod a bylo odmítnuto, písmeno Vav se přesto domnívalo, že Jod bylo odmítnuto proto, že má příliš veliký rozměr duchovní síly. Proto písmeno Vav tvrdilo, že by bylo dobře jeho vlastnostmi stvořit svět, tj. v souladu s písmeny Vav-Hej ve jménu HaVaJaH, světlem nejvyšší Biny – Ima světa Acilut.

Stvořitel mu odpověděl stejně jako předtím odpověděl písmeni Jod, že je omezil tím, že pravil DaJ (Dalet-Jod): „To stačí, více se nerozšiřuj, pouze k písmeni Šin, aby se k tobě nepřisály nečisté síly." A proto nejsou písmena Vav a Hej vhodná k tomu, aby jejich vlastnostmi byl stvořen svět, vždyť i ony potřebují chránit před nečistými silami.

(Sefira Tiferet se označuje velkým písmenem Vav, Vav s hlavou, protože v něm je všech 6 = Vav Sefirot Ch-G-T-N-H-J. Sefira Jesod je Sefirou, jejíž úlohou je předat světlo od ZA do Malchut. Proto v něm je stejné světlo jako v Malchut, tj. světlo N-H-J bez Ch-G-T. A proto se Jesod nazývá malým Vav, Vav bez hlavy.)

PÍSMENA DALET A GIMEL

36. Předstoupila před Stvořitele písmena Dalet a Gimel. Stvořitel jim však ihned odpověděl: „Stačí, že jste oba spolu, aby zatím nezmizeli chudí ze země, aby měl kdo

prokazovat LiGmol Chesed (milosrdenství). Dalet se nazývá od slova Dalut (žebrák) a Gimel od Gomelet Chasadim (prokazuje mu milosrdenství). **Proto se nemůžete rozloučit, stačí vám takto si navzájem pomáhat."**

V § 24 se již hovořilo o tom, že i když Dalet dostává světlo od Gimelu a jeho ostrý pravý úhel vystupuje ze světla milosrdenství, nečisté síly mají sílu přisát se k němu, oddělit je a předělat jeho ostrý úhel na ohlazený tím, že je tak promění v písmeno Reš.

Proto písmeno Dalet potřebuje zvláštní ochranu, aby se nezkazilo a aby je Gimel mohlo naplňovat, aby nezmizeli potřební, Dalot, ze světa. Proto těmto dvěma silám stačí navzájem se podporovat a doplňovat, ve vzájemném spojení navzájem se naplňovat, aby nepanovaly nečisté síly. A tato úloha jim stačí. Proto si Stvořitel nepřál stvořit jimi svět.

PÍSMENO BET

37. Vešlo ke Stvořiteli písmeno Bet a řeklo: „Stvořiteli světa, bylo by dobře stvořit mnou svět, protože mnou Tě velebí vysocí i nízcí. Vždyť Bet je Berachah (požehnání)." Stvořitel mu odpověděl. „Zajisté, tebou stvořím svět a ty budeš počátkem světa!"

Písmeno Bet je vlastností Chochma – moudrosti, přesněji Chesed v Chochmě, bod v paláci, protože světlo milosrdenství je palác pro světlo moudrosti. A ten je Berachah (požehnání). Toto světlo se vůbec nezmenšuje, když prochází všemi světy od Stvořitele až k poslednímu stupni nejnižšího světa.

Jaké však je toto světlo na nejvyšším stupni, který je dostává ze světa nekonečna, takový je ve své velikosti, velikosti a síle ve světě Acilut, a rovněž až do konce světa Asija. A vůbec nehrubne a neoslabuje se, když prochází skrze všechny clony shora dolů.

Proto písmeno Bet si činilo nárok na to, aby jeho vlastnostmi byl stvořen svět, neboť světlo požehnání je stejné nahoře i dole a žádná clona je nemůže oslabit a žádná hrubá přání mu nemohou uškodit.

A proto je tato vlastnost milosrdenství (Chasadim) nejvhodnější k tomu, aby jí byl stvořen svět, protože v ní nebude žádné přisávání nečistých sil, vždyť nečisté síly se mohou přisát pouze tam, kde je nedostatek, a protože ve vlastnosti Chasadim žádný nedostatek není, není zde nikdy nijak spojena s nečistými silami.

Stvořitel souhlasil s tím, že jeho vlastnost je dokonalá a hodí se ke stvoření světa. Jak bylo řečeno, Olam (svět), Chesed (milosrdenstvím) JiBaneh (bude vybudován), kde JiBaneh znamená Boneh (budování) a HaVana (pochopení) (V a B se v hebrejštině označují písmenem Bet). Proto Stvořitel ustanovil, že tato vlastnost je zcela dostatečná pro přesné určení a oddělení čistého od nečistého.

A jestliže se někdo táhne za modlou místo Stvořitele, nesestupuje na něj Berachah (požehnání), protože to vychází pouze od Stvořitele. A proto lze určit, kdo je spravedlivý a kdo hříšník, kdo pracuje ve prospěch Stvořitele a kdo na sebe, protože svět je stvořen milosrdenstvím.

Stvořitel však neurčil světlu milosrdenství, aby vládlo ve světě, ale stanovil je pouze pro dobrý začátek, dostatečný pro to, aby byl svět přiveden k všeobecné dokonalosti. Příčina toho spočívá v tom, že světlo milosrdenství je neúplné světlo (VAK a nikoli GAR) a nestačí k rození nových duší, k jejich spojení a rozmnožování, neboť ani jeden Parcuf (duchovní objekt) nemůže rodit do té doby, než dosáhne úplného světla Chochma, nazývaného GAR neboli hlava. A až do dosažení toho se Parcuf nachází ve stavu nedokonalosti.

Obvyklý stav (kdy již nemůže být žádný nižší, pouze vyšší) je determinován vlastností písmene Bet, v důsledku čehož Stvořitel ustanovil tuto vlastnost jako základ stvoření světa. Jinak řečeno, základem stavu je takový stav čistého Parcufu (objektu), jemuž nic nemůže zabránit, jejž už nic nezmenší.

V takovémto případě se doplněk světla Chochma k světlu milosrdenství, potřebný k zrození nového Parcufu, již nepovažuje za základní a nezbytný, nýbrž se definuje pouze jako doplněk, tj. závisí pouze na dobrých činech nižších. Ale základního, VAK, se nikdy nebude nedostávat.

PÍSMENO ALEF

38. Písmeno Alef stálo a nevešlo dál, aby předstoupilo před Stvořitele. Stvořitel mu pravil: „Proč ke Mně nevcházíš jako ostatní písmena?" Alef mu odpovědělo: „Protože jsem vidělo, že všechna ostatní písmena od Tebe odešla bez žádané odpovědi. A kromě toho jsem vidělo, jak Jsi dal písmeni Bet tento velký dar. Přece si Král vesmíru nemůže vzít zpět svůj dar a předat jej jinému!" Stvořitel mu odpověděl: „I když s písmenem Bet stvořím svět, ty budeš stát v čele všech písmen a nebude ve Mně jednoty jinou cestou než skrze tebe, tebou bude vždy začínat výpočet všeho a všechny činy tohoto světa a veškerá jednota bude pouze v tobě."

Jak již víme, všechny otázky písmen jsou „Alijat MAN" – prosba každého z nich, modlitba, přání písmene vznesené ke Stvořiteli. A odpovědi Stvořitele na jejich otázky jsou „Jeridat MAD" – odpověď Stvořitele, sestup shůry světla, síly a hojnosti v souvislosti s prosbou. Velká dokonalost, která je v písmeni Alef, dochází v něm nikoli v důsledku prosby zdola o duchovní povznesení, nápravu, nýbrž od toho, že shůry sestoupila síla, světlo, které duchovně pozvedá ty, kdož jsou dole.

Proto písmeno Alef od počátku do konce nápravy není nikdy stimulováno k tomu, aby povzneslo svoji prosbu vzhůru, podobně jako ostatní písmena, jejichž vlastnostmi dochází k nápravě během 6000 let. A pouze tehdy, jestliže shůry sestoupí světlo, dávající sílu pro duchovní vzestup, písmeno Alef se povzbudí, k čemuž dojde až na konci nápravy.

Příčina toho, že písmeno Alef nepředkládá svoje prosby, MAN, vzhůru ke Stvořiteli, spočívá v tom, že vidělo, jak všechna písmena prosila bezvýsledně, protože proti vlastnosti každého písmene se nacházela opačná vlastnost v systému nečistých sil. Proto se písmeno

Alef rozhodlo, že není nikterak lepší než ostatní písmena, že i proti němu stojí příslušná nečistá síla.

A kromě toho nevzneslo svoje prosby, MAN, ke Stvořiteli, neboť již vidělo, že se Stvořitel rozhodl stvořit svět vlastností písmene Bet, milosrdenstvím. A vzhledem k tomu, že nemělo pochyby, že poté již nemůže být rozhodnutí Stvořitele nějak změněno, rozhodlo se Jej neprosit.

I když je správné, že již byl svět stvořen vlastností písmene Bet a Stvořitel nepředává svůj dar jinému písmeni, přesto byl vlastností písmene Bet stvořen pouze neúplný Parcuf, malý, VAK bez hlavy. A vzhledem k tomu, že v Parcufu schází hlava k jeho velkému stavu, který je možný pouze při naplnění Parcufu kromě světla milosrdenství, Chasadim, ještě světlem moudrosti, Chochma, ukazuje to na to, že scházejí ještě písmena pro spojení, vznik a zrod nového Parcufu, nového stavu.

Dosažení takového velkého stavu je možné pouze za pomoci vlastnosti písmene Alef. Pouze Alef může dovést Parcuf k velkému stavu, doplnění k jeho tělu, VAK, také i hlavy GAR, Mochin - světla Chochma. Písmeno Alef vyvolává spojení ZA a Malchut ve stavu tváří v tvář, zatím co předtím, v malém stavu, v naplnění pouze světlem milosrdenství, ZA a Malchut byly spojeny zády. Proto Alef vytváří hlavu u všech písmen, což lze vysvětlit tím, že je v čele všech písmen abecedy.

Stvořitel pravil: „Proto se Moje jednota projevuje ve světě pouze vlastností písmene Alef. Kromě toho k veškerým odměnám a trestům, vzdalování a sbližování, úsilí o duchovní nápravu (Tešuvah), díky nimž se uskutečňuje konečná náprava, bude docházet pouze vlastností Alef. Jde o to, že písmeno Bet Jsem schválil jako základ Parcufu, aby Parcuf nijak nezávisel na činech nižších, takže i kdyby začali hřešit, neovlivní to ty, kteří jsou výše."

Stvořitel pak pokračoval: „Světlo, které je v tobě, Alef, je však přímo spojeno s činy nižších. A jestliže hřeší, pak neprodleně mizí světlo moudrosti, světlo GAR v tobě a jestliže napravují své činy (Tešuvah), vrací se světlo Chochma. A Moje jednota se všemi stvořeními na konci nápravy se uskuteční pouze písmenem Alef."

Písmena jsou Kli (nádoba), přání. A to se vztahuje jak na jednotlivá písmena abecedy, tak i na písmena, z nichž jsou sestavena slova. Písmena ve jménech duchovních objektů označují velikost jejich přání, které může světlo naplnit. Písmena prostého jména, bez náplně, označují kostru jména, beze světla, Kli o tloušťce 0 se světlem Nefeš. Písmena naplněného jména označují tu velikost přání, která se naplňují světlem.

Jsou dva zdroje písmen: písmeno Jod a Alef. Jod je skutečný zdroj písmen, protože když začínáme něco psát, začínáme tečkou = Jod, poté když pokračujeme s tečkou do potřebného ze čtyř směrů, dostáváme čáru. Písmena jsou Kelim (přání), do nichž se dostává světlo – potěšení. Přání něčeho určitého se rodí pouze při:

a) naplnění původního, ještě neuvědomělého přání,
b) výstupu potěšení z něj.

Jde o to, že ze vzpomínek – Rešimot, z bývalého potěšení se rodí skutečné přání je dostat, znovu pocítit. A právě takovéto přání je Kli. Naplněné Kli nelze nazvat skutečným přáním, protože je uspokojeno. Proto vycházení světla, pociťování duchovního pádu je období vytváření nových Kli na nový budoucí příjem světla, na nová dosažení. Vzhledem k tomu, že první zkrácení je základem mizení světla ze všech Kli, jeho černá tečka Jod je základ všech písmen – Kli.

Pouze druhé zkrácení však je skutečným kořenem všech světů, neboť první bylo provedeno pouze v bodu, čtvrté stadium, Malchut, čtvrté písmeno Hej ve jméně Stvořitele HaVaJaH, a druhé zkrácení bylo na Binu, v níž se spojily dva body – Bina a Malchut. Spojení dvou bodů dává čáru, do délky nebo do šířky. Je-li to čára do šířky, nazývá se „nebeskou klenbou" – Parsou.

Souhrn důsledků prvního a druhého zkrácení dává šikmou čáru (\), po jejíž pravé straně se znázorňuje GE= K-Ch a po levé AChaP = B-ZA-M. K-Ch jsou na původní úrovni, znázorňují se písmenem Jod, prvním kořenem světa, a B-ZA-M spadly na nižší úroveň v důsledku druhého zkrácení, znázorněného (\). A vzhledem k tomu, že písmeno Jod je první, ale velmi vzdálený kořen světů a všechny světy byly stvořeny později a po zákonu druhého zkrácení a podle něj, stojí písmeno Alef v čele abecedy.

Jakým světlem se naplňuje duchovní Kli, objekt, Parcuf, je rovněž možno vidět z jeho označení: jestliže se naplňuje světlem moudrosti Or Chochma, toto naplnění se označuje písmenem Jod a jestliže se naplňuje světlem milosrdenství – Or Chasadim – označuje se písmenem Alef.

39. Stvořitel stvořil horní písmena, patřící do Biny, jako velká a dolní písmena, patřící k Malchut, jako malá. Proto je řečeno: „Berešit Barah" – na počátku stvořil – dvě slova, začínající písmenem Bet, a poté Elohim Et (sám Stvořitel) dvě slova, začínající písmenem Alef. První Alef a Bet jsou písmena Biny a druhé Alef a Bet jsou písmena Malchut. A všechna se musí navzájem ovlivňovat svými vlastnostmi.

Když si vyšší přeje pomoci, dát světlo nižšímu, musí se odít do nižšího, což je označeno dvěma prvními písmeny Bet a dvěma písmeny Alef, jež jsou v prvních čtyřech slovech Tóry. Neboť první písmeno Bet je horní, Bina, a druhé písmeno Bet je dolní, ZA a první Bet se odívá do druhé.

Rovněž i první písmeno Alef patří k Bině a odívá se do druhého Alef v ZA, aby bylo naplněno světlem. Proto dvě písmena Bet jsou jako jedno písmeno Bet a dvě písmena Alef jsou jako jedno písmeno Alef, neboť dolní písmeno je pouze vliv horního, což hovoří o tom, že horní Parcuf naplňuje dolní Parcuf.

S Alef nelze stvořit svět, protože jím začíná slovo Arur (prokletí) a kdyby jím byl stvořen svět, nečisté síly nazývané Arur by dostaly velkou sílu od čistých sil, nazývaných Baruch (požehnání). Proto byl stvořen svět, Nukva ZA, písmenem Bet a rovněž silou písmene Bet byl stvořen Adam z Nukvy ZA. Proto je Malchut světa Acilut kořenem veškerého stvoření, všech světů a jejich obyvatel.

VYŠŠÍ MOUDROST

40. Zeptal se rabi Judaj: "Co znamená slovo BEREŠIT?" Je to moudrost, na níž stojí svět, ZA, aby vešel do vyšších skrytých tajemství, tj. do světla Bina. A zde se nachází šest vyšších velkých vlastností, VAK Bina, z nichž vychází všechno, z nichž bylo stvořeno šest pramenů řek, VAK ZA, sestupujících do velkého moře, Malchut. Slovo BEREŠIT se skládá ze slov BARAH (stvořil) a ŠIT (aramejsky šest), tj. stvořil šest vlastností. Kdo je stvořil? Ten, který není zmiňován, skrytý a neznámý, AA (Arich Anpin).

Ve světě Acilut jsou dva druhy světla Chochma:

1. původní, světlo Chochma AA, nazývané skrytým světlem Chochma. Toto světlo Chochma se nachází pouze v Parcufu AA a nešíří se z něj k nižším Parcufim;
2. světlo Chochma, sestupující 32 cestami od Biny, která se pozvedla do hlavy AA, aby tam dostala světlo Chochma a předala je do ZA. Proto slovo Berešit označuje Berešit, s Chochmou, není to však v AA skryté skutečné světlo Chochma, nýbrž sestupující 32 cestami od Biny do ZA, díky čemuž existuje ZON.

Je řečeno, že svět stojí na „vyšších skrytých tajemstvích", protože když ZON, nazývané „svět", dostávají světlo „Chochma 32 cest", pozvedají se do AVI, nazývaných „vyšší skrytá tajemství". Proto se říká, že ZON vchází do vyšších skrytých tajemství, dosahuje stupně AVI, neboť nižší, když se pozvedne k vyššímu, stává se svými vlastnostmi vyšším.

Kromě rozdělení na BE-REŠIT, slovo BEREŠIT se dělí na BARAH-ŠIT (v hebrejštině se píše stejně vzhledem k tomu, že se vynechávají samohlásky), což znamená STVOŘIL ŠEST – stvořil šest Sefirot – vlastností, nazývaných VAK, zkratka slov Vav Kecavot – šest končetin – vlastností ZA, z nichž vycházejí všechna stvoření.

Funkci Sefiry Chochma, zdroje světla Chochma pro ZON, plní Sefira Bina, protože Malchut se pozvedla do Biny a Bina vyšla z hlavy AA, stala se jeho tělem, a proto nemůže dostat světlo Chochma AA.

Avšak poté, v důsledku vzestupu MAN od nižších, člověka, který se duchovně nachází ve světech BJA, vrací se Bina do hlavy AA, dostává světlo Chochma od AA, předává světlo do ZON a ZON předávají světlo do všech světů. Z toho vyplývá, že z těchto šesti vlastností – končetin, na něž se rozdělila Bina, vyšly všechny světy.

Proto je řečeno, že z Biny vychází všech šest pramenů řek, sestupujících do velkého moře – rozdělení Biny na šest vlastností, VAK, kdy Bina vychází z hlavy AA, se nazývá šesti zdroji, protože to je ještě pouze zdroj světla pro ZA. Avšak poté, když se Bina vrací do hlavy AA, stávají se světlem Chochma, nazývaným řekami, sestupujícími do Parcufu ZA.

A nazývají se šest řek, jak je řečeno (Tehilim, Ž 110, 7): „Cestou z potoka pít bude, proto vztyčí hlavu." A poté ZA předává toto světlo do velkého moře, své Nukvě. Řeky nebo potoky jsou světlo ZA. VAK Bina se nazývají zdroje světla moudrosti, Chochma, protože vyšly z Biny ven v podobě VAK, pouze proto, aby stvořily zdroj světla pro ZON. A kdyby Bina nevyšla ven, neměl by ZON žádnou možnost dostat světlo.

Slovo Berešit má několik významů: Bere = Barah – stvořil, stvořil šest vlastností beze světla Chochma, protože slovo Barah znamená skrytost. Proto má slovo Berešit dva významy:

a. Chochma, neboť slovo Rešit znamená Chochmu,
b. Barah Šit – což poukazuje na to, jak se Chochma rozdělila na šest částí bez hlavy, beze světla Chochma, které jsou zdroji světla pro ZON, nazývané „svět". A těchto šest částí ZA a Malchut se nazývají sedm dnů stvoření.

Vzhledem k tomu však, že slovo „Barah" se nachází uvnitř slova „Berešit", stvořil to „skrytý a neznámý", tj. skrytá Chochma AA (Arich Anpin). Jde o to, že on vyvedl Binu ze své hlavy a učinil ji VAK. To znamená, že stvořil šest částí, popisovaných v Berešit. Berešit je Chochma. Světlo nemůže sestoupit do ZA do té doby, než Ima-Bina vyjde ven. Je tomu tak proto, že v důsledku druhého zkrácení spadly ZAT de Bina do ZON. Proto když je Bina ve svém velkém stavu, dostává ZA světlo Chochma do Kelim – přání Biny. Slovo Barah v Berešit = Barah-Šit rovněž znamená Bar (mimo, výstup ven).

Zámek a klíč

41. Rabi Chija a Rabi Josi šli po cestě. Když se přiblížili k jednomu poli, řekl rabi Chija rabimu Josi: „Když se říká BARAH ŠIT (stvořil šest), má se na zřeteli samozřejmě BEREŠIT, protože šest vyšších dnů, tj. VAK de Bina, svítí Tóře, tj. ZA, a ostatní, tj. GAR de Bina, jsou skryty.

ZA světa Acilut se nazývá Tóra. Šest vyšších dnů jsou VAK de Bina, nacházející se nad ZA. Proto v prvním slově Tóry – BEREŠIT = BARAH – stvořil, ŠIT – šest, je obsaženo poukázání na to, že se Sefira Bina obrací na Sefiru Chochma, aby dostala světlo Chochma a předala je do ZA. A vzhledem k tomu, že ZA není v stavu dostat od ní celé světlo Chochma, GAR de Chochma, světlo od deseti Sefirot, pouze VAK de Chochma, světlo od šesti Sefirot, zdůrazňuje se to ve slově BARAH ŠIT – STVOŘIL ŠEST, tj. že ZA dostává od Biny pouze světlo šesti Sefirot Ch-G-T-N-H-J, VAK de Chochma a GAR de Chochma, světlo ještě od Sefirot K-Ch-B, je před ním skryto.

Příčina spočívá v tom, že i když Parcuf Atik je Parcufem prvního zkrácení, je povinen svítit dolů, všem ostatním Parcufim světa Acilut a všem světům BJA, světlem druhého zkrácení. Proto se jeví vzhledem k nižším Parcufim jako Parcuf, nacházející se v CB (Cimcum Bet). To znamená, že dobrovolně na sebe přijal takovéto vnější zkrácení svého záření vzhledem k ostatním, aby nižší Parcufim mohly od něho dostávat: Pozvedl Malchut od úst do očí a na clonu, která je v NE (Nikvej Ejnajim), udělal Zivug a zrodil Parcuf AA.

Proto je AA Parcufem s vlastnostmi druhého zkrácení a Keter celého světa Acilut místo Atiku. Tak to učinil samotný Parcuf Atik. A ty se rozdělily na dvě části: GE zůstaly v Atiku a AChaP se staly součástí druhého Parcufu – AA. A vzhledem k tomu, že se Malchut pozvedla do NE, Parcuf AA zůstal bez Malchut a místo Malchut se v něm používá Sefira Ateret Jesod. A Malchut je skryta v NE Parcufu Atik. GE ATIK jsou skryty před nižšími, Malchut stojí v NE hlavy ATIKU AChaP ATIK = GE AA, Ateret Jesod = Malchut AA.

Podobně jako tyto Parcufim vznikly i všechny následující Parcufim světa Acilut, tj. všechny se rozdělily na dvě části – GE a AChaP: Parcuf Bina se rozdělil na dva Parcufim: GE Biny vytvořily Parcuf AVI a AChaP Biny vytvořily Parcuf IŠSUT. Malchut se pozvedla a zůstala v AVI a Parcuf IŠSUT zůstal bez Malchut.

Rovněž i ZON: GE vytvořily velké ZON a AChaP vytvořily malé ZON. Malchut zůstala v NE velkých ZON a u malých ZON je pouze devět Sefirot bez Malchut, kterou jim nahrazuje Ateret Jesod jako v Parcufu Atik. Tj. jako Keter = Atik se rozdělil na dvě části: GAR = Atik a ZAT = AA. Tak se rozdělila i Bina – na GAR = AVI a ZAT = IŠSUT a ZON na GAR = ZON velké a ZAT = ZON malé: Malchut zůstala v GAR a v ZAT ji nahrazuje Ateret Jesod.

V důsledku toho zůstává horní část každého stupně skrytá jako Parcuf Atik, protože Malchut se nespouští z toho místa, NE, kam se pozvedla, na svoje předchozí místo v ústech. A i když se ve velkém stavu AChaP vracejí na svoje místo nebo, což je totéž, pozvedají se ke svým GE, GE se v důsledku toho nenaplňují světlem Chochma, světlem GAR, protože Malchut zůstává ve skryté podobě v GE a u Malchut je zákaz ještě od prvního zkrácení dostávat světlo Chochma. A proto zůstávají GE se světlem Chasadim.

A pouze dolní část každého stupně se naplňuje ve velkém stavu světlem GAR, Chochma: existoval Avir (vzduch) = Alef-Vav-Jod-Reš, z tohoto slova odešlo písmeno Jod, zůstala písmena Alef-Vav-Reš, která tvoří slovo OR (světlo), Or Chochma, GAR.

Z toho plyne, že všech pět Parcufim světa Acilut mají GE, GAR Kelim, Sefirot K-Ch-B-Ch-G-T, se světlem Chasadim, světlo VAK a AChaP, Sefirot N-H-J, VAK Kelim, ve velkém stavu Parcufu se naplňují světlem Chochma, světlem GAR. GE = GAR Kelim s VAK světla = světlo Chasadim, AChaP = VAK Kelim s GAR světla = světlo Chochmy. Proto je řečeno, že ZA nemá ve světě Acilut větší světlo než VAK = šest dnů, a GAR jsou skryty, dokonce v Parcufim vyšších než ZA.

42. V tajemstvích stvoření BEREŠIT však je řečeno, že skrytý svatý ustanovil zákony v Bině, ve skrytém a tajném, tj. v Malchut Parcufu Atik, který je Parcufem s Malchut prvního zkrácení, jež se pozvedla do Biny a pohnula s AChaP AA pod jeho hlavu. A stejný zákon, který ustanovil v Bině, potvrdil, skryl všechno uvnitř a všechno je schováno pod jedním klíčem. A ten klíč schoval v jednom sále. A i když je vše schováno v tomto sále, to hlavní je v tom klíči, protože všechno otevírá a zavírá.

SKRÝVANÝ SVATÝ je AA, protože jeho Chochma je skryta. BYLY V NĚM USTANOVENY ZÁKONY – v Malchut Atiku. Byl potvrzen nedostatek Kelim AChaP. Malchut prvního zkrácení, nazývaná ústředním bodem celého stvoření, je jediný čin stvoření, jemuž bylo dáno první zkrácení. Opačně, nachází-li se clona nikoli v Malchut, nýbrž v Sefiře Jesod, správněji v Ateret Jesod, v místě svazku (obřezání), na místě Zivugu, povoleném po druhém zkrácení, umožňuje tato clona přijímat světlo. Proto se nazývá bodem populace, nikoli ústředním bodem.

- Keter,
- Chochma
- Bina
- ZA Jesod
- ZA – Malchut, která získala vlastnosti ZA „odevzdávat", - obydlené místo
- Malchut – nelze provádět Zivug, je to pusté místo

Jde o to, že v AA není GAR, protože vyšší Malchut Atiku, nacházející se uvnitř něho, je již napravena tak, že se nachází v NE svého Parcufu. Ve velkém stavu se clona spouští z NE do úst. Proto se AChaP vracejí na svoje místo a dochází k Zivugu na všech deset

Sefirot, které dostávají GAR světla, světlo Chochma. Z toho plyne, že clona v NE se nazývá zámek, vždyť sebou překrývá vstup do Parcufu GAR světla. GAR světla se nazývá světlem Chochma. Když však se z NE spouští do úst, clona otevírá vstup světla do Parcufu, a proto se nazývá „oční otvory".

I když se Atik sám nachází s Malchut v NE, působí to na AA a nikoli na sám Atik, protože AA je stvořen clonou, stojící nikoli v Malchut, nýbrž v Ateret Jesod (nebo prostě v Jesod) a není v něm Malchut. Proto v NE AA vládne nikoli Malchut, nýbrž Ateret Jesod. Proto jeho světla lze dosáhnout, na rozdíl od světla Atiku. Jde o to, že v Atiku je Malchut ústředním bodem, který nedělá Zivug na světlo Chochma. I když vzhledem k Atiku je AA AChaP Atiku, sám AA má svoje GE a AChaP.

Poté AA stvořil AVI a rovněž v nich potvrdil nepřítomnost světla Chochma, v důsledku nepřítomnosti AChaP Kelim. A tento AChaP je SÁL, v němž je skryto veškeré světlo Chochma (GAR de Nešama, GAR de Chaja, GAR de Jechida). Tento KLÍČ JE SCHOVÁN V JEDNOM SÁLE: Sál je Bina, jež je sálem pro světlo Chochma. V GAR de Bina, AVI, vládne Malchut, jež se tam pozvedla, ale tam se necítí nepřítomnost světla Chochma, protože vlastností AVI je přát si pouze světlo Chasadim; které je pro ně důležité, protože plně nahrazuje světlo Chochma. A ve VAK de Bina vládne klíč, Ateret Jesod.

V TOMTO KLÍČI, PROTOŽE VŠECHNO OTEVÍRÁ A ZAVÍRÁ, provádí skrývání a odkrývání Malchut, stojící v NE: Když se Malchut pozvedá do NE, skrývá světlo Chochma, neboť v takovémto případě Parcuf zůstává bez svých Kelim AChaP a nemůže využít svoje přání „dostávat" ve prospěch Stvořitele. A z toho důvodu v něm není světlo Chochma – vždyť světlo Chochma lze dostat pouze v Kelim de AChaP.

A když Parcuf dostává shůry síly k odporu vůči egoistickým přáním svých Kelim de AChaP „dostávat" a může „dostávat" ve prospěch Stvořitele, znamená to, že získal clonu proti svým přáním a může s nimi rovněž pracovat pro Stvořitele. Tehdy vrací svoji Malchut z NE do úst, nebo, což je totéž, pozvedá do hlavy svoje Kelim – přání AChaP. Poté u nich začíná provádět výpočet, kolik v nich může dostat ve prospěch Stvořitele, ale tak, aby přijaté potěšení nebylo příliš velké, že by začal dostávat potěšení pro sebe. Posléze dostává toto světlo Chochma do svého těla.

Tak pouze Malchut, stojící v NE, otevírá nebo uzavírá přístup světla do Parcufu. A vzhledem k tomu, že otevírat přístup světla musí do Parcufu v ZAT, v němž nevládne Malchut, která se pozvedla do NE, nýbrž Ateret Jesod, nazývaná klíč, zatím co GAR každého Parcufu zůstávají se světlem Chasadim (přejí si pouze světlo Chasadim), pak otevírání a uzavírání přístupu světla Chochma do Parcufu, dosažení Stvořitele, závisí pouze na klíči, nikoli na samotné Malchut.

43. V tom sále jsou skryty obrovské poklady, jedny nad druhými. V tom sále jsou neprodyšně uzavřené brány, aby byl zakryt přístup světla. Je jich padesát. Byly rozděleny do čtyř stran a zůstalo jich čtyřicet devět, protože jedna brána nemá stranu a není známo, je-li nahoře, nebo dole. A proto zůstala uzavřená.

Existuje mnoho druhů GAR: GAR světla Nešama nebo Chaja nebo Jechida. A v každém z nich je nekonečné množství jednotlivých stupňů, součástí. Proto je řečeno JEDNY NAD DRUHÝMI. Dokud se však Malchut nachází v NE, všechny tyto stupně světla jsou skryté a neznámé.

Brány označují nádobu – přání dostávat světlo. V duchovním světě nejsou těla, jsou tam pouze přání, samo přání se nazývá tělem. Není-li přání, není těla, není kam dostávat světlo – potěšení. Čím větší je přání, tím je tělo „větší". Všechna těla jsou si však svou strukturou podobná: jako se lidské tělo našeho světa skládá z 613 částí, tak i duchovní tělo se skládá z 613 duchovních částí – přání.

Jestliže člověk může využít nějaké přání svého duchovního těla pro Stvořitele, v Jeho prospěch, tento čin se nazývá Přikázání. Přijímané světlo se nazývá Tóra. Duchovní Parcuf má hlavu – místo rozhodování. Tam se nacházejí pouze taková přání, u nichž je předem známa existence clony, odporu vůči těmto přáním, aby bylo možno je využít duchovně, altruisticky, obrátit je z „ve svůj prospěch" na „ve prospěch Stvořitele". Jestliže člověk splnil všech 613 Přikázání Tóry a sedm Přikázání národů světa, celkem 620 Přikázání, pozvedl se tak o 620 stupňů a plně splynul se Stvořitelem.

Splnit všechna Přikázání znamená zcela naplnit svůj duchovní Parcuf světlem Tóry v důsledku splnění Přikázání činu (Micvot Aseh – kladné Micvot) a zakazujících Přikázání (Micvot Lo Taaseh – záporné Micvot). Splnění těch druhých spočívá v tom, že si člověk nepřeje dostávat potěšení, jež jsou v nich.

Existují dva druhy přání neboli bran: Když jsou uzavřené a nic nedostávají; když se otevírají a dostávají vyšší světlo. Když jsou všechny uzavřeny, je jich padesát. Otevřít jich však lze pouze čtyřicet devět z padesáti. Je deset Sefirot K-Ch-B-Ch-G-T-N-H-J-M neboli pět Sefirot K-Ch-B-ZA-M (protože ZA se skládá z šesti: Ch-G-T-N-H-J). Malchut se však skládá rovněž z těchto šesti, a proto v ní je všech deset Sefirot. A protože se každá z pěti Sefirot skládá z deseti, je jich celkem padesát.

Vzhledem k tomu však, že k Zivugu dochází nikoli na Malchut, nýbrž na Ateret Jesod, sama Malchut de Malchut nedostává světlo: světlo dostávají čtyři Sefirot K-Ch-B-ZA, které se nacházejí před Malchut. Každá z nich se skládá z deseti, proto 4 x 10 = 40. A devět Sefirot je v samotné Malchut od Keter do Jesod. Celkem 40 + 9 = 49. Pouze jedna Sefira ze všech padesáti, Malchut Sefiry Malchut, nedostává světlo, protože do konce nápravy všech Kelim – přání nelze do ní dostávat světlo. Je totiž předem známo, že nemá sil odporovat tak velkému egoistickému přání po sebenaplnění.

V Sefiře Jesod de Malchut stojí clona místo Malchut de Malchut a toto místo se nazývá Brith (svazek), místo, v němž je nutno splnit Přikázání obřezání, aby se provedl Zivug nikoli na samotnou Malchut, na první zkrácení, nýbrž na Jesod, správněji na Ateret Jesod, na druhé zkrácení. Sama Malchut de Malchut se nazývá „Šaar Nun" (Padesátá vrata). Týká se to Malchut každého Parcufu světů ABJA.

Malchut Parcufu AVI se spouští z NE de AVI na svoje místo do úst a jejich AChaP a IŠSUT, odívající se na AChaP, se pozvedají na stupeň AVI s tím, že AVI a IŠSUT se spojují do jednoho Parcufu, v důsledku čehož k nim sestupuje světlo Chochma od AA. Přesto si to AVI nepřejí, a proto nedostávají nic z tohoto světla Chochma, nýbrž zůstávají pouze se svým světlem Chasadim, jako kdyby se Malchut nespouštěla z jejich očí do úst.

Proto podle světla AVI nelze poznat, zda se Malchut nachází v NE, nebo v ústech. Naopak, když hledíme na AVI, vždycky se nám zdá, že Malchut stojí v NE. A pouze podle stavu IŠSUT lze soudit, kde se nachází Malchut, protože ve velkém stavu, kdy se pozvedá do AVI, dostává světlo Chochma.

I když sama Malchut může v AVI dostávat světlo Chochma, vzhledem k tomu, že AVI světlo Chochma vůbec nedostávají, nevyužívají svoji Malchut. A v IŠSUT je již místo Malchut Ateret Jesod, a proto on dostává světlo, což se nazývá, že se „otevírá" a AVI zůstávají uzavřeny.

Neexistence padesáté brány, Zivugu na samu Malchut v IŠSUT, působí to, že ve všech Parcufim není příslušné světlo Chochma, o čemž je řečeno: „Padesát bran Biny a všechny jsou poskytnuty Mošemu kromě jediné, posledního tajemství nepřítomnosti vyššího světla". Jde o to, že toto vyšší světlo lze dostat pouze do Kelim – přání samotné Malchut, původního egoismu, k čemuž dojde po skončení veškeré nápravy, po 6000 letech.

44. V té bráně je jeden zámek a úzké místo, aby jím bylo možno prostrčit klíč. Není označen a rozpoznává se pouze podle otisku klíče, což není známo na tom úzkém místě, nýbrž pouze v samotném klíči. A o tomto tajemství je řečeno BEREŠIT BARAH ELOHIM – NA POČÁTKU STVOŘIL STVOŘITEL. Na počátku – to je klíč a všechno je v něm skryto, on otevírá a uzavírá. A šest bran obsahuje tento klíč, otevírající a uzavírající. Když uzavírá tuto bránu – vkládá ji do sebe, a proto stojí psáno NA POČÁTKU, což je otevřené slovo, i když je obvykle uzavřené. BARAH – STVOŘIL – všude je to uzavřené slovo, hovořící o tom, že klíč je otevírá a uzavírá.

Malchut, stojící v NE, se nazývá „zámek", protože uzavírá přístup světla Chochma do Parcufu. Celý Parcuf končí v Chochmě – pouze v K-Ch může být světlo, a proto je to pouze Nefeš-Ruach. Vždyť při nepřítomnosti Kelim-Sefirot B-ZA-M schází světla Nešama – Chaja – Jechida. Jesod de Malchut – to je 49. brána – jsou maximem toho, co může být před koncem nápravy, protože sama Malchut de Malchut je padesátá brána.

Jestliže do Jesodu de Malchut, do 49. brány, vstupuje klíč, Ateret Jesod světla, pak toto světlo spouští Malchut na její místo, z NE do úst, Parcuf se otevírá tímto světlem a naplňuje se světlem Chochma. Proto se Ateret Jesod nazývá klíč.

Existuje však zvláštní záznam, aby se nepoužívala Malchut de Malchut jako místo Zivugu před konečnou nápravou všech ostatních, kromě Malchut de Malchut, Kelim (přání). Tento záznam se nachází v AVI: vzhledem k tomu, že ony samy nikdy nedostávají světlo Chochma, tj. nepoužívají tento klíč, pak jejich skutečný AChaP se nepozvedá.

I neskutečný AChaP AVI však stačí k tomu, aby IŠSUT dostal světlo Chochma a uvědomil si, že vědění znamená přítomnost světla Chochma.

Jestliže světlo, odpovídající Ateret Jesod, vstupuje do jemu odpovídající Sefiry v Malchut, tj. do Jesodu de Malchut, 49. Sefiry, pak Malchut, padesátá brána, nezakazuje tomuto světlu naplnit Parcuf, protože v ní je záznam o zákazu pouze toho, co vstupuje do samotné Malchut. Příčina spočívá v tom, že záznam – paměť klíče vládne v ZAT de Bina, tj. v IŠSUT. Proto se toto světlo nazývá „klíč".

A slovo BEREŠIT – NA POČÁTKU, zahrnuje pouze klíč, pouze Ateret Jesod, 49. Sefiru, kromě Malchut de Malchut, padesátou bránu. Žádné K-Ch-B všech Parcufů světa Acilut nedostává světlo Chochma, místo toho v nich svítí světlo Chasadim. Proto slova NA POČÁTKU STVOŘIL znamená CHOCHMU SKRYL, protože slovo stvořil – BARAH, pochází z pojmu Bar – mimo, což znamená, vyvedl za hranice přijímání světla Chochma. Proto tato část Kelim byla uzavřena nepřítomností světla.

Avraam (abraham)

45. Pravil rabi Josi: „Slyšel jsem od velkého zdroje světla, tj. od rabiho Šimona, že BARAH je skryté slovo; klíč k němu je uzavřel a neotevíral. A protože klíč uzavřel slovo BARAH, nebyl svět ani možnost jeho existence a prázdnota vše pokrývala. A když vládne prázdnota, není ani svět, ani existence.

46. Kdy klíč otevřel tato vrata a kdy bylo všechno připraveno k existenci a rozvoji pokolení? Tehdy, když se objevil Avraam, vlastnost Chesed, milosrdenství, o němž je řečeno: „Jsou to pokolení nebe a země Be-Baram (jimiž stavěl). Je to však třeba číst nikoli Be-Baram, nýbrž Be-Avraam (v hebrejštině mají tato dvě slova stejná písmena, ale lze je číst různě). Tehdy vše, co bylo skryto ve slově BARAH, bylo otevřeno písmeny, tj. Kelim se otevřely, aby poslouchaly. A vychází z toho sloup, produkující pokolení, svatý Jesod, na němž je založena existence světa. Protože BARAH jsou písmena slova AVAR (otevřen).

Ptá se: „Když se otevře, lze konat a produkovat pokolení?" – v této otázce jsou tři dotazy:

a) Kdy se otevře? – Když se Malchut spustí z očí, kam se pozvedla v důsledku druhého zkrácení, na své předchozí místo, do úst, v důsledku čehož se otevírá 49 bran Chochmy;

b) Kdy to lze použít? – Když se odívá světlo Chochma do světla Chasadim, v důsledku čehož může AChaP dostat světlo Chochma, protože bez odívání do Chasadim, MI = GE nemůže svítit v ELEH = AChaP. Světlo ještě není uznáno za hodna, aby je dostávali a používali nižší;

c) Produkovat, rozmnožovat pokolení? Pokolení jsou duše, které jsou ve světech BJA, zrozené ZON světa Acilut. Poté, co ZA dostává světlo Chochma a Chasadim, tj. světlo dokonalosti, dává mu toto světlo možnost udělat Zivug s Nukvou a zrodit duše spravedlivých.

SVĚT AK
SVĚT ACILUT: AA světa Acilut
AVI světa Acilut
ZON světa Acilut – rodí a živí duše spravedlivých
-Parsa --
SVĚT BERIJA
SVĚT JECIRA duše spravedlivých ve světech BJA
SVĚT ASIJA
-Machsom – přechod od egoismu k altruismu
NÁŠ SVĚT – EGOISTICKÝ

Avraam je vlastnost Sefiry Chesed v Parcufu ZA během jeho velkého stavu, kdy se Chesed pozvedá a stává se Chochmou: Sefirot Ch-G-T se stávají Ch-B-D:

PARCUF ZA:

Bina-Chochma Daat	Ch-B-D=ChaBaD
Gevura – Chesed Tiferet	Ch-G-T=ChaGaT
Hod – Necach Jesod	N-H-J=NeHJ

Než se objevil Avraam, všechno bylo skryto ve slově BARAH a na světě vládla prázdnota – v ZON nebylo ani světlo Chochma, ani světlo Chasadim. Když se však zjevil Avraam, světlo Sefiry Chesed, sestupující do ZA, otevřela se brána pro světlo Chochma, protože Malchut se spustila z očí do úst a IŠSUT se spojil s AVI do jednoho stupně, čímž sestoupilo do IŠSUT světlo Chochma, protože v ZA již bylo světlo Chasadim od Avraamových vlastností.

Tehdy se světlo Chochma odělo do světla Chasadim a spojily se MI a ELEH, GE a AChaP a jméno Stvořitele se stalo úplným: ELOH-IM a Chochma naplnila ZA. Tehdy se spustila Malchut z očí do úst v ZA a ZA dostal nový AChaP od Biny. Přešel do velkého stavu, předal prostřednictvím svého Jesodu světlo do Malchut, nazývané „nižší svět", v důsledku čehož Malchut rodí duše spravedlivých.

47. Když se Jesod ZA spojuje se slovem BARAH-Malchut, vytváří se uzavřené vyšší dělení na jméno a na velikost Stvořitele, nazývanou MI, a vzniká ELEH. Rovněž svaté jméno MA vyšlo z BARAH. Svatý zakrytý ELEH existuje stejně jako Jesod. Když však Jesod dosahuje úplného stavu a úplného stavu dosahuje Parcuf, odpovídá Jesodu písmeno Hej a ELEH je písmeno Jod.

Zde Zohar vysvětluje, jaké světlo je v ZA v závislosti na jeho stavech. V Sefiře Jesod Parcufu ZA je zakončení, tj. místo jejího spojení s Malchut, místo svazku mezi Stvořitelem = ZA a Šechinou neboli dušemi spravedlivých, Izraelem, Malchut. Toto místo kontaktu mezi nimi se nazývá Ateret Jesod – obklopení Jesodu neboli koruna ZA.

Slovo BARAH označuje malý stav, vznikající v důsledku vzestupu Malchut do NE. AVI nikdy neopouštějí vlastnosti GAR de Bina, vlastnosti milosrdenství, nepřejí si dostávat. Malchut, která se pozvedla a stojí v nich, se nazývá Manula (zámek), neumožňující světlu, aby se šířilo pod sebe. Ateret Jesod de ZA se nazývá Miftacha (klíč), protože jeho vlastností lze dostat světlo do Parcufim, které jsou pod AVI.

Je to možné za podmínky, že ELEH = AChaP se pozvednou k MI = GE. Na Kelim ELEH, které si přejí světlo Chochma, lze dostat světlo Chochma, ale pouze při jejich vzestupu nahoru, nad Parsu. Do té doby, než vlastnosti Malchut dostanou vlastnost Biny, „nezměkčí" se vlastností Biny, není možno dostat světlo a Malchut se nazývá Padesátá brána.

Z toho je patrno, že slova MI BARAH ELEH neznamenají otázku „Kdo to stvořil?", nýbrž čin: MI = GE Barah (stvořilo), ELEH = AChaP tím, že se Malchut spustila z NE zpět do úst, tím se pozvedly ELEH = AChaP do hlavy a dostaly tam světlo GAR, Chochmu.

Malchut, která se spustila do úst, se nazývá MA, protože nižší svět se nazývá MA a její clona v ústech dělá Zivug, na který sestupuje světlo Chasadim, nazývané světlem požehnání, protože se tím anuluje zákaz a zámek na šíření světla.

48. Když písmena Hej a Jod projevila přání, aby se mohla navzájem doplnit, vzniklo z nich písmeno Mem a bylo sestaveno splynutím dvou stran, slovo ELO-HIM = ELE + Hej + Jod + Mem. Od slova ELEH vzniklo slovo AVAR + Hej + Mem = Avraam. Lze však říci, že Stvořitel vzal slovo ELEH a MI, spojil je a vzniklo slovo ELOHIM a ze slov MA a AVAR vzniklo slovo Avraam, kde slovo MI hovoří o padesáti branách Biny. A slovo MA hovoří o číselné hodnotě svatého jména, protože HaVaJaH s naplněním písmenem Alef vytváří gematrii MA = 45.

V těchto dvou písmenech, JOD a HEJ, existují oba světy – tento a budoucí, v Jod budoucí svět a v Hej tento svět. Proto s MI stvořil budoucí svět a s MA stvořil tento svět. Proto je řečeno: „Toto jsou stvořená (Be-Hibaram) pokolení nebe a země, kde písmena Be-Hibaram sestavují slovo Avraam, protože dokud se písmena nesložila do tohoto slova, nebylo dokonalosti. Proto se v Tóře jméno Stvořitele HaVaJaH vyskytuje poprvé pouze po slově Avraam.

Světlo Chasadim v MA a světlo Chochma v ELEH byla stimulována k tomu, aby se navzájem doplnila a aby se doplnila jedno v druhém, v důsledku čehož se světlo Chochma odělo do světla Chasadim a Malchut dostává od obou, Chasadim i Chochmy. Tím se spojují MA a MI, když tvoří MM - Malchut, která dostává shůry světlo Chochma, oděné do světla Chasadim.

Vidění rabiho chiji

49. Lehl si rabi Chija na zem a políbil ji. Zaplakal a pravil: „Pozemský prachu, jak jsi tvrdý a bez srdce, kolik jsi jich pohltil, všechny sloupy světla, velké duše jsi pohltil. A ten největší, pochodeň všeho světa, svítící a udávající směr světlu, které k nám sestupuje, díky komu existuje náš svět – rabi Šimon, světlo všech světů – i toho jsi pohltil, a vládneš ve světě?" Ihned se však vzpamatoval a řekl: „Nebuď pyšný, pozemský prachu, pochodně světa ti nebudou vydány a rabi Šimon tebou pohlcen nebude!"

Sama Malchut je to jediné, co Stvořitel stvořil. A toto jediné stvoření je pouze přáním dostávat potěšení. Takovým bylo stvořeno a samu jeho podstatu změnit nelze. Lze však změnit záměr – proč, ve prospěch čeho nebo koho lze přijímat potěšení.

V důsledku spojení Malchut s Binou, s altruistickým přáním odevzdávat, dávat potěšení, objevilo se u Malchut, kromě vlastního přání, přání Biny. Tj. v Malchut se vytvořilo ještě jedno přání – odevzdávat, v rozporu s její přirozeností.

Pouze na toto přání Biny v Malchut může být proveden Zivug a naplnění světlem. Když Malchut dostane všechna přání, jaká jen je schopna přijmout, od Biny a naplní je světlem, zůstane v ní nenapravená pouze její osobní prapůvodní egoistická vlastnost, ale i ji napraví shůry samotný Stvořitel. Pořadí nápravy a přijímání světla na vlastnosti Biny v Malchut se nazývá dostáváním Jesodu na Zivug a k tomu dochází postupně po 6000 stupních, nazývaných 6000 let.

Malchut de Malchut světa Acilut nemůže dostávat žádné světlo během 6000 let – do skončení nápravy všech svých ostatních částí. Všechny Zivugy během 6000 let nejsou prováděny na samotnou Malchut, nýbrž na vlastnosti Biny, které dostala. Místo takovéhoto Zivugu se nazývá Jesod de Malchut neboli Ateret Jesod. Sama Malchut (egoistická přání) zůstává uzavřena pro světlo, a proto se nazývá „uzavřená brána".

Přijímání světla během 6000 let, náprava Parcufim a postupné naplnění Malchut světlem probíhá za pomoci přání Biny v Malchut, nazývané „Miftacha" – Jesod de Malchut, protože této části Malchut nevládne nečistá (egoistická) síla.

Jesod de Malchut znamená, že Malchut koná pouze vlastnostmi, které dostala od vyšší Sefiry – od Jesodu, jemuž nevládnou nečisté síly. Všechny vlastnosti kromě Malchut jsou altruistické, protože vycházejí od Biny. My však obvykle neříkáme Bina, nýbrž Jesod, neboť tím chceme naznačit, že Zivug probíhá na altruistické přání, vyšší než egoistické přání Malchut. A protože se nad Malchut nachází Sefira Jesod, říkáme ve snaze říci, že Zivug probíhá na altruistická přání v Malchut, že Zivug probíhá na Jesod. A vzhledem k tomu, že Malchut, která dostala vlastnosti Jesodu, může dostávat světlo, pak se takovýto čin dostávání světla na Jesod de Malchut nazývá „Miftacha", od slova Mafteach (klíč), který otevírá vstup vyššímu světlu.

Vzhledem k tomu však, že sama Malchut, tj. Malchut de Malchut, „uzavřená brána", zůstává uzavřena pro světlo během 6000 let, nemohl rabi Chija (určitý duchovní stupeň) pochopit, jak mohl rabi Šimon (duchovní Parcuf, nazývaný rabi Šimon), dosáhnout té úplné dokonalosti, jíž dosáhl: Vždyť rabi Šimon je tak vysoký duchovní Parcuf, který dostává světlo Jechida. Přijmout takové světlo je však nemožné bez využití Zivugu na samu Malchut de Malchut. Vždyť však nelze využít tuto část Malchut, neboť není napravena až do skončení veškeré nápravy, do konce 6000 let. Člověk, když tato přání odmítá, jakoby ji již částečně napravoval. K Malchut de Malchut se vztahují všechna zakazující Přikázání. Proto se zákaz jejího využívání nazývá omezením.

A jestliže nelze naplnit světlem „kamenné srdce" – Lev HaEven", samu Malchut de Malchut, kořen a zrno egoismu, základ stvoření, jak může dosáhnout úplné nápravy třeba jen jedna duše? Vždyť úplná náprava znamená přijímání světla do celé Malchut. V každé duši, části Malchut, kterou má člověk napravit, je část všech ostatních částí Malchut, včetně části Malchut de Malchut, s níž nemá právo pracovat do konce veškeré nápravy.

Na druhé straně vidí rabi Chija rabiho Šimona ve stavu konečné nápravy. Jak mohl dosáhnout takového stavu? Tento rozpor vyvolal v rabim Chijovi takové duševní rozrušení, že si lehl na zem a vykřikl.

Je nemožné neustále „překládat" slova Tóry nebo knihy Zohar do jazyka, který by nám byl srozumitelný: že země znamená egoismus, stejně tak jako prach jsou nečisté síly, že vykřiknout znamená pozvednout MAN atd. Všechna slova a definice v textu Zoharu je třeba se pokusit vnímat citově, nikoli doslovně, ve fyzických projevech našeho světa. To znamená, že to, o čem Zohar hovoří, jsou vnitřní duchovní pocity a prožitky člověka, který cítí duchovní svět.

Všechny světy představují „okolí", duchovní sféru, v níž Stvořitel stvořil Svoje jediné stvoření – člověka, Adama. Všechno kromě člověka bylo stvořeno pouze ku pomoci člověku při plnění jeho duchovního úkolu – stát se jako jeho Stvořitel.

Jako v našem světě sám svět a jeho obyvatelé kromě člověka nejsou bytostmi se svobodnou vůlí, nýbrž roboty své živočišné přirozenosti, tak i v duchovních světech kromě duše jsou všichni ostatní roboty své duchovní přirozenosti. Člověk, který se narodil v našem světě, je rovněž živočichem, nemá svobodnou vůli v konání proti svému egoistickému přání po sebenaplnění. Takovým obvykle zůstává po celou dobu své existence na zemi a ničím se neliší od neživého, rostlinného a živočišného světa, který stejně automaticky plní příkazy svého vnitřního velitele – egoistické přirozenosti.

Pouze za pomoci kabaly může člověk postupně získat vyšší duchovní síly, a tak i svobodu konání: vyjít zpod vlády egoistických nečistých sil a stát se svobodným ve svých přáních jako Stvořitel. Takováto možnost je však člověku poskytována pouze v míře jeho vlády nad svou automaticky fungující egoistickou povahou: v souladu se svou clonou se člověk povznáší (vnitřně, ve svých pocitech, přemisťuje se) z tohoto světa do světa duchovního.

Stvořitel, když stvořil duchovní světy jako obydlí pro svoje budoucí stvoření, stvořil stvoření, duši, Adama. Duše představuje přání po sebenaplnění vnímáním Stvořitele (Jeho světlem). Pocit vnímání Stvořitele se nazývá světlem. Kromě světla a duše není už na světě nic!

I když je sama duše Malchut de Malchut, jediným egoistickým stvořením, dal jí Stvořitel vlastnost altruismu, když ji stvořil spojenou s Kelim (přáními) Biny, a ukázal tak, jak je krásné být Jemu podobným.

V procesu altruistických činů se duše, Adam, rozhodla využít i svůj přirozený egoismus, samu Malchut de Malchut, aby do ní bylo přijato světlo Stvořitele s altruistickým záměrem. Když však začala dostávat obrovské světlo Jechida do Malchut de Malchut, nedokázala se již udržet a pojala přání egoisticky se jím potěšit. Taková změna přání duše se nazývá jejím prvotním hříchem.

V důsledku Adamova prvotního hříchu se jeho duše rozdělila na množství (600 000) částí a všechny upadly do zajetí nečistých – egoistických sil (získaly egoistická přání). Po svém pádu do hříchu Adam napravil některé z duší (získal antiegoistickou clonu), avšak pouze částečně. A poté se z celého množství duší postupně vybírají duše k nápravě, spouštějí se do našeho světa a odívají se do těl, pokolení za pokolením.

K sestupu (vzdálení se od Stvořitele) do našeho světa (do egoistických pocitů pouze svých přání) dochází v důsledku toho, že duši byl přidán určitý egoistický „přívažek". V duchovním světě jsou přemisťování (blíže či dále vzhledem k Stvořiteli) a vzdálenost (od něho) určovány poměrem egoistických a altruistických přání v duši.

Cíl sestupu duší do našeho světa spočívá v tom, aby pomocí kabaly změnily svoje egoistická přání a dosáhly návratu ke Stvořiteli, svými záměry a konáním altruistických činů. Sestup duší pokračuje až do úplné nápravy každé z nich a všech společně.

Nejvyšší duše, patřící do stupňů světla Jechida a GAR de Chaja, závisí na nápravě samotné Malchut de Malchut světa Acilut, nazývané „uzavřená brána", která nepodléhá nápravě během 6000 let, nýbrž se napraví až po nápravě všech ostatních. Jde o to, že existuje zpětná závislost duší a světla v nich: čím je duše egoističtější, tím je níže, tím větší světlo vchází do společného Parcufu, do společné duše při její nápravě:

SVĚTLO DUŠÍ – Jechida - Chaja - Nešama - Ruach - Nefeš
MALCHUT - Keter - Chochma - Bina - ZA - Malchut
(Typy duší)

Proto jsou tyto vysoké duše pohlceny prachem země, nečistou silou, tj. nečistá síla vládne nad nimi svou velkou a podlou mocí, protože je přesvědčena, že nikdo a nic nemůže spasit tyto duše před jejím zajetím.

Proto naříkal rabi Chija a volal: „Jak jsi krutý, pozemský prachu!", že všechny, ty nejvyšší duše „se v tobě rozkládají bez jakékoli naděje, že se před tebou spasí!" To znamená, že samo zrno stvoření, prvotní egoismus, napravit nelze.

A proto všichni spravedliví světa, svítící všemu světu, nemohou sami dosáhnout dokonalosti, v důsledku zajetí vysokých duší pod vládou nečistých sil. Vzhledem k tomu, že všechny duše jsou navzájem spojeny, ani jedna duše nemůže dosáhnout konce nápravy do té doby, než budou napraveny všechny duše. A proto jsou i ony vystaveny krutovládě pozemského prachu.

Na počátku chtěl rabi Chija říci, že i sám rabi Šimon je pohlcen prachem a nedosáhl úplné nápravy. Slyšel, že rabi Josi se rovněž domnívá, že uzavřená brána je uzavřená pro všechny. Avšak posléze, když o tom uvažoval, zeptal se: „Jestliže však rabi Šimon oživuje všechny světy a řídí je, jak se může stát, že by nedosáhl dokonalosti?"

Proto dospěl k závěru, že rabi Šimon není pohlcen prachem, tj. dosáhl veškeré nápravy, že je zajisté v úplné a absolutní dokonalosti. Rabi Chija nemohl pochopit pouze to, jak může být dosaženo takového stavu někým (jednotlivou duší) před (bez) konečnou nápravou všech: Jak rabi Šimon dosáhl konce nápravy, když toho nelze dosáhnout před koncem nápravy všech duší. Rabi Chija si to nedokázal vysvětlit.

50. Rabi Chija vstal, začal chodit a plakat. Připojil se k němu rabi Josi. Postil se čtyřicet dní, aby spatřil rabiho Šimona. Dostal odpověď, že stejně není hoden spatřit jej. Zaplakal a postil se dalších čtyřicet dní. Ukázali mu vidění: Rabi Šimon a jeho syn rabi Eleazar posuzují jeho – rabiho Chiji – slova, která jim pověděl rabi Josi, a tisíce naslouchají jejich debatě.

I když je půst, o němž hovoří Zohar, duchovním činem, je v rámci našeho světa tento popis dobrý jako příklad, nakolik silné musí být přání, na něž jediné může být obdržena odpověď shůry. Stejným duchovním činem je pláč, slzy – malý stav duchovního Parcufu, v našem případě nazývaného „rav Chija". Je přirozené, že rabi Šimon i ostatní osobnosti Zoharu jsou duchovními Parcufim, nikoli lidmi našeho světa.

I když duchovní úroveň člověka žijícího v našem světě, známého pod určitým jménem, a jeho duchovní úroveň, popisovaná v Tóře, se mohou shodovat, vysvětlení toho přesahuje rámec této práce. Je pouze třeba konstatovat, že faraon v pozemském Egyptě přirozeně nebyl duchovním faraonem, jak je popisován v Zoharu – jako Parcuf, zahrnující celou Malchut, a Lában, popisovaný v Tóře jako zlosyn, je vyšším duchovním světlem Parcufu AB, vyšším světlem Chochma. O tom však budeme hovořit níže.

Silné přání dosáhnout stupně rabiho Šimona způsobilo, že jej rabi Chija spatřil, protože se pevně rozhodl, že rabi Šimon nemohl být pohlcen prachem. Právě díky diskusi s rabim Josim dospěl k takovémuto závěru, a proto si vášnivě přál uvidět rabiho Šimona.

51. V tomtéž vidění spatřil rabi Chija několik vyšších velkých křídel, jak se na nich pozvedli rabi Šimon a jeho syn rabi Eleazar a vyletěli na shromáždění nebeské klenby.

A křídla je očekávala. Poté se oba vrátili na svoje místo a svítili ještě více než předtím, více než sluneční zář.

Shromáždění nebeské klenby je shromáždění anděla Matatron. Jeho plné jméno se však nevyslovuje, vyslovuje se Matat, protože vyslovení jména se rovná činu, což není vždy žádoucí. Vyšší shromáždění je shromáždění samotného Stvořitele a shromáždění nebeské klenby je shromáždění Matata.

Křídla, která očekávala rabiho Šimona a jeho syna rabiho Eleazara, jsou andělé (duchovní síly, podobné robotům nebo tažným zvířatům v našem světě), jejichž povinností je pomáhat duším, aby se zvedaly ze stupně na stupeň. A jako jsou tato křídla povinna pomáhat duším v jejich vzestupu, tak jsou povinna pomáhat jim, aby se spouštěly na svoje místo. Proto je řečeno, že křídla čekala, aby spustila rabiho Šimona a rabiho Eleazara.

A když rabi Chija spatřil, jak se vracejí ze shromáždění nebeské klenby na svoje místo, tj. na shromáždění rabiho Šimona, spatřil nové světlo v jejich tváři a svit kolem nich, větší než je sluneční zář.

52. Rabi Šimon otevřel a řekl: „Nechť vejde rabi Chija a uzří, nakolik Stvořitel obnovuje tvář každého spravedlivého v budoucím světě. Šťastný je ten, kdo sem přijde beze studu. Je šťasten, kdo stojí v tomto světě jako pevný sloup proti všemu. A rabi Chija spatřil sám sebe, jak vchází, a jak rabi Eleazar a všechny ostatní sloupy světa, které tam seděly, vstaly před rabim Chijou. A on, rabi Chija, se zastyděl, vešel, sehnul se a posadil se u podnoží rabiho Šimona.

Rabi Šimon otevřel (otevřel cestu světlu) a pravil: „Šťastný je ten, kdo vchází beze studu." A nikdo, kdo tam byl, se nestyděl, kromě rabiho Chiji. Měli totiž síly postavit se prachu, ale rabi Chija je neměl. Všichni byli dokonalí, ale rabi Chija měl nedostatek – přání poznat. A za to se styděl.

53. Zazněl hlas: „Sklop zrak, nezvedej hlavu, nedívej se." Sklopil zrak a spatřil světlo, které svítilo zdaleka. Znovu zazněl hlas a pravil: „Vyšší – skrytí a uzavření, kteří mají oči a pozorují celý svět, vzhlédněte: nižší spí, světlo jejich očí je skryto v zornicích. Probuďte je!"

Poté, co splnil pokyn sklopit zrak a nezvedat hlavu (nevyužít přání dostat světlo, nýbrž pouze přání odevzdávat), byl uznán za hodna uslyšet (světlo Chasadim) výzvu, s jejíž pomocí dosáhl všeho, co si přál. Hlas dělí všechny duše na dvě skupiny: skupina vyšších skrytých svatých, kteří jsou uznáni za hodny otevřít oči, aby spatřili celý svět; druhá skupina duší, u nichž je světlo jejich očí skryto uvnitř očních důlků, z čehož osleply. Proto hlas vyzval duše první skupiny, aby se dívaly, tj. využily přijetí vyššího světla a přitáhly vyšší světlo společně s druhou skupinou.

54. Kdo z nás, jenž proměnil tmu ve světlo, okoušel hořkost jako sladkost ještě do té doby, než se objevil zde, tj. již během života v tomto světě. Kdo z vás každý den doufá a očekává světlo, které svítí, když se vzdaluje Vládce, kdy vzrůstá velikost Vládce a On

se nazývá Králem všech králů světa. Kdo to však neočekává každý den, kdy se nachází v tomto světě, pro toho není místo na onom světě.

Cílem Stvořitele je, aby člověk za života v našem světě Jej plně dosáhl, pocítil jako před sestoupením do tohoto světa, před oděním do fyziologického těla. Z toho je zjevně patrno dělení na dvě skupiny lidí našeho světa a k nim se pozvedá hlas.

Hlas zdůrazňuje každé skupině hlavní přednost každé z nich: první skupině říká, že proměnila tmu ve světlo – to jsou duše světa Acilut. Jde o to, že ve světech BJA Stvořitel stvořil dva opačné systémy: systém tmy a trpkosti proti systému světla a sladkosti. Proto je v Tóře BJA dělení na vhodné/nevhodné, čisté/nečisté, zakázané/dovolené, svaté/nečisté, zatím co v Tóře světa Acilut, kde je celá Tóra svatými jmény Stvořitele, není nic nečistého.

A Lában – hříšník, je ve světě Acilut považován za svatého jménem, tak jako Faraon. A všechna jména, která jsou v BJA nečistými silami, se proměňují ve světě Acilut v napravené, vysoké a čisté objekty a síly, s příslušnými svatými jmény. Proto duše, které dosáhly světla světa Acilut, proměňují veškerou tmu v světlo a veškerou hořkost ve sladkost. To znamená, že veškerý rozdíl mezi svatým, čistým, vhodným a opačným je pouze v nápravě přání, v získání protiegoistické clony na přání potěšit se.

A ve druhé skupině pravil hlas, že očekávají pomoc Stvořitele, že Sebe povznese (Šechina – svoje zjevení nižším) z prachu (v jejich pocitech), a ti, kdož Ho nečekají, kdož jsou pohlceni jinými snahami – ti nepovstanou z prachu, nýbrž zůstanou skryti před vnímáním Stvořitele.

55. Ve svém vidění spatřil rabi Chija mnoho přátel kolem těch stojících sloupů. A uviděl, že jej pozvedají na shromáždění nebeské klenby, jedny pozvedají a druhé spouštějí. A nad všemi uzřel, jak se přibližuje okřídlený Matat.

Dokud hlas volal, rabi Chija spatřil několik duší spravedlivých, náležejících dvěma skupinám, kolem těch dvou sloupů, které již byly na shromáždění rabiho Šimona a které viděl, jak se pozvedají na shromáždění nebeské klenby. Část z nich se pozvedá a část spouští, přičemž k tomuto pohybu dochází ve vzájemně opačných směrech.

Tak si tyto dvě skupiny navzájem pomáhají, v souladu s výzvou hlasu, který ukazuje, aby se první skupina spouštěla a druhá pozvedala. Rabi Chija rovněž spatřil, že vzbuzením snahy všech těchto skupin, tj. silou obou těchto skupin, se Matat spustil z vyššího shromáždění na shromáždění rabiho Šimona a složil přísahu.

56. Tento anděl Matat přísahal, že slyšel za závěsem, jak Stvořitel truchlí a vzpomíná každý den na Malchut, která byla uvržena do prachu. A v té době, když o ní vzpomíná, udeří do 390 nebeských kleneb a všechny se roztřesou v úžasném strachu z Něho. A Stvořitel roní slzy pro Šechinu, Malchut, která upadla do prachu. A tyto slzy, které se vznítily jako oheň, padají do velkého moře. A silou těchto slz ožívá vládce všech moří jménem Rachav, velebí svaté jméno Stvořitele a zavazuje se pohltit všechno od prvních dnů stvoření a shromáždit všechny společně v sobě, kdy se všechny národy shromáždí proti svatému národu a voda vyschne a Izrael přejde po souši.

Přísaha spočívá v tom, že Stvořitel nezapomíná a vzpomíná každý den, že je Šechina v prachu. Nemá však na zřeteli veškerou svatou Šechinu – o tom Stvořitel nemusí přísahat, vždyť je zjevné a zřejmé všem, kdož se nachází ve vyšších světech, že On dělá všechno pouze pro Šechinu, Malchut.

Má se na mysli pouze Malchut de Malchut – to o ní přemýšlí rabi Chija, že je v zajetí nečistých sil a zcela opuštěná. Proto plakal: „Ó pozemský prachu, který všechno pohlcuješ!" A hned se na shromáždění rabiho Šimona zjevil anděl Matat a odhalil rabimu Chijovi velké tajemství, že Stvořitel všechno řídí a vzpomíná na Malchut de Malchut každý den.

Zivug – spojení Masachu (clony) se světlem v podobě potěšení - je definován jako úder světla do clony, v důsledku přání světla vejít, přejít hranici clony, a clona je v tom omezuje a odstrkuje zpět. To odstrkování se nazývá odražené, opačné světlo, pozvedající se od clony zdola nahoru a odívající světlo, které přichází.

To, k čemu dochází, lze přirovnat k příkladu s pohoštěním v podobě světla, které nabízí hospodář, Stvořitel, svému hostu, Kli, který si přeje být potěšen pohoštěním v podobě světla. Host však odmítá, protože se stydí cítit se jako dostávající, a odstrkuje clonu pohoštění v podobě světla. Jakoby tím říkal hospodáři, Stvořiteli, že ve svůj prospěch, pro svoje potěšení, odmítá přijímat. Odstrkování pohoštění v podobě světla vytváří odražené světlo, protože nevychází prostě z přání nepocítit stud jako v našem světě, nýbrž z toho, že duchovní Kli si přeje být podobné Stvořiteli.

Odražené světlo, to je altruistický záměr, přání. Je to i duchovní Kli, a pouze do něho lze dostat světlo, pouze v tomto záměru lze pocítit Stvořitele.

A poté, co Kli dokázalo odstrčit veškeré k němu přicházející potěšení, a ukázalo, že může splnit podmínku prvního zkrácení „nedostávat ve prospěch sebenaplnění", začíná zvažovat, kolik světla může dostat ve prospěch Stvořitele. Pouze toto množství potěšení, o němž je Kli přesvědčeno, že je může dostat ve prospěch Stvořitele, přijímá do sebe.

Potěšení, které je přijato dovnitř, se nazývá „vnitřní světlo". Míra přijatého světla určuje míru podobnosti Stvořiteli: Kli koná jako Stvořitel – jako Stvořitel si přeje potěšit Kli, tak si Kli v míře přijatého vnitřního světla přeje potěšit Stvořitele. Proto velikost Kli od úst k Taburu, kudy Kli dostává světlo, určuje míru splynutí se Stvořitelem, na tomto místě Kli splynulo se Stvořitelem vlastnostmi a záměry.

Jestliže síly odporu Kli nejsou dostatečně velké na to, aby dostávalo ve prospěch Stvořitele, nýbrž je schopno pouze nedostávat, nachází se ve stavu, nazývaném „malý". Kli, které bylo stvořeno Stvořitelem, je nejsilnější. Avšak posléze, v souladu se sestupem, clona Kli stále více slábne a dosahuje takového stupně, že Kli už nemá sil dále dostávat ve prospěch Stvořitele. Jediné, na co v něm zůstávají síly, je nedostávat pro sebe. Proto počínaje tímto stupněm a níže existuje zákaz dostávat světlo do přání Kli „dostávat". Kli může využít pouze GE, nikoli však AChaP. A zábrana šíření světla do AChaP se nazývá Parsa, nebeská klenba atd. Tato zábrana je dána shůry – dokonce i když si Kli přeje dostat světlo pro sebe, dostat nemůže.

Clona rozděluje nebeskou klenbu a skládá se ze čtyř částí Ch-B-T-M a čtyř písmen HaVaJaH. Vzhledem k tomu, že se Malchut spojila s Binou a v důsledku toho napravila svoje vlastnosti z egoistických na altruistické, stojí clona nikoli v Malchut, nýbrž v Bině. Bina se bere jako stovky, protože čtyři části Ch-B-T-M se rovnají 400. Na samotnou Malchut de Malchut není Zivug – přijetí světla, vždyť se nazývá „uzavřená brána". To znamená, že v Malchut není sto, nýbrž devadesát Sefirot: devět Sefirot a každá se skládá z deseti.

Proto clona, nazývaná nebeskou klenbou a provádějící Zivug s vyšším světlem cestou jeho odrazu, má 390 částí, vždyť schází část, patřící k Malchut de Malchut. A proto se říká, že nebeská klenba se skládá z 390 nebeských kleneb a na ní dochází každý den k Zivugu se Šechinou, nikoli však s prachem, označujícím deset částí, na něž nelze dělat Zivug. Úder clony do přicházejícího světla se podobá záchvěvu strachu dostávat do sebe, za hranice svých omezení.

Pět Sefirot v hlavě Parcufu:

Keter	-	Galgalta (neboli Mecach)	- čelo
Chochma	-	Ejnajim	- oči
Bina	-	Ozen	- uši
ZA	-	Chotem	- nos
Malchut	-	Peh	- ústa

A jako se výměšek z lidských fyziologických očí nazývá slzy, tak i výměšek světla Chochma z části duchovního Kli, tzv. „oči", se nazývá „slzy". Slzy jsou ta část světla, kterou Parcuf nepřijímá z důvodu neexistence clony na Malchut de Malchut. Veškeré světlo, přicházející k Parcufu, si přeje vejít skrze clonu dovnitř, naplnit Parcuf svým potěšením, dokonce i tu jeho část, na kterou Parcuf nemá sílu clony dostávat s altruistickými záměry. Proto clona neprodleně odstrkuje tuto část světla.

Mezi úderem světla shora dolů a odstrkováním clony zdola nahoru dochází k průniku malých kapiček vyššího světla dolů, pod clonu, které clona se vším svým spěchem nedokáže odrazit. Tyto kapky nemají žádný vztah k úrovni Chochmy Parcufu, protože jsou zbaveny oděvu odraženého světla. Vycházejí ven z Parcufu Chochma a nazývají se „slzy". Je to však světlo!

Podobá se to tomu, jako když my proléváme slzy soucitu s bližním. Vždyť všechno, co existuje v našem světě, existuje proto, že vychází ze svého duchovního předobrazu. Všechno, k čemu dochází v našem světě, dochází k tomu proto, že vychází ze svého vyššího, duchovního kořene.

Vždyť to, že vyšší světlo tluče do clony v úsilí prorazit její omezení, vychází z toho, že vyšší světlo sestupuje z nejvyššího místa, od samého Stvořitele, a nemá vztah k tomu, že se stvoření zachtělo přijímat je v mezích svých altruistických možností. Světlo vychází ze světa nekonečna, od Samotného Stvořitele, a existovalo již dlouho před všemi omezeními, která si Kli, když se zrodilo, zatoužilo přijmout na sebe.

Vyšší světlo si přeje a usiluje naplnit jím vytvořené přání po potěšení, jak je řečeno, „Stvořitel si přeje usídlit se ve svých nižších stvořeních." Světlo nebo Stvořitel – to je jedno a totéž, vždyť vnímání Stvořitele nazývá člověk duchovním světlem. A toto vyšší světlo usiluje o to, aby prorazilo clonu uvnitř přání člověka. Clona jej však odhazuje zpět. A odstrkované vyšší světlo se stává odraženým světlem a právě „odraženým světlem" se nazývají altruistické záměry člověka potěšit Stvořitele.

Když se srazí s clonou, padají části světla ven, protože tyto slzy pocházejí ze soucitu a lásky Stvořitele ke stvořením. A v důsledku tohoto duchovního aktu se v našem světě oddělují ven slzy u člověka, který je přeplněn strádáním a láskou. Duchovní slzy však nemizí.

A o tom je řečeno v Písni písní (Pís 8,6): „Vždyť silná jako smrt je láska, neúprosná jako hrob žárlivost lásky. Žár její – žár ohně, plamen Hospodinův." Je to proto, že tyto slzy vycházejí z lásky a soucitu vyššího s nižším. A jako pálí hořící slzy plačícího v našem světě, tak vařící a pálící vyšší slzy hoří jako oheň, jako plamen Hospodinův!

Malchut spojená s vlastností Chochma se nazývá moře. Proto je řečeno, že tyto slzy, světlo Chochma bez předběžného odívání do světla Chasadim, padají do moře a dostávají se do Malchut. A jak je řečeno, ani mnohé vody moře neuhasí Stvořitelovu lásku, kterou projevuje v podobě těchto slz k Svým stvořením.

Během činu stvoření světa bylo řečeno: „Nahromaďte se vody na jedno místo! (Berešit, Gn 1,9)." Avšak anděl, který spravuje moře, si nepřál pohltit tyto vody, a proto byl zabit, zbaven světla. Nyní vstává znovu k životu působením padajících slz.

Příčina toho spočívá v tom, že během činu stvoření světa neexistovala žádná náprava samotné Malchut de Malchut, protože Stvořitel stvořil světy ABJA ve zvláštní nápravě, nazývané MAN de Bina neboli Ateret Jesod, a nikoli MAN de Malchut neboli Malchut de Malchut. To znamená, že náprava je možná pouze tehdy, jestliže člověk napraví nikoli samotnou Malchut de Malchut, svoji přirozenost, nýbrž zcela odvrhne její využití (využití egoismu), Malchut de Malchut, a dostane vyšší, altruistická přání od Biny a do nich, do Sefirot K-Ch-B-ZA de Malchut, do 390 Sefirot, dostane Stvořitelovo světlo.

Tato vyšší altruistická přání se nazývají přání Biny neboli MAN de Bina, a přijetí světla do nich, Zivug, je prováděno nikoli na egoismus, samotnou Malchut, nýbrž na přání „odevzdávat", nazývané Ateret Jesod. Proto je tento Zivug dostatečný pro to, aby bylo naplněno světlem prvních devět Sefirot v Malchut, avšak nenaplňuje samotnou Malchut.

O tom pravil prorok Ješajahu (Izajáš): „S kým jste, partneři? Já jsem započal světy a vy je zakončujete!" Jde o to, že veškerá náprava Malchut de Malchut je vložena na bedra samotných stvoření. Proto, když bylo řečeno správci moře: „Nahromaďte se vody na jedno místo," vzepřel se tomu a nepřál si pohltit stvořené vody, neboť nečisté síly převládaly a vládly mu v důsledku neexistence nápravy Malchut de Malchut. A proto byl zabit.

Tyto slzy však napravují Malchut de Malchut, a proto dávají životní sílu správci moře, aby mohl vstát z mrtvých, posvětit jméno svatého Vládce, splnit vůli Stvořitele a pohltit všechny na počátku stvořené vody. Je to tím, že tehdy zmizí veškeré nečisté síly ve světě, všechno zlo a shromáždí se všechna (přání) na jedno místo (vlastnost), které se jmenuje Acilut. Svět Acilut se totiž rozšíří až do konce světa AK, do našeho světa, a nastane konec nápravy, protože světy BJA se vrátí svými vlastnostmi do světa Acilut.

V budoucnu, na konci nápravy, po nápravě prvních devíti Sefirot Malchut, kdy zbude napravit pouze Malchut de Malchut, poslední, desátou Sefiru, kdy se všechny národy světa (Malchut de Malchut) sjednotí, aby zničily Israel (prvních devět Sefirot v Malchut, přání napravit všech deset Sefirot Malchut), tehdy se čin správce moře projeví v tom, že pohltí všechny na počátku stvořené zlé vody, a vody vyschnou (přísná omezení) a synové Izraele (toužící pouze po Stvořiteli) projdou po souši.

To praví prorok Micha (Micheáš): „Při exodu z Egypta jsme viděli zázraky." To však byl pouze počátek, protože to bylo jenom v Konečném moři (Rudém, ale hebrejský název Konečné moře znamená konec Malchut, Malchut de Malchut) a pouze na omezenou dobu. Avšak na konci nápravy zmizí smrt navždycky.

Matat svoji přísahu vysvětlil takto: „Stvořitel nezapomíná na Malchut, vhozenou do prachu, protože, i když Zivug probíhá denně s Šechinou, pouze na 390 nebeských kleneb, na devíti Sefirot Malchut a nikoli na samotnou Malchut de Malchut, která zůstává odhozena do prachu a, jak se nám zdá, je Stvořitelem zcela zapomenuta, není tomu tak. On ji napravuje každým Zivugem, neboť při každém Zivugu padají slzy ven v důsledku úderů do 390 nebeských kleneb, a tyto slzy se neztrácejí, nýbrž padají do velkého moře – Malchut de Malchut. Ta od těchto slz dostává pomalé, ale postupné nápravy, i když je to světlo Chochma bez oděvu do světla Chasadim. A v souladu s její nápravou vstane k životu a oživne správce moře, až se shromáždí slzy v dostatečném množství, aby napravily celou Malchut, aby všechny záměry byly ve prospěch Stvořitele.

A bude to v té době, kdy se shromáždí všechny národy světa, aby napadly Izrael. Tehdy bude vzkříšen k životu správce moře a pohltí všechny na počátku stvořené vody, protože Malchut de Malchut dostane pro sebe nedostatečnou nápravu, neboť Stvořitel o ni pečuje každý den, dokud Malchut, toto jediné stvoření, nedosáhne své konečné nápravy.

A tu pochopil rabi Chija svůj omyl: spatřil, že v prachu nic nemizí, právě naopak, každý den nastává náprava celé Malchut, což přísahal Matat.

57. Skrze to všechno uslyšel hlas: „Uvolněte místo, uvolněte místo! Mašiach (Mesiáš), Král Osvoboditel, přichází na shromáždění rabiho Šimona." Všichni přítomní spravedliví jsou hlavami skupin a shromáždění a všichni účastníci shromáždění se z něho pozvedají do shromáždění nebeské klenby. A Mašiach se na všechna dostavuje a potvrzuje Tóru, vycházející z úst spravedlivých. A v tom okamžiku přichází Mašiach na shromáždění rabiho Šimona, obklopen všemi hlavami nejvyšších shromáždění.

V důsledku velkého objevu, skrytého v Matatově přísaze, odhalení konce nápravy, poznesli se všichni ti spravedliví, kteří byli na shromáždění rabiho Šimona, a tím více ony dvě skupiny spravedlivých, kteří přivedli Matata k zjevení a k tomu, aby složil přísahu. Výsledkem bylo, že všichni dosáhli nejvyšších stupňů a úrovní hlav shromáždění. Jde o to, že v každém shromáždění jsou účastníci a hlava. A rozdíl mezi nimi je jako rozdíl VAK, GE stupně, Parcufu, od GAR, úplného Parcufu.

Proto je řečeno, že je nutno uvolnit místo pro Mašiacha. Vždyť když Matat odhalil tajemství konce (nápravy), tj. jak bude probíhat osvobození (od egoismu), objevil se hlas a vyzval k uvolnění místa Mašiachovi, Králi Osvoboditeli, protože konec nápravy je spjat s Králem – Mašiachem. Zasloužit si Mašiachův příchod však mohou pouze spravedliví ve shromáždění rabiho Šimona, kteří jsou nad hlavami shromáždění. Vždyť uznáni za hodna přijetí Mašiachovy tváře mohou být pouze ti, kdož se nacházejí na stejné duchovní úrovni, na níž je Král – Mašiach (kdo již napravil všechny svoje ostatní vlastnosti, prvních devět Sefirot ve své části přání – Malchut, tedy napravil všechny svoje vlastnosti kromě prapůvodního egoismu, Malchut de Malchut).

Úroveň Mašiacha je svět Jechida. Kdyby všichni účastníci nedosáhli úrovně hlav shromáždění, GAR stupňů, tj. kdyby nenapravili všechno, co mohli sami napravit, nemohli by být uznáni za hodna přijetí Mašiachovy tváře. Hlavy shromáždění však nejsou úrovní GAR nízkých stupňů, nýbrž velmi vysokou úrovní. Natolik, že byli všichni účastníci uznáni za hodna povznést se k shromáždění nebeské klenby, Matatově shromáždění.

A nyní byli všichni účastníci hodni stát se hlavami shromáždění, odkud byli poctěni tím, že se mohli povznést na shromáždění nebeské klenby. A nejen to, dostalo se jim navíc cti, aby vzhledem k jejich nápravám se sám Mašiach zjevil na všechna ta shromáždění, aby se ozdobil jejich činy v Tóře. A nyní byli všichni účastníci shromáždění hodni dosáhnout úrovně hlav těchto shromáždění. A proto se Mašiach zdobí Tórou hlav shromáždění, tj. sám Mašiach se díky nim pozvedá na vyšší stupeň.

58. Tehdy vstali všichni účastníci. Vstal rabi Šimon a jeho světlo se pozvedlo k nebeské klenbě. Pravil mu Mašiach: „Rabi, jsi šťasten, že tvoje Tóra se pozvedá v 370 světelných paprscích a každý paprsek se dělí na 613 paprsků (vlastností), které se pozvedají a noří do řek svatého Afarsemona. A Stvořitel potvrzuje a podpisuje Tóru tvého shromáždění, shromáždění Chizkijaha (Chizkijáš), judského krále, a shromáždění Achijaha Hašiloniho.

Když se jim odhalil Mašiach a zjevil se na shromáždění rabiho Šimona, vstali všichni účastníci (vstát znamená pozvednout se z úrovně VAK na úroveň GAR) a rabi Šimon se postavil na týž stupeň jako Mašiach. A světlo se pozvedlo do výšky nebeské klenby. To hovoří o tom, že rabi Šimon dosáhl světla deseti nebeských kleneb, dříve scházející desáté nebeské klenby, v důsledku uzavřené brány Malchut de Malchut; dosáhl světla Jechida, které mohl nyní přijmout, protože mohl udělat Zivug na Malchut de Malchut. A světlo Jechida, svítící od tohoto Zivugu, se nazývá Mašiach. Úroveň „sedět" je 390, VAK, a úroveň „stát" je 400 GAR.

A pravil Mašiach rabimu Šimonovi, že jeho Tóra vyvolala v Parcufu Atik světlo Jechida. Je tomu tak proto, že jsou:

jednotky (0 – 9) v Malchut,

desítky (10 – 90) v ZA,

stovky (100 – 900) v Imě,

tisíce (1000 – 9000) v Abovi,

desítky tisíc (10 000 – 90 000) v Arich Anpinu,

stovky tisíc (100 000 – 900 000) v Atiku.

Vzhledem k tomu, že každá Sefira Parcufu Atik se rovná 100 000, čtyři Sefirot HaVaJaH, Ch-B-T-M Atiku dohromady představují 400 000.

V takovém případě však měl říci, že Tóra vykonala čin v 400 000, ale řekl, že světlo, vycházející od Imy, se nepoužívá na 400, nýbrž pouze na 370, protože Tóra, i když došla k zenitu nebeské klenby, přece nedošla k GAR poslední, nejvyšší stovky, a proto je pouze 370 a schází nejvyšších 30 v Imě.

A rovněž vzhledem k tisícům, světlo Aba nevyužívá GAR každého tisíce, pouze VAK každého, tj. 600 místo 1000, místo GAR každého tisíce využívá 13, jež jsou Chochmou od „32 Netivot Chochma". Jde o to, že „13" označuje Chochmu „32 Netivot Chochma", slabé světlo Chochma, nazývané svatý Afarsemon.

Proto je řečeno, že Tóra dosáhla 370 světel, každé z nich se dělí na 613 paprsků, z čehož v 400 Imy třicet vyššího světla Chochma schází, takže v ní je pouze 370. A v každém tisíci schází 400 nejvyšších, GAR Chochma. A místo využití třinácti cest svatého Afarsemona je v každém tisíci nejvýše 613, protože všechna vyšší tajemství jsou skryta ve shromáždění rabiho Šimona. A Sám Stvořitel je zapečetil, vždyť On se povznáší a zdobí úspěchy všech spravedlivých v Tóře.

Z Talmudu (Sanhedrin, 99, 1) je známo, že všechno, co bylo řečeno proroky, bylo řečeno pouze ve vztahu k příchodu Mašiachových dnů, ale (Ješajahu, 64) v budoucnu každý sám uzří Stvořitele. Vždyť tehdy se již napraví všechny stupně a úrovně, patřící k Mašiachovým dnům, a všechna tajemství Tóry se stanou zjevnými, všichni dosáhnou úplného odhalení světla, Stvořitele, v sobě, jak je řečeno, že každý sám uvidí, kde zrak hovoří o GAR světla Chochma.

Z toho, co bylo řečeno výše, vyplývá, že je možnost osobně dosáhnout své vlastní Malchut de Malchut ještě před tím, než toho všechny duše dosáhnou v budoucnu. V takovém případě se u dosahujícího stává OSOBNÍ úroveň 400, i když jeho SPOLEČNÁ úroveň jako u ostatních nemůže být více než 370. Takového stupně dosáhli i rabi Šimon, rabi Chizkijah a Hašiloni.

59. Pravil Mašiach: „Zjevil jsem se nikoli proto, abych potvrdil Tóru tvého shromáždění, nýbrž proto, že se zde objeví „ten, kdo má křídla". Neboť vím, že nevejde na žádné jiné shromáždění než na tvoje." Tehdy mu rabi Šimon vyprávěl o přísaze, dané „tím, kdo má křídla". Mašiach se neprodleně zachvěl, povýšil hlas, otřásly se nebeské klenby, rozbouřilo se velké moře, trhl sebou Leviatan, celý svět hrozil, že se převrátí.

Tehdy spatřil rabiho Chije v ozdobách rabiho Šimona. Zeptal se: „Kdo zde dal člověku ozdoby, oděvy tohoto světa?" (oděv tohoto světa na tělo tohoto světa). Rabi Šimon odpověděl: „To je přece rabi Chija! On je pochodní Tóry." Pravil mu: „Shromážděte jeho a jeho syny (kteří odešli z tohoto světa), ať se připojí k tvému shromáždění." Rabi Šimon odvětil: „Byl mu dán čas, čas mu byl dán" (ještě nenadešel čas rabiho Chiji).

Mašiach řekl rabimu Šimonovi, že nepřišel kvůli Tóře, nýbrž proto, že se na shromáždění zjevil „ten, kdo má křídla", a ten si přeje vědět, co řekl Matat. Jde o to, že Matat odhalil, že konec nápravy bude předcházet obrovské utrpení Izraele – budou se třást nebeské klenby a velké moře, svět bude hrozit převrácením, jak bylo předpovězeno v Talmudu (Sanhedrin, 97): „Všechno je zničeno". Proto zvýšil svůj hlas v přání zmírnit všechno to pozdvižení.

Mašiach se podivil oděvu rabiho Chiji: tomu, že se rabi Chija nachází v materiálním těle našeho světa, ve vlastnosti našeho světa. Vždyť jestliže dosáhl takové úrovně, že byl uznán za hodna Matatova zjevení a jeho přísahy, dosáhl stupně úplné nápravy veškerého svého zla. A vzhledem k tomu, že byl uznán za hodna uzřít Mašiachovu tvář, přijmout světlo Jechida, je zřejmé, že dokončil svoji práci na tomto světě a již na něm nemá co dělat. Proto musí z něho vyjít a vstoupit na shromáždění rabiho Šimona v rajské zahradě.

Rabi Šimon však přesvědčil rabiho Chije, že musí v tomto světě pokračovat v dodatečných nových nápravách. A Mašiach s rabim Šimonem rabimu Chijovi vysvětlili, co právě on musí ještě dělat v tomto světě.

60. Když Mašiach vyšel, rabi Chija se zachvěl a jeho oči byly plné slz. Bylo tomu tak proto, že Mašiach opustil shromáždění rabiho Šimona v usedavém pláči z velkého přání úplné konečné nápravy a osvobození. A rabi Chija se rovněž trápil vášnivým přáním po úplné nápravě. Rabi Chija zaplakal a řekl: Šťastný je úděl spravedlivých v tomto světě, šťastný je osud rabiho Šimona bar Jochaje, který byl uznán za hodna toho všeho."

S kým jste společníci?

61. Berešit: rabi Šimon odhalil: „Vlož moje slova do svých úst. Kolik musí člověk věnovat úsilí v Tóře dnem i nocí, protože Stvořitel je pozorný vůči těm, kteří ji studují. A z každého slova, jehož člověk v Tóře dosahuje svým úsilím, staví jednu nebeskou klenbu."

Stvořitel dal sílu své řeči spravedlivým. A jako Stvořitel buduje silou Svého slova stvoření, tak i spravedliví silou svého slova tvoří nová nebesa. Tímto výrokem zahájil svoje proslovy rabi Šimon při vysvětlení slov „Na počátku stvořil Stvořitel nebe a zemi." Vždyť slovo Barah (stvořil) také znamená „uzavřeno". A je třeba pochopit, proč je Stvořitel stvořil v takovéto uzavřené podobě. A odpovídá: proto, aby vložil do úst spravedlivých nápravu nebe a země, aby je učinil svými společníky, účastníky na stvoření nebe a země.

Jsou dva druhy obnovy nebe a země, které Stvořitel vložil do úst spravedlivých:

1. Náprava Adamova hříchu, náprava minulosti. Stvořitel, ještě před Adamovým stvořením, učinil skrytou nápravu nebe a země, jak je o tom psáno na začátku Tóry, v kapitole Berešit: ZON světa Acilut se pozvedly k AVI a k AA a Adam se pozvedl k ZON a IŠSUT. V důsledku toho dostal Adam světlo NaRaN světa Acilut, protože se oděl na IŠSUT a ZON světa Acilut, pozvedl se na jejich úroveň.

Adam se nachází uvnitř světů BJA a pozvedá se spolu s těmito světy. Všechny světy s Adamem uvnitř sebe se mohou pozvedat nad svůj stálý stav nebo se spouštět na svoje místo. V souladu s polohou je určována Adamova duchovní úroveň a světlo, které dostává (viz str. X).

PŘI VZESTUPU:	TRVALÝ STAV:
	Atik
AVI	AA
ZON	AVI
Adam-Berija	IŠSUT + ZON
_____	_____ Parsa světa Acilut
Adam-Jecira	Berija
Adam-Asija	Jecira
	Asija

V jiných pramenech, například v Talmudu (Bava Batra, 58, 2) se to popisuje Adamovým vzestupem na úroveň slunce (ZA de Acilut). Toto světlo se nazývá „Zeara Ilaa" (Zeara v aramejštině znamená „zohar" v hebrejštině neboli „svítící světlo" v češtině).

V důsledku svého hříchu Adam duchovně klesl na úroveň našeho, materiálního světa (viz Talmud, Chagiga, 12, 1). A světlo k němu nyní přichází místo NaRaN světa Acilut, jako tomu bylo před hříchem, od světů BJA, které jsou pod Parsou. A nebe (ZA) a země (Malchut) světa Acilut sestoupily v důsledku jeho hříchu na úroveň VAK – u ZA a bodu u Malchut, protože se spustily pod Tabur Parcufu AA.

A spravedlivým, kteří žijí v tomto světě, duchovně se však již nacházejí ve světech BJA, je uloženo, aby napravili vše, k čemu došlo Adamovou vinou, a vrátili, obnovili nebe a zemi – ZON světa Acilut – a pozvedli je k AVI a k AA, ZA k AA a Malchut k AVI jako před hříchem. A spravedliví dostanou za svou práci světlo světa Acilut, které náleží napravenému Adamovi, protože oni, jejich duše, duchovní Kli, jejich vnitřní duchovní Parcuf, jsou jeho částmi.

2. I před hříchem však Adam nebyl ve svém nejdokonalejším stavu, pro nějž jej stvořil Stvořitel. Proto poté, co spravedliví napraví důsledky Adamova hříchu a dosáhnou NaRaN světa Acilut, jejž měl Adam před hříchem, je jim uložena nová práce – dostat nové, ještě vyšší světlo, které ještě nikdy nesestoupilo dolů. To znamená, že je-li prvním cílem napravit hřích, pak druhým cílem je dosáhnout ještě více, což se nazývá „stvořit nové nebe a zemi", dosáhnout nových vlastností ZON, do nichž lze přijmout nové, vyšší světlo.

Tato nová úroveň, která ještě nebyla ani v jednom Kli, tento stupeň se nazývá „Nikdo neuvidí Stvořitele kromě tebe", a stupně, které spravedliví přidávají k světům, se nazývají „nová nebesa" a „nová země". Jsou totiž skutečně nové, ještě nikdy ve skutečnosti nebyly.

A toto nebe a tato země, které spravedliví napravují na úroveň, na níž byly před Adamovým hříchem, během činu stvoření Berešit – toto nebe a tato země se nenazývají novými, protože již byly a Sám Stvořitel je napravil již před Adamovým hříchem. A z tohoto důvodu se nazývají obnovenými a spravedliví, kteří je napravují, se nenazývají společníky Stvořitele.

„Vkládá jim do úst" – má se na zřeteli přijetí takového vyššího světla, které Adam nedostával, které ještě nevycházelo ze Stvořitele, ale nyní, v důsledku činů spravedlivých, kteří se proto nazývají společníky, spolupracovníky, účastníky stvoření, z Něho vychází a svítí ve stvoření. Tak vidíme, že se všichni spravedliví dělí na dvě skupiny: ti, kteří napravují Adamův hřích, a ti, kteří vytvářejí nové stupně dosažení. A členové druhé skupiny se nazývají společníky Stvořitele.

ZA se nazývá hlasem a Malchut se nazývá řečí. Když se spravedlivý zabývá Tórou a pozvedá tím MAN od své duše k ZON hlasem i řečí jeho Tóry, jeho hlas se pozvedá do ZA a řeč se pozvedá do Malchut. Hlas Tóry, pozvedající se z MAN do ZA, se nazývá Stvořitel (Kadoš Baruch Chu). A každé slovo, obnovované v Tóře, staví novou nebeskou klenbu. Slovo je řeč a každá řeč, obnovující Tóru tím, kdo se jí zabývá, se pozvedá v podobě MAN do Malchut, nazývané „slovo a řeč". Od toho se tvoří nová nebeská klenba v podobě clony, na niž se dělá Zivug Stvořitele a Šechiny – toho se dosahuje pozvednutím MAN, způsobeným prací spravedlivých, kteří se zabývají Tórou!

Avšak obnova ve slovech Tóry neznamená nic nového v hlase Tóry. Je to proto, že Malchut se musí pro každý Zivug vytvořit znovu. Jde o to, že po každém Zivugu se vrací do panenského stavu, v důsledku MAN spravedlivých, kteří v ní neustále obnovují vlastnosti, její Jesod – Kli dostávání světla od ZA. A proto je řečeno, že každým slovem se obnovuje Tóra, neboť slovo, tj. Malchut, se obnovuje řečí spravedlivých v Tóře. Vždyť po každém Zivugu mizí minulost a vzniká něco nového.

62. Učili jsme, že v téže době, kdy se Tóra obnovuje lidskými ústy, tato obnova se pozvedá a předstupuje před Stvořitele. A Stvořitel bere tuto moudrost, líbá ji a zdobí do sedmdesáti ozdob. A sama obnovená moudrost se pozvedá a usedá na hlavě spravedlivého, který oživuje světy, a poté letí a vznáší se v 70 000 světech a pozvedá se do Atiku, Sefiry Keter. A všechno, co je v Atiku, je skrytá nejvyšší moudrost.

Když člověk pozvedá MAN od své Tóry, pak se toto slovo, jež je Nukva ZA, pozvedá a vchází do Stvořitele v Zivugu s Ním. Stvořitel bere toto slovo, líbá a zdobí je – dva druhy Zivugu v ZON:

1. Zivug de Nešikin (polibek);
2. Zivug de Jesodot.

Každý Zivug se skládá ze dvou Zivugů, protože Zivug na světlo Chochma se musí odít do Parcufu (oděvu) světla Chasadim. Proto je nezbytný předběžný Zivug na světlo Chasadim, jehož úlohou je stát se oděvem pro světlo Chochma. Proto se každý Zivug skládá ze dvou Zivugů:

1. Zivug na stupeň Chochma, nazývaný Zivug de Nešikin - polibek, protože je v ústech hlavy Parcufu, na úrovni hlavy a GAR;
2. Zivug na úroveň Chasadim, nazývaný Zivug de Jesodot, neboť je na úrovni těl Parcufim.

Proto je řečeno, že Stvořitel vzal Nukvu v tomto slově a políbil ji, tj. udělal Zivug Nešikin – úroveň GAR a poté ji ozdobil, tj. udělal Zivug Jesodot na úrovni Chasadim. Výsledkem je, že světlo Chochma se odívá do světla Chasadim a Nukva dostává plné světlo.

DO SEDMDESÁTI OZDOB: Plné světlo Nukvy se nazývá „sedmdesát ozdob", protože Malchut je sedmý den a při obdržení od ZA se její Sefirot stávají desítkami jako Sefirot u ZA, a proto se Malchut stává $7 \times 10 = 70$. Mochin (moudrost), světlo Chochma, se nazývá Atara (ozdoba nebo koruna), a proto to, co dostává, se nazývá „sedmdesát ozdob". Za pomoci MAN spravedlivých se Malchut, když dostane světlo Chasadim, stává hodnou obdržení vyššího světla Chochma – sedmdesáti ozdob.

Jak bylo řečeno výše, existují dva druhy obnovy nebe a země, ZON:

1. Návrat všeho do stavu, jak byl před Adamovým hříchem. Malchut se v tomto případě nazývá slovem Tóry, VAK, kde Tóra je ZA;
2. Stvoření nebe a země s novým světlem, jehož ještě ani Adam nedosáhl před svým hříchem. A toto dosahované slovo se nazývá GAR.

Je řečeno (Talmud, Berachot, 7, 1), že spravedliví sedí s ozdobami na hlavě. Jde o to, že se Malchut pozvedla, aby se stala ozdobou na hlavě spravedlivého, ZA, do jeho Jesodu, nazývaného „Chaj Olamim" (oživující světy), přesněji do jeho Ateretu Jesodu – místa obřezání. Došlo k tomu v důsledku MAN spravedlivých, kteří již dosáhli Adamova vyššího světla Zeara Ilaa Adama, toho, co měl; stejně tak již dosáhli tohoto světla rabi Šimon a jeho společníci.

Světlo Chochma se nazývá světlem Chaja. Vzhledem k tomu, že si ZA přeje pouze Chasadim, může dostat světlo Chaja pouze za pomoci své Nukvy, Malchut. To má za následek, že ZA Chaj žije, dostává světlo Chaja pouze tehdy, nachází-li se v Zivugu s Nukvou, nazývanou Olam (svět). Z toho pochází jméno Chaj Olamim (oživující světy). A rovněž Nukva, ozdoba na jeho hlavě, se stává důležitou, Keter (korunou), protože je uznána za hodnou ZA takového světla pouze díky své Malchut. I když se Malchut zrodila od ZA, vzhledem k tomu, že právě ona vyvolává, umožňuje dostat světlo života, nazývá ji svou matkou, vždyť od ní dostává život – Or Chaja (světlo života).

Proto je řečeno, že Malchut letí a vznáší se v 70 000 světech – poté, co došlo k jejímu Zivugu se ZA na jeho Ataru (ozdobu na jeho hlavě), pozvedne se ještě výše, k AA, kde se napravuje jejích sedm Sefirot, nazývaných 70 000, protože jedna Sefira AA se rovná 10 000. A poté se Malchut pozvedá ještě výše, k Atiku. A všechny tyto vzestupy ZON k Atiku probíhají díky úsilí spravedlivých, pozvedajících MAN: od Zivugu Atara ZON se pozvedají k AVI, odtud se pozvedají k AA, nazývanému 70 000 světů, a odtud ještě k Atiku – nejvyššímu bodu možného vzestupu.

Proto je řečeno, že všechna slova nejvyšší moudrosti Atiku jsou uzavřena, neboť Malchut, když se pozvedá do Atiku, dostává tam vyšší světlo. Každý stupeň, který dostává od Atiku, je skrytá nejvyšší moudrost, tj. GAR Chochma, protože slova moudrosti znamenají stupeň Chochma a skrytá, tajná, vyšší hovoří o GAR. Odhalují se pouze těm, kdo se pozvedají na úroveň Atiku, nikoli níže, protože v AA je již Cimcum Bet (druhé zkrácení).

63. A tato skrytá moudrost, která se zde, v tomto světě, obnovuje, když se pozvedá, spojuje se s Atikem, pozvedá se a sestupuje, vstupuje do osmnácti světů, kde ničí zrak neviděl Stvořitele kromě tebe. Vycházejí odtud a přicházejí úplní a dokonalí, předstupují před Atik. V tu dobu ji Atik zkouší a je mu žádoucí ze všech nejvíce. Tehdy ji bere a zdobí do 370 000 ozdob. A ona, obnovená Tóra, se pozvedá a spouští. A vytváří se z ní jedna nebeská klenba.

Během vzestupu Malchut do Atiku vchází Malchut do Zivugu, k němuž tam dochází, a vytváří odražené světlo tím, že přijímá přímé světlo na úrovni vlastností Atiku. Pozvedá se – to znamená, že Malchut pozvedá odražené světlo od sebe vzhůru. Sestupuje – to znamená, že posílá přímé světlo shora dolů. A tehdy dostává skrytou, tajnou, vyšší moudrost. Spojuje se – to znamená, že se stýká s odraženým a přímým světlem, které je v samotném Atiku.

K Zivugu dochází v Atiku na jeho Jesod a nikoli na Malchut, protože Malchut de Atik je skryta až do konce nápravy. A tento Jesod se nazývá Chaj Olamim jako Jesod ZA v jeho vzestupu do AVI. Rozdíl však je v tom, že Jesod Atiku se nazývá „Nikdo kromě tebe nevidí Stvořitele", neboť Zivug na Jesod pozvedá odražené světlo a odívá do něj přímé světlo. Pod Atikem, v AVI, je tato clona definována jako křídla zastírající vyšší světlo. To ukazuje, že clona má sílu omezení, zákona, soudu a podle toho se odražené světlo nazývá světlem omezení. Tak je v AVI odražené světlo.

Naopak, clona v Jesodu Atiku, o níž je řečeno, že tam „… on, tvůj učitel, už se nebude držet stranou..." (Prorok Ješajahu, Iz 30, 20), i když pozvedá odražené světlo, neskrývá tím Stvořitele, nemá vlastnosti křídel.

Proto se nazývá Chaj Olamim (oživující světy), ale skrývá se až do úrovně, dokud ho dosahující nedosáhne sám, jak je řečeno: „Pouze tvoje oči uzří Stvořitele." Nejsou tam křídla ani co jiného, co by jej skrývalo před cizíma očima, neboť nejsou žádná omezení a všechno je odkryto. A v odraženém světle také nejsou žádná omezení, nýbrž samé milosrdenství a dobrota, stejně jako v přímém světle.

Jméno Chaj Olamim hovoří o tom, že Zivug není na deseti Sefirot přímého světla shora dolů, ani na deseti Sefirot odraženého světla zdola nahoru, není na celkových dvaceti Sefirot, tj. Zivug není na samotné Malchut, nýbrž na Jesodu de Malchut. V tomto případě je devět Sefirot přímého světla a devět Sefirot odraženého světla, neboť Jesod je devátá Sefira, 9 + 9 = 18 = 10 + 8 = Jod + Chet, což se vyslovuje Chet-Jod (slovo Chaj) v opačném pořadí, protože je to světlo odražené. Slovo Chaj, Chaim (život) je odvozeno od slova Chaj (živý), protože ten, kdo je schopen uskutečnit Zivug na Jesod, dostává vyšší světlo života – světlo Chochma.

Od tohoto vyššího Zivugu se v Atiku projevuje obrovské vyšší světlo. Je tomu tak proto, že všechny světy a všichni, kdo je naplňují, vstupují do Nukvy a současně všichni dosahují skutečné dokonalosti, té úrovně, pro kterou jsou zamýšleny a stvořeny od počátku Stvořitelem.

Proto se říká, že slovo letí po nebeské klenbě, což znamená stvoření odraženého světla zdola nahoru. V důsledku toho sestupuje shora dolů přímé světlo od Stvořitele. A odívání přímého světla do odraženého vytváří nebeskou klenbu, protože clona, která se objevuje v Malchut pro stvoření odraženého světla, se objevuje v důsledku dobrých skutků spravedlivých, toho, že pozvedli MAN – prosby o duchovní povznesení – aby učinili něco příjemného pro Stvořitele. To je ona clona po Zivugu s vyšším světlem, sama se stává nebeskou klenbou, s jejíž pomocí spravedliví dosahují veškeré výšky stupně, na který nyní udělali Zivug.

Dochází k tomu proto, že když tento stupeň sestupuje k spravedlivým skrze nebeskou klenbu, odívá se do odraženého světla – do oděvu této nebeské klenby. Ta se spolu s přímým světlem, které se do ní odívá, převrací a oba sestupují pod clonu, pod nebeskou klenbu, a tak se stávají dosažitelnými spravedlivými.

Ti spravedliví, kteří hodni takové dokonalosti, že pozvedají MAN k tak vysokému Zivugu, jsou již zcela zbaveni egoismu, přání dostávat něco ve svůj prospěch, a MAN, prosbu vznášejí pouze proto, aby udělali radost Stvořiteli. Proto svými nápravami, MAN, napravují clonu v Malchut a činí ji schopnou velkého Zivugu tím, že v ní vytvářejí odražené světlo, které se pozvedá od clony Malchut vzhůru. Vždyť všechno, co se pozvedá vzhůru, je altruismus, odevzdávání, odrážení, odmítnutí dostávat ve svůj prospěch, odmítnutí sebenaplnění.

Poté dochází k Zivugu s vyšším světlem a vyšší světlo se odívá do odraženého, pozvedajícího se světla. Toto sestupující vyšší světlo se odívá do odraženého a vstupuje do spravedlivého – člověka, který vytvořil MAN. Zdola nahoru znamená, že člověk odráží, a shora dolů znamená, že člověk dostává.

A vzhledem k tomu, že vyšší světlo k člověku prochází nebeskou klenbou, bere s sebou odražené světlo nebeské klenby jakožto svůj oděv a člověk dostává vyšší světlo, oděné do odraženého světla. To znamená, že i poté, co člověk již přijal duchovní informaci celého stupně, těší se vyššímu světlu, které k němu sestoupilo, pouze do té míry, v níž si přeje učinit tím něco příjemného Stvořiteli. Je to v souladu se svou silou, silou clony, množstvím odraženého světla, odívajícího přímé vyšší světlo.

Takové dostávání vyššího světla, pouze v souladu s velikostí odraženého světla vytvořeného člověkem, se nazývá dostávání ve prospěch Stvořitele. A v čem nenalézá možnost potěšit Stvořitele, to nedostává. Proto je jeho dostávání oděno do odevzdávání: vyšší přímé světlo je oděno do odraženého světla, tj. nižší dostává od vyššího pouze přes nebeskou klenbu, pouze oděné vyšší světlo.

64. A tak každé konání vytváří nebeské klenby, které se objevují před Parcufem Atik, a ten je nazývá novými nebesy. Správněji, jsou to obnovené nebeské klenby, zakryté, s vyšší moudrostí. A všechny ostatní části Tóry, obnovující se nikoli prostřednictvím vyšší moudrosti, předstupují před Stvořitele, pozvedají se, proměňují se v země života (Arcot HaChajim) a sestupují a zdobí jednu zemi. A tím se obnovuje a vzniká ze všeho, co je obnoveno v Tóře, nová země.

Spravedliví neustále pozvedají stále nový MAN, a tak dostávají bez přestání nové stupně dosažení od Atiku pomocí nebeských kleneb, vytvářených vyšším Zivugem. Z těchto nebeských kleneb jsou vytvářena nová nebesa, obnovovaná ve stupních Atiku. Proto se tato vysoká dosažení spravedlivých nazývají skrytými tajemstvími vyšší moudrosti, neboť sestupují oděna do oděvů, které dostávají od nebeských kleneb.

Malchut se nazývá země, Bina se nazývá „strany života" (Racot HaChajim). Když Malchut dosahuje všech stupňů Biny, Bina se nazývá „země života" a rovněž se nazývá

„nová země", protože si vlastnosti Malchut vyměnila za vlastnosti Biny. A všechno, co dříve bylo Malchut, se nyní stalo Binou. Proto je řečeno, že v budoucnu se BON stane SAG a MA se stane AB. Je tomu tak proto, že nebe je ZA, který se nyní pozvedl na stupeň Atik, tj. AB, Chochma. Země, Nukva de ZA, Malchut, se stala SAG, Bina. Proto jsou nová země a nové nebe Malchut a ZA, které se staly SAG a AB, Atik a AA.

65. Je řečeno: „Když nová země a nová nebesa, která dělám Já." Není řečeno „dělal", v minulém čase, nýbrž „dělám" v přítomném, neboť se vytvářejí neustále z obnovy a tajemství Tóry. A o tom je řečeno: „Vkládám ti do úst svá slova, přikrývám tě stínem své ruky, abys jako stan roztáhl nebesa a položil základy země." (Podle Ješajahu, Iz 51, 16). Je řečeno prostě nebesa, protože se má na zřeteli Tórou obnovené nebe.

Vše, co je řečeno v Tóře, se uvádí v přítomném čase, protože v duchovním světě není času a všechno, co je napsáno, je napsáno vzhledem k člověku dosahujícímu v daném okamžiku Tóry. Právě to si zde přeje zdůraznit Zohar: jde o neustálou práci člověka na sobě, na své přirozenosti. A spravedliví, kteří již dosáhli vyššího světla, i nadále vytvářejí všechna nová nebesa a země, jak je řečeno: „Spravedliví jdou od vrcholu k vrcholu" a tento proces je bez konce.

66. Pravil rabi Eleazar: „A co znamená ´ve stínu oděvu rukou tvých?´" Odpověděl mu: „Když byla Tóra předávána Mošemu, zjevily se tisíce vyšších andělů, aby jej spálily plamenem svých úst, ale Stvořitel jej ochránil. Proto nyní, kdy se obnova v Tóře pozvedá a představuje před Stvořitele, On ji chrání a ukrývá člověka, který učinil tuto obnovu, aby se toho andělé nedopátrali a nezáviděli mu – dokud se z této obnovy Tóry nevytvoří nové nebe a země. Proto je řečeno „ve stínu oděvu rukou tvých, vzít nebesa a položit základy země." Z toho vyplývá, že všechno, co je před očima skrýváno, dosahuje vyššího výsledku. Proto je řečeno: „ve stínu oděvu rukou tvých."A proč to co se skrývá před zraky právě kvůli vyššímu výsledku. Proto je hned řečeno: vzít nebe a položit základy země. Jak učili – aby se z tohoto ukrytí objevilo nové nebe a země.

Ve stínu oděvu rukou tvých – tím se má na zřeteli odražené světlo, oděv, vycházející z nebeské klenby, odívající a pokrývající světlo Chochma. Tento oděv jako stín skrývá Chochmu před zraky nezaujatých pozorovatelů, kteří nevědí o tom, co je uvnitř. Proč se skrývají velké stupně před anděly? Aby člověku nezáviděli, protože andělé, kteří jsou sami z velmi světlého materiálu, tj. bez egoismu, když hledí na spravedlivého, vidí v něm záporné vlastnosti a závidí mu jeho dosažený velký stupeň. A poté začínají pomlouvat toho spravedlivého, jeho vlastnosti, které zjistili, a to spravedlivému škodí.

Proto když se odívá stupeň do oděvu nebeské klenby, do odraženého světla, tento oděv měří sám stupeň, jeho velikost – aby nedostal více, než má záměr ve prospěch Stvořitele, pouze v míře odraženého světla. V tomto případě je chráněn před závistí andělů a jejich možností poškodit jeho duchovní stav, protože se jim stává rovným co do vlastností: jeho odražené světlo jej činí jim rovným.

Malachim (andělé), jako i všichni ostatní, kteří naplňují světy, jsou vnitřní vlastnosti a síly člověka. Aby člověk nepoškodil sám sebe, když si bude přát vyšší stupně již předtím, než na ně bude mít odražené světlo, je nezbytné ukrytí těchto stupňů. Kromě odraženého světla však musí být opatrnost vůči jeho přání.

Tím lze vysvětlit pravidlo: „Zrak vidí a srdce touží" a není možno ochránit vlastní záměr, aby byl pouze ve prospěch Stvořitele, a člověk pojme přání dostávat i ve svůj prospěch. Avšak ten, kdo je oděn do oděvu nebeské klenby, si může být jist, že nedostane více, než je jeho záměr dostávat ve prospěch Stvořitele.

Stručně si vysvětlíme, jak se rodí přání v člověku: Člověk se dívá poprvé, aniž ještě ví, co uvidí. Podobá se to tomu, jako když se nějaký objekt dostane do jeho zorného pole. Přirozeně, že to nemůže být nikterak zakázáno, protože tato událost na člověku nezávisí. A samozřejmě za to nemůže být ani odměna, ani trest.

Podívá-li se podruhé – to už je věc volby člověka. A to je zakázáno – jestliže člověka druhý pohled přivede k přání potěšit se, jestliže se nezdrží a podívá se podruhé, postupuje z očí signál do srdce a ono si začíná přát. Tak člověk může ovládnout to, zda připustí v sobě zrození přání, nebo nikoli, o čemž hovoří výraz „Zrak vidí a srdce touží."

67. Pravil této bráně a slovům, jež se nacházejí jedno na druhém v obnovené Tóře: „S kým jste? Vy jste moji společníci: Jak Já tvořím nebe a zemi svými řečmi, jak je řečeno, slovem Stvořitele jsou stvořena nebesa, tak i vy vytváříte nové nebe a zemi svou prací v Tóře."

Vlastnosti dostávání se nazývají „brána", protože jsou jako otevřená brána vždy připraveny dostávat. A slova jsou vlastnosti odevzdávání, vlastnosti vzestupu MAN ke Stvořiteli. Jsou jedno na druhém – odívají se jedno do druhého, a tak dochází k dostávání pro odevzdávání.

68. Jestliže však tvrdíme, že obnova Tóry člověkem, který dokonce ani neví, co říká, vytváří nebeskou klenbu, pohlédni na toho, kdo nemá co dělat s tajemstvími Tóry: vzhledem k tomu, že obnovuje Tóru, aniž dostatečně ví, co je k tomu zapotřebí, pozvedá se to, co obnovil, a přichází k němu opačný člověk (mužská část nečisté síly) a lživý jazyk (od Nukvy nečisté síly, nazývané Techom Raba – velká hlubina) a opačný člověk přeskočí 500 Parsaot (délková míra), aby obdržel tuto obnovu Tóry, a bere ji a dělá s ní falešnou nebeskou klenbu, nazývanou Tohu – hlubina.

Jak již víme, spravedliví pozvedají MAN proto, aby tím potěšili Stvořitele. A to se nazývá „slova Tóry". Je tomu tak proto, že obnovená slova se obnovují v důsledku vyššího Zivugu a ZON dostávají od tohoto Zivugu nové světlo – až k tomu, že jsou uznávána za hodna obnovit svými vlastnostmi nebe i zemi, čímž se stávají partnery – společníky Stvořitele, neboť jako On obnovují svými slovy nebe i zemi.

Ten však, kdo nezná tajemství Tóry, tj. Stvořitelových cest, aby věděl a chránil se poškodit vyšší stupně, i když sám říká, že jeho záměr je ve prospěch vyššího cíle, klame sám sebe, protože neví, co přesně ví jeho duše – že jeho záměry jsou ve vlastní prospěch. Očekává jej strašný trest, protože umožňuje nečistým silám zabíjet ty, kteří pracují na Tóře, jak vysvětluje Zohar. Jestliže nezná přesný smysl slov, tj. pozvedá MAN k velkému Zivugu a nezná zevrubně veškeré jemnosti toho, k čemu dochází, v takovém případě opačný člověk a lživý jazyk ovládnou jeho slovo.

Klipot, nečisté síly člověka, se rovněž skládají z mužské a ženské části. Mužská část se nazývá „marný návrat" a ženská část se nazývá „lež". Mužská část Klipy není natolik špatná jako ženská. A když je sama, nepopouzí člověka, aby lhal Stvořitelovým jménem, naopak, do očí padá dobré, jenomže oko je špatné. A každý, kdo se dostane do rukou mužské nečisté síle, vyslovuje Stvořitelovo jméno nadarmo, neboť se odtrhuje od Stvořitele a nedostává od Něho žádné světlo. To znamená, že říká slova, jakoby konal nějaký čin, ale marně - není to součinnost clony se světlem.

Proto mudrci tvrdili: „O každém pyšném praví Stvořitel: 'Nemůžeme být Já a on spolu.'" (Talmud, Sota, 5, 1). Neboť jeho záměrem je dostávání všeho ve vlastní prospěch, pro vlastní blaho, pro pýchu a samolibost, vždyť cítění vlastního „Já" je nejsilnějším projevem pýchy, a proto člověk upadá do moci špatného oka. Na vzestup MAN, který provádí, nedostává žádné světlo shůry, nýbrž vyslovuje Stvořitelovo jméno nadarmo, neboť se nazývá mužskou částí nečisté síly prázdné, marné, falešné, zbytečné, neúspěšné, bezvýsledné. Vždyť Stvořitel se s ním nemůže spojit pro rozdílné vlastnosti.

Jestliže však člověk naopak sebe vnímá jako nepodobného Stvořiteli, nýbrž opačného co do vlastností, cítí, že je nejšpatnější, může se sklonit před Stvořitelem, potlačit v sobě všechny svoje vlastnosti z nenávisti k nim a zbývající část jeho nápravy provede sám Stvořitel. Zatím co pyšný nejen že nechápe, nakolik je vzdálen Stvořiteli, nýbrž se domnívá, že má právo dostat více než ostatní, že mu je Stvořitel zavázán.

Nukva de Klipa se nazývá „lež". Poté, co se člověk zamotá do sítě mužské části nečisté síly, ta udělá Zivug se svou Nukvou – nečistou hořkou a zlou silou, která v důsledku spojení s mužskou částí falšuje Stvořitelovo jméno. Poté se spouští a přemlouvá, pozvedá se a stěžuje si na člověka a zabírá si jeho duši. I když byla duše svatá, celou si ji zabírá Nukva de Klipa pro sebe.

Přirozeně se zde hovoří o člověku, který pracuje na sobě, který jde vpřed, pro nějž práce ve prospěch Stvořitele je základním zaměstnáním života, někdy však může nepřesně dodržet všechna omezení a dostává se do podobných situací. Naproti tomu prostý člověk, který na sobě, na studiu kabaly, nepracuje, nemá přirozeně co dělat ani s čistými, ani s nečistými duchovními silami.

Mužská nečistá síla například říká, že je třeba se učit Tóru. Poté však si zabírá pro sebe výsledky lidského úsilí – ztrácí se chuť do učení a znovu je nutno posílit se v úsilí a v pohybu vpřed. A i když člověk do určité míry dosahuje Stvořitele a odhaluje světlo, je to zbytečné – mizí to od něho, člověk z tohoto dosažení nemá nic.

Proto, jak je řečeno v Tóře, se to nazývá „opačný člověk": vždyť na počátku jedl a pil a řekl „jdi", tj. pozvedni MAN ke Stvořiteli a přijmi světlo ve prospěch vyššího cíle a nikoli ve svůj prospěch, a snaží se vypadat, jako by nebyl nečistou silou, právě naopak. Poté však, v důsledku své vlastnosti „marného návratu", dělá Zivug se svou Nukvou, velikou hlubinou, která svou lží zabírá celou duši člověka a zabíjí jej – a člověku nezbyla ani ta nejmenší svatá, čistá část v jeho duši!

Proto je řečeno, že propouští 500 Pars: ZON nečistých sil mají zpočátku pouze VAK v ZA a bod v Malchut, tj. mohou být pouze příslušně rovny ZON de Acilut v jejich malém stavu, kdy jsou rovněž VAK a bod a není v nich žádná síla ani místo, kde by se spojily s Binou. V důsledku MAN, pozvedávaných nižšími, se umožňuje nečisté mužské síle přeskočit ZAT de Bina, které napájejí svaté, čisté ZON, z nichž se tvoří Sefirot Ch-G-T-N-H = 5 x 100 = 500, protože Sefira v Bině se rovná 100. A to díky MAN, pozvednutému člověkem, který nezná přesně svoje záměry – zda dělá vše ve prospěch Stvořitele.

Opačný člověk poté dělá Zivug se svou Nukvou na tento falešný MAN a dostává vyšší světlo k postavení svého Parcufu, podobně jako nová duchovně čistá nebesa, vytvořená na čistý MAN. A nová nebesa, vytvořená na nečistý MAN, se nazývají opačnými, prázdnými. A vzhledem k tomu, že se toho účastnila nečistá Malchut, nazývají se tato nebesa Tohu.

69. A tento opačný člověk proletí prázdnou nebeskou klenbu 6000 Parsaot za jednou. Poté, co se tato prázdná nebeská klenba zastaví, neprodleně vychází nečistá žena, drží tuto prázdnou nebeskou klenbu a účastní se jí. Vychází z ní a zabíjí mnoho set tisíc, protože v době, kdy je na nebeské klenbě, je jí dána moc a síla létat a přecházet celý svět v okamžiku.

Všechno, co vychází z prázdné nebeské klenby, vychází z nečisté síly, která je příslušně proti vyšší svaté moudrosti světla Chochma. Sefira Chochma se rovná 1000, a proto se říká, že létá po nebeské klenbě za 6000 = 6 Sefirot Ch-G-T-N-H-J Parcufu Chochma, z nichž každá se rovná 1000.

Poté, co byla dokončena nová nebesa nečisté mužské strany, nazývaná prázdnými nebesy, otevírá se síla jeho ženské poloviny – Nukvy, nazývané „Velká hlubina". Její síla útočí na nebeskou klenbu lži ve jménu Stvořitele, vznáší se v nebi a tehdy se nebesa nazývají Tohu.

Vzhledem k tomu, že se Nukva nečistých sil účastní této nebeské klenby, posiluje se a roste ještě více než úroveň mužské nečisté části. Je tomu tak proto, že mužská nečistá část roste k VAK Chochma, což se rovná 6000 Parsaot, a Nukva s jeho pomocí roste až do deseti úplných Sefirot, tj. do celého světa.

Proto má obrovskou sílu a může zničit mnohé, protože, jak praví Raši, velký kabalista 11. st. a komentátor Bible: „Jedno proti druhému stvořil Stvořitel." A jako důsledek MAN, pozvedaného spravedlivými, jsou vytvářena nová svatá nebesa a země, rovněž za pomoci MAN těch, kteří nevědí přesně, jak je třeba pracovat pro Stvořitele, a tvoří se nečistá nebesa a země.

70. O tom je řečeno: „Nenapomáhejte zbytečně hříchu." Hřích je mužská část. Hřích je těžký jako oj od vozu. Jaký hřích? Je to nečistá Nukva. Táhne nečistou část otěžemi k prázdnotě. A poté, v důsledku toho, dochází k hříchu, protože mužská část tíhne ke

straně této Nukvy, která roste a začíná svůj let s cílem zabíjet lidi. A tak jich usmrtila mnoho. Kdo je toho příčinou? Ti, kteří studují Tóru, kteří nedosáhli Ohrah a Morah – odevzdávání a světla. Nechť se nad nimi Stvořitel smiluje!

Jak již bylo ukázáno, mužská nečistá část není tak zlá jako ženská. Je tomu tak proto, že se činí podobnou svaté části stvoření, a proto se nazývá prázdnou. Vzhledem k její podobnosti je v ní velká síla zaplést do svých sítí lidi, vždyť například hovoří jako mudrci, že je třeba učit se Tóru. Její cíle se však od Stvořitelových liší, chce získat moudrost (Chochma), nikoli stát se altruistkou.

A poté, co se člověk již zapletl do jejích sítí, nečistá mužská síla dělá Zivug se svou nečistou Nukvou – a tehdy již jako těžký oj táhnou člověka do velké hlubiny. Do takové tmy, že si neuvědomuje, že je ve tmě, ale zdá se mu, že je tomu naopak, že je mudrc a spravedlivý. Mužská část pouze svazuje člověka, loví jej, přivádí a vrhá jej k nohám nečisté Nukvy, a poté se člověk zapotácí, padá do velké hlubiny a hyne.

71. Pravil rabi Šimon přátelům: „Velmi vás prosím, nevyslovujte nahlas moudrosti Tóry, aby se nedozvěděli a neuslyšeli od Velkého Stromu pravdu. Abyste nenapomáhali nečisté Nukvě zabíjet množství lidí beztrestně. Otevřeli všechno a pronesli: „Milosrdný, zachraň nás, milosrdný, zachraň nás!"

Rabi Šimon řekl, že jestliže vy sami znáte moudrost, povoluje se vám, jestliže však nikoli, jste povinni poslouchat, jak máte pracovat pro Stvořitele, Velký Strom, tj. velkého člověka, na nějž se lze spolehnout v jeho čistotě a vědění.

72. Přijď a pohlédni – Tórou stvořil Stvořitel celý svět. A hleděl do ní nikoli jednou, nikoli dvakrát, nikoli třikrát a nikoli čtyřikrát. A až poté stvořil svět. To by mělo učit lidi, jak nechybovat.

73. Proti těmto čtyřem pohledům viděl, počítal, připravoval a zkoumal Stvořitel to, co stvořil. Ještě předtím, než to stvořil. Proto je řečeno: „Berešit (na počátku) Barah (stvořil) Elohim (Stvořitel) Et (člen) – čtyři slova, odpovídající čtyřem výše uvedeným. A poté je řečeno: nebe – proti všem čtyřem slovům, protože Stvořitel hleděl do Tóry dříve, než začal přetvářet v čin svůj úmysl.

Tato čtyři slova jsou čtyři roční doby neboli čtyři Sefirot Ch-B-ZA-M. „Viděl" - Chochma. „Počítal" - Bina. „Připravoval" - ZA. „Vyšetřoval" - Malchut. Po těchto čtyřech, stvořitel stvořil to, co stvořil. Stejně tak i v Tóře: Berešit - Chochma. Stvořil - Bina. Stvořitel - ZA. Et (člen) - Malchut, zahrnující do sebe všechno, od Alef do Tav. Všechna písmena, všechny vlastnosti. Proto je v Tóře označena slovem Et = Alef-Tav, od prvního písmene abecedy Alef do posledního Tav. A po těchto čtyřech On stvořil nebe a zemi – odhalil následující, nižší stupeň, pod Malchut.

Poháněč oslů

74. Rabi Eleazar, syn rabiho Šimona, šel navštívit Rabi Josiho, syna Lakuniji, svého tchána, a rabi Aba šel s ním. Jeden člověk, který poháněl jejich osly, je následoval. Rabi Aba pravil: „Otevřeme bránu Tóry, protože nyní je na čase napravit naši cestu."

Poháněč znamená v aramejštině, v jazyce, v němž byl napsán Zohar, „pichlavý". Proto činnost poháněče oslů spočívá v tom, že osly pichá špičkou hole, a tím je nutí hýbat se.

75. Rabi Eleazar otevřel a pravil: „Je řečeno, dodržujte Moje Soboty." Pohleďme: Stvořitel stvořil svět za šest dní. A každý den odhaloval svoje činy a dával síly tomu dnu. Kdy odhalil svoje činy a dal síly? Čtvrtý den stvoření, protože první tři dny byly zcela skryty a nebyly odhalovány. Nadešel čtvrtý den a odhalil činy a síly všech dní.

„Dával síly tomu dnu" znamená, že všechno odevzdal sobotnímu dnu. Jde o to, že šest dní je Ch-G-T-N-H-J a ony odhalují práci prováděnou během těchto dní a sílu v sobotní den, který je Malchut.

Jestliže však činy všech dnů jsou skryty a odhalují se na svém konci, v Sobotu, proč tedy je řečeno, že se odhalují čtvrtý den stvoření? Jde o to, že Malchut se nazývá čtvrtou a sedmou: čtvrtou vzhledem k prvním třem Sefirot Ch-G-T, nazývaným „Otcové": Chesed – Avraam, Gevura – Icchak, Tiferet – Jaakov. A sedmý vzhledem k šesti Sefirot, po dalších třech Sefirot, nazývaných „Synové": Necach – Moše, Hod – Aaron, Jesod – Josef. Sama Malchut je král David, sobotní den. Malchut roste, přijímá svoje nápravy postupně ve dvou základních stadiích, nazývaných Ibur (zrod). První tři dny odpovídají prvnímu Iburu a druhé tři dny druhému Iburu (velký stav, příjem světla Chochma).

Jinak řečeno, Malchut se vytváří postupně od Sefirot ZA: Ch-G-T za tři dny a vytváří se sama čtvrtý den, Sefira Necach de ZA. A proto se v této své fázi růstu nazývá čtvrtou od Otců. A poté přichází Sobota na naši zem – Malchut se nazývá zemí a Sobotou. Stav, jehož dosahuje Malchut, v důsledku svého růstu od Sefirot N-H-J ZA, se nazývá Sobotou na zemi. A tento stav dostává, jsouc sedmou, od všech Sefirot ZA.

Tři první dny se v Malchut neodhalují, protože do té doby, než se v Parcufu objeví Malchut, definuje se tento Parcuf jako uzavřený, tajný. Takovými jsou definovány všední dny. A když Malchut plně dosáhne stupně, na němž se nachází, dosahuje tím samu sebe. A tento stav je definován jako Sobota.

Jestliže však Malchut dostává od šesti Sefirot ZA, tj. šesti všedních dnů, musí být důležitější než Malchut – Sobota, nižší Sefira vzhledem k nim a od nich dostávající?

Jde o to, že všechny všední dny týdne jsou jednotlivými stupni nápravy – práce všedních dnů, zbavené Malchut, pročež se nazývají všední dny, neboť Parcuf bez Malchut je uzavřeným stupněm, který nemůže dostat světlo, a proto nemá svatost. Vždyť jestliže schází

Malchut, scházejí GAR světla, světlo Chochma a až při odhalování Malchut v Parcufu, což znamená příchod Soboty, se odhaluje svatost CELÉHO stupně; CELÉHO, protože všech šest dnů dostává to, co si vydělaly, ve všech dnech týdne svítí světlo, a to právě díky nim.

Když vyšly tři první dny stvoření Ch-G-T dříve, než vyšla Malchut, tyto tři první Sefirot byly beze světla, tj. skryté. Když se však objevila Malchut, nastal čtvrtý den, projevila se důležitost a svatost všech čtyř dnů, protože Malchut doplňuje celý stupeň a díky ní se projevuje dokonalost stvoření. V jazyce kabaly se praví: všech šest dnů stvoření je Ohr Chochma a Sobota je světlo Chasadim. Ve všedních dnech je světlo Chochma, ono však nemůže svítit pro absenci světla Chasadim, a když v Sobotu přichází světlo Chasadim, celé světlo Chochma svítí díky světlu Chasadim Soboty.

76. Je oheň, voda a vzduch, Ch-G-T, tři první dny stvoření. I když jsou prvními a vyššími principy všeho následujícího, jejich činy nejsou odhaleny do té doby, dokud je země, tj. Malchut, neodhalí. A tehdy se plně objeví práce každého z vyšších principů.

Proto se síla tří prvních dnů odhaluje až čtvrtý den.

77. Přesnější však bude hovořit o třetím dnu jako odhalujícím stvoření prvních tří dnů. Vždyť o něm je řečeno: „Zazelenej se země zelení (Berešit, Gn 1,11). To znamená, že odhalení činu země, Malchut, je již třetí den. I když to však bylo řečeno v třetí den, Tiferet, byl to den čtvrtý, Malchut. Malchut se však spojila s třetím dnem, protože Tiferet a Malchut jsou neoddělitelné. A poté odhalil čtvrtý den svoje činy – ukázat práci každého z Ch-G-T, neboť čtvrtý den je čtvrtá noha vyššího trůnu (Sefira Bina), jehož čtyři nohy jsou: Ch-G-T-M.

Malchut odhaluje svatost a duchovní sílu tří dnů. Proto se Malchut pozvedla a spojila s třetím dnem, aby odhalila spojením těchto tří dnů, tří linií, veškerou jejich vysokou duchovní podstatu.

Proto je řečeno, že se odhaluje čin čtvrtý den, protože právě a pouze Malchut dokončuje po třech dnech jejich odhalování. A poté vycházejí ještě tři dny: N-H-J: poté, co byla odhalena svatost prvních tří dnů, Ch-G-T, nazývaných „Otcové", které jsou základem ZA, a vešel ZA do nich, tj. projevila se jeho základní část a přišla řada na zrození Synů – N-H-J, posledních tří dnů z šesti dnů stvoření.

Proto je řečeno, že ZA je definován jako čtvrtá noha trůnu Biny a nebude dokonalosti a zakončení v trůnu do té doby, dokud se neprojeví, nezakončí jeho čtvrtá noha – základ, vždyť ZA nebude zakončen, dokud se v něm neprojeví Malchut, tj. do čtvrtého dne, a až po výstupu Malchut bude schopen zrodit Syny – tři dokončující dny stvoření.

78. Všechny činy všech Sefirot, jak první tři dny stvoření, Ch-G-T, tak i poslední tři dny stvoření, N-H-J, závisí na sobotním dnu – Malchut, GAR celého stupně ZA a jeho dokonalosti. Proto je řečeno: „A STVOŘITEL ODPOČÍVAL V DEN SEDMÝ, SOBOTU." To je čtvrtá noha trůnu, protože sedmý a čtvrtý den jsou oba Malchut. Pouze čtvrtý den je Malchut, zahrnující do sebe do Sefiry Tiferet ZA, od jeho hrudi vzhůru, a sedmý den je Malchut veškerého ZA, provádějící s ním splynutí – Zivug tváří v tvář.

I když první tři dny, Ch-G-T, končí čtvrtým dnem, který je výsledkem jejich činů, stejně nekončí čtvrtým dnem úplně, nýbrž se jejich dokonalost projevuje až v Sobotu, spolu s posledními třemi dny, N-H-J.

Proto je řečeno, že Sobota je čtvrtá noha trůnu, i když je to sedmý den, neboť, i když vychází po Synech, zakončuje rovněž činy Otců, vždyť první tři dny nedokončily všechny svoje nápravy v čtvrtý den a je ještě nezbytné, aby sedmý den, Sobota, dokončil jejich nápravy.

Příčina toho spočívá v tom, že v čtvrtý den se Malchut nachází ve svém malém stavu, nazývaném malá fáze Luny, v důsledku čehož Luna – Malchut se posléze vrací do stavu, nazývaného Sobota, kdy se projevuje celé světlo všech dnů stvoření a svítí v ní. Proto se první tři dny stvoření odhalují svým světlem až v Sobotu.

79. **Jestliže však je Sobota Malchut, proč je řečeno v Tóře „Dodržujte moje Soboty" a má se na zřeteli Soboty dvě? O dvou částech Soboty se říká: Noc je Malchut a den je ZA, svítící v Malchut. Proto není mezi nimi rozdělení, vždyť splývají dohromady, v Zivugu tváří v tvář, a proto se nazývají dvě Soboty.**

Ptá se: dvě Malchujot (plurál od Malchut), čtvrtého a sedmého dne, jsou zcela odděleny, jak je řečeno: „Dodržujte moje Soboty" a mají se na zřeteli dvě? Avšak poté, co se vysvětlí, že čtvrtý den se projevuje v dokonalosti až v sedmý den, je jasné, že je pouze jedna Sobota. Má se však na zřeteli ZA a Malchut, svítící ve svatosti Soboty. Proto je sobotní den Zachar – mužská část, dávající, a projevuje se v Malchut, Nukvě, ženské části. Proto se nazývá Soboty – množné číslo, ale když se spojují do dokonalosti, splývají do jednoho celku a podle toho se rovněž ZA nazývá Sobotou.

80. **Zeptal se poháněč oslů, který šel vzadu s osly: „A proč je řečeno „Bojte se svatosti?" Odpověděli mu: „Má se na zřeteli svatost Soboty." Honák se zeptal: „A co je svatost Soboty?" Odpověděli mu: „Je to svatost sestupující shůry, od AVI." Odpověděl jim: „Je-li tomu tak, pak Soboty nejsou svatým dnem, vždyť na ně svatost sestupuje shůry, od AVI." Odpověděl mu rabi Aba: „Je to tak." A tak je řečeno: „A nazvi Sobotu potěšením, svatým dnem, věnovaným Stvořiteli." Hovoří se zvlášť o jednom dnu Sobotě a zvlášť o jednom svatém dnu." Odvětil poháněč: „Je-li tomu tak, co tedy znamená svatý pro Stvořitele?" Odpověděl mu: „Je to když svatost sestupuje shůry, od ZA, a naplňuje Sobotu, Malchut." „Jestliže však svatost sestupuje shůry, pak sama Sobota není mimořádný den," namítl poháněč, „vždyť je řečeno: posvěťte Sobotu, tj. samu Sobotu." Pravil rabi Eleazar rabimu Abovi: „Nech toho člověka, protože je v něm mnoho moudrosti, kterou my neznáme." Řekl poháněči: „Mluv a my tě budeme poslouchat."**

Poháněčova otázka spočívá v tom, že jestliže Sobota je ZA, proč se o ní hovoří jako o svatosti, vždyť svatost je vlastnost pouze AVI a pouze AVI se nazývají svatostí. Proto namítl, že Sobota je zvlášť a svatost je zvlášť. Sobota (ZA) sama o sobě svatost není, je jí proto, že dostává svatost shůry, od AVI. **To že dostává od AVI, se nazývá svatost stvořitele.**

81. **Otevřel poháněč a řekl: „Je řečeno: Soboty jsou obvykle dvě. A to nám připomíná hranici Soboty, představující 2000 Amah (loket) na každou stranu od města. Proto je**

doplněno slovo „Et" před slovem Sobota, označující množné číslo – vyšší Šabat a nižší Šabat, které se spojují."

I když je řečeno (Šemot, Ex 16, 29): „Ať nikdo sedmého dne nevychází ze svého místa," tj. v jednotném čísle, na mnoha místech Tóry se používá slovo „Et", jako například „Et dva tísíce Amah na každou stranu od svého místa." Slovo Et, které se skládá z písmen Alef-Tav, prvního a posledního písmene abecedy, znamená Malchut, spojující se se ZA, což znamená stav Soboty, na základě čehož se odhaluje, svítí světlo AVI jako dodatečné světélkování světla, v ZON. Jde o to, že AVI se nazývají „dva tisíce", a proto je přítomno slovo „Et", hovořící o doplnění světla v Sobotu.

Je Sobota nahoře a je Sobota dole: vyšší Sobota je Parcuf Tvuna, spodní část Parcufu Bina. Nižší Sobota je Parcuf Malchut, Nukva ZA světa Acilut. Ve světě Acilut se Parcuf Bina dělí na dva Parcufy: horní část Biny se nazývá Parcuf AVI a spodní část Biny, ta část, do níž dostává světlo od horní části, pro předání do ZA, se nazývá Parcuf IŠSUT (Israel Saba ve Tvuna) nebo prostě Tvuna. Vztah Bina – AVI a Tvuna je jako vztah ZA a Malchut. Bina se nazývá „vyšší svět", Malchut se nazývá „nižší svět". V Sobotu se ZON pozvedají do Biny: ZA do AVI a Malchut do Tvuny.

V Sobotu Malchut splývá s Tvunou. To neznamená, že nezůstává žádný rozdíl mezi nimi, neboť Malchut dostává světlo od Tvuny pouze proto, že se pozvedla na úroveň Tvuny. Na svém místě však, na posledním, nejnižším stupni světa Acilut, Malchut není schopna dostat světlo od Tvuny. A v té míře, v jaké Malchut ještě nemůže dostat světlo od Tvuny ve svém obvyklém stavu, definuje se Malchut jako ještě zavřená.

Rovněž však i Tvuna strádá uzavřením Malchut, protože Malchut není schopna na svém místě od ní dostat světlo. Je tomu tak proto, že odhalení Tvuny může být pouze přes Malchut. Proto, i když se v Sobotu Tvuna a Ima spojují do jednoho Parcufu a není v ní uzavření, Tvuna pociťuje uzavření Malchut, neboť její světlo svítí pouze spolu s Malchut, a proto rovněž strádá.

82. Zůstala jedna Sobota, o níž dříve nebyla zmínka, a styděla se. Pravila MU: „Stvořiteli vesmíru, ode dne svého stvoření se nazývám Sobota. Není však den bez noci." Odpověděl jí Stvořitel: „Dcero moje, ty jsi Sobota a tímto jménem jsem tě nazval. Teď tě však obklopuji a zdobím nejvyšší ozdobou." Zvýšil hlas a pravil: „Posvěcující nechť se bojí. A je to noc Sobota, kdo vyzařuje strach." Kdo však je? Je to splynutí Malchut, noci Soboty, nazývané Já, se samotným Stvořitelem, ZA, který splývá s Malchut společně do jednoho celku. A já jsem slyšel od svého otce, že slovo „Et" hovoří o mezích – hranicích Soboty. Soboty – dvě Soboty – jsou definovány jako kružnice a čtverec v ní – to jsou celkem dva. Příslušně mají dvě svatosti, které musíme zmínit v sobotním požehnání: „Vajechulu se skládá z třiceti pěti slov a „Kiduš" se rovněž skládá z 35 slov a dohromady tvoří sedmdesát jmen ZA, do nichž se zdobí ZA, Stvořitel a Malchut, shromáždění Izraele.

83. Vzhledem k tomu, že kružnice a čtverec jsou Soboty, oba jsou zahrnuty do pokynu: „Dodržuj sobotní den." Vyšší Sobota se však nezahrnuje do pokynu „Dodržuj", nýbrž do

pokynu „Pomni". Je tomu tak proto, že vyšší Král, Bina, je dokonalý jako paměť. Proto se nazývá Bina Králem, jehož dokonalost je ve světě, v paměti. A proto není nahoře rozporu.

Malchut de Malchut se nazývá ústředním bodem stvoření a nedostává světlo ani v Sobotu, protože je jakožto zámek pro světlo uzavřena. A veškeré světlo do ní vchází pouze v podobě klíče, do Jesodu de Malchut, Malchut, spojující se vlastnostmi s Binou. A sama se proto nazývá uzavřenou.

Tento ústřední bod stvoření je to jediné, co Stvořitel stvořil, a zahrnuje do sebe všechna stvoření, včetně lidských duší. A odporuje Stvořiteli, že na počátku stvoření, ve světě AK, se veškeré světlo odhalovalo a svítilo ve stvořeních díky ní, protože ve větě AK nebyla jiná Malchut kromě ústředního bodu. A až v důsledku druhého zkrácení, již ve světě Acilut, se smrštila a stala se uzavřenou pro příjem světla.

A to je velké a nádherné tajemství. Neboť, namítá Malchut, dokonce v první den je řečeno: „Byl večer a bylo jitro – den první." (Berešit, Gn 1, 5), tj. jednota se odhaluje společně, v noci i ve dne. Proč se však nepřipomíná noc první Soboty v Tóře, nýbrž se hovoří „sedmý den"? Stvořitel odpověděl Malchut, že se má na mysli Sobota budoucnosti, v sedmém tisíciletí, kdy nastane takovýto den Soboty navždy.

A zatím, během 6000 let, Stvořitel pozvedá Malchut k Bině, pročež dostává nejvyšší ozdoby, větší než měla ve světě AK. Vždyť tam konala jako zakončení všech Sefirot, a nyní se pozvedla, aby konala na místě GAR, v AVI, nazývaných „nejsvětější". Jestliže se Malchut nachází v Jesodu, pociťuje se nedostatek světla Chochma, jestliže se však Malchut pozvedá do AVI, kde je světlo Chasadim a kde není zapotřebí světla Chochma, pak se tento stav definuje jako dokonalý.

Malchut se nazývá „strach", protože na ní bylo provedeno zkrácení, aby nedostávala do svého přání potěšit se Stvořitelovo světlo. Proto nedostává shora dolů světlo do sebe, do svého přání sebenaplnit se, nýbrž dostává světlo pouze do sebou odraženého světla, při odmítnutí využívat egoismus.

Dochází k tomu takto: 1 – přímé světlo, světlo od Stvořitele, přichází k Malchut a přeje si do ní vstoupit (Malchut cítí potěšení a svoje přání potěšit se jím, přijmout jej); 2 – Malchut, která si přeje být podobnou Stvořiteli, odpuzuje světlo (Malchut si zakazuje dostat potěšení). Toto odmítnutí sebenaplnění se nazývá „odražené světlo", protože Malchut odpuzuje světlo – potěšení od sebe; 3 – poté, co Malchut vytvořila odražené světlo, začíná do něj dostávat přímé světlo (do svého nového přání dostávat pouze proto, že si Stvořitel přeje, aby dostala). Toto dostávání je možné proto, že v Malchut je síla, odporující jejímu egoismu, síla vůle, nazývaná clona.

Duchovní svět je svět pocitů, přání, sil mimo jejich odívání do obalu – oděvu na způsob materiálních těl našeho světa. Rovněž co se týče všech Sefirot, popisovaných v kabale, má se na zřeteli nikoli zobrazení něčeho, nýbrž demonstrace poměru sil, vlastností.

Proto kružnice hovoří o tom, že světlo svítí ve všech místech ve stejném stupni a není žádné omezení jeho záření, a proto nemůže být žádná změna v jeho záření. Čtverec nebo obdélník hovoří o tom, že existují omezení, v důsledku čehož je rozdíl mezi stranami: pravou – levou, vrškem – spodkem. Proto má hlava kulatý tvar vzhledem k obdélníkovému tělu – vždyť v hlavě nejsou omezení, ale ve VAK, těle, jsou.

Sobota je takový duchovní stav, kdy se ZON pozvedají k AVI a odívají se na AVI, a Sobota nižší (ZON) a Sobota vyšší (AVI) se spojují. Vyšší Sobota, AVI, je definována jako kružnice a nižší Sobota, ZON, je definována jako čtverec. V Sobotu splývají ZON s AVI, což se popisuje jako pozvednutí čtverce a jeho umístění uvnitř kružnice.

Světlo Chochma se označuje písmenem Ajin. Vzhledem k tomu, že světlo Chochma se odhaluje až při vzestupu spodní Soboty k vyšší, dělí se světlo Chochma na dvě části: polovina je pro vyšší Sobotu a polovina je pro nižší. Proto je ve výrazu „Vejechalu" (Berešit, Gn 2,1) 35 slov – polovina světla patřícího k vyšší Sobotě, a v samotném požehnání je 35 slov, patřících k polovině světla nižší Soboty. A tímto světlem se zdobí společná duše, nazývaná „Shromáždění Izraele", Malchut, jež se nazývá Sobota.

Vzhledem k tomu, že kružnice a čtverec se spojují dohromady a nazývají se Soboty, dvě Soboty, světlo kružnice a čtverce je definováno jako „STŘEŽ" – chránící. A i když STŘEŽ hovoří o omezeních a hranicích, které je nutno dodržovat a bát se porušit, ve vyšší Sobotě, označené kružnicí, není omezení ani hranic. Vzhledem ke spojení dvou Sobot do jednoho celku se však objevila omezení i u kružnice.

Sama vyšší Sobota se nazývá „POMNI" a nikoli „CHRAŇ", protože v ní nejsou žádná omezení. Ale protože se spojila s nižší Sobotou, nazývanou „CHRAŇ", pak i v ní se objevila nutnost STŘEŽIT, která je obvykle pouze v Malchut. Až v důsledku vzestupu Malchut do Biny se v Bině objevila nutnost střežit jako v Malchut. Sama Bina se však nachází pouze ve vlastnosti POMNI, neboť STŘEŽIT je nutno pouze ta přání, v nichž jsou egoistická přání po sebenaplnění.

Vyšší Sobota, Bina, se označuje písmeny MI = Mem-Jod. Nižší Sobota, Malchut, se označuje písmeny MA = Mem-Hej a má tvar čtverce, označujícího výskyt rozporu mezi jeho vlastnostmi – pravou a levou stranou, což dává tvar čtverce.

84. Dole jsou dva druhy míru: jeden je Jaakov, Tiferet, druhý je Josef, Jesod. Proto je řečeno dvakrát MÍR – pozdrav: „MÍR, MÍR dalekému i blízkému." Daleký je Jaakov, blízký je Josef. Neboli, jak je řečeno: „Zdaleka vidím Stvořitele," „Zastavil se v dálce."

Dole – má se na zřeteli v ZON, v němž je jedna z vlastností, nazývaná Jaakov, Sefira Tiferet ZA. A rovněž je v ZON vlastnost, nazývaná Josef, Sefira Jesod. Obě tyto Sefirot ukazují místo možného Zivugu mezi ZA a Malchut, protože MÍR označuje Zivug. Vyšší Zivug – Jaakov – je určen k získávání světla Chochma shůry, nižší Zivug – Josef – naplňuje Malchut pouze světlem Chasadim.

Již jsme hovořili o tom, že je nemožné dostat světlo Chochma bez jeho odění do světla Chasadim. Je tomu tak proto, že světlo Chochma neboli Zivug na něj je definován jako vzdálený, neboť je předem nutné odění do světla Chasadim a až poté příjem světla Chochma. Proto je řečeno: „Zdaleka jsem uviděl Stvořitele."

Nižší Zivug se nazývá blízkým, protože světlo Chasadim dostává Parcuf bez předběžných činů. Kromě toho poté, za pomoci tohoto světla Chasadim, dostává Parcuf Ohr Chochma. Proto je řečeno dvakrát: „Mír, mír blízkému i vzdálenému" – pozdrav Jaakovu a Josefu, kteří se oba účastní velkého Zivugu (příjmu Ohr Chochma) v ZA.

Tyto dva pozdravy jsou definovány v ZON jako čtverec, protože je mezi nimi rozpor, definovaný jako rozpor mezi pravou a levou stranou, a končí písmenem Hej-Nukva, Malchut, zatím co vyšší Nukva, Bina, končí písmenem Jod, označujícím nikoli ženskou část, nýbrž mužskou. A proto v ní není rozpor. A dokonce pojmy blízký a vzdálený v samotné Bině neexistují, protože ona sama patří do GAR, dokonalosti, a GAR mohou dostávat Chochmu blízko, tj. nepotřebují předběžné odění do světla Chasadim, nýbrž dostávají světlo Chochma bez světla Chasadim. Proto je řečeno, že vyšší Malchut je Král, který má mír, a nemá dva pojmy míru jako v ZON.

85. „Zdaleka" je vyšší bod, stojící v Jeho paláci, o němž je řečeno „Střežte". „Bojte se Mé svatosti" je bod, stojící ve středu, jehož je třeba se bát nejvíce, protože trestem za něj je smrt, jak je řečeno: „Hříšníci v něm umírají." Kdo jsou ti hříšníci? Jsou to ti, kteří vešli do prostoru kružnice a čtverce a zhřešili. Proto je řečeno „Bojte se!" Tento bod se nazývá „Já" a je zákaz jeho odhalení, nazývaný HaVaJaH. „Já" a HaVaJaH jsou jeden celek. Rabi Eleazar a rabi Aba sesedli z oslů a políbili jej. Pravili: „Jaká je v tobě moudrost, a ty poháníš osly za námi! Kdo jsi?" Odpověděl jim: „Neptejte se mě, kdo jsem, pojďme dále a budeme se zabývat Tórou. Každý řekne svoji moudrost, aby osvítil naši cestu."

Vzdálený bod – tak se nazývá bod, otevírající dvaatřiceti potokům světla Chochma cestu do Parcufu. A je to písmeno Bet v prvním slově Tóry – slově Berešit, nazývané „bod v sále", odkud světlo Chochma sestupuje do ZON, když se ZON pozvedají do AVI. Je tomu tak proto, že tehdy se spojí dvě Soboty, vyšší v AVI a nižší ZON, a je o nich řečeno: „Zdaleka jsem uviděl Stvořitele", protože ZON nemohou dostat světlo Chochma bez odění do světla Chasadim.

Chochma a Bina, nazývané „bod v sále", se jmenují „vzdálené od ZON", neboť potřebují odění do světla Chasadim od nižšího světa, Nukvy, nazývané MA. Malchut světa AK, ústřední bod, se nazývá „zámek", a Malchut světa Acilut, bod v sále, je „klíč", neboť na něj je možno dostat světlo od ZAT Biny – IŠSUT.

Kružnice se nazývá AVI, čtverec ZON. ZON se pozvedají do AVI, a tak čtverec vstupuje do kružnice a v Malchut AVI se objevují dvě vlastnosti: zámek – Malchut de Malchut, ústřední bod, Malchut de AVI a klíč – bod v sále, Jesod de Malchut, Malchut IŠSUT. Malchut AVI se nazývá prostor, protože je nedosažitelný, a ten, kdo si přeje naplnit jej světlem, je trestán smrtí. O tom je řečeno „Chraňte se Mé svatosti."

Sám bod se nazývá „Já" a AVI je HaVaJaH, spojující se s ním. Jsou definovány jako jeden celek, proto se sám bod nazývá jménem AVI, tj. sám bod je definován jako svatý, jako vlastnost AVI.

Jak již bylo nejednou uváděno, Zohar a celá Tóra hovoří pouze o duchovních stupních, uspořádání duchovních světů a odhalování Stvořitelova řízení lidem. V Tóře není ani slovo o našem světě a celá Tóra jsou, jak je řečeno, „svatá jména Stvořitele." A ti, kteří svými komentáři spouštějí Tóru z Jejích duchovních výšek na úroveň země, vrhají Ji celou dolů. Jak praví Raši, Tóra hovoří jazykem člověka, ale pouze jazykem, a vypráví o duchovních cestách člověka vstříc svému Stvořiteli.

Proto, když je řečeno, že jeden rabi šel navštívit druhého – má se na zřeteli přechod z jednoho duchovního stupně, nazývaného například rabi Eleazar, na druhý duchovní stupeň, nazývaný například rabi Josi.

ZA má svoje AVI, nazývané vyšší AVI. A rovněž žena ZA, Nukva – Malchut, má AVI, nazývaná IŠSUT. Zpočátku ZA dosahuje AVI své ženy, tj. IŠSUT, světla Chasadim, a poté se pozvedá na vyšší stupeň, dosahuje samých AVI, světla Chochma (světla Chaja). Spravedliví, kteří kráčejí po duchovních stupních vzhůru, jsou složkami Parcufu ZA. Vzhledem k tomu, že stupeň rabiho Eleazara a rabiho Aby je světlo Chasadim (světlo Nešama), vzestup znamená, že se vydal (duchovně) uvidět (ve světle Chochma) druhý duchovní stupeň.

Poháněč oslů v duchovních světech představuje zvláštní duchovní sílu, která pomáhá duším spravedlivých pohybovat se z jednoho duchovního stupně na druhý. A bez této Stvořitelem vysílané pomoci je nemožné vystoupit ze svého stupně a povznést se výše. Proto Stvořitel posílá každému spravedlivému (spravedlivým se nazývá ten, kdo si přeje povznést se) vyšší duši shůry, každému jeho vlastní, v souladu s jeho stupněm, vlastnostmi a určením.

A tak spravedlivý zpočátku nedokáže rozpoznat tuto vysokou duši, zdá se mu, že je nízká, že se na něho v jeho duchovní cestě „přilepila". Takovýto stav se nazývá Ibur – zrod duše spravedlivého: vzhledem k tomu, že vyšší duše ještě nedokončila svoji pomoc a předurčení, spravedlivý ji ještě nepociťuje jako vysokou duši.

Poté však, kdy zcela dokončila veškerou svoji pomoc a přivedla duši spravedlivého na jí uložený vyšší stupeň, dosahuje spravedlivý vysokých vlastností této jemu pomáhající duše. A to se nazývá otevření duší spravedlivým.

V našem případě duše, vyslaná na pomoc duším rabiho Eleazara a rabiho Aby, byla duší rabiho Hamnuny-Saby, duše velmi vysoká a dokonalá, světlo Jechida. Zpočátku se však odhaluje spravedlivým ve svém nejmenším objemu, nazývaném Ibur, zrod (v pocitech), a proto ji vnímají jako úroveň duchovního poháněče oslů – prostou duši.

Osel je v hebrejštině „Chamor" – slovo, označující rovněž hmotu – Chomer! Ten, kdo umí ovládat svého osla, svoje tělo a jeho přání, tak stojí nad hmotou – je již duchovní člověk. A protože si přeje dostat se ve svých přáních nad hmotu, nazývá se spravedlivý. Zde však Zohar hovoří o vyšších stupních.

Úkolem poháněče oslů je převést jezdce, kteří sedí na svých oslech, z místa na místo. On sám jde pěšky před svými osly, a vodí je tak po duchovních stupních. Vzhledem k tomu, že každé slovo Tóry má několik významů pro mnohovýznamovost vyšších kořenů, odkud sestupují pojmy slov, znamená „poháněč" přesněji „průvodce oslů" a mají se na zřeteli vlastnosti hrubé, hříšné, nejnižší.

Proto pravil rabi Aba: „Otevřme bránu Tóry, neboť nastal čas napravit naši cestu," tj. otevřít duše pomocí odhalení tajemství Tóry, aby jejich cesta byla napravena a přivedla je ke Stvořiteli. Poté začal rabi Eleazar rozebírat úryvek z Tóry, kde je řečeno: „Dodržujte Moje Soboty," protože svými vlastnostmi stál na tomto stupni (světlo IŠSUT). A proto učinil závěr, že sama Sobota je vlastnost ZON, které ještě nemají vlastnost svatosti, nýbrž pouze dostávají do Soboty světlo IŠSUT. O tomto světle je řečeno: „Chraňte se Mé svatosti," protože světlo Chochma, přicházející od IŠSUT do ZA, v nich vyvolává strach.

A tady dostali pomoc od vůdce oslů, který jim odhalil tajemství světla Chaja. Vysvětlil jim, že „Dodržujte Moje Soboty" znamená vyšší a nižší Sobotu, které přicházejí spolu, v důsledku vzestupu ZON do AVI, z čehož se ZON samy stávají svatými – čtverec v kružnici, dostávají vlastnosti Biny, milosrdenství, altruismu, světla Chasadim. A proto se o nich uvádí – nebát se a střežit. Jde o to, že světlo Chaja odpuzuje cizí, nečisté síly, přání, a všechna omezení se ruší v Sobotu, a proto neexistuje strach.

A věta „Bojte se Mé svatosti" se vztahuje, jak vysvětlil průvodce oslů, pouze k ústřednímu bodu, používanému v GAR AVI, v GAR světla Chaja, jehož nelze dosáhnout a kde je strach.

Tím zakončila svoji úlohu duše průvodce oslů, neboť je přivedla k dosažení světla Chaja. Až tehdy byli uznáni za hodna dosáhnout výšky duše, která jim pomáhala, neboť dosáhli jejího odhalení, a tak to dokázali ocenit.

Proto rabi Eleazar a rabi Aba sesedli a políbili jej, protože dosažení vyššího je definováno jako „polibek". Tím však ještě neskončila veškerá pomoc této vysoké duše, neboť je ještě povinna pomoci jim, aby dosáhli světla Jechida. Vzhledem k tomu však, že dosažení úrovně světla Chaja dává dokonalost, dosáhli tím ještě stupně syna rabiho Hamnuny-Saby. Úroveň samotného rabiho Hamnuny-Saby je stupeň dosažení světla Jechida. Proto, když dosáhli pouze světla Chaja, spletli se a mysleli si, že duše, která je provází, je syn rabiho Hamnuny Saby. Poté však, co jim poháněč oslů odhalil tajemství dosažení světla Jechida, bylo jim jasné, že jejich průvodce je sám rabi Hamnuna-Saba.

A příčina toho, že ho dříve nemohli poznat, spočívá v tom, že dokud neskončil celý úkol pomocníka duší, nejsou vidět všechny jeho síly. Proto jej prosili, aby jim odhalil svoje jméno, ale on jim odpověděl, aby se ho na jméno neptali, neboť ještě nejsou hodni odhalení tajemství Tóry, vždyť ještě neprovedli všechny nápravy. A on jim musí pomoci při práci s Tórou, protože je ještě třeba svítit jim na cestu, neboť nedosáhli toho, co si přejí.

86. Řekl mu: „Kdo ti dal pokyn, abys tudy šel a byl poháněčem oslů?" Odpověděl mu: „Písmeno Jod zahájilo válku s dvěma písmeny Chav a Samech, abych přišel a spojil se. Písmeno Chav si nepřálo opouštět svoje místo, neboť musí podporovat tyto padající, vždyť bez clony nemohou žít."

87. Písmeno Jod přišlo ke mně samo, políbilo mě a plakalo se mnou. Řeklo mi: „Synu můj, co mohu pro tebe udělat? Já mizím z mnoha dobrých činů, z tajných vyšších základních písmen. Poté se k tobě vrátím a budu ti pomáhat. Dám ti ku pomoci dvě písmena, vyšší než ta, která zmizela, písmena Jod-Šin, jež ti budou provždy plnou pokladnicí. A proto, synu můj, jdi a poháněj osly. Proto jsem tu v takovéto úloze."

Jak již víme, poháněč je pomocná síla pro toho, kdo si přeje pozvednout se na vyšší stupeň na své cestě k sblížení se Stvořitelem, jako osli na sobě vozí lidi, čímž jim pomáhají dostat se z jednoho místa na druhé. Přitom však spravedlivý klesá ze svého předchozího stupně a vchází do zárodečného stavu nového stupně, stejně jako duše, která mu přišla na pomoc. Vlastnost Ibur – zárodku (Ibur je rovněž od slova Havara – přechod) spočívá v tom, že veškeré světlo, které v něm bylo na minulém stupni během Iburu, počátku nového, vyššího stupně, z něho mizí.

Právě to si přáli vědět od poháněče: „Jak to Stvořitel učinil, aby ses k nám dostavil do stavu Ibur, v našem stavu Ibur, z čehož jsme dospěli do stavu zmizení světla z nás. Kdo tě spouští z vyšších stupňů?" Proto poháněč odpověděl, že písmeno Jod bojovalo s písmeny Chaf a Samech, aby se s nimi spojilo. Stupeň Chasadim se nazývá Samech (světlo Nešama).

„Když nadešel čas, abyste dosáhli světla Chaja, tj. Jodu z HaVaJaH, stupně, s nímž jsem přišel pomoci vám dosáhnout světla Chaja, Chochma si skutečně přála spojit se mnou světlo Nešama, které bylo ve vás dříve. A teď je válka písmene Jod s písmeny Chaf a Samech. Malchut vyššího Parcufu se odívá do nižšího Parcufu a to se označuje písmenem Chaf. Bylo světlo Nešama a teď je světlo Chaja. A Jod, které si rovněž přeje i světlo Nešama, se spojuje se světlem Nešama, aniž si přeje Chaf."

Je tomu tak proto, že veškeré spojení mezi stupni od vyššího stupně světa Acilut do konce světa Asija se uskutečňuje pouze za pomoci toho, že Malchut vyššího se spouští a odívá do nižšího Parcufu. A ona se nemůže spustit ze svého stupně IŠSUT, stupně Nešama, ani na okamžik, neboť jinak dojde ihned k trhlině v řetězci spojení stupňů. Vlastnost Samech je vlastností samotného světla, které duše dostává od Sefirot Ch-B-D-Ch-G-T AVI (nad hrudí), jež AVI předávají do ZON, kdy ty jsou v malém stavu (Katnut), a podporují je (podporovat je hebrejsky „Somech" od názvu písmene Samech), aby ZON neklesly dolů ze světa Acilut.

Písmeno Chaf, Chasadim, si nepřeje opustit svoje místo a spojit se s Chochmou, protože musí spojovat vyšší Parcuf s nižším. A proto musí být neustále na svém místě: všechny stupně jsou stálé a pouze duše dostává změny během jejího postupu ze stupně na stupeň, pohybuje se uvnitř světů. Proto se duše nazývá „vnitřní" vzhledem ke světu, který je vnější, neboť v něm existuje a pohybuje se v něm změnou svých vlastností.

Proto si světlo duše nepřálo spojit se s písmenem Jod, stupněm Chochma, tj. s duší rabiho Hamnuny-Saby, během jejího sestupu pro pomoc rabimu Eleazarovi a rabimu Abovi. Potřebovali totiž nové světlo, které by v nich postavilo nový stupeň – stupeň světla Chaja, a každý nový stupeň se buduje od nuly – ze stavu Ibur – zárodku. Přitom veškerý předchozí stupeň, veškeré jeho světlo, zaniká. Tak i v jejich případě začíná nový stupeň z Iburu a dosahuje úrovně Chaja. Podobá se to tomu, jako když semeno, aby se z něj stal strom, musí nejdříve opustit předchozí formu, musí shnít.

Proto je řečeno, že ke mně přišla beze světla Ch-B-D-Ch-G-T de AVI, nazývaného Samech, světla Chasadim. Samech je vlastnost milosrdenství, přání nezištně odevzdávat, čistý duchovní altruismus. Proto si nepřeje spojení s Jod – světlem Chochma. Světlo Chochma však nemůže vejít a naplnit Parcuf bez předběžného odění do světla Chasadim, neboť odívání světla Chochma do světla Chasadim znamená, že Parcuf dostává světlo Chochma nikoli ve svůj prospěch, nýbrž ve prospěch Stvořitele. A světlo Chasadim, Samech, si nepřeje přijímat do sebe, nepřeje si spojení se světlem Chochma! Proto písmeno Jod plakalo, že není schopno naplnit Parcuf svým světlem, neboť Chasadim si nepřejí přijímat Chochmu.

V souvislosti s tím je řečeno: Proto jsem nyní povinen zmizet a ty, poháněči oslů, přijď ve stavu Ibur, abys sebou znovu postavil stupeň postupného vývoje nového Parcufu – stavu: zárodek (Ibur) – zrození (Leidah) – kojení (Jenika) - dospělost (Mochin).

A věz, že takové je pořadí ve vytváření – rození každého nového stupně: pokaždé, kdy člověk má dostat nový stupeň, musí projít ve svých pocitech úplným zmizením předchozího stupně – úrovně dosažení - světla v něm a začít znovu, dostávat nová dosažení, od nejnižšího nového stupně, světla Nefeš, nazývaného stupněm Ibur, poté je světlo Ruach, nazývané stupeň Jenika, atd., jakoby nikdy neměl, jakoby v něm nebyla ani jedna duchovní úroveň.

Je tomu tak proto, že není možné brát s sebou cokoli z předchozího stupně, člověk je povinen začít od nejnižší úrovně IBUR, NAZÝVANÉ „POHÁNĚČ OSLŮ". Světlo Chaja AVI se nazývá JEŠ (Jod-Šin), kde Jod je Chochma a Šin Bina. A jsou samozřejmě významnější než světlo Nešama, které předtím bylo v Parcufu.

88. Zaradovali se rabi Eleazar a rabi Aba, zaplakali a řekli: „Posaď se ty na osla a my ho budeme pohánět za tebou." Odpověděl jim: „Copak jsem vám neřekl, že mi přikázal Král takto konat, dokud nepřijde jiný poháněč oslů? (Narážka na Mašiacha, který, jak je řečeno, se zjeví jako chudý, sedící na oslu.) Odvětili mu: „Vždyť jsi nám ani neodhalil svoje jméno! Kde jsi?" Odpověděl jim: „Místo, kde se nacházím, je krásné a já si ho velice vážím. Je to věž vznášející se ve vzduchu, velká a zvláštní. V té věži žijí pouze dva - Stvořitel a já. Tak na takovém místě žiji. Vzdálil jsem se odtud proto, abych poháněl osly." Rabi Eleazar a rabi Aba na něho pohlédli a jeho slovům neporozuměli, vždyť byla sladší než mana a med. Řekli mu: Možná, že nám povíš jméno svého otce, abychom líbali zem u jeho nohou." Odpověděl jim: „Proč byste to dělali? Nepatří do mých zvyků takhle se pyšnit Tórou."

Poté, co poznali velikost stupně poháněče, nemohli již snést jeho malý stav Ibur, v němž se nacházel kvůli nim, a proto mu řekli, že vzhledem k tomu, že již dosáhli světla Chochma, stačí mu to a může vyjít ze stavu Ibur. A budou-li ještě potřebovat něco dodat, mohou oni sami vejít do stavu Ibur, on není povinen trpět kvůli nim.

Ještě dříve však je poháněč upozornil, aby se neptali na jeho jméno, neboť ještě potřebují odhalit tajemství Tóry. A připomenul jim nyní ještě jednou, že jde o stupeň světla Jechida, který jim schází a který znamená přijetí světla tváře krále Mašiacha, což zmínil narážkou na chudého poháněče oslů, jak je řečeno u proroka Zachariaha (Zacharjáš, Za 9, 9). A Stvořitel mu přikázal pomoci jim, aby dosáhli světla Jechida.

Zeptali se ho, jakou má duši: „Vždyť sis nepřál prozradit nám svoje jméno, protože jsme ještě od tebe nedostali to, čeho musíme dosáhnout. V takovém případě však nám alespoň řekni, kde žiješ a jaký je tvůj stupeň. Pak alespoň poznáme, čeho se nám nedostává. Co si ještě musíme od tebe vzít, čeho od tebe dosáhnout."

Odvětil, že jeho místo je omnoho výše než to, na němž se nachází nyní, neboť on sám teď nemůže dosáhnout své osobní úrovně. Je tomu tak v důsledku toho, že když vyšší Parcuf sestupuje na místo nižšího, stává se plně nižším Parcufem a rovněž nemůže v tuto dobu (v tomto stavu) dosáhnout své úrovně. Je prostě věž, která se vznáší ve vzduchu – Bina, Chasadim. Mašiachova věž – velká věž – je doba (stav) vzestupu do GAR de AA, kdy je dostupné světlo Chochma.

89. Místo, kde žil můj otec, bylo ve velkém moři. A on byl velkou rybou, která neustále kroužila, od konce do konce, po celém moři. A byl velký a zestárl, dokud nespolkl všechny ryby v tom moři. A poté je ze sebe vypustil, živé a plné všeho nejlepšího na světě. A v jeho silách bylo přeplout celé moře za jeden okamžik. I vytáhl jej, zachytil jej jako voják střelou a dopravil na to místo, o němž jsem vám vyprávěl, do věže, která se vznáší ve vzduchu, ale vrátil se na svoje místo a skryl se v tom moři.

Skrytý Zivug se nazývá Šaar HaNun (Padesátá brána). Velké moře je Malchut. Žádné Zivugy od Parcufu Atik světa Acilut níže neobsahují v sobě celé velké moře, všechny Sefirot Malchut, nýbrž pouze devět prvních Sefirot Malchut, ale Malchut de Malchut se nezapojuje do žádného Zivugu.

A tato Sefira, Malchut de Malchut, je jediné stvoření, protože všechno ostatní jsou vlastnosti duchovních sil, přání, která jsou ve Stvořiteli nad Malchut a patří ke Stvořiteli, Sefirot, a existují pouze pro nápravu samotné Malchut de Malchut. Na tuto Malchut je Zivug pouze v Atiku a tento Zivug se všem odhalí na konci nápravy.

Rav Hamnuna vyšel z toho přede všemi skrytého Zivugu v Atiku, a proto jej poháněč nazývá „můj otec". A praví, že jeho otec žil ve velkém moři, neboť Zivug byl na celou Malchut, tj. na Malchut de Malchut, nazývanou „velké moře". Jestliže však namítneme, že všechny Parcufim dělají Zivug světla se clonou, stojící před Malchut, byl tento Zivug proveden na padesátou bránu, na všechny části přání, na veškerou hloubku, která je ve velkém moři – Malchut, až k jejímu nejposlednějšímu přání a vlastnosti, od Keter de Malchut až k Malchut de Malchut, od konce do konce velkého moře. K tomu však dochází pouze v Parcufu, nazývaném Atik světa Acilut, nikoli však níže. A není to sám poháněč, ale jeho otec.

Dochází k tomu proto, že velký Zivug pohlcuje všechny ostatní jednotlivé Zivugy – pohltil všechny ostatní ryby velkého moře a pohlcuje všechny duše ve všech světech, neboť jsou všechny omnoho slabší než on a jakoby neexistovaly v jeho velikosti a síle. A vzhledem k tomu, že do sebe zahrnuje všechny a všechno, nazývají se všechny jménem Nunin, od písmene Nun = 50.

Hovoří to o tom, že po všech velkých nápravách, k nimž dochází po tom velkém Zivugu, vracejí se a znovu se rodí všechna ta světla a duše, které pohltil během svého Zivugu, a ony se rodí k věčnému životu, protože se v důsledku velkého Zivugu zcela naplnily veškerým světlem, právě proto, že je pohltilo ve svém velkém Zivugu.

Všechny Zivugy pod Parcufem Atik probíhají ze vzájemného spojení Sefirot jedněch s druhými a tato spojení jsou definována jako přerušení Zivugu, zatím co Zivug v Atiku je bez jakéhokoli spojení, přímý, a proto je definován jako okamžitý, neboť jeho průběh není přerušen. Proto je řečeno, že přeplave moře za okamžik, bez jakéhokoli oděvu – spojení. A je na útoku, protože tento Zivug má velké síly přijímání světla Chochma, a tak pravil: „Porodil jako šípem v rukou bojovníka."

O tomto Zivugu v Parcufu Atik je řečeno: „Nikdo kromě tebe neviděl Stvořitele." Není však rození bez sil odporu, protože, jak je řečeno (Talmud, Chagiga, 16): „Semeno, neposílané jako střela, nerodí." Proto poté co mne porodil a skryl ve velké věži, vrátil se do svého skrytého Zivugu.

90. Rabi Eleazar pohlédl na to, co řekl, a odpověděl mu: „Ty jsi syn Svatého zdroje, ty jsi syn rabiho Hamnuny-Saby, ty jsi syn Pramene Tóry – a ty poháníš za námi osly!" Společně zaplakali, políbili se a šli dále. Poté pravil: „Nechtěl by náš pán říci nám své jméno?"

Bylo řečeno „pohlédl", protože zrak je Chochma a nelze použít slovo „pravil" nebo „uslyšel" – Bina, nebo „pomyslel si" atd. Vzhledem k tomu, že ještě nedosáhli toho, co řekl poháněč, v dokonalosti, a jejich dosažení bylo zatím jen do světla Chaja, byli nadšeni tím, co zplodil rabi Hamnuna-Saba, neboť rav Hamnuna-Saba je světlo Jechida. Prosil, aby řekl svoje jméno, což znamená dostat jeho stupeň, neboť dosažení jména znamená dosažení stupně. Proto když se hovoří, že veškerá Tóra jsou Stvořitelova jména, znamená to, že celá Tóra jsou stupně, jichž je člověk povinen dosáhnout, až do toho nejvyššího – Lásky (viz Předmluva k Talmudu Deseti Sefirot, § 70 – 71).

Každý stupeň v dosažení vyšších světů má svoje jméno. Všechna Stvořitelova jména: Moše, Faraon, Avraam, Chrám, Sinaj – úplně všechna slova Tóry jsou úrovně vnímání Stvořitele, stupně Jeho dosažení, neboť kromě člověka a jeho Stvořitele už není nic a všechno, co je kromě toho, jak se nám zdá, jsou různé stupně našeho pociťování samotného Stvořitele: Představuje před nás tu v podobě tohoto světa, tu v podobě světa Asija, poté jako Jecira, jindy jako Berija, tu jako Acilut, tu zcela odhaleně, bez částečného skrývání, jako v duchovních světech, nebo plně jako v tomto světě. Z toho pochází název Olam (svět) od slova Olama (ukrytí).

91. Otevřel a začal. Je řečeno: „Benajahu (Benajáš), syn Jahujady (Jójada)." Je to krásné vyprávění, ale slouží k tomu, aby bylo možno ukázat vyšší tajemství Tóry. A

samotné jméno Benajahu, syn Jahujady, hovoří nám o tajemství světla moudrosti – světla Chochma. Ben Iš Chaj je spravedlivý, oživující světy. Rav Paalim hovoří o tom, že On je vládce všeho, k čemu dochází, že všechny síly a vyšší vojsko, všechno vychází z Něho, a nazývá se On - Stvořitel Síly, Pán všech, všeho a ve všem je On.

„Benajáš, syn Jójady," je řečeno v Prorocích (2. Samuelova, 2S 23, 20). Zde nám Zohar odhaluje vyšší tajemství Tóry, protože svaté jméno Jahujada se skládá ze dvou: Jod-Hej-Vav – z prvních tří písmen HaVaJaH a slova Jada (vědění).

Keter světa Acilut se nazývá RADLA – nedosažitelná hlava, a sám Atik obklopuje všechny ostatní Parcufy světa Acilut: AA, AVI, ZON. Atik se nazývá Makif (obklopující), neboť ostatní, nižší Parcufim ho nemohou dosáhnout, nemohou dosáhnout jeho Zivugu. Kromě toho však nemohou dosáhnout toho, co z něho vychází. To znamená, že od něho nevychází dolů nic k nižším Parcufim. A dokonce AA je skryt před nižšími Parcufim a na základě toho se nazývá „skrytá Chochma". Není však definován jako nedosažitelný na rozdíl od Atiku, protože je v něm Zivug na světlo Chochma, pouze toto světlo nesestupuje dolů, k nižším sestupuje pouze jeho malé světélkování – Hajarat Chochma.

A veškeré světlo, naplňující světy během 6000 let, vychází od AVI a IŠSUT, nazývaných Chochma třiceti dvou cest neboli třiceti dvou sil (Elohim) stvoření - třicet dva druhů malého světélkování světla Chochma. Toto světlo Chochma se získává z toho, že se Bina pozvedá do AA, dostává tam světlo Chochma a svítí dolů. Proto veškeré světlo Chochma, které se odhaluje až do konce nápravy, během 6000 let, není více než světlo Bina, které do sebe přijalo světlo Chochma při svém vzestupu do AA.

AA se nazývá Jada (vědění), protože dává světlo Chochma Bině. A zná veškeré cesty, kudy prochází světlo Chochma do Biny a skrze ni, k nižším. Sám AA, když dělá Zivug, nedává svoje světlo dolů, ale AVI, když se do něj pozvedají, dostávají světlo Chochma, nazývané „třicet dva potoky" a „cesty moudrosti". A jsou dosažitelné nižšími.

Všechno, co zde, v Zoharu, bylo řečeno, je řečeno obecně o všech duších. Jsou však výjimky, které se obvykle nezkoumají, jsou zvláštní duše, vysoké duše, které jsou uznány za hodna stát se Kli, MAN, pro velký Zivug RADLA po svém odchodu a dostat tam, ve vyšším světě, stupeň Jechida od tohoto Zivugu. Jsou to duše Benajahua ben Jahujada, rabiho Hamnuny-Saby a ještě několika velice málo dalších. A tyto vysoké duše se odhalují spravedlivým v tomto světě, pročež se spravedliví již v tomto světě uznávají za hodna potěšit se světlem Jechida, které svítí pouze v tak vysokých duších.

Proto jméno Benajahu ben Jahujada ukazuje na to, že toto jméno vychází od vnitřní moudrosti, neodhalitelného světla Chochma Atiku, a toto jméno působí ukrytí i světla Chochma, protože smysl jména Jahujada - Jod, Hej-Vav + Jada (vědění) spočívá v tom, že ten, kdo dosáhne Jod-Hej-Vav, tří prvních písmen Stvořitelova jména HaVaJaH, ten Ho pozná a nikdo jiný.

Proto toto jméno zůstává skryté na svém místě. Zpočátku vysvětluje poháněč kvalitu tohoto Zivugu v Atiku, jeho výšku, sílu světla, které na něj vychází v hlavě Parcufu Atik, o čemž se hovoří ve jménu tohoto Zivugu „Ben Iš Chai Rav Paalim ve Mekabciel". Poté vysvětluje, co je skryté a co sestupuje k duším.

Již bylo řečeno, že tento Zivug probíhá na konci nápravy celé Malchut, proto do sebe zahrnuje všechny jednotlivé Zivugy a všechny stupně, vycházející na nich během 6000 let. Veškeré světlo se shromažďuje do jednoho. Všechny druhy MAN se shromažďují do jednoho a pozvedají se žádat tento Zivug, zahrnující do sebe všechna strádání a tresty, které jsou postupně zakoušeny během 6000 let.

Proto neexistují meze výšky a velikosti tohoto Zivugu a stupně světla, vycházejícího na něj, které úplně a definitivně ničí všechny nečisté síly. Jesod ZA, z nějž vychází světlo tohoto Zivugu a které je spojením všech světel za všech 6000 let, se nazývá „Iš Chai Rav Paalim" (živý člověk mnoha činností). A Malchut, která v sobě spojuje celý MAN, strádání a práci za 6000 let, se nazývá Mekabciel (shromažďující).

A Zohar jej nazývá ještě i Cadik Chai Olamim (spravedlivý, oživující světy), protože tím ukazuje na Sefiru Jesod, která dává světlo Malchut. V samotné Sefiře Jesod není místo pro přijímání světla pro sebe, a proto ona žije (Chaj) pouze pro předávání světla Malchut, pročež se nazývá Cadik (spravedlivý), Chaj Olamim (oživující světy). A nazývá se Rav Paalim (mnoha činností), protože do sebe zahrnuje celý MAD všech dobrých skutků a všechny stupně, které se odhalily postupně během 6000 let. Je tomu tak proto, že se nyní všechny tyto stupně odhalují společně, všechny najednou, v soustředěném světle, a všechny vycházejí z Jesodu a vcházejí do Malchut. A vzhledem k tomu, že nyní Jesod shromažďuje veškeré světlo za 6000 let do jednoho a předává je do Malchut, nazývá se podle tohoto aktu Rav Paalim (mnoha činností).

92. Rav Paalim je zároveň Mekabciel – shromažďující vysoký strom mnoha činností, největší ze všech. Z jakého místa vyšel? Z jakého stupně pochází? Opět nám ukazuje pramen – z Mekabciel, protože to je stupeň vyšší, skrytý, který nikdo neviděl. Je v něm všechno, shromažďuje v sobě veškeré vyšší světlo. A všechno z něj vychází.

Malchut – Nukva se nazývá rovněž Mekabciel, protože dostává a shromažďuje v sobě veškeré světlo najednou od Jesodu, pročež se Jesod nazývá Mnoha činností. Stupeň, vycházející na tento Zivug, se nazývá „Vysoký a hlavní strom", který vyšel z Jesodu a přišel do Malchut. Zohar vysvětluje, že k tomu, aby nám bylo možno ukázat kvalitu tohoto vysokého stupně, odkud pochází, Zohar používá jméno Mekabciel (shromažďující), že vyšší světlo se shromažďuje v Jesodu, který je předává do Nukvy. A oba, Jesod i Malchut, se nazývají Mekabciel.

A stupeň, vycházející na tento Zivug Jesodu a Malchut, se nazývá „Nikdo kromě tebe neviděl Stvořitele" – tento stupeň vychází po veškeré nápravě, v okamžiku připojení poslední nápravy, která vše doplňuje. Proto je tento stupeň definován jako stupeň, obsahující v sobě všechno, vždyť v sobě shromažďuje veškeré světlo, všechno za všech 6000 let. Z tohoto důvodu se projevuje najednou ve své skutečné dokonalosti.

93. V tomto vyšším svatém a skrytém sále se shromažďují všechny stupně a všechno je v něm skryto. Uvnitř toho sálu jsou všechny světy. Všechny svaté síly jsou z něho napájeny, oživují se jím a závisí na něm.

Zohar hovoří o hlavě Atiku, v níž jsou soustředěny a skryty všechny stupně a veškeré světlo všech světů. Dále vysvětluje, jak může probíhat tento Zivug až k úplné nápravě, aby spojil do sebe všechny stupně, jež vycházejí za sebou během 6000 let, a aby vyšel v jednom okamžiku: Během 6000 let existence světa (svět – Olam pochází od slova Alama - skrytí; po 6000 letech dojde k úplnému odhalení Stvořitele stvořením, a proto svět – skrytí přestane existovat) se stupně neustále pozvedají a sestupují, protože, jakmile se odhalí některý nový stupeň, nové dosažení Stvořitele, nové světlo, tento stupeň mizí, v důsledku hříchu nižších, kteří nemohou natrvalo udržet tento stupeň.

A tak tedy když stupeň mizí, mizí pouze z pocitu člověka, který dosáhl nového stupně, sám se však pozvedá nahoru do hlavy Atiku a skrývá se tam, aby se po spojení s druhými stupni projevil na konci nápravy. A stejným způsobem v sobě Atik shromažďuje všechny stupně, odhalující se ve světech během 6000 let, a skrývá je v sobě, dokud nenastoupí doba konce nápravy: KDYŽ NAPRAVÍ POSLEDNÍ DÁVKU TOHO, CO MUSÍ NAPRAVIT, A PROTO JIŽ NEMŮŽE HŘEŠIT. A NESMÍ JIŽ HŘEŠIT, ABY NAPRAVIL DALŠÍ DÁVKU EGOISMU. PROTO ZŮSTÁVÁ TENTO POSLEDNÍ STUPEŇ NATRVALO A NEZMIZÍ. Tehdy shromáždí všechny stupně Atiku a ty se projeví současně.

Každý člověk má svůj Parcuf Atik. Jak může zrychlit svůj postup po stupních nápravy v tomto i v duchovních světech? V Talmudu je řečeno, že stařec chodí sehnutý, jako kdyby něco ztratil a hledal to: stařec znamená mající moudrost, Chochmu; dokonce i když nic neztratil, předem hledá, co v sobě napravit, a proto to nachází. Tudíž nepotřebuje, aby z něho předchozí stupeň dosažení zmizel. Jestliže však v sobě člověk nenachází nové egoistické vlastnosti k nápravě, mizí jeho minulý stupeň a začíná nový. Tento proces však probíhá značně pomaleji, než pokud jedná jako stařec, který hledá svoje nedostatky.

Atik je definován během 6000 let jako nedosažitelný. Proto se jeho hlava nazývá RADLA – zkratka slov (z arameištiny Reiša de LoEtiada), označujících „nepostižitelnou hlavu", a samo jméno Atik pochází od slova Neetak (izolovaný) od nižších, protože jim nesvítí. A i když v sobě shromažďuje všechna světla, z něho vycházející a odhalovaná v nižších světech, neodhaluje se tím světlo konce nápravy. Výsledkem je, že se každý stupeň, poté, co mizí v důsledku hříchu nižších, pozvedá do hlavy Atiku a skrývá se tam.

Avšak tělo Atiku, od jeho úst dolů, se nachází uvnitř všech ostatních Parcufů světa Acilut, tj. je jimi dosažitelné. Tak Atik, když se odívá do Parcufim světa Acilut, svítí skrze ně do nich a do všech, nižších, světů BJA. A jakékoli světlo, svítící ve stvoření během 6000 let, vychází pouze z těla Atiku a nikoli z nějakého jiného duchovního objektu.

Obvykle hovoříme o tom, že to, co je v hlavě Parcufu, se projevuje v jeho těle. To platí ve všech Parcufim světa AK a ve všech ostatních Parcufim všech světů – kromě Parcufu Atik! Vzhledem k tomu, že pro sebe se Atik nachází v prvním zkrácení a sestupuje do našeho světa, ale pro ostatní, nižší, se chová jako kdyby byl ve druhém zkrácení, dělá na sebe zvláštní Zivug a toto sestupuje od něho do nižších světů.

Světlo, přicházející oživovat světy, se nazývá potravou – světlo Chasadim - a světlo, přicházející pro růst Parcufim, proměňující malý Parcuf (Katnut) ve velký (Gadlut), je světlo Chochma. Obě tato světla vycházejí z těla Atiku. Světlo Chochma, které činí Parcuf větším, se nazývá světlo, pozvedající Parcuf, neboť poloha vleže se nazývá Ibur (zárodek, novorozenec), poloha vsedě je Katnut (malá) a poloha vestoje je Gadlut (velká).

94. Zabil dva – Ariela a Moava (Moáb). Dva svaté Chrámy existovaly díky Atiku a dostávaly od něj – První chrám a Druhý chrám. Vzhledem k tomu, že zmizel Atik, byl pozastaven proces, vycházející shůry. Podobá se to tomu, jako kdyby udeřil a zničil je.

Napravit je nutno pouze samotnou Malchut de Malchut a už nic více, protože všechny ostatní vlastnosti nápravu nepotřebují. Tato Malchut de Malchut je Malchut světa nekonečna, Bechina Dalet, Nukva de ZA, Parcuf BON – jediné Stvořitelovo stvoření, přání po sebenaplnění, přání dostávat (potěšení) ve svůj prospěch. Právě od tohoto přání pochází rozbíjení Kelim (nádoby), Adamův hřích.

A veškerá práce spravedlivých během 6000 let je redukována na to, aby byla napravena Malchut, aby se stala takovou, jakou byla před rozbíjením Kelim a před Adamovým hříchem – nakonec se odhalí velký Zivug na první zkrácení v hlavě Atiku, jehož světlo umožňuje člověku plně určit a oddělit nečistá přání od čistých, a tak se navždy zbavit nečistých, egoistických sil. Právě o tom hovoří prorok Ješajahu (Izajáš) (Iz 25, 8): „…provždy odstraní smrt".

A protože bude Malchut zcela napravena, Parcuf BON světa Acilut, a nebude již potřebovat žádné nápravy, pozvedne se Parcuf BON na úroveň Parcufu SAG světa AK a Malchut dosáhne úplných vlastností Biny.

Zatím, po velkém Zivugu v Atiku, ale před pozvednutím Parcufu BON do SAG, mizí záření světla Atiku, v důsledku čehož se ničí dva Chrámy – dvě světla Chochma: světlo od AVI, světlo Chochma Chaja, svítící v Prvním Chrámu, a světlo od IŠSUT, světlo Nešama, svítící v Druhém Chrámu. A veškeré světlo, které dostal Izrael od Atiku, mizí. Všechna tato ničení a mizení světla jsou však nápravy a mezníky na cestě k osvobození a úplné nápravě, vytvoření dokonalosti, a nikoli ničení, právě ona jsou poslední nápravou, vracející BON do SAG.

Vzhledem k tomu, že v duchovnu se nacházejí veškeré kořeny, zdroje toho, co probíhá v našem světě, a všechny se musí jednou projevit v našem světě, každý kořen se musí „dotknout" své větve v našem světě, ale nemá význam, kdy k tomu dojde: v duchovním světě všechno probíhá v přísném procesu příčin a důsledků, avšak v našem světě může k těmto důsledkům dojít ve zcela jinou dobu.

Jako příklad může posloužit právě zničení Prvního a Druhého Chrámu, k němuž již došlo na zemi, ale v duchovním světě k tomu dojde až při dosažení poslední etapy nápravy. Příčinu toho pro složitost mimočasových pojmů rozebereme v jiné knize. Ale tak či jinak se pouze naše vnitřní duchovní vlastnosti mohou stát Chrámem, v němž pocítíme Stvořitele, v němž se navždy usídlí On!

Světlo Chaja a světlo Nešama na konci nápravy se nazývají Prvním a Druhým Chrámem. Rovněž světlo Chaja až do konce nápravy, dostávané na Zivug Malchut, vloženou do Jesodu, se nazývá Šabat – Sobota a světlo Nešama se nazývá Hol (všední dny). Jak vidíme, mezi těmito světly a dny týdne na naší zemi, v našem světě, není žádná spojitost.

Po zničení duchovních Chrámů – zmizení světla – jsou znovu budovány shůry, z nebe: clonou Bina, nazývanou nebe, protože clona Parcufu SAG je vlastností dokonalého milosrdenství a nemá žádná omezení v činech, neboť si přeje pouze odevzdávat, nikoli dostávat světlo Chochma, a proto je mimo působení všech zkrácení a omezení.

V důsledku tohoto Zivugu se obnoví navěky dva Chrámy a „bude světlo luny – Malchut, jako světlo slunce - Bina". (Ješajahu, Iz 30, 26). Světlo Bina, které je nyní světlem ZA, nazývaného Slunce, bude sedmkrát větší, jako ZAT Atiku, a odtud toto světlo sestoupí do AVI a vytvoří sedm prvních dnů stvoření, protože ZA – Slunce se stane jako AB a bude v něm světlo těla Atiku. Malchut se stane jako ZA a dostane jeho světlo, světlo Slunce. Na konci nápravy dojde k Zivugu na samotnou Malchut, na prapůvodní, ale napravený egoismus, v důsledku čehož zmizí všechny jednotlivé Zivugy na všechna světla, které byly učiněny během 6000 let nikoli na Malchut, nýbrž na její zapojení do Jesodu.

Chrám bude obnoven z nebe – protože Bina sama si nepřeje dostávat světlo Chochma. Není tomu proto, že by nebyla schopna, nýbrž proto, že si to sama nepřeje. Tento stupeň se nazývá „v rukou nebe". Například při požehnání novoluní se říká: „Život, v němž je strach z nebe a strach zhřešit." Je to nad naše vědění a přání, neboť je řečeno, že „nad vědění" musí být víra, jinak se objeví hříchy. Proto si člověk nepřeje nic než jít nad svoje vědění a přání, neboť se bojí zhřešit. Je však ještě vyšší stupeň: když se už nebojí zhřešit, protože má clonu, přesto však dává přednost tomu, aby šel nad svoje vědění a přání, neboť si přeje rozplynout se ve vyšším.

Příčina zmizení světla z těla Atiku před těmito nápravami spočívá v tom, že už nejsou dvě Malchut – Bina a Malchut, nazývané SAG a BON. Po velkém Zivugu Atiku je anulován BON a spolu s ním clona SAG, protože je v těle Atiku spojení Biny s Malchut pro jejich součinnost během 6000 let.

Právě v důsledku takovéto součinnosti Biny s Malchut se objevila možnost částečné, postupné nápravy Malchut. V takovémto vzájemném Zivugu stvořil Atik zpočátku AA a za ním všechny ostatní Parcufim světa Acilut a světů BJA, právě s Malchut, spojenou s Binou, jež je spjata s vlastnostmi Biny.

A vzhledem k tomu, že nyní už není clona Malchut, clona de BON, zmizela s ní spojená clona Biny, clona de SAG, a kvůli nepřítomnosti Malchut a clony byl přerušen Zivug a veškeré záření od těla Atiku, vycházející od Zivugu na společnou clonu Malchut a Biny, se ztratilo, a proto zmizelo i veškeré světlo, sestupující z jeho těla dolů, nazývané Chrámy.

V hlavě Atiku je Zivug na samotnou Malchut prvního zkrácení. Clona Malchut, spojená s Binou, existující během 6000 let, zmizela, v důsledku čehož zmizelo světlo. Malchut se ještě nepozvedla do SAG, aby získala svoji dokonalost – ještě není nové světlo. Tento úplný nedostatek světla se nazývá zničení. Hned za tím však Malchut dostává světlo AVI a BJA splývají se světem Acilut.

95. A svatý trůn, Malchut, byl svržen. Proto praví prorok Jechezkel (Ezekiel): „Jsem ve vyhnanství." To je onen stupeň, nazývaný „Já", Malchut, ve vyhnanství. Proč? „Na řece Kevar." Kevar (již) je řeka, která již existovala a nyní zmizela. Jak je řečeno, řeka byla zničena a vyschla – zničena byla v Prvním chrámu a vyschla ve Druhém chrámu. Proto je řečeno, že udeřil a zničil oba, Ariela i Moava. Moav – Mi Av – znamená „od nebeského Otce", všichni byli zničeni pro Něho a veškeré světlo, které svítilo Izraeli, zmizelo.

Slovo Kursa, odvozené od slova Kise (trůn) nebo Kisuj (pokrývka) znamená spojení vlastností Malchut s Binou, z čehož sestupuje světlo do BJA během 6000 let. Svatý trůn byl svržen v důsledku toho, že byla anulována clona Bina – Kise, jak je řečeno: „Já jsem ve vyhnanství"; „já" je Malchut. Veškerý duchovní komplex byl postaven jako žebřík, kde Malchut vyššího Parcufu se stává Keter nižšího (přechází do něj). To se rovněž uvádí v označení: Malchut je Já (Ani = Alef-Nun-Jod), Keter je NE – (Ejn = Alef-Jod-Nun). Keter se nazývá „ne", protože je zcela nedosažitelný. Dosahuje se pouze toho, že se ocitá v Malchut, pročež ta se nazývá „já".

Pouze Malchut vyššího Parcufu je spojením, existujícím mezi Parcufim: vyšší dělá Zivug na svoji Malchut, vytváří odražené světlo, dostává (odívá) do něj vyšší světlo a poté se Malchut vyššího spouští v podobě odraženého světla do nižšího Parcufu. A tento stav odívání vyššího do nižšího se nazývá stavem vyhnanství vyššího, protože z něho mizí Zivug s vyšším světlem a mizí vyšší světlo ze všech Parcufim – a vysychá řeka, neboť napravená clona se nazývá řeka, protože vyšší světlo sestupuje díky němu k nižším.

Ale nyní, když zmizela clona, mizí řeka – mizí sestup vyššího světla. Byla zničena řeka v Prvním chrámu – zmizelo světlo Chaja, vyschla řeka v Druhém chrámu – zmizelo světlo Nešama. Byla zničena řeka v Prvním chrámu – protože byl přerušen Zivug v AVI, vyčerpalo se světlo v IŠSUT – vyschla řeka Druhého chrámu.

Zdroj světla Chaja a Nešama je Aba, nazývaný „Nebeský Otec", protože svítí v ZA, nazývaném „nebe", světlem, pozvedajícím ZON do IŠSUT, do Druhého chrámu, a do AVI, do Prvního chrámu. A tam od přerušení světla z těla Atiku zmizelo veškeré světlo, sestupující do Izraele – nejen světlo dvou chrámů, nýbrž veškeré, jež svítilo Izraeli, dokonce světlo VAK a světlo ve světě BJA.

96. A ještě. Spustil se a udeřil lva. Zpočátku, když tato řeka nesla svoje vody dolů, Izrael byl v dokonalosti, protože přinášeli dary a oběti za svoje hříchy pro spasení svých duší. Tehdy se spouštěl shůry obraz lva, tehdy jej viděli na obětišti, jak dupe po tělech obětin a požírá je a všichni psi (všichni, kteří pomlouvají Izrael) zmlkli.

Oheň, požírající obětiny, položené na obětišti Chrámu, připomínal lva a stoupal nad obětinami jako lev (Talmud, Joma 21,2) a ten oheň spaloval obětiny položené syny Izraele. Všechno to však je materialistický obraz, viditelným prostým člověkem v našem světě.

My se však podle naší vyšší analýzy od něho odtrhneme a vysvětlíme, jaký akt probíhá v duchovním světě, který je popisován tímto jazykem. Všechny jazyky Tóry, včetně toho, jímž je popsán zcela pozemský obraz přinášení obětí, hovoří pouze o duchovních aktech. Nejpřesnější jazyk jejich popisu je jazyk kabaly. Tento jazyk však je srozumitelný pouze těm, kteří se povznesli do duchovních světů, těm, kteří vidí i kořeny, samotné události v duchovním světě a jejich pozemské důsledky.

Dříve než zmizelo světlo Atik, kdy vyšší světlo ještě svítilo Izraeli jako řeka, jež nese svoje vody, byl Izrael ve své dokonalosti: Za pomoci přinášení obětí pozvedal svůj MAN (prosbu) a vyvolával tím vyšší Zivug na clonu, z čehož na něho sestupoval MAD (světlo, hojnost). V důsledku těchto aktů se sblížil s nebeským Otcem a všechny nečisté síly se od něho vzdálily, protože vykupoval svoje duše a vykoupení znamená oddálení od nečistých sil – přání, podobně jako když je zašpiněný oděv čištěn od nečistoty.

Odtud je název oběti v hebrejštině „Kurban" od slova Karov (blízký), protože oběť znamená, že člověk odvrhne svůj vnitřní živočišný egoismus ve prospěch sblížení se Stvořitelem. Proto oběť sbližuje Izrael s jejich nebeským Otcem.

A vzhledem k tomu, že Izrael byl v dokonalosti a pozvedal svůj MAN pouze pro Stvořitelovo potěšení, jeho MAN se pozvedal k Bině. Světlo Bina se nazývá světlo Chasadim a jeho podoba připomíná obraz lva, podobně jako vlastnost odevzdávání – Chesed. Tím se stanoví, že lev – Bina dostával dobrá přání a činy Izraele. A bylo vidět, jak je MAN Izraele pohlcován Binou a světlo Chasadim z Biny sestupuje na tento MAN, podobně jako když lev tančí na obětině a požírá ji = MAN.

Požírání obětiny lvem je v přinášení obětí to hlavní, protože to znamená pozvednutí MAN pro posílení clony a vytváření odraženého světla. A vzhledem k tomu, že velikost přímého dostávaného světla je určována velikostí = výškou odraženého světla, který vytváří clonu, vyplývá z toho, jakoby přímé světlo existovalo a rostlo v závislosti na odraženém světle. Čím větší je odražené světlo, tím větší je světlo sestupující.

Jinak řečeno, v té míře, v jaké si každý z nás přeje „odevzdávat", vyvolává nahoře, v kořeni své duše, odpovídající odezvu. A jako život a síly živé bytosti v našem světě závisí na potravě a když ji přestane dostávat, umírá, tak vyšší světlo závisí na clonou odraženém světle a s jeho přerušením mizí vyšší světlo z Parcufu – člověk je přestane vnímat.

Vyšší světlo sestupuje od Biny v podobě přímého vyššího světla, nazývaného „lev", tj. v podobě „odevzdávání", v souladu s povahou Biny. A člověk vidí (pociťuje), jak se přímé světlo odívá do odraženého, pozvedajícího se od jeho obětování (odmítnutí egoismu), které je potravou lva.

A on požírá obětinu a z toho roste: nakolik je Izrael dokonalý a schopen přinášet oběti, „odevzdávat", natolik je velký MAN, který pozvedá, natolik je silný úder přímého světla na clonu, odrážející všemi možnými silami světlo – potěšení, zdola nahoru. Clona přitom odráží vyšší světlo ve velkém strachu: co když náhle nebude v stavu odrazit je a zachce se mu sebenaplnit se světlem tohoto Přikázání.

Právě v tom spočívá lidská práce, nazývaná „Emuna Lemala Mi Daat" (víra je nad vědění), práce ve víře, aby byla nad vědění – egoismus i rozum. A ti, kteří dostávají vnitřní jistotu v tom, že stačí jít uvnitř své přirozenosti, se nazývají „Domem de Keduša" (čisté neživé, nerozvíjející se), neboť takové vědění jim neumožňuje duchovně růst.

Proto, jestliže je výška odraženého světla veliká, definuje se to jako lev, který trhá a pohlcuje obětiny, jako vítěz, protože díky úsilí nižšího – člověka, vzrůstá on sám a pozvedá se na vyšší duchovní úroveň.

Nečistá síla, přání naplnit se, dostávat ve svůj prospěch, se nazývá „pes", jak je řečeno v knize Mišlej 30, 15: „Pijavice má dvě dcery (které požadují) - dávej, dávej a štěkají jako psi a požadují (aby dostaly) jak tento, tak i budoucí svět. A tato nečistá síla, nazývaná Klipa, je tím silnější, čím výše se člověk pozvedá. A její nejsilnější část odpovídá světlu Jechida, proti lvu, který požírá oběti.

Neboť lev je milosrdenství a odevzdávání, nepřeje si dostávat ve svůj prospěch, jak je řečeno v traktátu Výroky otců 95: „Chasid je milosrdný spravedlivý, který říká: „Tvoje je tvoje a moje je tvoje", naopak nečistá síla, pes, je celá zaměřena na dostávání a není v ní žádná snaha odevzdávat, jak je řečeno v Talmudu (Bava-Batra 10, 2): „Ve spravedlivých mezi národy světa - veškeré jejich milosrdenství je pouze v jejich prospěch," protože jsou spjati s nečistou silou psa. (V žádném případě není správné chápat to, co zde bylo řečeno, doslovně, protože, jak jsem již několikrát upozorňoval, veškerá kabala hovoří pouze o lidském prototypu. Izrael je vnitřní dychtění člověka po Stvořiteli, gój (jinověrec) je jeho egoismus (bez vztahu, nezávisle na původu člověka). Srovnej to s tím, co bylo řečeno výše o pozemském a duchovním Chrámu, kde není vazba mezi kameny a duchovními objekty. Rovněž je nepochopitelné nezasvěcenému, proč altruismus je vlastnost lva a oddané zvíře pes je kořen egoismu a nečistoty).

Proto je řečeno, že v době, když byl Izrael dokonalý, byl uznán za hodna vlastnosti lva a všichni psi zůstali pozadu za ním, protože dal sílu Malchut pozvednout odražené světlo na velkou výšku – požíral obětinu jako vítěz a nečistá síla jako pes se bála přiblížit se k němu a skrývala se ve strachu před lvem.

97. Když se však rozmnožily hříchy, On se spustil na nižší stupně a zabil lva. To, že si nepřál přinést mu oběť jako na začátku, je považováno za to, že ho zabil. Proto lva udeřil a hodil ho do jámy – v souladu se svým chápáním, na špatnou stranu. Spatřila to špatná strana a poslala psa, aby požíral obětiny z obětiště místo lva. Jak se ten lev jmenoval? A na jaké jméno slyšel ten pes? Jmenuje se Baladan, protože slovo „Baladan" se skládá ze slov „Bal-Adam", kde písmeno Mem je nahrazeno písmenem Nun, vždyť to vůbec není člověk, nýbrž pes a jeho tvář je jako psí tlama.

(On je Benajahu ben Jehojada ben Iš Chaj, Rav Paalim, Mekabciel, v němž svítí veškeré světlo současně, stupeň Atik.) V důsledku toho, že zmizela clona Malchut (BON) a Bina

(SAG), Izrael dole již rovněž nemohl pozvednout MAN, přání „odevzdávat", clonu, která byla potravou lva. Přerušil se Zivug a vyšší světlo (lev) zmizelo, skrylo se ve výšce ve svém kořeni.

Hodil jej do jámy – kořen přání po sebenaplnění se nachází v očích, jak pravil Raši (týdenní kapitola Šlach): „Oko spatří a vzplane přání srdce." Toto přání po sebenaplnění se nazývá prázdnou jámou bez vody (Tóra, Berešit, Gn 37, 24). Vyšší světlo ji nenaplňuje; i když je prázdná, není hodna sloužit jako nádoba světla, jak stojí psáno (Talmud, Sota, 5): „Nemůžeme se Já a on nacházet na jednom místě."

Tím byl shozen lev do jámy, protože mu byl zasazen úder před očima nečisté egoistické síly, nazývané prázdná jáma bez vody. A tyto jámy se nyní vynořily ze svých úkrytů a projevují svoji moc; objevuje se štěkající pes místo lva.

ZA – MA = 45 se nazývá Adam = Alef-Dalet-Mem = 1 + 4 + 40 = 45, kdy dostává světlo od Biny. Vlastnost Biny je vlastnost odevzdávání. Proto je řečeno (Talmud, Javamot, 61): Vy se nazýváte člověkem" – pouze ten, kdo dosahuje vlastnosti odevzdávat – nikoli ti ostatní, o nichž je řečeno (Talmud Bava-Batra, 10, 2): „Dokonce jejich milosrdenství je pouze pro jejich výhodu." Proto se nazývají BALADAN od slov BAL-ADAN.

98. V den sněhů, v den příchodu neštěstí shůry, z vyššího soudu, je řečeno: „Nebojí se její dům sněhu," tj. vyššího soudu, nazývaného sníh, protože je celý její dům ve dvojitých oděvech, a proto může snést silný oheň. Tak hovoří kniha.

Přísnost, soud (Din), nebo omezení používání egoismu v mužské části se nazývají „sníh", vycházející z vyššího soudu. Tato přísnost a omezení jsou velmi silné, ale zmírňují se pod hrudí, kde je dostává Malchut. O těchto přísnostech hovoří Nukva (Šir HaŠirim, Pís 2): „Obklopte mě růžemi". Hovoří o dvou ohních: vyšším – Bině a nižším, svém - Malchut.

Poté, co vešly tyto dva ohně do ní, Malchut oslabuje přísnost chladného sněhu svým ohněm. Proto je řečeno v Šir HaŠirim, že se její dům nebude bát sněhu – vyššího soudu – omezení na mužskou část, neboť je její dům oděn dvakrát. To znamená naopak, tento sníh jí pomáhá snést žár jejího ohně. Právě nyní, kdy není clona ani Zivug – a nejsou již tyto dva ohně, vracejí se znovu omezení sněhu.

99. Co je napsáno dále? A on udeřil Egypťana. Zde se hovoří o tajemství, že pokaždé, kdy Izrael zhřešil, Stvořitel se před nimi skrýval a omezoval je v dostávání všeho dobrého, veškerého světla, jímž jim svítil. Udeřil Egypťana. On je Moše, světlo, svítící Izraeli, protože se v Egyptě narodil, vyrostl a dosáhl vyššího světla.

Tóra nemá na zřeteli člověka, nýbrž hovoří o světle, které zmizelo a skrylo se. Proto je stanoveno, že ho zabil. Zmizelo velké světlo, jímž Moše svítil Izraeli. A toto světlo se nazývá „Egypťan", neboť se Moše narodil v Egyptě a vyrostl tam a tam byl uznán za hodna velkého vyššího světla, které přineslo osvobození Izraeli od Egypta.

100. Člověk zrcadla. Je řečeno, zrcadlo a člověk, jak je řečeno, Boží člověk, manžel tohoto zrcadla, stvořitelovi slávy, Malchut. Protože byl uznán za hodna řídit tímto stupněm celou zemi ve veškerém svém přání, čehož nikdo jiný nedosáhl.

Moše se od ostatních proroků liší tím, že je základem ZA, staví a předává od ZA světlo do Malchut, zatím co ostatní proroci jsou základem Malchut a dostávají od ní. Proto se o něm praví „Boží člověk", muž Malchut, nazývaný „velikost Stvořitele". A proč je Moše označován za manžela Malchut? Protože dosáhl úrovně ZA a dává světlo Malchut. Proto je o něm řečeno, že dosáhl toho, čeho nedosáhl nikdo. Protože ostatní proroci dostávají od Malchut a z tohoto důvodu je řídí.

Ten, kdo dosahuje Malchut, dostává od ní. Stupeň, nazývaný Moše, znamená, že člověk, který na něm stojí, sám dává světlo Malchut, ale nedostává od ní. Jak je to ale možné – že by člověk byl nad Malchut? Jestliže všechny naše duše vycházejí z Malchut a nacházejí se ve světech BJA, jak tedy lze dosáhnout takové úrovně? Má se na mysli stav vzestupu nad Malchut, jak se Moše povznesl do Biny.

101. Byla mu předána Stvořitelova hůl, jak je řečeno: „Se Stvořitelovou holí v ruce mé." Je to hůl, stvořená večer, v šestý den stvoření, před Sobotou. A v ní je Jeho svaté jméno. A tou holí zhřešil Moše, když dvakrát udeřil do skály. Stvořitel mu pravil: „Moše, nedal jsem ti proto Svoji hůl, a tudíž už ji nebudeš mít."

Večer, soumrak, znamená stav zmírnění přísnosti Malchut vlastnostmi Biny natolik, že nelze odlišit, zda je to Malchut, nebo Bina. Je tomu tak proto, že v Sobotu se pozvedá Malchut do AVI a stává se Binou. Avšak za soumraku před Sobotou Malchut ještě není zcela Binou, ale již není Malchut (všude se hovoří pouze o vlastnostech objektů, neboť kromě přání není v duchovním světě nic. To v našem světě jsou přání oděna do fyzických těl).

Proto je řečeno, že je za soumraku stvořeno deset věcí, kdy se samotná věc neliší od toho, odkud pochází, od Biny, nebo od Malchut, protože v samotné Malchut se necítí rozdíl. A taková je vlastnost hole, stvořené za soumraku před první Sobotou světa, z čehož vyplývá svatost v ní, tj. zvláštní vlastnost Stvořitelova jména, poukaz na vlastnosti Biny, z níž sestupuje svatost – altruismus. A tuto svatost je připravena dostat Malchut.

A tyto dvě vlastnosti Biny a Malchut se nacházely ve Stvořitelově holi, zcela neodlišitelné od sebe navzájem, protože byly stvořeny za soumraku. Proto za pomoci této hole, tj. takové vlastnosti spojení Malchut s Binou, lze přinést Izraeli všechen zdar a veškeré zázraky, všechno světlo, neboť v tom spočívá sestup světla z Biny do Malchut. Za pomoci této vlastnosti – „hole" byl Moše uznán za hodna pozvednout se do Biny, na stupeň „Boží člověk". Z tohoto důvodu se hůl nazývá Stvořitelovou holí jménem Bina.

Malchut se nazývá Cur (skála) a Malchut, a poté co se pozvedla do Biny, se nazývá Sela (jiný název pro skálu). Vnitřní Zivug mezi ZON (ZA a Malchut), tj. ve stavu jejich vzestupu do AVI, kdy Nukva využívá Kelim Imu, se nazývá ŘEČ. Vnější Zivug mezi ZON, tj. když jsou na svém místě, se nazývá „úderný Zivug".

Proto je v týdenní kapitole Tóry Bešalach (Šemot, Ex 17, 6) řečeno Mošemu: Udeříš do skály (Cur) a vyjde z ní voda," protože v samotné Malchut probíhá úderný Zivug. V týdenní kapitole Chukat (Bamidbar, Nu 20,8) je řečeno: „...a před jejich očima promluvte ke skalisku, ať vydá vodu." Vždyť skála je v Bině a Zivug v ní se nazývá „řeč".

A v tom spočívá Mošeho hřích – dvakrát udeřil: kromě toho, že udeřil do Curu, udeřil i do Sely, v níž není úder, pouze Zivug v podobě řeči. Vzhledem k tomu, že ve Stvořitelově holi se nedá rozlišit, k čemu patří, zda k Malchut, nebo k Bině, využil ji i k Sele – Bině. Na to mu odpověděl Stvořitel, že hůl mu byla dána pouze k použití s Curem, nikoli se Selou.

102. Neprodleně se k němu spustil v přísnosti a vzal hůl z Egypťanovy ruky, neboť v tom okamžiku, kdy mu byla odňata hůl, byla odňata navždy. A byl jí zabit – v důsledku hříchu, jehož se dopustil úderem do skály tou holí, zemřel a nevešel do svaté země. A toto světlo je před Izraelem skryto.

Již se hovořilo výše v § 94: v důsledku velkého Zivugu do Atiku měl zmizet pouze BON, nikoli však SAG, tehdy se BON mohl ihned povznést a navěky se stát jako SAG. Vzhledem k tomu však, že SAG a BON spolu splynuly, spolu s BON zmizel i SAG.

Z toho důvodu zmizelo Mošeho světlo z Izraele, protože ještě více zhřešil a poškodil spojení BON a SAG úderem do Sely. Proto se na něj spustil přísný soud, což znamená zmizení světla SAG, vždyť v něm skutečně již není žádné spojení s BON, a anulování BON na něj vůbec nepůsobí.

V tom spočívá smysl toho, co je řečeno (Tehilim, Ž 74, 5-6): „Ví se, že tak, jako když se zvedá širočina vzhůru v spleti stromů, nyní otloukali řezby ve svatyni sekerou a mlatem." Jde o to, že v důsledku vzestupu Malchut do Biny a její nápravy v ní je Malchut podobna křoví, neboť se i SAG od spojení s BON anuloval od tohoto vzestupu Malchut, jako od „sekery a mlatu".

Proto je řečeno, že hůl byla Egypťanovi odňata a nikdy se již k němu nevrátí, neboť hůl patří k Malchut. Proto navěky zmizelo toto světlo, vždyť BON sám se poté obnovuje a stává se navěky SAG. Proto už není zapotřebí používat hůl pro úder.

V souvislosti s tím je řečeno, že byl zabit touto holí, vždyť, kdyby se uvaroval a použil ji pouze jednou úderem do Curu, nikoli však do Sely, SAG by se neanuloval spolu s BON a on by nezemřel, nýbrž by se neprodleně pozvedl do SAG. Proto je řečeno, že Moše nevejde do svaté země, do Izraele, protože Izrael je BON ve stavu jeho vzestupu do SAG a nazývá se svatá země, neboť v něm svítí světlo Bina, nazývané svaté. Před koncem nápravy však jsou ještě vzestupy a pády, což působí ničení – mizení světla a odhalení – záření světla. Na konci nápravy však zůstane BON v SAG natrvalo, jako EREC IZRAEL, a nadále z ní nebude vyhnanství.

103. Nejváženější z třiceti odpovídá vyššímu, který dostává shůry a předává dolů, dostávající a přibližující. Nepřichází však k prvním třem, nýbrž ti přicházejí k němu a odevzdávají mu z celého srdce, on však k nim nepřichází.

GAR, tj. Ch-B-D, se nazývají „třicet", každá ze tří Sefirot Ch-B-D se skládá z deseti, celkem tedy třicet. A jejich světlo svítí během celých 6000 let. Duše Benajahua se objevuje od velkého Zivugu Atik, shromažďujícího všechny tyto Zivugy během 6000 let. Proto jmenovaný Rav Paalim je muž mnoha činů a Mekabciel všechno shromažďuje do jednoho stupně – Parcufu, nazývaného Benajahu ben Jehojada.

Proto dostává od všech vyšších třiceti jejich světlo, sestupující k jeho duši, dole, na konci všech. Celý se skládá z jednotlivých jedinečných Zivugů, k nimž došlo během 6000 let, které shromažďuje do jednoho. A přestože mu odevzdávají všechny svoje nejlepší vlastnosti, z celého srdce, nemůže se k nim poté přiblížit a dostat od nich. Jde o to, že po zmizení clony v ZON zmizela rovněž clona v SAG. Proto k nim nemůže přijít, pozvednout MAN a dostat od nich ještě něco dalšího.

104. Přestože se nezařadil mezi ně, uslyšel David tento smysl, který se nikdy neodloučí od srdce, protože se nemohou nikdy rozdělit. David se na to soustředil celým svým srdcem, ale on Davidovi nevěnoval pozornost. Neboť luna vysílá ke slunci chvály, písně, milosrdenství, jimiž opěvuje slunce, a tím je přitahuje k sobě, aby byly spolu se sluncem.

David je Malchut. Malchut je od slova Melech – král. Proto je David král, neboť jeho vlastnostmi jsou vlastnosti Malchut – království. A je to čtvrtá noha – opěra od GAR. Proto je řečeno, že i když nemůže být spolu s třiceti, tj. s GAR, stejně se připoutal k těmto vlastnostem a nikdy se od těchto vlastností neodlučoval.

Příčina spočívá v tom, že veškerá dokonalost Malchut se odhaluje v něm, neboť pochází od velkého Zivugu Atik, který ničí všechny nečisté síly BON, jak je řečeno: „Ničí zlo navěky."

Proto to David přijal na svoje srdce, aby se s tím již nikdy nerozloučil, neboť to je jeho dokonalost. Benajahu ben Jehojada nevěnoval Davidovi pozornost, vždyť David je čtvrtá opěra od GAR, proto jakoby nemohl dostat od GAR. A protože nemůže dostat od Davida, nevěnuje mu pozornost.

Za pomoci MAN Malchut, nazývaného Seara (vítr), pozvedaného do ZA (nazývaného nebe), v důsledku opěvování, chval a milosrdenství, dostává Malchut světlo duše Benajahua ben Jehojada, které je absolutní dokonalostí, a navěky s ním splývá.

105. Padli před ním rabi Eleazar a rabi Aba na tvář a již ho neviděli, vstali, odešli do všech stran a neviděli jej. Seděli, plakali a nemohli spolu ani hovořit. Poté pravil rabi Aba: „Správně jsme učili, že na všech cestách spravedlivých je Tóra s nimi, přicházejí k nim spravedliví z tohoto světa, aby jim odhalili tajemství Tóry. To k nám jistě přišel rav Hamnuna-Saba z onoho světa, aby nám odhalil tato tajemství. Dříve však, než jsme ho stačili poznat, zmizel." Vstali a chtěli vést své osly, ale nemohli. Znovu a znovu osly pobízeli – ale nemohli jít. Dostali strach a své osly opustili. Až do dnešního dne se toto místo nazývá Místo oslů.

Protože nemohli snést tak velké světlo, které se před nimi objevilo během odhalování těchto tajemství, upadli (malý stav) a vstali (velký stav), natolik to nemohli snést. Poté, co byli uznáni za hodna dostat od něho tak velký stupeň, toto světlo ihned zmizelo a již se neobjevovalo, nemohli ho již dosáhnout. A proto plakali (druh malého stavu) velkým hořem, že od nich odešlo tak vysoké dosažení, a nemohli hovořit (nepřítomnost Kelim).

Pro svůj hořký pocit ztráty si uvědomili, že to byl stupeň samotného rabiho Hamnuny-Saby a nikoli, jak si předtím mysleli, nižších než on. Síly, které získali od duše rabiho

Hamnuny-Saby, mají jméno osli, za jejichž pomoci mohou pozvedat MAN, prosbu o dosažení vyšších stupňů, Chaji a Jechidy.

To znamená, že duše je duchovní síla světla jako tažná síla osla, pomáhající překonávat egoistická přání a jít z místa na místo v duchovním světě, na vyšší stupeň. Pozvedat MAN znamená pociťovat, čeho se nedostává, čeho je nutno dosáhnout – v tom spočívá veškerá lidská práce.

V tom spočívá veškerá práce duše spravedlivého, která pomáhá tím, že usazuje (pozvedá) člověka na jeho osla (egoismus) a jde vpřed (táhne), aby svítila (dala síly) člověku na cestu spravedlivých. A nyní, po skončení své úlohy, tato duše mizí, i když by si velmi přáli i nadále se pozvedat a sedět na jeho oslech, tj. přáli by si znovu pozvedat MAN, aby se mohli vrátit a dosáhnout ještě jednou.

Již však nedokázali získat sílu, aby pozvedli MAN. A proto se ulekli a zanechali své osly na tom místě, které se proto nazývá Místo oslů, neboť již osly nemohli používat.

106. Rabi Eleazar otevřel a pravil: „'Jak velká je tvoje dobrotivost, kterou jsi uchoval těm, kdo se tě bojí' (Tehilim, Ž 31, 20). Jak nekonečně dobré je to, co Stvořitel dá lidem v budoucnu, těm vyšším spravedlivým, kteří se bojí zhřešit a zabývají se Tórou, když přijdou do onoho vyššího světa."

Velká dobrotivost: slovo rav znamená velký, hovoří o Gadlut, o dosažení světla GAR. Je to proto, že základem Parcufu je jeho VAK, což je nezbytné pro existenci množství světla, dostávaného od Zivugu AVI. Ty dělají Zivug a vyzařují světlo Chasadim, potřebné pro existenci světů. A veškeré dodatečné světlo, nadto nezbytné pro existenci, se nazývá GAR, světlo Chochma, dodatečné, oblažující, rav (velké).

Toto světlo Chochma, světlo GAR, vychází z Biny, nazývané „budoucí svět". Je oděno do světla Chasadim, které se rodí od Zivugu Sefiry Jesod, nazývané Chaj Olamim (život světů), a odtud sestupuje světlo ke spravedlivým, kteří se bojí zhřešit.

Zivug AVI, kdy jsou na stupni Bina, dává světlo Chasadim do ZA pro existenci světů. Zivug AVI, kdy se pozvedají do AA a rodí svým Zivugem nové duše, Zivug je však nestálý. Od něho sestupuje světlo Chochma, nazývané „nové duše".

107. Ještě lze vysvětlit název „velká dobrotivost" tím, že se v ní nacházejí všechna tajemství vyšší moudrosti, která sestupují od ZA do Malchut. Existuje velký strom, nazývaný ZA a rovněž nazývaný rav (velký, silný), a je malý strom, který z něj roste, Malchut. A vynáší jej do nejvyšší nebeské klenby.

Dodatečně k dosažení světla GAR existuje ještě vnitřní část vyšší moudrosti s jejími tajemstvími, která jsou odhalována v Zivugu Atik na konci nápravy, po 6000 letech. MA znamená nižší svět, Malchut. Velký a silný strom je ZA ve stavu svého vzestupu do Parcufu AB, neboť v tomto stavu dostává světlo Chochma a Chochma je síla. (Není tomu tak, že „vědění je síla", ale síla světla Chochma spočívá v tom, že umožňuje jít proti vědění, proti zdravému rozumu, ve víře nad věděním!)

Když však je ZA na svém místě, nazývá se to prostě strom, protože nemá světlo Chochma, pouze VAK, světlo Chasadim. Malchut se rovněž nazývá strom a roste spolu se ZA, ZA se pozvedá do Aby, tj. na tu největší výšku – K NEJVYŠŠÍ NEBESKÉ KLENBĚ, k Atiku.

108. Velká dobrotivost je světlo vytvořené v první den stvoření a skryté, aby bylo odhaleno v budoucnu spravedlivým v tomto světě. Tvoje činy jsou vyšší rajská zahrada, stvořená ČINEM Stvořitele.

Světlo, stvořené v první den stvoření, je ono světlo, v němž Adam viděl od jednoho kraje světa do druhého. A proto je řečeno v Tóře, v popisu prvního dne stvoření, pětkrát slovo „světlo". Světlo, předurčené poté spravedlivým v budoucím světě, protože je skryto v Sefiře Jesod de Aba a Jesod de Ima, které se dohromady nazývají spravedlivý a spravedlnost.

(V hebrejštině je to jeden kořen Cedek (spravedlnost), a Cadik (spravedlivý). Tak se nazývá člověk, který když dosahuje Stvořitelova řízení, vidí, že toto řízení je spravedlivé. Proto ospravedlňuje veškeré Stvořitelovy činy, čímž se nazývá spravedlivým. Jiný význam slova spravedlivý je spojen s tím, že za spravedlivého považuje Stvořitele. Jde o to, že se člověk duchovně nazývá jménem toho stupně, jehož dosahuje. Jestliže dosáhl toho, že Stvořitel je spravedlivý, získal toto dosažení od stupně, na nějž se pozvedl, to znamená, že se sám již nazývá podle jména tohoto stupně.)

Světlo Chochma lze dostávat pouze do drahých oděvů, nazývaných spravedlnost, tj. pouze s těmito záměry. A zde se hovoří o otevřeném činu – má se na zřeteli šíření světla bez jakéhokoli omezování, což nastane po veškeré nápravě. Takovýto stav se nazývá „vyšší rajská zahrada".

Existuje rajská zahrada země, nazývaná dolní, je to VAK. A je vyšší, to je GAR. Všechny duše se nacházejí v dolní rajské zahradě. A pouze o novoluní a o Sobotách se pozvedají do vyšší rajské zahrady a poté se vracejí na svoje místo. Jsou však zvláštní osobnosti – duše, jejichž místo je ve vyšší rajské zahradě. O tom praví rabi Šimon: „Viděl jsem ty, kteří se pozvedají, ale je jich málo."

109. V nižší rajské zahradě stojí všichni spravedliví, oděni do drahocenných oděvů, podobní svými vlastnostmi i podobou těm ozdobám, v nichž byli v tomto světě. To znamená, že jsou v téže podobě jako lidé v tomto světě, v souladu s konáním člověka v tomto světě. Stojí tam a odtud odlétají vzduchem, pozvedají se na shromáždění do vyšší rajské zahrady, létají tam, omývají se v rose čisté řeky Afarsemon, sestupují a vznášejí se dole, v nižší rajské zahradě.

Základní rozdíl mezi GAR a ZAT jak v Parcufim, tak i v duších, spočívá v tom, že GAR = K-Ch-B se nepotřebují odívat do světla Chasadim a mohou dostat světlo Chochma takové, jaké je. Parcufim VAK a duše, zrozené ze ZON, pro něž je základem VAK, tj. světlo Chochma, oděné do Chasadim, mohou dostat světlo Chochma pouze po jeho odění do světla Chasadim.

Ruach spravedlivých v dolní rajské zahradě je oděn do světla Chasadim jako duše lidí v tomto světě. A za pomoci tohoto oděvu, nazývaného drahocenný, se mohou povznést do vyšší rajské zahrady a dostat tam světlo Chochma. A poté se vracejí na svoje místo v dolní rajské zahradě. Je tomu tak proto, že tam je jejich stálé místo.

Silou světla Chasadim, nazývaného „vzduch", se pozvedají, létají do vyšší rajské zahrady, aby dostaly světlo Chochma, nazývané řekou Afarsemon. Nemohou tam však zůstat a neprodleně sestupují dolů, z vyšší do nižší rajské zahrady. Zohar je srovnává s dušemi lidí, protože jak tyto vyšší duše, tak i nižší duše lidí, se musí odít do světla Chasadim, aby se napravily a pozvedly.

110. A někdy se tito spravedliví ukazují jako lidé, aby dělali zázraky jako vyšší andělé, a my jsme viděli pouze zář vyššího světla, nebyli jsme však hodni uvidět a poznat velká tajemství moudrosti.

NEBYLI HODNI POZNAT VELKÁ TAJEMSTVÍ MOUDROSTI – protože poháněč oslů zmizel, odešel od nich. Zde jde o zvláštní duše, které jsou ve vyšší rajské zahradě. I když se povznesli natolik vysoko, že se duše z dolní rajské zahrady pozvedají k nim pouze o novoluní a o Sobotách, nemohou tam zůstávat a neprodleně se spouštějí dolů, na své stálé místo, jsou podobni duším lidí, které sestupují z vyšší rajské zahrady do tohoto světa a setkávají se s lidmi jako vyšší andělé, kteří zřídka sestupují do tohoto světa.

Podobně jako nyní viděli světlo vyššího nebeského tělesa, světlo Hamnuny-Saby, který na ně sestoupil z nejvyššího bodu, z vyšší rajské zahrady a odhalil se před nimi v tomto světě, tj. za jejich života v tomto světě.

JAKO LIDÉ – mají se na zřeteli duše v dolní rajské zahradě, které mají lidskou podobu a působí na ně světlo vyšší rajské zahrady, které mohou dostat během vzestupu o novoluní a o Sobotách. V důsledku toho jsou hodny setkat se s dušemi z vyšší rajské zahrady, a poté sestupují na svoje stálé místo.

Lze však říci, že slovy JAKO LIDÉ se mají na zřeteli právě lidé z tohoto, našeho fyzického světa, ale duše z vyšší rajské zahrady sestupují někdy do tohoto světa jako vyšší andělé a předstupují před oči spravedlivých.

111. Rabi Aba otevřel a pravil: „I řekl nebožtík ženě: ´Zemřeme, protože jsem viděl Stvořitele.´" I když nevěděl, co učinil, jak je řečeno: „Nevěděl, že to je anděl." Vzhledem k tomu však, že je řečeno: „Člověk Mě nesmí spatřit, má-li zůstat naživu," vidíme, že hle, on zemřel. A my jsme byli uznáni za hodna toho, že toto velké světlo šlo s námi, a existuje svět, protože nám ho poslal sám Stvořitel, aby nám odhalil tajemství své vyšší moudrosti. Jak jsme šťastni!"

Když anděl viděl nebožtíka, mrtvý ještě neměl tu potřebnou výšku dosažení, a proto si anděl nepřál prozradit svoje jméno. I když však ho neznal a nepoznal, přesto se bál toho, co je řečeno (Tóra, Šemot, Ex 33, 20): „člověk mě nesmí spatřit, má-li zůstat naživu."

A my jsme hodni úplného dosažení, protože jsme se dozvěděli jeho jméno, že je to rabi Hamnuna-Saba. A žijeme a existujeme v tomto světě. Z toho je zřejmé, že stupeň rabiho

Hamnuny-Saby se nazývá „Ukaž mi Svou slávu!" (Tóra, Šemot, Ex 33, 18), oč prosil Moše Stvořitele.

Stvořitel však na to odpověděl: „Nemůžeš vidět moji tvář, neboť člověk mě nesmí spatřit, má-li zůstat naživu." Z toho je patrno, že oni dosáhli něčeho vyššího, než dosáhl Moše. O takovém stavu praví mudrci (Jalkut Šimoni, konec): „Nebylo vyššího proroka než Moše, ale mudrc byl." A jak stojí psáno (Talmud, Bava-Batra 12, 1): „Mudrc je lepší než prorok." Tím povznesli svůj duchovní stav, že byli hodni tak vysoké duše, když ještě byli v tomto světě.

112. Šli a přišli k hoře. Slunce zapadlo. Začaly o sebe tlouci větve stromu, který byl na té hoře, a zpívat. Ještě na cestě uslyšeli silný hlas: „Synové svatého Stvořitele, rozptýlení mezi žijícími v tomto světě, osvětlují je synové shromáždění, shromážděte se na svoje místa a radujte se s vaším Stvořitelem v Tóře." Polekali se a zastavili. Posadili se.

Přišli k hoře, jak pravil král David (Tehilim, Ž 24, 3): „Kdo vystoupí na Hospodinovu horu? A kdo stanout smí na Jeho svatém místě?" Kdo je toho hoden? Když vystoupili na horu, slunce zapadlo (světlo odešlo z Parcufu). Uslyšeli však něco od stromů, jak je řečeno (Tehilim, Ž 96, 12): „Tehdy zaplesají všechny stromy v lese."

Slyšeli hlas, který jim říkal, aby se vrátili na svoje místo a měli radost ze Stvořitele a Jeho Tóry, aby sestoupili z hory. A volá je jménem tohoto vysokého stupně, jehož dosáhli. Naznačuje jim však, že lidé nejsou hodni toho, aby byli současně v tomto světě a na tomto stupni. I když však je přepadl strach, neodešli z hory, nýbrž se posadili a nehýbali se z místa. Polekali se, zastavili a posadili – duchovní stavy Parcufu.

Vidíme, jak Zohar vysvětluje cestu spravedlivých – těch, kteří překračují Machsom = přepážku, oddělující náš svět od duchovního, a začínají se pozvedat po stupních duchovního žebříku. Tato cesta je rozmanitá a každá kniha Tóry ji popisuje svým jazykem: jazykem kabaly, vyprávění, jazykem právních zákonů, jazykem historických svědectví Pentateuchu atd. Zohar nám vykresluje jasný obraz – jako průvodce pro ty, kteří se ocitnou na místě těchto vysokých poutníků v duchovním světě. Tehdy vy sami uvidíte, co se rozumí pod pojmem „hora", „strom", „hlas" atd. A Zohar se tehdy stane pro vás pravdivým ukazatelem cesty!

Nelze podrobněji popsat stavy Parcufim, tj. vnitřní vjemy člověka, který se duchovně povznáší, protože k tomu musí mít čtenář určité vhodné osobní pocity. Kdyby bylo možno alespoň jednou spatřit, co znamená to, co je popisováno, nebo něco tomu podobné, bylo by možno mít dále zcela jasnou představu, oč jde. Jak k tomu dochází v našem světě: i když bychom nebyli v nějaké zemi, můžeme si představit, o čem se nám vypráví, podle analogie s tím, co je nám známo. Tady ale žádná podobnost neexistuje. A ten, kdo poprvé spatřil duchovní svět, pochopí, jakých chyb se dopouštěl ve svých minulých představách! Proto o mnoha stavech, popisovaných v Zoharu, hovořit nemůžeme.

113. V té době znovu zazněl hlas: „Silné skály, velká kladiva hromů, Bina stojí na sloupu, vejděte a shromážděte se." Tehdy uslyšeli silný hlas tisíců stromů, který říkal: „Stvořitelův hlas poráží cedry." Rabi Eleazar a rabi Aba padli na tvář. Přepadl je mocný strach. Spěšně vstali a odešli, neslyšeli již nic, spustili se z hory a šli dále.

Dříve jsme hovořili o tom, že nemohli naložit věci na své osly, což znamenalo, že nemohli pozvednout MAN, neboť rav Hamnuna-Saba již dokončil svou úlohu, spočívající v tom, aby jim pomohl. Proto přišli o bývalou sílu svých oslů a nemohli je dále používat, aby pozvedli MAN a byli hodni vyšších stupňů.

Proto řekl dříve rabi Eleazar, že nebyli uznáni za hodna spatřit a poznat tajemství vyšší moudrosti. Jde o to, že poté, co dosáhli stupně Jechida, tj. otevření duše Benajahua ben Jehojada za pomoci rabiho Hamnuny-Saby, zmizení clony BON způsobilo ztrátu clony SAG, a proto již nedokázali pozvedat MAN.

K přerušení sestupu světla z těla Atiku k nim došlo speciálně pro to, aby měli možnost, správněji, síly znovu vytvořit clonu de SAG. V důsledku toho se BON stane jako SAG a oni se vrátí, aby znovu pozvedli MAN a znovu dokázali pozvedat se od stupně k stupni.

Proto rovněž rabi Eleazar a rabi Aba od té doby, co opustili své osly, ztratili síly znovu pozvedat MAN, aby vrátili BON na úroveň SAG. Hlas jim však zvěstoval, že jsou silní jako skála a hromy, protože obstáli ve všech dosavadních zkouškách, a oni naberou síly k tomu, aby obstáli proti silným skalám a překonali jako dříve všechny překážky až k tomu, že rozbijí tyto překážky jako velká kladiva hromů, které se řítí z výšek dolů.

Bina se nazývá zdroj barev, i když sama nemá žádnou barvu, protože je veškeré milosrdenství, ale všechny ostatní vlastnosti vycházejí právě z ní, za pomoci toho, že překonávají jako skály všechny zkoušky. Od toho všeho dostává Bina nové formy, protože dostala síly nové clony, na níž se objevují a rodí všechny nové Parcufim a stupně.

Spolu s hlasem, který jim zvěstoval, že Bina má nové síly, uslyšeli ještě jeden hlas (Tehilim, Ž 29, 5): „Hlas Hospodina poráží cedry," který jim zvěstoval, že všechny cedry – překážky na jejich cestě k vyššímu povznesení - jsou odstraněny. To jim dalo síly sejít z hory a pokračovat v cestě k vyšším stupňům.

114. Když došli k domu rabiho Josiho, syna rabiho Šimona ben Lakunija, spatřili tam Šimona Bar-Jochaje. Zaradovali se. Zaradoval se i rabi Šimon. Řekl jim: „Správně jste prošli cestou vyšších znamení a kouzel, protože jsem nyní spal a viděl vás a Benajahua ben Jehojada, který vám posílal dvě koruny s jedním starcem, aby vás jimi ozdobil. Jsem si jist, že na této cestě byl Stvořitel také, protože vidím, jak se změnily vaše tváře." Rabi Josi řekl: „Je správně řečeno, že mudrc je lepší než prorok." Rabi Eleazar přišel a položil si hlavu na kolena svého otce, rabiho Šimona, a vyprávěl mu o tom, co se stalo.

Zde Zohar alegoricky vysvětluje dva stavy: zaprvé, že byli uznáni za hodna dosáhnout světla SAG, nazývaného rabi Josi. Zadruhé, že se nyní spojily SAG a AB ve stálém Zivugu. Je to patrno z toho, že se setkali s rabim Šimonem a rabi Šimon se nazývá světlo Chochma. To znamená, že byli nyní uznáni za hodna toho, že se jejich BON vrátil, aby se stal jako SAG, navěky, ve stálém Zivugu s AB.

Benajahu ben Jehojada jim poslal prostřednictvím rabiho Hamnuny-Saby dvě koruny: světlo Jechida, nazývané sám Benajahu ben Jehojada, a nové světlo AB-SAG, jehož právě dosáhli a které k nim rovněž přichází silami Benajahua ben Jehojada jako odměna za překonání všech překážek, díky nimž byli právě oni uznáni za hodna tohoto stupně, vycházejícího z velkého světla jeho duše.

Z toho vyplývá, že jim poslal dvě koruny. Všechny ty pády, které zakusili na své duchovní cestě, však nebyly nezdary, nýbrž sám Stvořitel je vedl k tomuto vysokému stupni, jehož nyní dosáhli. Proto je řečeno: „JSEM SI JIST, ŽE NA TÉTO CESTĚ BYL (s vámi) STVOŘITEL." Ale „JAK SE ZMĚNILY VAŠE TVÁŘE," protože jste dosáhli ještě něčeho, o čem hovoří výrok: MUDRC JE LEPŠÍ NEŽ PROROK.

115. Rabi Šimon se polekal a zaplakal. Řekl: „Slyšel jsem Stvořitele a zalekl jsem se." O tom pravil prorok Chavakuk (Habakuk), když spatřil svoji smrt a jak ho Eliša (Elíša) oživuje. Proč se jmenuje Chavakuk? Protože je řečeno, že v této době bude CHOVVEK-ET – objat syn. Chavakuk byl totiž synem Šunamit. A byla dvě objetí: jedno matčino a druhé Eliši, jak je řečeno: „I přiložil svoje ústa k jeho ústům."

Zaprvé je nepochopitelné, jak mohl prorok Eliša předat Šonamit ve svém požehnání semeno, které nemůže existovat, tj. plodit. Vždyť Eliša byl největší ze všech proroků po Mošem a jeho duše byla z vyšší rajské zahrady. Proto jeho BON (v hebrejštině Ben = syn a BON se píší stejně: Bet-Nun) byl již absolutně čistý a dokonalý.

Proto, když jí předal syna, připojil jej k mužské straně a připojil Chavakuka pouze k ženské straně. A vzhledem k tomu, že ženská strana, Nukva, je bližší k nečisté síle, přisála se k němu a on zemřel. Proto spočívá příčina smrti ve vysoké úrovni proroka, neboť jeho BON sám je již čistý a bez přisávání nečistých sil.

Proto se modlil prorok (Malachim, 2 Kr 4, 27): „Stvořitel mi to zatajil a neoznámil mi to." To znamená, že si nemohl ani pomyslet, že může zemřít, jestliže je spjat pouze s BON. Proto bylo třeba se vrátit, oživit a připojit k vyššímu světu, k oživení mrtvých.

Podstata zárodku je bílá a světlo Chochma je v něm, jak je řečeno (Talmud, Nida 31, 1), že Aba – otec je Chochma, neboť Chochma se nazývá bílá, jak je řečeno (Tehilim, Ž 104, 24): „Všechno jsi učinil moudře" (Chochma). Je však ještě nezbytné odít se do světla Chasadim, což je záměr „ve prospěch Stvořitele", protože není možné přijmout světlo Chochma, světlo vědění, dosažení, potěšení, aniž je člověk oděn do světla Chasadim, bez altruistického záměru.

Proto je nezbytná červená od matky, tj. clona, dávající světlo Chasadim potřebné pro odívání světla Chochma v něm. V důsledku toho, že světlo Chasadim objímá (odívá, obaluje sebou) světlo Chochma, existuje zárodek. A zde veškeré objetí, které měl zárodek, přicházelo pouze od matky Šonamit, tj. pouze od ženské BON, strany.

Proto, když ho oživil, znovu mu předal bílou – Chochmu a červenou – Chasadim. Výsledkem bylo, že jej Eliša objal podruhé sám. Proto se říká, že byli dva Chavakukové (od slova Chibuk – objetí): jeden od matky a druhý od Eliši.

116. Našel jsem v knize krále Šloma (Šalomouna), že slovo Chavakuk obsahuje sedmdesát dva jmen. Eliša je vytvořil pomocí slov. Každé slovo se skládá ze tří písmen, protože písmena abecedy, která mu Otec zpočátku potvrdil, odletěla během jeho smrti.

Eliša jej však objal a svým duchem v něm potvrdil všechna ta písmena, v jeho sedmdesáti dvou jménech. A celkem je v jeho sedmdesáti dvou jménech 216 písmen, po třech v každém jménu.

Zárodek je budován z 216 = RYU (Reš = 200 + Jod = 10 + Vav = 6) písmen, označujících světlo Chochma, sestupující k IŠSUT. To znamená, že zárodek má RYU písmen, což znamená v gematrii REIAH = Reš-Alef-Jod-Hej, tj. světlo vidění, protože Reiah znamená v hebrejštině vidění a vidění je možné pouze ve světle Chochma, neboť vidět znamená dosahovat a světlo očí je světlo Chochma.

A když rostoucí Parcuf při dosahování velkého stavu dostává oděv světla Chasadim vyššího světa od AVI a RYU se odívá do světla Chasadim, pak se Parcuf nazývá AB (72) jmen, protože každá tři písmena se spojují do jednoho a RYU = 216 písmen, které se přemění na AB = 72 skupin písmen, po třech písmenech ve skupině, neboli AB = sedmdesát dva jmen.

A když světlo Chasadim, oděv Parcufu, přichází pouze z nižšího světa, je definováno jako RYU = 216 písmen. A když dosahuje AB, Chasadim z vyššího světa, znovu se spojují každá tři písmena do jedné skupiny a vzniká AB = 72 jmen, jak je řečeno, že V NĚM POTVRDIL VŠECHNA PÍSMENA. Když Eliša oživil Chavakuka, syna Šunamit, vytvořil jméno Chavakuk, AB = sedmdesát dva písmen z RYU = 216, protože mu předal světlo Chasadim vyššího světa, od AB.

V důsledku toho se všech 216 písmen spojilo po třech a vytvořilo shora dolů tři linie: pravou, levou a střední. Buňka ze tří písmen pravé, levé a střední linie, které byly vodorovné, tj. patřící k jedné cloně, typu Kli, je považována za jednu. Proto se místo AB (sedmdesáti dvou) jmen používá AB (sedmdesáti dvou) písmen s tím, protože se zde každé písmeno skládá ze tří, jež splynula do jednoho. Když světlo Chochma vstupuje do těchto sedmdesáti dvou buněk, Parcuf se nazývá AB a to znamená, že má úplné světlo Chochma.

B	Ch	
	D	
G	Ch	Jedna buňka. Celkem je 72 takových buněk - jmen
	T	ze tří písmen
Ch	N	
	J	

Světlo Chasadim je světlo, přinášející uklidnění v tom stavu, v němž se Parcuf nachází v daném okamžiku, protože jeho vlastností je si pro sebe nic nepřát, nýbrž odevzdávat. Světlo Chasadim, přijímané od nižšího světa, je však pouze uklidnění „protože není nic lepšího", nýbrž světlo Chasadim, dostávané od vyššího světa, vytváří natolik silnou vlastnost

„odevzdávat", že Parcuf dostává světlo Chochma, čímž ukazuje, že přesto, že je v něm světlo Chochma, dává přednost světlu Chasadim.

Podobá se to tomu, jak v našem světě člověk říká, že nic nepotřebuje. Něco jiného však je, hovoří-li o tom ve stavu, kdy nemá nic, ale může mít všechno, co si bude přát, ale přeje si omezit se na to nejnutnější a všechno ostatní odevzdat.

Proto, když rostoucí Parcuf, syn = BON, měl pouze Chasadim od nižšího světa, nemohl do nich dostat světlo Chochma, a proto se nazýval RYU písmen. A vzhledem k tomu, že k nim stále nečisté síly přisávájí, které lákají parcuf, aby přijal světlo Chochma pro sebe, pak se světlo Chochma do nich nemůže odít.

Právě tyto RYU písmen, které měl Chavakuk ode dne narození, ODLETĚLY BĚHEM JEHO SMRTI. A proto bylo nezbytné předat mu RYU písmen a AB jmen znovu, což učinil Eliša SVÝM DUCHEM, protože byl povinen vytvořit v něm znovu RYU písmen, aby je spojil do AB buněk za pomoci vyšších Chasadim (spojil všechny do tří linií), kdy se všechno spojuje do AB jmen.

117. Všechna tato písmena Eliša potvrdil v Chavakukově duši, aby jej oživil písmeny sedmdesáti dvou jmen. A nazval jej Chavakuk, protože to je jeho plné jméno, které popisuje všechny jeho vlastnosti, neboť hovoří o dvou Chavakukách, o 216 písmenech svatého jména, vždyť jméno Chavakuk v gematrii je 216, z nichž bylo vytvořeno sedmdesát dva jmen. S AB jmény jej oživil a vrátil do něj ducha, s RYU písmeny oživil jeho tělo a nechal existovat. Proto se nazývá Chavakuk.

Chavakuk = Chet + Bet + Kof + Vav + Kof = 8 + 2 + 100 + 6 + 100 = 216. Slovo Chavakuk hovoří o dvou objetích = Chibuk, množné číslo Chibukim = Chavakuk. (Jako všechna jména v hebrejštině hovoří toto jméno o vlastnosti osoby, která je nosí. Například Jaakov od slova Ekev - obešel Esava. Avraham = Av - otec, Am - národa.)

První objetí bylo od Imy, to však ještě neumožnilo světlu Chochma vejít do Parcufu, do RYU písmen, protože se nečistá síla přisává k červené, která je v matce - Imě. Poté však jej Eliša objal od Chasadim vyššího světa, z AVI, což sjednotilo písmena do skupin = jména a světlo Chochma vešlo natrvalo do těchto jmen, neboť nečistá síla se nemůže přisát k Chasadim vyššího světa.

Jak je uvedeno v příkladu výše, dokonce kdyby bylo nabídnuto veškeré světlo Chochma, Parcuf, který dostane ochranu v podobě přání Chasadim vyššího světa, dostane tak velkou sílu - přání odevzdávat, že si Chochmu nikdy nepřeje. Právě proto jej Chochma může navždy naplnit.

Proto jméno Chavakuk hovoří o dvou Chibukim (objetí), od matky a od Eliši, čímž mu poskytl dokonalost: Jak ze strany světla Chochma, tak ze strany světla Chasadim. Objetí je světlo Chasadim z AVI a světlo Chochma přijímané do světla Chasadim, se nazývá tajemství RYU.

Proto je řečeno, že AB JMÉNY OŽIVIL JEHO DUCHA, RYU PÍSMENY OŽIVIL JEHO TĚLO – v důsledku Elišova objetí se oživil, protože z RYU písmen se vytvořila jména, tj. tři linie, do nichž lze dostat světlo Chochma, v důsledku přijetí světla Chasadim pod AVI, vyššího světa. V tomto světle není možné napadení nečistými silami – egoistickými přáními člověka, a proto smrt není následkem přijímání světla Chochma pro sebe. A poté dostává světlo Chochma, které mu přináší úplnou nápravu těla.

RYU písmen měl Parcuf, syn Šunamit, od okamžiku svého narození a byl jimi opuštěn v okamžiku jeho smrti. Tak proč se tedy nazývá Chavakuk – dvě objetí, vždyť jedno, to první objetí Imy – matky, od něho odešlo v okamžiku smrti a ze smrti jej oživil Eliša, když ho objal pouze jednou, a proto v něm je pouze jedno objetí Eliši?

Jde o to, že Eliša mu nedal nic nového při oživení kromě objetí, tj. světla od vyšší Imy = SAG, jejíž světlo působí vzkříšení mrtvých. A od objetí jeho nižší matkou = BON byly RYU písmen prostě oživeny. A je to totéž RYU od BON, s nimiž se narodil. A jinak by to byla zcela nová duše, o níž by nebylo možno říci, že byla mrtvá a byla oživena.

Proto má ve skutečnosti nyní dvě objetí, vždyť i první se oživilo: BON se pozvedl do SAG. A protože BON je v místě SAG, má se za to, že jeho Chasadim jsou od vyšší matky a zcela neutralizují nečisté síly a smrt, protože jejich vlastnosti – přání jsou pouze „odevzdávat", což nesnese nečistá síla, a proto nemůže člověka svést. Proto se Chavakuk nazývá po účinku dvou objetí.

118. Pravil: „Slyšel jsem Stvořitele a polekal jsem se Jeho jména." Slyšel jsem to, co jsem měl, a okusil jsem od onoho světa – v okamžiku smrti, dříve než jej Eliša oživil. A polekal jsem se. Začal prosit o milosrdenství ke své duši. Řekl: „Stvořiteli, Tvoje činy, které Jsi pro mne vykonával během let, byly mým životem." A každý, kdo se spojí s minulými lety, jak se nazývají Sefirot Atiku, se spojuje se životem. Během let dej život tomu stupni, který je bez života, tj. stupni Malchut de Malchut.

Jeho strach pochází od minulé doby, minulých stavů, protože nyní se již stal dokonalý ze všech stran a protože zde strach již nemá co dělat. Strach však zůstal z minulosti, když odešel ze světa – hovoří se o stavu mezi smrtí a vzkříšením. Z minulého stavu však nadále dostává strach, aby mu pomohl vytvořit clonu pro vzestup MAN. Právě tento strach z minulých dob - stavů, které ho stimulují pozvedat MAN - prosbu o milosrdenství vůči sobě.

A to je tajemství budoucí clony, poté, co se BON stává SAG. Vždyť tehdy „… provždy odstraní smrt" (Ješajahu, Iz 25, 8) a nebude síly, která by působila strach ze smrti a strádání nebo která může způsobit škodu čistotě a svatosti člověka, proto není koho se zříkat, není před kým se chránit a koho se vyvarovat.

Tak odkud tedy může člověk, jenž dosáhl takového duchovního stavu, vzít strach? Vždyť bez toho se nedokáže dále povznášet! Dokáže to pouze tehdy, vezme-li strach ze svých minulých stavů! Protože paměť, záznam, vzpomínky na minulé stavy zůstávají u Parcufu BON dokonce po pozvednutí do SAG, kdy se BON stává jako SAG.

Kdyby nezůstávaly vzpomínky na strach z minulých stavů, Parcuf by nemohl vytvořit clonu ve stavu, kdy se již nemá čeho bát. Když to vysvětloval, vyprávěl rabi Šimon o

Chavakukovi, aby je naučil, jak dostat strach, podobně jako Chavakuk, který vzal strach z minulosti.

TVOJE ČINY... BĚHEM LET... BYLY MÝM ŽIVOTEM – protože měl dvě období – léta, předcházející jeho smrt, a léta po jeho vzkříšení. Mezi nimi byl stav odchodu z tohoto světa, smrt, - doba, během níž se nacházel na onom světě, mezi dvěma obdobími svých let. To znamená, že v důsledku toho, že si pamatuji dobu své smrti, spojuji se tím se životem vyššího světa, který mi dal Eliša, když mě oživil.

ZAT de Atik se nazývá „minulá (někdy dávná) léta", protože dostávají svoje světlo od Malchut světa AK, Malchut prvního zkrácení. Avšak do nižších Parcufim a světů ZAT de Atik svým světlem prvního zkrácení nesvítí. A během 6000 let svítí dolů ZAT de Atik, čímž zmenšují svoje světlo a zkracují jej podle zákona druhého zkrácení. A až na konci své nápravy začnou vysílat dolů veškeré svoje světlo. Světlo, vysílané Atikem během 6000 let, se označuje malým písmenem Hej ve slově AVRAhAM, jak je řečeno v Tóře.

Vzhledem k tomu, že Chavakukova smrt jej zcela očistila jako na konci nápravy, byl uznán za hodna spojit se s „minulými lety" Atiku, v důsledku výskytu sil, které mu byly předány v objetí a oživení Elišou. Proto je řečeno, že poté, co se očistil a pocítil strach v okamžiku své smrti, silou tohoto strachu byl uznán za hodna spojit se se ZAT de Atik a dostat světlo, nazývané „věčný život".

Je tomu tak proto, že když byl očištěn v důsledku své smrti, BON dostal svoji úplnou nápravu, když se pozvedl a stal SAG během své smrti. Tehdy se nachází na stupni Malchut de Malchut s tím, že Zivug na ni je možný pouze na konci nápravy, a dostává tento stupeň, toto světlo svého života.

119. Zaplakal rabi Šimon a řekl: „A já jsem viděl od Stvořitele to, co jsem slyšel." Pozvedl ruce nad hlavu a řekl: Ale vždyť rabiho Hamnunu-Sabu, světlo Tóry, jste hodni spatřit tváří v tvář, ale já jsem nebyl uznán za hodna toho." Padl na tvář a spatřil toho, kdo vytrhává hory a zapaluje svíce v Králově - Mašiachově - sále. Řekl mu: „Rabi, na onom světě budeme sousedy s vůdci shromáždění před Stvořitelem." Odtud nadále nazýval rabiho Eleazara, syna, a rabiho Abu jménem Pniel (Boží tvář), jak je řečeno: „Protože jsem viděl Stvořitele tváří v tvář."

Pochválil sám sebe, že i on používá stejný strach jako prorok Chavakuk, tj. z minulé doby.

V Králově - Mašiachově - sále jsou již hotovy a připraveny všechny nápravy, do nejposlednější podrobnosti, které musí být odhaleny na konci všech náprav, s objevením se Krále - Mašiacha. A duše v tomto sále jsou ony duše, které jsou hodny provést všechny svoje osobní nápravy. Protože je osobní, jednotlivá náprava a je náprava celková.

Malchut de Malchut je jediné stvoření a dělí se na části, nazývané duše. Tyto části se spojují s lidmi našeho světa a každá z nich, jsouc v člověku, musí dosáhnout své osobní nápravy – postupně proměnit svoje vlastnosti – přání ve vlastnosti – přání Stvořitele. To se nazývá osobní neboli jednotlivá náprava duše. A tak ty duše, které dosáhly své osobní nápravy, dosahují a nacházejí se ve stavu, nazývaném prodlévání v Králově – Mašiachově -sále.

Světlo v tom sále, světlo Tóry, nazývané Hamnuna-Saba, zcela osvobozuje člověka od všech nečistých sil. To znamená, že plně očišťuje člověka od všech jeho původních egoistických přání, napravuje Malchut de Malchut, „která se spravedlivým zdá jako vysoká hora" (Talmud, Sota 52). Nápravu provádí tím, že vytváří novou clonu typu SAG, s cílem pozvednout MAN – prosbu o konečnou nápravu. MAN se nazývá Meorei Eš (jiskry ohně), jak je řečeno: „Lidský duch je Stvořitelova svíce" (Mišlej, Př 20, 27).

Sluneční světlo znamená sestup světla, MAD, jako sluneční světlo sestupuje na nás shora dolů a plamen ohně je odražené světlo, pozvedající se zdola nahoru jako plamen ohně svíce. Proto Zohar praví, že tyto dvě nápravy spojené se zničením nečisté síly a vzestupem, aby byly zažehnuty svíce v Králově – Mašiachově - sále, jsou v rukou Hamnuny-Saby.

A dokonalí spravedliví, kteří potřebují tyto poslední dvě nápravy, jsou uznáni za hodna a dostávají je pouze prostřednictvím toho, že je jim otevřena duše Hamnuny-Saby. A on pravil, že oni, žáci rabiho Eleazara a rabiho Aby, budou uznáni za hodna toho, aby po své smrti přisluhovali tam, v Králově – Mašiachově – sále, a stanou se jeho sousedy a budou tam hlavami Stvořitelova shromáždění.

Dva body

120. Rav Chija začal a otevřel: "Počátek Chochmy, moudrosti, je strach ze Stvořitele a ti, kteří to plní, dostávají všechno dobré. Ptá se: "Počátek moudrosti? Vždyť by ale bylo třeba říci, že konec moudrosti je strach ze Stvořitele, protože strach ze Stvořitele je vlastností Malchut a ta je konec Chochmy – moudrosti." Odpovídá: "Právě Malchut je ale počátek vstupu na stupeň přijetí vyšší moudrosti." Proto je řečeno: "Otevřete mi bránu spravedlnosti," tj. brána Malchut, nazývaná spravedlnost, to je brána Stvořitele. A jestliže (člověk) nevejde do té brány, nevejde do žádné jiné k vyššímu Králi, protože On je skryt, oddělen a vytvořil mnoho bran na cestě k Sobě.

Strach ze Stvořitele je Sefira Malchut. Jak ale může Malchut sloužit jako vstup, jestliže je Malchut poslední z deseti Sefirot? Vždyť ji lze nazvat konec Chochmy, zakončení Parcufu, nikoli však počátek. To však není jinotajný výraz, nýbrž sama podstata. Je tomu tak proto, že ON JE SKRYT A ODDĚLEN a ničí mysl není schopna Jej postihnout. Proto postavil množství bran NA CESTĚ K SOBĚ, a právě díky těmto branám dal těm, kteří se chrání přiblížit se k němu, možnost toho dosáhnout. Právě o tom je řečeno (Tehilim, Ž 118, 19): "Brány spravedlnosti mi otevřete," což je ona brána, kterou vytvořil Stvořitel, aby k Němu vešli právě skrze ni. AVŠAK NA KONCI VŠECH BRAN POSTAVIL ZVLÁŠTNÍ BRÁNU S MNOŽSTVÍM ZÁMKŮ – je to brána Malchut de Malchut, konečného bodu veškerého stvoření, konečného bodu všech vyšších bran.

A tato poslední brána (shora dolů) je první branou (zdola nahoru) k nejvyšší moudrosti, neboť není možno být uznán za hodna vyšší Chochmy – moudrosti jinak, než prostřednictvím právě této poslední brány. Vždyť pro dosažení vyšší moudrosti je tato brána první. Proto je řečeno (Tehilim, Ž 111, 10): "Počátek moudrosti je strach ze Stvořitele," protože strach ze Stvořitele se nazývá poslední brána, která je první na cestě k nejvyššímu dosažení.

121. A na konci všech bran postavil zvláštní bránu s několika zámky, několika vchody, několika sály, jeden nad druhým. A pravil: "Kdo si bude přát ke Mně vejít, nechť je to jeho první brána ke Mně. Kdo vejde touto branou, vejde. Pouze toto je první brána k vyšší moudrosti, brána strachu ze Stvořitele, Malchut, a proto se nazývá "počátek".

Zámky, vchody a sály jsou tři postupné procesy dosažení, uvědomění si duchovna vnitřním pocitem člověka. Myšlenka, která stvořila svět, byla Stvořitelovou myšlenkou učinit stvoření, lidskou duši, proto, aby bylo toto stvoření potěšeno. Není však možno potěšit se, jsme-li odtrženi od Stvořitele. Vždyť On je to jediné, co existuje. A on nás stvořil tak, že čím jsme k němu blíže, tím větší potěšení cítíme, a vzdálenost od Něho pociťujeme jako strádání.

V našem světě, tj. těm, kteří vnímají pouze tento svět, zbývá věřit nebo nevěřit v to, co bylo řečeno výše. Kabalisté, kteří se pozvedají výše, tj. přibližující se ke Stvořiteli, to tvrdí a popisují nám svoje dosažení. Na nás samotných závisí, jak a kdy projdeme touto cestou ke Stvořiteli a dosáhneme úplného splynutí s Ním. My však budeme povinni, ať si to přejeme, či nikoli, projít celou cestu od našeho světa až k úplnému sblížení se Stvořitelem – ještě když budeme ve svém těle, v jednom ze životů v tomto světě. A to je cíl stvoření. A dokud nebude splněn, je člověk povinen vracet se do těla, do tohoto světa, jak pravili mudrci: „Stvořitel pojal přání usídlit se v nižších."

Náš svět je stvořen jako zcela opačný vůči Stvořiteli, neboť je stvořen s vlastností egoistického přání po sebenaplnění a tato vlastnost je úplným opakem vlastnosti – přání Stvořitele působit nám potěšení, a v samotném Stvořiteli přání potěšit se zcela schází.

Proto o člověku našeho světa je řečeno (Jov, Jb 11, 12): „Člověk se narodí podoben divokému oslu." Proto se veškeré Stvořitelovo řízení zdá těm, kteří se nacházejí v našem světě, jako zcela odporující cíli stvoření – potěšit stvoření, vždyť právě tak chápeme Jeho řízení a vnímáme svět, který nás obklopuje, v našich egoistických pocitech.

Stvořitelův záměr spočívá v tom, aby člověk napravil svoje egoistická přání na altruistická, a poté je Stvořitel naplní, podle míry nápravy, vyšším, absolutním potěšením. Až do dosažení tohoto stavu člověk pociťuje strádání – buď proto, že si přeje potěšení z tohoto světa, nebo duchovního.

Tyto pocity se nazývají zámky na bráně, protože všechny četné rozpory vzhledem k jednotě Stvořitelova konání, které vnímáme v tomto světě, i když nás na počátku oddělují od Stvořitele, nás odpoutávají od sblížení s Ním. Když však vynaložíme úsilí, abychom plnili Tóru a přikázání s láskou, celým srdcem i duší, jak je nám předepsáno, tj. obětavě, pouze ve prospěch Stvořitele, jen abychom Mu udělali radost, bez jakékoli výhody pro nás, pak všechny tyto síly, které nás oddělují od Stvořitele, a každý rozpor, který jsme překonali na své cestě k Němu, se stává branou dosažení Jeho vyšší moudrosti, světla Chochma. Vždyť každý rozpor odhaluje vlastní zvláštnost v dosahování Stvořitelova řízení.

Tak právě ty otázky a rozpory, které nám jakoby překážejí přijímat jednotu Stvořitelova řízení, se poté stávají věděním, díky němuž chápeme a dosahujeme jednoty Jeho řízení.

A ti, kteří jsou toho hodni, přetvářejí (v sobě) tmu ve světlo, hořkost ve sladkost – tak cítí dosažení a pociťují je právě na předchozích pocitech tmy a hořkosti. Je tomu tak proto, že síly, které nás odvracejí od Stvořitele, jež jsou naším rozumem a jež naše tělo vnímá jako hořké, byly přetvořeny v bránu dosažení vyšších stupňů. A tma se stává světlem a hořkost sladkostí.

A čím více bylo dříve Stvořitelovo řízení chápáno a pociťováno jako záporné, tím hlubší je nyní vědomí dokonalého řízení. Celý svět se ocitá na misce zásluh, protože každá síla a chápání nyní slouží jako ŠAAREJ CEDEK (brána pravdy), skrze niž lze vejít a dostat od Stvořitele všechno to, co se rozhodl dát již v záměru stvoření. Proto o takových rozporech, které se mění v pochopení Jednoty, je řečeno (Tehilim, Ž 118, 20): „Toto jsou Brány ke Stvořiteli, skrze ně vcházejí spravedliví."

Proto, dříve než je člověk uznán za hodna, za pomoci Tóry a přikázání, proměnit svoje přání „dostávat pro sebe" v přání „dostávat ve prospěch Stvořitele", jsou na všech branách ke Stvořiteli pevné zámky (pocity nedokonalosti ve Stvořitelově řízení), protože tehdy plní svoji opačnou úlohu: vzdálit a odvrátit člověka od Stvořitele. A nazývají se zámky, protože zavírají bránu sblížení a vzdalují nás od Stvořitele.

Jestliže je však překonáváme s tím, že vynakládáme úsilí, aby nás neovlivňovaly a neochladily v našich srdcích lásku ke Stvořiteli, pak proměňujeme tyto zámky ve vchody, tmu ve světlo, hořkost v sladkost. Neboť na každý zámek dostáváme zvláštní stupeň dosažení Stvořitele. A tyto stupně se stávají vchody ke stupňům vnímání samotného Stvořitele. A samotné stupně se stávají sály, paláce moudrosti.

Tak vidíme, že zámky, vchody a sály jsou tři druhy pocitů jednoho materiálu, našeho přání „dostávat", našeho egoismu, neboť dříve, než proměníme jeho přání po sebenaplnění v dostávání (potěšení) ve prospěch Stvořitele, altruismus, tento materiál proměňuje v souladu s naším (egoistickým) vkusem světlo ve tmu a sladkost v hořkost. To znamená, že ve stejných podobách působení pociťuje egoismus strádání a altruismus potěšení. Proto musíme pouze změnit svoje smyslové orgány, abychom pocítili světlo – potěšení, které nás obklopuje. A dokud jsme to neučinili, toto světlo vnímáme jako „tmu", strádání.

Na počátku nás všechny námi viditelné případy Stvořitelova řízení od Něho oddělují, protože je vnímáme záporně. V té době se z našeho egoismu v podobě přání dostat potěšení rodí zámky. Avšak poté, co dokážeme předělat svoje přání v „dostávání ve prospěch Stvořitele", tyto zámky se promění ve vchody a vchody se poté promění v sály, prostor moudrosti, světla Chochma.

Jak je již známo, konec všech stupňů, tj. nejposlednější stupeň, pod nímž už nemůže nic být, se nazývá Malchut de Malchut. K tomu, aby bylo možno dosáhnout nejvyšší moudrosti, je zpočátku nutno překonat tuto poslední bránu, která se stává první pro toho, kdo se pozvedá zdola nahoru, k sálu nejvyšší moudrosti, Sefiře Chochma. Je tomu tak proto, že se všechny brány proměňují ve vchody a sály Stvořitelovy moudrosti. Proto je řečeno NA POČÁTKU – výraz, jímž začíná Tóra, protože NA POČÁTKU znamená strach ze Stvořitele, poslední brána, Malchut, která se na cestě k dosažení nejvyšší moudrosti stává první.

122. Písmeno Bet slova BEREŠIT – NA POČÁTKU, ukazuje, že se dva spojují do jednoho, do Malchut; oba jsou body, jeden skrytý a druhý zjevný. Vzhledem k tomu však, že nejsou odděleny, nazývají se POČÁTEK, tj. pouze jeden, nikoli oba, protože ten, kdo bere jeden, bere rovněž i druhý. A je to jediné, protože On a Jeho jméno jsou jediné, jak je řečeno: „A poznáte, že je to jediné Stvořitelovo jméno."

Písmeno Bet má číselnou hodnotu dvě, což hovoří o dvou bodech. Dva body jsou náprava egoistického bodu Malchut, vůči níž bod milosrdenství, Bina, vyžaduje omezení v používání. Nápravy se dosahuje při vzestupu Malchut – přísnosti k Bině – milosrdenství, jak je řečeno (Rút, Rt 1, 19): „Tak šly obě," Bina i Malchut. Proto se clona v Malchut skládá z obou a tyto dva body jsou spojeny do jednoho.

Megilat Rút vysvětluje, jak se spojuje Malchut s Binou, Rút s Naomi,, což později vedlo k nápravě Malchut a zrození prvního izraelského krále (král – Melech, od slova „Malchut") Davida.

JEDEN VŠAK JE SKRYTÝ A DRUHÝ ZJEVNÝ – protože přísnost v bodu Malchut je skryta a pouze vlastnost milosrdenství v bodu Bina je zjevná, vždyť jinak by svět nemohl existovat, jak je řečeno (Berešit Raba § 1): „Na počátku stvořil svět vlastností přísnosti, poté, když viděl, že nemůže existovat, připojil k němu vlastnost milosrdenství."

I když je omezení skryto, neznamená to, že se na ni nedělá Zivug, protože tyto dva body splývají v jeden a bod Malchut dostává Zivug spolu s bodem Bina, ale účastní se na něm tajně, pročež je řečeno NA POČÁTKU, neboť slovo „počátek" hovoří o jednom bodě, v němž jsou dva jako jeden.

Díky tomu, že se Malchut společně s Binou účastní všech Zivugů během 6000 let, i když skrytě, napravuje se natolik, že na konci veškeré nápravy je napravována dokonce vlastnost omezení, čímž získává vlastnost Biny. A o tomto stavu je řečeno, že v ten den bude Stvořitel jediný, a Jeho jméno jediné.

Vzhledem k tomu, že vlastnost omezení se rovněž nachází v skryté podobě v písmeni Bet slova BEREŠIT – na počátku, nazývá se tato vlastnost REŠIT – první u Chochmy (moudrost). K nápravě této vlastnosti však dochází pouze na konci veškeré nápravy, kdy se také odhalí vyšší moudrost, jak pravil prorok (Ješajahu, Iz 11, 9): „Neboť zemi naplní poznání Stvořitele." Je tomu tak proto, že poslední brána bude první. Proto je řečeno (Tehilim, Ž 83, 19): „Ať poznají, že ty jediný, jenž Hospodin máš jméno, jsi ten nejvyšší nad celou zemí!", neboť bude odhalena Stvořitelova moudrost všem v našem světě.

123. Proč se Malchut nazývá strach ze Stvořitele. Protože Malchut je Strom dobra a zla: je-li člověk uznán za hodna, je dobrý, není-li, je zlý. Proto je v tom místě strach. A tou branou procházejí ke všemu dobrému, co jen je na světě. VŠECHNO DOBRÉ jsou dvě brány, tj. dva body, které jsou jako jeden. Rabi Josi pravil, že VŠECHNO DOBRÉ je strom života, protože je dobrý, zcela bez jakéhokoli zla. A protože v něm není zlo, je zcela dobrý, beze zla.

O poslední bráně je řečeno: POČÁTEK MOUDROSTI JE STRACH ZE STVOŘITELE. Proč se nazývá strach ze Stvořitele? Protože to je tajemství stromu poznání, jímž zhřešil Adam, neboť za použití tohoto bodu (egoistických přání) následuje trest smrti (zmizení světla). A velký strach je nezbytný k tomu, aby se zabránilo dotyku s ním a jeho využití předtím, než bude napraveno všechno ostatní, všechna ostatní přání. Na konci nápravy však, když ten i onen bod bude zcela napraven, navěky zmizí smrt. Proto se nazývá strach.

Stvořitel stvořil jediné stvoření – egoistickou Malchut. Cílem stvoření je naplnit je Stvořitelovým světlem s altruistickým záměrem, v důsledku čehož splyne se Stvořitelem a dostane bezmezné potěšení.

Malchut, jediné stvoření, se skládá z pěti částí: K-Ch-B-ZA-M. Její části K-Ch-B-ZA, kromě Malchut de Malchut, mají altruistické vlastnosti, které dostaly od světla.

V důsledku svého rozhodnutí nedostávat světlo do egoistických přání, nazývané prvním zkrácením, dostává Malchut pouze do čtyř svých přání: K-Ch-B-ZA. Do Malchut de Malchut světlo vejít nemůže. Jak je tedy možné ji napravit?

K tomu, aby bylo možno napravit vlastnosti (přání) samotné Malchut de Malchut, Stvořitel vytváří takové podmínky, že se spolu Bina a Malchut mísí, v důsledku čehož Malchut dostává vlastnosti Biny.

K takovému procesu musí dojít vícekrát, aby se všechny části Malchut smísily s Binou. Pokaždé, kdy probíhá ve stále hlubší vrstvě Malchut, nazývá se to rozbíjení svatosti, neboť Bina sestupuje do Malchut, předává jí svoje vlastnosti, ale sama se při tom směšování rozbíjí, jakoby ztrácí svoje altruistické vlastnosti.

Z toho můžeme učinit závěr, že veškeré rozbíjení nádob, rozbíjení Adamovy duše, zničení Prvního a Druhého chrámu a ostatní duchovní katastrofy neprobíhají jako trest, protože tresty (v našem pojetí) v duchovnu nejsou, ale pouze proto, aby altruistická přání Biny stále hlouběji pronikala do egoistických přání Malchut.

Poslední bod Malchut, ještě nenapravená Malchut de Malchut, se nazývá tím bodem, za jehož použití následuje trest smrti (zmizení světla se nazývá smrt). Do konce nápravy všech ostatních vlastností Malchut, K-Ch-B-ZA v ní, je tento bod, Malchut v Malchut, zakázáno používat. Správněji, jestliže se ve všech svých činech člověk vnitřně brání používat egoismus, bod Malchut de Malchut, a využívá pouze svoje ostatní altruistická přání, pokaždé postupně sám vytváří na Malchut de Malchut clonu „nedostávat".

Když naplní všechna ostatní napravená přání světlem, dosahuje konce nápravy toho, co mohl sám napravit. Jakmile k tomu dojde, tj. člověk dostává světlo do všech svých devíti prvních Sefirot, K-Ch-B-ZA, své duše kromě Malchut, tehdy sestupuje shůry světlo, nazývané Mašiach, který dává altruistickou vlastnost „odevzdávat", konat ve prospěch Stvořitele, i samotné Malchut de Malchut. Tím končí celý proces práce člověka na nápravě jeho duše, on dosahuje úplného splynutí se Stvořitelem. Stvořitelův cíl stvoření spočívá v tom, aby člověk dosáhl tohoto stavu, dokud je v našem světě, ve svém fyzickém těle; aby v sobě spojil všechny světy, ty duchovní i ten materiální.

A TATO BRÁNA VEDE KE VŠEMU DOBRÉMU – protože odhalení vyšší moudrosti je to nejlepší, co může ve světě být, a spočívá to v záměru stvoření. A vzhledem k tomu, že strach ze Stvořitele je poslední brána k vyšší moudrosti, je strach ze Stvořitele rovněž branou ke všemu dobrému.

TYTO DVĚ BRÁNY jsou jako jedna – tyto dva body, Bina a Malchut, jsou spojeny dohromady v písmeni B (Bet) slova BEREŠIT – NA POČÁTKU, v prvním slově Tóry. A to, co se hovoří o dvou bodech, vychází z toho, že se má na zřeteli stav po nápravě, kdy se tyto dva body nazývají dvě brány, neboť jsou obě dobré, zbavené zla a člověku působí pouze dokonalé dobro.

Avšak do konce nápravy, kdy člověk musí vynaložit úsilí, aby odděloval v sobě přání, jež patří k bodu Bina, od přání, jež náleží k bodu Malchut, a odmítal přání Malchut, bránil se jejich používání a používal navzdory egoismu přání Biny. V tomto období práce na sebenápravě, nazývaném 6000 let, se tyto dva body nazývají Strom poznání dobra a zla.

RABI JOSI PRAVIL – rabi Josi rabimu Chijovi neodporuje. Hovoří spolu o dvou různých stavech: rabi Chija mluví o stavu po konečné nápravě Malchut, kdy se oba body stávají branami a již v nich není zlo. A rabi Josi nám vysvětluje stav v procesu nápravy, kdy dva body, Bina i Malchut, jsou v nás v podobě Stromu našeho poznání dobra a zla – a proto nám říká, že VŠECHNO DOBRÉ JE STROM ŽIVOTA (nachází se pouze v něm).

ZA, naplněný světlem IMA, Bina, se nazývá Strom života, protože má pouze dobré vlastnosti. A dva body, dobrý a špatný, dobro a zlo, Bina a Malchut, oba se až do samotného konce nápravy nacházejí v Malchut, a z tohoto důvodu se Malchut nazývá Stromem dobra a zla.

124. Pro všechny, kteří konají, je to spolehlivé milosrdenství Davidovo, které podporuje Tóru. Ti, kteří dodržují Tóru, jakoby ji sami tvořili. V nikom z těch, kteří se zabývají Tórou, není čin, když se jí zabývají. Zato v těch, kteří Tóru dodržují, je čin. A touto silou existuje svět, věčná je moudrost a Tóra, i trůn stojí, jak má stát.

Výše bylo řečeno, že strach ze Stvořitele je poslední brána, ale první k vyšší moudrosti. Výsledkem je, že VŠICHNI TI, KTEŘÍ SE ZABÝVAJÍ TÓROU, již napravili poslední bránu a dva body se pro ně staly dvěma vchody, vším dobrým beze zla. Proto se říká, že V NICH NENÍ ČIN, tj. práce na analýze dobra a zla, vždyť již všechno napravili.

Ti však, kteří ještě nedosáhli konce nápravy, se nazývají dodržující Tóru. V nich je čin, protože ještě nenapravili dobro a zlo ve Stromě dobra a zla každého – ještě každý nepoznal ve svém vnitřním stromě, ve všech svých vlastnostech, „co je dobře a co je špatně" pro něj z hlediska duchovní pravdy.

Proto je řečeno, že TI, KTEŘÍ DODRŽUJÍ TÓRU, JAKO BY JI SAMI TVOŘILI – protože všechny odpuzující a překážející síly (myšlenky, přání) bodu Malchut, v důsledku úsilí člověka odmítat jejich používání, se proměňují v bránu a všechny zámky se proměňují ve vchody a všechny vchody se proměňují v sály moudrosti, plné světla Chochma.

Zjišťujeme, že veškerá moudrost a celá Tóra jsou odhalovány pouze v důsledku úsilí těch, kteří dodržují Tóru, neboť oni JAKOBY JI SAMI TVOŘILI. Protože v nich jsou smíšené síly dobra a zla a oni se stávají těmi, kteří dodržují Tóru, neboť díky jejich vnitřní práci na rozdělení a nápravě dobra a zla je odhalována Tóra.

A takoví lidé se nazývají konajícími, protože oni jakoby sami Tóru tvořili. Vždyť bez skrytí Stvořitele (Tóry, světla), které v sobě cítí a jehož překonáváním proměňují skrytí v bránu, vchody a sály, by nikdy nemohla být odhalena Tóra.

Dokonalost Stvořitelova konání spočívá v tom, že když stvořil tak ničemného člověka (ničemná egoistická přání, polární vzdálenost od Stvořitele co do jeho vlastností, naprostá bezmocnost sama sebe změnit), vytvořil člověku možnost stát se jako Stvořitel (vlastnostmi, velikostí, pocitem vlastního tvoření) a schopnost sám v sobě zbudovat všechny světy, sám vytvořit Tóru - odhalováním veškerého světla člověk jakoby je vytváří.

Proto jsou takové osobnosti považovány za ty, kteří vytvářejí Tóru, vždyť ji odhalují. A je řečeno JAKOBY, neboť Tóra byla vytvořena před stvořením našeho světa (Talmud, Pesachim 54, 1), a stvořil ji samozřejmě Sám Stvořitel. Ovšem bez dobrých činů těch, kteří Tóru dodržují, by nebyla světu odhalena. Proto jsou považováni za ty, kteří ji dělají a vytvářejí.

A moudrost a Tóra jsou věčné, tj. i po veškeré nápravě, protože i tehdy bude nezbytný strach před Stvořitelem. Po nápravě veškerého egoismu však nebude odkud vzít tento strach, protože Strom dobra a zla se stane pouze dobrým a nebude možno od něj přijmout strach ze Stvořitele.

Ale právě proto, že v minulosti dostávali strach, mohou i v současnosti, po veškeré nápravě, kdy už nebude čeho se bát (omezení v Malchut), používat svůj strach ze Stvořitele z minulosti. Bude tomu tak proto, že během nápravy pracovali na vytváření pocitu absolutního řízení Stvořitelem a věčnosti Tóry. A vzhledem k tomu, že strach nekončí, i Stvořitelův trůn stojí věčně v jejich dosažení.

Nevěstina noc

125. Rabi Šimon seděl a zabýval se Tórou v tu noc, kdy se nevěsta, Malchut, spojuje se svým manželem, se ZA. A všichni přátelé, kteří jsou ve svatebním sále nevěsty v tu noc, která následuje za svátkem Šavuot, jsou povinni spolu s ženichem stát pod Chupahem a být s ním celou noc a radovat se s ním nápravám nevěsty, tj. studovat Tóru, poté Proroky a poté Svaté texty, a posléze i moudrost, neboť právě tyto nápravy jsou nevěstinými ozdobami. A nevěsta se napravuje a zdobí se jimi a je s nimi veselá celou tuto noc. A nazítří, v den svátku Šavuot, přichází k Chupahu pouze s nimi. A tito její přátelé, kteří se celou noc zabývali Tórou, se nazývají synové Chupahu. A když přijde k Chupahu, Stvořitel se na ně ptá, žehná jim a zdobí je nevěstinými ozdobami. Šťastni ti, kteří jsou toho hodni!

Všechny dny vyhnanství se nazývají noc, protože je to doba skrytí Stvořitelovy tváře před Izraelem, v důsledku moci nečistých sil, oddělujících ty, kteří pracují na Stvořitele, od Něho. Avšak právě v tuto dobu se nevěsta spojuje se svým manželem (v hebrejštině je „manžel" a „pán" jedno slovo, proto je nutno do slova „manžel" vkládat i tento druhý smysl). Chupah je svatební baldachýn, pod nímž se uskutečňuje obřad spojení ženicha a nevěsty, jejich splynutí v Zivugu.

Ke spojení nevěsty s manželem (Zohar používá slovo „manžel" a nikoli „ženich") dochází díky Tóře a Přikázáním spravedlivých, nazývaných v tu dobu „ti, kteří dodržují Tóru". A všechny vysoké stupně, nazývané „tajemství Tóry", jsou odhalovány právě díky nim, protože se nazývají TI, KTEŘÍ DĚLAJÍ, jakoby dělali samu Tóru, jak je řečeno v § 124. Proto se doba vyhnanství nazývá NOC, V NÍŽ SE NEVĚSTA SPOJUJE S MANŽELEM, A VŠICHNI PŘÁTELÉ, SYNOVÉ TOHOTO NEVĚSTINA VESELÍ, SE NAZÝVAJÍ TI, KTEŘÍ DODRŽUJÍ TÓRU.

A po KONCI NÁPRAVY a úplném osvobození, o němž je řečeno u proroka Zacharjáše (Za 14, 7): „A nastane den jediný, známý jen Stvořiteli, kdy nebude den ani noc; i za večerního času bude světlo," SE NEVĚSTA S MANŽELEM NAZÍTŘÍ DOSTAVÍ POD CHUPAH, protože se BON stane jako SAG a MA se stane jako AB (viz § 64).

Proto je takovýto stav definován jako následující den a jako nový Chupah. V tu dobu, v tomto stavu, se spravedliví nazývají SYNOVÉ CHUPAHU, v nichž není žádný čin, protože tehdy, jak je řečeno (Ješajahu, Iz 11, 9): „Nikdo už nebude páchat zlo a šířit zkázu na celé mé svaté hoře, neboť zemi naplní poznání Stvořitele, jako vody pokrývají moře."

Vzhledem k tomu, že tito spravedliví svými činy pozvedli BON do SAG, tj. učinili jej co do vlastností jako SAG, má se za to, že udělali nový Chupah, a proto se nazývají synové Chupahu.

Noc svátku Šavuot se nazývá NOC, KDY SE NEVĚSTA SPOJUJE S MANŽELEM. Je tomu tak proto, že nazítří, v den svátku Šavuot, v den obdržení Tóry, dochází k Chupahu. V den obdržení Tóry dosahuje celé stvoření stavu konce nápravy, jak pravil prorok (Ješajahu, Iz 25, 8): „... provždy odstraní smrt a setře slzu z každé tváře."

O tomto stavu je řečeno v Tóře (Šemot, Ex 32, 16): ..."i písmo vyryté na deskách..." Slovo „vyryté" = v hebrejštině Charut, čte se však jako Cherut = svoboda, svoboda od anděla smrti. Poté však došlo k hříchu se zlatým teletem a oni ztratili tento vysoký stupeň. A protože Šavuot je den obdržení Tóry, je tento den totéž co i konec nápravy.

Proto všechny potřebné přípravy, tj. nápravy za celou dobu skrytí, končí dříve, v noci před svátkem Šavuot. Proto je tato noc definována jako noc, v níž se nevěsta spojuje se svým manželem, aby s ním nazítří šla pod Chupah, tj. v den svátku Šavuot, kdy končí všechny nápravy. Tehdy dochází k osvobození od anděla smrti, v důsledku činů spravedlivých, kteří tím dělají nový Chupah.

Všichni nevěstini přátelé, kteří dodržují Tóru a nazývají se synové nevěstina sálu, jsou povinni splynout s Šechinou - Malchut, nazývanou nevěsta, celou tu noc, nazývanou vyhnanství, protože až tehdy je napravována jejich činy v Tóře a Přikázáních, očišťuje se od příměsi zla v dobru, aby nabyla takových vlastností, v nichž je pouze dobro beze zla.

Proto ti, kteří dodržují Tóru, se musí radovat spolu s nevěstou ze všech velkých náprav, které v ní učinili. A poté s veselím pokračují ve svých nápravách V TÓŘE, POTÉ v PROROCÍCH, POTÉ ve SVATÝCH TEXTECH. Všechny stupně a odhalení tajemství Tóry, které jsou strukturou samotné Šechiny na konci její nápravy, provádějí samotní spravedliví, kteří dodržují Tóru během vyhnanství.

Proto všechny tyto stupně, které rodí spravedliví během (ve stavu) vyhnanství, se nazývají nevěstiny nápravy a ozdoby z Tóry, Proroků a Svatých textů, protože Sefirot Ch-G-T je Tóra, Sefirot N-H-J jsou Proroci, Malchut jsou Svaté texty, světlo VAK se nazývá Midrašim, světlo GAR se nazývá tajemství Tóry. A všechny tyto nápravy je nutno provést v Malchut, nevěstě, v tu noc, kdy nevěsta končí svoje nápravy (tj. právě ve tmě vyhnanství z duchovna člověk koná veškerou práci na své vnitřní nápravě).

Je známo, že konec nápravy s sebou nepřináší nic nového, dříve neznámého, a za pomoci světla Atiku se spojuje celý MAN a MAD, všechny Zivugy. Všechny stupně, které se objevily během 6000 let, jeden za druhým, se spojí do jednoho stupně, s jehož pomocí se všechno napraví.

Tehdy vejde nevěsta pod svůj Chupah a STVOŘITEL SE ZEPTÁ NA KAŽDÉHO, tj. na každého, který pozvedal MAN alespoň jednou pro vyšší, poslední Zivug. Protože Stvořitel čeká, dokud se nespojí všechny malé Zivugy dohromady, jakoby se ptaly na každého a očekávaly každého. A poté, co se shromáždí, dojde k jednomu velkému Zivugu, nazývanému „RAV PAALIM U MEKABCIEL", KTERÝ JÍ ŽEHNÁ A ZDOBÍ JI, kdy veškerá stvoření dostávají požehnání a zdobí se současně, a tehdy končí náprava, způsobená ozdobou nevěstiny koruny.

126. Proto rabi Šimon a všichni jeho přátelé bděli v tu noc a každý z nich znovu a znovu obnovoval Tóru. A rabi Šimon byl šťasten a s ním jeho přátelé. Rabi Šimon jim řekl: „Synové moji, je šťastný váš úděl, protože zítra se právě s vámi objeví na Chupahu nevěsta. Neboť všichni ti, kteří nevěstu napravují v tu noc, se z ní radují a všichni budou zapsáni do Pamětní knihy a Stvořitel je požehná sedmdesáti požehnáními a ozdobami korun vyššího světa."

V Pamětní knize, připomínané u proroka Malachi (Malachiáš, Mal 3, 14 - 17), je řečeno: „ Říkáte: „Sloužit Bohu není k ničemu. Co z toho, že jsme před Ním drželi stráž a že jsme chodili před Stvořitelem zachmuřeně? Proto za šťastné považujeme opovážlivce. Mají úspěch, ač se dopouštějí svévolnosti, pokoušejí Stvořitele, a přece uniknou." Tehdy ti, kteří se bojí Stvořitele, o tom rozmlouvali; Stvořitel to pozoroval a slyšel. A byla před ním sepsána pamětní kniha se jmény těch, kteří se bojí Stvořitele a uctívají Jeho jméno. „Stanou se vyvolenými, v ten den, který určím Já a odpustím jim, jak člověk ušetří syna svého, jenž mu slouží."

Jak ale máme pochopit, že když hovořili špatně o Stvořiteli, prorok praví, že hovořili o strachu ze Stvořitele. A kromě toho jsou zapsáni do Pamětní knihy jako lidé bohabojní a uctívající Jeho jméno?

Jde o to, že na konci nápravy, když se projeví velký společný Zivug Atiku, odhalí se velké světlo ve všech světech a v tomto světle se všichni vrátí v absolutní lásce ke Stvořiteli. Jak je řečeno (Talmud, Joma 86, 2), Předmluva k Talmudu Deseti Sefirot): „Kdo dosáhl návratu z lásky, tomu se jeho úmyslné hříchy proměňují v zásluhy."

A toto praví prorok o hříšnících, kteří tvrdí, že duchovní práce je marná: v ten velký den konce nápravy, kdy zasvítí světlo návratu z lásky, budou ty nejtěžší úmyslné hříchy, které již nemohou být horší, všechny proměněny v zásluhy a jejich řeči budou započteny nikoli jako pohrdání, nýbrž jako strach ze Stvořitele.

Proto všechny hříchy, stejně jako dobré skutky, se před Stvořitelem zaznamenávají, protože On je potřebuje v ten velký den, kdy činí zázraky: shromažďují se všechny zásluhy a doplňují Kli, které dostává světlo, jež mu schází až do úplné nápravy. Proto je řečeno, že Stvořitel napíše Pamětní knihu těch, kteří se Jej bojí, neboť v ten den je potřebuje, aby doplnil celkový Parcuf. Jak o tom hovoří prorok: V té době mu budou blízcí ti, kdož zůstanou, jako synové, kteří pro Něho pracují.

Proto je řečeno, že všichni a všechno bude zapsáno do Pamětní knihy, dokonce úmyslné hříchy; Stvořitel však je zapíše, jakoby to byly zásluhy, jako kdyby pracovali pro Něho, jak to pravil prorok.

Číslo 70 znamená světlo Chochma, GAR, ozdobu, korunu, a světlo Chasadim se nazývá požehnání, protože svět je stvořen písmenem BET – požehnání, jak je řečeno v Tehilim (Ž 89, 3): „Tvoje milosrdenství je zbudováno navěky" - je to VAK. Avšak na konci nápravy bude i světlo Chasadim jako sedmdesát korun, jako světlo Chochma, protože MA a BON se pozvednou k AB a SAG. Proto, jak hovoří Zohar, Stvořitel jim požehná sedmdesáti požehnáními a ozdobami korun vyššího světa.

127. Rabi Šimon otevřel a pravil: „Nebesa vypravují o velikosti Stvořitele. Já jsem to již vysvětloval, ale v té době, kdy se nevěsta probouzí, aby nazítří vešla pod Chupah, se všemi přáteli, kteří se radovali s ní po celou tuto noc, a raduje se s nimi ona, napravuje se a svítí svými ozdobami.

128. A nazítří se u ní shromáždí spousta, masy, vojsko a celé legie. A ona a všechny ty masy, vojsko a celé legie očekávají každého z těch, kdo ji napravovali tím, že se zabývali v tu noc Tórou. Jde o to, že se spojily ZA a Malchut, Malchut vidí svého manžela a je řečeno: „Nebesa vypravují o velikosti Stvořitele." Nebesa jsou ženich, který vchází pod Chupah, ZA, jenž se nazývá „nebesa". Nebesa vypravují, tj. svítí jako svit safíru, od kraje do kraje, na celou Malchut.

Den, kdy byla dokončena náprava, se nazývá zítřejší den, jak je řečeno (Talmud, Eruvin 22, 1): „Dnes pracovat a zítra dostávat odměnu." Masy jsou pozemské masy, které nezahrnují ty, kteří pracují pro Stvořitele, vojska jsou ti, kdož pracují pro Stvořitele, a legie – kolesny s vojáky ve zbroji jsou vyšší skupiny andělů, kteří doprovázejí duše, jak je řečeno (Tehilim, Ž 91, 11): „On svým andělům vydal příkaz o tobě, aby tě chránili na všech tvých cestách." Jak bylo řečeno výše, Stvořitel čeká na každého, a proto i Šechina na každého čeká.

Nebesa jsou ženich, vcházející pod Chupah, je to stav konce nápravy, o němž je řečeno (Ješajahu, Iz 30, 26): „A bude světlo bledé luny jako světlo žárného slunka" (ZA). Jde o to, že se Stvořitel nazývá „nebe" a na konci nápravy se nazývá „ženich", jak je řečeno (Ješajahu, Iz 62, 5): „A jako se ženich raduje z nevěsty, tak se tvůj Bůh bude veselit z tebe."

Je tomu tak proto, že všude, kde je řečeno, že Stvořitel sestupuje, ukazuje se na Jeho přísnost a soud, neboť se hovoří o snížení Jeho velikosti v očích nižších, jak je řečeno: „Jeho síla a velikost je na Jeho místě." Avšak na konci nápravy, kdy se všechny hříchy promění v zásluhy, protože se vysvětlí, že všechny duchovní pády byly právě duchovními vzestupy, nazývá se Stvořitel ženich a Šechina nevěsta.

Slovo nevěsta je v hebrejštině „Kala" od slov „Kalat Moše" (Tóra, Bamidbar, Nu 7), kde se hovoří o skončení práce na obětním stole. Proto slovo Kala v Tóře znamená konec práce na stavbě. Slovo „Chatan" (ženich) znamená sestup po duchovních stupních, jak je řečeno (Talmud, Javamot 63, 1): „Sestupuje po stupních." Tento sestup však je větší než všechny předchozí vzestupy, protože je prováděn vstříc nevěstě v okamžiku skončení nápravy.

Chupah je souhrn veškerého odraženého světla, které se dostalo na MAN, pozvedaný spravedlivými ve všech Zivugách, ve všech dobách, během 6000 let. Je tomu tak proto, že se nyní všichni shromáždili do jednoho velkého odraženého světla, které se pozvedá a vznáší nad Stvořitelem a Šechinou, nad ženichem a nevěstou, kdy se odražené světlo nad nimi vznáší jako Chupah – svatební baldachýn.

A spravedliví v tomto stavu se nazývají synové Chupahu, protože každý z nich má v tomto Chupahu svoji část, v souladu se svým MAN, který každý pozvedne do clony Malchut a který vyvolal a zrodil odražené světlo, odpovídající velikosti tohoto MAN.

Stvořitel v okamžiku konce nápravy se nazývá „Chatan, ženich", protože „Nechit Darga", sestupují ze svého stupně k nevěstě a vchází pod Chupah.

V této době – v tomto stavu nebesa VYPRAVUJÍ – je to velký Zivug v budoucnu, v souladu s tím, co je řečeno (Talmud, Berachot 3,1): „Manželka hovoří s manželem", kde se pod slovem „hovoří" = „Mesaperet" má na mysli Zivug. A slovo „Mesaperet" je odvozeno od slova „Sapir" (safír), názvu Šechiny, jak je řečeno v Tóře (Šemot, Ex 24, 10): „Pod jeho nohama bylo cosi jako průzračný safír."

SVÍTÍCÍ SAFÍR je odražené světlo, pozvedající se zdola nahoru. SVÍTÍ JAKO SVĚTÉLKOVÁNÍ; jaké je odražené světlo, takové je i přímé – SVĚTÉLKOVÁNÍ. V tomto velkém Zivugu se shromáždí veškeré odražené světlo všech Zivugů za 6000 let a zasvítí v něm veškeré přímé světlo, jak je řečeno, OD KRAJE DO KRAJE.

129. Velikost Stvořitele = EL je nevěsta, Malchut, nazývaná EL, jak je řečeno: „EL se hněvá každý den." Po všechny dny roku se nazývá EL. A nyní, ve svátek Šavuot, kdy již vešla pod Chupah, se nazývá VELIKOST a nazývá se EL, hlavní z hlavního, svítící ze svítícího, moc nad mocí.

Jméno EL je jméno velkého milosrdenství. A zde je řečeno: „El se hněvá každý den", což je milosrdenství protikladné. V Tóře je řečeno, že bude večer a bude jitro, den první. Je tomu tak proto, že Šechina je malé nebeské těleso, luna, která vládne nocí. A nazývá se „strach z nebe", protože to je vlastnost spravedlivých, kteří musí pozvedat MAN svým úsilím napravit se, a tak napravit Malchut odraženým světlem, aby k ní světlo sestoupilo shora dolů.

Proto je řečeno (Kohelet, Kaz 3, 14): „A Stvořitel to učinil, aby lidé žili v bázni před ním." Je tomu tak proto, že nelze pozvednout MAN bez pocitu strachu. Nedostatek strachu ze Stvořitele je panování Malchut po nocích, ve stavu tmy. Protože v důsledku nedostatku světla se projevují všechna omezení a strádání, protikladné vlastnosti dne, milosrdenství, objevuje se strach ze Stvořitele. A kdyby toho strachu nebylo, nemohla by se projevit vlastnost jitra a dne.

Proto je řečeno, že bude večer a bude jitro, den první, protože noc rovněž vstupuje do jitra, vždyť kdyby nebyla noc, nebylo by ani jitro, a bez noci to není možné. Proto je řečeno, že EL SE HNĚVÁ KAŽDÝ DEN. Vždyť vlastnost milosrdenství, nazývaná EL, se odhaluje pouze pomocí noci, vlastnosti HNĚVU. Proto se tato vlastnost rovněž hodnotí jako milosrdenství. Z tohoto důvodu se i Šechina nazývá EL.

Proto je řečeno, že VELIKOST STVOŘITELE = EL JE NEVĚSTA, MALCHUT, ZVANÁ EL, protože nelze dosáhnout stavu „den" bez stavu „noc". Je tomu tak v šesti dnech stvoření s tím, že o každém z nich je řečeno, že bude večer a bude jitro, den první nebo den druhý atd. Vidíme, že noc je součástí názvu dne. A jako se dohromady nazývají šest DNŮ stvoření, tak i 6000 let se nazývá „noc" ve vlastnosti milosrdenství.

A ve velkém Zivugu konce nápravy nastane den, kdy zazáří měsíční svit jako sluneční světlo, jak pravil prorok (Zacharija, Za 14, 7): „ …i za večerního času bude světlo." Na základě toho vzrostou stupně Malchut na dvojnásobek, neboť i během 6000 let bylo světlo luny v souladu s tím, co je řečeno, že bude večer a bude jitro.

A na konci nápravy, kdy luna se stane jako slunce, ZA, bude mít luna dvojnásobnou vznešenost, protože se sama stala vznešenou. Vždyť se velikostí rovná ZA, o čemž hovoří i Zohar: „HLAVNÍ Z HLAVNÍHO, MOC NAD MOCÍ." Protože i když se během 6000 let připojovala k jitřnímu světlu, jak je řečeno, že bude večer a bude jitro, den první, stává se nyní, kdy je velká jako slunce, ZA, sama světlem. Stává se SVÍTÍCÍM ZE SVÍTÍCÍHO, zatím co dříve pocházelo světlo pouze od vlastností vyšších Sefirot, které do ní byly vloženy.

A rovněž se hovoří o MOCI NAD MOCÍ proto, že během 6000 let měla moc pouze jako malé nebeské těleso, které svítí v noci, ale nyní k tomu byla doplněna rovněž moc ve dne, protože je velká jako slunce.

130. V tu hodinu, kdy nebe, ZA, vchází pod Chupah a svítí Malchut, všichni její přátelé, kteří ji napravují svou prací na Tóře, všichni jsou známi, každý podle jména, jak je řečeno: „Nebe vypravuje o díle Jeho rukou." Dílo Jeho rukou jsou účastníci této úmluvy, nazývané „dílo Jeho rukou". Jako ty pravíš: „Upevni nám dílo našich rukou," což je znamení úmluvy, které zanechává otisky na lidském těle.

Přátelé jsou ti, kteří dodržují Tóru, v níž je dílo dobré i zlé, dokonce ty části v nich, které jsou ještě zlem, nenapravené, JSOU ZNÁMY KAŽDÁ PODLE JMÉNA (své napravené části), jak je řečeno, NEBESA VYPRAVUJÍ O DÍLE JEHO RUKOU. Nebe je Pamětní kniha, která je světlem velkého Zivugu, jenž vede k návratu – nápravě z lásky, kdy úmyslné hříchy, jak je řečeno (Talmud, Joma 86, 2), se stávají zásluhami.

A dokonce o těch z nich, kteří říkali špatné věci, je řečeno: „Tehdy si navzájem vyprávějí o strachu ze Stvořitele (viz § 126). Proto tento čin, nazývaný „ti, kteří dodržují Tóru", v němž je dobro i zlo, kdy pro toho, kdo byl uznán za hodna, je předurčeno dobré, a pro nehodného špatné, se nyní stává zcela dobrým a svatým. A proměňuje se v DÍLO JEHO RUKOU – Stvořitelových rukou, protože i o nehodných VYPRAVUJÍ NEBESA. A zjišťuje se, že všichni přátelé konali pouze dobré dílo a svatou práci, neboť všichni napravovali Malchut, VŠICHNI JSOU ZNÁMI PODLE JMEN.

Proto je řečeno (Tehilim, Ž 90, 17): „UPEVNI NÁM DÍLO NAŠICH RUKOU." Je však nepochopitelné, zda je to dílo našich, nebo Jeho rukou. Zde se hovoří pouze o tom, že úmluva se nazývá „dílo našich rukou", protože jeho upevnění je Jesod (Jesod je nejen název Sefiry, nýbrž i hebrejsky základ, fundament), základ veškeré konstrukce.

Nápravou Jesodu je Brit Milah (obřezání). Proto je řečeno, že existence úmluvy se nazývá dílem našich rukou, neboť dílem našich rukou oddělujeme Orlah (předkožku) od Jesodu. To se však týká období konce nápravy. A na konci nápravy se odhalí DÍLO JEHO RUKOU. To znamená, že sám Stvořitel oddělí Orlah od nás, a o DÍLE JEHO RUKOU VYPRAVUJÍ NEBESA. Před tímto stavem však je náprava obřezáním uložena nám, a my prosíme: UPEVNI NÁM DÍLO NAŠICH RUKOU.

131. Rav Hamnuna-Saba pravil: „Nedovol svým ústům, aby přivedla tvoje tělo k hříchu", tj. aby člověk nedovolil svým ústům přiblížit se ke zlu, aby nedovolil ústům stát se příčinou hříchu svatého těla, na němž je pečeť svaté úmluvy se Stvořitelem. **Jde o to, že činí-li tak, vrhá jej do pekel. A správce pekel jménem Domeh a stovky tisíc andělů s ním stojí v pekelné bráně, ale nemá povolení přibližovat se k těm, kdo dodržovali svatou úmluvu na tomto světě.**

Zde je obsaženo upozornění, aby si každý člověk dával pozor na to, co vyslovuje, na vzestup MAN za pomoci Tóry a modlitby, aby jeho modlitba byla vždy čistá. Jde o to, že jestliže se k jeho modlitbě připojí nečistá síla, dostane jeho MAN a v důsledku toho vzniknou u člověka nároky vůči Stvořiteli a cizím myšlenkám, pročež se znovu přitáhne Orlah k svaté úmluvě, což povede k tomu, že jeho svatá duše upadne do zajetí nečistých sil, které zavlečou jeho duši do pekel. Toto je podobné tomu co řekl rabi Eleazar o pádu do rukou Lilit.

SVATÉ TĚLO, NA NĚMŽ JE PEČEŤ SVATÉ ÚMLUVY: má se na zřeteli svatá duše, chráněná za pomoci svaté úmluvy, jak je řečeno: „Ze svého těla spatřím svého Stvořitele," což znamená z přirozenosti, ze svých vlastností. Vzhledem k pochybnostem se však vrací nečistá síla ORLAH: sáhá na svatou úmluvu, pročež vyšší Boží duše neprodleně odchází. Proto „zakřičel Strom: Hříšníku, nedotýkej se mne" – vždyť tento Strom je Jesod, Ateret Jesod (předkožka - samotná podstata stvoření, egoismus), Strom poznání dobra a zla.

SPRÁVCE PEKLA JMÉNEM DOMEH – DOMEH je od slova Dmamah – bezživotí, protože člověku odebírá duši života a zanechává ho mrtvého. Je to anděl, který v člověku vyvolá pochybnosti o velikosti Stvořitele a vzbuzuje přání zhřešit tím, že u člověka vyvolává představu o Stvořitelových úmyslech jako úmyslech člověka zrozeného z ženy, tj. jako o záměrech v našem světě. A vzhledem k tomu, že činí Stvořitelovy myšlenky v představách člověka podobnými lidským, získal svoje jméno od slova podobnost = DOMEH.

Na počátku člověk chápe, že Stvořitelovy myšlenky nejsou podobné našim, že Jeho cesty se nepodobají našim, tj. nemůže dosáhnout Jeho stvořeného rozumu, ani Jeho myšlenky, ani Jeho řízení, protože náš rozum je stvořen nižší než jeho. V důsledku hříchu vnáší anděl Domeh do člověka hloupého ducha, který jej přesvědčuje, aby řekl, že člověk zrozený z ženy je rozumem podobný Stvořiteli, v důsledku čehož je člověk připraven na všechny pochybnosti, KTERÉ HO VRHAJÍ DO PEKEL.

Proto veškerá síla anděla Domeha spočívá v jeho jménu, jak je řečeno: „Kdo je jako Ty mocný a kdo se Ti PODOBÁ, Králi, který umrtvuje a křísí?" Zde se ukazuje, že spojení s PODOBNÝM vede ke smrti, ale v uvědomění si, že Jemu není nikdo podobný, nachází člověk život.

Avšak pochybností a myšlenek, které v člověku vznikají od anděla Domeha, je nespočet, jak hovoří Zohar, JSOU S NÍM STOVKY TISÍC ANDĚLŮ a všichni se nacházejí u pekelné brány, skrze niž vrhají člověka do pekel, ale brána ještě není samotným peklem.

NEMÁ VŠAK (ANDĚL) DOVOLENO PŘIBLIŽOVAT SE K TĚM, KDO CHRÁNILI SVATOU ÚMLUVU V TOMTO SVĚTĚ – a dokonce jestliže člověk úmluvu chránil (dodržoval) neúplně a v jeho činech je ještě dobro a zlo, stejně je považován za toho, kdo dodržuje svatou úmluvu. Jestliže se člověku nestane, že by upadl do pochybností, nemá anděl Domeh povoleno uvrhnout jej do pekel.

132. Když se králi Davidovi přihodilo to, co se mu přihodilo, objal ho strach. Tehdy se Domeh pozvedl ke Stvořiteli a řekl: „Pane světa, v Tóře je řečeno (Vajikra 20, 10): ́Člověk, který cizoloží s vdanou ženou…́ David porušil svoji úmluvu, není tomu tak?" Stvořitel mu odpověděl: „David je spravedlivý a jeho svatá úmluva je bezúhonná, protože je mi známo, že Bat Ševa (Bat-Šeba) byla pro něho připravena ode dne stvoření světa."

I když David nezhřešil, jak je řečeno (Talmud, Šabat 56, 1), že ten, kdo říká, že David zhřešil, mýlí se, přesto se ho zmocnil strach, jako kdyby opravdu zhřešil. Je to důsledek toho, že si na něj stěžoval anděl Domeh, který založil svoji stížnost na tom, co je řečeno v Tóře.

Avšak Bat Ševa byla předurčena Davidovi ode dne stvoření světa (Talmud, Sanhedrin 107, 1), proto svoji úmluvu neporušil. Jestliže však je Bat Ševa předurčena Davidovi, proč byla předtím ženou Uriahovou (Urijáš)? Vždyť manželka je polovinou těla svého muže. A jestliže je polovinou Davidova těla, jak si ji mohl vzít Uriah, když v něm není nic, co by jí odpovídalo?

Jde o to, že Bat Ševa je skutečně Davidova Nukva ode dne stvoření světa, protože David je mužská část Malchut a Bat Ševa je Nukva v Malchut. Vzhledem k tomu však, že při stvoření světa se Malchut pozvedla do Biny, aby dostala od Biny vlastnosti milosrdenství – odevzdávání, i Bat Ševa potřebovala takovouto nápravu v GAR, bez níž by nemohla porodit duši krále Šloma (Šalomouna).

A Urijah HaCheti (Urijáš Chetejský) byl vysoká duše, byly to vlastnosti GAR, z čehož vyplývá i jeho jméno Urijah = Ur-iJah, kde UR = Ohr (světlo) iah = i(Jod) + h(Hej) = první dvě písmena HaVaJaH, tj.Uriah znamená „Stvořitelovo světlo". A to, že v jeho jméně je pouze Jod-Hej = Chochma-Bina a nejsou tam dvě poslední písmena, Vav-Hej = ZA-Malchut, hovoří o tom, že jeho světlo je světlo GAR. Proto, aby byla Bat Ševa napravena ve vlastnosti milosrdenství, byl s ní spojen Uriah, v důsledku čehož se stala vhodnou pro kralování, stala se královnou Izraele.

133. Domeh mu řekl: „Pane světa, co je Tobě odhaleno, není odhaleno jemu." Stvořitel mu odpověděl: „Všechno, co dělal David, bylo s Mým dovolením. Protože nikdo, kdo odchází do války, neodejde, dokud nedá své ženě Get (doklad o rozvodu)." Tehdy řekl Domeh: „Jestliže to je tak, měl David čekat tři měsíce, on ale nečekal." Stvořitel mu odpověděl: „Odklad je zapotřebí pouze proto, aby bylo možno se přesvědčit, zda ta žena není těhotná s předchozím manželem, ale Mně je známo, že Uriah se k ní nikdy nepřiblížil, protože Moje jméno je v něm otištěno jako svědectví. Vždyť Uriah je Ohr – IaH, Stvořitelovo světlo, ale píše se Uriahu = Ohr + i + a + hu (Jod-Hej-Vav), bez posledního Hej, Malchut, a to hovoří o tom, že Malchut nevyužil."

Písmena Jod-Hej ve jménu Uriah, Alef-Reš-Jod-Hej, hovoří o tom, že se Bat Ševy nikdy nedotkl. Vždyť Uriah patří ke GAR bez VAK. A jestliže je přání ukázat, že se používá VAK, uvádí se jméno Uriah, jak zdůrazňuje Zohar. Zde je však uvedeno, že první muž Bat Ševy byl Uriah, tj. že v něm nebylo nic z VAK, pouze GAR, tj. světlo Chochma beze světla Chasadim. Vždyť Vav znamená Chasadim. A proto se nemůže přiblížit k Bat Ševě.

134. Řekl mu: „Pane světa, je to tak, jak jsem řekl: Jestliže Ti je známo, že Uriah s ní neležel, kdo to odhalil Davidovi? Byl povinen čekat tři měsíce. A jestliže řekneš, že David věděl, že Uriah s ní nikdy neležel, proč ho David poslal k manželce a řekl mu: „Sestup do svého domu a umyj si nohy."

Čtenáři Tóry uvádějí poté obvykle příklad s tímto „trojúhelníkem" jako důkaz nepříliš vysokých vlastností krále Davida. A jako příklad nedůslednosti Stvořitelova soudu, jak je mu odpuštěna Uriahova „vražda" ve prospěch Bat Ševy, atd. My ale musíme mít na paměti, že všechno, co nám vypráví Tóra, je podstata duchovních světů a jejich zákonů, které nemají v našem světě zjevné následky. Existuje vazba příčina – důsledek: to, k čemu dochází v našem světě, je důsledek vyšší příčiny, ale v žádném případě to není naopak: To, co se popisuje o duchovním světě, v našem světě se stát nemusí. Mít za to, že to, co je popsáno v Tóře, je vyprávění o našem světě, znamená snížení Tóry světa Acilut, svatých Stvořitelových jmen a Stvořitelova světla na nejnižší úroveň stvoření, což je přímo zakázáno: „Neučiníš si idolu."

135. Odpověděl mu: „Samozřejmě, David nevěděl, ale čekal více než tři měsíce, protože přešly čtyři měsíce. Jak jsme se učili, 15. dne měsíce Nisan poslal David příkaz všemu lidu Izraele, aby se připravoval na válku, Joav – 7. dne měsíce Nisan. Pokořili země Moábu a zdrželi se v nich čtyři měsíce, než přišel k Bat Ševě v měsíci Elul. A v Soudný den mu Stvořitel tento hřích odpustil. Jsou však takoví, kteří tvrdí, že 7. dne měsíce Adar poslal zprávu, 15. dne měsíce Jaar se shromáždilo vojsko a 15. dne měsíce Elul byl u Bat Ševy, ale v Soudný den mu Stvořitel odpustil a on byl zbaven trestu smrti rukou anděla Domeha.

Domeh spravuje a odpovídá za cizoložství. A protože David dostal odpuštění v Soudný den, vyhnul se tím smrti Domehovou rukou. Jeho smrt však byla důsledkem Uriahovy smrti, kterého zabili mečem Amonovi synové, jak o tom svědčí Kniha královská (Malachim 1, 1 Kr 15, 5): „To proto, že David činil to, co je správné v Hospodinových očích, a po celý svůj život se neodchýlil od ničeho, co mu on přikázal, kromě té věci s Chetejcem Urijášem."

136. Domeh pravil: „Pane světa, jedno ale na něj mám: Proč otevřel ústa a řekl: ʹHospodin je spravedlivý, protože smrtelník tak činíʹ - a sám sebe odsoudil k smrti. Proto mám moc zabít jej." Stvořitel mu odpověděl: „Nemáš povolení zabít ho, protože se kál a přiznal: „Zhřešil jsem před Stvořitelem," i když nehřešil. Zhřešil však zabitím Uriaha. Zapsal jsem jeho trest a on jej dostal." Domeh neprodleně zanechal svých nároků a odešel zarmoucen na svoje místo.

V posledním písmeni Hej jména HaVaJaH jsou dva body – omezení, přísnost a milosrdenství, a všechny nápravy Malchut za pomoci úmluvy – obřezání spočívají v tom, aby byl skryt bod přísnosti a aby bylo odhaleno milosrdenství. Tehdy sestupuje Stvořitelovo jméno do Malchut. Je tomu tak proto, že tam je sice Malchut pod zákazem prvního zkrácení, tj. přísnost a soud, z nějž sají všechny nečisté síly; vzhledem k tomu však, že tento bod je skryt a odhalena je pouze vlastnost milosrdenství od Biny, nemají síly nečisté, svatosti a duchovnu vzdálené síly – přání přisát se sem.

Narušit úmluvu znamená odhalit přísnost a soud v Malchut, písmeno Hej, což vede k tomu, že se k ní okamžitě přisávají cizí (nikoli duchovní), nečisté síly, aby z ní sály, protože tato vlastnost je jejich součástí. A tím neprodleně mizí svatá duše, Stvořitelovo jméno (Jov, Jb 4, 9): „Hynou Božím dechem."

Sám David je součástí Malchut ze strany vlastnosti Milosrdenství Malchut, a proto má zapotřebí zvláštní ochranu, aby se v něm neodhalila vlastnost přísnosti Malchut. Jde o to, že ten, kdo odhalí vlastnost přísnosti, tj. naruší úmluvu se Stvořitelem, se odevzdává nečistým silám, které jej odsuzují k smrti. Je tomu tak proto, že se v něm samotném odhaluje vlastnost přísnosti vůči nečisté síle, andělu Domehovi, který si přál přisát se k Davidově duši a uvrhnout ji do pekel.

Za cizoložství, i když je nevinen, prosil David o odpuštění a dostal je, ale za to, že poslal Uriaha na smrt, neměl anděl Domeh právo žádat o potrestání, protože odpovídá pouze za cizoložství.

137. A na to odpověděl David: „Kdyby mi Stvořitel nepomohl, Domeh si již téměř přisvojil moji duši." „Kdyby mi Stvořitel nepomohl" znamená: Kdyby Stvořitel nebyl mým strážcem a vůdcem proti andělu Domehovi. „Téměř" je jako tloušťka niti, která odděluje mne a jinou, nečistou stranu, tak jsem byl blízko k tomu, aby si Domeh přisvojil moji duši a uvrhl ji do pekel.

David je Malchut, o které je řečeno (Mišlej, Př 5,5): „Její nohy sestupují k smrti, její kroky uvíznou v podsvětí," protože Malchut je konec, zakončení svatosti – duchovna. I od Malchut existují nečisté síly, jak je řečeno (Tehilim, Ž 103, 19): „…všemu vládne svou královskou mocí," ona je oživuje.

Když se však Malchut nachází ve své napravené vlastnosti milosrdenství (viz § 122), definuje se jako složená ze dvou bodů, kde je bod přísnosti a bod milosrdenství, který dostala od Biny. Její bod přísnosti se nachází ve skrytosti a bod milosrdenství je odhalen. A díky této nápravě není v nečistých silách od Malchut více než Ner Dakik – malé světélkování. To stačí pouze k udržení existence nečistých sil, nemají však z toho sílu se rozšiřovat.

Ner Dakik, zdroj existence nečistých sil, se nazývá rovněž Choteh Dakik – malý hřích, kořen hříchů, jak je řečeno (Talmud, Suka 52, 1): „Na počátku se nečistá síla člověku zdá jako tenké pavoučí vlákno, ale potom se proměňuje v tlustou sílu jako oj." Nazývá se malá (Dakik), protože přísnost a omezení jsou skryty uvnitř vlastnosti (bodu) milosrdenství.

Ten však, kdo porušuje úmluvu, vyvolává odhalení bodu přísnosti v Malchut, v důsledku čehož se k ní nečisté síly přibližují a sají z ní mnoho světla, čímž nabývají na síle, aby se rozšířili. A člověk, který tak koná, svýma rukama odevzdává svoji duši, jak je řečeno (Jov, Jb 4, 9): „Hynou Božím dechem."

A poté, když je uznán za hodna návratu ke Stvořiteli, vrací se a napravuje Malchut vlastností milosrdenství – Tešuva od slova Tešuv + a = vrátit se + A, kde A = Hej = označení Stvořitele, tj. návrat k vlastnosti milosrdenství. Vlastnost přísnosti se navrací ke skryté podobě, skrývá se uvnitř vlastnosti milosrdenství jako malá svíčka a nic více.

Proto je řečeno: KDYBY MI STVOŘITEL NEPOMOHL – tím, že přijal můj návrat a odstrčil anděla Domeha, a tím, že vrátil Malchut na její místo k vlastnosti milosrdenství, a z vlastnosti přísnosti ponechal pouze malou svíčku, světélko tenké jako nit, JEHOŽ SVĚTLO SE NACHÁZÍ MEZI MNOU A NEČISTOU SILOU.

A to je ona minimální velikost, která musí nutně zůstávat mezi Malchut a nečistou silou, aby jí dala možnost existence od toho malého světla, nazývaného malý hřích, natolik, že DOMEH SI ZA TO NEVEZME MOJI DUŠI DO PEKEL.

Právě tato velikost mne zachránila před Domehovýma rukama, protože kdyby se nevrátila síla přísnosti do Malchut v podobě malého hříchu, byl bych v Domehových rukou.

138. Proto člověk musí být na pozoru, nemluvit jako David, neboť nelze říci andělu Domehovi: „To byl omyl (Kohelet, Kaz 5, 5), jak tomu bylo u Davida, kdy Stvořitel zvítězil u soudu proti Domehovi. „Proč se má Bůh rozlítit pro to, cos řekl" (dtto), tj. za tvoje slova? „A zničit dílo tvých rukou" (dtto), tj. svatého těla, svaté úmluvy, kterou jsi porušil, a za to budeš uvržen do pekel andělem Domehem.

Jsou dvě cesty návratu ke Stvořiteli (viz Předmluva k Talmudu Deseti Sefirot, § 45, 59, 64; Talmud, Joma 86, 2):

1. Návrat ze strachu, když se úmyslné hříchy proměňují v neúmyslné,
2. Návrat z lásky – když se úmyslné hříchy proměňují v zásluhy.

Před koncem nápravy, když je ještě nezbytná síla přísnosti, omezení a soudu ve světě, jak je řečeno (Kohelet, Kaz 3, 14): „A Bůh to učinil, aby lidé žili v bázni před ním," Malchut je povinna podporovat existenci nečistých sil o velikosti Ner Dakik – malé svíčky, aby nečisté síly nezmizely ze světa.

V tuto dobu (v tomto stavu) tudíž spočívá veškerá náprava Malchut ve dvou bodech, milosrdenství a přísnosti. Přísnost však je skrytá, zatím co milosrdenství koná otevřeně. Proto existuje strach ze Stromu dobra a zla: Jestliže byl člověk uznán za hodna, je dobrý, nebyl-li, je zlý (viz §§ 120 – 124).

Proto BĚHEM 6000 LET SE NAVRACÍME KE STVOŘITELI POUZE ZE STRACHU, v důsledku čehož se naše úmyslné hříchy proměňují v neúmyslné, v chyby, opomenutí. Je tomu tak proto, že v důsledku našeho návratu vracíme Malchut k vlastnosti milosrdenství. Přísnost a soud v ní jsou skryty do rozměru malé svíčky a malého hříchu, vždyť Malchut je ještě povinna zůstávat ve vlastnosti strachu. Proto se takový návrat nazývá „návrat ze strachu".

Malý hřích, který musí zůstat, se nazývá neúmyslný hřích, opomenutí, chyba, neboť sám o sobě to hřích není, ale vede člověka k neúmyslnému hříchu. Člověk úmyslně hřeší až poté, co předtím vykonal něco neúmyslného: konal něco neúmyslně, ale ukázalo se, že zhřešil.

Tak malý hřích zůstává v Malchut, protože i když zůstává, není to hřích. Avšak v důsledku tohoto skrytého soudu, přísnosti, se dopouštíme úmyslných hříchů. A proto je řečeno: „Na počátku je jako tenký vlas," tj. jako malý hřích. A poté, jestliže nestřežíme svoji úmluvu, jak je třeba, „stává se jako oj vozu," protože se odhaluje vlastnost přísnosti a soudu v Malchut.

Proto je řečeno, že Domeh dlí ve dveřích do pekel. Protože síla malého hříchu je pouze vchod. Vždyť je řečeno, že na počátku vypadá jako vlas, jako vlákno pavučiny. Proto se náš návrat nazývá odpuštění hříchů, které se proměňují v neúmyslná opomenutí, jako kdyby byly chybami. Jde o to, že zůstal malý hřích, který má sílu přivést nás k úmyslným hříchům.

To všechno je řečeno o návratu ze strachu. Druhá podoba návratu je návrat z lásky, při němž se úmyslné hříchy proměňují v zásluhy – viz § 126.

Proto SE ČLOVĚK MUSÍ VYSTŘÍHAT ŘEČÍ PODOBNÝCH TĚM DAVIDOVÝM – tj. aby neřekl slovo, působící odhalení vlastnosti přísnosti v Malchut, jak to učinil David, PROTOŽE NELZE ŘÍCI ANDĚLU DOMEHOVI, ŽE SE DOPUSTIL OPOMENUTÍ, vždyť si není jist, že se dokáže neprodleně vrátit ke Stvořiteli, aby mu byl odpuštěn hřích tak, že bude proměněn v neúmyslný, JAKO TOMU BYLO U DAVIDA, KDY STVOŘITEL ZVÍTĚZIL U SOUDU PROTI DOMEHOVI.

U Davida to proběhlo právě takto, neboť on po celý svůj život konal pouze rovné (čisté) činy před Stvořitelem a nedopustil se žádného zločinu kromě činu spojeného s Urijahem. Proto se Stvořitel stal jeho obhájcem a pomohl mu, aby se k Němu neprodleně vrátil. Jeho hřích se proměnil v opomenutí, jak praví Zohar (§ 137): KDYBY MI STVOŘITEL NEPOMOHL, TÉMĚŘ SI JIŽ VZAL MOJI DUŠI DOMEH. Ostatní lidé jsou však povinni bát se tohoto anděla, protože v důsledku neúmyslného hříchu se lze posléze dostat Domehovýma rukama do pekel.

NIČIL SI DÍLO TVÝCH RUKOU, SVATÉHO TĚLA, SVATÉ ÚMLUVY, KTEROU JSI PORUŠIL, A ZA TO TĚ UVRHNE DO PEKEL ANDĚL DOMEH – náprava v nás, jménem svatá úmluva, se nazývá dílo našich rukou, jak je řečeno: „Upevni nám dílo našich rukou." Svatá duše se nazývá svaté tělo, jak je řečeno (Jov, Jb 19, 26): „Ač zbaven masa, uzřím Boha" (viz § 131. V důsledku odhalení vlastnosti přísnosti a soudu v Malchut byla zničena náprava úmluvy a anděl Domeh vrhá duši do pekel.

Proto O DÍLE JEHO RUKOU VYPRAVUJÍ NEBESA (§ 130). Na konci nápravy bude nebe vyprávět o Jeho díle, protože tehdy se odhalí odměna za všechny ty nápravy, zjistí se, že vůbec nejsou DÍLEM NAŠICH RUKOU, nýbrž DÍLEM JEHO RUKOU, a to VYPRAVUJE NEBE. A na toto dílo, na tyto nápravy dojde k velkému Zivugu RAV PAALIM U MEKABCIEL (viz § 92). VYPRAVUJE znamená sestup úplného světla shůry.

A věz, že v tom je veškerý rozdíl v našem světě před koncem nápravy a po něm. Jde o to, že před koncem nápravy se Malchut nazývá Stromem dobra a zla, neboť Malchut je odhalení Stvořitelova řízení našeho světa. A do té doby, než lidé dojdou k takovému stavu, že dokážou dostávat Jeho světlo, jak On zamýšlel a každému připravil již v záměru stvoření, svět bude řízen dobrem i zlem, odměnami i tresty.

Příčina spočívá v tom, že naše „Kelim de Kabalah" – přání dostávat – jsou nečistá, zašpiněná egoismem, který 1. nedovoluje přijmout do těchto přání Stvořitelovo světlo, 2. odděluje nás od Stvořitele. A to nekonečně dobré, co nám připravil, lze dostat pouze do altruistických přání, protože tato potěšení nejsou omezena rámcem stvoření jako egoistická potěšení, v nichž naplnění neprodleně dusí potěšení.

Proto je řečeno (Mišlej, Př 16, 4): „Stvořitel učinil vše ke své slávě" tj. všechno konání ve světě stvořil původně On pouze proto, abychom Jej mohli potěšit. Proto se lidé v našem světě zabývají něčím zcela opačným tomu, čím jsou povinni se zabývat v souladu s cílem svého stvoření. Vždyť Stvořitel jasně říká, že pro Sebe stvořil celý svět (Ješajahu, Iz 43, 7): „...stvořil jsem ke své slávě..."

My však říkáme něco zcela opačného, že byl celý svět stvořen pro nás, a přejeme si jej celý pohltit kvůli svému naplnění, potěšení, oblažení a proslavení. Proto není nic divného na tom, že nejsme hodni dostat dokonalé blaho od Stvořitele. A proto nás řídí dobrem i zlem, v podobě odměn a trestů; neboť jedno závisí na druhém: Odměna i trest působí dobro i zlo.

A je tomu tak proto, že využíváme naše přání dostávat (potěšení), a tím, že se tak stáváme opačnými vůči Stvořiteli, uvědomujeme si Jeho řízení coby zlo vůči sobě. Vychází to z toho, že člověk nemůže pocítit zjevné zlo od Stvořitele, vždyť to nesmírně škodí velikosti a dokonalosti Stvořitele, jestliže Jej stvoření pociťují jako někoho, kdo jim způsobuje zlo, vždyť to je nedůstojné Dokonalého.

Proto při tom, když člověk cítí něco zlého v té míře, v jaké prožívá odmítání Stvořitelova řízení světa, ihned na něho sestupuje závoj a mizí vědomí Stvořitelovy existence, což je tím největším trestem na světě!

Proto vnímání dobra a zla v Jeho řízení nám dává pocit odměny a trestu. Je to proto, že ten, kdo usiluje nerozejít se s vírou ve Stvořitelovu existenci a Jeho řízení, i když zakouší zlo v Jeho řízení, dostává odměnu v tom, že nachází síly nerozejít se s vírou v řízení a v dobrý cíl, sledovaný v tom „zlém" Stvořitelově působení na něho. Jestliže však nebyl uznán za hodna možnosti vynaložit úsilí ve snaze věřit, že mu Stvořitel dává nepříjemný pocit s určitým cílem, je trestán tím, že se vzdaluje víry ve Stvořitele a vnímání Stvořitelovy existence.

Proto i když pouze On konal, koná a bude konat všechny skutky ve světě, zůstává to napůl skryto před těmi, kdo si uvědomují dobro a zlo. Vždyť když pociťují zlo, má nečistá síla možnost skrýt Stvořitelovo řízení a víru v Něho a člověk dostává největší trest na světě - pocit odloučení od Stvořitele - a je přeplněn pochybnostmi a odmítáním Stvořitelovy existence a Jeho řízení světa. A když se navrací ke Stvořiteli, dostává podle toho odměnu a znovu se může se Stvořitelem spojit.

Vzhledem však k samotnému řízení odměny a trestu nám Stvořitel připravil možnost dosáhnout za pomoci tohoto řízení konce nápravy – když všichni lidé dosáhnou napravených Kelim (přání), využít je ve prospěch potěšení Stvořitele, jak je řečeno, že VŠECHNO stvořil pro Sebe, všechno, co bylo od samého počátku vytvořeno! Jinak řečeno, naše odevzdávání musí být zcela plné.

A tehdy se odhalí velký Zivug Atik, pročež se všichni vrátíme ke Stvořiteli z lásky, a všechny úmyslné hříchy se promění v zásluhy a veškeré zlo bude vnímáno jako nekonečné dobro a odhalí se každé Jeho řízení v celém světě. VŠICHNI UVIDÍ, že pouze On sám konal, koná a bude konat všechny skutky ve světě, a kromě Něho není nikoho, kdo by konal. Je tomu tak proto, že poté, co se pocit zla a trestu proměnil v pocit dobra a odměny, změnou egoistických přání v altruistické je nám dána možnost dosáhnout Toho, kdo koná, neboť my odpovídáme dílu Jeho rukou. Vždyť Jej velebíme a povznášíme nad všechna zla a tresty, které jsme svého času prožili.

Hlavní však je – a to je zde nutno zdůraznit – že do konce nápravy byly veškeré nápravy považovány za DÍLO NAŠICH RUKOU, neboť jsme za ně dostávali odměnu nebo trest. Ve velkém Zivugu na konci nápravy však bude odhaleno, že všechny nápravy a všechny tresty jsou DÍLEM JEHO RUKOU. A proto je řečeno, že O DÍLE JEHO RUKOU VYPRAVUJÍ NEBESA, vždyť velký Zivug znamená, že nebe bude vyprávět: všechno to je Jeho dílo, to On konal, koná a bude konat všechno ve stvoření.

139. A proto o díle Jeho rukou hovoří nebe. Jsou to ti přátelé, kteří se spojili v nevěstě, Malchut, svou prací na Tóře v noci svátku Šavuot. A všichni jsou účastníky úmluvy s ní, nazývaní „dílo Jeho rukou". A ona chválí a zaznamenává každého. Co je nebe, nebeská klenba? Je to nebeská klenba, na níž je slunce, luna, hvězdy a znamení zodiaku (zvěrokruhu). Tato nebeská klenba se nazývá Pamětní kniha a on vypráví a zaznamenává je, aby se stali syny jeho sálu, a plní veškerá jejich přání.

Jesod ZA, na nějž se dělá Zivug pro odhalení všech vyšších stupňů, nazývaných slunce, luna, hvězdy a znamení zvěrokruhu, má jméno nebeská klenba. Všechna vyšší nebeská tělesa se nacházejí na nebeské klenbě, nazývané Jesod ZA. A všechna existují díky němu, protože dělá Zivug s Nukvou, nazývanou země, a svítí jí všemi těmito nebeskými tělesy, tj. všechna jí je dává.

Výsledek však je, že Malchut je menší než slunce, ZA. Na konci nápravy však bude měsíční svit jako sluneční světlo a sluneční světlo bude sedmdesátkrát větší než předtím – Malchut se stane velkou jako ZA (Zeir Anpin) během šesti dnů stvoření. Kdy tomu tak bude? Odpovídá rabi Jehuda: Až navždy zmizí smrt a v ten den bude Stvořitel jediný a Jeho jméno jediné.

Nebe neboli nebeská klenba, ZA, je HaVaJaH, nazývaný slunce. Malchut, Nukva, od něho dostává a nazývá se luna. Během 6000 let dostává Malchut od šesti dnů stvoření, ale neodhaluje ZA, že Stvořitel je jediný a Jeho jméno je jediné, protože luna je menší než slunce. Její menší rozměry jsou důsledkem toho, že se Malchut skládá z dobra a zla, odměny a trestu.

Je velký rozdíl mezi „On" a „Jeho jméno": Jeho jméno je Malchut, v níž se shromažďují, Zivug za Zivugem, stavy spojení a vzdálení. Na konci nápravy však, v době, o níž je řečeno, že „smrt zmizí navždy", „bude HaVaJaH jediný a Jeho jméno jediné". Jméno, Malchut, bude jako světlo ZA, pouze dobro beze zla. A v ní bude odhaleno dílčí řízení, což znamená, že měsíční svit se vyrovná slunečnímu světlu.

Proto v té době (v tomto stavu) se Nukva nazývá Zápisníkem neboli Pamětní knihou. Malchut se nazývá kniha, neboť jsou v ní zaznamenány všechny činy lidí. Jesod ZA se nazývá paměť, protože si pamatuje činy celého světa, zkoumá a analyzuje všechna stvoření, která od něho dostávají.

Během 6000 let do konce nápravy jsou kniha a paměť odděleny, někdy jsou spolu a někdy zvlášť. Na konci nápravy se však tyto dva stupně spojují do jednoho a sama Malchut se nazývá „Pamětní kniha", protože ZA a Malchut se stávají jedním celkem, neboť světlo Malchut se stává světlem ZA.

Proto je nebeská klenba místem, kde jsou všechny hvězdy, luna, slunce a znamení zvěrokruhu. Vždyť nebeská klenba je Jesod ZA, z něhož vychází veškeré světlo světa a skrze nějž všechno existuje. Předává světlo do Malchut, když je menší než on, kdy ještě nebylo dosaženo stavu „On je jediný a Jeho jméno je jediné". A sám bude na konci nápravy jako Malchut, která se proto nazývá Pamětní kniha.

Proto, když Malchut dostane všechny vlastnosti ZA, nebeské klenby, nazývané paměť, tj. Malchut bude nazvána Pamětní kniha a paměť, tj. nebeská klenba, splyne s ní v jedno.

140. Den za dnem přinese Omer (snop). Svatý den z těch dnů (Sefirot) krále (ZA) oslavuje přátele, kteří se zabývají Tórou v noci svátku Šavuot. Ti si říkají jeden druhému: „Den za dnem přinese snop" a oslavují jej. A „noc za nocí", tj. všechny stupně, Sefirot Malchut, které vládnou v noci, se navzájem oslavují tím, že každý dostává od přítele, od druhé Sefiry. A úplná dokonalost z nich činí milované přátele.

Poté, co Zohar vysvětlil, že „O DÍLE JEHO RUKOU VYPRAVUJE NEBE" je PAMĚTNÍ KNIHA, pokračuje dále ve vysvětlování toho, co je napsáno v Knize Malachi (Mal 3, 14): „Říkáte: 'Sloužit Stvořiteli není k ničemu! Co z toho, že jsme před ním drželi stráž a že jsme chodili před Hospodinem zachmuřeně? Proto za šťastné pokládáme opovážlivce. Mají úspěch, ač se dopouštějí svévolností, pokoušejí Boha, a přece jsou zachráněni.' Tehdy ti, kteří se bojí Hospodina, o tom rozmlouvali; Hospodin to pozoroval a slyšel. A byla před ním sepsána pamětní kniha se jmény těch, kteří se bojí Hospodina a uctívají jeho jméno. 'Ti se stanou', praví Hospodin, 'vyvolenými, v ten den, který určím Já a odpustím jim, jak člověk ušetří syna svého, jenž mu slouží.'" Bude to v den, kdy Já vykonám zázrak, v den konce nápravy.

Je tomu tak proto, že do konce nápravy, tj. do té doby, než připravíme svoje přání „dostávat", dostávat pouze ve prospěch potěšení Stvořitele a nikoli ve prospěch sebenaplnění, se

Malchut nazývá Stromem dobra a zla, neboť Malchut je řízení světa v souladu se skutky – dílem člověka. A vzhledem k tomu, že ještě nejsme připraveni dostat veškeré vyšší potěšení, které nám připravil Stvořitel již ve Svém stvořitelském záměru, jsme povinni dostávat řízení dobra a zla od Malchut.

A právě toto řízení nás připravuje, abychom na konci napravili všechna naše přání dostávat (Kelim de Kabalah), aby byla pouze ve prospěch odevzdávání (Kelim de Hašpaa), a abychom dosáhli tak dobra a potěšení, která pro nás přichystal.

Jak již bylo řečeno, pocit dobra a zla v nás vytváří pocit odměny a trestu. Proto jestliže se člověk při vnímání zla snaží, aby tento pocit nezmenšil jeho víru ve Stvořitele, a může zachovat plnění Tóry a Přikázání jako před pocitem toho špatného v životě, dostane odměnu.

Jestliže však nemůže obstát v této zkoušce a vzdálí se od Stvořitele, naplní se pochybnostmi o dobrém řízení nebo vůbec přestane věřit, že Stvořitel řídí svět. Nebo v něm v odpověď na špatné pocity vzniká nespokojenost se Stvořitelem. A za všechny myšlenky Stvořitel trestá jako za skutky (Talmud, Kilušim 40, 1).

Rovněž bylo řečeno, že počestnost spravedlivého mu v den jeho hříchu nepomáhá. Někdy se však natolik zvyšují pochybnosti v člověku, že lituje i svých dobrých činů v minulosti, veškerého svého úsilí, a tvrdí: „Říkáte: 'Sloužit Bohu není k ničemu. Co z toho, že jsme před ním drželi stráž a že jsme chodili před Hospodinem zachmuřeně?'" (Malachi, Mal 3, 14). Je tomu tak proto, že se stává dokonalým hříšníkem a lituje počestné minulosti (Je mu líto, že ztratil tolik času a sil místo toho, aby vychutnával tento svět s požitkem jako ostatní!), a ztrácí veškeré dobré dílo, které vykonal, v důsledku svých pochyb a lítostí, jak nás upozorňuje Tóra: „Počestnost spravedlivého mu v den jeho hříchu nepomáhá."

V takovémto stavu je na místě vrátit se ke Stvořiteli. Má se však za to, že začíná svoji cestu od samého počátku, jako právě narozený, protože se obrátily vniveč všechny jeho dobré skutky minulosti.

To, co bylo řečeno, nelze chápat doslova, ani v duchovním smyslu, protože ten, kdo pracuje, aby dosáhl nezištných, altruistických skutků, se neustále nachází ve vzestupech a pádech. Tehdy je střídavě naplňován pochybbostmi, jimž se pokouší odporovat. Člověku, který takto postupuje, se ovšem zdá, že pokaždé začíná svoji práci znovu, že nic nechápe stejně jako novorozenec. Na druhé straně ten, kdo patří k masám, kdo pracuje na svých egoistických přáních, je neustále naplněn pocitem vlastní důstojnosti. Každý den přidává k předchozímu, zdá se mu, že se nic neztrácí – a v tom spočívá příčina nemožnosti jeho duchovního růstu.

Pouze ten, kdo skutečně stoupá vzhůru po duchovních stupních, vnímá sám sebe každým okamžikem jako novorozenec, jako dítě před svým Stvořitelem. Vždyť když přechází ze stupně na stupeň, minulý stav v podobě stupně se ztrácí. Dokud nedosáhl následujícího, nachází se v úplné tmě a má pocit, že začíná všechno znovu, a nedoplňuje to, čeho nabyl, jak to cítí ten, kdo duchovně neroste (Domem de Keduša).

Řízení dobra a zla v nás působí vzestupy a pády, každý má svoje... Každý vzestup je považován za jednotlivý den (vnímání světla). Je tomu tak proto, že v důsledku velkého pádu, který zažil tím, že litoval minulých dobrých skutků, což se nazývá „Toe al Arišonot", je při vzestupu v takovém stavu jako právě narozený.

Proto v každém vzestupu jakoby začínal svoji cestu ke Stvořiteli znovu. Z tohoto důvodu se každý vzestup považuje za jednotlivý den, vždyť existuje přestávka, noc, mezi těmito stavy. A proto se každý pád považuje za jednotlivou noc.

Právě to nám říká Zohar: DEN ZA DNEM PŘINESE SNOP – v každém vzestupu, když se přibližoval k nejvyššímu dnu Stvořitele (konci nápravy), SLAVIL PŘÁTELE A HOVOŘILI SPOLU. Je tomu tak proto, že na konci velkého Zivugu budou všichni hodni návratu z lásky, neboť bude dokončena náprava přání „dostávat" a začnou dostávat pouze ve prospěch Stvořitele, aby mu udělali radost.

V tomto velkém Zivugu – jednotě se nám odhalí veškeré nejvyšší dobro a potěšení záměru stvoření. A tehdy uvidíme na vlastní oči, že všechny ty tresty, které jsme pociťovali ve stavu pádu a které nás vedly k pochybnostem a lítosti z úsilí, které jsme vynaložili v Tóře, tyto tresty nás očišťovaly a napravovaly, že to ony jsou přímými příčinami všeho nejlepšího, co dostáváme a cítíme nyní, na konci nápravy.

Protože kdyby nebylo strašného utrpení a trestu, nemohli bychom dojít ke stavu naplnění dokonalým požitkem. Proto se samotné úmyslné hříchy proměňují v zásluhy, jak je řečeno: DEN ZA DNEM PŘINESE SNOP – každý vzestup do konce nápravy je jako jednotlivý den v Malchut.

Tento den je odhalován slovem, ve vší své velikosti podporujícím Tóru. Jakým slovem? Když říkali „Sloužit Bohu není k ničemu! Co z toho, že jsme před ním drželi stráž a že jsme chodili před Hospodinem zachmuřeně?"

Tato slova měla za následek trest, který se nyní proměnil v zásluhy, neboť veškerá dokonalost a bohatství toho velkého dne mohou teď být odhaleny právě díky minulým trestům. Proto jsou nyní ti, kteří říkali ona slova, považováni za bohabojné a oslavující Jeho jméno (a mohl je říkat pouze ten, kdo vynaložil úsilí na Cestě pravdy a zklamal se v důsledku nenapraveného egoismu vyššího stupně. To znamená, že zklamání přichází pouze k těm, kteří skutečně pracují pro Stvořitele).

Proto o nich je řečeno: „praví Hospodin: 'v ten den, který určím Já a odpustím jim, jak člověk ušetří syna svého, jenž mu slouží.'" Je tomu tak proto, že všechny noci: stavy pádu, utrpení a trestu, což přerušuje jejich spojení se Stvořitelem, se nyní rovněž proměnily v zásluhy a dobré skutky, a noc svítí jako den, tma je jako světlo a není přerušení mezi dny a všech 6000 let se shromažďuje do jednoho velkého dne.

A všechny Zivugy, provedené postupně, jeden za druhým, které odhalily vzestupy a jednotlivé stupně, následující postupně jeden za druhým, se nyní shromáždily do jednoho stupně jednoho velkého Zivugu – Jednoty. A tato Jednota svítí od jednoho konce světa k druhému. Proto je řečeno: DEN ZA DNEM PŘINESE SNOP, tj. trhliny mezi dny se teď proměňují v nesmírnou velikost, protože se proměnily v zásluhy. A proto se všechno stává jedním velkým Stvořitelovým dnem!

A „noc za nocí", tj. všechny stupně, které vládnou v noci, se navzájem slaví a každá dostává všechno, co člověk pociťuje jako utrpení ve stavu pádu, a to se nazývá noc. A v důsledku takovýchto pocitů vznikají trhliny mezi vnímáním dne. A vcelku se tím odděluje každý stupeň od druhého, noc je vnímání úsilí poznat Stvořitele. Každá noc je plná tmy. Nyní však se všechny noci shromažďují (stavy pociťování nedostatku, sklíčenosti, tíže úsilí, skrytí Stvořitele) a vytvářejí jednu nádobu obdržení vyššího vědění, které naplňuje celou zemi Věděním o Stvořiteli, noci svítí jako den.

A je to proto, že každá noc dostává svoji část ve Vědění pouze v důsledku spojení s ostatními nocemi, a proto je každá noc považována za pomocnici ostatních nocí ve Vědění, tj. člověk je připraven získat Vědění pouze tehdy, jestliže se spojí s ostatními nocemi.

A vzhledem k tomu, že noc je pocit nedostatku vědění, dosažení a vnímání Stvořitele, vytvářejí noci, když se navzájem spojují, dokonalou nádobu získávání tohoto Vědění o Stvořiteli. A lidé se navzájem oslavují, protože právě díky někomu jinému člověk získal svoji část Vědění o Stvořiteli, jako kdyby ji získal ve spojení se svým přítelem. Protože kdyby se s ním nespojil, nedostal by ji a pouze všichni společně jsou hodni dostat nejvyšší Vědění. Proto je řečeno, že v důsledku dokonalosti, jíž mohou dosáhnout všichni společně, se všechny noci staly milujícími se navzájem.

141. Hovoří o ostatních ve světě, kteří neposlouchají Stvořitele a které si On nepřeje slyšet? Oni však po celé zemi vytvořili linie, tj. tyto věci dělají linii z těch, které jsou nahoře, a z těch, které jsou dole. Z jedněch se vytvářejí nebeské klenby a z druhých, z jejich návratu, se vytváří země. A jestliže pravíš, že se otáčejí ve světě na jednom místě, říká se, že jsou i na konci světa.

Dosud jsme hovořili o trestech a utrpení, nejstrašnějších na světě, které spočívají v odloučení od Stvořitele, ve vzdálení víry v něho. Kromě toho Zohar praví, že všechny tresty světa za veškeré osobní hříchy, pekelné strádání a tělesné utrpení, jichž je plný tento svět, všechny se rovněž shromažďují a zahrnují se do společného velkého Zivugu, jak je řečeno (Tóra, Devarim, DT 28, 63): „A jako se Hospodin nad vámi veselil, když vám prokazoval dobro a rozmnožoval vás, tak se bude Hospodin nad vámi veselit, když vás bude hubit a zahlazovat."

Protože se všichni shromáždí a stanou se velkým světlem a všechno se promění ve velkou radost a veselí. Proto je řečeno, že NENÍ SNOP A NEJSOU VĚCI V OSTATNÍCH SLOVECH SVĚTA, která lidé cítí při prožívání utrpení tohoto světa. Promění se však ve veselí a radost, v důsledku čehož si svatý Král bude přát jim naslouchat.

Tak se veškeré utrpení během 6000 let shromáždí a na konci nápravy se promění v obrovskou rozkoš, jak pravil prorok (Jirmijahu, Jr 50, 20): „V oněch dnech a v onen čas, je výrok Hospodinův, budou hledat Izraelovu nepravost, ale žádná nebude."

Protože se všechno promění v zásluhy natolik, že se budou ptát a začnou hledat, „zda ještě existují hříchy z minulosti, které lze rovněž zahrnout do Zivugu a jimž je možno se smát. Cítili to totiž jako utrpení, a nyní dostávají veselí a radost." Ale nenajdou. A není už strádání v jeho pravé podobě, jakým bylo v minulosti, i když by si velmi přáli nalézt je a pocítit, protože nyní se všechno utrpení mění ve velké světlo.

Tento velký stupeň, vytvářený velkým Zivugem ze všech duší a všech skutků, dobrých i špatných dohromady, veškerý tento stupeň je nyní definován jako sloup světla, svítící od kraje do kraje světa. A to je dokonalá jednota a sjednocení, jak pravil prorok (Zacharija, Za 14, 9): „...bude Stvořitel jediný (pro všechny) a jeho jméno jediné" – bude pouze jedno dosažení všemi smysly – dosažení úplného, dokonalého Stvořitelova jména „Nekonečně dobrý".

Díky tomu, že tohoto nejvyššího stupně lze dosáhnout v důsledku připojení veškerých utrpení a trestů – právě proto zaplňuje světlem všechno, co bylo stvořeno, včetně země. Je však nutno zdůraznit, že utrpení, o nichž zde Zohar hovoří, není strádání proto, že by tělo nedostávalo dostatek potěšení, ale je to strádání z nedostatku splynutí se Stvořitelem!

V každém případě však, jestliže je utrpení tolik užitečné, proč je řečeno „ani je, ani odměnu za ně"? Utrpení musí být, protože jsou nápravou. Skutečné utrpení však, na něž člověk může získat stupeň konce nápravy, jsou strádání proto, že v důsledku jejich prožívání se člověk dočasně, dokud cítí bolest z tohoto utrpení, vzdaluje od Tóry a Přikázání. Tím způsobuje zármutek Stvořiteli, z čehož strádá Šechina, protože když prožívá utrpení ve svém srdci, člověk mimovolně o ní špatně mluví. Je to utrpení proto, že člověk ponižuje Šechinu tím, že si nepřeje trpět a dosáhnout konce nápravy, i když ho Tóra nabádá, aby čekal, tj. trpěl a věřil nad rozum, nezištnou vírou, že to všechno jsou jeho nápravy, jimiž je povinen projít.

Lidská duše je rovněž Parcuf z deseti Sefirot. Ve svém počátečním, ještě duchovně nerozvinutém, nezrozeném stavu je duše definována jako bod, potenciální budoucí duchovní tělo. Jestliže člověk na sobě pracuje, postupně se v něm na tento bod rodí clona, na niž člověk provádí Zivug. Odvrhuje veškerá potěšení ve prospěch Stvořitelových přání a dostává dovnitř tohoto bodu světlo, čímž jej „nafukuje" na velikost Parcufu a mění bod v tělo – novorozený Parcuf.

A poté dále pěstuje svoji clonu, čímž postupně dělá z malého stavu větší, dokud nedostane do svého duchovního těla veškeré světlo, které mu předurčil Stvořitel. A tento stav se nazývá konec osobní, jednotlivé nápravy. Když se takovéto jednotlivé nápravy slijí dohromady, nastoupí společná náprava celého světa, tj. celé Malchut. A protože Malchut je Parcuf, jenž se skládá z jednotlivých duší, je každá duše, Parcuf každé duše, částí Malchut. A Malchut je shromáždění, souhrn všech Parcufim, které všichni lidé musí učinit: vytvořit clonu a naplnit se světlem.

TĚCH, KTEŘÍ JSOU NAHOŘE, A TĚCH, KTEŘÍ JSOU DOLE – pořadí časů v duchovním, věčném světě není stejné jako v našem. Když Stvořitel pojal přání stvořit svět, vytvořil ihned všechno: všechny duše a jejich naplnění světlem v dokončené, dokonalé podobě, nazývané konec nápravy. Zde všechna stvoření dostávají nekonečnou rozkoš, kterou pro ně připravil On.

Tento konečný stav se rodí neprodleně s první Stvořitelovou myšlenkou stvořit svět a existuje ve své dokončené podobě od prvního okamžiku, neboť budoucnost, stejně jako přítomnost a minulost, u Stvořitele splynuly a u Něj není faktor času.

Veškerý pokrok lidstva je nezbytný pouze proto, abychom si mohli představit, že může být i něco takového jako:

1. Změna času: prodloužení času na nekonečno, tj. zastavení času, splynutí přítomnosti a budoucnosti; běh času v opačném směru; neexistence času. A vždyť čas je to jediné, co nám dává pocit existence. „Odpojíme-li" čas, přestaneme vnímat, že žijeme!
2. Transformace prostoru: jeho roztažení nebo smršťování do bodu, prostor, který nabývá jiných forem, jiných rozměrů, nekonečnost a nedostatek místa vůbec.

Již jsem se nejednou dotýkal těchto otázek v předchozích knihách, a proto bych se zde nechtěl vzdalovat od textu Zoharu. Mít na paměti, že u Stvořitele není pojem prostoru a času, je však nutné k pochopení našeho skutečného stavu a nikoli toho, který nyní vnímáme. Ve skutečnosti jsme zcela jiní, než jakými se cítíme být teď, nacházíme se v jiné podobě i stavu. Takovými se nyní cítíme vzhledem k deformaci našich pocitů egoismem, který prosákl našimi smyslovými orgány a zabydlel se v našich tělech jako oblak ducha.

Proto všechno, o čem hovoří Tóra, se vztahuje pouze k duchovnímu světu a je zcela mimo čas. Hovoří jak o naší minulosti, tak i o naší přítomnosti i budoucnosti, protože čas existuje pouze ve vztahu k těm, kdo se ještě nachází ve svých egoistických Kelim (přáních). Z toho můžeme pochopit to, co je řečeno v Tóře: „Stvořitel ukázal Adamovi každé pokolení a jeho představitele, a rovněž je ukázal i Mošemu" (Talmud, Sanhedrin 38, 2).

Vždyť ale to, o čem se zde píše, se stalo ještě před stvořením těchto pokolení? Jak je může Stvořitel ukázat Adamovi a Mošemu? Je to možné, neboť všechny duše a všechny jejich osudy, od stvoření až do konce jejich nápravy, se vynořily před Stvořitelem v úplné realitě a všechny jsou ve vyšší rajské zahradě. A z tohoto místa sestupují a vchází do těl v našem světě, každý ve svůj „čas". A tam, „nahoře", je Stvořitel ukázal Adamovi, Mošemu a ostatním, kteří toho jsou hodni. Je to však složitý pojem a ne každý rozum je připraven jej pochopit.

Proto je řečeno v Zoharu (Terumah 163): „Jako se mezi sebou spojuje šest Sefirot ZA nahoře, nad hrudí ZA, do JEDNOHO CELKU, kde s nimi nejsou nečisté síly, tak i Malchut se spojuje se ZA dole, pod hrudí ZA, DO JEDNOHO CELKU, aby byla jednota dole jako nahoře. Je tomu tak proto, že Stvořitel, ZA, je nahoře Jeden. A Malchut se stává jednou, aby byl Jeden s Jedním. To vyjadřuje tajemství spojení „On je jediný a jeho jméno je jediné," protože On je ZA a Jeho jméno je Malchut. A jsou jeden v druhém.

Vždyť stupeň, který se rodí na konci nápravy, ve stavu „On je jediný a Jeho jméno je jediné" již existuje nahoře jako souhrn 600 000 duší a skutků „během" 6000 stupňů (nazývaných „léta") ve světě, které se objeví do konce nápravy, ale nahoře již existují ve své věčné podobě, kde budoucnost existuje jako přítomnost.

Proto světelný sloup, který osvítí celý svět od jednoho kraje ke druhému na konci nápravy, již existuje ve vyšší rajské zahradě a osvětluje ji tak, jak se nám odhalí v budoucnosti. Neboť na konci nápravy zasvítí dva stupně jako jeden a bude „On jediný a Jeho jméno jediné". Vznikne sloup v podobě linie, svítící z těch, kteří se nacházejí nahoře, tj. z duší, jež jsou ve vyšší rajské zahradě, a z těch, kteří se nacházejí dole, tj. z duší, oděných do těla našeho světa. Poté „jeden dostane jednoho" - tyto dva stupně svítí společně - a tím se odhaluje jednota Stvořitele, jak je řečeno, že v ten den bude On jediný a jeho jméno jediné."

Z toho, co bylo řečeno výše, si lze pomyslet, že světelný sloup, který svítí ve vyšší rajské zahradě, sestupuje a svítí v rajské zahradě v našem světě. Není tomu tak. Spíše to je tak, že Z NICH SE TVOŘÍ NEBESKÉ KLENBY, protože tento stupeň vychází na Zivug Jesod ZA, nazývaný nebeská klenba. Proto všechny Zivugy, které vycházejí nad nebeskou klenbou, poté svítí těm, kteří je dostávají z nebeské klenby a dolů. Stupeň, který je nad nebeskou klenbou, se nazývá nebe, a stupeň, který dostává od nebeské klenby, se nazývá země.

Když světelná linie (sloup) spojuje ty, kteří žijí nahoře a dole, zůstává ještě odlišnost vyšší rajské zahrady od obyvatel tohoto světa. Je tomu tak proto, že od Zivugu nad nebeskou klenbou dostávají obyvatelé vyšší rajské zahrady, a to, co dostávají, se nazývá nové nebe pro ty, kteří žijí nahoře. A pouze malé světélkování, nazývané nová země, sestupuje pod nebeskou klenbu k těm, kteří žijí dole. To praví Zohar: Z těch se vytvářejí nebeské klenby a z oněch, z jejich návratu, se vytváří země.

V tomto velkém Zivugu, jako u všech Zivugů, to, co se rozhoduje nahoře, nad nebeskou klenbou, nad Zivugem, se poté šíří pod čáru Zivugu, na zemi. Není však správné se domnívat, že tento Zivug, jako všechno před ním, je pouze tenká světelná linie, nazývaná jedno, tj. omezené, místo, jak je řečeno na počátku stvoření, „Nahromaďte se vody na jedno místo," tj. do vnitřního místa světů, místa Izrael, a nikoli do vnějšího místa.

Avšak světlo od tohoto Zivugu krouží ve světě a naplňuje celý svět – i na konci světa, tj. dokonce pro vnější části světů, dokonce se dostává i k národům světa, jak je řečeno u proroka (Ješajahu, Iz 11, 9): ... zemi naplní poznání Stvořitele..."

142. A protože se z nich vytvořila nebesa, kdo se v nich nachází? Vrátil se a pravil: „Pro slunce je tam v nich úkryt. Je to ono svaté slunce, nazývané ZA, tam je jeho místo, kde se ubytuje a kde se nachází. A zdobí se jimi."

143. Vzhledem k tomu, že se ZA nachází na těch nebeských klenbách a odívá se do nich, vychází jako ženich zpod svého svatebního baldachýnu a je veselý a pádí po těch nebeských klenbách. Vychází z nich a vchází a pádí k jedné věži na jiném místě. A vychází z jednoho konce nebe, z vyššího světa, nejvyššího místa, tj. z Biny. A jeho období – kde je? Je to opačné místo dole, tj. Malchut, která je ročním obdobím a vytváří všechna zakončení a spojuje všechno, od nebe až k této nebeské klenbě.

Zohar hovoří o velkém tajemství východu slunce ze svého úkrytu. Je nutno konstatovat, že v kabalistických knihách se často používá slovo „tajemství" a poté autor ihned začíná vysvětlovat a jakoby odhalovat toto tajemství. Čtenář si však musí uvědomit, že ve světě žádná tajemství nejsou. Všeho člověk dosahuje z toho stupně, na němž se nachází. Dokonce v našem světě, když se člověk vyvíjí, postihuje na každém stupni svého rozumového vývoje stále nové pojmy. A to, co pro něho bylo ještě včera tajemstvím, to dnes již chápe a je to před ním odhaleno.

Tak je tomu i v duchovních stupních dosahování. Kabala se nazývá tajné učení, protože obyčejným lidem není odhalena, je to pro ně tajemství. Jakmile však člověk dostane clonu a začne vnímat duchovní svět, to, co začíná pociťovat, přechází z oblasti tajemství do oblasti zjevného. A tak to pokračuje dále, dokud plně nedosáhne celého vesmíru, všech Stvořitelových tajemství (viz Předmluva k Talmudu Deseti Sefirot § 148).

Slunce vychází ze svého úkrytu (Nartik), zpod Chupahu – svatebního baldachýnu: vychází a pádí k jedné věži na jiném místě – po velkém Zivugu pod Chupahem. ZA vychází z úkrytu a vstupuje do Malchut, nazývané věž Oz (síla) Stvořitelova jména, protože tehdy se pozvedá Malchut, spojuje se s ním a budou jedno.

Zakončení Malchut se nazývá „roční období". A do konce nápravy se k němu přisávají nečisté síly, nazývané „konec dnů". A nyní, po skončení nápravy, je nutno ještě napravit tu část Malchut, která se nazývá „konec dnů". Děje se tak za pomoci východu slunce ze svého úkrytu JAKO ŽENICH VYCHÁZÍ ZPOD SVATEBNÍHO BALDACHÝNU a slunce svítí a přichází do věže Oz, Malchut. A UHÁNÍ a svítí do všech konců, které jsou v Malchut, aby napravilo „roční období" dolního okraje nebes.

Protože tento poslední čin napravuje všechny konce v Malchut, spojuje všechno od nebe do nebeské klenby, tj. Malchut dostává světlo OKRAJE NEBE nad nebeskou klenbou, ZA.

144. Není nic skrytého v důsledku ročního období a období slunce, které se otáčí na všechny strany. A není úkryt, tj. není žádný vyšší stupeň, skrytý před ním, protože všechny byly spojeny a každý se k němu dostavil a není, kdo by byl před ním skryt. Díky němu, díky nim se k nim, k přátelům, navracel během úplného návratu a nápravy. Vždyť tento rok a celá tato doba je pro Tóru, aby se jí zabývali. Jak je řečeno: „Stvořitelova Tóra je dokonalá."

Po velkém Zivugu se objevilo ukrytí veškerého vyššího světla (viz § 94), a proto je nezbytný nový Zivug, VĚŽ, která znovu odhaluje veškeré vyšší světlo, skryté v důsledku zmizení stupně BON, dříve než se začne pozvedat do SAG. Proto NENÍ NIC SKRYTÉHO PŘED TÍMTO OBDOBÍM SLUNCE, KTERÉ SE OTÁČÍ NA VŠECHNY STRANY. Vždyť Zivug období slunce s ročním obdobím napravuje zakončení Malchut ze všech stran; dokud nezakončí veškerou nápravu, takže se pozvedne BON a stane se SAG. To je jeho úplnou nápravou, po níž NENÍ UKRYTÍ, NENÍ ŽÁDNÝ VYŠŠÍ STUPEŇ, KTERÝ BY BYL PŘED NÍM SKRYT. Vždyť všechny stupně a vyšší světlo se znovu odhalují v dokonalé a úplné podobě, A NENÍ (ten), KDO BY BYL PŘED NÍM SKRYT. Je tomu tak proto, že všechny stupně a světlo se vracejí a přicházejí k němu postupně, dokud se všechno neodhalí.

Proto je řečeno, že toto odhalení neprobíhá najednou, neboť během svého období slunce se pohybuje a svítí v té míře, která se stává dostatečnou pro ÚPLNÝ NÁVRAT. Jak je řečeno, On trestá hříšníky a spravedlivé uzdravuje. A poté se všichni stávají hodnými úplného odhalení Nebeského tělesa.

145. **Šestkrát bylo napsáno slovo HaVaJaH a je to šest vět, od „nebe vypravuje" až do „Stvořitelova Tóra je dokonalá" v Tehilim (Ž 19, 2 – 8). A toto je tajemství slova BEREŠIT, které se skládá ze šesti písmen: STVOŘIL STVOŘITEL ET (člen) NEBE A ZEMI, celkem šest slov. Ostatní prameny věty od „Stvořitelova Tóra je dokonalá" až do „Jsou lepší než zlato" (dtto v Tehilim) příslušně, odpovídají v nich šestkrát vyslovenému jménu HaVaJaH. Prameny od „nebesa vypravují" do „Stvořitelova Tóra je dokonalá" odpovídají šesti písmenům slova BEREŠIT a šest jmen odpovídá šesti slovům od „stvořil Stvořitel" do „nebe a zemi".**

Je známo, že jakýkoli stupeň, který se rodí a odhaluje ve světech, je odhalován zpočátku skrze vlastní písmena, což označuje to, co je dosud nepoznatelné. A poté se objevuje v kombinaci písmen. A tehdy se tento stupeň stává poznatelným a vchází ve známost, co je v něm, jak již bylo dříve řečeno o písmenech, RYU = 216 a AB = 72 (viz § 116).

Šest písmen slova BEREŠIT zahrnuje v sobě všechno, co je na nebi i na zemi, ale v nepoznatelné podobě, a proto je to označováno pouze těmito písmeny, bez jejich spojení. A poté následuje šest slov STVOŘIL, STVOŘITEL, ET (člen), NEBE, A, ZEMI, kde je již dosaženo toho, co se nachází ve slově BEREŠIT – nebe, země a všechno, co je naplňuje.

Podle téhož principu lze pochopit to, co se nachází v šesti větách od „nebesa vypravují" do „Stvořitelova Tóra je dokonalá" – je to pouze počátek odhalování dosažení konce stvoření, tj. v podobě písmen jako šest písmen ve slově BEREŠIT. A úplné odhalení, tj. dosažení konce nápravy, začíná od „Stvořitelova Tóra je dokonalá", kde je šest jmen, z nichž každé znamená zvláštní dosažení. To ukazuje na to, že až po dokončení tohoto stupně (jak je řečeno, NIC SE NESKRYJE PŘED JEHO ŽÁREM) budou odhaleny a dosaženy veškeré kombinace písmen, což je ve velkém Zivugu na konci nápravy.

Proto praví Zohar, že O TOMTO TAJEMSTVÍ JE NAPSÁNO (HOVOŘÍ) SLOVO „BEREŠIT", KTERÉ SE SKLÁDÁ Z ŠESTI PÍSMEN. Ve slově BEREŠIT je šest písmen, v nichž jsou skryty nebe i země, a poté v šesti slovech STVOŘIL STVOŘITEL ET NEBE A ZEMI docházejí ke svému odhalení. Stejně tomu je u šesti vět v Tehilim (Ž 19, 2-8) od „NEBESA VYPRAVUJÍ" až do „STVOŘITELOVA TÓRA JE DOKONALÁ", kdy se ještě neodhaluje velký Zivug konce nápravy. Až po „NIC SE NESKRYJE V DŮSLEDKU JEHO" se odhaluje šest jmen, z nichž vychází najevo konec nápravy ve vší své dokonalosti a úplnosti.

146. Když seděli a hovořili, vešel rabi Eleazar, syn rabiho Šimona. Pravil jim: „Samozřejmě, tvář Šechiny se objevila, proto jsem vás nazval Pniel od slov Pnei (tvář) a El (Stvořitel)" (viz § 119), protože jste spatřili Šechinu tváří v tvář. A nyní, když jste

dosáhli Benajahu Ben-Jehojada, samozřejmě že se to vztahuje k Atiku, k Sefiře Keter, jako všechno, co se stalo poté, jak je řečeno v Tóře: „Ubil Egypťana". A ten, kdo je přede všemi skryt, je Atik.

Je to řečeno zde, v pokračování Pohaněče oslů, který jim, rabimu Eleazarovi a rabimu Abovi, odhalil duši Benajahua ben-Jehojada, v důsledku čehož je rabi Šimon nazval jménem Pniel. Protože duše Benajahua ben Jehojada je stupeň, který se odhalí v budoucnosti, na konci nápravy. Proto byli ve stavu ukrytí vyššího světla (viz § 113), jak se již hovořilo o Zivugu období slunce a ročního období, dokud nenašli rabiho Šimona Ben Lakunija a další, v důsledku čehož byli znovu uznáni hodnými veškerého světla.

Proto jim rabi Šimon zde říká: VY JSTE POZNALI, BYL VÁM ODHALEN BENAJAHU BEN JEHOJADA. To znamená, že již dosáhli šesti vět, dosáhli toho, co bylo řečeno v NEBESA VYPRAVUJÍ, a to již je v šesti jménech, protože již poznali odhalení duše Benajahua ben Jehojada. Je tomu tak proto, že když dosáhli jeho duše za pomoci pohaněče oslů, jejich dosažení jim ještě nebylo odhaleno, protože tehdy byli ještě v šesti větách a to byl důvod ukrytí. Nyní však poznali, odhalili Benajahuovu duši, že tato duše je velký Zivug Atiku, kdy se všechno všem odhalí.

147. To, co je řečeno, „Ubil Egypťana", se vysvětluje na jiném místě, tj. na jiném stupni, v jiné podobě. Otevřel a pravil: „Ubil Egypťana, člověka urostlého, vysokého pět loktů." To všechno je jedno tajemství. Tento Egypťan je onen známý, o němž je řečeno „velmi velký v zemi egyptské v židových očích", protože je velký a urostlý, jak již vysvětlil ten stařec (viz § 99).

V samotné Tóře je řečeno o vraždě Egypťana v knize Šemot (Ex 2, 12). Jak jsme si již vysvětlili v článku s ravem Hamnunou-Sabou, na druhém stupni, tj. v jiném jazyce (jazyce Divrej HaJamim), se to vyjadřuje jinými slovy. Tyto dva výrazy jsou však jedno tajemství, neboť v knize Šemuel (2 S 23,21) je řečeno: „Ubil též Egypťana", člověka významného, a v Divrej Hajamim je řečeno: Ubil Egypťana, člověka urostlého, vysokého pět loktů." A oba ty výrazy jsou jedno tajemství, které Zohar postupně vysvětluje.

148. Tento případ byl rozebírán na vyšším shromáždění. Člověk významný a člověk urostlý je jedno a totéž. Je to totiž Sobota a sobotní vzdálenost. Jak je řečeno: „Měř ho mimo město." A je řečeno: „Nedělej obtíže omezeními v měření." Protože je urostlý. Právě takový, o délce od jednoho konce světa ke druhému. Takový je první člověk, Adam. A jestliže namítneš, že je řečeno pět loktů, věz, že pět loktů je od jednoho konce světa ke druhému.

Jde o Stvořitelovo shromáždění, o němž pravil rabi Šimon: „Viděl jsem ty, kteří se povznášeli, ale je jich tak málo" (Talmud. Suka 45, 2). Je shromáždění nižší a to je shromáždění anděla Matat. Avšak to, oč zde jde, probíhá ve vyšším shromáždění a o tom budeme hovořit dále.

Významný člověk je stupeň Moše, o němž je řečeno (Tóra, Devarim, Dt 34, 10): „Nikdy však již v Izraeli nepovstal prorok jako Moše," o němž je řečeno (Tóra, Bamidbar, Nu 12,

7-8): „Ne tak je tomu s mým služebníkem Mošem. Má trvalé místo v celém mém domě. S ním mluvím od úst k ústům ve viděních, ne v hádankách."

Jak již víme, vyšší světlo může sestupovat k Parse světa Acilut a naplňovat Parcufim. Sobota se nazývá takový duchovní stav, kdy se světy BJA a jejich obyvatelé pozvedají nad Parsu, do světa Acilut. Nad Parsou existují pouze dobré síly, napravená přání – Kelim. Proto přirozeně není zapotřebí oddělovat čisté Kelim od nečistých a nemá se provádět náprava v Sobotu.

Světlo Soboty však působí nejen ve světě Acilut, nýbrž i za jeho hranicemi: Působí tak na šestnáct Sefirot, od Parsy k hrudi světa Jecira, že s těmito přáními může být duše rovněž ve stavu „Sobota". Ve výkladu duchovních zákonů v jazyce našeho světa se to uvádí jako povolení překračovat o 2000 Amah hranice města Acilut (sedmdesát Amah) až k hrudi světa Berija. A pak dalších 2000 Amah z hrudi světa Berija do hrudi světa Jecira. (má se za to, že sedmdesát Amah jsou v mezích hranic města).

Avšak po nápravě všech přání (Kelim) nebude žádné omezení a Acilut se rozšíří do našeho světa, a bude pouze stav Soboty na celém světě – ve všech přáních všech stvoření.

Proto je řečeno: ČLOVĚK VÝZNAMNÝ A ČLOVĚK UROSTLÝ – JE TO TOTÉŽ, PROTOŽE TO JE SOBOTA A SOBOTNÍ VZDÁLENOST. JAK JE ŘEČENO: „MĚŘ HO MIMO MĚSTO;" A DÁLE JE ŘEČENO: „NEDĚLEJ POTÍŽE SOUDU V MĚŘENÍ." Z toho je patrno, že míra objektu je konečná hranice, stejně jako slova ČLOVĚK UROSTLÝ, ukazují na konec, hranici Soboty po konci nápravy, která bude od jednoho konce světa ke druhému.

A BUDE PRÁVĚ UROSTLÝM ČLOVĚKEM – to hovoří o tom, že není pravda, že by nad ním vládl rozměr, nýbrž on vládne nad rozměrem a on určuje tento rozměr podle svého přání. TAKOVÝ JE ON, ADAM, který před svým hříchem měl rozměr od jednoho konce světa ke druhému (Talmud, Chagigah 12, 1) a svítil od jednoho konce světa ke druhému jako Sobotní vzdálenost po konci nápravy.

TĚCHTO PĚT LOKTŮ OD JEDNOHO KONCE SVĚTA KE DRUHÉMU – protože pět loktů je pět Sefirot K-Ch-B-ZA-M, které se po skončení nápravy rozšíří a zaplní všechno, od jednoho konce světa ke druhému.

149. A to se podobá tomu, co je řečeno (Šemuel, 1 S 17, 7): „…jako tkalcovské vratidlo", tak měl Stvořitelovu hůl (Šemot, Ex 4, 20) v ruce, otevírající tajným jménem, které v něm bylo potvrzeno, světlem spojení písmen, které vyryl Betzabel a jeho žáci. To se nazývá vázání, jak je řečeno, zaplnil je a jiné a SVÁZAL. A tato hůl - svítilo v ní tajné jméno, napsané na všech jejích stranách, světlem mudrců, kteří potvrdili tajné jméno ve 42 vlastnostech. A to, co je řečeno zde i dále – to je to, co nám již vysvětlil dříve stařec. Jeho osud je šťastný.

Tajemství spojení písmen ve svatých jménech se nazývá vázání, tkalcovství, podobně jako tkadlec spojuje nitě a vyrábí plátno, tak se písmena spojují do svatých jmen, která označují lidskou duchovní úroveň jejich dosažení. Proto Zohar praví, že Stvořitelova hůl, kterou měl v rukou Moše, vyryla ta spojení písmen tajného jména, která vyryl Betzabel a jeho žáci při práci na vytvoření Tabernakula.

Proto se Stvořitelova hůl nazývá tkalcovským vratidlem. Vratidlo je v hebrejštině MANOR od slova OHR – světlo. Znamená to, že světlo spojení písmen tajného jména bylo tím, které Betzabel utkal a vyryl, jak je řečeno, světlem spojení písmen, které vyryl Betzabel.

Avšak do konce nápravy hůl nesvítila ze všech stran, protože Stvořitelova hůl se liší od hole Mošeho. O Mošeho holi je řečeno (Šemot, Ex 4, 4) „'Natáhni ruku a chyť ho za konec (ocas hada).' Natáhl tedy ruku, uchopil ho a v jeho dlani se z něho stala hůl." Z toho je patrno, že nesvítil ze všech stran.

Po skončení nápravy však zasvítí ze všech stran, jak je řečeno: „A tato hůl, svítilo v ní tajné jméno, které bylo vyryto na všech stranách, světlem mudrců, kteří potvrdili tajné jméno v 42 vlastnostech. Protože tajné jméno, které bylo vyryto na holi, svítilo ze všech stran, tj. ve vlastnosti „Stvořitel provždy odstraní smrt" (Ješajahu, Iz 25, 8). A proto zasvítí ze všech stran stejně. A světlo jména, které je vyryto na holi, je světlo Chochma jména MB.

150. Posaďte se, vážení, posaďte se a obnovíme nápravu nevěsty v tu noc, během níž každý, kdo se s ní spojuje v tu noc, je chráněn po celý rok, nahoře i dole. A tento rok projde pro něj v míru. O takových je řečeno (Tehilim, Ž 34, 8 – 9): „Hospodinův anděl se položí táborem kolem těch, kteří se bojí Boha, a bude je bránit. Okuste a uzříte, že Stvořitel je dobrý."

Jak jsme již o tom hovořili výše (§ 125), to, co zde bylo řečeno, má dvě vysvětlení. První je takové, že vzhledem k tomu, že den přijetí Tóry je světlem konce nápravy, kdy navěky zmizí smrt a vzejde svoboda od anděla smrti, je žádoucí vynakládat úsilí na získání tohoto světla během dne svátku Šavuot, neboť toto světlo, jež se obnovuje ve svátek, nese s sebou vykoupení ze smrti.

V souladu s tamtéž uváděným druhým vysvětlením se Malchut nazývá rokem a od obnovení světla těmi, kteří dodržují Tóru po konci nápravy, dojde rovněž k úplné a konečné nápravě roku, tj. Malchut. Je tomu tak proto, že obnovení světla těmi, kteří dodržují Tóru, se nazývá náprava noci nevěsty, Malchut, nazývané rok, což přinese napravený rok.

Nebe a země

151. Rabi Šimon otevřel a pravil: „Na počátku stvořil Stvořitel nebe a zemi." Je nutno pohlédnout do toho, co je řečeno, protože každý, kdo tvrdí, že existuje jiný stvořitel, mizí ze světa, jak je řečeno: „Ten, kdo tvrdí, že je jiný stvořitel, mizí jak ze země, tak i z nebe, neboť není jiného stvořitele kromě Nejvyššího."

Zde Zohar pokračuje ve vyprávění o nápravě nevěsty. Proto začíná první větou Tóry: NA POČÁTKU STVOŘIL STVOŘITEL, od kořene a zdrojů všech náprav nevěsty, nápravy Malchut během 6000 let. Veškerá náprava Malchut probíhá pouze v důsledku jejího spojení s Binou a přijetí vlastnosti Biny. Proto Tóra praví: NA POČÁTKU STVOŘIL STVOŘITEL, kde se Stvořitel jmenuje slovem Elohim, označujícím Binu, tj. vlastností Biny stvořil svět za účelem nápravy.

Elohim se skládá z MI – Bina a ELEH – Malchut. Díky neustálému spojení MI s ELEH existuje svět. Je tomu tak proto, že Stvořitel je Bina, nazývaná Elohim, a spojení MI a ELEH dává rovněž vlastnost Biny, v důsledku odívání světla Chochma do světla Chasadim. A díky této nápravě existuje svět.

Spojení MI a ELEH neumožňuje existenci jiných, cizích, egoistických sil v Parcufu, tak zvaných „jiných stvořitelů", „jiných elohim", kteří nemohou dát světu existenci, protože oddělují MI od ELEH, a neodívají světlo potěšení Chochma do altruistického záměru Chasadim, ve prospěch Stvořitele. V důsledku toho světlo Chochma odchází z Parcufu, z ELEH. Proto existuje zákaz víry, že člověka řídí jiné síly než Stvořitel, vždyť víra v ně přináší světu a člověku nikoli existenci, přijetí světla života, nýbrž ničení, mizení tohoto světla.

152. Všechno kromě slova Eleh je řečeno v aramejštině, nazývané „překlad". Ptá se: Kdybyste si myslel, že je to proto, že svatí andělé nechápou překlad, tj. aramejský jazyk, pak by muselo být všechno řečeno v hebrejštině, aby slyšeli svatí andělé a děkovali za to. Odpovídá: Právě proto je to napsáno v překladu, tj. v aramejštině, že svatí andělé jej neslyší, nechápou, a proto nebudou závidět lidem. To by lidem bylo na škodu. Jde o to, že v tomto případě se i svatí andělé nazývají stvořitelé a jsou ve skupině stvořitelů, ale oni nebe ani zemi nestvořili.

Aramejský jazyk se nazývá „překlad", je velmi blízký svatému jazyku, hebrejštině, přesto jej andělé nepotřebují a neznají jej. A ostatní jazyky národů světa znají a potřebují je. Příčina toho spočívá v tom, že překlad ze svatého jazyka se nazývá jeho opačnou stranou, jeho VAK s neexistencí GAR.

To znamená, že existuje altruistický jazyk a jeho opačné, předběžné stadium, které se proto nazývá jeho překlad, aramejský jazyk. A žádný jiný jazyk na světě nemůže být překladem svatého jazyka, pouze aramejština. Všechny ostatní jazyky s altruismem spojeny nejsou, nejsou AChaP vzhledem k GE – svatému jazyku.

Proto je překlad vskutku blízký svatému jazyku. Je zde však jeden rozdíl, v důsledku něhož jej andělé nepotřebují: Svatý jazyk, který je jako jazýček vah, ukazujících míru rovnováhy pravé a levé misky vah, kde se jazýček nachází mezi miskami a vynáší svůj rozsudek – na stranu misky odměny za zásluhy nebo na stranu misky trestů za hříchy - a vrací všechno k nápravě, čistotě a svatosti, se proto nazývá svatý jazyk. (viz Předmluva k Talmudu Deseti Sefirot, § 120).

Jak je řečeno v § 16: Veškeré nebe, země a jejich obyvatelé jsou stvořeni MA, tj. Malchut, jak je řečeno: „MA = CO = JAK velké je tvoje jméno na zemi, kterou jsi postavil nad nebem!" Vždyť nebe je stvořeno jménem (vlastností) MA (Malchut), zatím co nebe, o němž se hovoří, ukazuje na Binu, nazývanou MI. Všechno se však vysvětluje jménem Elohim.

Na nebi a na zemi, jež byly stvořeny silou MA, se jméno Elohim odhaluje pouze s připojením písmen ELEH od Ima – Bina, za pomoci MAN a dobrých skutků nižších. Proto světlo GAR, tj. světlo Chochma, nazývané Elohim, je nestálé jak na nebi, v Bině, tak i na zemi, v ZON.

Obvykle nad Parsou, v ZON světa Acilut, je pouze GE a jejich AChaP se nachází pod Parsou ve světech BJA. Vždyť samy ZON si nepřejí dostávat světlo Chochma, pouze jestliže to je nezbytné pro předání do Parcufim – duše spravedlivých, kteří jsou ve světech BJA.

Když se nižší, spravedliví, kteří se duchovně nacházejí ve světech BJA, pozvedají MAN zespoda nahoru z jejich místa BJA do Malchut světa Acilut, MA se obrací v MI a písmena ELEH se spojují s MI. Tím vytvářejí společně slovo Elohim, jež je světlem nebe i země. Jestliže však nižší kazí svoje činy, čímž se noří do egoistických záměrů, mizí světlo a zůstávají Sefirot K-Ch se světlem Ruach – Nefeš, nazývané MI nebo MA a písmena ELEH klesají do nečistých sil, protože MI je GE a ELEH je AChaP.

Proto veškerá náprava závisí pouze na připojení písmen ELEH k MI za pomoci MAN. A proto se tato náprava nazývá „svatý jazyk" jako jazýček vah, určující vyrovnávání egoistických přání s altruistickými záměry, dostávání ve prospěch Stvořitele. Proto se jazýček vah zastavuje uprostřed a za pomoci takovéto součinnosti vlastností Malchut - přání dostávat a Biny - přání odevzdávat lze dosáhnout získání světla Chochma ve prospěch Stvořitele.

Světlo, nazývané „svaté", protože předává svaté jméno Elohim do ZON, sestupuje z Biny do ZON a přenáší písmena ELEH do čisté, svaté strany, na misku zásluh. Proto se váhy nazývají „Moznaim" od slova Ozen. Vždyť světlo v AChaP se nazývá podle vyššího světla v něm, světla Ozen, Sefiry Bina, světla Nešama.

Keter	- Galgalta	- čelo	- Jechida	**GE**
Chochma	- Ejnajim	- oči	- Chaja	
	_____parsa_____			
Bina	- Ozen	- ucho	- Nešama	
ZA	- Chotem	- nos	- Ruach	**AChaP**
Malchut	- Peh	- ústa	- Nefeš	

A proti samotnému svatému jazyku vah stojí jazyk překladu, nazývaný TARGUM. Je tomu tak proto, že když nižší nepozvedají MAN a nenacházejí se ve svých čistých záměrech, definuje se tento jejich stav jako úsilí využít pouze přání dostávat, označované jen písmeny ELEH, a nedostatek úsilí o jejich spojení s přáním, písmeny MI – Bina, vlastností odevzdávat. V důsledku toho sestupují AChaP ZON, nazývané MA, a nebe i země, tj. ZON, se vracejí do stavu VAK.

Takový stav se nazývá jazyk Targum. Gematrie slova TARDEMA (spánek), se rovná gematrii slova TARGUM. Slovo Targum se v hebrejštině píše stejnými písmeny jako slova „Tered MA", což znamená „MA se spouští", neboť v důsledku tohoto jazyka, který je duchovně nečistý, se odhaluje AChaP = MA, označovaný TERED MA. Poté nastupuje stav poklesu z misky zásluh k misce trestu. Stav, v němž se přitom nachází GE, se nazývá spánek.

To všechno se však vztahuje pouze k ZON, tj. k nebi a zemi, stvořeným v MA, k přání dostávat, protože vyšly ze Zivugu na Jesod, nazývaný MA. Svatí andělé však, kteří vyšli ze Zivugu polibku AVI a v nichž není MA, nýbrž pouze MI, jen altruistická přání odevzdávat, vlastnost IMA, Biny, nacházejí se ve stavu VAK trvale, bez GAR, tj. beze světla Chochma. Na druhé straně však je jejich VAK světlem milosrdenství, světlem Chasadim od MI = Ima, Bina. A světlo Chasadim v Bině je významné jako GAR, protože naplňuje přání takovým pocitem dokonalosti jako GAR natolik, že si nepřejí světlo Chochma jako Ima. A proto jsou svatí, proto se GAR nazývá svatým.

Proto andělé nereagují na jazyk TARGUM, doplňující MA k ZON a vracející ZON ke stavu VAK, ze dvou důvodů:

a) protože dokonce během situace ZON ve stavu GAR způsobeném vlivem svatého jazyka, andělé od něho nedostávají GAR, Chochmu, neboť si přejí pouze světlo Chasadim jako Ima,
b) protože doplnění Achoraim = AChaP se vůbec nevztahuje k andělům, vždyť v nich nejsou vlastnosti MA. Proto Zohar praví, že SVATÍ ANDĚLÉ VŮBEC NEPOTŘEBUJÍ překlad A NENASLOUCHAJÍ mu – nepotřebují, protože nic neprohrávají v důsledku jeho výskytu a nic nevyhrávají, zmizí-li, vzhledem k tomu, že jsou vlastností VAK a není v nich vlastnost MA.

A NEBUDOU ZÁVIDĚT ČLOVĚKU – v zásadě se tato věta týká prokletí jiných stvořitelů – sil, které překážejí odhalení GAR, světla Chochma, v důsledku čehož člověk přichází o světlo a písmena ELEH, neboť andělé rovněž nemají vlastnosti GAR Chochma, pouze GAR Chasadim. V důsledku toho pociťují stud za svůj pád na takový stupeň a závist vůči nám proto, že my si myslíme, že jsme tak důležití.

Zohar praví, že v tomto případě i svatí andělé se nazývají stvořitelé, ale nestvořili nebe ani zemi. Nazývají se „stvořitelé - Elohim" (síly), protože vycházejí z Imy - Biny, nazývané Elohim, neboť existují v celkovém Elohim. NESTVOŘILI však NEBE ANI ZEMI, protože nemohou podporovat existenci nebe a země v GAR Chochma. A pro nebe a zemi (nápravu světa až k jeho nejvyššímu splynutí se Stvořitelem) není existence bez usídlení člověka v něm (aby se člověk skládal z egoistických a altruistických přání), bez setí a sklizně úrody (nápravy jeho egoistických přání spojením s vlastnostmi Biny). A tato existence je možná pouze ve světle GAR Chochma (v dostávání světla Chochma ve prospěch Stvořitele). Proto andělé nevytvářejí nebe ani zemi.

153. Ptá se: Země je nazvána slovem „Arka", ale vždyť by bylo třeba říci „Ara". Odpovídá: Je tomu tak proto, že Arka je jedna ze sedmi zemí dole, v níž jsou Kainovi synové. Vždyť poté, co byli vyhnáni z tváře země, sestoupili sem a rodili pokolení, zamotalo se pak vědění natolik, že zmizelo pochopení. A to je dvojí země, tj. skládá se ze světla i tmy.

Všech sedm Sefirot (šest Sefirot ZA a jedna Malchut) v sobě zahrnují vlastnosti šesti zbývajících, takže v každé z nich je sedm Sefirot Ch-G-T-N-H-J-M. To znamená, že i v Malchut je sedm Sefirot, a rovněž dolní svět obsahuje sedm zemí, které se nazývají: EREC, ADAMA, ARKA, GIA, NEŠIJA, CIJA a TEVEL.

Naše země se nazývá TEVEL a je nejvyšší ze sedmi zemí, a ARKA je třetí ze sedmi zemí. Kainova a Hevelova (Ábel) duše se odvozují od slova Elohim, ale v důsledku nečistoty, kterou Chava (Eva), Adamova žena, získala od hada, vyšla nejprve Kainova duše z písmen ELEH a poté vyšel Hevel z písmen MI. A oni, tyto dva Parcufy, se měli spojit a zahrnout svoje vlastnosti do sebe navzájem. Z toho by začalo jméno Elohim svítit v obou, jako když je MI trvale přítomno v ELEH.

Avšak nečistá síla, která vyšla ven spolu s Kainovou duší, vyvolala v něm stížnosti na svého bratra, na MI slova Elohim natolik, že povstal a Hevela zabil, tj. MI od Elohim, protože způsobil, že zmizela vlastnost MI – Bina v něm, v ELEH, což je vražda.

A ELEH, jeho osobní vlastnost, bez podpory vlastnostmi MI, upadly do nečistých sil, z (duchovní úrovně) svaté země na nečisté místo (egoistická přání). A ztratily potomstvo (Parcufim se světlem) v důsledku panování nečistých sil (zmizení clony), a proto v nich byl svatý jazyk vyměněn za překlad, neboť v nich zmizelo vědění (světlo Chochma). Vždyť nečisté síly nemají vědění, neboť v nich je pouze světlo Ch-B bez Daat.

Hevelova vražda (vystoupení světla z tohoto Parcufu; viz § 152) je důsledek toho, že pouze silou MAN, pozvedaných čistými úmysly spravedlivých z BJA, se vytváří MI v ZON. A poté dostáváme písmena ELEH, a tím se stává úplným slovo Elohim v ZON jako v AVI, a Malchut končí jako ZA, jako Ima, v důsledku nahrazení písmene Hej písmenem Jod (viz § 17).

Avšak písmeno Hej nemizí z MA navždycky, prostě vchází do vnitřní části Malchut a skrývá se tam (přání dostávat je syceno altruistickými skutky, světlem Chasadim, a proto jejich egoistické snahy nejsou dočasně vnímány, jsou skryty ve světle Chasadim). A písmeno Jod v MI je odhaleno.

Proto svaté jméno Stvořitele Elohim se nachází rovněž v ZON, na nebi i na zemi. Kain však nepozvedl MAN ve svatosti a čistotě, nýbrž si přál využít písmeno ELEH, které k němu patří, pro vlastní potěšení. To je popsáno jako „POVSTAL KAIN PROTI SVÉMU BRATRU ÁBELOVI" (Berešit, Gn 4, 8), protože se vyvýšil nad svého bratra, v moci nad MI = Hevel.

Okamžitě se však odhalily AChaP Nukvy, písmeno Hej de MA, které bylo skryto, a slovo MI zmizelo z Malchut. Proto i Hevelova duše, vycházející z MI Nukvy (MI naplňují Parcuf světlem a jsou považovány za jeho duši), rovněž zmizela směrem vzhůru, což je vyjádřeno slovy A ZABIL, neboť výstup světla z Parcufu se nazývá smrt.

Proto Zohar popisuje tento proces takto: V Kainovi byla hadova nečistá síla, (Berešit, Gn 2, 4) v důsledku čehož si přál posílit písmena ELEH, anulovat MI a vládnout jim. Proto otevřel AChaP Nukvy, tj. MA, a MI z Nukvy zmizely a z toho důvodu zmizela Hevelova duše, sestupující z MI – „A ZABIL" (Berešit, Gn 4, 8).

A sám Kain, tj. ELEH, upadl do područí nečistých sil, nazývaných ARKA a též EREC NOD, jak je řečeno v Tóře (Berešit, Gn 4, 16): „ ... a usadil se v zemi Nódu."

Jak praví Zohar: „A je to dvojí země, tj. skládající se ze světla a tmy – protože světlo a tma tam působí (vládnou) střídavě, aniž se rozdělují, neboť tam jsou dva správci, kteří stejně vládnou té zemi. Jeden řídí tmu a druhý světlo. Proto není člověk v stavu oddělit světlo od tmy v takovémto stavu a pouze pomoc shůry, světlo rozumu sestupující shůry, umožňuje odlišit skutečného Správce od vládce tmy.

154. A jsou tam dva řídící vládci, jeden spravuje tmu a druhý světlo, a ti se navzájem znepřátelili. Když sem Kain sestoupil, všichni se spojili a stali se kompletními. A všichni viděli, že jsou Kainovým potomstvem. Proto jsou jejich dvě hlavy jako dva hadi, kromě té doby, kdy správce světla vítězí nad tím druhým, který spravuje tmu. Proto vstupují do světla, vstupují do tmy a stávají se jedním celkem.

Je nutno zopakovat § 14 o zrození svatého jména Elohim: na počátku se pozvedají písmena ELEH a spojují se s MI do prostého slova, protože schází světlo Chasadim, a svatost = světlo Chochma, nemůže vejít do Kli – přání potěšit se bez odívání do světla Chasadim, a proto je skryta ve jménu Elohim.

Proto se dělá Zivug v MI, aby bylo možno získat světlo Chasadim, do nějž se odívá světlo Chochma, čímž se napravuje jméno Elohim: MI BARAH ELEH – BARAH je zdroj světla Chasadim, do něhož se odělo světlo Chochma, čímž spojilo MI a ELEH, a tím se napravilo jméno Elohim. Je tomu tak proto, že MI – Bina sestává z GAR (AVI s vlastností čistého altruismu), který nikdy nedostává světlo Chochma, a ZAT, IŠSUT, který světlo Chochma dostává.

Proto na počátku pozvednutí písmen ELEH k MI se tyto pozvedají k ZAT de MI, IŠSUT, který dostává světlo Chochma. Tehdy jsou však skryty ve jménu Elohim. A poté dochází k druhému Zivugu na GAR de MI, AVI, altruistická přání, která dávají ELEH světlo Chasadim, čímž se jméno Elohim napravuje.

AVI	- GAR Bina	- světlo Chasadim
IŠSUT	- ZAT Bina	- světlo Chochma
ZON		

ELEH schází světlo Chasadim, v důsledku čehož ti, kteří jsou bez Chochmy, se nazývají Parcuf Kain. Kain nejen že nepozvedl MAN, aby dostal MI s Chasadim, nýbrž si kromě toho přál dostat světlo Chochma od AVI. Tím zabil Parcuf, nazývaný Hevel, protože se obnažila egoistická přání AChaP Malchut světa Acilut. Světlo zmizelo z Parcufu Hevel, což znamená jeho smrt. A sám upadl do nečistých sil, tj. v ELEH.

Místo těchto nečistých sil se nazývá ARKA a jsou tam dva správci od nečistých ELEH: Když je Malchut AChaP de MA v ukrytí a AChaP de MI je odhalený, je možnost předávat duším světlo od čistého, svatého jména Elohim ve stavu dokonalosti, protože tehdy světlo Chochma písmen ELEH, které dostává IŠSUT, se odívá do Chasadim, přijatých od AVI, a odhaluje se svaté jméno Elohim.

Vzhledem k tomu však, že nečisté síly se přisávají pouze k AChaP čistých sil, tj. k MA, nacházejí se v nich písmena ELEH ve dvou nedokonalých stavech: a) zcela schází Chasadim, b) světlo Chochma v ELEH se nemůže odít do Chasadim pro nepřítomnost Chasadim de MI, a proto jsou ELEH ve tmě.

Je to mužská část nečistých ELEH, neboť tyto Kelim jsou Kelim pro světlo Chochma, ale Chochmu nemají, v důsledku nepřítomnosti Chasadim de MI, a proto jsou v temnotě, bez Chochmy a bez Chasadim. Jsou to však velké Kelim, protože kdyby mohly dostat světlo Chasadim, mohly by do těchto Chasadim dostat světlo Chochma.

A ženská část nečistých ELEH pochází od AChaP de MA svaté Nukvy, která je Kli světla Chasadim. Nečistá Nukva je velmi poškozená, protože je základem vzdálení všech, kdo se vzdalují od Stvořitele, neboť napodobuje svatou Malchut. A v závislosti na míře zkaženosti má mnoho nečistých jmen. Je v ní však malé světlo (Ner Dakik), vzhledem k původu jejích Kelim od AChaP de MA. Jejich kořenem jsou Kelim světla Chasadim.

Tato mužská a ženská část nečistých ELEH jsou ZA a Malchut nečistých sil, dva správci v ARKA: mužská část řídí tmu a ženská část je odpovědná za světlo, které tam je. Stěžují si na sebe navzájem, protože je jeden opakem druhého: Mužská část je Kelim písmen ELEH, které jsou bez Ohr Chochma; nenávidí síly vzdalování od Stvořitele a napodobování, které se nacházejí v Kelim ženské části nečistých sil, a dává přednost tomu, aby byla ve své tmě.

A Nukva nečistých sil, která má malé světlo Chasadim, vůbec neusiluje o světlo Chochma, a tím méně o tmu, v níž se vyskytuje její mužská část. A proto si na ni stěžuje a vzdaluje se od něho, jak praví Zohar, že tam jsou dva vládnoucí správci, jeden (mužská část) vládne tmě a druhý (ženská část) světlu. Navzájem se nenávidí, protože mužská část vládne tmě a ženská světlu, nenávidí se a pomlouvají, stěžují si na sebe. A protože se tím od sebe vzdalují, nemohou šířit svoji vládu a nemají sílu škodit.

Avšak poté, co Kain zhřešil a upustil čistá písmena ELEH své duše do nečistých sil ARKA, jeho ELEH, skryté před Chasadim, se oděly do malého světélkování, které je v nečistých silách. To oživuje malé Kelim de Chochma v ELEH Kaina, protože světlo nečistých sil jim dává život podobně jako čisté světlo Chasadim.

A v důsledku toho udělala rovněž mužská část ELEH nečistých sil Zivug s touto Nukvou, která oděla ELEH Kaina, protože i on má tyto Kainovy Kelim. A za pomoci tohoto Zivugu zplodil Kain potomstvo – jiskry světla Chochma, které zůstávají v písmenech ELEH a nemísí se s mužskými nečistými Kelim ELEH, jež se oděly do světla Nukvy nečistých sil.

Proto, jak praví Zohar, když se tam Kain spustil, všechno se spojilo a doplnilo – protože jiskry světla Chochma, jež zůstaly v Kainových ELEH, se oděly do světla Nukvy nečistých sil. V důsledku toho pojala její mužská nečistá síla přání potěšit se z jisker světla Chochma, které jsou v Kainových ELEH. Proto provedly Zivug, tj. rozšířily se a doplnily navzájem – a všichni viděli, že jsou Kainovým potomstvem, že od tohoto Zivugu vzešlo potomstvo, odění jisker světla Chochma do nečistých Kainových ELEH. A tím se odhalily jiskry světla Chochma Kainovy duše a všichni viděli, že to je Kainovo potomstvo, které povstalo ze špatného Zivugu.

Proto jejich dvě hlavy jsou jako dva hadi, vždyť byly zrozeny ze spojení mužské a ženské části nečistých ELEH, od samého začátku stojících na opačných stranách. Proto má Kainovo potomstvo dvě hlavy dvou nečistých sil, z nichž jedna se táhne ke tmě přání dostávat světlo Chochma a druhá se táhne ke světlu, které je v nečistých přáních nečisté Nukvy. A dvě hadí hlavy stojí proti dvěma živočichům v systému nečistých sil: býkovi a orlovi.

Avšak dvě hlavy existují pouze ve stavu vlády mužské nečisté části, vlády tmy. Vždyť odíváním do světla Nukvy, aby se potěšila malými jiskrami světla Chochma, podporuje mužská část mimovolně, proti svému přání, rovněž moc své Nukvy. Je tomu tak proto, že si přeje její světlo. V důsledku toho jsou v jejich potomstvu dvě hlavy – první táhne na jednu stranu a druhá na opačnou.

Nukva nečistých sil naprosto nepotřebuje mužskou část nečistých sil, protože její mužská část se nachází ve tmě a nemůže jí nic dát. Proto Nukva vládne a vítězí ve své nečistotě, aniž si ponechává cokoli od vlastností mužské části. A tehdy se Kainovo potomstvo z dvouhlavého stává jednohlavým.

A Zohar praví, že správce světla vítězí nad tím druhým, který řídí tmu – když vládne nečistá Nukva mající světlo, vítězí nad mužskou nečistou částí a rovněž vítězí nad druhým mužským správcem. Je tomu tak proto, že vítězí nad mužskou částí a zcela ji podřizuje své vládě. Poté vcházejí do jejího světla a do tmy a stávají se jedním celkem, což má za následek, že vláda mužské části, tma, se podřizuje moci ženské části, světla. Dvě hlavy se tak stávají jednou.

155. Je tomu tak proto, že tito dva správci, nazývaní Afrira a Kastimon, se podobají svatým andělům se šesti křídly. Jeden z nich má podobu býka a druhý orla. A když se spojí, mají lidskou podobu.

Mužská nečistá síla se nazývá Kastimon od slova Kosti (ničení), protože představuje tmu a nehodí se pro lidský život. A nečistá Nukva, ženská část, se nazývá Afrira od slova Afar (prach) a není vhodná k setí semene. A nazývá se tak, aby se ukázalo, že přestože v ní je světlo, nestačí to na setí semene a sklizeň úrody pro výživu lidí.

Zohar praví, že se podobá svatým andělům s šesti křídly, protože vyšší andělé mají šest křídel, odpovídajících písmeni Vav ve jménu HaVaJaH. A naproti tomu mají nečisté síly pouze čtyři křídla v souladu se jménem ADNI, která ukazují na výšku nečistých sil ve vztahu k svatým vyšším andělům, kteří stojí proti nim.

Vyšší světlo se nazývá „víno", které rozveseluje Stvořitele i lidi. Ve zbytku (sedlině) vína je Sigim, vinné kvasnice. A z těchto odpadků vychází hlavní škůdce světa, protože je ještě spojen s čistotou, tj. s kvasnicemi, a má lidskou podobu. Když však sestupuje, aby lidem škodil, bere na sebe podobu býka. Proto je býk první ze čtyř hlavních škůdců.

Proto nám také Zohar praví, že Kastimon je škůdce s podobou býka, čímž dává najevo, že je základem všech škůdců, nazývaných „nečistý býk". A je Sigim vyššího světla Chochma svatého jména Elohim; jsou to nečisté ELEH, odpovídající čistým ELEH jména Elohim. Je tomu tak proto, že Sigim a kvasnice stojí pod ním, a vzhledem k tomu, že je ještě spojen s čistotou, má lidskou podobu, neboť světlo Chochma jména Elohim je CELEM (obraz a podoba) člověka, o němž je řečeno, že podle obrazu a podoby, BE CELEM ELOHIM, stvořil člověka.

Když se však oddělí (zhoršením svých přání) od čistoty (altruismu) a (v souladu se zhoršením svých vlastností) se spouští na svoje (těmto vlastnostem přiměřené) místo v ARKA, bere na sebe podobu (vlastnosti) býka a jeho Nukva, která je v ARKA, bere na sebe podobu (vlastnosti) orla, v souladu se svým cílem a činem Linšor (vypadávat) vyvolávat pády lidských duší, které se dostanou do její moci. Proto slovo Nešer (orel) od slova Nešira (pád) je jako když padá listí ze stromu, neboť úloha nečisté Nukvy spočívá ve vyhledávání lidí ve světě a jejich uvádění do stavu pociťování noci a tmy. To je porážka svaté úmluvy, v důsledku čehož duše vycházejí z lidí (viz § 131).

Proto nám Zohar praví: „A když se spojují, vytvářejí lidskou podobu." Jestliže se vracejí a spojují s čistotou, pak vzhledem k tomu, že jsou jako vinné kvasnice, vracejí se a berou na sebe znovu lidskou podobu. Je to jako předtím, než sestoupily do ARKA, předtím, než se staly škůdci.

156. Když jsou ve tmě, proměňují se v hady s dvěma hlavami. A pohybují se jako had. A vznášejí se v prázdnotě a myjí se ve velkém moři. A když se přiblíží k řetězu Azy a Azaela, zlobí je a probouzejí a oni skáčou v horách tmy a myslí si, že si Stvořitel přeje pohnat je před soud.

Navrhuji čtenáři, aby sám vyzkoušel, bez cizí pomoci, komentovat Zohar a poté srovnat svoje myšlenky s tím, co bude řečeno. Tak možná pochopíme to, co pro nás učinil rabi J. Ašlag svými komentáři. Předtím, než se jeho komentáře na knihy Ariho a Zohar objevily, neexistovala možnost správně pochopit kabalu. Pouze jednotlivci v každé generaci mohli samostatně stoupat po duchovním žebříku. Ujišťuji čtenáře, že prostým neustálým čtením dokonce mých knih a převyprávěním děl velkých kabalistů – rabiho J. Ašlaga a jeho nejstaršího syna, mého rava B. Ašlaga - kterýkoli čtenář má možnost dosáhnout vzestupu ke Stvořiteli. Domnívám se, že ti, kdo již četli předchozí knihy, pochopili, že je to vskutku možné!

Jak již bylo zmíněno v Zoharu v § 154, když nečistá Nukva vládne světlem, které v ní je, člověku, stávají se dvě hlavy jedinou. Ve tmě však, tj. když vládne mužská část nazývaná Kastimon, proměňují se v hada se dvěma hlavami, neboť mužská část není schopna anulovat moc ženské části. Potřebuje se totiž odít do jejího světla, a proto má had dvě hlavy a ty se pohybují jako had a jdou škodit (vlastnost hada), tj. svést Chavu, aby okusila ze stromu Poznání.

Silou hlavy nečisté Nukvy se vznášejí v prázdnotě, kde se nachází kořen nečisté síly, nazývaný „prázdnota", největší pád, jak je řečeno (Tehilim, Ž 107, 26): „Vznášeli se k nebi, řítili se do propastných tůní." Silou nečisté mužské části se myjí ve velkém moři, ve světle Chochma nečistých sil.

Proto se ARKA nazývá země NÓD, protože se neustále kolébá vzhledem k tomu, že řídí dvě hlavy: chvíli se pozvedá velké moře, které je v ní, chvíli se spouští do prázdnoty.

Andělé Aza a Azael jsou velmi vysocí andělé. Vždyť dokonce po jejich pádu z nebe do našeho světa, do hor temnoty, spojených kovovým řetězem, byla jejich síla natolik velká, že za jejich pomoci dosahoval Bilam (Balaam) stupně proroctví, o němž je řečeno: (Tóra, Bamidbar, Nu 24, 4): „...vidí zjevení Stvořitele."

To se nazývá „padá a otevírá oči", protože Aza se nazývá „padající", pro svůj pád z nebe na zem. A Azael se nazývá „otevírající oči" vzhledem k Azovi, jemuž Stvořitel hází tmu do tváře. A o stupni Bilamova proroctví pravili naši mudrci (Bamidbar-Raba, 14): „Nebylo takového proroka v Izraeli jako Moše, v Izraeli nebylo, ale mezi národy světa byl a jeho jméno je Bilam," natolik velký byl stupeň jeho proroctví.

A příčina jejich pádu z nebe na zem spočívá v jejich stížnostech na člověka v okamžiku jeho stvoření. Vždyť ale mnozí andělé si tehdy stěžovali a namítali – proč Stvořitel shodil pouze tyto dva? Odpověď na to viz Zohar v kapitole Balak, § 416 – 425. Stručně řečeno, spočívá v tom, že když se ve Stvořiteli objevilo přání stvořit Adama (neboli člověka, protože v hebrejštině Adam znamená člověk), pozval k Sobě všechny vyšší anděly, posadil je před Sebe a řekl jim o Svém přání stvořit člověka.

Andělé mu odpověděli (Tehilim, Ž 8, 5): „Co je člověk, že na něho pamatuješ?" To znamená, jaké vlastnosti má ten člověk, jehož si tak přeješ stvořit? Odpověděl jim: „Tento člověk bude podoben Mně, ale moudrostí bude nad vámi. Protože duše člověka zahrnuje v sobě všechny anděly a všechny vyšší stupně, podobně jako jeho tělo zahrnuje v sobě všechny bytosti našeho světa."

Proto v okamžiku stvoření lidské duše sezval Stvořitel všechny vyšší anděly, aby předali svoje vlastnosti a síly do lidské duše. Proto je řečeno: „Stvoříme člověka podle našeho obrazu, podle naší podoby," což znamená, že v „obraze a podobě" člověka jsou zahrnuty všechny vlastnosti všech andělů. Slova „obraz a podoba" jsou dány do uvozovek, neboť slova „Celem" a „Demut" (obraz a podoba) nejsou jen slova, popisující shodu, nýbrž v sobě nesou obsáhlé duchovní pojmy.

Avšak otázku andělů je třeba chápat takto: „A co je to za stvoření ten člověk, jaká je jeho povaha, co dostaneme, předáme-li svoje vlastnosti člověku, spojíme-li se s ním svými vlastnostmi?" Na to jim Stvořitel odpověděl: „Tento člověk bude podoben Mně, ale moudrostí bude nad vámi." To znamená, že jim tím Stvořitel slíbil, že člověk do sebe pojme jejich vlastnosti, vlastnosti CELEM. Bude moudřejší než oni, ale v důsledku spojení s ním i oni získají díky jeho velkým dosažením. Získají všechno, co jim nyní schází.

Je tomu tak proto, že lidská duše v sobě obsahuje všechny vyšší stupně a všechny nejvyšší vlastnosti všech andělů. A jako jeho tělo v sobě zahrnuje veškeré materiály a stvoření našeho světa, všechny jejich vlastnosti, tak si Stvořitel přál, aby lidská duše absorbovala do sebe veškeré Jeho stvoření.

V Tóře je rčení (Bamidbar, Nu 23, 23): „... bude hlásáno o Jákobovi, zvěstováno o Izraeli, co činí Stvořitel." Na tento výrok pravili mudrci, že v budoucnu se andělé zeptají Izraele na to, co sami nevědí, protože výška dosažení Izraele bude nad anděly. A proto se všichni andělé účastnili stvoření člověka a v člověku spojili svoje vlastnosti.

Avšak poté, co byl člověk stvořen, zhřešil a stal se viníkem před Stvořitelem, předstoupili před Něj andělé Aza a Azael a prohlásili, že člověka obviňují, protože člověk, jehož Jsi stvořil, vůči Tobě zhřešil. Za ta slova je Stvořitel oba shodil z jejich vysokého svatého stupně, v důsledku čehož začali mást lidi.

Ze všech andělů pouze tito dva, Aza a Azael, si přišli stěžovat Stvořiteli na Adamův hřích, neboť pouze oni věděli, že se člověk ke Stvořiteli vrátí. Aza a Azael však rovněž věděli, že škoda, kterou utrpěli lidským hříchem, nebude napravena návratem člověka ke Stvořiteli. A kromě toho je pro ně žádoucí, aby se vůbec nevracel svými přáními ke Stvořiteli. Oni si stěžovali na Adamův hřích, neboť je vzhledem k nim tento hřích nenapravitelný.

Jde o to, že rozbíjení nádob a Adamův hřích je jedno a totéž rozbíjení, mizení clony, mizení protiegoistické síly vůle, mizení záměru konat ve prospěch Stvořitele. Rozdíl však spočívá v tom, že rozbíjení nádob je rozbíjení clony v Parcufu nazývaném „svět" a Adamův hřích je rozbíjení, mizení clony v Parcufu nazývaném „duše". Rozdíl těchto dvou Parcufim spočívá v tom, že Parcuf nazývaný „svět" je vnější vzhledem k vnitřnímu, nazývanému „duše". Duše se nachází uvnitř světa, žije, existuje, dostává od něho.

Rozbíjení má svoje příčiny a důsledky, je nezbytné pro směšování všech vlastností Biny a Malchut a musí probíhat jak v duchovním světě, tak i v duši, aby Malchut nabyla vlastností Biny, a tak aby jí bylo umožněno napravit se.

Rozbíjení světa Nekudim vedlo k rozbíjení osmi Sefirot Ch-G-2/3T-1/3T-N-H-J-M, po čtyřech Sefirot Ch-B-ZA-M v každé, která se skládá z deseti Sefirot, celkem 8 x 4 x 10 = 320 = ŠACH částí. Každá část se v důsledku směšování všech částí skládá z 320 částí. Všech těchto 320 částí, nazývaných Nicucin, získalo egoistické přání po sebeoblažení obdržením Stvořitelova světla, což znamená, jakoby spadly do nečistých sil.

V duchovních světech není místa, není úseku čistého a nečistého. My si však pro přehlednost předávání informace představujeme získání nižších vlastností pádem, přijetí více duchovních vlastností vzestupem, dosažení podoby vlastností spojením a vzniku nové vlastnosti oddělením. Když se v duchovním objektu objeví egoistická přání, nazývá se to jeho pádem do nečistých sil, i když se tyto nečisté síly nacházejí v něm samém a nikoli on v nich, jen se více projevují. Kolem člověka není nic: všechno je uvnitř, všechny světy, všechna přání, jak čistá, tak i nečistá.

Studujeme-li kabalu, přivoláváme na sebe záření, které obklopuje naši duši (viz Předmluva k Talmudu Deseti Sefirot, § 155), a ono v nás vytváří přání napravit se. A když člověk vystoupí na stupně duchovních světů, začíná cítit duchovní světlo, odpovídající každému stupni, s jehož pomocí začíná vidět v každé své vlastnosti část egoistickou a altruistickou. Svoji egoistickou část ve srovnání se světlem pociťuje jako zlo pro sebe a v souladu s tímto pocitem se od ní vzdaluje, odmítá využít tato přání. Altruistická přání vnímá jako dobro pro sebe, ale vzhledem k tomu, že pro jejich využití nemá sil, prosí o to, dostává síly a přijímá světlo pro Stvořitele. Tak se pozvedá na vyšší stupeň, kde se tento proces opakuje.

Návrat (Tešuva) znamená, že když pozvedáme MAN, svoji prosbu o nápravu, pozvedáme některé z 320 zkažených částí z nečistých sil, kam upadly, zpátky do světa Acilut, kde se nacházely před Adamovým hříchem. Nemáme však sil vytřídit a napravit, tj. pozvednout dvaatřicet částí samotné Malchut, které se nacházejí v osmi Sefirot tohoto Parcufu – světa, protože jejich poškození je nad naše síly.

Proto můžeme, máme právo a jsme povinni vytřídit a napravit z 320 částí (ŠACH = Šin + Chet = 300 + 20) pouze 320 – 32 = 288 částí (RAPACH = 288) naším návratem ke Stvořiteli, tj. 9 x 32, kde 9 je prvních devět Sefirot v každé Sefiře, které máme dovoleno napravovat. Malchut každé Sefiry však nemáme sil napravit, protože k tomu je zapotřebí světlo zvláštní síly. Dostaneme je od Stvořitele až po nápravě všech ostatních 288 částí, tj. na konci nápravy.

Těchto dvaatřicet částí samotné Malchut, které nelze, a proto je zakázáno napravovat, se nazývá „Lev HaEven" (Lamed-Bet EVEN – dvaatřicet kamenů). Jak jsem již několikrát připomínal, v kabale neexistuje pojem „zakázáno", ale toto slovo se používá, když je nutno poukázat na nesmyslnost pokusů pro slabost a omezenost: zakázáno znamená je nemožné, není v lidských silách. Přitom to není „zakázáno" Stvořitelem, ale člověk sám musí přijmout vírou a svými zkušenostmi, že zakázané je to, co nemá sil napravit.

A proto jsou skryty GAR de AVI, jejichž světlo nesvítí. Vždyť k tomu, aby svítilo všech deset Sefirot, je nutno udělat Zivug na samu Malchut, neboť Lev HaEven, dvaatřicet nenapravených částí samotné Malchut, jsou doplňkem jejich deseti Sefirot. A do té doby, dokud tyto Kelim schází, není ani úplný Zivug. Až však skončí úplná analýza a náprava 288 Nicocin (Rapach Nicucin, Rapach = Reš + Peh + Chet = 200 + 80 + 8 = 288), pak se Lev HaEven napraví sám o sobě a nebude zapotřebí žádných úsilí a náprav z naší strany.

Tak praví prorok Jechezkel (Ezechiel) (Ez 36, 26): „A dám vám nové srdce a do nitra vám vložím nového ducha. Odstraním z vašeho těla srdce kamenné a dám vám srdce z masa." Tehdy dostanou AVI svoje světlo. Bude to však na konci nápravy. Ale do konce nápravy AChaP AVI nedokážou dostat nápravu naším návratem, protože všechna naše egoistická přání můžeme napravit, kromě samé naší podstaty, Malchut de Malchut.

Tak tedy jsou tito andělé Aza a Azael skuteční AChaP AVI, kteří byli zničeni během rozbití nádob a před Adamových hříchem byli již téměř obnoveni, ale Adamův hřích je znovu zničil, tentokrát až do samého konce nápravy.

Proto si oba tito andělé stěžovali Stvořiteli na svoje světlo, které zmizelo Adamovou vinou, neboť viděli, že nemají žádnou naději, že by je Adam mohl napravit svým návratem ke Stvořiteli. A kromě toho viděli, že Adam svým návratem ještě více snížil jejich stupeň: Vždyť nyní musí být veškerá náprava a návrat až na 288 částech, bez jakékoli účasti a dokonce přiblížení k dvaatřiceti zakázaným částem, nazývaným Lev HaEven. Ty patří k nápravě samotných AVI, jejichž světlo je světlem těchto andělů, jako Kelim skutečného AChaP AVI jsou jejich Kelim.

Každý vzestup MAN je odseknutí, oddělení nečistoty, Lev HaEven, od jídla, RAPACH = 288 Nicucin, částí, které lze napravit. Proto dochází k tomu, že odstraňujeme-li z účasti v nápravě Lev HaEven, ještě více spouštíme Azu a Azaela. Proto si tito dva andělé stěžovali Stvořiteli a překáželi Adamovi provádět návrat, neboť návrat je spouští ještě níže, vždyť dvaatřicet částí patří k nim samým.

A protože, jak uviděl Stvořitel, jejich stížnosti hrozí oslabit lidské síly k návratu k němu, pravil jim, že Adam jim nic nezkazil svým hříchem, neboť i když v nich je velikost a svatost, když jsou v nebi, kde se nečisté síly nepřisávají, přesto je to neúplná, nedokončená dokonalost. Vždyť ještě nemohou být v našem světě, na místě nečistých sil.

„Proto," pravil jim Stvořitel, „jste hříchem člověka nic neztratili, vždyť nejste v žádném případě lepší než on, neboť veškerý váš stupeň je výsledkem místa, kde se nacházíte." A protože Stvořitelovy výroky jsou Jeho činem, neprodleně z nebe spadli na naši zemi (samozřejmě do egoismu, nikoli na fyzickou zemi!)

A vzhledem k tomu, že přišli (duchovně se spustili) k pozemskému životu (podle definice kabaly), začali vybírat a analyzovat dvaatřicet částí dokončeného egoismu, nazývaných „dcery lidské", o čemž nám Tóra praví: (Berešit, Gn 6, 1 – 2): „...A uviděli syny velkých (andělů), viděli dcery lidské (egoistická nukva), jak půvabné byly (viděli v ní příležitost po egoistickém přijetí potěšení, a brali si je za ženy, (tj. využívali jejich egoistická přání), kteroukoli vybrali, že si sami vybrali právě tento nízký stav." „Synové božští" jsou andělé, „lidské dcery" jsou egoistická Nukva, „krásné" znamená, že v ní viděli možnost sebeoblažení, „brali si za ženy" znamená, že využívali tato egoistická přání, a „zachtělo se jim" znamená, že si sami vybírali právě takovýto nízký stav. Vždyť si nepřáli oddělit nečistoty dvaatřiceti egoistických částí a dát přednost pouze 288, ale brali si všechno, čeho se jim zachtělo, společně s Lev HaEven.

Proto zhřešili i oni sami s Nukvou Lilit, hříšnicí, a pojali přání svést celý svět k hříchu, uvrhnout jej do posledního stadia egoismu, neboť si nepřáli návrat člověka jako něco zcela opačného vůči jejich kořenu.

Co podnikl Stvořitel? Zakoval je do železných řetězů! Viděl totiž, že jestliže budou mít sílu vrátit se po hříchu na nebe, utrpí všichni lidé nezdar ve svých pokusech upnout se svými přáními ke Stvořiteli. Vždyť moc těchto egoistických andělů – sil v člověku bude příliš velká. (Veškerá Tóra hovoří, jak píše Raši, lidskými slovy. Proto je všechno vyloženo v časových pojmech, v následnosti událostí a Stvořitel rovněž jakoby tvoří a poté vidí výsledky svého konání.)

Proto bez ohledu na to, že jejich kořen je velmi vysoký, dovolil Stvořitel kořeni nečistých sil konat (zde je patrno, že Stvořitel řídí všechny síly stvoření) jménem BARZEL (železo), jak je řečeno (Malachim 1, 1 Kr 6,7): „V domě nebylo při budování slyšet kladivo ani dláto, vůbec žádné železné nástroje," protože železo je nečistá síla.

A vzhledem k tomu, že tato nečistá síla se přisála ke dvěma andělům a svázala je jako železnými řetězy svými přáními, které jim diktuje, je takovýto stav charakterizován jako jejich výskyt v horách tmy, z nichž se již nemohou povznést až do všeobecné nápravy.

A když se přibližují k řetězu Azy a Azaela, zlobí je a probouzejí – je to probuzení čtvrté části přání dostávat, Malchut de Malchut, největší přání dostávat, nazývané „hněv a zloba". Přeskakují hory tmy a myslí si, že si Stvořitel přeje pohnat je před soud, protože se nedokázali pozvednout ke svým kořenům, dostat Chochmu, vzhledem k řetězům, jež je svazují.

Proto je to charakterizováno jako poskakování, pokus pozvednout se nahoru a pád dolů, v důsledku čehož se ještě více spouštějí do hor tmy. A domnívají se, že Stvořitel je vůči nim stále přísnější, vzhledem k jejich skokům a pokusům získat světlo od svého kořene. Proto se rozhodují již neskákat.

Ale i když nemohou nic dát, neboť jejich pokusy získat jsou pouze poskakování a pád, přesto to stačí pro dva správce, aby od nich dostali Chochmu. Vždyť tím dostávají sílu plavat v moři Chochmy nečisté síly, zatím co dříve v nich byla síla pouze mýt se v něm.

Příčina spočívá v tom, že v této vysoké nečisté síle není žádný čin a všechno spočívá pouze v mysli a v přání, a tam to rovněž končí, neboť taková je podstata nečistých sil, přání, která nás oddělují od Stvořitele, že dříve než se dosáhne skutku, čistota odtud stačí zmizet. A proto nedokážou nečisté síly dosáhnout činu.

Proto „Avoda Zara": Práce cizí té duchovní, práce pro nečisté síly, podle jejich pokynu, podle těch přání, která přivádějí do lidské mysli, se nazývá cizí, protože je opačná vůči práci „ve prospěch stvořitele". A v této cizí práci pro cizího pána Stvořitel trestá dokonce pouze za myšlenky a přání, jak pravil prorok Jechezkel (Ez 14, 5): „A tak bude izraelský dům polapen svým vlastním srdcem." Jak praví mudrci, člověk je obviňován a trestán dokonce za myšlenky, přání a pochyby o „cizí práci", které vznikají v jeho srdci, ve zcela stejném stupni jako za dokončený skutek. Proto jsou dostatečné skoky Azy a Azaela v jejich přání dostat Chochmu, i když ve skutečnosti nic nedostali.

157. A tito dva Stvořitelem ustanovení správci plavou ve velkém moři, vylétají z něj a jdou nocí k Naamah, matce čarodějnic, které omylem propadli první lidé (viz Berešit, Gn 6, 1-4), a zamýšlejí přiblížit se k ní, a ona skáče do výše 60 000 Parsaot a bere na sebe několik různých podob, aby oklamala lidi a přilákala je.

Poté, co dostali sílu od Azy a Azaela, mohou již udělat Zivug s Naamah, jako se zmýlili první andělé Aza a Azael. Od tohoto Zivugu s Azou a Azaelem Naamah porodila všechny duchy a čarodějnice světa (viz Zohar, Berešit-1, § 102) a sami Aza a Azael se nazývají v Tóře (Berešit, Gn 6, 1-2): „…synové božští…" neboli synové velkých.

Jak je ale možné, aby tak vysocí andělé dospěli k natolik zvrhlým činům s Naamah a proč v důsledku toho porodila duchy a čarodějnice a nikoli lidi?

Jde o to, že vyšší svět, tj. AVI, byl stvořen písmenem Jod, mužskou částí, a není v nich vůbec nic ze čtvrté části Malchut, nazývané Malchut de Malchut. Avšak ZON, tj. nižší svět, je stvořen písmenem Hej, které v sobě Malchut de Malchut zahrnuje. AVI se neustále zaměřují pouze na světlo Chasadim, altruistické činy, odevzdávání, protože taková se Bina poprvé objevila ve čtyřech stupních zrození Malchut, ještě předtím, než se objevilo první Kli – Malchut de Malchut.

Avšak ZON potřebuje světlo Chochma, protože takovým je stvořen ZA ve čtyřech stupních zrození Malchut. ZA si přeje dostat světlo Chochma do světla Chasadim, které v něm již je.

Od Zivugu AVI, nazývaných „vyšší svět", se rodí andělé, kteří si přejí pouze světlo Chasadim jako AVI, z nichž se zrodili. Od Zivugu ZON jménem „nižší svět" se rodí lidské duše, které si přejí pouze světlo Chochma jako ZON, z nichž se zrodily.

V okamžiku zrození společné duše všech stvoření – Adama ze ZON světa Acilut byly ZON na úrovni vyššího světa, oděny na vyšší svět, AVI. Rovněž končily písmenem Jod jména HaVaJaH jako AVI. A písmeno HEJ jména HaVaJaH bylo skryto v jejich opačné části – Achoraim, AChaP. Proto byl Adam dost velký. Vždyť vzhledem k tomu, že ZON jsou ve vyšším světě a jejich zakončení je v písmeni Jod, byla úroveň ZON jako úroveň andělů, rodících se od AVI. Na druhé straně však ZON dostávaly světlo Chochma v souladu se svými přáními, jak se o ZON předpokládá.

V důsledku toho bylo v ZON jméno Elohim, vyšší Chochma, v dokonalosti vyššího světa, neboť v písmeni Jod není zákaz od prvního zkrácení dostávat světlo Chochma. Z tohoto stavu se zrodili Kain a Hevel, Kain z ELEH a Hevel z MI, a ani v jednom nebyla odhalena sama Malchut, poslední písmeno Hej jména HaVaJaH (Jod-Hej-Vav-HEJ), odhaleno bylo pouze písmeno Jod. A proto v nich byla vyšší Chochma.

V zásadě však Kainova duše přijímá Chochmu do Kelim ELEH, ZAT de Bina. Tato Kainova vlastnost je skryta v MI, neboť v Jod se nachází skryté písmeno Hej – poslední – a Kain chtěl s ním udělat Zivug. To znamená dostat světlo Chochma do Malchut de Malchut, skryté v Hevelově duši.

A tím zabil Hevela, protože poté, co se odhalilo písmeno Hej – poslední, odhalil se v něm rovněž zákaz dostávat do něj světlo Chochma, zákaz prvního zkrácení. Proto zmizelo Stvořitelovo jméno Elohim z obou: MI, protože patří ke GAR, zmizelo nahoru, což znamená Hevelovu vraždu, a Kainovo ELEH, protože patří k ZAT, spadlo na místo nečistých sil, nazývané ARKA.

I když však spadlo na místo nečistých sil, přesto v těchto Kelim – přáních zůstaly jiskry světla Chochma. Tak se říká, že jeho dcery tím velmi neutrpěly a že v nich byly ještě jiskry od Biny. Z toho je patrno, že Naamah, jedna z Kainových dcer, byla nejkrásnější ze všech žen světa, protože hřích byl v zásadě v mužské části Kaina a nikoli v jeho ženské části, jak je řečeno v Talmudu (Sanhedrin, 74, 2).

Proto poté, co Stvořitel shodil Azu a Azaela do tohoto světa, stvořeného písmenem Hej, a co spatřili Naamah, objevilo se v nich nové přání, které dříve nikdy neměli – přání dostat světlo Chochma, neboť v jejich podstatě je přání dostat pouze světlo Chasadim. Pouze podoba Naamah v nich zrodila nové přání dostávat světlo Chochma.

A vzhledem k tomu, že v jejich podstatě není Hej – poslední písmeno, na něž je zakázáno dostávat světlo Chochma, a rovněž v podstatě Naamah není Hej – poslední odhalené písmeno, vždyť pochází z Kainova ELEH, ZMÝLILI SE v ní, když si mysleli, že je schopna dostat světlo Chochma, a provedli s ní Zivug.

Chyba byla ve dvou věcech:

1. Přesto, že v nich od narození schází Hej – poslední písmeno, protože toto místo je určující a oni se nacházejí v tomto světě, již jim vládne Hej – poslední písmeno a je jim zakázáno dostávat světlo Chochma;
2. Domnívali se, že ve struktuře Naamah není Hej – poslední písmeno, ona však byla v ukrytí, protože se ze Zivugu s ní zrodili duchové a čarodějnice.

Z toho pochopíme, co je řečeno v Talmudu (Chagiga, 16, 1), že čarodějnice jsou napůl andělé a napůl lidé; vždyť ze strany jejich otců Azy a Azaela jsou andělé a ze strany Naaamah jsou lidé. Nemohla však porodit lidi, protože v ní bylo semeno od andělů, nikoli od lidí.

Příčina toho, že škodí, spočívá v tom, že se zrodili ze zvrhlosti, tj. z největší vzdálenosti od Stvořitele. Proto s nimi jde nečistota a škodí všude tam, kde může. Proto Zohar praví, že jdou v noci k Naamah, matce čarodějnic, které omylem propadli první lidé (viz Berešit, Gn 6, 1-4), vždyť poté, co nabyli síly od těchto andělů, kteří jako první prováděli zvrhlé skutky s Naamah, dokázali i oni pokračovat ve zvrhlosti s ní. Právě proto, jak ukazuje Zohar, jdou v noci, neboť síla Chochmy nečistých sil vládne pouze v noční tmě, v době moci přísnosti a omezení. Je tomu tak rovněž v důsledku kořenů, jimiž jsou Aza a Azael, kteří jsou v horách tmy.

Avšak po zvrhlých skutcích s nimi vyskočila do výše 60 000 Parsaot, tj. pozvedla se natolik, že chtěla anulovat Parsu, jež je nad VAK AA, jehož každá Sefira je definována jako 10 000, a proto VAK = šest Sefirot, jež se rovnají 60 000.

Pouze zamýšlejí, že se k ní přiblíží, a tu ona vyskočí na vzdálenost 60 000, ale neprodleně padá zpět dolů a nemůže se jich dotknout, neboť v těchto vyšších nečistých silách není žádný čin. Všechny hříchy a všechny chyby jsou pouze v myšlenkách, v záměru.

Má však přesto dostatek sil, aby lidé chybovali a nechali se jí strhnout, i když člověk nedosahuje nečistých skutků, nýbrž se od ní nechává unést pouze přáními a myšlenkami. Stvořitel však zde trestá za myšlenku a přání jako za skutek, jak nás upozorňuje prorok Jechezkel (Ez 14, 5): „Aby porozuměl dům izraele, celým svým srdcem." A nečistá síla bere na sebe několik různých podob, jako například nemravnost s vdanými ženami, vraždy a ostatní, připisované Lilit.

158. Tito dva správci se vznášejí po celém světě a vracejí se na svoje místa. A povzbuzují syny Kainových synů duchem špatných přání, aby plodili potomstvo.

Vznášejí se po celém světě – ve všech myšlenkách; kde jen mohou, škodí člověku, vrhají jej do tmy noci. Je tomu tak proto, že poté, co člověk zhřešil, vracejí se na svoje stálé místo, do ARKA, a povzbuzují tam Kainovy syny, aby ušpinili potomstvo v nečistotě.

Zohar praví, že kromě toho, že svádějí Kainovy syny k hříchu v ARKA, vznášejí se rovněž v našem světě, v TEVEL, a pobízejí k hříchu syny této země.

159. Nebesa, která tam vládnou, jako kdyby to nebyla naše nebesa, a země nerodí silou nebe semeno a chléb jako naše a zrna se vracejí k prorůstání pouze jednou za několik let. Proto o nich je řečeno, že nedokázali napravit ŠEMAJA a ARKA a ztratili se z vyšší země nazývané TEVEL, v níž nedokážou vládnout a pobývat a kde nebudou vyzývat lidi k hříchu v důsledku noci. A proto zmizeli z ARKA a z prostoru ŠEMAJA, vytvořeného jménem ELEH (jak je řečeno výše v § 14.)

Světlo, nezbytné pro rození následujících Parcufim, dostává naše nebe od ZA, který má světlo Chochma. Proto naše země, která dostává do Malchut ZA, získává zrno i semeno. Nebe v ARKA však nemá světlo, které by umožnilo plodit a rodit, v důsledku toho, že tam vládnou nečisté síly. A proto ARKA nemůže produkovat, v její zemi nejsou síly dostávat a vypěstovat semeno jako v naší zemi a takováto vlastnost se v ní objevuje pouze jednou za několik let.

Zde Zohar opět hovoří o dvou správcích Afrironovi a Kastimonovi, kteří nedokázali napravit ŠEMAJA a ARKA, a tím jim umožnit plodit. Proto tito správci nemají povoleno být zde a svádět k hříchu lidi v naší zemi, tj. v TEVEL. Proto když jsou zde, škodí naší zemi, aby se stala stejnou jako jejich ŠEMAJA a ARKA.

Proto, jak praví Zohar, zmizeli z vyšší země TEVEL, z naší země, neboť zde vyhledávali, jak by mohli škodit silou noci – oni vyzývají lidi k hříchu v důsledku noci, což je prokletí, jež visí nad ARKA v důsledku jejich vlády tam.

Pod naším nebem, které bylo stvořeno jménem ELEH – neboť naše nebe dostává od ZA, napraveného vlastnostmi ELEH, slovy NA POČÁTKU STVOŘIL STVOŘITEL, kde MI je spojeno s ELEH. Proto je naše země napravena rovněž vyšší svatostí a čistotou. A proto nemají tito dva správci dovoleno zde vládnout.

160. Proto existuje TARGUM – překlad (z hebrejštiny do aramejštiny; sama aramejština se nazývá ZOHAR TARGUM), aby si vyšší andělé nepomyslili, že se hovoří o nich, a neškodili nám. A toto tajemství slova ELEH, jak jsme uvedli, je svaté slovo, nepřeložitelné do jazyka Targum.

Neboť bylo všechno přeloženo do jazyka Targum, kromě slova ELEH, jak je řečeno v § 149, že ELEH zmizely z ARKA a z prostoru ŠEMAJA, protože slovo ELEH nemá překlad. Vždyť to vytváří veškeré spojení ELEH s MI, které vyvolává sestup světla Chochma. A jestliže porušují, kazí písmena ELEH jako Kain, pak upadají do nečistých sil, takže v nich nezůstává ani svatost jazyka Targum (VAK čistých sil).

Mezi všemi mudrci národů světa není tobě rovného

161. Pravil rabi Eleazar: „Je řečeno: ʹKdo se nebojí krále národů světa!ʹ Jaká je to pochvala?" Odpověděl mu rabi Šimon: Eleazare, synu můj, o tom je řečeno na několika místech. Není však správné považovat to, co je řečeno: „Mezi všemi mudrci národů světa není tobě rovného" doslovně, v jeho prostém smyslu, což samozřejmě poskytuje pohnutku ke špatným záměrům hříšníků, tj. těch, kteří se domnívají, že Stvořitel nezná jejich temné myšlenky, jejich pochyby a ani záměry. Proto je nutno vysvětlit jejich hloupost. Přišel ke mně jeden filozof z národů světa. Řekl mi: "Vy tvrdíte, že váš Stvořitel vládne všem nebesům. A že žádné nebeské síly Jej nemohou dosáhnout a poznat místo, kde přebývá. To však nezvyšuje Jeho velikost, jak je řečeno, že ʹmezi všemi mudrci národů světa a ve všech jejich královstvích není Tobě rovného.ʹ Co je to za porovnání Jeho s člověkem, který je ničím?"

Podobá se to tomu, co je řečeno v Tehilim (Ž 73, 11-12) o hříšnících: „Říkávají: ʹCož se to Bůh dozví? Cožpak to Nejvyšší pozná?ʹ Ano, jsou to svévolníci: bez starosti věčně kupí jmění." Právě tak hovoří v našem případě filozof. Byl to jeden z vynikajících mudrců národů světa a přišel k rabimu Šimonovi, aby zostudil moudrost Izraele a jeho práci v plné víře ve prospěch Stvořitele, která by měla být ve velké celistvosti, dokonalosti, čestnosti a bezúhonnosti, protože myšlenka Jej nemůže zachytit.

Mudrc byl představitelem filozofů, kteří tvrdili, že to hlavní na práci pro Stvořitele je Jeho dosažení a nikoli služba Jemu vírou, protože podle jejich pojetí Jej oni dosahují. A přišel nyní s cílem vysmát se přístupu Izraele.

Proto řekl: „Stvořitel je nad veškerou lidskou moudrost a tím vládne. Přikázal vám pracovat pro Něj ve víře a bezúhonnosti, aniž o Něm budete pochybovat, protože lidský rozum není schopen dosáhnout Jej, vždyť i nebeské síly, Jeho vojska a andělé Jej nedosahují, jak je řečeno: ʹPožehnán je Stvořitel na Svém místě,ʹ protože ʹJeho místoʹ neznají."

Avšak výrok, že není nikoho podobného Stvořiteli mezi všemi mudrci světa, nehovoří o Stvořitelově velikosti. Vždyť jestliže se uvádí prorocké slovo proto, aby se velebil Bůh Izraele, že je důležitější než bůh, jehož dosahují mudrci národů světa svými lidskými silami a rozumem, pak to přirozeně nezvýší velikost Boha Izraele. Vždyť je srovnáván s ničemnými pomíjejícími silami. Naopak, v takovémto výroku je obsaženo velké pohrdání vaším Stvořitelem, když Jej srovnáváte s mudrci národů světa, stvořeními smrtelnými a omezenými." Takováto slova pronesl před rabim Šimonem učený mudrc, představitel moudrosti národů světa.

Je přirozené, že Zohar nemá na zřeteli zahraničního mudrce, který se dostavil k rabimu Šimonovi. Jako všechny ostatní názvy míst a jména osob v Tóře, Talmudu a kabale, tak i názvy míst, jména zvířat, lidí a činů v knize Zohar se naprosto neliší od ostatních knih Tóry a hovoří pouze o duchovním světě, Stvořitelových činech a o tom, jak dosáhnout cíle stvoření. V žádném případě tam nejsou popsány události v našem světě!

Proto se pod mudrci národů světa chápe vnitřní egoistická vlastnost člověka všechno prozkoumat a poznat, místo toho, aby věřil vírou nad věděním, jak to vyžaduje Tóra. Tato lidská vlastnost, „mudrc národů světa", egoistický rozum, je neustále ve vnitřním sporu s duchovní altruistickou vlastností člověka, nazývanou Izrael, dychtěním po Stvořiteli. Tím však, že tomu odporuje, člověk sám sebe buduje a roste.

162. A ještě něco: říkáte, jak je řečeno ve vaší Tóře, že není v Izraeli proroka, který by byl podobný Mošemu. V Izraeli ne, ale mezi národy světa jsou! A já rovněž pravím: není tobě podobného mezi mudrci národů světa, ale mezi mudrci Izraele jsou takoví jako Ty. Jestliže však jsou takoví jako On mezi mudrci Izraele, nemůže být nejvyšším správcem. Pohlédni na moje slova a uvidíš, že mám pravdu já.

Zde filozof (vnitřní egoistický lidský hlas) hovořil moudře. Chápal totiž, že jestliže bude hovořit přímo, uslyší jasné odpovědi na svoje otázky. Je řečeno: „Mezi všemi mudrci národů světa není Tobě podobného, což znamená: není takový, kdo by Tě dosáhl. Vždyť slova „není Tobě podobného" znamenají, že se nelze s Tebou srovnávat, dosáhnout Tě, dosáhnout Tvého stupně.

Vzhledem k tomu však, že mudrci národů světa (lidský rozum) jsou pyšni na to, že dosahují Stvořitele (chápou Jeho záměry a činy), pak se má za to, jakoby si byli oni a On podobní, vždyť dosažení znamená shodu vlastností se stupněm, jejž dosahuješ. Proto se říká, že to je lež a že není nikdo Jemu podobný, protože Jej nedosahují, ale klamou sami sebe myšlenkou, že dosahují.

To chápal (vnitřní) filozof (člověka), a proto začal (svádět člověka z cesty víry, což překonává rozum a odporuje mu) od zcela jiné otázky: „Jestliže je výslovně řečeno, že není rovného Stvořiteli mezi mudrci jiných národů, znamená to, že mezi mudrci Izraele jsou takoví, kteří Jej dosahují? Vždyť proč by jinak bylo třeba říkat, že mu není rovného mezi národy světa?

V takovém případě však On nemůže být Nejvyšším správcem, jestliže se vám podobá! Jak tedy můžete říci, že Bůh Izraele je nedosažitelný rozumem a řídí všechny – říkáte silou víry v jeho velikost, ale vždyť mezi vašimi mudrci jsou tací jako On, to znamená ti, kteří Jej dosahují."

163. Odpověděl mu (rabi Šimon): „Dobře namítáš, že mezi lidem Izraele jsou podobní Stvořiteli. Vždyť kdo oživuje mrtvé, když ne sám Stvořitel! Objevili se však Elijahu a Eliša – a oživili mrtvé! Kdo posílá deště, ne-li samotný Stvořitel? Ale objevil se Elijahu a zastavil je a poté je přivolal svou modlitbou! Kdo stvořil nebe a zemi, jestliže ne sám Stvořitel? Objevil se však Avraham a kvůli němu, jak je řečeno, byly oživeny nebe i země."

Rabi Šimon odpovídá, že mudrc (člověka) hovoří pravdu, když tvrdí, že mezi lidem Izraele jsou tací, kteří jsou podobní Stvořiteli. To ovšem vůbec neruší prostou víru v nedosažitelnost Stvořitele lidským rozumem. A samozřejmě, On vládne a řídí všechna nebesa a je nad všemi natolik, že ani vyšší andělé Jej nedosahují a neznají místo, kde On pobývá.

Právě proto však je nám dána Tóra a Přikázání – abychom je využívali a plnili Přikázání (Zivug clony se světlem) a zkoumali Tóru (přijímáním světla) ve prospěch Stvořitele. Abychom my, Izrael, tedy ti, kteří dychtí po Stvořiteli, dokázali plně (svými vlastnostmi) splynout s Ním, aby jeho světlo vešlo do nás, odělo se do nás natolik, že budeme sami hodni (začneme si přát a dostávat síly clony) provádět tytéž činy jako sám Stvořitel: oživovat mrtvé (napravovat egoismus), posílat deště (světlo Chasadim), oživovat nebe i zemi (naplňovat světlem svých činů Parcufim všech světů).

Právě v tom jsme zcela jako On, jak se říká: „Z Tvých činů (tím, že je cítíme na sobě) Tě dosáhnu." Toho všeho však dosahujeme pouze díky úplné nezištné víře (vlastnost Biny), která nám nedává zcela žádné pohnutky dosáhnout Jej naším rozumem (ověřit a teprve poté dělat), jako cesta mudrců národů světa (našeho egoismu). Náš egoismus se skládá z Parcufu, nazývaného „mudrc národů světa", Jeho hlava je vědění, přání všechno poznat, a tělo je přání po sebenaplnění.

Filozof namítá, že jestliže Izrael může dělat to, co činí Stvořitel, znamená to, že Izrael dosahuje Stvořitele. To je správné, protože jestliže je člověk schopen konat jako Stvořitel, pak v souladu se svými skutky Jej dosahuje a vnímá. Vždyť je řečeno: „Podle Tvých skutků Tě poznám" – jestliže člověk koná jako Stvořitel, chápe svými skutky podobné činy Stvořitele, a tím ho cítí. Člověk však jde zpočátku cestou víry nad rozumem, v důsledku čehož dosahuje Stvořitelových vlastností. A poté se stává v činech stejným jako On.

164. (Rabi Šimon pokračuje): „Kdo řídí slunce, ne-li Stvořitel? Objevil se však Jehošua (Jozue) a zastavil je. Stvořitel vyslovuje svoje rozhodnutí, tu však Moše vyslovuje jiné rozhodnutí – a ono se vyplňuje. Stvořitel si přeje potrestat, ale spravedliví Izraele jeho rozhodnutí ruší. A ještě něco: Stvořitel nám přikázal, abychom šli přesně Jeho cestami a byli Mu podobní ve všem." Ten filozof odešel a stal se Israelem, žil ve vsi Šachalajim a nazývali ho Josi HaKatan (Malý Josi). Učil se pilně Tóře a byl mezi mudrci a spravedlivými své vsi.

Je otázka v tom, zda člověk dělá všechno pouze v důsledku své víry, nezbývá mu možnost dosahovat Stvořitele, protože dosahování se uskutečňuje s použitím rozumu. Jakmile však člověk začíná používat svůj rozum, ihned to zmenšuje jeho víru. Jak je možné sloučit víru a rozum?

Je pravda, že ti, kteří usilují o sblížení se Stvořitelem (nazývaní Izrael), zmenšují svoji nezištnou prostou víru – ale dělají to pouze proto, že jim On tak přikazuje konat, aby dosáhli Jeho činů, aby se Mu poté stali podobnými, jak je řečeno v Tóře (Devarim, Dt 20, 4): „…následuj jeho cestu." A tím plní to, co jim přikázal. Filozofa tato pravda udivila natolik, že se stal „Israelem", který plní Tóru a přikázání.

Udivilo jej to, že se dozvěděl, že skutky Izraele, to znamená jejich dosažení duchovních světů, nezmenšují jejich víru nad rozumem, protože všechny jejich činy a dosažení vycházejí z víry a na základě víry. Izrael dosahuje Stvořitele proto, že Stvořitel velí dosahovat Jej, nikoli proto, že si to přejí svým egoismem.

165. A nyní nastal čas hledět do toho, co bylo řečeno. Je řečeno, že všechny národy světa jsou nic proti Němu. Jak Jej to ale povznáší? Proto je řečeno: „Kdo vidí krále národů světa?" Ale král národů světa - není to týž král Izraele? Všude si Stvořitel přeje povznést Izrael, a proto se nazývá králem Izraele. Národy světa říkají, že mají jiného krále na nebesích, protože se jim zdá, že On řídí pouze je, nikoli nás.

Národy světa jsou přesvědčeny, že jejich vyšší král není králem Izraele, že král, který sedí na nebesích a řídí je, je pouze jejich král, ale král Izraele jim nevládne. Tak se zdá lidskému egoismu, že je pod jiným systémem řízení než altruismus. Egoismus si neuvědomuje, že jej Stvořitel stvořil právě takovým pro dosažení svého cíle – aby byl člověk přiveden, právě pomocí egoismu, k absolutnímu altruismu, z „ve svůj prospěch" k „ve prospěch Stvořitele".

166. Je řečeno: „Kdo by se tě nebál, Králi pronárodů?" (Jirmijahu, Jr, 10, 7). Jejich vyšší Král je tu proto, aby hrozil, pronásledoval a dělal s nimi to, co se mu zalíbí. Proto je třeba se ho bát. A bojí se ho všichni vyšší i nižší. Vždyť je řečeno, že mezi všemi mudrci (anděly – správci těchto národů) národů světa v jejich královstvích (nahoře) není Tobě rovného. Jsou čtyři království nahoře a ti řídí, podle Stvořitelovy vůle, všechny národy. A není ani jeden, který by mohl vykonat ten nejmenší čin bez osobního pokynu Stvořitele. Mudrci národů světa jsou jejich řídící síly shůry a veškerá moudrost národů světa pochází od těchto správců. „Ve všech jejich královstvích" znamená, že jim vládne vůle vyššího Stvořitele.

V těchto řádcích se hovoří o tom, jak se nevěsta ve stavu vyhnanství připravuje na svoji budoucí konečnou nápravu. Veškerá síla národů světa (v každém z nás) se redukuje na to, aby nás ovládly (altruistická přání vůči Stvořiteli) a podřídily nás své vládě (sloužit pouze pro tělesné blaho), vyhnaly zpod vlády Stvořitele pod vládu jiných přání, nazývaných národy světa. Naše egoistická přání, nazývaná národy světa, to činí za pomoci své vlády (svádějí nás všemi možnými rozkošemi) a moudrosti (apelují na náš zdravý rozum a na jeho použití).

Jejich skutky nad námi (duchovními snahami) vycházejí ze systému nečistých sil, jejich nečistých (egoistických) andělů (našich vnitřních egoistických sil), které posílají národům světa sílu a rozum. A ty nás již (naše egoistická přání) za pomoci jejich moudrosti přivádějí (syny Izraele, pouze ty, kteří dychtí po Stvořiteli) ke všem možným pochybnostem a přáním pochopit Stvořitele, Jeho cesty a myšlenky, přičemž bez jakéhokoli strachu a bez jakéhokoli ohledu na jeho velikost a moc.

V důsledku těchto pochybností se vzdalujeme od Stvořitele, od jeho vyššího světla, které proto přechází k nim (našim egoistickým přáním). Jak je řečeno: „Cur (Tyros) (metropole nečistých sil) je budován pouze na základě zničení Jeruzaléma (metropole čistých sil)."

A tím získávají síly pronásledovat a ponižovat Izrael, nutí jej plnit jejich vůli (potlačují svým přesvědčením a důkazy své „reálné" pravdy jedinou skutečnou cestu k duchovnu - víru nad rozumem a proti rozumu). A jak bylo již vysvětlováno v Předmluvě ke knize Zohar, §§ 69 – 71, naše vnitřní, duchovní zotročení vede k našemu vnějšímu, tělesnému zotročení, pronásledování a ponižování národy světa.

A to je tajemství čtyř království, která nám vládnou ve čtyřech našich (duchovních, a proto i fyzických) vyhnanstvích, odpovídajících Sefirot Ch-B-ZA-M, označených obrazem Navuchadnecara (Nebúkadnesara), jak je řečeno u proroka Daniela (Da 2, 32-33): „Hlava té sochy byla z ryzího zlata, její hruď a paže ze stříbra, břicho a boky z mědi, stehna ze železa, nohy dílem ze železa a dílem z hlíny."

Když nám vládne tento idol, vysmívají se nám národy světa, že mají svého krále. Všechno však Stvořitel koncipoval tak, jak je řečeno (Kohelet, Kaz 3, 14): „A Stvořitel to učinil, aby lidé žili v bázni před ním." Vždyť vnímání Stvořitele, nazývané Šechina, se označuje také jako strach před Ním. Dokud však Stvořitele nevnímáme, nejsme hodni toho, abychom se báli Jeho samého, v důsledku vnímání Jeho všemohoucnosti a velikosti, a žijeme ve strachu před Králem národů světa.

To hovoří o tom, že nemáme jinou možnost, jak zcela a navždy splynout se Stvořitelem, než za pomoci velkého strachu před jeho velikostí. Musíme na sebe vzít Jeho Tóru a jeho přání – Přikázání v nezištné a absolutní víře, bez jakýchkoli pochyb o Jeho vlastnostech.

Jen tehdy s Ním splyneme navěky v absolutním splynutí a tehdy Stvořitel do nás vlije všechno dobré, kvůli čemu nás stvořil, což měl v úmyslu již na počátku stvoření a co se stalo příčinou veškerého činu stvoření. Takovýto stav se nazývá úplné konečné osvobození a náprava.

Do té doby však, před dosažením takového vysokého duchovního stavu, je tomu tak, jak prorok Chagaj (Ageus) popisuje ty, kteří dychtí po Stvořiteli: (Ag 1, 6): „Sejete mnoho, a sklízí se málo. Jen jezte, nenasytíte se; jen pijte, žízeň neuhasíte," protože neustále, v jakýchkoli našich (těch, kdo usilují o duchovno) činech zabírá nečistá síla (náš egoismus) světlo pro sebe v důsledku našich pochybností o víře ve Stvořitele, které právě ona v nás pěstuje.

Tyto tresty však vůbec nejsou pro naše hoře! Ke všemu dochází podle Stvořitelova záměru a všechno je pouze pro náš postup k nápravě. Proto dokud se člověk nachází ve stavu, v němž je schopen poslouchat pouze egoistické důvody, Stvořitel nás postupně rozvíjí prostřednictvím těchto sil. A za jejich pomoci se postupně stáváme schopnými pocítit strach před Stvořitelem, vzhledem k množství zkoušek a strádání, které nám naše vyhnanství (z duchovna) přináší.

Nakonec však jsme hodni získat úplnou nezištnou víru a strach před jeho velikostí. A o takovém stavu je řečeno (Tehilim, Ž 98, 3): „…na své milosrdenství se rozpomenul, na svou věrnost domu Izraele. Spatřily všechny dálavy země spásu našeho Stvořitele."

Protože na konci dnů si Stvořitel svým milosrdenstvím na nás vzpomene a dá nám síly získat úplnou nezištnou víru v Něho. V důsledku toho se obnoví Jeruzalém (metropole altruismu) na rozvalinách Curu (metropole egoismu), protože veškeré světlo, o které nás Malchut nečisté síly oloupila během našeho vyhnanství (z duchovna), se k nám vrátí poté, co se v nás zrodí absolutní nezištná víra a zazáří v nás veškerou svou silou.

Tehdy spatří všechny ničemnosti země (projevy egoismu) vlastníma očima, jak je náš Stvořitel spasí (napraví). Všechny národy světa (které jsou v nás) totiž uvidí, že vždycky a do posledního okamžiku před svou nápravou pro nás uchovávaly toto světlo, aby nám je vrátily, až bude čas. A všichni uvidí, že když (Kohelet, Kaz 8, 9): „… má člověk moc nad člověkem" působí to zlo tomu, kdo vládne!

Tíže našeho otroctví a moc nečisté síly nad námi, nad svatostí, je pouze na škodu nečisté síle, protože tím nás nutí dospět rychleji k absolutní, nezištné víře ve Stvořitele! A o této době hovoří prorok: „Kdo by se tě nebál, Králi pronárodů?" Je tomu tak proto, že poté, co bylo odhaleno, že On je král národů světa, který pronásleduje samotné národy světa a vládne jim (vždyť to, že se jim dříve zdálo, že naše egoistické záměry pronásledují naše altruistické úmysly, se nyní odhalilo jako opačné), vyšlo najevo, že ony byly pouze slepými vykonavateli Stvořitelovy vůle, našimi sluhy a otroky, aby nás přivedly k dokonalosti.

Dříve se nám to zdálo jako rány, ale dnes vidíme, že tím bily ony sebe, protože díky těmto ranám (strádáním pro nesplnění egoistických přání, honbou a věčným prahnutím), urychlily naše osvobození, dosažení dokonalosti (tím, že jsme si uvědomili nezbytnost přijmout cesty víry nad rozumem). A tak samy urychlily svůj konec (svoji nápravu).

A tam, kde se zdálo (našemu rozumu), že povstávaly proti Stvořiteli (ukazovaly nám svými důvody, že Stvořitel není zdrojem všeho, k čemu dochází) a postupovaly (jakoby), jak se jim zachce, aby nás ponížily a nasytily svoje nízká egoistická přání, a že není soudce (vyšší) a není zákon (vývoj tvorstva ke svému cíli), bylo nyní odhaleno, že vždy a ve všem plnily pouze Stvořitelovo přání přivést nás (všechna naše přání, to znamená i samy sebe) k dokonalosti.

A tak kterýkoli a každý člověk na světě, ať si to přeje, či nikoli, vždy a ve všem plní pouze Stvořitelovo přání. Proč se tedy nenazývá pracujícím pro Stvořitele? Protože to koná neuvědoměle, nikoli ze svého přání. A k tomu, aby ho Stvořitel přinutil plnit Svoje přání, dává mu nějaké vedlejší přání, přání potěšit se, což člověka nutí konat činy, ale koná je jako otrok svého přání a nikoli jako člověk, který plní Stvořitelova přání.

Jako příklad lze uvést toto: Stvořitel dává člověku vedlejší přání získat peníze tím, že ho nutí otevřít si restauraci, aby plnil altruistické skutky jako otrok svého egoistického přání.

To znamená, že k tomu, aby nás Stvořitel přinutil plnit nezbytné, vytvořil v nás egoistické přání po sebenaplnění a nutí nás plnit to, co si On přeje, tím, že nám dává spatřovat rozkoš v těch činech a objektech, na kterých máme podle jeho přání pracovat. Proto se neustále honíme za rozkošemi, ale tím nevědomky neustále plníme Stvořitelovu vůli. Podobá se to tomu, když dětem dáváme mnoho zajímavých hraček, abychom je přiměli hrát si, ale tím, že si hrají, pracují.

Celý svět plní Stvořitelovu vůli, ale naším cílem, cílem našeho vývoje, je dosáhnout uvědomělého plnění této Stvořitelovy vůle, to znamená dosáhnout jí, uvědomit si ji a povznést se natolik, abychom si ji sami přáli a plnili nikoli jako nyní, mimoděk, zcela neuvědoměle, nýbrž tak, že to bude naše vůle. Aby se Stvořitelova a naše přání zcela shodovala, což znamená úplné uvědomělé splynutí s Ním.

Tím se vysvětluje, že král národů světa je týž Stvořitel, který nad nimi vládne a nutí je plnit všechna Jeho přání jako král svoje otroky. A nyní se otevřel strach před Jeho velikostí všem národům světa. Všem národům světa: má se na zřeteli andělům – správcům národů světa, jako je Apariron, Kastimon, Aza, Azael atd., od nichž mudrci národů světa (náš egoismus a rozum) berou svoji moudrost, s jejíž pomocí poté utlačují Izrael (naše altruistická přání).

V JEJICH KRÁLOVSTVÍCH – jsou celkem čtyři království, která vládnou sedmdesáti národům světa (ZON = sedm Sefirot, v každé je po deseti jednotlivých Sefirot, celkem sedmdesát Sefirot) a nad námi (altruistickými snahami) v našich čtyřech vyhnanstvích, odpovídajících nečistým Sefirot Ch-B-ZA-M, popisovaným jako obraz Navuchadnecara (Nebúkadnesar), jak pravil prorok (Daniel, Da 2, 31-33): „Byla to obrovská socha... Hlava té sochy byla z ryzího zlata" (první království), „její hruď a paže ze stříbra" (druhé království), „břicho a boky z mědi" (třetí království), „stehna ze železa, chodidla ze železa a dílem z hlíny" (čtvrté království).

Není mezi nimi nikdo, kdo by byl schopen vykonat třeba jen ten nejmenší osobní čin, ale pouze to, co jim přikazuješ Ty. To se však projeví až na konci stvoření a odhalí se všem, že veškerá naše strádání a útrapy, které měly moc odvrhnout nás od Stvořitele, nebyly nic jiného než věrní vykonavatelé Stvořitelova úsilí, aby nás k Němu přiblížily. Přitom tyto kruté síly nekonaly nic jiného než pouze to, co On jim přikazoval.

A všechno probíhalo pouze s cílem přivést nás k takovému stavu, abychom mohli dostat všechno to dokonalé a nekonečně dobré, co nám od počátku zamýšlel dát ještě ve stadiu záměru stvoření. Stvořitel je povinen přivést nás k absolutní nezištné víře, v důsledku čehož, jak pravil prorok (Daniel, Da 2, 35): „...a rázem bylo rozdrceno železo, hlína, měď, stříbro i zlato, a byly jako plevy na mlatě v letní době. Odnesl je vítr a nezbylo po nich ani stopy. A ten kámen, který rozbil jejich idola, se stal obrovskou skálou a zaplnil celou zemi."

Absolutní víra se nazývá „nerozbitný (nedrolivý) kámen". Poté, co byl člověk uznán za hodna absolutní víry, mizí nečistá síla (jeho vnitřní egoistická přání a myšlenky), jakoby nikdy ani neexistovala, a s ní i všechno ničemné, naplňující zemi (rozum a logika, filozofie a zdravý rozum), spatřuje vysvobození Stvořitelem, jak o tom praví prorok (Ješajahu, Iz 11, 9): „Nikdo už nebude páchat zlo a šířit zkázu na celé mé svaté hoře, neboť zemi" (veškerý vnitřní svět člověka) „naplní poznání Stvořitele, jako vody pokrývají moře."

167. Avšak mezi všemi mudrci národů světa a ve všech jejich královstvích jsem našel ve starých knihách, že všechna vyšší vojska, i když přesně následovala příkazy a každý dostával přesné pokyny, které byl povinen plnit – kdo z nich to však může splnit, když

ne Ty, kdo to splní lépe než Ty? Protože Ty vynikáš nad všemi jak svými vlastnostmi, tak svými činy. Proto je řečeno: „Není Tobě rovného."

Bezprostředně Sám Stvořitel plní svým světlem všechny činy stvoření a přivádí je k cíli, který si zvolil. Úkol člověka je pouze v tom, aby si uvědomil veškeré stvoření a řízení, celým srdcem souhlasil se všemi Stvořitelovými skutky a stal se aktivním účastníkem duchovní tvorby.

168. Rabi Šimon pravil svým přátelům: „Tato svatba musí být svatbou pro vás pro všechny, každý musí přinést dar (svoji část společné Malchut) nevěstě." Rabi Eleazar pravil svému synovi: „Dej jeden dar nevěstě, vždyť zítra pohlédne ZA, když vejde pod svatební baldachýn, na tyto písně a chvály od synů svatebního úkonu, kteří stojí před Stvořitelem."

Kdo je to

169. Otevřel rabi Eleazar a pravil: „Kdo se to pozvedá z pouště?" MI ZOT – kdo je to – je společný základ dvou světů, Biny a Malchut, spojených dohromady. POZVEDÁ SE – pozvedá se, aby se stal „nejsvětější". Protože MI je Bina, nazývaná „nejsvětější". A ta se spojuje se ZOT, s Malchut, aby se Malchut mohla pozvednout Z POUŠTĚ, neboť z pouště TO zdědila, aby se stala nevěstou a vešla pod svatební baldachýn.

Zohar vysvětluje tento výrok v Šir Haširim (Pís 8, 5): „Kdo je ta, jež vystupuje z pouště, opřena o svého milého?" Hovoří se o stavu na konci nápravy, kdy nevěsta vchází pod svatební baldachýn. MI ZOT: Mi je Bina, ZOT je Malchut. Na konci nápravy se spojí Malchut s Binou a obě budou nazývány svatými. Do konce nápravy však se svatou nazývá pouze Bina a Malchut se pozvedá k ní a dostává svatost od Biny.

Na konci nápravy však se sama Malchut stane jako Bina, obě se stanou svatými, Malchut se zcela spojí s Binou podobou svých vlastností a zcela splyne se zdrojem života. Je tomu tak proto, že clona, omezení na přijímání světla v Malchut, vytváří odražené světlo, spojující všechny Sefirot do jedné.

A právě do tohoto odraženého světla lze dostat veškeré Stvořitelovo světlo Chochma. V důsledku toho končí Malchut písmenem JOD a navěky se stává podobnou Bině. Proto se říká, že podobností přání se Malchut a Bina spojují dohromady jako jeden celek.

Rovněž světlo Malchut bude stále spjato se světlem Biny do jednoho celku, protože se Malchut sama pozvedá na úroveň „nejsvětější" a stává se jako Bina. POZVEDÁ SE – jako se pozvedá obětina, která je „nejsvětější". Je tomu tak proto, že MI je AVI, Bina, „nejsvětější", se spojuje se ZOT, Malchut, aby se Malchut pozvedla a sama se stala „nejsvětější". Obětina je část Malchut, živočišného egoismu člověka, který se pozvedá svými vlastnostmi do Biny.

A když se spojují MI se ZOT, Bina s Malchut, a stává se sama ZOT „nejsvětější" – poté již není zmenšení stavu Malchut, vždyť k zmenšení došlo až v důsledku zhoršení vlastností samotné Malchut, když v ní začínala vznikat nová egoistická přání.

A nyní, kdy se Malchut stala svatou, altruistickou svými vlastnostmi jako Bina, mizí smrt a vylučuje se pád Malchut do jejích egoistických přání. Je tomu tak proto, že se zcela napravila, dosáhla vlastností Biny a vlastnosti Biny se nazývají svatými. A v důsledku toho, že Malchut získala tyto vlastnosti, vchází do ní vyšší světlo, život. Malchut z pouště, pocitu neexistence světla života v důsledku nedostatku altruistických vlastností vstupuje pod svůj svatební baldachýn.

Dochází k tomu (§ 124) v důsledku úsilí člověka, nazývaného „dodržující Tóru". Tyto snahy jsou v stvoření to hlavní, protože vytvářejí Tóru a přivádějí Malchut k velkému Zivugu na konci její nápravy, k tomu, že se celá Malchut naplňuje světlem. A tohoto velkého

Zivugu na celou napravenou Malchut, včetně Malchut de Malchut, se dosahuje právě z toho, že člověk má pocit duchovní POUŠTĚ.

170. Z pouště se zvedá, z pouště tichého hlasu rtů, pozvedá se, jak je řečeno (Šir Aširim, (Pís 4, 3): „...ústa tvá půvabu plná." Je tomu tak proto, že slovo MIDBAR znamená poušť, jako slovo DIBUR znamená mluvu. O velkých silách je řečeno, že velké síly bijí Egypt všemi údery pouště, neboť všechno, co jim učinil Stvořitel, učinil nikoli v poušti, nýbrž v sídlištích. A v poušti znamená, že učinil mluvou, slovy. Pozvedá se to z mluvy, z úst – z Malchut, když ta se pozvedá a vchází pod křídla Imy (matky – Biny). A poté mluvou sestupuje na celý svatý národ (mluva se od řeči liší tím, že mluva je činnost, z níž pochází řeč).

Před konečnou nápravou, kdy se Malchut ještě nazývá stromem dobra a zla, dochází ke všem nápravám pomocí MAN – modliteb a proseb, za jejichž pomoci se spravedliví, to znamená ti, kteří si přejí sblížit se vlastnostmi se Stvořitelem, pozvedají Malchut do Biny. V důsledku toho dostává Malchut na dobu svého vzestupu do Biny vlastnosti Biny, protože vzestup znamená dosažení vlastností. Malchut se stává svatou, altruistickou jako Bina.

MAN je tichá (v srdci) modlitba člověka, protože Malchut znamená řeč. Nemohou však být slova pouze dobrá, bez špatných, před konečnou nápravou, to znamená do té doby, dokud nebude hlas a řeč od samotné Biny, kdy se Malchut stane jako Bina, což znamená jednotu hlasu a řeči, Zivug ZON v jejich velkém, napraveném stavu.

ZA dostává hlas od Imy a předává jej v řeči do Malchut. Proto je tato řeč zcela dobrá, bez jakéhokoli zla, a Malchut dostává od Biny světlo svatosti – Chasadim. A bez nápravy absolutně dobrým, altruistickým hlasem se Bina, hlas Malchut, vždycky skládá z dobrého a zlého. Proto se k němu přisávají nečisté – egoistické síly a Malchut nemůže dostat od svatosti – Biny – nic.

Proto vzestup MAN, který pozvedají spravedliví ve svých modlitbách jako tichý šepot rtů, jako řeč bez hlasu, jak je řečeno u proroka (Šmuel 1, S 1, 13): „...pouze její rty se pohybovaly, ale její hlas nebylo slyšet." MAN totiž není nijak spojena s nečistou silou a Malchut lze pozvednout do Biny, aby dostala od ní hlas.

V důsledku toho se staví svatá budova Malchut a ona dostává světlo od Zivugu hlasu a řeči a svatost její řeči sestupuje na hlavy spravedlivých, kteří pozvedli MAN, a tím oživují Malchut.

Proto je řečeno Z POUŠTĚ SE POZVEDÁ, protože nevěsta (Malchut) je nyní zvána k velkému Zivugu pod svatební baldachýn, v důsledku pozvednutí MAN spravedlivými, kteří tím spojili Binu (hlas – Imu) s Malchut (řečí). Z toho se řeči Malchut staly krásnými jako Bina.

Je tomu tak proto, že všechny tyto jednotlivé Zivugy, k nimž dochází během 6000 let postupně, jeden za druhým, úsilím různých spravedlivých po mnoho pokolení, z nichž každý představuje malou část celkové Malchut, spojují nyní všechny části Malchut, všechny duše spravedlivých, dohromady, do jednoho velkého Zivugu vstupu nevěsty – Malchut pod svatební baldachýn.

Právě tichá modlitba, vzestup MAN během 6000 let řečí bez hlasu, protože v hlasu Malchut je ještě smíšeno dobré se špatným, vytváří podmínky pro velký Zivug Malchut se ZA, člověka se Stvořitelem.

A v důsledku toho, že za pomoci spravedlivých získala Malchut hlas Biny, od Imy (matky), od všech dobrých skutků spravedlivých během 6000 let, shromažďuje se nyní všechno do jednoho velkého vyššího Zivugu pod svatebním baldachýnem. Je tomu tak proto, že se Malchut stává zcela dobrou bez jakékoli příměsi něčeho špatného, že se stává „nejsvětější" jako Ima.

Tichá řeč je definována jako pohyb rtů, bez účasti patra, hrdla, jazyka a zubů. Taková je cesta vzestupu MAN, kdy se Malchut pozvedá mezi křídly Biny, to znamená dostává hlas křídel Imy do své řeči. A poté, když dostane řeč, sestupuje na hlavy svatého národa. Vždyť po obdržení hlasu vlastností milosrdenství Imy se Malchut stává svatou jako sama Bina a její svatost sestupuje na ty, kdo ji napravili. V důsledku toho se nazývají „svatý národ", neboť nyní jsou řeči Malchut svaté jako řeči Imy - Biny.

Existuje hlas a řeč. Hlas je vnitřní část a řeč je odhalení hlasu ven. Základem odhalení je výdech, nezvučné písmeno Hej. ZA se nazývá hlas a Malchut se nazývá řeč. Písmena se zpívají podle not (Taamin) a za nimi již následují písmena a jejich znění.

Úroveň světla Chaja nazývaná Kol (hlas) vystupuje na clonu v ústech třetí úrovně tloušťky nazývanou „zuby". Od tohoto světla dostává ZA světlo Chochma a tehdy je jeho hlas slyšet ven – rodí duše nižších.

Níže než úroveň Nešama však hlas ZA není slyšet, protože v něm není síla clony, dostatečná k přijetí světla Chochma. Úroveň světla Jechida v ZA, nazývaná Dibur (mluva), vychází na clonu v ústech, čtvrté úrovně tloušťky. Tato největší clona otevírající veškeré světlo se nazývá „rty".

Světlo NaRaNChaJ odhaluje vnitřní vyšší skrytou moudrost – Chochmu, skrytou myšlenku, vnitřní světlo Bina, které nemůže svítit nižším, tedy do ZA, protože ZON nemohou dostat od úst AA. Avšak dvě úrovně světla, Chaja a Jechida, sestupující od AA, za pomoci Biny se promění v hlas a řeč, i když to je světlo myšlenky, moudrosti a rozumu.

Hlas se tvoří v ZA a řeč v Malchut. Jestliže spravedlivý pozvedá svoje modlitby, MAN, k Malchut, čímž vyvolává vzestup ZON do AVI, které jsou neustále spojeny, aby zajistily světlo nižším, pak ZON dostávají světlo od AVI, nazývané „hlas a řeč". V tom spočívá vlastnost spravedlivých – vytvářet, budovat čisté a ničit nečisté svým hlasem. Zpočátku byl na zemi jeden jazyk, Lašon Kodeš (svatý jazyk), jedna řeč. V hebrejštině (stejně jako v češtině) je pro slovo „jazyk" jedno slovo Lašon (jak pro prostředek komunikace, tak i pro část těla). Řeč se označuje slovem Safa (ret).

171. Ptá se: „A jak se pozvedá Malchut v řeči?" Odpovídá: „Na počátku, když člověk ráno vstává, když otevírá oči, je povinen velebit svého Stvořitele, svého Pána. Jak ho musí chválit? Jako to činili první Chasidim: postavili před sebe nádobu s vodou, aby si, jakmile se v noci probudili, mohli ihned umýt ruce, a vstali a zabývali se Tórou poté, co

ji pochválili. Bylo to tehdy, když zakokrhal kohout, čímž ohlásil přesný prostředek noci, a když se Stvořitel nacházel se spravedlivými v rajské zahradě. Ráno je totiž zakázáno velebit s nečistýma rukama."

Ptá se: vzhledem k tomu, že je řečeno, že počátek nápravy Malchut musí být v šepotu rtů, jak je možné ihned po probuzení (duchovním) velebit plným hlasem? Vždyť chvála musí být vyslovena rovněž šeptem, abychom mohli na začátku dostat hlas od Imy, abychom hlasem, silou Imy – Biny pozvedli Malchut do Biny a poskytli jí altruistické vlastnosti.

Zohar odpovídá: První Chasidim to napravili. S počátkem lidského spánku (kdy člověk upadá do úrovně světla ve svém duchovním Parcufu, nazývaném spánek) odchází vzhůru jeho svatá duše (světlo, které bylo v jeho duchovním Parcufu) a zůstává v něm pouze nečistý duch prapůvodního hada (egoistické vlastnosti), neboť spánek je šedesátá část smrti (Talmud, Berachot, 57, 2)

Vzhledem k tomu, že smrt je nečistá vlastnost prapůvodního hada, pak v okamžiku probuzení (získání nového světla shůry) nečistý duch (egoistická přání) ještě zcela neodchází z člověka, ale zůstává na konečcích prstů rukou (některá lidská přání se účinkem světla získaného shůry, nazývaného světlo jitra, probuzení, nemění).

A čím větší svatost, čím větší světlo bylo v člověku před usnutím (před pádem do sníženého duchovního stavu, nazývaného spánek), tím více se přisává nečistá (egoistická) síla k těmto přáním, kdy z nich vycházejí altruistické záměry během upadání do spánku.

A konečky prstů jsou nejčistším místem (přáními) celého těla (všech přání), nejduchovnější lidská přání, protože je tam místo naplnění světlem Chochma (do těchto přání za pomoci clony, od Zivugu, vchází poté světlo Chochma).

Proto i po probuzení (s počátkem duchovního vzestupu) neodchází z tohoto místa přání nečistá (egoistická) síla, která si přeje dostat alespoň něco od toho velkého světla, jež může naplnit tato nejvíce altruistická lidská přání.

Z tohoto důvodu je nezbytné omýt si ruce a odvrhnout od nich zbývající egoistická přání. K tomu je nezbytné připravit si dvě nádoby: vyšší (džbán) a nižší, do nějž sestoupí nečistota, kterou přijme.

Horní, vyšší nádoba znamená Binu, od jejíhož světla nečistá síla utíká.

Proto omytí konečků prstů vodou (silami, přáními Biny) nutí k tomu, aby nečisté síly, egoistická lidská přání, z tohoto místa utekla. A tím se posvěcuje, osvobozuje Malchut od zla, egoismu, který v ní byl, a stává se pouze dobrou. A poté se již lze zabývat Tórou a velebit za ni Stvořitele, protože omytí rukou se podobá pozvednutí MAN v šeptané modlitbě, ke křídlům Imy.

A když kohout kokrhá, což je zvláštní duchovní znak anděla Gavriela (Gabriel), je přesně půlnoc, jak je řečeno v Tóře (Berešit, Gn 1, 16): „…větší světlo, aby vládlo ve dne, a menší světlo, aby vládlo v noci." Protože malé nebeské těleso, svatá Šechina – Malchut se zmenšila, oděla se do nečistých sil a (Mišlej, Př 5, 5): „Její nohy sestupují k smrti."

A je tomu tak proto, že Malchut během 6000 let, před svou konečnou nápravou, sestává ze stromu (základů) dobra a zla: je-li člověk uznán za hodna toho – stává se jeho dobrem a očišťuje se; není-li toho hoden, stává se mu zlem. Proto se také vláda noci dělí příslušně na dvě části: první polovina znamená „nehoden", „zlo" a druhá polovina noci odpovídá stavu „hoden", „dobro".

První náprava dobré části Malchut se provádí přesně o (ve stavu) půlnoci, neboť tehdy Malchut dostává hlas Biny, to znamená Malchut se pozvedá a napravuje uvnitř Malchut Ima = Bina. Z tohoto důvodu se přísnost a soud v Malchut stává svatou přísností, soudem z dobré strany, zcela beze zla. Smysl toho spočívá v tom, že přísnost a soud dopadají na nečisté síly a pro Izrael se to proměňuje v milosrdenství.

Icchak (Izák) je omezení, vlastnost Malchut, v Bině. Kohout je v hebrejštině Tarnegol od slova Gever (muž) a označuje anděla Gavriela, který přisluhuje Malchut, malému nebeskému tělesu. Přísnost Biny probíjí křídla kohouta – Gavriela, a tak Malchut jeho prostřednictvím dostává hlas Biny.

A když Gavriel předá hlas Biny do Malchut, vychází z něho volání ke všem kohoutům tohoto světa, to znamená k vlastnosti přísnosti v duchovní prázdnotě, stavu, nazývaném „tento svět", Malchut de Malchut. A všichni hovoří pouze tímto hlasem, napraveným vlastností milosrdenství Biny. Proto hlas Malchut a její přísnost již nevládne v druhé polovině noci a toto místo zaujímá hlas Biny, což zvěstuje „kohout našeho světa" – vlastnost přísnosti v Malchut de Malchut.

Proto se kohoutí křik (změna vlastností) ozývá přesně o půlnoci (dochází ke změně stavů), vždyť tento křik znamená, že je Malchut již napravena hlasem Biny, že hlas Biny je již v Malchut – a to je okamžik půlnoci, po níž začíná druhá polovina, uskutečněné dobro beze zla.

A poté, co Malchut dostane hlas Biny, spravedliví (lidské vlastnosti ve světech BJA) pozvedají MAN za pomoci práce s Tórou po (ve stavu) půlnoci. Pozvedají tento MAN až k rozveselující přísnosti v Imě, o čemž je řečeno (Mišlej, Př 31, 15): „Ještě za noci vstává," protože vyšší Malchut se odhaluje ve vší velkolepostí právě v noci.

A k samotnému jejímu odhalení dochází pouze v rajské zahradě, to znamená pro ty spravedlivé, kteří ji napravovali svými pracemi a studiem (ve stavu) po půlnoci. S nimi se Stvořitel veselí (veselí znamená naplnění světlem Chochma) v rajské zahradě. Vždyť napravená Malchut se nazývá „svatá Šechina" neboli „rajská zahrada", protože dostává Chochmu a veselí se se spravedlivými, kteří jsou v ní jako její MAN.

A to, jak je řečeno, že nečistota (egoistická přání) odchází z konečků prstů člověka (z jeho nejvyšších přání) až po jejich omytí (náprava na altruistické vlastnosti), platí nejen pro noc. (Člověk se pozvedá z nižšího stupně „spánku" na vyšší stupeň – „probuzení", vyznačující se tím, že dříve dostával pouze světlo Chasadim nezbytné pro život, což se nazývalo spánek, zatím co probuzení znamená získání světla Chochma). Je tomu tak proto, že se neustále přisává ke konečkům prstů nečistá síla (právě proto, aby ji člověk napravil, a tak dosáhl ještě větších duchovních výšek), a tudíž je povinen před každým velebením (kdy se obrací ke Stvořiteli, aby dostal) omýt si ruce (projevit svoje přání – záměry „ve prospěch Stvořitele").

172. Protože během spánku člověka ho jeho duše (duch) opouští. A jakmile ho jeho duše opouští, ihned ji nahrazuje nečistý duch a naplňuje jeho ruce, znesvěcuje je. A je zakázáno velebit bez omytí rukou. A jestliže namítneš, že když člověk nespí a duše ho neopouští a nečistá síla na něj nesestupuje, jestliže vešel na záchod, stejně je povinen omýt si ruce. Předtím je mu zakázáno přečíst si třeba jen jedno slovo Tóry. A jestliže řekneš, že to je proto, že má zamazané ruce, je to nesprávné, vždyť v čem se zašpinily?

173. Běda očekává ty v tomto světě, kteří nejsou na pozoru a nestřeží Stvořitelovu důstojnost, kteří nevědí, na čem stojí svět. V každém záchodě světa je jeden duch, který se tam zdržuje, oblažuje se ohavnostmi a výkaly a okamžitě se spouští na prsty lidských rukou.

Podle příkladu rabiho J. Ašlaga se i já zdržuji komentáře k §§ 172 – 173 Zoharu a ten, kdo je toho hoden, pochopí tento text sám.

Kdo se veselí o svátcích

174. Otevřel rabi Šimon a pravil: „Ten, kdo se veselí o svátcích a nedá část Stvořiteli, toho zlé ďáblovo oko nenávidí a pomlouvá jej a vzdaluje jej ze světa a přináší mu mnoho neštěstí."

V § 68 bylo probíráno, že v nečistých silách (egoistických duchovních silách člověka, které znají rozkoše skrývající se ve Stvořitelově světle a přejí si je pro sebe) je mužská a ženská část. Mužská část je méně škodlivá než ženská. Ta přivádí člověka k takovým hříchům, jako lhát ve Stvořitelově jménu: Jakoby ho povzbuzuje plnit Přikázání, ale nikoli v úplné čistotě, nejen pro Stvořitelovo potěšeno, nýbrž s příměsí výhod pro sama sebe, sebenaplnění, jak je řečeno v Mišlej krále Šloma, (Př 23, 6-7): „Nejez pokrm nepřejícího, nedychti po jeho pochoutkách! Vždyť je to duše vypočítavá. Říká ti: 'Jez a pij', ale jeho srdce s tebou není."

Jako výsledek toho, že v mužské nečisté síle nejsou žádné záměry odevzdávat, Přikázání zůstává beze strachu i bez lásky, to znamená bez srdce. Vzhledem k tomu však, že mužská nečistá síla již vlákala člověka do svých sítí, objevují se v ní síly udělat Zivug se svou nečistou ženskou polovinou, nečistou Nukvou, která je zlá a hořká nečistá síla, podvádějící ve Stvořitelově jménu a zabírající v důsledku svého vábení celou lidskou duši.

Proto Zohar praví, že zlé oko jej nenávidí a pomlouvá jej a vzdaluje jej světu tím, že provokuje nezdar v plnění Přikázání veselit se o svátcích (přijetí světla Chochma, veselí na vyšším stupni), aby z toho nebylo veselí ve prospěch Stvořitele. Je to jakoby jedl sám a nedal potřebným, v důsledku čehož mužská nečistá síla provádí Zivug s Nukvou a zabírá lidskou duši.

175. Stvořitelova úloha spočívá v tom, aby veselil chudé, nakolik to může činit. Jde o to, že ve svátečních dnech se Stvořitel objevuje, aby se podíval na všechny Své rozbité Kelim, a vchází k nim a vidí, že není z čeho se radovat. Pláče pro ně a pozvedá se vzhůru zničit svět.

K tomu, abychom pochopili toto i námitky andělů, musíme nejprve porozumět tomu, co pravili mudrci (Midraš raba 86): „Když Stvořitel tvořil svět, zeptal se andělů: 'Stvoříme člověka podle našeho obrazu (CELEM) a podoby?' Odpověděli mu čtyři andělé (síly, vlastnosti) stvoření:

Milosrdenství pravilo: STVOŘÍME, vždyť on dělá Chasadim (milosrdenství). Pravda pravila: NESTVOŘÍME, protože je samá lež. Spravedlnost pravila: STVOŘÍME, vždyť on koná spravedlivé skutky. Mír pravil: NESTVOŘÍME, protože je samé nepřátelství." Co učinil Stvořitel? Vzal pravdu a skryl ji v zemi, jak je řečeno (Daniel, Da 8, 12): „Pravdu srazil na zem..." Veškerá příčina naší práce s Tórou a Přikázáními spočívá v tom, že díky jim, jak je řečeno v Talmudu (Psachim, 50, 2): „Z Lo Lišma - se záměrem pro vlastní prospěch - přichází člověk k práci Li Šma - ve prospěch Stvořitele."

Vzhledem k tomu, že se člověk zrodil natolik ničemným ve svých přáních a silách, není schopen okamžitě se začít zabývat Stvořitelovými Přikázáními pro potěšení Toho, který dává tato Přikázání, neboť, jak je řečeno (Jov, Jb 11, 12): „Člověk se rodí podoben divokému oslu." - není pro svou egoistickou povahu schopen učinit žádný vnitřní pohyb ani skutek než ve svůj prospěch.

Proto Stvořitel poskytl možnost, aby se člověk začal zabývat Přikázáními pouze ve svůj prospěch tím, že bude sledovat svoji osobní výhodu, ALE PŘESTO ABY PŘITAHOVAL DUCHOVNÍ SVĚTLO DO SVÝCH ČINŮ. A poté, za pomoci světla, které získal, přichází plnit Přikázání ve prospěch Stvořitele, aby ho potěšil.

A právě toto předkládala PRAVDA jako odůvodnění toho, že neschvaluje stvoření člověka, a pravila, že on je samá lež. Vždyť jak lze stvořit člověka, aby se zabýval Tórou a Přikázáními ve stavu absolutní lži, tedy „ve svůj prospěch"?

Avšak MILOSRDENSTVÍ pravilo: „Stvoříme", protože člověk koná milosrdné skutky. Za pomoci Přikázání milosrdenství, které člověk plní, třeba mechanicky, zpočátku „ve svůj prospěch", i když jsou to pouze činy bez záměru odevzdávat, to znamená vnější činy, člověk přesto postupně napravuje svoje záměry až k tomu, že dokáže plnit všechna Přikázání „ve prospěch Stvořitele". Proto je úplná jistota a záruka, že jako výsledek svých snah člověk dosáhne cíle – altruistických skutků, „ve prospěch Stvořitele". Proto lze člověka stvořit.

Rovněž MÍR tvrdil, že člověk je „nepřátelství", a proto se může zabývat Přikázáními „ve prospěch Stvořitele" pouze tehdy, je-li to výhodné „pro něho". V důsledku takovéto směsi záměrů a činů se však člověk neustále nachází v nepřátelství ke Stvořiteli, neboť se mu zdá, že je velký spravedlivý, a vůbec nepociťuje svoje nedostatky. To znamená, že vůbec necítí, že všechna jeho práce s Tórou a Přikázáními je pouze pro něj samotného.

A proto, že to tak cítí, je plný nároků a zloby vůči Stvořiteli: proč se k němu Stvořitel nechová tak, jak se sluší na dokonalého spravedlivého. Z toho plyne, že buď žije se Stvořitelem v míru, nebo ve sporu. A proto, jak tvrdil MÍR, stvořit člověka nemá cenu.

Ale SPRAVEDLNOST tvrdila, že je třeba stvořit člověka, protože on tvoří spravedlnost. A plněním Přikázání dávat almužnu chudým, dokonce i se záměrem „ve svůj prospěch", člověk postupně získává vlastnost „odevzdávat" a dosahuje skutků „ve prospěch Stvořitele". Tím se stává hodným trvalého MÍRU se Stvořitelem.

Poté, co Stvořitel uslyšel tyto názory, souhlasil s anděly MILOSRDENSTVÍ a SPRAVEDLNOSTI a PRAVDU poslal do „země". Tím dovolil člověku, aby začal plnit Přikázání dokonce se záměrem „ve svůj prospěch", přestože to je lež.

Z toho vyplývá, že Stvořitel odkázal PRAVDU do země, neboť přijal tvrzení MILOSRDENSTVÍ a SPRAVEDLNOSTI, že v důsledku Přikázání o pomoci a almužně chudým člověk nakonec dospěje k PRAVDĚ, což znamená k práci ve prospěch Stvořitele, a proto se PRAVDA zvedne ze země.

Jediné, co je stvořeno Stvořitelem, je Malchut de Malchut, egoismus, a lze ji napravit pouze tak, že se do ní „vstříknou" vlastnosti Stvořitele, vlastnosti Biny, milosrdenství. Jak to ale udělat? Vždyť to jsou protikladné vlastnosti. A v duchovní vzdálenosti jsou úměrné odlišnosti vlastností. Jak tedy lze spojit Malchut s Binou?

K tomu bylo vytvořeno rozbíjení Kli: duchovní, tedy altruistické přání ztratilo clonu a proměnilo se v egoistické. Zůstaly v něm však jiskry světla. A tyto jiskry světla se nacházejí v egoistických přáních, a proto egoistická přání mají nad námi sílu a moc.

Od těchto jisker vyššího světla vycházejí potěšení různého druhu a láska, protože světlo je rozkoš. A vzhledem k tomu, že tyto částečky světla jsou uvnitř nečistých oděvů, v moci nečistých sil, člověk začíná mít tyto pocity blaženosti a lásky, jako kdyby byly vlastní nečistým silám, jako kdyby egoistické oděvy nesly s sebou potěšení a byla to jejich vlastnost. A člověk má za to, že vlastnosti blaženosti a lásky jsou vlastností samotných nečistých sil, aniž chápe, že nečisté síly ho přitahují právě tou jiskrou duchovna, která do nich spadla.

Nečistá síla však, protože má přitažlivou sílu, uvádí člověka do všech možných hříchů, takových jako krádež, loupež a vražda. Na druhé straně nám dává přání dodržovat Tóru a plnit Přikázání pro vlastní výhodu. A dokonce jestliže je začínáme plnit ve stavu „nikoli ve prospěch Stvořitele", nýbrž „ve svůj prospěch", to znamená pro vlastní blaho, abychom naplnili svoje nízké snahy podle přání rozbitých nádob, Kelim, které se staly egoistickými, postupně ve svých činech dospíváme k záměru „ve prospěch Stvořitele". Tehdy se stáváme hodnými cíle stvoření – dostat veškerou vyšší blaženost, která je pro nás připravena již v záměru stvoření „potěšit člověka". Tak nečisté síly zabíjejí samy sebe, ale tak je to zamýšleno a pro to jsou Stvořitelem stvořeny.

A Zohar praví, že v tyto sváteční dny se objevuje Stvořitel, aby pohlédl na všechny rozbité Kelim, proto ve sváteční dny – když člověk plní Přikázání veselit se, v důsledku velkého množství světla, které dostává od Stvořitele, se Stvořitel objevuje, aby spatřil svoje rozbité nádoby. S jejich pomocí je člověku dávána možnost plnit Přikázání „nikoli ve prospěch Stvořitele". Stvořitel přichází a dívá se, nakolik tyto rozbité nádoby splnily svůj účel – přivést člověka k plnění Přikázání se záměrem „ve prospěch Stvořitele".

Stvořitel však k nim vchází a vidí, že není z čeho se radovat. A pláče pro ně, protože vidí, že z rozbitých nádob ještě není stvořeno nic duchovního, altruistického, že člověk nenapravil ještě ani jednu rozbitou nádobu (ještě ani jedno svoje egoistické přání). To znamená, že ani jedna Stvořitelem speciálně stvořená nádoba ještě nepřivedla člověka k záměru „ve prospěch Stvořitele", a člověk se o svátcích veselí pouze pro vlastní potěšení.

Tehdy Stvořitel pláče, lituje toho, že rozbil nádoby, neboť je rozbil a spustil PRAVDU do země pouze pro člověka, aby mu dal možnost, když začal pracovat ve lži, v záměru „ve svůj prospěch", postupně dospět k pravdě, k záměru „ve prospěch Stvořitele". A když Stvořitel vidí, že člověk se ještě vůbec nezměnil ve svých úsilích o sebenaplnění, jako kdyby ty nádoby rozbil zbytečně, pláče pro ně.

A pozvedá se vzhůru zničit svět – pozvedá se proto, aby zrušil sestup světla dolů, a tak svět zničil. Je tomu tak proto, že svět a stvoření mohou existovat pouze tehdy, dostávají-li, třeba neuvědoměle, Stvořitelovo světlo. Jestliže však stav a skutky, které člověk koná „ve svůj prospěch", nejsou schopny přivést jej k záměru „ve prospěch Stvořitele", pak se ukazuje, že samo světlo je ke škodě člověku. Je tomu tak proto, že v honbě za tímto světlem se člověk stále více noří do egoistických přání, nečistých sil, do stále větší závislosti na egoismu. A proto je pro člověka více žádoucí a užitečnější, aby přestal cítit potěšení ve svých nečistých přáních; aby jej to úplně nezničilo, aby nedosáhl tak silných egoistických přání, z nichž nikdy nedokáže vyjít k duchovnu a stane se otrokem rozkoše.

176. Před Stvořitele předstupují účastníci shromáždění a praví: „Pane světa, jsi nazýván milosrdným a vše odpouštějícím, pošli Svoje milosrdenství na Své syny." Odpovídá jim: „Cožpak jsem to neučinil, když jsem stvořil svět na základě milosrdenství, jak je řečeno: 'Svět je stvořen milosrdenstvím,' a svět na tom stojí. Jestliže však lidé nekonají milosrdenství vůči chudým, svět bude zničen." Praví Mu vyšší andělé: Pane světa, zde je člověk, který jedl a pil co hrdlo ráčí, mohl vykonat milosrdenství vůči chudým, ale neučinil nic." Objevuje se žalobce, dostává povolení a toho člověka stíhá.

Vyšší duše, nazývané účastníci neboli synové shromáždění, se začínají modlit za nižší, aby Stvořitel nezrušil přístup světla k nim, aby se ustrnul nad svými syny. Všemožně ospravedlňují stav člověka a praví, že vzhledem k tomu, že plní svoje Přikázání ve víře, nazývá se syn Stvořitelův, a proto si zasluhuje Jeho milost, jako otec je milostiv k synovi.

Stvořitel jim odpovídá, že On stvořil svět vlastností milosrdenství a svět stojí pouze na této vlastnosti. To znamená, že k člověku nepřijde žádná náprava Stvořitelovým světlem do té doby, dokud nepřestane opovrhovat chudými. Vždyť stvoření světa bylo v důsledku Stvořitelova souhlasu s andělem MILOSRDENSTVÍ, že poté, co člověk vykoná milosrdné skutky, dokáže svět existovat a postupně dojde k záměru „ve prospěch Stvořitele". Avšak nyní, protože lidé milosrdné skutky nekonají, nedojde k žádné nápravě.

Tehdy odpovídají vyšší andělé: „Pane světa, ten člověk jedl a pil a nasytil se a mohl vykonat milosrdný skutek vůči chudým, ale nedal jim nic." To znamená, že i vyšší andělé začínají v takovémto případě obviňovat a nikoli obhajovat člověka, dokonce i andělé MILOSRDENSTVÍ a SPRAVEDLNOSTI. A všichni, kteří souhlasili se stvořením člověka, si nepřáli stvořit člověka egoistického, s přáními „ve svůj prospěch", ale souhlasili s jeho stvořením pouze proto, že milosrdnými a spravedlivými skutky – podle jejich názoru – dokáže dojít od egoismu „ve svůj prospěch" k vlastnosti „ve prospěch Stvořitele". A nyní jsou všichni proti člověku.

Jestliže člověk nedokáže dojít k záměru „ve prospěch Stvořitele", andělé se kají a litují, že souhlasili se stvořením člověka, a sami jej obviňují před Stvořitelem. A poté, co se stane zřejmým, že člověk nedospěje k altruistické vlastnosti „ve prospěch Stvořitele" plněním Přikázání, je předán do rukou žalobce.

177. Není nikoho většího v našem světě než Avraham, který konal milosrdné skutky se všemi stvořeními. O dnu, kdy uspořádal hostinu, je řečeno: „Syn vyrostl a stal se velkým, a tehdy Avraham uspořádal velkou hostinu v den odstavení Icchaka od prsu." Avraham uspořádal hostinu a sezval všechny vůdce pokolení. Je známo, že na každé

hostině je přítomen a pozoruje nejvyšší žalobce. A jestliže jsou v domě chudí, žalobce z toho domu odchází a již do něj nevchází. Jestliže však žalobce vejde do domu a vidí veselí bez chudých, bez toho, že by bylo předtím projeveno milosrdenství vůči chudým, pozvedá se vzhůru, obviňuje a žaluje na pána radovánek.

178. Vzhledem k tomu, že Avraham byl vůdcem svého pokolení, spustil se žalobce a postavil se do dveří jeho domu přestrojen za chudého. Nikdo se však na něho nedíval. Avraham přisluhoval králům a ministrům a Sarah (Sára) kojila všechny děti, protože nevěřili, že rodila, nýbrž říkali, že si Icchaka vybrali, že ho koupili na trhu. Proto s sebou přivedli své děti a Sarah je při všech přítomných kojila. A žalobce stojí ve dveřích. Sarah řekla: „Bůh mi dopřál, že se mohu smát." (Berešit, Gn 21, 6). (Vždyť každý, kdo uslyší, se mi vysměje.) Žalobce se neprodleně pozvedl ke Stvořiteli a řekl: „Pane světa, říkal jsi, že Avraham je Tvůj oblíbenec. A teď uspořádal hostinu a nedal nic ani Tobě, ani chudým, a neobětoval Ti ani jednoho holuba. A Sarah říká, že ses jí smál."

Do skončení nápravy se nelze zcela zbavit nečistých sil. Proto dokonce v případě nejvyšších spravedlivých, ať se snažili jakkoli plnit Stvořitelova Přikázání v čistotě všech svých altruistických záměrů, bez příměsi vlastní výhody, stejně mají nečisté síly nadále možnost obviňovat je a nacházet hříchy a nedostatky v plnění Přikázání.

Proto Stvořitel připravil pro spravedlivé jinou možnost, jak přinutit žalobce mlčet, tím, že spravedlivý dává žalobci určitou část svatosti a čistoty, a tím mu jako úplatkem zavírá ústa. A žalobce si už nepřeje obviňovat jej, aby spravedlivý nezmizel, neboť tím by sám žalobce přišel o svoji část svatosti, světla, které dostává, když spravedlivý splní každé Přikázání.

Z toho vyplývá nutnost vnějšího vlasu v Tefilin (modlitební řemínky), obětního býčka, červené jaloviční atd. (viz Zohar. Emor, str. 88). Vidíme tedy, nakolik nevšední, nejednoznačný a složitý je stvořen svět, jak nelze soudit o činech a řízení podle jejich vnějšího, námi viditelného projevu, jak „spletité" jsou vazby mezi čistými a nečistými silami a jak velké je jejich vzájemné sepětí.

Dokonce na příkladu našich velkých vůdců - kabalistů je patrno, nakolik strádali, jak byli nuceni sklánět se před ničemnými vládci nebo ignorantskými masami, jaká pronásledování čekají právě ty, kteří jsou blíže ke Stvořiteli! A tyto překážky si uvědomují i ti, kteří se teprve vydávají na cestu.

Zde, na příkladu s Avrahamem, se nehovoří o obyčejném žalobci, protože Avraham dal samozřejmě všem chudým najíst, jak to dělal vždycky, už předtím, než nabídl krmi významným hostům, ale tento žalobce požadoval svoji část svatosti v podobě světla. Avraham si však nepřál dávat nečistotě nic ze své svatosti, nýbrž chtěl potlačit jeho sílu a zcela jej od sebe odvrhnout. Proto povstal žalobce vzhůru, aby Avrahama obvinil.

Zoharu nám říká, že žalobce chudý nebyl, pouze vzal na sebe podobu chuďáka a požadoval, aby ho oblažili svátečním Avrahamovým obědem. Avraham si uvědomil, že to není žádný chuďák, ale nečistá síla v podobě chudého, a proto si nepřál cokoli mu dát.

Proto je řečeno – ani jednoho holuba. Vždyť podle pořádku přinášení obětí (odvrhnutí částí egoismu lidského „já") se přinášejí pouze dva holubi, odpovídající dvěma dohromady spojeným bodům v Malchut: vlastnosti Malchut, napravené vlastností milosrdenství – Binou. V tomto společném bodě je jak vlastnost omezení, tak i milosrdenství, ale vlastnost omezení se nachází ve skrytu a vlastnost milosrdenství je odhalena (viz § 122).

Bez tohoto spojení vlastností Malchut s vlastnostmi Biny, nazývaného zmírněním nebo oslazením Malchut, by svět, tedy Malchut, nemohl existovat, to znamená dostávat Stvořitelovo světlo. Proto je nutno přinést v oběť právě dva mladé holuby. Jeden holub – to je ten, jejž poslal Noach (Noe) ze své archy a který se již nevrátil (Berešit, 8), protože jeden holub znamená vlastnost omezení v Malchut, bez jejího jakéhokoli zmírnění vlastností milosrdenství Biny. A protože Noach v ní nedokázal nic napravit, holub se k němu nevrátil (viz Zohar. Šlach, str. 52).

Nároky a stížnosti žalobce, aby dostal svůj podíl na Avrahamově hostině v den Icchakova odstavení, vycházely z jeho požadavku dostat svoji část, tedy napravení té části Malchut, kterou nelze napravit před skončením veškeré nápravy. A to je vlastnost omezení v Malchut, s níž svět nemůže existovat, a která musí být proto skryta. Tato vlastnost je holub, který se nevrátil k Noahovi.

Člověku není uložena náprava původního, Stvořitelem stvořeného egoismu, neboť to, co Stvořitel stvořil, předělat nelze. Člověk však nemusí egoismus používat, nýbrž konat svoje skutky tím, že dostává přání od Biny, skryje svůj egoismus, skryje Malchut. Proto se v člověku vytvořilo spojení vlastností Malchut (egoismu) a Biny (altruismu), aby člověk svými snahami skrýval vlastnosti Malchut a konal pouze podle vlastností Biny.

Když člověk dokáže plně odvrhnout používání svého egoismu a řídit se vlastnostmi Biny, dosáhne takového stavu, který se nazývá „konec jeho nápravy". Náprava probíhá po 6000 let, to znamená po stupních 6000 po sobě následujících činů. A poté k člověku přichází jeho Mašiach (spasitel), dostaví se k němu vyšší světlo, které promění egoismus, jenž byl odvrhován po dobu 6000 let, což je původní přirozenost člověka, v opačnou, v altruismus. A tehdy budou sloužit egoistické vlastnosti člověka k získání světla potěšení ve prospěch Stvořitele. A on už nebude muset odvrhovat jejich používání.

Vlastnost Malchut, s níž člověk nemůže pracovat ve prospěch Stvořitele až do své konečné nápravy, se nazývá omezení. Do úplné nápravy Malchut jejím postupným očišťováním vlastnostmi Biny během 6000 let je na používání vlastností samotné Malchut zákaz, omezení, nazývané rovněž „přísnost", „soud", protože právě toto omezení je zdrojem všech trestů a zákazů.

Avraham nemohl napravit tuto vlastnost omezení v Malchut – dostat světlo do celé Malchut. A proto do této části nedostal nic a právě tak se zachoval vůči žalobci. Proto se ten ihned pozvedl, aby obvinil Avrahama před Stvořitelem, a tvrdil, že Avraham svou hostinou nic nenapravil ve vlastnosti omezení Malchut. Tato vlastnost omezení se nazývá CHUDÁ, protože nemá světlo, nedostává je, vždyť je samotnou podstatou Malchut, egoismem.

Vzhledem k tomu, že Stvořitel zmírnil omezující vlastnost Malchut vlastností milosrdenství a že smíchal Malchut s Binou pouze proto, aby umožnil světu existovat, světlo, dostávané díky vlastnosti milosrdenství, je definováno jako část světla, náležející všem obyvatelům světa, s jehož pomocí se napravuje sama Malchut. Ta je osobní částí pouze samotného Stvořitele, protože ji stvořil proto, aby ji osobně naplnil.

A protože v důsledku zázraku kojení novorozeňat, která přinesli Sarah, dostal Avraham veškeré světlo, jež je ve vlastnosti milosrdenství, začal pochybovat, zda je schopen napravit rovněž část Malchut, nazývanou „CHUDÁ", která nic nedostává (protože ji nelze používat během 6000 let) a je osobní částí Stvořitele.

Proto se pozvedl žalobce se žalobou, že Avraham nedává CHUDÝM a nedává části Stvořitele, to znamená samotné Malchut de Malchut, kterou člověk není schopen sám napravit a kterou nemohl napravit ani sám Noah, a nedal nic ani Tobě, ani chudým, neobětoval Ti ani jednoho holuba.

A Sarah říká, že ses jí smál: Sarah je ta část Biny, která svítí v Malchut. Slovy: „Vždyť každý, kdo uslyší, se mi vysměje" (Berešit, Gn 21,6), dala Sarah – Bina do Malchut natolik velké světlo Chasadim, že Malchut přestala mít egoistická přání, pocítila dokonalost altruismu a dočasně, pod účinkem světla Chasadim, získala vlastnosti Biny.

Vzniká však strach, že v důsledku takového pocitu dokonalosti, neexistence strádání z nenaplněných přání a nepřítomnosti pocitu nedostatku, zůstane sama Malchut nanapravená.

Takovýto stav je podobný tomu, co je řečeno v Tóře o Adamově stavu (Berešit, Gn 3, 22): „Nepřipustím, aby vztáhl ruku po stromu života, jedl a byl živ navěky." To znamená aby nepřestal pociťovat svoji vlastní přirozenost a to, že je povinen napravit svoji vadu ve „stromě poznání". A proto byl Adam svržen na místo vhodné k nápravě, na nejnižší egoistické místo – do našeho světa.

179. Pravil mu Stvořitel: „Kdo je na světě jako Avraham?" A žalobce odtud neodešel, dokud nepožil veškeré pohoštění. A Stvořitel přikázal Icchaka obětovat. A pravil, že Sarah zemře hořem pro svého syna. Příčinou tohoto hoře je to, že nedal nic chudým.

Icchakovo obětování bylo pro nápravu samotné Malchut, proto, že Avraham nedokázal na své velké hostině na počest odstavení Icchaka provést nápravu. Smrt Sarah byla v důsledku velkého světla, které předala do Malchut se slovy: „Bůh mi dopřál, že se mohu smát." Toto světlo překáží nápravě Malchut.

Proto toto světlo, sestupující do Malchut, které jí dává pocit dokonalosti, jí brání v nápravě, a proto bylo Stvořitelem ukončeno, což znamená smrt Sarah, neboť Sarah je toto světlo Bina, vcházející do Malchut. Tak všechno, o čem hovoří Tóra, je podstatou stadia procesu nápravy Malchut, až do konečné nápravy.

Tóra a modlitba

180. Rabi Šimon otevřel a pravil: „Je řečeno, že se Chizkijahu otočil tváří ke stěně a pomodlil se Stvořiteli. Pohleďme, nakolik velká a účinná je síla Tóry a nakolik je ze všeho nejvyšší. Vždyť ten, kdo se zabývá Tórou, se nebojí ani vyšších, ani nižších, nebojí se žádných nemocí a uhranutí ve světě, protože je spojen se Stromem života a učí se od něj každý den.

181. Je tomu tak proto, že Tóra učí člověka jít cestou pravdy, učí jej, jak se vrátit ke svému Pánovi a zrušit to, co bylo předurčeno. A dokonce jestliže se člověku dá na srozuměnou, že to, co mu bylo předurčeno, se neruší, ruší se a plně se anuluje, neprodleně mizí a nepůsobí na člověka v tomto světě. Proto se člověk musí zabývat Tórou dnem i nocí a neopouštět ji. Jak je řečeno: „Zabývej se Jím dnem i nocí." A ten, kdo opouští Tóru, jakoby opouštěl Strom života.

„Zabývej se Jím dnem i nocí" - pod „Jím" se má na zřeteli Stvořitel! Na jiném místě Zoharu je řečeno, že Chizkijahuova modlitba byla Stvořitelem přijata, protože nebylo nic (žádná egoistická přání), co by ho oddělovalo od stěny (stěna je Šechina, vnímání Stvořitele, podobně jako Zeď nářků).

Takovou radu dostal od Tóry v důsledku svých snah v Tóře, uvědomil si, jak lze dosáhnout úplného návratu ke Stvořiteli, takového, že nebude nic, co by ho od Stvořitele odělovalo (od stěny – od Šechiny – vnímání Stvořitele). Proto byl zrušen dřívější pokyn o jeho smrti (výstupu světla z jeho Parcufu). Natolik je velká síla Tóry.

182. Přijď a pohlédni – to je rada člověku: když v noci uléhá na lože, musí na sebe přijmout Stvořitelovo řízení shůry, celým svým srdcem svěřit svou duši Stvořiteli. V důsledku toho se člověk okamžitě zachrání před všemi možnými špatnými chorobami, pomluvami a uřknutími, které již nad ním nemají moc.

Zde musíme přesně pochopit některé definice Tóry, které nejsou zcela podobné našim obvyklým pojmům: denní světlo je pocit splynutí se Stvořitelem. A nazývá se „světlo" proto, že dobrý pocit člověk nazývá „světlo". Proto „den" je tehdy, když člověk cítí Stvořitelovu blízkost, velikost duchovna.

Tma je noc v našem světě. Ale v duchovních stavech člověka je tma příslušně nedostatek vnímání Stvořitele, nedostatek pocitu vyššího světla v důsledku působení nečistých egoistických sil, které člověka oddělují od Stvořitele. V noci spíme v našem světě. Duchovní Parcuf se nachází při minimálním naplnění světlem v neuvědomělém stavu, nazývaném „spánek". A světla je při tom tak málo, že se to nazývá jednou šedesátinou (šest Sefirot ZA x 10 v každé) smrti, což je úplná nepřítomnost duchovního světla, protože to je vláda nečistých sil.

Vzhledem k těmto dvěma silám, které nás řídí a vládnou nám, nemůžeme plně a navždy splynout se Stvořitelem, neboť nečisté síly, které vládnou v noci, nám v tom překážejí, vždyť se střídavě vrací moc těchto sil nad námi. Tím se vytváří přerušení našeho spojení se Stvořitelem, práce ve prospěch Stvořitele, v důsledku pocitu stavu noci.

Aby to bylo možno napravit, dává nám rabi Šimon radu: každou „noc" (když mám pocit vzdálení duchovnu), když člověk jde „spát" (noří se svými pocity stále více do našeho světa), nechť na sebe přijme celým srdcem Stvořitelovu moc nad sebou a svěří se do Stvořitelovy vlády. Protože je-li noc (pocit noci) napravena jako v činu stvoření, kde nejprve přichází noc a potom den, jak je řečeno: „Byl večer a bylo ráno, den první," stávají se noc a den jedním celkem.

A noc, nazývaná vládou Malchut, se nesměšuje s žádnou nečistou silou – nenapadnou člověka, v důsledku zmizení pocitu Stvořitele, egoistická přání a překážky „rozumu". Je tomu tak proto, že si člověk především uvědomil nutnost noci pro dosažení zítřejšího dne (ještě většího pocitu Stvořitele, většího altruistického přání) a vnímá oba tyto stavy jako jeden celek, jako pohyb vpřed, i když v jeho pocitech je noc vzdálení duchovnu.

V jazyce duchovní práce to znamená, že jestliže člověk cítí vzdálení od Stvořitele a bez ohledu na všechny možné rozkoše nemá radost, pak se tento stav pro něho nazývá nocí. V takovémto stavu úplné neexistence vnímání, nevíry ve Stvořitele může právě svým úsilím, činností, aniž pociťuje zalíbení v Tóře, odevzdat se do Stvořitelovy moci. To znamená, že zavře svoje oči jako ten, kdo odchází spát, a říká: „Přijímám na sebe Stvořitelovu moc, plním Jeho vůli." Tehdy se jeho stav nazývá „pád pro další vzestup", jako trampolína, z níž člověk dosahuje ještě světlejšího „dne".

K tomu však člověk musí na sebe plně přijmout vládu vyššího království, aby nebylo nic, co by ho oddělovalo od Stvořitele. Znamená to absolutně přijmout vyšší moc: buď život, nebo smrt, že žádná síla na světě nezabrání jeho spojení s Vyšším Správcem, jak je řečeno v Tóře: (Devarim, Dt 6, 5): „Proto miluj Stvořitele CELÝM svým srdcem a CELOU svou duší a CELOU svou silou."

A jestliže člověk přijímá všechno, co mu posílá Stvořitel, celým srdcem, je si jist, že už není nic, co by jej oddělovalo od Stvořitele. To rovněž určuje plnění podmínky, aby svěřil sebe i svoji duši Stvořiteli. Vždyť se předem svěřil do Stvořitelových rukou tím, že se rozhodl plnit veškerá Jeho přání – Přikázání v dokonalosti, až do sebeobětování.

Proto během spánku, kdy jeho duše (pocit Stvořitele), světlo, které ho dříve naplňovalo, opouští jeho tělo (přání), nepociťuje chuť šedesátiny smrti, neboť nečisté (egoistické) síly mu nevládnou, to znamená neoddělují jej od Stvořitele, pouze dočasně nevnímá Samotného Stvořitele.

Proto nečisté síly nemohou přerušit jeho duchovní práci ani ve stavu, nazývaném „noc", neboť má již večer a jitro jako jeden den – Stvořitelovo světlo. Noc se stala částí dne, vždyť právě díky noci chápe, že v budoucnu bude uznán za hodna získat ještě větší světlo.

Je tomu tak proto, že jeho noc nepochází od vlády nečistých sil. Chápe však, že mu Stvořitel posílá zvláštní stavy, a spatřuje ve vnímání noci možnost (dokonce v takovém stavu tmy a nevnímání, neexistence touhy a chuti pro duchovno) splynout se Stvořitelem. A to znamená, že není nic, co by ho oddělovalo, co by bylo mezi ním a stěnou.

183. A ráno, když vstává z lože, je povinen velebit Stvořitele a vejít do Jeho domu, sklonit se před Ním ve strachu a bázni a poté se modlit. Nechť si dá poradit svými svatými otci, jak je řečeno: „Já z velké Tvé milosti přijdu do Tvého domu, abych se sklonil v bázni před Tvou svatou velikostí."

Já z Tvé velké milosti Tě mohu nyní velebit za to milosrdenství, které jsi mi prokázal tím, že skončil můj duchovní pád a já znovu přicházím do Tvého domu, abych tě pocítil. Raduji se však ze změny svého pocitu nikoli proto, že se pocity strádání proměnily v příjemné, nýbrž proto, že Ti nyní mohu děkovat. Přicházím do Tvého domu proto, abych se v bázni sklonil před Tvou svatou velikostí, které nyní ještě více než dříve dosahuji.

Modlitba, kterou vyslovujeme ve svém srdci, je náprava v Malchut (Šechině, vnímání Stvořitele, ve společné duši Izraele) a naplnění této společné duše vyšším světlem (vnímáním Stvořitele), příslušně vším jejím napravenými přáními. Proto veškeré naše prosby se vyslovují v množném čísle, neboť je to modlitba nikoli za vlastní, jednotlivou, nýbrž za společnou duši Izraele. A všechno, co je v Šechině, je poté přirozeně v každé jednotlivé duši Izraele. A čeho se nedostává společné duši Izraele, toho se nedostává každé jednotlivé duši.

Proto dříve, než přistoupíme k modlitbě, jsme povinni pochopit (pocítit), co právě se nedostává Malchut, Šechině, abychom věděli, co je nutno v ní napravit, čím ji naplnit. Naše srdce, centrum našich přání, to je ona částečka této Malchut – Šechiny. Všechna pokolení Izraele jsou zapojena do společné duše - Šechiny. To však, co napravila v Šechině předchozí pokolení, již nemáme napravovat. Musíme napravit pouze to, co zůstalo po nápravách předchozích pokolení duší.

Naši praotcové, duchovní Parcufim, nazývaní Avraham, Icchak a Jaakov, Sefirot Ch-G-T Parcufu ZA světa Acilut, zahrnují do sebe celou společnost Izraele, všechny vlastnosti, které se poté projevují v napravené Malchut, nazývané ve svém napraveném stavu Izrael. Jde o to, že praotcové jsou tři duchovní kořeny 600 000 duší Izraele ve všech pokoleních, to znamená, že to jsou tři zdroje přání, která se rodí v části Malchut v člověku pro jeho nápravu.

Všechny dobré skutky, tedy získání světla a jeho odevzdávání, které koná „společnost Izraele", to znamená kabalisté, ve všech pokoleních, mají za následek, že naši svatí praotcové, Sefirot ZA, získali vyšší světlo, neboť skrze ně prochází veškeré světlo dolů. A od nich sestupuje vyšší světlo na společnost Izraele – spravedlivých tohoto pokolení, kteří jsou svými vlastnostmi ve světech BJA a svými modlitbami působí sestup tohoto světla.

Pořadí duchovních stupňů je totiž takové: žádná větev nemůže dostat samostatně, nýbrž pouze přes její kořen, předchozí vyšší stupeň. A základní světlo zůstává v kořeni a pouze nevelká část světla sestupuje do větve, která je vyvolala. Proto všechny nápravy, které již byly provedeny ve společnosti Izraele, v Šechině, ve společné duši, jsou chráněny a existují v duších našich svatých praotců.

(Světlo, získané do napravených Kelim, zůstává v nich navždy. A to, že říkáme, že světlo vychází, je třeba chápat jako metaforu, neboť Parcuf dostal nová prázdná přání, která musí napravovat, a prázdnota vzhledem k získaným prázdným přáním je vnímána jako odchod světla. Když však Parcuf napraví nová obdržená přání, dostává do nich ještě větší světlo, než které jej naplňovalo předtím.)

Proto veškerá podstata naší modlitby spočívá v tom, abychom doplnili v Šechině to, co jí schází do úplné nápravy, po všech předchozích nápravách, které v ní byly provedeny předchozími pokoleními kabalistů. Proto ten, kdo se pozvedá, musí nejprve poznat a sám provést veškeré nápravy, které již byly uskutečněny v Šechině, a poté může pochopit, co mu zbývá napravit.

Proto je řečeno, že člověk nemůže vejít do Beit Knessed (v hebrejštině to znamená „dům shromáždění" nebo „dům modlitby") od slova Kones (shromažďovat) dříve, než shromáždí celou modlitbu a požádá o radu svaté otce. Je totiž nejprve třeba vědět, co je již napraveno a co je ještě třeba napravit. A to je možné pouze poté, co dostane prostřednictvím Šechiny všechno to, co napravili otcové – až poté se člověk dozví, co ještě zbývá v Šechině napravit.

Otcové napravili v Šechině modlitbu. Modlitba a Šechina je jedno a totéž, protože modlitba je prosba, vzestup MAN, Kli, napravená Malchut, přání ve prospěch Stvořitele. Náprava, uskutečněná Avrahamem, se nazývá Šacharit (ranní modlitba), Icchakem se nazývá Mincha (polední modlitba) a Jaakovem Aravit (večerní). Proto je člověk především povinen sám zopakovat všechno, co již napravili, v modlitbě. Tehdy se dozví, o co by se měl ještě osobně modlit a jaké jsou jeho nedostatky, které může, a proto musí osobně napravit ve světě.

184. Člověk může vejít do Beit Kneset (dům modlitby) pouze tehdy, dostane-li povolení od Avrahama, Icchaka a Jaakova, protože oni napravili modlitbu ke Stvořiteli. Proto je řečeno: „Já však pro tvé hojné milosrdenství smím přicházet do tvého domu" (Tehilim Ž 5, 8) – to je Avraham, neboť jeho vlastností je milosrdenství, Sefira Chesed. „Smím se klanět před tvým svatým sálem" (dtto) – to je Icchak, protože díky němu se Malchut nazývá Hejchal – sál, Sefira Gevura. „Ve strachu a chvění" (dtto) – to je Jaakov, vždyť jeho vlastností je vlastnost Sefiry Tiferet, nazývaná chvění. A je nutno nejprve vejít do těchto vlastností a poté vejít do Beit-Kneset a povznést svoji modlitbu. O takovémto stavu je řečeno: „Hle, Můj otrok Izrael, jímž se zdobím."

Zde Zohar rozebírá tři první základní nápravy, které uskutečnili otcové v Šechině: Avraham v ní napravil vlastnost Bait (dům, stálé obydlí), z toho plyne možnost člověka splynout s ní a trvale, nepřetržitě dlít ve vlastnostech a vnímání Stvořitele, podobně jako může stále pobývat ve svém domě.

Icchak doplnil nápravu a napravil Malchut ve vlastnosti „svatý sál", aby v ní byl neustále sám Král, jako král dlí neustále ve svém sále. Jaakov jí přidal nápravu vlastností strachu, která odpovídá bráně před domem, podmínce, při jejímž splnění může člověk vejít do Malchut, jak do Avrahamova domu, který je v ní, tak i do svatého Icchakova sálu v ní.

Poté, co člověk do sebe zahrne všechny tyto tři nápravy svatých otců v dokonalosti, poznává, co je napraveno ve svaté Šechině, a poté přistupuje k nápravě toho, co ještě napraveno není.

Avraham je zdroj vlastnosti milosrdenství v duších Izraele. Právě proto napravil svatou Šechinu tak, aby mohla dostat světlo milosrdenství, světlo Chasadim. A Šechina plně obdržela toto světlo pro všechny duše Izraele. A kdyby zůstala taková, byly by všechny duše Izraele neustále v úplném spojení vlastnostmi se Stvořitelem, ve splynutí se Stvořitelem a Šechina by byla plna světla a blaženosti. A nebyl by ani jeden, kdo by si přál s Šechinou (vnímáním Stvořitele) se rozloučit třeba jen na okamžik.

Veškerá Avrahamova náprava však spočívala v tom, že vytvořil dokonalého „odevzdávající" Kli, které se skládá pouze ze světla Chasadim, bez jakékoli možnosti zničit jeho vlastnosti a vnést do něho nepravost. Šlo o to, že Kli v podobě přání se skládá pouze z přání odevzdávat a poskytovat potěšení Stvořiteli jakožto Avrahamova vlastnost – Chesed (milosrdenství), o čemž je řečeno (Avot, 85): „Moje je tvoje a tvoje je tvoje – je to vlastnost milosrdenství." Tím, že poskytl těm, kdo byli stvořeni, svoji vlastnost, Avraham zcela oddělil nečisté síly (myšlenky, přání) od Šechiny a učinil ji zcela svatou a čistou.

Úmysl stvoření tím však ještě není vyčerpán, neboť spočívá v tom, aby se potěšily duše. A míra potěšení závisí na úsilí potěšit se, na velikosti pocitu hladu. A míra následujícího pocitu blaženosti při jejím přijetí závisí pouze na míře předchozího hladu, přání získat potěšení.

Proto poté, co Šechina (Malchut světa Acilut, souhrn všech duší) dostala nápravu od Avrahama, vyšší síly Chasadim, Sefiry Chesed ZA světa Acilut, a získala od ní vlastnosti milosrdenství, bez jakéhokoli přání obdržet pro sebe, to znamená zcela se v ní ztratilo přání dostat cokoli od Stvořitele a zůstalo pouze přání odevzdávat Mu, nazývané přání „odevzdávat ve prospěch odevzdávání", ještě nedošlo k žádné nápravě pro duše (části Šechiny). Jejich úlohou je přece dostat připravenou blaženost od Stvořitele. K tomu musí mít nejdříve přání „dostat": vždyť blaženost je pociťována pouze tehdy, existovala-li předchozí snaha o ni, přání, a v souladu s tímto přáním je vnímána.

Proto je řečeno, že Avraham zplodil Icchaka: Icchak nalezl Šechinu v úplné duchovní dokonalosti, ve vlastnosti pouze nezištně odevzdávat, naplněné světlem Chasadim, v důsledku všech náprav v ní, uskutečněných Avrahamem. Icchak však, levá duchovní síla, v souladu se svými vlastnostmi, pocítil v takovémto stavu Šechiny nedostatek, že ještě není napravena, aby „dostala" všechno, co obsahuje úmysl stvoření.

Proto ji napravil tím, že ji učinil Kli (nádobou) dostávání a přidal jí přání „dostávat", aby mohla dostávat všechnu pro ni připravenou dokonalost. Icchak vzbudil v Šechině přání získat potěšení od Stvořitele, ale pouze v podobě „dostávání ve prospěch Stvořitele", dostávání se záměrem, že dostává ve prospěch Stvořitele, dostává, aby tím připravila potěšení Stvořiteli.

Dostávání ve prospěch Stvořitele znamená, že i když si vášnivě přeje mít rozkoš, dostává nikoli proto, že si přeje oblažit se, nýbrž pouze proto, že dávající Stvořitel si přeje, aby dostal. Kdyby si to dávající Stvořitel nepřál, nebylo by v člověku žádné přání od Něho dostávat.

Z předchozího výkladu v knihách dané série již vyplývá, že dostávání ve prospěch Stvořitele je totožné s nezištným odevzdáváním, a proto nečistá, egoistická síla nemá žádnou možnost přisát se k takovému přání. Proto Icchak napravil Šechinu až do úplné velké a konečné dokonalosti, neboť nyní je schopna dostávat všechno, co Stvořitel zamýšlel jako cíl svého stvoření.

Proto se v takovémto stavu, po nápravě Šechiny Icchakem, nazývá Malchut – Šechina Heichal (Stvořitelův sál), vždyť ji teď může naplňovat Sebou, Svým světlem, Stvořitel, což znamená, že v ní přebývá, žije v jejích palácích.

Avšak Avrahamova náprava, nazývaná „dům", ještě nedovolila Šechině se naplnit, učinit ji důstojnou ubytování Stvořitele v ní. Z tohoto důvodu se má za to, že Icchak napravil všechny Gevurot – síly vůle a odporu vůči egoismu v duších Izraele, což znamená, že zmírnil všechny zákony a omezení, která jsou ve Stvořitelově řízení. Je tomu tak proto, že veškeré zákazy a tresty přicházejí do světa pouze proto, aby v duších napravily přání dostávat, aby se staly hodnými dostat všechno to nekonečně dobré, co bylo v úmyslu jejich stvoření. A vzhledem k tomu, že Icchak napravil Šechinu až do její úplné dokonalosti, jsou v ní napravena všechna omezení a síly a všechny její vlastnosti dosáhly žádaného cíle.

Ani jeho náprava však nezůstala v Šechině v takovéto podobě, nýbrž byla zničena, neboť svět ještě nebyl připraven na konec veškeré nápravy. A proto z Icchaka vzešel hříšník Esav (Ezau), který zničil Icchakovu nápravu v Šechině a nepřekonal pokušení dostat, ale nikoli ve prospěch Stvořitele, jak napravil Icchak. Neudržel se a dostal ve svůj prospěch, což znamená: dokonce když pochopil, že dávající – Stvořitel si nepřeje, aby dostal, přesto si přál dostat, neboť si přál potěšit se.

Proto se k Šechině přisála nečistá síla (Klipot – slupka, obal, kůra na čistých silách), a tím se spustily nohy, Sefirot N-H-J-M, Parcufu Malchut světa Acilut na místo Klipot, pod Parsu, kde egoistická přání vládnou přáním N-H-J-M. Hlava a horní část těla, do pasu, Parcufu Malchut zůstaly nad vládou nečistých sil, a proto hlavou chápe, jak je třeba konat (proto Icchakova hlava je pohřbena spolu s Avrahamovým a Jaakovovým tělem v jeskyni Machpela), tělo však usiluje o rozkoš ve svůj prospěch.

A vzhledem k tomu, že Jaakov viděl, jakou škodu způsobil Esav, napravil Šechinu tím, že k ní přidal vlastnost strachu, jak je řečeno: „Ruka jeho drží Esavovo bedro." (Berešit, Gn 25, 26). To znamená, že z toho důvodu, že Jaakov pochopil nepravost, kterou vnesl Esav do Šechiny, do stvořených duší, napravil se ve strachu natolik, že pozvedl Šechinu jako korunu nebo jako ozdobu. Tím udržel rovněž to, co bylo napraveno Avrahamem a Icchakem.

Avšak Jaakovova náprava ještě není konečná, protože tento strach se podobá strachu z hříchu a nikoli nezištnému strachu, vycházejícímu ze sebe sama. Vždyť se tento strach v něm rodí z Esavova bedra, dokonce aniž sám zhřešil obdržením jako Esav. A na konci nápravy vznikne jiný stav: anuluje se Esavovo bedro, jak je řečeno: „zmizí smrt ze světa navždy", a strach bude pouze proto, že Stvořitel je velký a všemohoucí.

Jaakov sám dosáhl tohoto pravého strachu. Pro celou společnost Izraele, pro všechny duše, z nichž se skládá Šechina, jim však ještě zbývalo napravit se ve všech pokoleních, od prvního do posledního, do konce veškeré nápravy. (Pouze Moše dosáhl vlastnosti pravého strachu, strachu z velikosti, z lásky – a už nikdo. Proto neexistuje ani vysvětlení strachu z lásky ke Stvořiteli, jak je řečeno v Talmudu.)

Z tohoto důvodu praví Zohar, který cituje Tehilim (Ž 5,8): „Já však pro tvé hojné milosrdenství smím přicházet do tvého domu". Je to Avraham, protože Avraham napravil Šechinu na vlastnost „dům" plný všeho dobrého, to znamená naplněný světlem Chasadim. „Smím se klanět před tvým svatým sálem" – to je Icchak, který napravil Šechinu z „domu" na „sál", důstojný Stvořitele. „Ve strachu" – to je Jaakov, který napravil Šechinu svou vlastností strachu, čímž ji učinil Kli – nádobou dostávání, zahrnující veškeré Avrahamovy a Icchakovy nápravy.

Jak se ale dozvěděl, co je ještě třeba napravit v Šechině? Pouze tím, že se sám napravil, vložil se do těchto tří náprav, které již před ním napravili svatí praotcové. To znamená, že může konat stejně jako oni, v souladu s podmínkami těchto náprav. Tedy že se Jaakov spojil s jejich vlastnostmi a pozvedl se na jejich úroveň.

Tak člověk musí především dosáhnout těchto vlastností, napravit je sám v sobě. A až poté, co přijal do sebe všechny tyto tři vlastnosti, vlastnosti tří náprav, může je začít napravovat z tohoto místa, které nám zanechal praotec Jaakov, to znamená pozvednout strach v souladu s velikostí a všemohoucností Stvořitele, a modlitbou přitáhnout vyšší světlo, svým strachem z velikosti Stvořitele. A vyšší světlo přinese s sebou naplnění Šechiny, konec její nápravy. Proto musí být v lidské modlitbě dvě úsilí: dosáhnout strachu před skutečnou velikostí Stvořitele a za pomoci tohoto dosažení dosáhnout konečné nápravy od egoismu.

Odchod rabiho šimona z jeskyně

185. Rabi Pinchas stál před rabim Rachumou na břehu jezera Kineret. Ten byl moudrý, starý, téměř slepý. Rabimu Pinchasovi řekl: „Slyšel jsem, že náš přítel Šimon Bar-Jochai má drahokam – syna. Pohlédl jsem na světlo tohoto drahokamu a on září do celého světa jako sluneční světlo."

Plně napravená Malchut se nazývá drahokam (obvykle perla). Rabi Nachum praví rabimu Pinchasovi, že rabi Šimon byl uznán za hodna úplné nápravy. Je tomu tak proto, že syn je následující stav, následující Parcuf, který vychází, rodí se z předchozího. A rabi Pinchas to vidí a hledí (svým duchovním zrakem nazývaným Ruach Akodeš – svatý duch) na světlo této perly, která svítí jako slunce, vycházející ze svého úkrytu (Nartiku). Tím se chce říci, že v budoucí nápravě Malchut, luny, se její svit stane slunečním světlem a bude zářit do celého světa.

A když se svit luny (Malchut) stane slunečním světlem, pozvedne se k zenitu, ozáří všechno od nebe až po zemi jedním sloupem paprsku světla celý svět a bude svítit, dokud rabi Šimon nedokončí nápravu Atiku. To hovoří o tom, že už byl uznán za hodna dosáhnout stupně dvou Stvořitelových odhalení, tedy konce nápravy.

186. A to světlo stojí od nebe do země a září do celého světa, dokud se nezjeví Atik – Keter a neusedne na svůj trůn, k čemuž dojde na konci nápravy. A to světlo se nachází celé ve tvém domě (protože dcera rabiho Pinchase byla ženou rabiho Šimona Bar-Jochaje, a rabi Eleazar byl tak jeho vnuk). A od světla, které naplňuje dům, se odděluje malý tenký světelný paprsek, nazývaný syn domu, rabi Eleazar, který vychází ven a svítí celému světu. Šťastni ti, kteří jsou hodni takového osudu! Vyjdi, synu můj, vyjdi! Jdi za tím drahokamem, který září do celého světa, protože tomu přeje čas!

Vzhledem k tomu, že dcera rabiho Pinchase byla ženou rabiho Šimona (rabi Šimon a jeho žena jsou dva duchovní Parcufy, nižší než rabi Pinchas), byl rabi Šimon (s ženou) členem domu rabiho Pinchase (začleněným do Parcufu). Má se na zřeteli rabi Eleazar, Parcuf, který vyšel ze světla a osvítil svět, který naplňuje dům (deset Sefirot Parcufu) rabiho Pinchase, to znamená, že vyšel z Parcufu rabiho Šimona a jeho ženy.

187. Vyšel před něho a stál v očekávání, že se nalodí na koráb. Byly s ním dvě ženy. Spatřil dva ptáky, kteří se vznášeli nad vodou. Zvýšil hlas a řekl: „Ptáci, vy se vznášíte nad mořem, neviděli jste místo, kde se nachází Bar-Jochaj" Chvilku počkal a pravil: „Ptáci, ptáci, leťte!" Odletěli a zmizeli v moři.

Rabi Šimon utekl před úřady, které jej odsoudily k smrti, a skryl se se svým synem v jeskyni. A nikdo nevěděl, kde je. Proto ho šel rabi Pinchas hledat.

I když je všechno, co se zde popisuje, historická pravda, musíme pochopit slova Zoharu především jako působení vyšších duchovních příčin, jejichž důsledky určují to, co se děje na zemi. Egoistické mocenské orgány (síly) s natolik vysokým Parcufem jako rabi Šimon se pokoušejí překonat jeho altruistické snahy, zbavit jej světla, což znamená zabít jej. A on se před nimi skrývá v jeskyni – přijímá na sebe malý stav, přičemž svítí světlem milosrdenství, což se nazývá „odchází do jeskyně", stává se neviditelným pro egoistické síly, neboť ony si přejí světlo Chochma, ale světlo Chasadim nevidí.

188. Před tím, než se nalodil na koráb, přiblížili se ptáci a jeden z nich měl v zobáku dopis. Bylo v něm napsáno, že rabi Šimon, syn Jochaje, odešel z jeskyně se svým synem rabim Eleazarem. Šel k nim rabi Pinchas a našel je velice změněné: celé tělo měli samý vřed (podobně jako díry v zemi – viz Talmud, Bava Batra, 19, 2) od toho, že byli neustále a dlouhodobě v jeskyni. Zaplakal a řekl: „Běda mi, proč jsem vás viděl v takovém stavu!" Odpověděl mu rabi Šimon: „Já jsem šťasten, že mám takový osud a že jsi mě viděl takového. Vždyť kdybys mě takového neviděl, nebyl bych tím, kým jsem se stal!" Otevřel rabi Šimon o Přikázáních Tóry a pravil: „Přikázání Tóry, která dal Stvořitel Izraeli, jsou všechna popsána ve všeobecné podobě."

Množství let (stupňů), během nichž byl v jeskyni (ve světle Chasadim), byl nucen sedět v písku (vnější oděv – Levuš, pokrytí Parcufu určitou vlastností „země"). Musel pokrýt svoje nahé tělo (přání), aby se mohl zabývat Tórou (dostávat vyšší světlo do svého Parcufu se záměrem ve prospěch Stvořitele), pročež (tím, že byl zahalen do písku) se celé jeho „tělo" pokrylo „rzí a vředy" (to však byly nezbytné nápravy).

Takovouto nápravu, jako ukrytí v Chasadim - v jeskyni a pokrytí cizím oděvem, odraženým světlem, potřeboval nejen sám Parcuf, nazývaný rabi Šimon, nýbrž i jeho následující stav, který zplodil a nazývá se jeho syn rabi Eleazar, nižší Parcuf, rovněž potřeboval tyto nápravy pro dosažení veškerého Stvořitelova světla.

Zaplakal a pravil: „Proč jsem vás viděl v takovém stavu!" Rabi Šimon mu odpověděl: „Já jsem šťasten, že mám takový osud a že jsi mě viděl takového. Vždyť kdybys mě takového neviděl, nebyl bych tím, kým jsem se stal!" To znamená, že kdybych takto nevypadal, nezasloužil bych si ona tajemství Tóry, kterých jsem hoden, protože všechno, čeho jsem dosáhl, dosáhl jsem během těch třinácti let (třináct za sebou následujících náprav), kdy jsem se skrýval v jeskyni.

Otevřel rabi Šimon. Je řečeno o Přikázáních Tóry: „Přikázání Tóry, která dal Stvořitel Izraeli, jsou všechna popsána ve všeobecné podobě" – všechna přikázání Tóry jsou popsána v úryvku Tóry od „Na počátku stvořil Stvořitel" do „Buď světlo!" Jsou to totiž Přikázání strachu a trestu, v nichž jsou obsažena všechna Přikázání Tóry. Proto se nazývají „všeobecně".

První přikázání

189. BEREŠIT BARA ELOHIM (na počátku stvořil Stvořitel) je první přikázání, základ a hlava všeho. A nazývá se „strach Stvořitele" neboli Rešit (počátek), jak je řečeno: „Počátek moudrosti je strach Stvořitele." Strach Stvořitele je počátek vědění, neboť strach se nazývá počátek. A je to brána, kterou se přichází k víře. A na tomto Přikázání stojí celý svět.

Je těžko pochopit, proč se strach nazývá počátek, před moudrostí, předcházející moudrost, a rovněž proč je na počátku, dříve než víra. A Zohar odpovídá: Protože strach je počátek každé Sefiry, nelze dosáhnout žádné Sefiry (vlastnosti), jestliže na počátku nepostihneme vlastnost strachu. Z toho však vyplývá, že strach je pouze prostředek dosažení ostatních kvalit, vlastností. Je-li to však především prostředek, proč je součástí přehledu Přikázání, jako první Přikázání? Možná že strach je něco jako předběžná podmínka?

Proto Zohar praví, že je nemožné dosáhnout dokonalé, nezištné víry jinak, než ze strachu před Stvořitelem. A v souladu se strachem bude míra pocitu víry. Proto na Přikázání strachu spočívá celý svět. Vždyť celý svět existuje pouze díky Tóře a Přikázáním, jak pravil prorok (Jirmijahu, Jr 33, 25): „Jakože jsem ustanovil svou smlouvu se dnem a nocí jako směrnici pro nebe i zemi..."

A vzhledem k tomu, že strach je počátek a brána do ostatních Přikázání, neboť strach je brána k víře, drží se na vlastnosti strachu celý svět. Proto je řečeno, že do Přikázání strachu jsou zahrnuta všechna ostatní Přikázání Tóry, a kdyby nebyl strach, Stvořitel by nic nestvořil.

190. Strach bývá tří druhů, z nichž dva nemají skutečný základ a jeden jej má. Jestliže má člověk strach, aby žily jeho děti a nezemřely, nebo se bojí o své zdraví nebo se obává tělesného utrpení nebo se strachuje o tělesné blaho, takový strach, dokonce i tehdy, žije-li v něm neustále, není základem, kořenem, protože příčinou strachu jsou pouze žádoucí následky. To se nazývá strach před trestem v tomto světě. Existuje však strach z trestu v budoucím světě, v pekle. Tyto dva druhy strachu – strach před trestem v tomto a v budoucím světě – nejsou skutečným základem a kořenem.

191. Skutečný strach je strach ze Stvořitele, protože On je velký a všemocný, vždyť On je zdrojem všeho a všechno ostatní není před Ním nic. Nechť člověk věnuje veškerou svou pozornost dosažení tohoto druhu strachu.

Jsou tři druhy strachu před Stvořitelem, ale pouze jeden z nich se považuje za skutečný strach. Jestliže se člověk bojí Stvořitele a plní jeho Přikázání proto, aby byly zdrávy jeho děti, aby neutrpělo jeho zdraví, jeho materiální blaho atd., je to první druh, strach před všemi možnými tresty v tomto světě. Jestliže plní Stvořitelova Přikázání, neboť se bojí pekelného trestu, je to druhý druh strachu. A tyto dva druhy strachu nejsou skutečné, jak Zohar říká, protože člověk plní Přikázání pouze ze strachu, že bude potrestán, pro svoje blaho, a nikoli proto, že to jsou Stvořitelova přikázání.

V takovém případě je vlastní blaho příčinou, základem, kořenem plnění a strach je důsledek přání po sebenaplnění. Skutečný strach však musí být důsledek toho, že Stvořitel je velký a mocný, že všechno řídí, neboť je Zdrojem všeho, z Něho vycházejí všechny světy a velikost Jeho činů svědčí o Jeho velikosti. Vše, co stvořil, není nic ve srovnání s Ním, protože k Němu nic nepřidává.

Z toho je mimo jiné patrno, že není rozdíl v konání: ten, kdo plní v důsledku prvního nebo druhého druhu strachu, a ten, kdo plní v důsledku pravého, třetího druhu strachu – všichni navenek konají stejné skutky - plní Stvořitelova Přikázání. A veškerý obrovský rozdíl mezi nimi spočívá pouze v jejich vnitřním záměru, základu, příčině – PROČ plní Stvořitelovy pokyny!

Proto je nemožné určit duchovní úroveň člověka podle jeho vnějšího, všem viditelného plnění přikázání. Ba co více, kdo je plní ve prospěch obdržení okamžité odměny od okolního světa, ten je obvykle plní s největší vnější usilovností. Ale ten, jehož záměry a myšlenky směřují dovnitř, na hledání skutečného plnění, ten se zpravidla od mas ničím neodlišuje.

Pouze ve stále vnitřnějším plnění Přikázání strachu, ve stále pozornějším vhledu do svého nitra, jak a nač jsou zaměřeny jeho myšlenky, pouze ve svém záměru musí člověk hledat neustálé zlepšování a doplňování; v žádném případě však nikoli v mechanickém „překračování plnění", o čemž existuje přesný pokyn: „Nepřeháněj v Přikázání".

Člověk však je povinen věnovat veškerou pozornost svého srdce dosažení skutečného strachu vším přáním svého srdce, jak je stanoveno v prvním Stvořitelově Přikázání. Jak pravil rabi Baruch Ašlag: „Strach ze Stvořitele je neustálé nezištné přání, vyjádřené v myšlence: „Učinil jsem už všechno, nebo je ještě něco, co lze pro Stvořitele vykonat?"

192. Rabi Šimon zaplakal a naříkal: „Ach, jestliže odhalím, a ach, jestliže neodhalím: Jestliže řeknu, dozvědí se hříšníci, jak pracovat ve prospěch Stvořitele, a jestliže neřeknu, nedojde to k mým přátelům. Protože na tom místě, kde se nachází skutečný strach, nachází se proti němu, příslušně dole, i špatný strach, bijící a obviňující, a to je karabáč, který bije hříšníky (trestá je za hříchy). A proto se bojí odhalit, vždyť se mohou hříšníci dozvědět, jak se zbavit trestu, a trest je jejich náprava!

Zde rabi Šimon upozorňuje, že nemůže odhalit všechno úplně (má se na zřeteli „Avoda Lišma", což znamená „ve prospěch Stvořitele"), protože se bojí poškodit tím hříšníky. Je tomu tak proto, že si zde přeje odhalit, jak se přiblížit a splynout se Stromem života, ale přitom se nedotknout Stromu smrti. To se ale vztahuje jen na ty, kteří se již napravili vzhledem ke Stromu dobra a zla.

Avšak hříšníci, to znamená ti, kteří ještě nenapravili svoje hříchy ve Stromě dobra a zla, nemají právo to vědět, protože ještě budou muset vykonávat veškeré práce do té doby, než se napraví ve Stromě dobra a zla. Z toho je patrno, že Tóra nazývá hříšníkem člověka, který ještě ve své duši nenapravil Strom poznání.

A pokyn zákazu, aby se takovému člověku odhalovala pravdivost práce ve prospěch Stvořitele, je založen na výroku Tóry: (Berešit, Gn 3, 22): „Teď je Adam jako jeden z nás, zná dobré i zlé. Nepřipustím, aby vztáhl ruku po stromu života, jedl a byl živ navěky."

A tak po Adamově hříchu ve Stromě poznání jej Stvořitel vyhnal z ráje, aby vyloučil pravděpodobnost toho, že se Adam spojí se Stromem života a bude žít věčně. Vždyť tehdy to, co zničil ve Stromě poznání, zůstane nenapravené. Proto, aby nabyli poznání pouze spravedliví, odhaluje rabi Šimon tuto moudrost v podobě narážky.

193. Kdo však se bojí trestu bitím, na toho nemůže sestoupit skutečný strach ze Stvořitele, ale sestupuje na něj špatný strach v podobě strachu z trestu karabáčem.

194. A proto místo, nazývané strachem před Stvořitelem, se nazývá počátkem vědění. A proto je sem vloženo toto Přikázání. A to je základ a zdroj všech ostatních Přikázání Tóry. A kdo dodržuje Přikázání strachu před Stvořitelem, plní tím všechno. A kdo neplní Přikázání strachu před Stvořitelem, neplní ostatní Přikázání Tóry, neboť toto Přikázání je základem všech ostatních.

Zde se Zohar znovu vrací k tomu, že na jednom místě je řečeno „počátkem moudrosti je strach Stvořitele" a na jiném místě je řečeno: „Strach Stvořitele je počátek vědění". A Zohar vysvětluje, že na konci strachu Stvořitele, tam, kde končí tato vlastnost, je špatný strach, který pomlouvá a bije. A o tom je řečeno v kabale, že nohy čistého Parcufu Malchut sestupují do místa nečistých sil.

Ten však, kdo plní Přikázání strachu, protože je Stvořitel velký a mocný, se spojuje se Stvořitelem, což znamená shodu vlastností, aby se nestyděl za to, že od Něho dostává. A kromě této nápravy nemají stvoření žádnou práci. A to se nazývá strach Stvořitele pro život, neboť v důsledku splynutí se Stvořitelem se stvoření naplňují životem. A jinak upadnou pod vládu omezení, protože v prvním zkrácení se vytvořilo omezení, zakazující dostat světlo do egoistických přání. A takové Kli (přání) je příčinou smrti, vždyť je to prázdné (beze světla) místo. Proto musí existovat strach před nesplněním nápravy, která je stvořením uložena.

Nad těmi však, kdo plní Přikázání ze strachu a nikoli s vědomím velikosti Stvořitele a Jeho pokynů, vládne strach z prázdnoty Malchut a bije je. A vzhledem k tomu, že konec strachu se nachází v zlém karabáči, nazývá se skutečný strach „Počátek znalosti strachu před Stvořitelem", což ukazuje na nutnost usilovat pouze o tento strach a chránit se špatného strachu, v důsledku čehož se napravuje Adamův hřích.

195. Proto je řečeno NA POČÁTKU, což označuje strach, STVOŘIL STVOŘITEL NEBE A ZEMI. Neboť ten, kdo to porušuje, porušuje všechna Přikázání Tóry. A jeho trest je zlý karabáč, to znamená špatný strach, který jej bije. ZEMĚ BYLA PRÁZDNÁ A CHAOTICKÁ A NAD PROPASTNOU TŮNÍ BYLA TMA, A DUCH STVOŘITELE – zde se hovoří o čtyřech trestech pro hříšníky.

196. Pustá – to je udušení. Prázdná je kamenování kameny, které padají do velké propasti pro potrestání hříšníků. Tma je spálení, oheň na hlavu hříšníků, aby je spálil. Duch Stvořitele je useknutí hlavy.

Ti, kdo plní Přikázání strachu před Stvořitelem nikoli proto, že to je Jeho pokyn, ale protože se bojí trestu, chytí se do pasti nečisté síly, která se nazývá „prázdnota", v důsledku čehož jsou na pochybách, nechápou Stvořitelovy myšlenky a činy. A tato nečistá síla je definována jako provaz na šíji člověka, který zamezuje přístup čistého (svatého) vzduchu k jeho duši a který ho nenechá dostat život. A v souladu s jeho nevěděním jej nečistá síla dusí!

A když už je chycen nečistou silou do oprátky, která se utahuje na jeho šíji, je v ní už síla a možnost přikazovat člověku, jak se jí zlíbí – ukamenovat jej, spálit nebo mu useknout hlavu. Ukamenovat znamená, že jej nečisté síly bijí do hlavy svými přáními po rozkoši, a tím ho táhnou do propasti, aby jej potrestaly tmou – spálením, a nečistá síla otáčí člověka na silném ohni do té doby, dokud v něm nespálí veškerou čistou životní sílu.

197. Stvořitelův duch je useknutí hlavy, protože žhavý vítr (Ruach Seara) je plamenný meč, trest pro ty, kteří neplní Přikázání Tóry, uvedená po Přikázání strachu, nazývaném základ, protože zahrnuje všechna Přikázání. Jde o to, že po BEREŠIT (POČÁTEK), což znamená strach, je dále uvedeno PRÁZDNOTA, CHAOS, TMA A DUCH – celkem čtyři druhy trestu smrti. A dále následují ostatní Přikázání Tóry.

Po první větě Tóry hovoří její zbývající část o ostatních Přikázáních, která jsou dílčí ve vztahu k Přikázání strachu, obecnému, které zahrnuje všechno.

Druhé přikázání

198. Druhé Přikázání je Přikázání, s nímž je nedílně spjato Přikázání strachu, a je to Přikázání lásky – aby člověk miloval svého Stvořitele dokonalou láskou. Co znamená dokonalá láska? Je to velká láska, jak je řečeno: „…chodí před svým stvořitelem v úplné upřímnosti a nevinnosti!" (Berešit, Gn 17, 1), což znamená dokonalost v lásce. Proto je řečeno: „I řekl Bůh: ´Buď světlo´" (Berešit, Gn 1, 3) – to je dokonalá láska, nazývaná „velká láska". Právě tak musí člověk milovat svého Stvořitele.

Existuje závislá láska, která se objevuje jako důsledek všeho dobrého, co dostáváme od Stvořitele (viz Předmluva k Talmudu Deseti Sefirot, § 66 – 74), v důsledku čehož člověk splývá se Stvořitelem celou duší i srdcem. I když však splývá se Stvořitelem v úplné dokonalosti, je takováto láska považována za nedokonalou. Podobá se to lásce ke Stvořiteli, kterou prožíval Noe (Berešit Raba § 30). Ten neustále potřeboval posilovat svoje city – vidět, jak mu Stvořitel posílá pouze dobré.

Avraham však k posílení své lásky ke Stvořiteli, jak je řečeno, nepotřeboval nic: „Chodí před Stvořitelem ve své úplné nezištnosti," protože „chodí před" znamená, že nepotřebuje posilovat svoje city, že tedy k tomu, aby v sobě pocítil lásku ke Stvořiteli, nemá zapotřebí nic. A dokonce jestliže od Stvořitele nic nedostává, přesto je jeho láska stejně trvalá, celistvá a nezištná v přání splynout se Stvořitelem celou duší i srdcem.

199. Rabi Eleazar pravil: „Slyšel jsem vysvětlení, jaká láska se nazývá dokonalá." Řekli mu: „Vyprávěj to rabimu Pinchasovi, protože on je na tomto stupni." Rabi Eleazar odvětil: „Dokonalá láska znamená, že je dokonalá z obou stran, a jestliže v sobě nezahrnuje obě strany, není dokonalá."

Řekli mu, aby se obrátil na rabiho Pinchase, protože ten již dosáhl tohoto stupně dokonalé lásky, a tedy ho může přesně pochopit. Z obou stran znamená z dobré strany i z té špatné. Jestliže tedy od Stvořitele dostane něco dobrého a rovněž jestliže od Stvořitele dostává omezení, pociťovaná jako nepříjemná, a dokonce jestliže si vezme jeho duši, stejně je jeho láska ke Stvořiteli absolutně dokonalá, jako kdyby od Něho nyní dostával všechno nejlepší na světě.

200. Protože jsou tací, kteří milují Stvořitele, aby zbohatli, aby dlouho žili, měli mnoho zdravých dětí a vládli nad těmi, kteří je nenávidí – dostávají to, co si přejí, a proto Stvořitele milují. Jestliže však dostanou něco opačného, jestliže je Stvořitel provede přes kolo strádání, znenávidí Stvořitele a necítí k Němu naprosto žádnou lásku. Proto v takové lásce není potřebný základ.

Pokud je jejich láska založena na tom, že od Stvořitele dostávají, pak jakmile přestávají dostávat, přestanou milovat. Je pochopitelné, že lze milovat pouze jedno ze dvou – sebe, nebo Stvořitele!

201. Láska se nazývá dokonalá, je-li z obou stran, ze strany zákona i ze strany milosrdenství (úspěchu v životě). Když člověk miluje Stvořitele, jak jsme již o tom hovořili, dokonce tehdy, jestliže mu Stvořitel bere jeho duši, je to dokonalá, úplná láska z obou stran: milosrdenství i zákona. Proto bylo světlo prvního činu stvoření odhaleno a poté bylo skryto. A v důsledku ukrytí se projevil přísný zákon ve světě; spojily se obě strany, milosrdenství a zákon, aby byla získána dokonalost. A toto je žádoucí láska.

Světlo, stvořené v první den stvoření, tedy ve výrazu „Buď světlo", bylo poté skryto, jak je řečeno, pro spravedlivé v budoucím světě. Skryto proto, aby se objevil přísný zákon v tomto světě, v důsledku čehož se obě strany, zákon a milosrdenství, spojují do jednoho celku. Je tomu tak proto, že se objevuje možnost projevit dokonalost lásky rovněž v okamžiku, kdy si Stvořitel bere duši člověka, a je dána možnost naplnit a zdokonalit lásku. A kdyby světlo skryto nebylo, neprojevila by se přísnost zákona a VELKÁ LÁSKA by byla skryta před spravedlivými. Nebyla by žádná možnost dojít k jejímu odhalení.

202. Rabi Šimon jej políbil. Přiblížil se rabi Pinchas, políbil a pochválil jej. Pravil: „Je vidět, že mě sem Stvořitel poslal. Je to ono slabé světlo, o němž je řečeno, že se nachází v mém domě a poté ozáří celý svět (viz § 186). Rabi Eleazar pravil: Samozřejmě, na strach se nesmí zapomínat v žádném Přikázání a tím více v tomto, v Přikázání lásky, musí být strach neustále spojen se samotným Přikázáním. Jak se spojuje? Láska je dobrá z jedné strany, když člověk dostává od Milovaného dobro, zdraví, blahobyt, potravu a život – a právě zde je třeba vzbudit strach, aby člověk nezhřešil, aby se jeho kolo neotočilo, o čemž je řečeno: „Šťasten je ten, kdo se neustále bojí," protože strach se nachází uvnitř jeho lásky.

203. Tak je nutno vzbouzet strach ze strany přísného zákona, neboť když člověk vidí, že se nad ním nachází přísný soud, musí v sobě vzbudit strach před svým Pánem, aby se jeho srdce nezatvrdilo, o čemž je řečeno: „Ten, kdo má zatvrzelé srdce, padá do zla," padá na druhou stranu, nazývanou špatnou. Proto se strach spojuje s oběma stranami, s dobrou, láskou, a rovněž se stranou přísného zákona. A skládá se z obou. A je-li strach spojen s dobrou stranou a láskou a rovněž s přísností zákona, pak je taková láska dokonalá.

Strach je Přikázání, zahrnující do sebe všechna Přikázání Tóry, neboť je branou k víře ve Stvořitele, vždyť v souladu se strachem člověk dostává víru ve Stvořitelovo řízení. A proto nezapomene na strach při plnění každého Přikázání, a tím více Přikázání lásky, v němž je zvláště nezbytné vzbudit současně strach. V Přikázání lásky musí být totiž Přikázání strachu neustále přítomno. Proto je nutno vzbudit strach v sobě ve dvou stavech lásky: v lásce z dobré strany, kdy člověk od Stvořitele dostává dobré pocity, a ze špatné strany, kdy od Stvořitele dostává přísná omezení podle zákona.

Bylo by však chybou domnívat se, že dokonalá láska je láska ve stavu, kdy člověk od Stvořitele dostává špatné pocity, až k tomu, že si berou jeho duši. Je omyl myslet si, že se člověk nemusí bát soudu a přísnosti Stvořitele, a bez ohledu na to, co cítí, přilnout láskou a odevzdáním celé duše ke Stvořiteli, bez jakéhokoli strachu.

Zaprvé, člověk v sobě musí vzbuzovat strach, aby náhle nezeslábla jeho láska ke Stvořiteli – tak spojí dohromady lásku a strach. A rovněž na druhé straně lásky, na straně pocítění přísnosti, musí v sobě vzbudit strach ze Stvořitele. Nesmí zatvrdit svoje srdce, aby nepřestalo věnovat pozornost nepříjemnému pocitu trestu. Tak i v tomto případě vkládá do lásky strach a jestliže tak jedná neustále, v obou stranách lásky, je jeho láska neustále spojena se strachem. A díky tomu je jeho láska dokonalá.

O vkládání strachu do lásky z dobré strany je řečeno: „Šťasten je ten, kdo se neustále bojí," kde slovo NEUSTÁLE poukazuje na to, že přesto, že člověk od Stvořitele dostává NEUSTÁLE pouze dobré, stejně se Jej bojí – bojí se, že může zhřešit.

O vkládání strachu do lásky ze špatné strany, kdy člověk na sobě cítí tresty a přísnost zákona, je řečeno: „Ten, kdo zatvrzuje svoje srdce, upadá do bázně." To znamená, že v žádném případě, z žádného důvodu nelze zatvrzovat srdce během doby, kdy na něj působí zákon, neboť upadne do nečistých sil, nazývaných „zlo". V tomto případě je nutno ještě více v sobě vzbudit strach ze Stvořitele a vložit do lásky strach.

Avšak jak první, tak i druhý strach není strach o sebe, o vlastní blaho, nýbrž strach, aby člověk nezmenšil svoje záměry a skutky ve prospěch Stvořitele, aby všechny byly pouze pro Jeho oblažení.

Tak byla vysvětlena první dvě Přikázání Tóry - Přikázání strachu a Přikázání lásky. Přikázání strachu, základ všech ostatních Přikázání a celé Tóry, spočívá v prvním slově Tóry BEREŠIT – NA POČÁTKU a v první větě NA POČÁTKU STVOŘIL STVOŘITEL NEBE A ZEMI, kde se strach nazývá POČÁTEK, z nějž se rodí NEBE a ZEMĚ, tedy ZON a jejich potomstvo, světy BJA. A druhá věta v Tóře hovoří o trestu v podobě čtyř druhů duchovní smrti: PRÁZDNÁ - udušení, CHAOTICKÁ - kamenování, TMA - spálení a DUCH - useknutí hlavy. Přikázání lásky je popsáno v Tóře ve větě: „I ŘEKL STVOŘITEL: „BUĎ SVĚTLO."

V tomto Přikázání jsou dvě strany – „dobro a dlouhověkost" a „celou svou duší". Zde se má na zřeteli, že láska musí být pociťována při tom nejhorším, to znamená když si Stvořitel vezme duši, zcela stejně jako při tom nejlepším.

A právě proto, aby byla tato dokonalá láska odhalena, je skryto světlo stvoření. Je rovněž nezbytné vložit strach do obou stran lásky: v té části, kdy se člověk musí bát, aby nezhřešil a nezmenšil svoji lásku ke Stvořiteli, a v té části, kdy je člověk povinen bát se vzhledem ke skrytí, k zákonu, podle nějž jej Stvořitel soudí. Aby však bylo možno pochopit tyto duchovní kategorie, musíme je vysvětlit v poněkud jiném výkladu.

V Tóře se mnohokrát používá výzva k lásce: „Miluj bližního…", „Nečiň druhému, co sám nechceš…" aj. Základem toho všeho však je láska mezi Stvořitelem a člověkem. K tomu se vztahují naše prosby: „Získej si nás láskou…", „Ten, kdo volí Izrael s láskou…" Stvořitelovo odhalení je odhalení Stvořitelovy lásky k člověku. Altruistická láska se však zcela liší od našich představ o lásce, protože naše láska je vždy závislá na egoistické příčině. A jestliže ona příčina náhle zmizí, okamžitě se ztrácí i láska.

Vezměme dokonce lásku nikoli mezi cizími, nýbrž mezi otcem a synem, tedy přirozenou lásku. K jedinému synovi cítí rodiče samozřejmě největší lásku. V takovémto případě musí velkou lásku cítit i syn, jemuž rodiče věnují veškerou lásku.

My sami však vidíme, že tomu tak nebývá: jestliže syn cítí bezmeznou lásku rodičů, podle zákona přírody, nezávisle na něm, začíná se jeho láska k nim zmenšovat. Je tomu tak proto, že otec miluje syna přirozenou láskou. A jako si otec přeje, aby ho syn miloval, tak si syn přeje, aby ho miloval otec. Toto vzájemné přání rodí v srdcích obou pocit strachu: otec se bojí, že ho syn může nenávidět v nějaké, i té nejmenší míře, a rovněž i syn se bojí o totéž z otcovy strany.

Tento neustálý strach v nich rodí dobré skutky: každý se snaží ukázat druhému svoji lásku, aby v něm vzbudil lásku k sobě. Když však láska vzroste na maximálně možnou, natolik, že již nelze cokoli k ní dodat, pak milovaný syn objevuje v srdci milujícího otce absolutní lásku – takovou, která na ničem nezávisí.

Milující se okamžitě přestává bát zmenšení lásky k němu a rovněž nemá žádnou naději, že láska k němu vzroste, protože se nazývá „absolutní". A to vede k tomu, že syn začne být lenivý prokazovat svou lásku dobrými skutky. A v souladu s jejich zmenšením se zmenšuje i jeho láska, až k tomu, že dochází k druhé přirozenosti – nenávisti, neboť všechno, co by otec činil, je v jeho očích nicotné a nedostatečné ve srovnání s tím, jaké by měly být otcovy skutky z „absolutní" lásky. Proto spojení lásky a strachu v člověku jej vede k dokonalému stavu.

Čtyři písmena jména HaVaJaH = Jod + Hej + Vav + Hej odpovídají Sefirot Ch-B-ZA-M a nazývají se Zohar, příslušně STRACH, LÁSKA, TÓRA, PŘIKÁZÁNÍ:

JOD	-	CHOCHMA	-	STRACH
HEJ	-	BINA	-	LÁSKA
VAV	-	ZA	-	TÓRA
HEJ	-	MALCHUT	-	PŘIKÁZÁNÍ

Parcuf AA je základní a zahrnuje v sobě celý svět Acilut.

Svítí do všech ostatních světů prostřednictvím svých oděvů, nazývaných AVI, IŠSUT a ZON, kde AVI a IŠSUT se odívají na AA od jeho úst k Taburu, a ZON se odívají na AA od Taburu do konce jeho nohou, stojících na Parse.

AA se nazývá „skrytá Chochma", protože jeho světlo Chochma je skryto v jeho hlavě a on nesvítí tímto světlem ostatním Parcufim a světům, pouze jeho Bina svítí dolů. A proto Bina a nikoli AA se nazývá BEREŠIT – NA POČÁTKU, neboť je základem a kořenem všech světů, a nazývá se STRACH STVOŘITELE, to znamená strach z Jeho velikosti. Vždyť On je jediný Pán a kořen všeho a všechna stvoření nejsou před Ním ničím." A z Biny vycházejí ZON, nazývané NEBE A ZEMĚ. Proto je řečeno v Tóře NA POČÁTKU, se strachem, AVI, STVOŘIL STVOŘITEL NEBE, ZA, A ZEMI, Malchut.

Proto je řečeno: „Počátek moudrosti, Chochma, je strach ze Stvořitele, „Strach ze Stvořitele je počátek vědění (Daat)" – světlo Chochma nevychází od Sefiry Chochma AA, pouze od Sefiry Bina AA. Je tomu tak proto, že Sefira Bina AA, když se pozvedá do hlavy AA, se tam stává Sefirou Chochma a poté přenáší světlo dolů. Proto dochází k tomu, že Bina, strach ze Stvořitele, je zdrojem světla Chochma, jak je řečeno: „Počátek Chochmy je strach ze Stvořitele."

A strach je rovněž počátkem vědění, neboť Sefira Daat je počátek ZON: ZON pozvedají do hlavy AA svoji prosbu, aby dostaly Chochmu. A tato prosba ZON o světlo Chochma, kterou dostává a pociťuje AA, se nazývá Sefira Daat – vědění. Proto je řečeno, že „Strach ze Stvořitele, Bina, je počátek vědění, Daat."

A poté, praví Zohar, se strach a láska spojují a již se nikdy nerozcházejí, neboť Chochma se nazývá „láska", vždyť Jod jména HaVaJaH je sama Bina, to znamená GAR de Bina, AVI, která si přeje pouze světlo Chasadim, ale světlo Chochma je v ní skryto.

A místo odhalení světla Chochma je ZAT de Bina, nazývaný IŠSUT, první písmeno Hej jména HaVaJaH. Z tohoto důvodu se toto místo nazývá láska a je to druhé Přikázání po Přikázání strachu, to, co svítí v ZON. Vždyť toto světlo Chochma se nedostává od samotné Chochmy AVI, nýbrž od Biny, a Bina se nazývá strach.

A Zohar praví, že se strach spojuje s láskou a nikdy ji už neopouští, že Bina se natrvalo spojuje s Chochmou a nerozchází se s ní. A na každém místě, kde je Bina, je s ní i Chochma. A přestože je jakoby řečeno, že jedno Přikázání je strach a druhé láska, že to jsou oddělená Přikázání, vždycky přicházejí spolu a nikdy neexistují odděleně: jako je v prvním Přikázání to druhé, je v druhém to první.

A nazývají se zvlášť, protože my je dělíme podle jejich panování: v prvním Přikázání vládne AVI, GAR de Bina, sama Bina a její vlastnost, a proto se nazývá „strach", a v druhém Přikázání náleží základní panování Chochmě, a proto se nazývá „láska".

Proto to, co praví Tóra: „NA POČÁTKU STVOŘIL STVOŘITEL," je skryto. Odhalení toho, co je v těchto slovech řečeno, probíhá počínaje slovy BUĎ SVĚTLO. To označuje vzestup Biny (POČÁTEK) do hlavy AA, kde se Bina stává jako Chochma.

Tehdy se Chochma a Bina spolu nazývají VELKÁ LÁSKA, což je smyslem slov BUĎ SVĚTLO. Je tomu tak proto, že se Bina pozvedla do AA a předává světlo do stále nižších světů VELKOU LÁSKOU, tedy dvěma světly Chasadim a Chochma.

Proto je řečeno, že ZE DVOU STRAN JE VYSVĚTLOVÁNA STVOŘITELOVA LÁSKA, jak je řečeno: BUĎ SVĚTLO V TOMTO SVĚTĚ A BUĎ SVĚTLO V BUDOUCÍM SVĚTĚ: protože Stvořitel viděl, že tento svět nemůže dostávat světlo, skryl Svoje světlo, pozvedl je na místo nad Parsou AA, nazývané podle svých napravených vlastností „budoucí svět", tedy tam, kde se nacházejí AVI, GAR de Bina, nad hrudí AA.

Pod hrudí AA se nachází Parsa, oddělující vyšší vody, AVI, od nižších vod, IŠSUT + ZON. Vzhledem k tomu, že pod hrudí AA již světlo Chochma nesvítí, je řečeno, že světlo je skryto před Parcufim IŠSUT a ZON.

Z toho je patrno, že Bina se dělí na dvě části: GAR de Bina – AVI, které jsou nad hrudí = Parsa AA, vyšší vody, v nichž svítí vyšší světlo, tedy v nich je odhalení tajemství. Ten, kdo se pozvedl na tento stupeň, dostává jeho světlo. V důsledku toho je uznán za hodna „bohatství (Chochma) a dlouhého života (Chasadim), jeho synové (jeho budoucí nápravy) jsou jako výhonky oliv (olej = světlo Chochma) kolem jeho stolu (Chasadim), vládne těm, kteří ho nenávidí (nečistým silám) a uspěje ve všem, co si zamane (protože je uvnitř světla Chasadim světlo Chochma)." ZAT de Bina jsou nižší vody pod hrudí AA, před nimiž je světlo skryto, a ti, kdo od nich dostávají, musí milovat Stvořitele druhem lásky „dokonce tehdy, bere-li si tvoji duši".

A to jsou dva stupně lásky ke Stvořiteli. To znamená, že láska ke Stvořiteli není prostým přáním a rozhodnutím člověka, nýbrž se objevuje, jako každé naše přání, pouze jako následek zvládnutí určitého stupně: dosahuje-li člověk stupně IŠSUT, umožňuje mu tento stupeň milovat Stvořitele v podobě „dokonce tehdy, bere-li si Stvořitel jeho duši". Ještě dokonalejší láska však vzniká v takovém člověku, který se pozvedá na stupeň AVI: od tohoto stupně dostává takové světlo, že se jeho láska ke Stvořiteli stává dokonalou z obou stran.

Je však nutno vložit strach do obou typů lásky. Je tomu tak proto, že na stupni AVI je nezbytný strach, aby člověk nezhřešil ve stavu duchovního vzestupu do AVI. A ve stavu existence na stupni IŠSUT musí být strach z toho, aby člověk nezatvrdil svoje srdce. Protože Chochma a Bina jsou příslušně láska a strach, spojené natrvalo dohromady. Z tohoto důvodu je nezbytné vložit vlastnosti Biny, strachu, rovněž do GAR de Bina, AVI, jakož i do ZAT de Bina, IŠSUT.

Pouze v takovémto případě bude láska dokonalá z obou stran, ve dvou podobách, GAR a ZAT de Bina. Láska nemůže být dokonalá pouze z jedné strany, nýbrž jen tehdy, je-li v každé straně strach, protože Chochma nemůže být bez Biny, láska beze strachu.

Docházíme k tomu, že závislá láska je stupeň AVI a nezávislá láska, to znamená dokonalejší, je stupeň IŠSUT. IŠSUT je však nižší než AVI. Jde o to, že člověk dostává zpočátku vyšší Sefirot svého vytvářejícího se Parcufu, podle pořadí K-Ch-B-ZA-M, ale světlo do nich vchází v opačném pořadí NaRaNChaJ: na počátku člověk dostává Sefiru Keter se světlem Nefeš a na konci obdrží Sefiru Malchut. Do Sefiry Keter však vchází světlo Jechida. Proto, máme-li provádět měření podle Sefirot, Kelim, pak je stupeň AVI = GE = K-Ch, závislá láska, menší než stupeň IŠSUT = AChaP = B-ZA-M, nezávislá láska.

Třetí přikázání

204. Třetí Přikázání je vědět, že existuje Velký Správce všeho světa. A spojovat to každý den v šesti vyšších údech, Ch-G-T-N-H-J ZA a provádět sjednocení v šesti slovech modlitby „Slyš, Izraeli", a směrovat s ní svoje přání vzhůru. Proto musíme prodloužit slovo JEDEN v šesti slovech: „Slyš, Izraeli, Stvořitel je JEDEN Stvořitel".

V souladu s tímto požadavkem „prodloužení" slova JEDEN, osoba, která tuto větu pronáší, vyslovuje slovo J E D E N roztaženě. Zohar však má samozřejmě na mysli nejen to, co hovoří ústa, nýbrž naše skutečné upřímné záměry.

Zde se praví, že je nutno VĚDĚT a provádět SJEDNOCENÍ. Na začátku je třeba znát tyto dvě strany lásky, AVI a IŠSUT. AVI se nazývají velké v Chasadim a IŠSUT se nazývá vládnoucí ve světě, protože v něm je zákon a omezení.

Poté, co člověk dosáhl obou stupňů lásky, byl uznán za hodna dokonalé lásky. Poté musí vědět, že existuje Velký Správce všeho světa. A spojovat to každý den v šesti vyšších údech, stranách, to znamená pozvedat MAN k ZON světa Acilut, a ZON pozvednou jeho MAN do IŠSUT. V důsledku toho se pozvednou ZON a IŠSUT a spojí se s Parcufem AVI. A tento jeden společný Parcuf má šest vyšších stran, údů, neboť se všechny odívají na VAK, na šest nižších Sefirot AA.

V důsledku tohoto sjednocení se pozvedá IŠSUT nad Parsu AA, na místo od úst k hrudi, kde jsou vyšší vody, trvalé místo AVI, kde je světlo odhaleno. Když se IŠSUT naplní tímto světlem, vysílá je do ZON a ZON toto světlo vysílá do všech nižších světů. Světlo Chasadim se odhaluje ve všech světech. A to je tajemství sjednocení „Slyš, Izraeli".

Šest slov: „Slyš, Izraeli, náš Stvořitel, Jeden Stvořitel" je šest stran ZON, které je nutno sjednotit, aby se spojily s šesti vyššími stranami, to znamená s AVI a IŠSUT. A člověk musí směrovat svoje snahy vzhůru, napravit záměry přání a svoje NaRaN, aby se spojily stejně s Vyšší jednotou, jako MAN.

K tomu, aby bylo sjednocení ve VAK de ZA, v jeho šesti stranách, je nutno prodloužit slovo JEDEN, což znamená přijmout světlo Chochma ve slově JEDEN, neboť světlo Chochma vychází z nekonečna k vyšším VAK, tedy k AVI a IŠSUT, a sjednocuje VAK de ZA světlem nekonečna. Jde o to, že JEDEN se v gematrii ECHAD rovná Alef + Chet + Dalet = 1 + 8 + 4 = 13, což hovoří o získání světla Chochma.

Proto je třeba ve slově JEDEN usilovat o vyvolání sestupu světla Chochma do VAK de ZA. V tomto sjednocení však není záměr dostat ZA do GAR, pouze zvětšit jeho VAK od spojení s vyšším VAK a dostat VAK velkého stavu.

205. Proto je řečeno: „Nahromaďte se vody pod nebem na jedno místo," aby se staly dokonalými v šesti zakončeních. A na druhé straně, v této jednotě slov: „Slyš, Izraeli," je nutno spojit s ním strach, což se děje prodloužením písmene Dalet ve slově ECHAD. Proto se písmeno Dalet ve slově EchaD píše velké. Stojí psáno: „Ukaž se souš!", aby se spojilo písmeno Dalet, označující souš, v té jednotě.

Jak již bylo vysvětleno výše, sjednocení, obsažené ve slovech „Slyš, Izraeli," hovoří o obdržení VAK velkého stavu, neboť „jedno místo" znamená vyšší VAK, kde září světlo nekonečna uvnitř světla Chochma, pod nebem – Binou, vzhledem k ZA – zemi. „Na jedno místo" hovoří o sjednocení všech šesti stran vyšších a nižších, aby nižší dostaly světlo Chochma a spojily se s VAK de ZA, ale pouze VAK velkého stavu.

Jak jsme si již vysvětlili, existují dva druhy strachu a dva druhy lásky: vyšší strach a láska se nazývají AVI a nižší strach a láska se nazývají IŠSUT. Dokonalosti však lze dosáhnout pouze v důsledku dosažení obou stupňů dohromady. Proto se světlo skrývá do IŠSUT, aby byla odhalena nižší láska typu „dokonce, vezme-li si duši": dokonce v takovémto případě musí strach přilnout k lásce a nepřipustit zatvrzelost srdce, pouze tehdy člověk objevuje dokonalou lásku, splývá s AVI a IŠSUT a dostává od Stvořitele všechno dobré.

V jednotě „Slyš, Izraeli," poté, co se ZON pozvedá a spojuje svými vlastnostmi v šesti vyšších stranách, aby dostal do sebe „Velkou lásku" ve slově JEDEN. Dostává toto světlo, vytvořené v první den stvoření, o němž je řečeno: „I řekl Stvořitel: „Buď světlo!" (§ 198).

A do celé té jednoty je člověk povinen vkládat strach, protože musí odhalit a přijmout světlo skryté v IŠSUT, zvláštním způsobem skryté, aby bylo možno spojit nižší lásku a strach, vždyť se tak jako tak nemohou nazývat dokonalé.

Proto je řečeno, že je nutno protáhnout zvuk písmene Dalet ve slově ECHAD-D-D (jeden, jediný) v modlitbě „Šema, Israel, Ado-naj Elo-hejnu, Ado-naj EchaD-D-D!" (Slyš, Izraeli, náš Stvořitel je jediný), a proto se toto písmeno píše v daném případě velké (viz v modlitební knížce), protože velká písmena patří k Tvuně a toto velké písmeno Dalet slova EchaD znamená, že jeho místo je v Tvuně a tam je skryto světlo. A tím, že je protahujeme, samozřejmě nikoli hlasem, nýbrž duchovním činem, tím člověk vytváří spojení skrytí, které je v něm, s nižším strachem a láskou.

„UKÁZALA SE SOUŠ" – není dokonalosti ve vyšším strachu a lásce, které se projevují v šesti slovech modlitby „Slyš, Izrael" za pomoci slova JEDEN. Tato slova odpovídají slovům „Buď světlo," dokud nebude dole spojen strach a láska. Tato jednota se odhaluje ve světle skrytém v Tvuně, nazývaném „D" slova EchaD.

Proto poté, co se NAHROMADILY VODY POD NEBEM NA JEDNO MÍSTO, což znamená sestup světla Chochma do šesti částí ZA, UKÁZALA SE SOUŠ, označující písmeno D slova EchaD, které je třeba vyslovovat protaženě (duchovně) se záměrem, že se stává zemí za pomoci skrytí světla.

Toto všechno je nezbytné, aby se spojilo písmeno D, Tvuna, ve sjednocení s AVI, v důsledku čehož sestupuje světlo do VAK de ZON, aby se láska stala dokonalou.

206. Poté, co se spojila Malchut se ZA nahoře, ve VAK de ZON, je nezbytné spojit je dole v masách, tedy v šesti stranách Malchut, ve slovech BARUCH ŠEM KVOD

MALCHUTO LEOLAM VAED (požehnáno je velké jméno Jeho panování navěky), v nichž je šest jiných slov jednoty. A tehdy to, co bylo souší, se stalo zemí, která rodí plody a rostliny.

Po vyšším sjednocení, když se spojuje písmeno D slova EchaD nahoře, v AVI, je nutno spojit D slova EchaD dole, ve VAK, v šesti stranách Nukvy de ZA, Rahel (Ráchel), která stojí od hrudi ZA a níže. V Rahel se nachází všech 600 000 duší Izraele, nazývaných obyvateli Nukvy.

Poté, co se ZA spojuje ve světle AVI a odhaluje v něm, to, co bylo skryto v Tvuně, ve slovech „Ukaž se souš!", písmeno D, je nutno naplnit těmi dvěma odhaleními Nukvu, která se označuje šesti slovy POŽEHNÁNO VELKÉ JMÉNO JEHO PANOVÁNÍ NAVĚKY, odpovídajícími šesti Sefirot Ch-G-T-N-H-J Nukvy.

Bylo již vysvětlováno, že aby bylo možno odhalit lásku z obou stran, té dobré i té špatné, bylo skryto světlo. Ukrytím se však ještě neprojevuje láska z obou stran, té dobré a té špatné, je to možné pouze odhalením přísnosti. Před odhalením přísnosti bylo písmeno D slova EchaD SOUŠÍ bez jakéhokoli užitku, protože vyšlo z veškerého světla v důsledku ukrytí; ani strach v něm nebyl, aby se spojil do nižšího strachu a lásky, které doplňují vyšší strach a lásku, neboť se ještě neodhalila přísnost, odkrývající nižší strach a lásku.

Přísnost a zákon se nacházejí v nohách Parcufu Leah, které vcházejí do hlavy Parcufu Rahel. ZA má dvě Nukvy: Leah, nad jeho hrudí, a Rahel, pod ní. Nohy Leah končí na hrudi ZA a dotýkají se hlavy Rahel:

svět Acilut:

	Atik	
	AA	
	AVI	
	IŠSUT	
Nukvy	ZA:	ZA:
Leah:	hlava	hlava
Rahel:	tělo	ústa
	nohy	hruď
	hlava	hruď
	tělo	nohy
	nohy	chodidla
		Parsa
světy BJA		
		Machsom
náš svět		

Přísnost a zákon se nacházejí na konci nohou Parcufu Leah, a proto to ovlivňuje pouze Parcuf Rahel – každá duchovní vlastnost působí pouze z místa svého projevu a níže. Proto skrytí v nižší lásce a strachu se projevuje pouze v místě Rahel, kde se projevuje síla přísnosti a soudu.

Písmeno D slova EchaD bylo dříve, před odhalením přísnosti, souší a místem, nevhodným pro život. Nyní však, poté, co Parcuf Rahel, který je pod hrudí ZA, sestoupil do VAK, proměnila se souš v zemi, vhodnou k osídlení a pěstování plodů. To znamená, že se v ní plně ve své dokonalosti odhalila nižší láska a strach, který doplňuje vyšší lásku a strach, aby bylo všechno dokonalé z obou stran, vždyť právě tehdy se odhaluje všechno dobré v AVI.

Proto je řečeno SOUŠ NAZVAL STVOŘITEL ZEMÍ – EREC (slovo Erec pochází od Racon – přání), protože vlastnost D slova EchaD je v šesti Sefirot (stranách) Nukvy de ZA, kde je již odhalena vlastnost přísnosti a zákona. Tehdy D, které bylo v SOUŠI, vytvářelo její neživou vlastnost a činilo ji nevhodnou pro život, se proměňuje v Nukvě de ZA, v důsledku Zivugu s ním, v ZEMI, která rodí plody a je vhodná pro osídlení. Proto ji Stvořitel nazval zemí.

207. Je řečeno I NAZVAL STVOŘITEL SOUŠ ZEMÍ. Vztahuje se to k téže jednotě dole ve slovech POŽEHNÁNO JE JEHO VELKÉ JMÉNO NAVĚKY, kdy se země, nazývaná přáním, stala takovou, jak má být. Je tomu tak proto, že hebrejské slovo pro zemi - EREC pochází od slova RACON (přání). Proto je řečeno dvakrát DOBŘE třetího dne stvoření: jednou ohledně vyšší jednoty a jednou ohledně nižší jednoty. Je to z toho důvodu, že Malchut splývá s oběma stranami ZA, s VAK de ZA a s VAK jí samé. Odtud a dále země vytváří trávu, neboť je napravena, aby rodila plody.

Vyšší jednota, označená slovy NAHROMADÍ SE VODY POD NEBEM NA JEDNO MÍSTO, předává světlo, vytvořené v první den stvoření, shora dolů, od šesti vyšších stran AVI k VAK de ZA. A to se nazývá prvním slovem DOBŘE, které Stvořitel pronesl třetího dne stvoření.

A poté probíhá nižší sjednocení, označené slovy POŽEHNÁNO JE JEHO VELKÉ JMÉNO NAVĚKY, označující D slova EchaD, které nabývá dokonalosti pouze od šesti stran Nukvy, označovaného slovy I NAZVAL STVOŘITEL SOUŠ ZEMÍ a slovy ZAZELENEJ SE ZEMĚ ZELENÍ, protože ve VAK de Nukva se ze SOUŠE objevila ZEMĚ, která rodí plody.

O této jednotě VAK de Nukva pravil dvakrát DOBŘE Stvořitel třetího dne stvoření. Z toho plyne, že poprvé je DOBŘE řečeno o vyšší jednotě a podruhé o jednotě nižší. V důsledku nižší jednoty dosahuje dokonalosti láska z obou stran a světlo od AVI sestupuje k VAK de Nukva a dává plody 600 000 duším Izraele, které ji obývají.

Čtvrté přikázání

208. Čtvrté Přikázání zní: vědět, že HaVaJaH – Stvořitel je ELOHIM – Pán, jak se říká: A POZNAL JSI DNES A POCÍTIL SRDCEM, ŽE HaVaJaH – STVOŘITEL JE ELOHIM – PÁN. To znamená, že jméno ELOHIM se vlévá do jména HaVaJaH a není mezi nimi rozdíl.

HaVaJaH je ZA a Elohim je Nukva de ZA. Je nutno spojit podobou vlastností ZA a Nukvu tak, aby mezi nimi nebyl žádný rozdíl, aby se jméno Nukvy Elohim vložilo do jména HaVaJaH a aby se stala sama Nukva jako jméno HaVaJaH.

Toto spojení znamená přijetí světla Chochma, GAR, do ZON. Je tomu tak proto, že jednota, označovaná slovy SLYŠ, IZRAELI, znamená přijetí světla VAK do ZON od AVI, a jednota, která se zde vysvětluje, znamená přijetí světla GAR, Chochma, do ZON od AVI. Nikdy však nelze najednou dostat celý stupeň: nejprve dostávají VAK a poté GAR.

209. Proto je řečeno: „Buďte světla na nebeské klenbě...aby svítila na zemi." To označuje dvě nebeská tělesa, dvě jména HaVaJaH a ELOHIM jako jeden celek. Aby se Malchut, Elohim, vlilo do jména HaVaJaH, ZA. Černé světlo, Malchut, do bílého světla, ZA, bez jakéhokoli rozdílu, jako jedno. Bílý oblak ve dne, ZA, s ohnivým sloupem v noci, Malchut. Vlastnost dne, ZA, splynula s vlastností noci, Malchut, tak, aby začaly svítit jako jedno nebeské těleso.

Nukva se nazývá malým nebeským tělesem. Na počátku byla dvě nebeská tělesa, ZA a Malchut, a byla stejně velká. Luna – Malchut si však stěžovala, že dvě nebeská tělesa nemohou použít jednu korunu, zdroj světla. Načež jí Stvořitel odpověděl (Talmud, Chulin 60.2): „Jdi a zmenši se."

V důsledku toho se spustilo devět dolních Sefirot Malchut pod Parsu, do světa Berija, a ve světě Acilut zůstala pouze jedna její Sefira – Keter de Malchut. Úkolem spravedlivých bylo pozvednout devět dolních Sefirot Malchut ze světa Berija na úroveň ZA, napravit to, že se liší od ZA, to znamená znovu jí dát vyrůst, aby se stala rovnou ZA a dostala se do rovného Zivugu s ním, tváří v tvář. Měli napravit též vzdálení Malchut od ZA, které se zrodilo v důsledku stížnosti luny.

Stížnost luny vycházela z toho, že nemohla dostávat světlo přímo od Imy, nýbrž pouze přes ZA. Proto jí dal Stvořitel radu: zmenšit se na bod, Sefiru Keter, devět Sefirot od Chochmy do Malchut spustit pod Parsu a pomocí jednoty „Slyš, Izraeli" vybudovat Malchut ve VAK znovu, v dolní jednotě „Požehnáno je Jeho svaté jméno navěky". Je tomu tak proto, že síla soudu v ní napravuje Dalet slova EchaD, ze SOUŠE na ZEMI, rodící plody.

Proto se nyní stává černý bod Malchut, který způsobil její pád, významným jako světlo, neboť právě přísností soudu je budováno písmeno Dalet slova EchaD, stává se plodným.

Kdyby nebylo této síly přísnosti v Malchut, písmeno Dalet slova EchaD, Tvuna, by zůstalo SOUŠÍ. Proto je síla přísnosti a omezení při šíření světla v ní považována za významnější než samo světlo, protože se z ní stává příčina, zdroj světla, světla VAK, světla Chasadim.

Proto je nyní možno dostat světlo do VAK Malchut a přijmout světlo Chochma pozvedáním ZON do AVI. Vždyť se nyní i Nukva může spojit svými vlastnostmi s AVI jako ZA, nač si dříve stěžovala, neboť síla omezení světla se v ní proměnila v příčinu šíření světla. Proto jsou ZA a Malchut považovány za jeden celek: on je zdrojem světla pro ni a ona je zdrojem světla pro něj. Předtím Malchut zcela závisela na ZA, což ji ponižovalo.

V důsledku sjednocení ZA a Nukvy v AVI se ZA vkládá do Aby a Nukva se vkládá do Imy. ZA se stává bílými oblaky v denním světle a Nukva ohnivým sloupem ve světle noci. To znamená, že vlastnosti dne a noci se spojují do jedné vlastnosti, jak je řečeno: BUDE VEČER A BUDE JITRO, DEN PRVNÍ, a spolu svítí na ZEMI, na obyvatele Nukvy ve světech BJA.

210. A to je hřích prvního hada, spojujícího dole a rozdělujícího nahoře, protože způsobil světu to, co způsobil. Vždyť je nezbytné spojit nahoře a rozdělit dole. Černé světlo, Malchut, je třeba spojit nahoře se ZA do jednoho celku a oddělit je od špatné strany.

K jednotě a naplnění ZON světlem Chochma dochází pouze při jejich vzestupu do AVI, nad hrudí AA, kde ZA splývá s Abou a Nukva splývá s Imou. V důsledku toho se sdružují a ZA předává Malchut světlo Chochma. Pod hrudí AA, kde se ZON trvale nacházejí, se nemohou spojovat do jednoty, aby Nukva dostala světlo Chochma.

Právě to bylo příčinou Adamova hříchu, v důsledku čehož Had přinesl do světa smrt – způsobil odchod světla Chochma z Malchut. Učinil to tím, že přiměl Adama a Chavu, aby provedli Zivug – spojení na stálém místě ZON, pod hrudí AA. V důsledku toho byl přerušen Zivug nahoře, v AVI, neboť ZA začal předávat světlo Chochma z AVI do Malchut, která stojí dole.

V důsledku toho všechny části Malchut, které jsou ve světě, tedy duše, přišly o světlo Chochma od AVI, což je považováno za smrt. Je tomu tak proto, že jakmile se nečisté síly přibližují k ZON, aby odsávaly světlo Chochma od nich, AVI neprodleně končí svůj Zivug pro ZON, aby neumožnily nečisté síle přisát se k ZON. A jakmile světlo Chochma odchází ze ZON, neprodleně je opustí i nečistá síla, neboť se přibližuje k ZON pouze proto, aby se sytila světlem Chochma.

Malchut se ovšem, poté, co dostala, když byla v Imě, světlo Chochma, spouští na svoje stálé místo a předává toto světlo Chochma duším spravedlivých, nazývaných jejími obyvateli. Spojuje se s nimi v jednotě vlastností, neboť, vzhledem k tomu, že se nevytváří jednota se ZA dole, Malchut odchází od špatné strany a nečisté síly od ní nemohou dostávat.

211. Na druhé straně je třeba vědět, ze ELOHIM HaVaJaH je jedno, bez jakéhokoli rozdílu. HaVaJaH je ELOHIM. A jestliže člověk ví, že všechno je jediné a nevede k rozdělení, pak dokonce opačné nečisté síly mizí ze světa a nesestupují dolů.

I když je velký strach, že dojde k Zivugu ZON na jejich místě dole, nelze kvůli tomu neusilovat o Zivug nahoře, v AVI. Ba co více, je nutno dojít k tomu, že HaVaJaH je ELOHIM, čehož lze dosáhnout spojením ZA s Nukvou. A jestliže člověk pozvedá svůj MAN, čímž vyvolává vzestup ZON do AVI a jejich spojení v AVI, nečisté síly se tím zcela zbavují světla, ztrácejí síly a mizí ze světa.

212. Tajemství slova MEOHROT, které se skládá ze slov MAVET OHR, spočívá v tom, že nečisté síly jdou za věděním, pochopením, myšlenkou. A to je světlo, opak smrti – MAVET. Protože světlo – OHR se nachází uvnitř slova smrt – MAVET (píše se Meot), ve slově MEOHROT: MEohrOT. To hovoří o tom, že světlo odděluje smrt, ale když světlo mizí, písmena se spojují a tvoří slovo „smrt".

Nečisté síly přicházejí hned za rozumem (věděním, chápáním, myšlenkou). Rozum je „světlo", nečistá síla je „smrt", kde „světlo" je pojítkem mezi písmeny a smrt je rozděluje.

Vysvětlení: síla omezení v Malchut je zdrojem vzniku nečistých sil. V důsledku spojení ZON s AVI pro získání světla VAK a GAR se síla omezení v Malchut proměňuje ve světlo získáním světla VAK v dolním sjednocení. A poté se znovu pozvedá do AVI a Malchut splývá se ZA na stupni AVI.

Toto vyšší sjednocení se označuje slovem MEOHROT = OHR + MAVET: v důsledku sestupu světla VAK a GAR do Nukvy v sjednocení se ZA na úrovni AVI se síla omezení v Malchut proměňuje ve světlo a všechny nečisté síly zrozené z tohoto omezení mizí, protože se jejich kořen proměňuje ve světlo. A příslušně mizí písmena slova MAVET nečistých sil a objevují se slova MEOHROT OHR.

213. Od těchto písmen počala Chava a přivedla zlo do světa. Jak je řečeno, UVIDĚLA žena, že je dobré vrátit písmena slova MEOHROT zpět, vzala odtud písmena Vav-Tav-Reš-Alef a ve slově zůstala písmena Mem-Vav. A ta vzala k sobě písmeno Tav, čímž bylo sestaveno slovo Mem-Vav-Tab = Mavet (smrt). A ta písmena přinesla do světa smrt.

V důsledku jednoty písmen slova MEOHROT, označujících přijímání světla Chochma do ZON, v jednotě ZON nahoře, v AVI, odděluje jimi přijímané světlo písmena MAVET (smrt), protože v nich svítí a vytváří se nové spojení písmen MEOHROT. A jestliže ZON vytvářejí jednotu dole, na svém stálém místě, mizí světlo ze spojení písmen MEOHROT a zůstává slovo MAVET (smrt).

„ŽENA UVIDĚLA, ŽE STROM JE DOBRÝ..." (Berešit, Gn 3, 6) – „uviděla" se v hebrejštině píše slovem VETIRE = Vav-Tav-Reš-Alef; to jsou právě ta písmena, při jejichž vynětí ze slova MEOHROT (nebeská tělesa) v něm zůstávají písmena Mem-Vav, připojující písmeno Tav, Nukvu nečistých sil, a vytvářející dohromady slovo MAVET (smrt), jméno nečistých sil.

Chava přitáhla tato písmena ze slova MEOHROT, to znamená uposlechla Hadovy rady spojit ZON dole, na jejich místě. A tím porušila svaté spojení písmen slova MEOHROT. Vždyť spojení ZON dole neprodleně vyvolává rozdělení AVI a rozdělení slova MEOHROT na slova OHR (světlo) a MAVET (smrt).

V nečistých silách, nazývaných „smrt", existuje mužská část, nazývaná SAM, a ženská část, nazývaná Lilit. Písmeno Mem je mužská část slova MaVeT, nazývaná Sam, a písmeno Tav je ženská část nečisté síly, nazývaná Lilit. A tak došlo k Zivugu mužské a ženské části, Mem a Tav a Jesod – Vav; to vytvořilo slovo MaVeT (smrt), jakožto název nečisté síly.

A to znamená, že se u Chavy objevil Had a předal nečistotu od sebe k ní, protože v důsledku toho, že uposlechla hadovy rady, vešlo do ní písmeno Tav rozdělující slovo OHR (světlo) a sloučilo písmena spojením VETIRE (A UVIDĚLA). A poté se zjevila mužská část nečisté síly, Mem-Vav, a provedla Zivug s písmenem Tav, které již v Chavě bylo, a objevila se MaVeT – smrt ve světě.

214. A hleď: pravil rabi Eleazar: „Otče můj, učil jsem, že poté, co Chava zabrala písmena VeTiRE ze slova MEOHROT, písmena Mem – Vav nezůstala, zůstalo pouze jedno písmeno Mem. Je tomu tak proto, že písmeno Vav je písmeno života a proměnilo se ve smrt tím, že k sobě přitáhlo písmeno Tav, z čehož se vytvořilo slovo MaVeT (smrt)." Odpověděl mu: „Buď požehnán, synu můj!"

Rabi Eleazar odpověděl, že písmeno Mem zůstalo samo, bez písmene Vav, protože písmeno Vav znamená Jesod, a Sam, mužská část nečistých sil, Jesod nemá. Vždyť je řečeno, že nemůže plodit potomstvo, podobně jako vykastrovaný muž. Písmeno Vav označuje Jesod, místo provedení Zivugu, spojení mužské a ženské části ZON. Písmeno Vav vždy označuje život, Jesod čistých sil, jejichž Zivug přináší plody, neboť je prováděn na clonu, stojící v Jesodu.

Zde se Vav proměnilo z čistého v nečisté a stalo se Jesodem nečisté síly – smrti – MaVeT. A poté, když dostalo od Jesodu čistých sil, spojilo se v Zivugu Vav s Tav, a vytvořilo se slovo MaVeT. Právě Adamův hřích odvedl Vav z čistých sil do nečistých.

Páté přikázání

215. Páté přikázání. Je řečeno: „Hemžete se, vody, živočišnou havětí." Na tomto místě jsou tři Přikázání. První je zabývat se Tórou, druhé je plodit se a rozmnožovat, třetí je osmý den odříznout předkožku. A je nutno zabývat se Tórou po všechny dny, neustále, pro nápravu duše i ducha.

Čtyři předchozí Přikázání vycházejí ze čtyř prvních dnů stvoření a jsou určena k nápravě stupňů Ch-B-ZA-M samotného světa Acilut:

První Přikázání, vycházející ze slova BEREŠIT, Biny, je strach ze Stvořitele, Velkého a Vševládného, to je pouze GAR de Bina, která je v AVI, jež se nacházejí od úst k hrudi AA, Jod jména HaVaJaH.

Druhé Přikázání, vycházející ze slov BUĎ SVĚTLO, je určeno k nápravě ZAT de Bina, nazývaných IŠSUT, jež se nacházejí od hrudi do Taburu AA, to znamená pod jeho Parsou. Když se však řekne BUĎ SVĚTLO, znamená to, že se IŠSUT pozvedly a spojily s AVI do jednoho Parcufu nad hrudí AA. A odtud se pozvedly do hlavy AA.

Takový stav, takový stupeň, se nazývá „Velká láska", první písmeno Hej jména HaVaJaH: Jod-HEJ-Vav-Hej, a od něj vychází světlo do ZON. ZON však od AVI nemohou dostat světlo Chochma, protože jsou GAR de Bina a vždycky zůstanou pouze se světlem Chasadim, nepřejí si dostávat. Proto se nazývají STRACH.

A ZON dostávají světlo Chochma od ZAT de Bina, od IŠSUT, které se pozvedly nad Parsu AA a nazývají se „Velká láska". IŠSUT však, stojící pod Parsou AA, nemohou vyslat světlo Chochma do ZA, protože světlo Chochma je v nich skryto. A jejich Tvuna se nazývá SOUŠ.

Třetí Přikázání vychází ze dvou nebeských těles třetího dne stvoření, o čemž je řečeno: „NAHROMAĎTE SE, VODY, POD NEBEM NA JEDNO MÍSTO A UKAŽ SE SOUŠ... ZAZELENEJ SE, ZEMĚ, ZELENÍ. Toto Přikázání je pro nápravu VAK de ZON, jejichž vyšší jednota vychází z výroku NAHROMAĎTE SE VODY – pro ZA, a nižší jednota sestupuje výrokem ZAZELENEJ SE, ZEMĚ, ZELENÍ – k VAK de Nukva.

Čtvrté Přikázání vychází z výroku BUĎTE NEBESKÁ TĚLESA pro nápravu GAR v ZA a Malchut.

Tak do pátého dne došlo již ke všem nápravám, nezbytným pro AVI, iŠSUT a ZON světa Acilut. ZON dostaly GAR, světlo Chochma, mohou udělat Zivug tváří v tvář a jsou stejného vzrůstu. Proto jsou všechna ostatní Přikázání určena pro tento Zivug ZON.

Páté Přikázání HEMŽETE SE, VODY, ŽIVOČIŠNOU HAVĚTÍ. Nyní je nutno přivést ZON k dokonalému Zivugu tváří v tvář, to znamená: a) dostat na Zivug světlo Nešama, aby i Adam dostal toto světlo a mohl provést svatý čistý Zivug, jehož lze dosáhnout úsilím člověka při práci na Tóře; b) plodit svaté duše; c) napravit svatou úmluvu obřezáním a odstraněním.

Úsilí při práci na Tóře znamená, že se jí člověk zabývá, i když si uvědomuje, že jí nedosahuje (nedostává do svých napravených přání, nazývaných tělo). Vyslovuje její slova pouze „ústy" (není ještě schopen dostat do těla světlo = Tóru ve prospěch Stvořitele), ale v důsledku toho dosahuje světla Nefeš. Úsilí musí odpovídat ochotě člověka uskutečnit všechno, co jen je v jeho silách, aby dosáhl Tóry a pochopil ji, v důsledku čehož člověk dosahuje světla Ruach. Nesmí se však omezit na to, co uskutečnil, nýbrž rozmnožovat svoje skutky, aby dosáhl světla Nešama. A tak je člověk každý den povinen usilovat o nápravu svých Nefeš a Ruach a jejich rozmnožováním dosahovat světla Nešama.

216. Proto, že se člověk zabývá Tórou, napravuje jinou svatou duši, jak je řečeno, HEMŽETE SE, VODY, ŽIVOČIŠNOU HAVĚTÍ, oživující svatou duši, to je Malchut. Je tomu tak proto, že když se člověk nezabývá Tórou, není v něm svatá duše, svatost, která sestupuje shůry. A když se člověk Tórou zabývá, je hoden jejího světla jako svatí andělé.

Živou se nazývá Nukva ZA ve svém velkém stavu v Zivugu se ZA tváří v tvář, protože v takovémto případě se ZA nazývá „Strom života". Z tohoto důvodu se Nukva nazývá „Život". V důsledku vzestupu MAN během práce s Tórou ve prospěch Stvořitele člověk přivádí ZON k Zivugu a dostává od něj světlo Nefeš. A jestliže se Tórou nezabývá ve prospěch Stvořitele, nedosahuje ani světla Nefeš, protože nevyvolává Zivug Stvořitele a Šechiny. Zivugu lze dosáhnout pouze pozvedáním MAN.

Proto je řečeno: HEMŽETE SE VODY ŽIVOČIŠNOU HAVĚTÍ – protože Tóra se nazývá voda. Vzhledem k tomu, že pozvedá MAN za pomoci Tóry, je člověk uznán za hodna světla Nefeš, svatého ducha, od světla Chaja (Život). Člověk přitom splývá se Stvořitelem až poté, co dosáhne světla Nefeš, Ruach a Nešama od vyššího svatého života CHAJA. On spojuje světlo Nefeš se světlem Ruach, světlo Ruach se světlem Nešama a světlo Nešama se Stvořitelem.

217. Je řečeno: „Velebí Stvořitele Jeho andělé." Ti, kdo se zabývají Tórou, se nazývají andělé země. Jsou to, jak je řečeno, PTÁCI, LÉTAJÍCÍ NAD ZEMÍ. To je tento svět. A v tomto světě, jak se učí, jim v budoucnu Stvořitel učiní křídla jako u orla, aby se vznášeli po celém světě.

Proč se hovoří o andělích? Protože andělé jsou duchovní síly, mechaničtí vykonavatelé Stvořitelovy vůle. Byli již několikrát srovnáváni s živočichy v našem světě typu koně, který vykonává vůli člověka. Andělé jsou duchovní síly, které nemají svobodnou vůli, ani egoismus, a proto nehřeší a nepotřebují Tóru. Jsou duchovně neživí, stojí na jednom místě a duchovně nerostou.

Člověk však je stvořen tak, že dříve, než splní to, co je mu přikázáno, musí si uvědomit, co se mu přikazuje. Andělé však plní příkazy ještě dříve, než je slyší, než chápou, co od nich Stvořitel chce, protože jim vládne Stvořitelovo přání. A proto není nic, co by je oddělovalo od okamžitého splnění Stvořitelovy vůle. Z tohoto důvodu Stvořitele neustále následují, jako se stín pohybuje za člověkem. A proto se má za to, že konají ještě dříve, než slyší.

Proto člověk může konat podobně jako andělé, i když jeho přání mají egoistickou povahu, jestliže se stávají stejnými jako přání andělů, jejichž činy předcházejí pochopení (zaslechnutí). Takový člověk stejně jako andělé plní všechna Stvořitelova přání ještě dříve, než si je uvědomí, uslyší, pochopí. Vždyť následuje Stvořitele jako lidský stín.

Lze to uvést na příkladu: když vítr zvedá prach člověku do očí, ten rychle zavírá oči, ještě dříve, než si to jeho mozek a myšlenky uvědomí a pocítí tuto nutnost: čin – zavření očí – předchází vjem prachu.

U takového člověka, i když jeho fyzické tělo je s námi na této zemi, jeho (duchovní) tělo (přání) se stává podobným andělům a jeho skutky předcházejí zaslechnutí. Nepotřebuje sluch, aby plnil Stvořitelovu vůli, ale plní kterékoli Přikázání ještě předtím, než stačí mozkem vnímat to, co dělá. A proto je považován za anděla.

Zohar praví, že mu v budoucnu Stvořitel učiní křídla, aby létal nad celým světem. Protože do té doby, dokud člověk nedosáhl svaté duše, nedostal světlo Nefeš, nejmenší duchovní světlo, vládne mu nečistá síla, jak je řečeno u proroka (Šmuel 1, S 1 25, 29): „… duše tvých nepřátel ať vloží do praku a odmrští."

Jde o to, že nelze splynout se Stvořitelem a plnit Jeho přání – Přikázání do té doby, než člověk uvěří ve Stvořitelova jména, že On je absolutně dobrý ke všem a koná pouze dobro. A jestliže člověk ještě nedosáhl svaté duše a ještě mu vládne nečistá síla, pak, když jeho myšlenky ještě létají po celém světě, vidí, že Stvořitelovo řízení ve světě, jak se mu zdá, není absolutně dobré, jakým by mělo být, v souladu s Jeho jmény. Tímto svým pocitem působí úhonu svatým Stvořitelovým jménům a nemůže pro sebe nalézt klidné místo, věřit v Jeho jména a sblížit se s Ním.

Proto se špiní v nečistotě natolik, že mu přichází na mysl nevěřit ve Stvořitele, v Jeho jména. To se však nikterak neprojevuje v duchovnu; dochází k tomu proto, že člověk ještě nedosáhl duchovna a nekoná žádné činy pro to, aby do duchovna vešel.

Jakmile však dostane svatou duši, světlo Nefeš, neprodleně se jeho tělo (přání, myšlenky) stává jako andělé: je hoden konat před vědomím. A o takovémto člověku je řečeno: „A ptáci létají nad zemí," protože mu Stvořitel v budoucnu učiní křídla a člověk bude létat nad celým světem.

Je tomu tak proto, že se v myšlenkách vznáší nad celým světem a vidí Stvořitelovo řízení na všech – ale nejen že nechybuje, když vidí všechny projevy tohoto řízení, nýbrž nabývá sil pozvednout MAN, aby zvýšil svoji duchovní antiegoistickou sílu. Právě při pohledu na všechny případy projevu Stvořitelova řízení světa, když vidí vnější nedobré projevy tohoto řízení, dostává takový člověk možnost prosit o posílení své víry. A pro svoji víru ve Stvořitelovu jednotu, v to, že Stvořitelovo řízení je vždy absolutně dobré, pozvedá MAN a dostává stále větší světlo ve prospěch Stvořitele.

218. O tom je řečeno: A PTÁCI, LÉTEJTE NAD ZEMÍ. Je to proto, že Tóra, nazývaná VODA, HEMŽETE SE ŽIVOČIŠNOU HAVĚTÍ, od tohoto živého místa v ní, nazývaného Malchut, sestoupí všechno dolů. O tom pravil král David: ČISTÉ SRDCE VE MNĚ STVOŘIL STVOŘITEL, abych se zabýval Tórou, A SVATÝ DUCH SE OBNOVIL VE MNĚ.

Jako pokračování vysvětlení předchozího textu připodobňuje Zohar Tóru k vodě; jako z vody vznikli živí tvorové, tak z Malchut, nazývané život, sestupuje dolů světlo života na celý svět. O toto světlo žádal David Stvořitele, o čisté srdce, aby se mohl zabývat Tórou a pozvedat MAN. Z toho dostane i svatého obnovujícího ducha – síly pro to, aby mohl ještě více splynout se Stvořitelem.

Šesté přikázání

219. Šesté Přikázání je plodit se a rozmnožovat, protože ten, kdo se tím zabývá, proměňuje pramen, nazývaný Jesod ZA, v nevysychající proud. A moře, Malchut, se naplní ze všech stran a nové duše vyjdou z toho stromu. Množství sil vyjde spolu s těmi dušemi, aby je chránily. Proto je řečeno: HEMŽETE SE, VODY, ŽIVOČIŠNOU HAVĚTÍ. To je znamení svaté úmluvy. Pramen se zvětšuje, stává se řekou a probouzí k životu stále nové duše.

Vzrušení zdola vyvolává vzrušení nahoře: vzestup MAN, modliteb a proseb nižších o získání sil pro duchovní altruistické činy působí nahoře Zivug Stvořitele se Šechinou. Na základě toho se pramen, Jesod ZA, naplňuje vodou a sestupuje do Nukvy ZA, kterou plní ze všech stran: jak pro to, aby se oživily všechny světy (dát světlo Chasadim), tak aby se zrodily nové duše (dát dolů světlo Chochma, neboť rození může být pouze ve světle Chochma).

Vyskytují se dva druhy Zivugu ZON: a) Zivug existence, Zivug na světlo Chasadim, od nějž vychází světlo Chasadim, aby dalo všem nižším všechno nezbytné pro existenci. Od tohoto Zivugu na světlo Chasadim se rodí rovněž andělé; b) Zivug rození, Zivug na světlo Chochma, od nějž se rodí nové Parcufim, lidské duše.

Tyto nové duše se rodí a vycházejí ze stromu, ze ZA. I když se však nazývají novými, skutečné nové duše vycházejí ze světa nekonečna. A tyto duše již byly v Adamovi a v důsledku hříchu upadly do nečistých sil. A nyní se vracejí k životu za pomoci Stromu života, ZA, a proto se nazývají nové duše. Spolu s nimi sestupují mnohé jiné síly, nazývané nebeské síly, armády. Ale zcela nové duše sestoupí do světa až po skončení nápravy Adamova hříchu.

Jesod ZA se nazývá „úmluva", protože my, Malchut, duše, cítíme a dostáváme od něj veškeré světlo našeho žití. On je pro nás zdrojem života, vycházejícím ze Stromu života, ZA. ZA se pozvedá do AVI, nazývaných „zahrada", proto, aby od nich vzal vodu k naplnění Malchut, své Nukvy. Zivug VAK, Chasadim, se nazývá HEMŽETE SE, VODY, a Zivug GAR, Chochma, se nazývá ŽIVOČIŠNÁ HAVĚŤ.

220. S těmito dušemi, které patří do Malchut, vchází několik ptáků, tedy andělů, vznášejících se po celém světě. A když duše vychází do tohoto světa, pták, který s ní vyšel z tohoto stromu, vychází spolu s ní. Kolik andělů vychází s každou duší? Dva – jeden zprava a druhý zleva. Jestliže je toho hoden, tito andělé ho stráží, jak je řečeno: PŘIDĚLIL JSEM TI ANDĚLY, ABY TĚ STRÁŽILI. A jestliže toho hoden není, žalují a obviňují jej. Rabi Pinchas pravil: „Jsou tři andělé, kteří stráží člověka, jestliže toho je hoden, jak je řečeno: JE-LI NAD NÍM ANDĚL STRÁŽNÝ, JEDEN Z TISÍCE, KTERÝ ČLOVĚKA VARUJE. Je-li nad ním ANDĚL, je to ten první. STRÁŽNÝ je druhý. Jeden z tisíců, který VARUJE ČLOVĚKA, je ten třetí."

221. Pravil rabi Šimon: „Je celkem pět andělů, protože je ještě napsáno: za tím, co dává, je jeden a za jiným jsou dva, celkem pět." Odpověděl mu: „Tak to není. Dává pouze Sám Stvořitel a nikoli anděl, protože nikomu jinému není povoleno dávat, dává pouze On.

Spolu s rodícími se dušemi vychází několik andělů, nazývaných VZNÁŠEJÍCÍ SE nebo LÉTAJÍCÍ, kteří pomáhají duším převážit misku zásluh. Nebo naopak, tito andělé si stěžují na duše Stvořiteli a tlačí je k misce hříchů, která vyvolává tresty. Tito andělé krouží nad celým světem, vidí, jak Stvořitel všechno ovládá, jak se Jím všichni řídí, a sdělují to duši. Je-li duše toho hodna, přikládá sebe a celý svět na misku zásluh, a je-li nehodna, přikládá sebe a celý svět na misku hříchů.

Proto rabi Pinchas vůbec nic nenamítá rabimu Šimonovi, když hovoří, že pouze dva andělé se rodí s duší. Praví, že do té doby, dokud budou v člověku pouze dva andělé, nemá možnost definitivně se převážit na misce zásluh a je střídavě buď na straně trestu, nebo na straně zásluh – odměn. V důsledku dobrých skutků člověka se však v něm rodí třetí anděl, který mu umožňuje převážit všechno na misce zásluh. Proto dosahuje své nápravy pouze za pomoci tří andělů.

222. A kdo odmítá plození a rozmnožování, jakoby tím zmenšoval podobu, zahrnující v sobě všechno ostatní, podobu člověka, a způsobuje v tom zdroji, Jesodu ZA, vysychání vod pramene a škodí svaté úmluvě, Jesodu ZA, ze všech stran. A o něm je řečeno: Vyjděte a pohlédněte na mrtvoly lidí, kteří hřešili před Stvořitelem. Samozřejmě že hřešili přede Mnou. To je řečeno o těle a jeho duše vůbec nevchází do clony, tedy do Stvořitelova prostoru. A takový člověk je ze světa vyhnán.

Malchut se nazývá „podoba", „vlastnost", obsahující všechny ostatní vlastnosti, neboť všechny podoby NaRaN spravedlivých a andělů tří světů BJA od ní vycházejí. A představují všechny síly a armády. A kdo se nezabývá plozením a rozmnožováním, zmenšuje tím podobu Malchut a překáží nasazení všech jejích sil a armád.

Je tomu tak proto, že za pomoci MAN nižších sestupuje shůry světlo a vyvolává Zivug Stvořitele se Šechinou, z nějž se rodí NaRaN – duše spravedlivých a andělů ve světech BJA.

A ti, kdož brání Zivugu, vyvolávají vyschnutí prameně, Jesodu ZA, aby přestal vylévat svoje mužské vody do svaté Šechiny, Malchut. A tím škodí svaté úmluvě ve všech jejích vlastnostech, protože zadržují dvě části Zivugu – jak VAK, na světlo Chasadim, tak i GAR, na světlo Chochma.

Vždyť Přikázání plození a rozmnožování neustále zvětšuje duši, v důsledku čehož člověk navěky vítězí rovněž i nad svým tělem, aby mohlo vstát ve vzkříšení mrtvých. A ten, kdo se nezabývá plozením a rozmnožováním, proměňuje svoje tělo v mrtvolu, o níž je řečeno: VYJDĚTE A HLEĎTE NA MRTVOLY LIDÍ. Vždyť jeho duše nemůže vejít do Stvořitelova prostoru, splynout s Ním, a člověk se připravuje o budoucí svět.

Sedmé přikázání

223. Sedmé Přikázání je provést osmý den obřezání, a odstranit tak nečistotu předkožky, protože Malchut je osmým stupněm všech stupňů, začínajících Binou. A duše, která se z ní povznáší, musí před ní představit osmého dne, protože ona je osmým stupněm.

Nukva ZA se nazývá Chaja, jestliže se pozvedá a odívá na Imu-Binu, na osmý stupeň od Malchut, počítá-li se všech deset Sefirot zdola nahoru. Proto se Malchut nazývá osmá, vždyť se pozvedla na osm stupňů, od svého stupně do stupně Biny. A když se pozvedla do Biny, nazývá se Chaja jako Bina.

Proto lidská duše, která se rodí od Malchut, jež se pozvedla do Biny, musí představit před Malchut ve všech náležitých nápravách obřezání, odstranění předkožky a ohrnutí jejího zbytku osmého dne po svém zrození od Malchut. Tehdy je totiž patrno, že je to duše, která se zrodila od svatého stupně Chaja a nikoli od jiného stupně.

Je tomu tak proto, že v důsledku síly obřezání a ohrnutí je odvrhována nečistá síla od lidské duše a ona může dostat dokonalost světla Chaja. A HEMŽETE SE, VODY, tím Malchut dostává vyšší mužské vody od ZON a naplňuje se těmito vodami.

224. Tehdy je jasně patrno, že to je duše typu Chaja. To znamená, že duše pochází od tohoto svatého stupně Chaja, Malchut, a nikoli od jiného stupně. A v důsledku HEMŽETE SE, VODY, jak se vysvětluje v Hanochově knize, se mísí vody svatého semene ve vlastnostech duše Chaja. A tato vlastnost písmene Jod, zapsaného na svatém těle, je více než všechny ostatní zápisy světa.

V důsledku obřezání naplňují vyšší mužské vody lidskou duši v podobě, jakou člověk dostal v Nukvě, nazývané duše Chaja. Vyšší svět, nazývaný Bina, se označuje písmenem Jod a nižší svět, Malchut, se označuje písmenem Hej, jeho vlastností. Když se však Malchut pozvedá do Biny, mizí z ní písmeno Hej a stává se jako Bina písmenem Jod.

Rovněž i v člověku, v důsledku plnění Přikázání duchovního obřezání, mizí písmeno Hej a objevuje se v něm vlastnost písmene Jod jako v Nukvě, která se pozvedla do Biny. A jestliže lidské tělo získalo vlastnost Jod, může dostat duši Chaja od Nukvy.

225. A PTÁCI, LÉTEJTE NAD ZEMÍ – to je Elijahu (Eliáš), když oblétal svět čtyřikrát, aby byl na místě uskutečnění svaté úmluvy. A je nezbytné mu připravit křeslo a říci o tom nahlas: TOTO KŘESLO JE PRO ELIJAHUA. A nebude-li tak učiněno, neobjeví se tam.

Andělé pocházejí od AVI, a proto jsou pouze v nebi, skládají se z Ch-G-T-N-H-J. Proto, když se zjeví na zemi, aby splnili to, k čemu jsou vysíláni, říká se, že letí v šesti letech, neboť se odívají do šesti Sefirot.

Elijahu však není od AVI, nýbrž od Malchut, a proto trvale patří k zemi. A vzhledem k tomu, že v Malchut jsou pouze čtyři Sefirot od ZA, vždyť stojí souběžně se Sefirot T-N-H-J od hrudi ZA dolů, říká se, že Elijahu letí ve čtyřech letech, to znamená, že se odívá do čtyř Sefirot T-N-H-J.

V žádném případě nelze chápat slova o tom, že Elijahu je přítomen na každém obřadu obřezání, doslovně. Proč však jsou lidé povinni pozvat jej, jestliže je sám povinen zúčastnit se?

Zohar to vysvětluje na zcela jiném místě (Šlach, 18) takto: existují čtyři nečisté síly – „Uragán", „Velký oblak", „Plápolající oheň" a „Noga". Nejnižší nečistá síla, „Uragán", je uvnitř. Na ni se jakoby navléká „Velký oblak" a na ten se zase navléká „Plápolající oheň". Na všechny se zvenku navléká Noga.

Všechny světy, všechny síly, a vše co bylo stvořeno, se nachází uvnitř člověka. A to jsou naše duchovní síly, za jejichž pomoci můžeme dosáhnout cíle stvoření.

První tři nečisté síly jsou zcela nečisté (egoistické). Noga však je napůl dobrá a napůl špatná. Jak to je možné, vždyť duchovno je vždycky skutečné? Jak tedy v něm může být něco napůl, něco, co se skládá ze špatného, egoistického, a dobrého, altruistického, současně?

Něco takového vskutku být nemůže. Noga je neutrální síla, kterou lze použít jako čistou sílu – a tehdy se sama Noga nazývá dobrá, nebo jako nečistou sílu – a tehdy se sama Noga nazývá špatná. Proto se nazývá napůl dobrá a napůl špatná, i když je sama neutrální. Může být připojena k čistým silám nebo k nečistým silám – závisí to pouze na člověku.

DUCHOVNÍ SÍLY ČLOVĚKA:

Čisté síly	– altruistické,
Noga	– neutrální,P
Plápolající oheň	– egoistické,
Velký oblak	– egoistické,
Uragán	– egoistické.

Tyto čtyři nečisté síly se nacházejí na konci každého duchovního Parcufu, v jeho Sefiře Jesod. V Sefiře Jesod jsou dvě vrstvy kůže, jedna na druhé. Jedna vrstva se nazývá ORLA a v ní jsou tři nečisté síly. Druhá vrstva kůže se nazývá PREJA, to je Noga.

První člověk Adam se narodil obřezaný, to znamená, že v něm vůbec nebyly tři nečisté síly, správněji, vůbec v sobě necítil egoistická přání. Jinak řečeno, nemohla se k němu přisát. Byla v něm, v jeho pocitech, Noga. Protože však byla oddělena od tří nečistých sil a spojena s čistou silou, Adamovými altruistickými přáními, sama Noga se považovala za zcela dobrou.

Tři nečisté síly dohromady se nazývají Had. Tato tři nečistá přání byla v Adamovi probuzena a byl pokoušen, aby je použil. Tím Adam k sobě přitáhl ORLA, jak je řečeno v Talmudu (Sanhedrin) 38, 2). A jakmile k sobě připojil ORLA, neprodleně z něho zmizela čistá duše, světlo světa Acilut, neboť se jeho přání stala egoistickými a on upadl ve svých vlastnostech – přáních do světa Asija, na poslední stupeň, který se nazývá „tento svět". Byl odsouzen k smrti, k zmizení vyššího duchovního světla.

Proto o něm je řečeno, že vzhledem k tomu, že nedodržel příkaz nejíst plody Stromu poznání, připojil k sobě ORLA. V důsledku toho získaly nečisté síly obě vrstvy kůže na Sefiře Jesod Adamova Parcufu. Rovněž PREJA, nazývaná Noga, se stala nečistou, v důsledku spojení s ORLA, s třemi nečistými silami. Mezi nimi je však rozdíl v tom, že PREJA byla dříve, před Adamovým hříchem, čistá a veškerá její nečistota pochází pouze od spojení s ORLA.

Podle toho jsou dva druhy nápravy – obřezání a ohrnutí kůže. ORLA je nutno odříznout a vyhodit do prachu – pouze tak se lze osvobodit od těchto egoistických přání. A PREJA může být ponechána spojená s Jesodem. Je však nutno provést ohrnutí kolem Sefiry Jesod – zvláštní duchovní akt, jímž je PREJA osvobozena od nečistých sil, které v něm zbyly. Proto tento akt vyvolává návrat světla do Parcufu, které zmizelo v důsledku egoistických přání, jež vládla v Parcufu před provedením duchovního obřezání.

Toto však ještě nestačí k naplnění Parcufu, nazývaného Adam, světlem, jak tomu bylo před jeho hříchem, před tím, než použil Hadovy nečisté síly a pojedl plod ze Stromu poznání (získání světla Chochma do egoistických přání). Bylo tomu tak proto, že nyní, po Adamově hříchu a pádu, existuje zvláštní anděl jménem SAM, který člověka obviňuje a žaluje na něj.

Aby se neutralizovala tato síla SAMA, vzal Elijahu na sebe jeho úlohu obviňovat, z čehož se u něho objevila rovněž možnost hájit Izrael (člověka, který baží po Stvořiteli), když ten provádí obřezání (svých egoistických přání).

Proto je řečeno, že Elijahu musí být přítomen na každém obřadu obřezání (Brit Mila – úmluva se Stvořitelem), neboť, jako si stěžuje Stvořiteli místo SAMA, že Izrael opustil svoji úmluvu se Stvořitelem, tak má také možnost dosvědčit, že Izrael, který baží po Stvořiteli, úmluvu dodržuje. V důsledku toho se světlo vrací do Parcufu.

Proto kromě křesla, na němž sedí ten, kdo drží novorozeně, je třeba připravit ještě jedno křeslo pro proroka Elijahua. Toto křeslo totiž znamená počátek nápravy pro působení vyššího na nižšího. První křeslo, na němž sedí ten, kdo drží novorozeně, je Stvořitelovo křeslo, pro naplnění světlem v důsledku obřezání a ohrnutí nečistých sil. Druhé křeslo je pro Elijahua, aby neutralizoval stížnosti nečistých sil na člověka Stvořiteli, aby nemohly člověka obviňovat.

K tomu však, aby se Elijahu zjevil, je nutno vyslovit nahlas: TOTO KŘESLO JE PRO ELIJAHUA. Jde o to, že člověk je obřezán osmého dne, poté, co nad ním přešel sobotní den – Malchut se světlem AVI, nazývaných „svatí". Vzhledem k tomu, že odvrhovaná přání, ORLA, se vyhodí, nečistá síla vidí, že se jí dává část úmluvy se Stvořitelem. V důsledku takového daru přestane obviňovat člověka a stěžovat si na něj, naopak, začíná jej obhajovat před Stvořitelem.

Duchovní přání – objekty si navzájem předávají svoje vlastnosti. Vzhledem k tomu, že ORLA byla spojena s Jesodem, po jejím odříznutí od Jesodu zabírá s sebou (v sobě) část čistých přání. A protože ji vyhazujeme do prachu, ven, do nečistých sil, vysávají z ní to slabé světlo, které mohou získat z obřezání a ohrnutí předkožky.

Proto si nečisté síly na Izrael nestěžují a nepřejí si zničit toto světlo, neboť tím ztratí svoji část, kterou od něj sají. A tak se proměňují v obhájce čistých sil, aby se čisté síly naplňovaly vyšším světlem.

Elijahu však tuto nápravu nesnese, vždyť i když nečistota přestává překážet a stěžovat si na Izrael, bere si za to pro sebe část světla. A aby to bylo napraveno, bere Elijahu veškeré obvinění Izraele na sebe a vůbec si nepřeje vyčlenit pro nečisté síly žádné milodary od čistých sil.

Proto, i když si nečistá síla přestala stěžovat na Izrael a stala se naopak obhájkyní, Elijahu sám nadále obviňuje, aby nečistým silám vytrhl všechny síly a plně je oddělil od čistých. Proto je nutné křeslo pro Elijahua. Vždyť právě on zcela odděluje nečisté síly od čistých.

Z tohoto důvodu je nutno říci nahlas: TOTO KŘESLO JE PRO ELIJAHUA. Vždyť po obřezání zůstává ještě část světla v nečistých silách a připomínka Elijahua jim zcela bere veškeré spojení se světlem. Proto, jestliže člověk svým úsilím nevysloví (clonou, stojící v ústech) svoje přání úplně utnout nečisté síly, nedojde k tomu přesto, že první křeslo je Stvořitelovo. Je tomu tak proto, že Stvořitel začíná stvoření – klade jeho základy v podobě prvního křesla a člověk pokračuje a napravuje svoji přirozenost plněním altruistických skutků.

226. Stvořitel stvořil velké Leviatany. Dva – ORLA a PREJA, mužskou a ženskou sílu. A všechny živé bytosti. Je to záznam svaté úmluvy, duše svatého světla Chaja, jak je řečeno, HEMŽETE SE, VODY, to znamená vyšší vody, sestupující k této úmluvě.

Leviatan a jeho manželka jsou to, co stojí proti ORLA a PREJA, které se nazývají rovněž NACHAŠ - mužský had a ALKATON – jeho manželka. ORLA je had, NACHAŠ je mužská část, kterou je třeba odseknout a předat prachu. PREJA je náprava, vysvobození od ženské části hada, jímž je ALKATON. V důsledku těchto náprav sestupuje shůry, z vyššího světa, od AVI, světlo Chaja.

227. Proto je zapsán Izrael dole ve svaté podobě, jako jeho podoba nahoře, aby se oddělila čistá část od nečisté, aby se rozlišovalo mezi svatostí Izraele a jiných národů, vycházejících z druhé strany. A jak je zapsán Izrael, tak jsou zapsána i zvířata a ptáci, aby bylo možno podle nich určit, kteří patří k Izraeli a kteří k národům světa. Šťastný je osud Izraele!

Vztah člověka ke všem živým bytostem našeho světa je podobný vztahu obecného duchovního stvoření, nazývaného „člověk", k jeho částem. Jde o to, že Adam zahrnuje v sobě, ve svém duchovním těle, všechno. A není nic, kromě tohoto duchovního Parcufu, nazývaného „člověk" nebo „Adam".

Všechny duchovní objekty, andělé, duše, čisté a nečisté síly, jsou části Adamova těla. Všechno, o čemž se hovoří v kabale, se týká pouze duchovního světa, jednoho stvoření, člověka, Adama. Adamovy různé části, jeho různá přání, se nazývají Izrael, národy světa, čistí nebo nečistí živočichové atd.

Všechno, co člověk musí učinit v našem světě – protože každý z nás je stvořen podle Adamova obrazu, opakuje v sobě celý jeho Parcuf – je vybudovat v sobě čistý Parcuf altruismu, včetně obřezání všech egoistických přání v srdci, a oddělit ve všech svých přáních, na všech úrovních své duše, čisté od nečistého.

Osmé přikázání

228. Osmé Přikázání je milovat příchozího z jiného národa, který si přeje vejít pod křídla Šechiny, Malchut. Ta bere pod svoje křídla všechny, co se oddělují od jiné, nečisté, strany a přibližují se k ní. Je řečeno: NECHŤ ZRODÍ ZEMĚ ŽIVOU DUŠI PODLE SVÉHO RODU.

Malchut, Nukva ZA, se nazývá Šechina, protože se od nás nevzdaluje, dokonce ani tehdy, jsme-li od ní daleko svými vlastnostmi, jak je řečeno: KAMKOLI BUDETE VYHNÁNI, ŠECHINA BUDE S VÁMI, a jak je řečeno: JE V NICH V JEJICH NEČISTOTĚ. A ZA se nazývá Šochen (obyvatel) a Nukva se nazývá Šechina.

Odhalení Stvořitele v Malchut, Šochen a Šechina, ZA v Malchut světa Acilut může být uskutečněno pouze prostřednictvím Zivugu ZON tváří v tvář v jejich velkém stavu. Je tomu tak proto, že tehdy je světlo od toho Zivugu tak velké, že odhaluje jednotu dokonce v nejvzdálenějších a nejskrytějších místech – v opačných a nejvíce nenapravených přáních.

Vytváření velkého stavu ZON však nastává postupně: na počátku se tvoří Parcuf malého stavu ZON se světlem VAK a teprve poté roste do svého velkého stavu. Přitom takovýto proces probíhá v každém stavu ZON. Kromě toho, dokonce když ZON provádějí Zivug velkého stavu a dostávají světlo Chochma, světlo od předchozího malého stavu nemizí, nýbrž pomáhá uskutečnit Zivug velkého stavu. A toto světlo malého stavu se nazývá Křídla Šechiny.

Proto JE ŘEČENO v Tóře (Šemot, Ex 25, 20): „Cherubové budou mít křídla rozpjatá vzhůru; svými křídly budou zastírat příkrov." Vždyť to hlavní je ukrýt svými křídly světlo velkého Zivugu tak, aby dokonce i ti nejvzdálenější mohli dostat světlo, ale aby se zároveň nedostalo nic od tohoto světla do nečistých sil.

Protože ti, kdo ještě nedosáhli úplného očištění od svých egoistických přání, se odtahují od světla ze strachu, aby se světlo nedostalo do nečistých sil. Nyní však křídla stráží světlo natolik, že dokonce ti nejbližší neučiní chybu a nepropustí světlo k nečistým sílám.

Proto je příchozí ten, kdo se rozhodl připojit k národu Izraele (kdo si přeje napravit svoje egoistická přání na altruistická) a obřezat se (odvrhnout svoje egoistická přání), neboť jeho tělo (soubor přání) má ještě vlastnosti ORLA, vždyť jeho otcové (jeho předchozí duchovní stavy) nestáli na hoře Sinaj (nedostali světlo nazývané Tóra a nenapravili se tím světlem), ještě se nezbavili nečistoty hada (neobjevili v sobě, neuvědomili si jako zlo všechna svoje nečistá egoistická přání). Ostatní altruistická přání však mají sílu pozvednout jej do vyšší čistoty.

K tomu dochází za pomoci vzestupu MAN: tím, že takovýmto způsobem vyvoláváme velký Zivug ZON, kde vládnou křídla Šechiny, která se rozevírají a pokrývají světlo Zivugu, můžeme tam pozvednout rovněž duši příchozího (ještě nenapravená přání) a posvětit ji ve světle tohoto Zivugu.

Přesto, že tato duše není ještě zcela čistá, může dostat světlo od tohoto Zivugu, neboť ji chrání křídla, aby světlo od ní neprošlo do nečistých sil (přání), i když k ní mají velmi blízko. A je řečeno POD KŘÍDLY ŠECHINY – protože tato duše může dostat světlo pouze od křídel Malchut - Šechiny, to znamená, že může dostat malé, vnější světlo Malchut. Nikoli to, které je v samotném těle Malchut, nikoli světlo samotné Šechiny, natož světlo ZA – Stvořitele – Šochena, pouze světlo křídel Šechiny.

Duši příchozího (egoistická přání) lze napravit (na altruistická) pouze během velkého Zivugu, neboť pouze tehdy je zde ochrana křídly Šechiny. Proto jsme my (altruistická přání) povinni především pozvednout MAN pro velký Zivug a dostat světlo od něj do našich duší (napravených clonou přání). Poté Šechina rozevírá svoje křídla, chrání Zivug a bere pod svá křídla duši příchozího. Výsledkem je, že zpočátku pozvedáme duši příchozího za pomoci našeho MAN, a poté, když jsme ji pozvedli, přijímá ji Šechina pod svoje křídla.

229. Lze říci, že duše CHAJA je v Izraeli a je připravena na všechno. Upřesnil: „Podle svého druhu". To znamená jak pro Izrael, tak i pro cizince. Jako jsou komnaty a průchody mezi nimi, tak je tomu v této zemi, nazývané CHAJA, pod křídly.

Zohar zde praví, že i když nová duše, napravené vlastnosti, nazývané „příchozí", dostává světlo, stejně jako vlastnosti Izrael, přesto Izrael dostává od vnitřního světla a příchozí od vnějšího. Již bylo řečeno, že křídla znamenají světlo VAK, které dostávají při velkém Zivugu, ale od bývalého malého stavu, aby bylo přikryto světlo velkého Zivugu.

V tomto VAK jsou Sefirot Ch-G-T-N-H-J, kde Sefirot Ch-G-T se nazývají komnaty, v nichž lze pobývat, sedět (sedět znamená malý stav na rozdíl od velkého stavu – stání), a Sefirot N-H-J se nazývají průchody, vchody do komnat, v nichž nelze sedět, ale jejichž úlohou je pouze být průchodem do komnat.

Příčina toho spočívá ve vlastnosti Tiferet jako hlavní Sefiry v Ch-G-T. Tiferet je střední linie, zakončené Kli dostávání světla Chasadim. A základní v N-H-J je Jesod, jejich střední linie, v němž není vlastnost Kli dostávání, ale je používán pouze k vysílání světla dále, do Malchut, k vytváření odraženého světla. Proto se N-H-J nazývají „vchody".

A pro příchozí (očistit se od egoistických vlastností) ze sedmdesáti národů světa (sedmdesát egoistických vlastností) jsou připraveny jak komnaty v Ch-G-T křídel, tak i vchody do N-H-J křídel. A světlo Nefeš dostávají od vchodů, od N-H-J, a světlo Ruach od komnat, Ch-G-T.

230. Pravé křídlo Malchut má dvě chodby, které se rozdělují od tohoto křídla na dvě části, aby do nich byly vpuštěny dva Izraeli blízké národy. A pod levým křídlem jsou dvě další chodby, nazývané Amon a Moav (Moáb). A všechny se nazývají duše Chaja.

Zohar výše pravil, že je mnoho vchodů – chodeb, nyní však hovoří pouze o dvou. Hovoří totiž obecně, že existují dva vchody, určené pro národy patřící k pravé linii, a jsou dvě chodby vlevo, určené pro národy patřící k linii levé. A celkově jsou dva národy od pravé linie, zahrnující v sobě všechny národy pravé strany, a jsou celkově dva národy od levé linie, zahrnující v sobě všechny národy levé strany.

Národy pravé strany patří k dvěma společným průchodům v pravém křídle. A Zohar neříká, kdo jsou tyto národy. Pro národy levé strany, nazývané společně „Amon a Moav", jsou určeny dva vchody v levém křídle.

Všechny duše příchozích, kteří přicházejí ode všech národů, se nazývají Nefeš Chaja, protože mohou dostat pouze od velkého Zivugu ZON, když se ZON nacházejí v AVI. Podle toho se Malchut nazývá Nefeš Chaja, neboť dostává světlo Chaja od AVI. A vzhledem k tomu, že duše – Nefašot příchozích dostávají od křídel Nefeš Chaja, jmenují se tak podle jména světla, které dostávají.

231. V každém křídle je množství uzavřených komnat a sálů. Z nich vycházejí duchové a rozdělují se mezi všechny příchozí, nazývané Nefeš Chaja. Každý podle svého druhu. A všechny vcházejí pod křídla Šechiny, nikoli však dále.

Každé křídlo obsahuje v sobě VAK, Ch-G-T-N-H-J, nazývané „vchody" a „komnaty". Každý národ má vlastní komnatu v Ch-G-T a svůj vchod v N-H-J. V průchodech dostává každý Nefeš a v komnatách dostává každý Ruach. A to, že je řečeno, že komnaty jsou uzavřené, je proto, že Ch-G-T VAK mají pouze světlo Chasadim, beze světla Chochma. Proto se nazývají uzavřené.

232. Duše Izraele však vychází z těla toho stromu, ZA, a odtud duše odlétají na tuto zemi, Malchut. A proto je Izrael drahým synem Malchut a nazývá se tím, kdo je živen z jejího lůna a nikoli od křídel, která jsou mimo tělo. Kromě toho nemají příchozí vlastní část ve Svatém stromě, ZA, tím méně v jeho těle. A patří pouze ke křídlům Malchut a to je vše. A spravedliví z příchozích rovněž patří k vnější straně, nikoli k vnitřní. Proto je řečeno: NECHŤ ZEMĚ ZRODÍ ŽIVOU DUŠI (Nefeš Chaja) PODLE SVÉHO DRUHU. Všichni dostávají Nefeš od té Chaji, ale každý podle svého druhu.

ZA se nazývá „Strom života" a jeho Nukva se nazývá „země života". Je tomu tak proto, že ve velkém stavu se pozvedají a odívají na AVI, které mají světlo Chaja – život. Proto se říká, že duše Izraele pochází od samotného těla stromu, to znamená od samotného ZA.

A od tohoto stromu odlétají duše na tu zemi života: v důsledku Zivugu stromu, ZA, se zemí, Malchut, ZA dává duše Izraele dovnitř Nukvy a od ní dostává Izrael svoje duše. Na rozdíl od příchozích, kteří nedostávají svoje duše od samotné Malchut, nýbrž od jejích křídel, nikoli však od toho, které jí předal ZA.

Příčina toho spočívá ve skutečnosti, že Nukva má tři Parcufy, které se na sebe navzájem navlékají a nazývají se „zárodek" – Ibur, „kojení" – Jenika, „dospělý, velký" – Mochin. Velký Parcuf je nejvnitřnější, na nějž se navléká Parcuf „kojení" a na ten se navléká Parcuf „zárodek".

Izrael dostává od nejvnitřnějšího Parcufu, velkého stavu Nukvy, a proto se nazývá „drahý syn", vždyť pochází z vnitřní části Malchut a nikoli od křídel, vnější části Malchut.

N-H-J Malchut se nazývají „lůno", protože tam je místo zrození a vývoje duší Izraele. Nemáme však na zřeteli N-H-J dvou vnějších Parcufů, nazývaných „zrození" a „kojení" - to jsou křídla Šechiny – Malchut. Jde o N-H-J Parcufu velkého stavu, nejvnitřnějšího Parcufu, lůna Malchut.

To má na mysli výrok proroka Jirmijahu (Jeremjáš): „Drahý je Mi syn Efrajim, je-li on Moje nejoblíbenější dítě? Kdykoli však o něm mluvím, znovu a znovu si ho připomínám. Proto je mé nitro nad ním zneklidněno. Slituji, slituji se nad ním." (Jr 31, 20). Duše Izraele totiž vycházejí z vnitřní části Malchut, a proto je Zohar nazývá pocházející z lůna Malchut, z N-H-J velkého Parcufu, a nikoli pocházející z křídel, z N-H-J dvou vnějších Parcufů, nazývaných křídla.

Příchozí (ti, kdo si přejí napravit se) nemají rovněž žádnou část na vyšším stromě, tím méně v jeho těle. Jejich místo je pouze v křídlech a nikde jinde, tedy pod křídly Šechiny. Příchozí (přání napravit se) se nazývají spravedliví, protože Šechina se nazývá „spravedlivý", jsou umístěni pod jejími křídly a spojují se v ní. Nemají však místo nad Šechinou a dostávají od Nefeš Chaji, od Zivugu velkého stavu Malchut se ZA, ale dostávají pouze část, nazývanou „křídla". Proto se o nich říká, že jsou pod křídly, a každý dostává podle svých vlastností.

Deváté přikázání

233. Deváté Přikázání je Přikázání milosrdenství vůči chudým, dávat jim potravu, jak je řečeno: UČIŇME ČLOVĚKA, ABY BYL NAŠÍM OBRAZEM PODLE NAŠÍ PODOBY. Tento člověk se bude skládat ze dvou částí, mužské a ženské. OBRAZEM znamená bohatí, PODLE PODOBY znamená chudí.

234. Je tomu tak proto, že z mužské strany jsou bohatí a ze strany ženské jsou chudí. A jako jsou spolu spojeni, jsou k sobě milosrdní, pomáhají si navzájem, tak i dole musí být člověk bohatý i chudý ve vzájemném spojení, dávat jeden druhému a být milosrdní k sobě navzájem.

235. To vidíme i v knize krále Šloma (Šalomoun): kdo je milosrdný k chudému z celého srdce, jeho podoba se nikdy neliší od podoby prvního člověka, Adama. A protože je v něm Adamova podoba, vládne svou podobou všem stvořením světa, jak je řečeno: (Berešit, Gn 9, 2): „Bázeň před vámi a děs z vás padnou na všechnu zemskou zvěř." Všichni se bojí té podoby, která v něm je. Jde o to, že toto Přikázání milosti k chudému je nejdůležitější ze všech Přikázání, pro povýšení člověka do Adamovy podoby.

236. Odkud se to dozvíme? Od Navuchadnecara (Nebúkadnesar). Měl sice sen, ale do té doby, než přestal být milosrdným k chudým, ten sen se neuskutečnil. Jakmile však začal hledět na chudé nelibě, jak je řečeno, neprodleně se změnila jeho podoba a vzdálil se lidem. Proto je řečeno: UČIŇME ČLOVĚKA. Je to řečeno v podobě, jak to je řečeno na jiném místě, o milodaru. Proto i UČIŇME je totéž, co milodar.

Mužskému a ženskému principu odpovídá princip „bohatý a chudý", ZA a jeho Nukva. Není zde však vůbec náznak toho, že bohatý je povinen být milosrdný k chudému a zajišťovat jej. Pokyn se však od ostatních liší tím, že v těch je zvlášť pokyn a zvlášť čin, jak je řečeno: I ŘEKL STVOŘITEL: „BUĎ SVĚTLO!" A BYLO SVĚTLO. A dále: I ŘEKL STVOŘITEL: „NAHROMAĎTE SE, VODY..." A STALO SE TAK atd., ve všech Přikázáních.

V žádném Přikázání tomu není tak jako v tomto: aby byl čin smíchán s pokynem. Příčinou je to, že veškerá stvoření vyšla z AVI, kde Aba hovořil a Ima konala, kde Aba dával Imě světlo a poté, co jí je předal, sám s ním začal konat. Jde o to, že pouze s vlastností Aby by se nemohlo objevit a projevit stvoření v činu, vždyť ve stvoření neexistují žádné hranice, v nichž by se mohly objevit činy (viz článek Tajemství početí je v rození).

Proto dal Aba pokyn, znamenající předání světla k Imě. Vzhledem k tomu však, že je to pouze pokyn a nikoli sám čin (podobně jako síla, nikoli však čin), proto je to řečeno v budoucím čase. Takový jazyk je tam, kde se hovoří o stvoření člověka: I ŘEKL STVOŘITEL: „UČIŇME ČLOVĚKA", přičemž se hovoří v množném čísle: UČIŇME.

Před stvořením světa Acilut, nazývaného světem nápravy, došlo v duchovních světech k aktu jménem Ševirat Kelim (zničení nádob ve světě Nekudim, jak je řečeno (Berešit Raba 3,7): „Stvořitel tvořil a ničil světy, dokud nestvořil tento svět (Acilut) a neřekl mu, aby se nešířil níže, než jakým je stvořen."

Zničení nádob bylo nezbytným činem, neboť není možno, aby se smísila egoistická přání - vlastnosti s altruistickými, vždyť v duchovnu je vzdálení definováno jako rozdíl vlastností - přání. A proto jsou egoismus a altruismus od sebe nekonečně daleko. Jestliže ale je tomu tak, jak lze egoismus napravit? Jak mohou do člověka vejít nejen vlastnosti, nýbrž dokonce pojem existence altruistických přání?

Je to tak, že k tomu, aby se egoistickým přáním umožnila náprava, Stvořitel provedl zničení nádob – úderné spojení opačných přání, egoistických a altruistických. Úderné je proto, že jinak tato přání nelze spojit, než pouze pomocí „výbuchu".

V důsledku tohoto výbuchu se altruistické, čisté Kli – přání dostaly dovnitř egoistických, nečistých, a vytvořily v člověku možnost svobodné vůle a sebenápravy. Po zničení čistého Kli a pádu jeho částí do nečistoty byl vytvořen svět Acilut. Svět Acilut vybral z celé směsi smíšených přání pouze ta, která jsou altruistická, a připojil je k sobě, napravil a naplnil světlem. Z těchto napravených částí stvořil světy BJA se vším, co je naplňuje, co v nich existuje.

Tyto nápravy světem Acilut rozbitých a smíšených Kli - nádob jsou popsány v první kapitole Tóry, která hovoří o stvoření, v pasážích o zjišťování a rozdělení (egoistických a altruistických Kli), jako například, A STVOŘITEL ODDĚLIL SVĚTLO OD TMY nebo STVOŘITEL ODDĚLIL VODY POD KLENBOU OD VOD NAD KLENBOU nebo STVOŘITEL ODDĚLIL VODY OD SOUŠE nebo STVOŘITEL ODDĚLIL VLÁDU DNE OD VLÁDY NOCI atd. Všechny tyto příklady hovoří o oddělení čistých sil od nečistých, dobra od zla. A všechno, co se oddělilo, stalo se částí čistého systému.

Proto spočívá veškeré stvoření v popisu jeho prvního dne, ve výroku BUĎ SVĚTLO, protože tam došlo k celkovému oddělení světla od tmy. Bylo tomu tak proto, že čistota se obecně nazývá světlo a nečistota se nazývá tma. A všechny ostatní názvy čistoty a nečistoty nejsou ničím více než dílčí názvy jejich jednotlivých projevů.

Svět Acilut provedl pouze částečnou nápravu, neboť jen oddělil altruistická přání od egoistických, světlo od tmy, a vytvořil tím systém stvoření, který je popsán na začátku Tóry. To však ještě není úplná náprava, vždyť tma a nečistota jsou jen odděleny od účasti na stvoření a naprosto nejsou napraveny. Jsou pouze odděleny jako část, která není vůbec zapotřebí, což naprosto neodpovídá dokonalosti Stvořitele, jenž stvořil všechno, tedy i tmu, pro svůj konečný cíl.

Kromě toho náprava končí právě nápravou tmy, jak je řečeno (Tehilim, Ž 139, 12): „Noc jako den svítí, temnota je jako světlo."

A k tomu, aby to napravil, byl stvořen člověk, který v sobě zahrnuje všechno a skládá se ze všech vlastností stvoření: od absolutně dobrého k absolutně špatnému, aby mohl provést nápravu a dovést ji do konečné dokonalosti. To znamená proměnit špatné v dobré, hořké v sladké, tmu ve světlo, v důsledku čehož navždy zmizí smrt a Stvořitel se projeví jako Král veškerého tvorstva.

Proto je velký rozdíl mezi popisem stvoření člověka a jiných stvoření spolu s ostatními částmi stvoření. Jde o to, že zde došlo k smíšení samotného činu s instrukcemi, protože instrukce a popisy pocházejí od Imy, nikoli od Aby, který pravil UČIŇME ČLOVĚKA – společně s Malchut světa Acilut.

Příčina spočívá v tom, že Malchut v sobě zahrnuje všechno, neboť dává světlo existence rovněž nečistým silám, aby nezmizely ze světa. Vždyť beze světla nečisté síly, jako všechny prvky stvoření, nemohou existovat a neprodleně mizí. O tom je řečeno: A JEJÍ NOHY SE SPOUŠTĚJÍ K SMRTI, neboť nečisté síly dostávají malou jiskru světla na podporu své existence.

Proto se Malchut nazývá „čin"; šíří se a vládne totiž v celém stvoření. A rovněž se nazývá „tma", protože svítí jiskrou světla, aby podpořila existenci tmy a zla.

Proto když se Ima spojuje s Malchut a mísí se s ní vlastnostmi, dostává do sebe vlastnosti tmy, o čemž je řečeno UČIŇME ČLOVĚKA, ABY BYL NAŠÍM OBRAZEM PODLE NAŠÍ PODOBY, neboť se světlo nazývá „obraz" a tma se nazývá „podoba". Vždyť poté, co se Ima smísila s Malchut, vytvořily se v ní samé dvě síly, OBRAZ a PODOBA, v důsledku čehož jsou i v člověku, který stvořila, dvě síly: OBRAZ a PODOBA.

Z výroku UČIŇME vyplývá, že sama Ima se skládá z mužské a ženské části. Neboť i když Ima je mužská část, vždyť dávání je mužská vlastnost, je spojena s Malchut. Kromě toho mužskou vlastností je výskyt světla, zatím co vlastnost Nukvy, ženské části, je chudoba a tma.

A vzhledem k tomu, že Ima přijala za partnerku Malchut s cílem stvořit člověka a vložila do sebe vlastnosti Malchut, je v ní nyní chudoba a tma. Z toho plyne, že i člověk se skládá jak z vlastností Imy – bohatství a světla, tak i z vlastností Malchut – chudoby a tmy. A právě to, že člověk má společné vlastnosti s Imou a Malchut, mu umožňuje provést nápravu Malchut, naplnit ji světlem, rozšířit duchovní čistotu a svatost na celou zemi (Malchut). Vždyť je řečeno, že na konci nápravy „Bude Stvořitel jediný a Jeho jméno jediné". Protože tma v Malchut bude nahrazena světlem jakožto mužská část, HaVaJaH, a v mužské vlastnosti bude všechno jediné, jak je řečeno: „Ve tvém národě nebude chudého."

Toto Přikázání hovoří o tom, že jako se Ima spojila s Malchut proto, aby ji napravila, a z tohoto důvodu je v Imě Obraz a Podoba, tak i člověk je povinen vzájemně napravovat svoje vlastnosti, aby napravil části tmy, které jsou v něm. A za tím účelem musí zmenšit svoje vlastnosti jako Ima, aby v sobě spojil a dal svoji část (milodar) chudé Malchut, která je zbavena světla. A slitovat se nad PODOBOU (chudobou), která je v něm, tím, že jí poskytne všechno potřebné.

Při plnění tohoto Přikázání člověk dostává shůry OBRAZ a PODOBU od Imy – vyšší světlo, které dostal Adam, stvořený v podobě OBRAZU a PODOBY. A proto má síly vládnout všem živočichům světa (všem živočišným přáním) natolik, že v něm nezůstane žádná nečistá síla – přání, které by nedokázal porazit a napravit v sobě.

Jako příklad připomíná Zohar Navuchadnecara: i když byl nad ním vynesen nejvyšší rozsudek, do té doby, dokud byl milostiv k chudým, sen nenabyl moci. Jakmile však dovolil svému špatnému oku zle pohlédnout na chudé, neprodleně byl splněn rozsudek a on změnil svou podobu (zájemci se mohou obrátit na Knihu proroka Daniela). Z toho je patrno, že toto Přikázání je ze všech největší a je schopno odstranit vyšší rozhodnutí proti člověku.

Milodarem se nazývá spojení Biny s Malchut. Rovněž vyprávění Tóry o moábské ženě Rut (Rút), Davidově babičce, která je Malchut, a Boazovi (Bóaz), který se nad ní slitoval, z čehož vzešel královský rod Izraele, hovoří o nápravě Malchut Biny (viz Megilat Rut – Kniha Rút).

Desáté přikázání

237. Desáté Přikázání zavazuje přiložit Tefilin a dosáhnout vyšších vlastností, jak je řečeno: I STVOŘIL STVOŘITEL ČLOVĚKA PODOBNÝM SOBĚ. Otevřel a řekl: „Tvoje hlava je na tobě – jako Karmel." TVOJE HLAVA JE NA TOBĚ – JAKO KARMEL – to se vztahuje k vyšší hlavě, Tefilin nošenému na hlavě nejvyššího svatého krále HaVaJaH, zapsanému písmeny. Každé písmeno ve jménu HaVaJaH odpovídá jednotlivému úryvku z Tefilin. A tak je vyšší svaté jméno zaneseno ve fragmentech na svitcích v Tefilin v tajemství písmen. Je tomu tak proto, že **STVOŘITELOVO JMÉNO JE NA TOBĚ A BUDOU SE TĚ BÁT** – to jsou Tefilin na hlavu, obsahující svaté jméno HaVaJaH.

Milosrdenstvím vůči chudým se naplňuje pouze začátek přijetí Stvořitelova vyššího OBRAZU, Bina do sebe zahrnuje vlastnosti Malchut, čemuž odpovídá **UČIŇME ČLOVĚKA, ABY BYL NAŠÍM OBRAZEM PODLE NAŠÍ PODOBY**. V důsledku spojení vlastností Biny a Malchut upadly AChaP de Bina, písmena ELEH, do ZON a v Imě zůstala pouze písmena MI = GE. AChaP de Bina, které upadly do ZON, se skládají z Aby a Imy: Aba vstřebává do sebe vlastnosti ZA a Ima vstřebává do sebe vlastnosti Nukvy.

Vzhledem k tomu, že AVI se spustily na místo ZON, staly se jako ZON – a od nich skutečné ZON dostávají malý stav, nazývaný CELEM Elohim – podobnost Bině, VAK, protože sama Ima ztratila GAR svého stavu. Vzhledem k tomu, že její AChaP upadl do ZON, pozbyla světlo GAR.

		SVĚTLO BINY:
	PARCUF BINA	Jechida Chaja Nešama
PARCUF MALCHUT	Keter Chochma	Ruach Nefeš
Keter Chochma	Bina ZA Malchut	Parsa světa Acilut
Bina ZA Malchut		

Proto v Imě zůstala pouze písmena MI = GE = K-Ch a do ZON upadly její B-ZA-M = AChaP = ELEH. Z tohoto důvodu v ní z pěti světel NaRaNChaJ, která bývala v Imě, zůstalo pouze světlo Ruach v Keter a světlo Nefeš v Chochmě. Proto může Ima dát ZON pouze VAK = Ruach + Nefeš, nikoli však světlo GAR = NaRaNChaJ. A má se za to, že ZON získal PODOBU vyššího pouze tehdy, když dostal všechna světla NaRaNChaJ. A to se uskutečňuje plněním Přikázání Tefilin.

Vzniká však otázka: již jsme se dozvěděli, že pro zrození Parcufu nižšího člověka ze ZON se musí ZON pozvednout do AVI a dostat světlo GAR, neboť malý Parcuf beze světla Chochma nemůže rodit. Jak to, že se tedy říká, že se Ima nachází v malém stavu?

Když ZON dosahují obdržení světla AVI, pozvedají se při tom do AVI a stávají se jako AVI svými vlastnostmi, neboť každý nižší, který se pozvedne k vyššímu, se stává jako vyšší. Vždyť pouze velikost clony odlišuje duchovní objekty od sebe navzájem, neboť pouze velikost clony určuje všechny vlastnosti, kvality duchovního objektu.

Proto se ZON, když se pozvedly a oděly na AVI, stávají jako AVI a všechny vlastnosti AVI se nyní stávají přirozenými vlastnostmi ZON. A jako AVI rodí ZON, tak ZON v AVI rodí a vysílají světlo do Parcufu nižšího člověka. Proto není nezbytné dokonce ani měnit jména. Vždyť všechno probíhá ze stupně AVI. A ZON, které se tam pozvedly, se nazývají již AVI a světlo, které vysílají člověku, se nazývá světlem vysílaným do ZON.

Je řečeno: A STVOŘIL STVOŘITEL ČLOVĚKA, KE SVÉMU OBRAZU. V hebrejštině, v Tóře, se pro slovo „obraz" používá slovo CeLeM, které se skládá ze tří písmen: Cadi-Lamed-Mem. Již v § 2 bylo řečeno, že není Kelim pro světlo Chaja a Jechida, existuje pouze Kelim Biny-ZA-Malchut pro světla NaRaN: Nefeš-Ruach-Nešama.

A dokonce když říkáme, že existuje Kli jménem Keter, máme na mysli počínaje Binou de Keter, nikoli však Keter de Keter. Bina a ZON, které zůstaly v Parcufu Kelim, se dělí na tři linie: linie Biny – ChaBaD, linie ZA ChaGaT a linie Malchut NeHJm. To je charakteristické pro světlo Chasadim.

```
Bina – Chochma
   Daat _____ BINA
Gevura – Chesed
   Tiferet _____ ZA
Hod – Necach
   Jesod
   Malchut _____ MALCHUT
```

Jestliže však dochází k předání světla Chochma, pak se Parcuf Biny dělí na dva Parcufy – AVI a IŠSUT, které tvoří ChaBaD = tři a ChaGaT = tři. Dohromady se ZAT = sedm Sefirot, od Chesed do Malchut, Parcufu ZON vytvářejí gematrii 13 (3 + 3 + 7) slova ECHAD, která poukazuje na plné jméno, stav a dosažení.

Jde o to, že Sefirot Keter a Chochma jsou skryty v AA a pouze jeho Sefira Bina svítí svým světlem dolů. Tato Sefira Bina AA se dělí na dva Parcufy AVI a IŠSUT: její GAR svítí

v AVI a její ZAT svítí v IŠSUT. Tyto dvě části Biny se nazývají M (Mem) a L (Lamed) slova CeLeM:

a) AVI se nazývají M (Mem) slova CeLeM, protože tvoří uzavřený kruh, strážící světlo Chochma, aby nevyšlo ven, k jiným, nižším Parcufim. A toto světlo Chochma se nazývá skryté (před všemi Parcufy světa Acilut). A pouze světlo Chasadim, světlo Ruach, sestupuje od nich ke všem Parcufům světa Acilut během 6000 let do konce nápravy;
b) IŠSUT se nazývá L (Lamed) slova CeLeM, protože sklání hlavu, GAR, dolů jako věž. A o té věži je řečeno: „Věž Oz Stvořitelova jména." Je tomu tak proto, že IŠSUT se nazývá „věž" a ZA se nazývá „spravedlivý". Vždyť IŠSUT je ZAT Biny, to jsou vlastnosti ZON, vložené do Biny, a proto IŠSUT vysílá světlo Chochma, které je v něm, do ZON.

Jestliže v malém stavu jsou ZON naplněny světlem Chasadim – Ruach, nazývaným Avir (vzduch), pak při získání světla Chochma od IŠSUT vychází písmeno Jod ze slova Avir a slovo Avir se proměňuje ve slovo Ohr (světlo). Proto se IŠSUT nazývá „věž", to je Parcuf Gadlut, který má Chochmu, vznášející se ve vzduchu (Avir). Tento stav v ZON je nestálý. IŠSUT se znovu vrací buď do Katnut, nebo znovu do Gadlut, a proto se takový stav nazývá vznášením se. ZA se nazývá písmeno C (Cadi) od slova CeLeM, neboť taková je jeho vlastnost v této věži. Takže:

- AVI – M (Mem) – Chochma, skrytá v kruhu.
- IŠSUT – L (Lamed) – Bina, avšak když se pozvedá do AA, stává se Chochmou – věží a předává dolů světlo Chochma.
- ZON – C (Cadi) – Daat, dostává světlo od IŠSUT.

Nesmí se však plést tři písmena C-L-M s třemi liniemi, nazývanými Ch-B-D: CeLeM jsou celé tři Parcufim, nacházející se jeden na druhém: Parcuf Chochma, M od CeLeM, AVI, nejvnitřnější Parcuf; od hrudi AVI dolů se na něj zvenku navléká Parcuf Bina, IŠSUT, L od CeLeM; od hrudi IŠSUT dolů se na něj navléká Parcuf Daat, ZA, C slova CeLeM.

Smysl slov A STVOŘIL STVOŘITEL ČLOVĚKA, KE SVÉMU OBRAZU – CeLeM, SVÉMU znamená, že za pomoci duchovního plnění Přikázání dostávají Tefilin světlo Chochma v pořadí, jak následují zdola nahoru písmena C-L-M, světlo, které dostal Adam po svém stvoření. A my především vyvoláváme jeho obdržení v ZON a ze ZON vyvoláváme přijetí tohoto světla rovněž v sobě.

V TEFILIN NA HLAVU JE ZAPSÁNO JMÉNO SVATÉHO KRÁLE V PÍSMENECH HaVaJaH – Tefilin na hlavu je jméno vyššího Krále, zapsané v písmenech HaVaJaH. Tefilin se nazývají Karmel od slov Kar Maleh (všechno nejlepší), jak je řečeno: TVOJE HLAVA JE

JAKO KARMEL. Jde o to, že se hlavy ZA a Malchut, když se odívají do Tefilin na hlavu, do vyššího světla CeLeM, podobají Karmel, Kar Maleh (všemu nejlepšímu).

Toto světlo se nazývá „jméno vyššího Svatého Krále", čtyři písmena HaVaJaH, kde je každé písmeno zapsáno zvlášť: JOD – HEJ – VAV – HEJ. A to, že člověk cítí, že jsou písmena zapsána každé zvlášť, je způsobeno tím, že v každém Parcufu jsou čtyři písmena HaVaJaH a každé označuje samostatný Parcuf.

Každé písmeno je oddělený fragment na pergamenu, čtyři oddělené pasáže, odpovídající čtyřem písmenům HaVaJaH. Úryvek (hebrejsky Parašah) označuje oddělený celý Parcuf a písmeno jemu odpovídající z HaVajaH označuje světlo v tomto Parcufu. Pořadí Parcufim v souladu s pořadím písmen HaVaJaH je následující: Jod-Hej-Vav-Hej. Takový Tefilin se nazývá Tefilin RAŠI. Existuje však Tefilin s pořadím fragmentů – Parcufim Jod-Hej-Hej-Vav, nazývaný Tefilin Rabeinu Tam. Pasáže zapsané na útržcích pergamenu jsou stejné, ale pořadí vložení těchto útržků dovnitř krabičky Tefilin Rabeinu Tam je jiné, podle Jod-Hej-Hej-Vav.

238. První úryvek v Tefilin, odpovídající Jod jména HaVaJaH, Chochma, hovoří o Přikázání „Přinést prvorozeného Stvořiteli", neboť Chochma je prvorozená ze všech Vyšších. Otevírá místo početí budoucího prvorozeného za pomoci tenké linie světla, které vychází z Jod, otevírá dělohu a oplodňuje ji.

AVI se označují písmenem Jod jména HaVaJaH, kde Jod je Aba a naplnění písmene Jod, jak je vyslovujeme „jud" = Jod + Vav + Dalet, to jest Vav + Dalet tvoří Imu. Parcuf AVI se nazývá „svatý" a „prvorozený", protože Parcufim IŠSUT a ZON se nazývají svatými pouze tehdy, dostávají-li svatost, světlo Chochma, od AVI. Veškerá svatost ve světě Acilut vychází od AVI.

Je to způsobeno tím, že světlo Chochma se nazývá svatost a AVI je Mem slova CeLeM, Chochma světa Acilut, neboť je v nich ukryta vyšší skrytá Chochma světa Acilut. A třebaže samy AVI jsou definovány jako Bina, ve vlastnosti Chasadim, vždyť Chochma je ukryta v hlavě AA, nemohou ji dostat níže postavení. Je to možné jedině v případě, jestliže se Bina pozvedá do Chochmy, do hlavy AA, a spojuje se tam s Chochmou hlavy AA. Pak se i Bina nazývá Chochma, nikoli však jako obyčejná Chochma, nýbrž „Chochma třiceti dvou cest" sestupu světla Chochma. A pouze od ní dostávají světlo Chochma všechny Parcufim světa Acilut.

Proto Zohar praví, že tento tenký paprsek světla, nazývaný pěšinou světla, otevírá dělohu a počíná budoucí plody. Je tomu tak proto, že v Jod jsou tři části: a) horní „osten" písmene Jod, čárka nad tečkou, nazývaná hlava a označující Parcuf AA, skrytý v AVI, b) samo tělo písmene Jod, označující Parcuf AVI, c) dolní „osten" písmene, označující Jesod, zakončení Parcufu AVI.

V důsledku stálého Zivugu Jesodu Aby s Jesodem Imy vycházejí od Jesodu Imy velké vody na všechny nižší světy a jejich obyvatele. Tento Zivug na světlo Chasadim se nazývá Zivug oživení světů. Jesod Ima se nazývá rovněž Rechem (děloha), protože veškerá

Rachamim (milosrdenství) vycházejí z této části jejího Parcufu. Jestliže však neexistuje Zivug AVI, je tato část Imy uzavřena a milosrdenství dolů nesestupuje. Pouze Jesod Aba může otevřít Jesod Ima, a tehdy Ima odevzdává dolů svoje velké vody nižším.

239. Druhý úryvek v Tefilin: A KDY PŘIJDEŠ TY, odpovídá prvnímu písmeni Hej ve jménu HaVajaH, sálu, Bině, otevírající se za působení Jod, Aby, v padesáti vchodech, průchodech a komnatách, které jsou v něm ukryty. Otevření uskutečnilo písmeno Jod v tomto sálu proto, aby v něm byl slyšet zvuk troubení na Šofar, roh, Binu. Je to z toho důvodu, že tento roh je uzavřen ze všech stran. Objevilo se však písmeno Jod a otevřelo jej, čímž umožnilo, aby vydával zvuk. A vzhledem k tomu, že ho otevřelo a umožnilo mu vyluzovat zvuky, vyvedlo jej ke svobodě.

Hej jména HaVaJaH je IŠSUT, L od CeLeM, nazývaný věž vznášející se ve vzduchu, sál, který je otevřen padesáti vchody, protože ukryté AVI jsou označovány pomocí M v CeLeM, kruhem, který obklopuje světlo Chochma a nedovoluje mu svítit ven. A svítí pouze světlem Chasadim.

IŠSUT však, když se pozvedá do hlavy AA, kde se Bina proměňuje v Chochmu, může poté vysílat světlo Chochma do ZON. Bina, která se stává Chochmou, aby dostala Chochmu pro ZON, se nazývá „PADESÁT bran Biny". Je tomu tak proto, že je v ní pět Sefirot K-Ch-B-ZA-M, po deseti v každé. Každá z padesáti se skládá z komnaty a vchodu: Ch-G-T se nazývá komnata, N-H-J se nazývá vchod či průchod, což znamená neexistenci Kli dostávání. Slouží pro předání světla dovnitř komnaty nebo z ní, ven.

Proto druhý úryvek v Tefilin: A KDY PŘIJDEŠ TY označuje Hej jména HavaJaH, IŠSUT světa Acilut, který se pozvedá, aby přijal světlo a předal je nižším, ZON.

Jod otevřelo tento sál proto, aby uslyšelo hlas, vycházející z rohu, neboť tento roh je uzavřen ze všech stran. Jak již bylo řečeno, IŠSUT, Bina, se spojila s Malchut tím, že se její tři Sefirot ELEH, její Sefirot Bina a ZON, spustily do ZON a u IŠSUT zůstaly pouze dvě Sefirot K-Ch, MI.

Poté, v důsledku vzestupu MAN, sestupuje Malchut z očí, otevírají se oči IŠSUT, Malchut sestupuje na svoje místo do úst a tři písmena ELEH se znovu spojují s MI do jména ELOHIM. S těmito ELEH se pozvedá do Biny GE = K-Ch ZON. I když však se ELEH pozvedly a spojily s MI, považuje se jméno ELOHIM za ještě uzavřené, neboť v něm je pouze světlo Chochma. A beze světla Chasadim nemůže světlo Chochma svítit v ELEH.

Proto jsou tato tři písmena ELEH definována jako roh (Šofar) a uvnitř nich se ukrývají ZON, které se pozvedly spolu s ELEH do Biny. A tyto ZON uvnitř ELEH jsou definovány jako hlas. A tento hlas zní za pomoci Jod v sále, protože Jod je AVI, které dávají shůry světlo, umožňující spustit Malchut z NE IŠSUT dolů, na její místo, do úst, a pozvednout ELEH znovu do Biny. Proto Jod otevírá sál světla IŠSUT, aby předal toto světlo do ZON z rohu, z písmen ELEH, která se pozvedla vzhůru.

Je tomu tak proto, že ZON se rovněž pozvedají spolu s ELEH do Biny a dostávají tam Chochmu. A toto velké světlo v ZA se nazývá hlas a jeho obdržení se nazývá poslechem hlasu. Tento roh však je uzavřen ze všech stran, jak ze strany Chochmy, tak i ze strany Chasadim, protože tato písmena ELEH, nazývaná roh, klesají do ZON. A tam jsou uzavřena jak před světlem Chochma, tak i před světlem Chasadim.

V důsledku toho jsou nezbytné dvě nápravy: a) pozvednout je a spojit s Binou, aby znovu dosáhly svého světla Chochma, b) vybavit je světlem Chasadim, aby sloužilo jako oděv pro světlo Chochma.

Na počátku předává Jod, AVI, světlo do Hej, IŠSUT, pročež se ELEH pozvedají ze ZON nahoru, nad Malchut, do Biny, a dostávají tam světlo Chochma. Toto světlo Chochma se však nazývá skryté, uzamčené, protože bez oděvu do světla Chasadim nemůže svítit. To znamená, že hlas ještě nezazněl, ZA se ještě nezrodil.

Poté Jod vchází do slova světlo = Ohr a z tohoto důvodu se stává Avir = vzduch, světlo Chasadim. A protože roh, písmena ELEH, dostala vzduch, světlo Chasadim, mohou zrodit ZA, hlas rohu. Je tomu tak proto, že světlo Chochma, když má oděv světla Chasadim, může vejít do ZA. Celkové světlo, které dostává ZA, se nazývá hlas. A toto světlo vyvádí ze zajetí všechny otroky, zotročené egoistickými přáními ve všech světech, protože ZA svítí všem nižším a synové Izraele (duchovní úsilí člověka) jsou hodni světla osvobození (vítězí nad egoistickými, pozemskými snahami).

240. Za zvuků tohoto rohu vyšli synové Izraele z Egypta. A rovněž v budoucnu půjdou za zvuků rohu na konci dnů. A veškeré osvobození vychází z tohoto rohu, Biny. A proto v této kapitole Tóry je řečeno o exodu z Egypta, neboť tento roh vychází ze síly písmene Jod, které otevírá dělohu a vysvobozuje zajatce. A je to písmeno Hej, druhé písmeno slova HaVaJaH.

Veškeré světlo v ZON přichází od rohu, ELEH, včetně toho velkého světla, jež vysvobozuje Izrael z Egypta, a rovněž veškeré světlo, odhalující se v budoucnu, na konci dnů světa, v úplném osvobození (od egoismu). A proto je v Tefilin úryvek o exodu z Egypta. Vždyť světlo, které vyvádí z Egypta, vychází z rohu, jenž je v IŠSUT, silou AVI, nazývaných Jod de HaVaJaH, otevírajících dělohu IŠSUT, písmena ELEH, a vysvobozujících hlas, ZA, ze zajetí.

Toto světlo má dostatečnou sílu pro to, aby byl Izrael osvobozen z otroctví. A až po dosažení tohoto světla, světla Chaja, se ZA a Nukva nazývají hlas a řeč, nikoli však na stupních, jež jsou menší než tento. A veškeré osvobození přichází pouze od světla Chaja (až po dosažení duchovního vzestupu na úroveň stupně světla Chaja se člověk osvobodí od svého egoismu a stává se svobodným).

241. Třetí úryvek v Tefilin je tajemství jednoty v „Slyš, Izraeli", písmeno Vav jména HaVaJaH, zahrnující do sebe všechno a označující ZA, v němž je jednota všeho. Všechno se spojuje v jednotě v něm a on dostává všechno. Čtvrtý úryvek – „A uslyšíte" – obsahuje dvě strany, Chesed a Gevuru, s nimiž se spojuje shromáždění Izraele, které je dolní Gevurou, to znamená Malchut. A je to poslední písmeno Hej jména HaVaJaH, bere je a zahrnuje do sebe.

Třetí úryvek z Tefilin – „Slyš, Izraeli" – je Parcuf ZA, Vav HaVaJaH a obsahuje všechny čtyři úryvky, které jsou v Tefilin. Je tomu tak proto, že i když dva první úryvky, AVI a IŠSUT, jsou Chochma a Bina, nejsou to samy Chochma a Bina, nýbrž ta jejich část, která se odívá do hlavy ZON, nazývaných M a L CeLeM de ZA.

Ve čtvrtém úryvku, Malchut ZA, se rovněž nemá na zřeteli, že je to sama Malchut, nýbrž je to její část, obsažená v ZA, a nazývá se v něm mozek Gevura. V ZA jsou tři části mozku: Chochma, Bina a Daat, příslušně nazývané M, L a C CeLeM de ZA. Jsou to Ch-B-ZA-M, které jsou v mozku ZA. Je tomu tak proto, že v Daat, C, je Chesed a Gevura. A tento Chesed v Daat je definován jako sám ZA a Gevura je definována jako zahrnutí (vlastností) Nukvy do ZA. A právě tyto Ch-B-ZA-M jsou čtyři úryvky Tefilin.

Proto ZA, písmeno Vav jména HaVaJaH, obsahuje všechno, všechny čtyři fragmenty. A ke všem spojením od AVI a IŠSUT dochází v něm, to znamená pro něj. Vždyť všechny předchozí ZA Parcufim, vyšší než on, jsou v jednotě (se Stvořitelem) a nepotřebují MAN od nižších pro dosažení stavu sjednocování. A celé MAN, pozvedané nižšími ve vyšším Parcufu, existují pouze pro sjednocování ZA, nikterak se však neprojevují ve stálé jednotě Parcufim vyšších než ZA se Stvořitelem.

Spojení Chochmy a Biny, v důsledku čehož se Bina stává jako Chochma, probíhá pouze v důsledku vzestupu ZA jakožto MAN do Biny. Když se totiž ZA pozvedá jako MAN do Biny, pozvedá se Bina do hlavy AA a dostává tam Chochmu pro ZA. Bina, jakožto usilující pouze o milosrdenství, světlo Chasadim, nikdy nedostává světlo Chochma ve prospěch Stvořitele, nýbrž pouze tehdy, potřebují-li je nižší. Její úloha, vlastnosti, jsou pouze odevzdávat, nikoli dostávat (dostávat – v duchovnu se míní samozřejmě dostávat ve prospěch Stvořitele).

Proto se Bina pozvedá do hlavy AA pouze ve prospěch ZON. A právě ZA, když se k ní pozvedá, povzbuzuje ji, aby se pozvedla do hlavy AA, provedla Zivug s Chochmou a předala mu toto světlo. Proto se říká, že ZA dostává všechno. Vždyť všechno, co dostává Bina v hlavě AA, předává jemu. A nikoli v místě Biny, pouze v místě ZA, kdy se spouští na svoje místo a tam se odhaluje toto světlo Chochma, pod hrudí ZA.

Modlitba „Slyš, Izraeli" je ZA, Vav jména HaVaJaH, vyšší sjednocení (viz § 207), odhalující lásku pouze z dobré stránky. A vzhledem k tomu, že hovoří pouze o „Miluj svého Stvořitele…", nejsou v ní žádná omezení a přísnosti soudu.

Ve čtvrtém úryvku „A uslyšíte" odhaluje poslední písmeno Hej jména HaVaJaH, Nukva ZA, která je do něj zahrnuta, Gevura v hlavě ZA, odhaluje lásku z obou stran, jak z dobré, tak i špatné (viz § 206), což se projevuje ve slovech tohoto úryvku. A ten končí slovy: „Budiž velebeno velké jméno Jeho věčně," což odpovídá zahrnutí a sjednocení Nukvy v ZA, nikoli samotné Nukvy, nýbrž její části v ZA, tedy mozku Daat.

Gevura v Daat je druhá Hej v HaVaJaH. Přijímá veškeré světlo vyššího sjednocení, které je v modlitbě „Slyš, Izraeli", a vstřebává všechno do sebe, protože je v ní dokonalost veškeré jednoty. Vždyť se v ní odhaluje veškeré světlo, veškerá láska z obou stran. Vlastnost přísnosti, doplňující lásku k dokonalosti, se totiž nachází pouze v ní, nikoli nad ní.

Proto je řečeno: Tvoje hlava je jako Karmel, což znamená Tefilin na hlavu. Vždyť poté, co se ZA odívá do všech čtyř světel, označovaných čtyřmi úryvky Tefilin, jež jsou třemi písmeny C, L, M CeLeM, je jeho hlava definována jako Karmel, Kar Male - plná všeho nejlepšího.

242. Tefilin jsou písmena svatého jména. Proto „tvoje hlava je jako Karmel" jsou Tefilin na hlavu. A písmeno Dalet jsou Tefilin na ruku, Malchut, sjednocená světlem ve srovnání s Tefilin na hlavu, se ZA, je však v něm dokonalost od vyššího.

Tefilin na ruku je Malchut. A je chudá ve srovnání s Binou, vyššího světa. Je však v ní vlastní dokonalost, protože nyní může dostat tuto dokonalost od Biny, za pomoci jednoty Nukvy se ZA v „Budiž velebeno velké jméno Jeho věčně."

A vzhledem k tomu, že to už není Nukva, zahrnutá do ZA, do jeho těla, nýbrž jednotlivá Nukva ZA, bere mu všechny čtyři fragmenty, Ch-B-ZA-M ZA, neboť má oddělený úplný Parcuf. Tyto čtyři úryvky Tóry se nacházejí na jednom místě a nejsou rozděleny přepážkami od sebe jako v Tefilin ZA.

Příčina toho spočívá v tom, že fragment Tóry je světlo a jeho místo, na němž se nachází, je Kli (Tefilin našeho světa je krabička z kůže „čistého zvířete", do níž se vkládají čtyři pergamenové svitky s příslušnými úryvky, přepsanými z Tóry). Jak je známo, od každého Zivugu vychází světlo. Vzhledem k tomu, že ZA dostává čtyři světla Ch-B-Ch-G ve čtyřech Kli, v důsledku čtyř Zivugů, jsou v něm čtyři místa pro čtyři fragmenty, každé místo pro určitý úryvek z Tóry.

Na samu Malchut není žádný Zivug a všechno, co má, dostává od ZA. Malchut dostává všechna čtyři světla, čtyři úryvky z Tóry od jednoho Zivugu se ZA, a proto je v ní pouze jedno místo pro všechny čtyři úryvky – světla.

243. Král, umístěný do kádí, to znamená svázaný a vězněný v těch čtyřech místech Tefilin, aby se spojil s tím svatým jménem, jak je třeba. A kdo to napravuje, ten se nachází v obraze a podobě, CeLeM, se Stvořitelem. Jako se ve Stvořiteli spojuje svaté jméno, tak se svaté jméno spojuje v něm. Muže a ženu je stvořil, tedy Tefilin na hlavu a Tefilin do ruky. A to tvoří jednotu.

Král umístěný do kádí znamená ZA, spojený a jediný v těchto místech v Tefilin. Místa v Tefilin, v nichž se nacházejí fragmenty z Tóry, se nazývají „kádě" neboli „koryta", podobně jako kádě, z nichž pije vodu stádo ovcí. Je tomu tak proto, že vody světla Chochma a světla Chasadim jsou svázány a omezeny těmito Kelim, místy v Tefilin. A právě Stvořitel je svázán a umístěn do těchto Kelim, aby se spojil ve svatém jménu.

Místa v Tefilin jsou částí T-N-H-J Tvuny, dolní části IŠSUT (IŠSUT = Israel-Saba a Tvuna, kde Israel-Saba je mužská a Tvuna ženská část). Tato část Tvuny se nazývá velké písmeno D - Dalet, slova EchaD – jeden, ve „Slyš, Izraeli, náš Stvořitel je jeden". O tomto písmeni je řečeno: „... a ukázala se souš".

Jak již bylo řečeno dříve v třetím Přikázání, v důsledku toho, že se v ZA objevila tato souš, je ZA schopen poté předat světlo Malchut. Proto, kdyby v ZA nebyla tato čtyři místa, souš, která je v něm, nemohla by dát světlo Nukvě. Z tohoto důvodu se říká, že ZA je svázán a uložen do míst, vycházejících ze souše, aby se mohl spojit a předat do svatého jména, do Nukvy, odhalení Stvořitelova světla. Na základě toho se souš stává úrodnou zemí, která rodí plody.

Proto ten, kdo prošel nápravou těmito čtyřmi úryvky Tóry, má obraz a podobu (CeLeM) se Stvořitelem. To znamená, že člověk „dole" (pod světem Acilut, ve světech BJA), když si „navléká" Tefilin (dosahuje úrovně tohoto stupně), dostává světlo Ch-B-Ch-G od ZA. Toto světlo se nazývá CeLeM. Chochma a Bina se totiž nazývají M a L. A Chesed a Gevura se nazývají C. A jako se Elohim, Bina, spojuje se svatým jménem Malchut, tak se spojuje v člověku svaté jméno. Vždyť člověk je část Malchut.

Ve světle Chochma a Bina, nazývaném CeLeM, je mužská a ženská část, CeLeM ZA a CeLeM Nukvy, Tefilin na hlavu a Tefilin do ruky. Proto je řečeno, že Stvořitel stvořil muže a ženu - má se na zřeteli Tefilin na hlavu a do ruky.

Jedenácté přikázání

244. Jedenácté Přikázání zní: oddělovat desátek ze zemských plodů. Jsou v tom dvě přikázání: oddělovat desátek z půdy a přinášet dary z plodů stromů, jak je řečeno (Berešit, Gn 1, 29): „Hle, dal jsem vám na celé zemi každou bylinu nesoucí semena." Je zde řečeno DAL JSEM a na jiném místě (Bamidbar, Nu 18, 21) je řečeno: „Synům Léviho zde, Jsem dal všechny desátky od Izraele…" a rovněž je řečeno (Vajikra, Lv 27, 30): „Všechny desátky země z obilí země a z ovoce stromů budou Stvořitelovi."

V těchto úryvcích se praví, že Stvořitel všechno odevzdal Adamovi. Proč nás to ale má zavazovat oddělovat desátek, přinášet první plody země a je zakázáno požívat je? Vždyť to odporuje tomu, co je řečeno.

Jde o to, že proces stravování (duchovního) je proces zjišťování, výběru a vylučování svatých jisker světla z nečistých sil: v procesu jídla (dostávání světla) se spojují jiskry světla (Necucot), které jsou v potravě, s duší člověka, se samotným jeho masem, a odpad z potravy kromě jisker vychází z těla ven. A tak během života (6000 stupňů vzestupu) člověk postupně v sobě shromáždí všechny svaté jiskry, jimiž doplňuje svoji duši a bez nichž by nemohla dosáhnout úplnosti a dokonalosti.

Domnívám se, že čtenář již chápe, že Zohar žádným způsobem nehovoří o procesu stravování, zažívání a vylučování našeho fyzického těla. Jako celá Tóra, i Zohar hovoří pouze o cíli stvoření a cestách jeho dosažení. Proto naléhavě vyzývám čtenáře, aby si na rozdíl od toho, co od prvního čtení napovídá pozemský rozum, uvědomil to, co bylo řečeno, jako napsané jazykem větví. Zde jsou duchovní objekty popisovány jazykem našeho světa, ale objekty zůstávají duchovními, bez ohledu na pozemský jazyk!

V týdenní kapitole Lech Lecha, § 300, je řečeno, že Adamovi nebylo povoleno jíst maso: „Hle, dal jsem vám na celé zemi každou bylinu…" Vzhledem k tomu však, že Adam zhřešil a egoismus, nečistota vešly do jeho těla, bylo Noemovi řečeno (Berešit. Gn 9, 3): „…jako zelenou bylinu vám dávám i toto všechno." To znamená včetně masa.

Je tomu tak proto, že Adam byl stvořen v absolutní dokonalosti, v němž bylo zvoleno a napraveno všechno, co odpovídá živočišné části stvoření, jak je řečeno: (Berešit, Gn 2, 19): „… vytvořil Stvořitel ze země všechnu polní zvěř" a „Každý živý tvor se měl jmenovat podle toho, jak je nazve" (člověk). To znamená, že Adam dosáhl každého jména (duchovní úrovně) živočišných duší, protože již byly odděleny čisté síly od nečistých.

Proto Adamovi nebyla dána práce na zjišťování, výběru a nápravě živočichů tím, že by je jedl, vždyť již před stvořením člověka to bylo napraveno samotným Stvořitelem ve světě Acilut. A pouze neživé a rostlinné (části duše) zůstávaly nenapraveny, skládaly se z čistých a nečistých sil. Proto byl Adamovi dán pokyn, aby odhaloval jiskry, scházející do naplnění jeho duše při požívání neživé a rostlinné potravy.

Avšak v důsledku Adamova hříchu se znovu smísily čisté a nečisté síly – přání. A tak jako se jeho duše rozpadla na části a všechny části upadly do nečistých sil, tak se pokazili spolu s ním (s lidskou úrovní přání) všichni živočichové (přání). Proto vznikla nezbytnost jejich odhalování, výběru a nápravy. A proto, po pádu do hříchu, dal Stvořitel pokyn Adamovi i následujícím pokolením živit se živočichy. Tak byla možnost vybrat jiskry z nečistot.

Adam byl stvořen, jak je řečeno, PODLE OBRAZU A PODOBY, to znamená, za pomoci CeLeM Elohim, světla Bina, čtyřmi úryvky Tóry v Tefilinu. A to je jeho duše. Poté však, co se zrodil s touto svatou duší, byl uznán za hodna, v důsledku vykonání dobrých skutků, aby pozvedl MAN a dostal světlo Chaja, a aby poté, v Sobotu, dosáhl i světla Jechida.

A proto zbylo na Adama napravovat stvoření pouze za pomoci desátku a oféry. A tím, že požíval desátek a oféru, dosáhl odhalení a pozvedl MAN na úroveň přijetí světla Chaja a Jechida. Avšak poté, co zhřešil, všechny jeho nápravy a všechno, co bylo dříve v jeho duši, se zkazilo, smísilo a tělu začal panovat egoismus.

V důsledku egoismu, který je v nás, je nám zakázán desátek a oféra ze strachu, že zatoužíme po vyšší čistotě. Jsme však povinni vybrat je a předat Kohanim a Leviim (části naší duše). Jestliže plníme toto Přikázání Stvořitele oddělovat desátek a oféru v té (duchovní) podobě, jak nám Stvořitel přikázal, objeví se v nás síla pozvednout MAN a dostat světlo Chaja v Sobotu (vzestup světů, nazývaný Sobota), a to stejnou cestou, jako Adam dosáhl tohoto stavu, když se živil desátkem a oférou.

Tak poté, co člověk dostane světlo Nešama za pomoci navlékání Tefilin, může pozvednout MAN prostřednictvím dvou Přikázání – desátku a oféry, aby získal světlo Chaja. Jak se vysvětlilo, dostával Adam světlo Chaja, když požíval desátek a oféru. Nám však je zakázáno je požívat (pokoušet se dostat toto světlo ve prospěch Stvořitele), vzhledem k egoismu, který působí v našem těle (přáních). Místo toho je nám přikázáno předávat desátek a oféru Kohanim a Leviim, v důsledku čehož nabudeme sil dostat toto světlo.

Dvanácté přikázání

245. Dvanácté Přikázání je přinášet oféru z prvních plodů ze stromu, jak je řečeno: (Berešit, Gn 1, 29): „… i každý strom, na němž rostou plody se semeny." Všechno, co je Mne hodno, nesmíte požívat. Povolil jsem vám a dal vám celý desátek a oféru ze stromů. Vám a nikoli následujícím pokolením.

Z toho je zřejmé, že nám, následujícím pokolením, je zakázáno požívat desátek a oféru. Světlo nazývané desátek a „oféra" je natolik velké, že až do konce nápravy všech Kli (přání) Adamovy duše nebude možno dostat je ve prospěch Stvořitele, a proto je zakázáno dokonce se o to pokoušet, abychom nezhřešili, jak se to stalo s Adamem. Je Přikázání nepřijímat toto světlo, které patří do Malchut de Malchut. A stačí během 6000 let, při každém objevení jisker, vynaložením sil ponechávat toto světlo, aniž je přijmeme – v tom je jeho náprava, dokud se na konci nápravy neprojeví obrovské Stvořitelovo světlo, nazývané Mašiach, a nedá nám síly dostat ve prospěch Stvořitele desátek a oféru.

Třinácté přikázání

246. Třinácté Přikázání zní: provést vykoupení prvorozence mužského pohlaví, aby byl posílen v životě. Protože jsou dva andělé - správci: jeden řídí život a druhý smrt. A oba shůry řídí člověka. A když člověk vykoupí svého syna, vykupuje ho od správce smrti a ten již nemůže prvorozenému vládnout. Proto je řečeno: TEĎ STVOŘITEL VIDĚL, VŠECHNO, CO STVOŘIL – to je obecně, JE VELMI DOBRÉ – to je anděl života, VELMI je anděl smrti. Proto je v tom vykoupení posilován anděl života a oslabován anděl smrti. Tímto vykoupením se kupuje život, protože špatná část ho opouští a již se k němu nepřisává.

Šestý den stvoření došlo k vzestupu světů: ZA se pozvedl na místo AA, Malchut do AVI a Adam dosáhl světla Chaja. V důsledku toho zcela zmizela síla anděla smrti (egoismu) a naopak, proměnil se ve velmi dobrého, neboť se egoismus při nápravě stává velkým svatým Kli, do nějž lze dostat to největší světlo. Takovýto stav bude na konci všeobecné nápravy, kdy v důsledku vzniku velkého světla navždy zmizí smrt (egoismus). Takto je řečeno: Když Stvořitel uviděl, VŠECHNO, co stvořil, to znamená na konci veškerého stvoření, je velmi dobré.

Avšak poté, co Adam zhřešil, světy se již nemohou pozvedat natolik vysoko. A proto potřebujeme zvláštní Přikázání, abychom vykonali mimořádné přípravy a činy pro získání světla Chaja, třeba jen ve stavu Sobota. A to je Přikázání výkupu prvorozence člověka, kdy oslabujeme síly anděla smrti a posilujeme anděla života, podobně jako to dříve učinil Sám Stvořitel Adamovi předběžnými vzestupy všech světů. Je tomu tak proto, že ve vzestupu světů nazývaném Sobota se anděl smrti proměňuje ve velmi dobrého. Taková je síla tohoto Přikázání.

Není však plněno zcela tak, jako tomu bylo dříve, kdy anděl smrti ztratil veškerou sílu. Nyní, plněním Přikázání vykoupení prvorozence, pouze oddalujeme od sebe anděla smrti, ale neničíme nečisté síly a ty se k prvorozenému již nepřibližují. A poté, co se za pomoci tohoto Přikázání nečisté síly již nepřisávají, může získat život, tedy světlo Chaja, sobotní stav.

Čtrnácté přikázání

247. Čtrnácté Přikázání je chránit Sobotu, která je dnem odpočinku od všech činů stvoření. Zde jsou dvě Přikázání: chránit sobotní den a zdobit jeho svatost, to znamená dostat světlo Chochma nazývané svatost a chránit Sobotu jako den odpočinku všech světů, kdy se veškeré činy znásobí a vykonávají dříve, než se posvětí tento den.

Sobota je takový stav duchovních světů, kdy shůry sestupuje světlo, v důsledku čehož se ZA pozvedá k AA, Nukva do AVI, světy BJA do IŠSUT a ZON světa Acilut. Výsledkem je, že NaRaN člověka (kdo jej má, kdo se duchovně nachází ve světech BJA) se pozvedá rovněž se světy BJA do Acilut a dostává tam světlo Chaja.

	Atik	
ZA	- AA	
M	- AVI	
BJA	- IŠSUT + ZON	Parsa světa Acilut

Na základě toho existují dvě Přikázání: nevykonávat práci a nepřenášet z jednoho hospodářství do druhého. Je to proto, že poté, co se všechny světy zcela osvobodí od nečistých sil, budeme muset dbát na to, aby nečisté síly neměly možnost vrátit se a smísit se se svatostí Soboty. A ten, kdo vykonává práci, znovu způsobuje, že se nečisté síly smísí s čistými.

A druhé Přikázání je zdobit sobotní den: rozkošemi v Sobotu (vzestup světů ABJA) dostává člověk (svými duchovními přáními, které jsou ve světech BJA) shůry světlo světa Acilut. Toto světlo světa Acilut se nazývá svatost (Chochma), a proto se jím člověk posvěcuje.

Pro veškerá očišťování a práce je místo pouze v našich pracích a válkách s nečistými silami, jež nám brání přiblížit se a splynout vlastnostmi se Stvořitelem. A právě ve válkách s nečistými silami z jejich strany provádíme výběr jisker světla, pohlcených nečistými silami, a každé vyloučení jiskry světla z nečistých sil a její vzestup do Acilut je definováno jako samostatná zvláštní práce.

Na počátku prováděl toto vylučování jisker a jejich výběr z nečistých sil Sám Stvořitel, o čemž se píše v Jeho skutcích v šesti dnech stvoření. A když se zakončilo veškeré objevování jisker světla, definuje se to jako konec práce a přichází napravený stav, nazývaný Sobota, den odpočinku, protože už není co napravovat.

Proto je Sobota dnem (stavem záření světla ve světech), kdy už není žádná práce na nápravě ve všech světech. Je tomu tak proto, že každou Sobotu (stav vzestupu v duchovních světech až k úrovni napravenosti všech nečistých sil) se navrací týž stav dokonalosti, který byl v první Sobotu stvoření, stav klidu ve všech světech ABJA, kdy se oddělují všechny nečisté síly a vzdalují se na svoje místo (Tehom Raba) a všechny světy se pozvedají do světa Acilut, což se definuje jako dokonalá jednota. A my musíme získat tuto svatost, světlo světa Acilut – ono sestupuje do nás prostřednictvím toho, že plníme dvě Přikázání „POMNI A STŘEZ SOBOTNÍ DEN".

248. Vzhledem k tomu, že se posvětil den, zbývalo stvořit duchy, jimž nejsou stvořena těla. Ptá se: „Cožpak Stvořitel nemohl posečkat s posvěcením tohoto dne, dokud nestvoří pro tyto duchy těla?" A odpovídá: Ve Stromě poznání dobra a zla se nacházela špatná, zlá část a prosila, aby mohla vládnout ve světě. A oddělili se a vyšli mnozí duchové, ozbrojení, aby se oděli do těl ve světě."

V důsledku toho, že byl posvěcen den, zbývalo stvořit duchy, jimž ještě nejsou stvořena těla. To znamená, že se posvětil den dříve, než Stvořitel stačil stvořit těla pro tyto duchy. O tom je řečeno v první Sobotu stvoření: SEDMÉHO DNE DOKONČIL STVOŘITEL SVÉ DÍLO, KTERÉ KONAL; SEDMÉHO DNE PŘESTAL KONAT VEŠKERÉ SVÉ DÍLO (Berešit, Gn 2, 2).

Tento výraz Tóry je nepochopitelný: vždyť jestliže Stvořitel dokončil veškeré práce v jejich plné a definitivní podobě, pak nám nenechal nic, co bychom mohli KONAT, protože všechno dokončil sám. Jde však o to, že Stvořitel provedl veškeré rozdělení jisker světla a oddělení čistých sil od nečistých tak, abychom měli možnost KONAT, to znamená, abychom mohli dokončit tuto práci našimi silami při plnění Tóry a Přikázání.

A odpočinek, o němž se hovoří, se vztahuje pouze k tomu, co měl vykonat Sám Stvořitel. Proto je řečeno v Tóře, že Stvořitel dokončil své dílo, neboť zakončil veškeré přípravy pro nás a z Jeho strany už není třeba nic dělat, protože PŘESTAL KONAT, abychom to ostatní DÍLO konali my. A to nám umožňuje KONAT a dokončit stvoření.

Proto se říká, že Stvořitel nestačil stvořit těla pro duchy dříve, než nadešla Sobota. Tito duchové bez těl – to jsou naše nečisté a různé škodlivé síly, které ponoukají člověka k hříchu. Stvořitel je však úmyslně zanechal v takové podobě, protože právě v důsledku jejich existence je v nás svobodná vůle, v práci na Tóře i v Přikázáních.

Následkem Adamova hříchu se v Malchut, nazývané Strom poznání dobra a zla, smísily čisté a nečisté síly. Nečisté síly si přitom přály vládnout silám dobra ve světě tak, aby silám dobra nikdy neumožnily je překonat. A vyšlo ven několik ozbrojených duchů se záměrem napadnout těla, ovládnout je a odít se do nich.

V Malchut se spojily dva body: jeden je napravený tím, že dostal vlastnosti Biny, milosrdenství, a druhý je přísnost soudu v důsledku omezení v samotné Malchut. Když je Malchut spojena s čistými silami, je její vlastnost omezení skryta a bod milosrdenství je otevřen (viz § 123). A tehdy se říká, že člověk je uznán za hodna pouze dobra.

Jestliže však člověk hřeší, poráží tím dobrý bod a odhaluje bod omezení v Malchut. A tím se odhalují síly, které si přejí škodit a zničit to, co bylo napraveno, které si přejí vládnout člověku. A to je zlo.

Jestliže však je člověk hoden toho, že se bod milosrdenství odhaluje a vládne, může pozvednout Malchut do Biny, v důsledku čehož sestupuje vyšší milosrdenství a vyšší světlo. Jestliže však toho není hoden a odhaluje se bod omezení v Malchut, tím nejen škodí Malchut, škodí tím bodu Biny, spojenému s Malchut. Je tomu tak proto, že se tento bod proměňuje z dobrého na zlý, z milosrdenství na soud, neboť se odhaluje omezení v samotné Malchut. A veškerá odhalená vlastnost panuje.

Proto po Adamově hříchu byl odhalen bod soudu v Malchut. A tím Adam poškodil i vlastnost, bod Biny, který se spojil s Malchut. A ten se z milosrdenství proměnil v přísnost, soud. Vždyť náprava Malchut je možná pouze za pomoci tohoto bodu, protože se sám nazývá dobro. A Malchut se nazývá dobro, dobře, když se v ní tento bod Biny odhaluje.

Nyní však, poté, co se poškodil sám bod Biny v Malchut a proměnil se z dobra ve zlo, pomyslela si nečistá síla, že nadešel její čas vládnout ve světě a odít se do lidských těl, to je do Adama a jeho synů (duchovní Parcufim). To znamená, že tělo (přání) nečisté síly dědí místo, kde je Adamovo tělo. A tehdy již není možná žádná náprava Malchut od dobrého bodu. Ze strany Biny v Malchut totiž také není dobro a tato vlastnost se proměnila ve zlo, přísnost, soud v důsledku omezení dostávání do Malchut.

A mnohé ozbrojené nečisté síly, síly ničení, vyšly ven do útoku, aby se oděly do těl (přání) člověka v tomto světě a neustále v něm vládly. Vždyť se nečistá síla domnívala, že už neexistuje žádná překážka a není před ní záchrana u čistých sil, které nemají obhájce, v důsledku škody, kterou způsobil systému řízení, bodu milosrdenství v Malchut, svým hříchem Adam.

249. Avšak Stvořitel, když to spatřil, nasměroval vítr ze Stromu života, ZA, a udeřil jím do druhého Stromu, Malchut. A tak se probudila jiná, dobrá strana a den se posvětil. Je tomu tak proto, že ke stvoření těl a vzbuzení duchů v tu sobotní noc dochází z dobré a nikoli ze špatné strany.

Stvořitel spatřil, jak se upevňují síly soudu a nečistých sil a jejich možnost odít se do těl ve světě, což zcela vyloučí nápravu světa v budoucnu, a proto vzbudil vítr života ze Stromu života a udeřil jím do druhého Stromu. Tím se uskutečnil Zivug do druhého Stromu, do Malchut. Následkem tohoto Zivugu předal Strom života jinému Stromu – Malchut – duch života, což umožnilo Malchut odtrhnout se od nečistých sil.

V důsledku toho se v Malchut znovu objevila dobrá strana, jak tomu bylo před Adamovým hříchem, a sestoupila svatost Soboty do světa. To znamená, že bez ohledu na to, že nečisté síly měly schopnost odít se do těl a byly silnější než čisté síly a podle zákona měly zvítězit, v tom okamžiku Stvořitel zasáhl, aniž vzal v úvahu ničení způsobené Adamovým hříchem.

Následkem tohoto ZON se Strom života a Strom poznání dobra spojily v Zivugu jako před Adamovým hříchem a do světa sestoupilo světlo svatosti Soboty. Tento Stvořitelův čin, od nějž do světa sestoupila Sobota (světlo Soboty), způsobil, že nečisté síly byly zbaveny možnosti odít se do lidských těl v tomto světě, nečistá síla zůstala v podobě ducha bez těla a člověk získal možnost přibližovat se (vlastnostmi) Stvořiteli. To se nazývá jeho návrat (Tešuva).

Ke stvoření těl a probuzení duchů v tu noc dochází od dobré strany, nikoli od strany nečistých sil, neboť Stvořitelův čin zůstane ve stvoření navěky. A jako v první Sobotu stvoření, Stvořitel naprosto nevzal v úvahu škodu způsobenou Adamovým hříchem, nýbrž to udělal tak, že ZON provedly Zivug a posvětil se den jako před hříchem. Zničil totiž veškerou vládu nečistých sil přesto, že v nich byla síla panovat.

Tak i ve všech Sobotách (duchovní vzestupy pro ty, kteří jsou svými pocity ve světech BJA) po dobu 6000 let, přesto, že je člověk ještě plný nečistot, neboť dosud nenapravil hříchy Stromu poznání, navzdory tomu, když provádí Zivug (světla se clonou) v sobotní noc (v duchovním stavu, který se tak nazývá), nečisté síly (člověka) nad ním (jeho altruistickými přáními) nemají žádnou moc. A člověk přijímá v tomto Zivugu tělo a ducha novorozence, jako kdyby neutrpěl žádnou škodu způsobenou Adamovým hříchem, to znamená, jako kdyby sám napravil Strom poznání.

A bez ohledu na to, že sám člověk ještě nebyl uznán za hodna osvobodit se ze svého egoismu, nečisté síly v tu noc nad ním nemají žádnou moc. A může dostat těla i duchy ve svém Zivugu ze strany Stromu dobra a nikoli od nečistých sil.

250. A kdyby v tu noc spěchal postavit do popředí druhou stranu dříve, než vystoupila dopředu dobrá strana, nikdy by nemohl před ní obstát ani okamžik. Stvořitel však připravil lék. A posvětil předtím den. A upozornil, že se objeví před druhou stranou. A existuje svět. Opačná strana si sice usmyslela vládnout ve světě, ale proti ní byla v tu noc stvořena a posílena dobrá strana. A v tu noc byla učiněna dobrá, svatá těla a duchové z dobré strany. Z toho plyne blaženost mudrců, kteří to vědí, od Soboty k Sobotě.

251. Když však opačná (nečistá) strana spatřila, že to, co chtěla učinit, vykonala svatá strana, začala ověřovat svoje síly a vlastnosti a vidí všechny ty, kteří provádějí Zivug, obnaženými a ve světle svíce. A proto synové, kteří se z toho rodí, jsou zotročeni duchem té druhé strany. A tito nazí duchové hříšníků se nazývají škůdci a Lilit jim vládne a zabíjí je.

252. A vzhledem k tomu, že byl posvěcen den a svatost vládne ve světě, ona opačná strana se zmenšuje a skrývá v každý sobotní den a v každou sobotní noc. Kromě Asimona a jeho skupiny, která kráčí ukryta při světle svící, aby pozorovala obnažený Zivug. A poté se skrývají uvnitř výklenku nazývaného Tehom Raba. A když skončí Sobota, létá a prohání se ve světě mnoho vojsk. V důsledku toho se všechno napravuje písní strádajících s názvem Sedící ve skrytu, aby svatosti nevládla nečistota.

Podle zákona měla nečistá síla vládnout ve světě, vždyť byla silnější než čistá a měla se odít do těl. Tehdy však by byla země odevzdána do rukou hříšníků a všechna pokolení ve světě, pocházející od člověka, by byla ze strany nečistých sil a nebyla by v nich žádná možnost nápravy, neboť by nečistota vládla ve světě všem pokolením natolik, že by nebylo možno zachytit se dobré strany ani na okamžik.

Stvořitel nám však dal lék, čímž zabránil škodě, neboť povýšil Sobotu tím, že od ní odebral nečisté síly. Z tohoto důvodu bylo odhaleno světlo klidu a odpočinku ve všech světech. A všechny nečisté síly byly odhozeny do propasti „Tehom Raba". A tím dochází k oživení světa, protože to umožňuje rodit těla a duchy od čisté strany v Zivugu sobotní noci, a svět postupuje k žádanému cíli.

Co znamená zabránit lékem škodě? Veškeré stvoření je vybudováno na pořadí příčin a následků. A všechno, k čemu nedochází na základě vývoje světů, se nazývá zábrana (přechod přes několik stupňů s vynecháním některých příčin a následků v jejich řetězci).

A vzhledem k tomu, že svatost Soboty přišla jako probuzení shůry, od Stvořitelova přání, bez jakéhokoli přání a prosby zdola, vždyť Adam ještě neprovedl žádnou nápravu a sblížení se Stvořitelem, aby si zasloužil Sobotu, a Sám Stvořitel zabránil škodě lékem pro nápravu světa, nazývá se tento Stvořitelův čin zábranou.

A jako měla nečistá strana v úmyslu uchvátit moc ve světě, tak to provedla dobrá strana v tu noc. Vždyť tato noc, noc po hříchu ve Stromě poznání, byla celá dána k dispozici nečistým silám. A proto se domnívaly, že mohou samo sebou řídit svět. Stalo se to však naopak – jejich místo zaujala svatost: byla stvořena čistá těla a duchové v tu noc od dobré strany. Bylo tomu tak proto, že došlo k takové přípravě, že všechny Zivugy v tu noc zplodily těla a duchy od dobré strany, zcela bez jakékoli účasti nečisté síly. To je pravý opak toho, jak to zamýšlela nečistá síla.

A proto je doba mudrců, kteří to vědí, od Soboty k Sobotě – vždyť v tu dobu jsou těla a duchové vytvářeni od čisté, dobré strany. A nečistá síla, když vidí, že to, co si přála stvořit, již učinila opačná strana, shromažďuje svoje zlé síly a pátrá po celém světě. Vidí všechny, kdo provádějí Zivug ve světle svíce, s obnaženým, odhaleným tělem, Zivug, z něhož se rodí nemocní synové. Nečistá strana posílá do těchto synů svoje zlé duchy, duchy hříšníků, nazývané škůdci. Následkem toho jim vládne Lilit a zabíjí je. Oděvy jsou světlo Chasadim, oděvy Imy, záměry „ve prospěch Stvořitele".

A když do světa přichází svatost Soboty a Sobota vládne ve světě, nečistá síla zmenšuje svoji moc a během sobotní noci a dne se skrývá. A proto je to doba mudrců. A pouze škůdci nazývaní Asimon a celá jeho skupina jdou ve světle svíce tajně pozorovat ty, kteří obnažují svůj Zivug. A poté se skrývají v Nukvě Tehom Raba. Proto Asimon, i když má sílu vidět Zivug ve světle svíce a v Sobotu, nemůže v Sobotu škodit a je povinen neprodleně se vrátit k Nukvě Tehom Raba. A škodit může až po skončení Soboty.

Rabi Šimon zde pocítil obtíže při vysvětlování toho, co bylo řečeno o tom, že doba mudrců je v Sobotu. Vždyť každý den, počínaje půlnocí, se Stvořitel prochází rajskou zahradou a provádí Zivugy s mudrci, a nejen v sobotní noc. Tuto otázku rovněž klade Zohar (Vajikahel, § 194) a odpovídá, že je rozdíl mezi Zivugem v obyčejnou noc a v noci sobotní – ve světle svíce. Je tomu tak proto, že v obyčejné, všední noci má nečistá síla schopnost nakazit rodící se syny nemocemi a také Lilit je může zabíjet.

Zatím co v sobotní noci, i když je přítomen škůdce Asimon a jeho skupina, nemá sil škodit během Soboty, pouze po jejím skončení. I proti této jeho možnosti škodit po Sobotě však existuje náprava, nazývaná „Havdalah", oddělení Soboty od všedních dnů požehnáním, modlitbou a číší vína, čímž se zcela anulují všechny síly tohoto škůdce. Proto je velký rozdíl mezi Zivugem v obyčejnou noc a v noc sobotní.

Jde o to, že existuje zdroj světla, ZA, vyšší sjednocení, a je zdroj ohně, Malchut, nižší sjednocení (viz § 209). V plameni svíce jsou tři součásti (má se na zřeteli duchovní svíce, ale v materiálním znázornění to je knot, který plave v olivovém oleji): a) bílý plamen, horní; b) dolní plamen; c) hrubá část – knot a olej, jimiž se udržuje dolní plamen.

Tento dolní plamen se nazývá požírající oheň, neboť je to přísnost, síla omezení ve svíci; to způsobuje, že požírá všechno, co je pod ním – knot i olej. Vyšší, bílý plamen však je milosrdenství, které je ve svíci, protože běloba je milosrdenství.

Ten, kdo provádí Zivug ve světle svíce, uvidí, že jeho děti jsou poškozeny, a Lilit je může zabít, protože je ve svíci přísnost soudu, a tím se nečisté síly mohou k takovému Zivugu přisát. Vždyť v důsledku přísnosti soudu se odhalují jejich těla, to znamená nečistoty, které jsou v tělech těch, kdo provádějí Zivug, a ti si nacházejí každý, co se mu hodí.

Proto je povolen Zivug pouze o půlnoci, tedy pouze v temnotě, kdy není žádné světlo a kdy je řečeno o Malchut A PROBUDÍ SE UPROSTŘED NOCI a kdy se odhaluje milosrdenství.

Svítí-li však nějaká svíce, působí to odhalení nečistot v tělech a nečistá síla se k těmto tělům přisává. Je tomu tak proto, že ve světle svíce vidí nečistá síla nečistoty v tělech těch, kdo provádějí Zivug; žaluje na ně a přisává se k jejich tělům. V sobotní noc však veškerá omezení přísnosti a soudu mizí a hrubý dolní plamen se stává jako bílý horní. A to znamená, že je dovoleno dokonce světlo svíce. A co více, za působení svatosti Soboty zcela mizí všechny nečistoty z lidského těla, a proto se není třeba bát odhalení těla ve světle svíce.

I v Sobotu však, kdy se hrubý plamen proměňuje v bílý a mizí přísnost omezení, stejně vyžaduje bílý plamen svíce hrubou část světla, aby se měl na čem udržovat. A hrubý základ je nevyhnutelná přítomnost přísnosti a omezení, neboť hrubost znamená omezení.

V Sobotu se však tato omezení neprojevují. Podobá se to minci, na níž není zobrazení, a proto není známo, co je to za peníz. Z toho důvodu se nazývá tento škůdce, označující hrubou část svíce, na níž se udržuje bílý plamen, jménem Asimon (v hebrejštině žeton), což znamená mince bez obrazu.

Hrubá část svíce se vznáší ve skryté podobě s bílým světlem svíce, protože svíce nemůže hořet bez něj. Proto tato hrubá část vidí odhalený Zivug a může škodit po skončení Soboty. A i když o sobotních nocích odhalení (obnažení) těl neškodí, neboť se v Sobotu neprojevuje nečistota těla, na konci Soboty má nečistá síla možnost odhalit se a uškodit.

A je to následkem toho, že po Sobotě se Asimon a jeho skupina znovu vrací do svých podob – vlastností a pozvedá se z Velké propasti, Tehom Raba, na místo usídlení, vznáší se nad světem a může škodit. Proto existuje píseň „Kdo ve stínu vyššího sedí", vždyť za pomoci modlitby a návratu ke Stvořiteli se člověk zachraňuje před těmi, kdož mu škodí:

„Kdo ve stínu vyššího sedí (přebývá v úkrytu vyššího), přebývá ve stínu Všemocného. Říkám Hospodinu: ́Mé útočiště, má pevná tvrz je můj Bůh, v nějž doufám.́ Vysvobodí tě z osidla lovce, ze zhoubného moru. Přikryje tě svými perutěmi, pod jeho křídly máš útočiště; pavézou a krytem je ti jeho věrnost. Nelekej se hrůzy noci ani šípu, který létá ve dne, moru, jenž se plíží temnotami, nákazy, jež šíří zhoubu za poledne. Byť jich po tvém boku padlo tisíc, byť i deset tisíc tobě po pravici, tebe nestihne nic takového. Na vlastní oči to spatříš, uzříš odplatu, jež stihne svévolníky..." (Tehilim, Ž 91, 1-8).

253. Jaká místa navštěvují v noci, kdy končí Sobota? Když vycházejí ve spěchu, přejí si vládnout ve světě svatému národu, vidí, jak stojí v modlitbě a zpívá tuto píseň „Kdo v úkrytu Nejvyššího bydlí" a jak na počátku odděluje Sobotu od všedních dnů ve své modlitbě a poté nad číší vína; tehdy se tyto síly vzdalují a odlétají do pouště. Milosrdný nechť nás ochrání před nimi a před zlou stranou.

Zde se otázka týká pouze noci na konci Soboty, nikoli nocí všedních dnů, protože noc na konci Soboty nese v sobě ještě určitou sílu svatosti Soboty. Proto, i když nečisté síly vylétají z Tehom Raba a letí, aby pokořily Izrael, jakmile spatří činy Izraele v modlitbě písně a v požehnání nad číší vína, odlétají do pouště, na neobydlené místo. A tak se lidé před nimi zachraňují.

Z toho plyne, že nečisté síly se nacházejí na třech místech: a) v sobotu jsou v Nukvě Tehom Raba a nemají sílu škodit; b) na konci Soboty, za pomoci modlitby, oddělení Soboty od všedních dnů a požehnání nad číší vína, jsou v poušti, na místě, kde nejsou lidé. To znamená, že mají sílu škodit, ale nenacházejí se na obydleném místě; c) ve zbývajících nocích týdne se zdržují také na obydlených místech.

254. Tři, kteří si způsobují zlo: a) ten, kdo se proklíná, b) ten, kdo vyhazuje chléb nebo jeho zbytky větší než velikost olivy, c) ten, kdo zapaluje svíci na konci Soboty dříve, než Izrael dosáhne svatosti při chvále „A Ty jsi svatý". A ten plamen svíce vyvolává zažehnutí pekelného ohně.

255. V pekle mají místo ti, kdo nedodržují Sobotu. A ti, trestaní v pekle, proklínají toho, kdo zažehl svíci dříve, než nastal čas, a říkají mu (Ješajahu, Iz 22, 17-18): „Hle, Stvořitel tě odvrhne, odvrhne tě, mocným vrhem, zabalí tě, smotá, jako klubko tě svine, jako míč tě odhodí do širošíré země. Tam umřeš..."

Jeden škůdce se nazývá ŠPATNÉ OKO. Miluje prokletí, jak je řečeno (Tehilim, Ž 109, 17): „A on miluje prokletí, a přišlo na něj! O požehnání nestál, a vzdálilo se od něj!" Když se člověk proklíná, dává tím sílu špatnému oku, aby milovalo prokletí. To mu vládne – a tím způsobuje zlo sám sobě.

Není žádná věc v tomto světě, která by neměla svůj kořen nahoře. Tím spíše chléb, na němž závisí lidský život, má svůj zvláštní kořen nahoře. Proto ten, kdo opovrhuje svým chlebem, způsobuje tím škodu v kořeni svého života nahoře. Tomu rozumí každý člověk, ale chápe to v rozsahu porce, která mu dá nasycení, jež nese život.

Jestliže však je kousek chleba a drobečky menší než oliva, jsou tací, kteří tím opovrhují, a proto takové množství vyhazují, neboť se jím nemohou nasytit. Vzhledem k tomu však, že mudrci přikázali požehnat dokonce hostině chlebem menším než oliva, jsme povinni chovat se k takovéto porci jako k dávce, která nasytí. A nemáme právo opovrhovat tímto množstvím. A ten, kdo jím opovrhuje, sám sobě škodí.

Příčina toho je vysvětlena v Talmudu (Berachot, 20, 2): „Zeptali se Stvořitele: ′Stvořiteli světa, ve Tvé Tóře je řečeno, neotáčej tvář a neber úplatky. Ty však obracíš Svou tvář k Izraeli…′ Stvořitel odpovídá: ′Jak nemám obracet tvář k Izraeli, který dodržuje zákon až do velikosti olivy…′" To znamená, že bereme-li dokonce porci velikosti olivy jako hostinu, která přináší nasycení, dostává se nám odhalení Stvořitelovy tváře, i když toho nejsme hodni. Proto ti, kteří opovrhují množstvím chleba velikosti olivy a nepovažují jej za nasycující hostinu, nejsou hodni odhalení Stvořitelovy tváře. A proto škodí sami sobě.

Kdo zapaluje svíci na konci Soboty dříve, než Izrael dosáhne svatosti v požehnání, vyvolává tím vznícení pekelného ohně od této svíce. Je tomu tak proto, že až do tohoto okamžiku byla Sobota a svatost Soboty vládla, ale pekelný oheň v Sobotu nevládne. Proto ten, kdo porušuje Sobotu tím, že předčasně zapaluje svíci, zapaluje předčasně pekelný oheň a způsobuje si tím škodu. Vždyť porušení Soboty je největší porušení. A proto je v pekle zvláštní místo pro ty, kteří porušují Sobotu. A ti, kteří jsou v pekle, jej proklínají za to, že svými činy předčasně vyvolávají vznícení pekelného ohně.

256. Je tomu tak proto, že neměl by zažehnout svíci na konci Soboty dříve, než Izrael oddělí Sobotu od všedních dnů ve své modlitbě a nad číší. Do té doby je totiž ještě Sobota a její svatost nám vládne. A během oddělení požehnáním nad číší se všechny tyto síly a armády, které vládci postavili ve všední dny, každý z nich navrací na svoje místo, k práci, k níž je ustanoven.

Základní zákaz existuje pouze do požehnání v modlitbě. Je však nutno mít se na pozoru a nezapalovat svíci až do samého oddělení Soboty od všedních dnů v požehnání nad číší, neboť do té doby se ještě má za to, že je Sobota. Samozřejmě však lze zapálit svíci pro samotné oddělení Soboty od všedních dnů, to znamená pro požehnání nad zapálenou svící.

257. Když vchází Sobota a posvěcuje se tento den, probouzí se svatost a vládne ve světě. A vláda všedních dnů mizí a až do konce Soboty se nevrací. I když však Sobota skončila, vláda jiných sil se nevrací do té doby, dokud Izrael nepronese chválu „Ten, kdo odděluje svatost a všední dny." Až tehdy svatost mizí a armády vládců všedních dnů se probouzejí a vracejí na svoje místa, každý na to svoje, na něž byl postaven shůry.

258. Přesto ještě nevládnou nečisté síly, dokud se neobjeví světlo od svíce, protože pocházejí ze základního kořene ohně, z nějž všechno vychází a sestupuje, aby vládlo

v nižším světě. A ke všemu tomu dochází, jestliže člověk zapaluje svíci dříve, než Izrael dokončí chválu v modlitbě.

Malchut se nazývá sloupcem světla (viz § 209) a síly ve světle svíce jsou omezení v Malchut. A není možno konat těmito silami dříve, než se zapálí svíce.

259. Jestliže však čeká do skončení chvály v modlitbě, hříšníci v pekle ospravedlňují Stvořitelův soud nad nimi a přivolávají na toho člověka veškerá požehnání, která vyslovuje shromáždění: „Stvořitel na tebe sešle nebeskou rosu", „Požehnán budeš ve svém městě", „Požehnán budeš na svém poli" atd.

Vyslovením požehnání se způsobuje sestup velkého světla, jehož silou se zbavujeme pekel. A vzhledem k tomu, že hříšníci v pekle to vidí, litují svých hříchů a ospravedlňují Stvořitelův soud nad nimi tím, že vidí svůj trest. A tím, že člověk vyvolal takové ospravedlnění Stvořitelova soudu, plní se v něm všechna požehnání, která na konci Soboty vyslovuje shromáždění těch, kdo se modlí.

260. „Blaze tomu, kdo má pochopení pro chudého, Stvořitel ho v neblahý den zachrání (Tehilim, Ž 41, 2). Co znamená „v neblahý den"? Když vládne zlo, jež si přeje přisvojit si jeho duši. „Chudý" znamená „velmi nemocný". „Kdo má pochopení" znamená ten, kdo chápe nutnost vyléčit se z hříchů před Stvořitelem. Jiné vysvětlení: je to den soudu nad světem. „Kdo má pochopení" znamená chápající, jak se před ním zachránit, jak je řečeno: Stvořitel ho v neblahý den zachrání, to znamená: v den, kdy vládne ve světě soud v neprospěch člověka, ho Stvořitel zachrání.

„Neblahý den" znamená stav vlády nečistých sil, nazývaných zlo a přivlastňujících si lidskou duši, nad člověkem. „Ten, kdo má pochopení pro chudého", je ten, kdo nabádá nemocného, aby se vrátil ke Stvořiteli, aby se napravil. A toho Stvořitel zachrání před vládou nečistých sil.

Zohar pokračuje tím, že jsou tři zdroje zla pro duši člověka, který na sebe přivolává zlo. Proto zde uvádí radu pro chápající a slitovné vůči ubožákovi, aby hovořil k srdci nemocného (toho, kdo se cítí nemocný ve vlastním zlu – egoismu) a nabádal ho vrátit se ke Stvořiteli. Tehdy ho Stvořitel vyléčí. A za odměnu jej Stvořitel spasí v neblahý den, který způsobil své duši.

A dokonce tehdy, vládne-li soud celému světu, spasí ho Stvořitel za to, že naučil nemocného vrátit se ke Stvořiteli a vysvětlil mu nezbytnost napravit se. A rozdíl ve vysvětleních spočívá v tom, že první vysvětlení se vztahuje k jednotlivci, který v sobě zjistil zlo, a druhé ke zlu celého světa. A v tom případě ho Stvořitel spasí za odměnu, že dodržel toto Přikázání.

Záměr Modlitby

Zohar Vejikahel, s. 32 – 52, § 107 – 157: Každý den vyzývá hlas všechny lidi světa: „Závisí to na vás. Oddělte část svého Stvořiteli." Každému člověku napadá v životě myšlenka a přání přiblížit se duchovnu a na něm závisí, bude-li naslouchat tomuto vnitřnímu hlasu, či nikoli. Hlas člověka přesvědčuje, že když odhodí zbytečná pozemská dočasná přání a honbu za jejich uspokojením, získá skutečné a věčné štěstí.

Z toho můžeme pochopit tajný smysl modlitby: ten, kdo se bojí Stvořitele a usměrňuje svoje srdce a přání v modlitbě, provádí velké a vysoké nápravy. Jestliže si člověk přeje vejít do duchovního světa, pocítit Stvořitele, pak to jediné, co musí udělat, je modlit se, to znamená prosit Stvořitele o nápravu své přirozenosti, o změnu své povahy z charakteru našeho světa – egoistického – na charakter duchovních světů – altruistický. Tehdy vejde do věčnosti, překročí rámec našeho světa. Sám člověk, který je plně v moci egoismu, se změnit nedokáže.

Pro nápravu musí člověk dostat síly zvnějšku, síly, které jsou za hranicemi egoismu. A proto musí prosit o obdržení těchto sil, vždyť to jediné, co člověk musí dělat, je modlit se. Modlitba však je přání v srdci, nikoli to, co vyslovují ústa, a uvnitř srdce čte naše přání Stvořitel. Proto je veškerá práce člověka na sobě redukována na to, aby změnil přání svého srdce: aby si srdce přálo změnit svoje přání. Ani to však člověk není s to provést sám, i o to musí prosit Stvořitele.

Proto všechno spočívá v práci na povznesení víry ve Stvořitele, v Jeho řízení, v Jeho jedinečnost, v Jeho síly, v Jeho možnost a přání pomoci. Veškeré snahy člověka jsou zaměřeny na vytváření, zrození jediného skutečného přání uvnitř sebe – pocítit Stvořitele! Zde Zohar, stejně jako všechny kabalistické knihy a všechny knihy Tóry, hovoří o těch, kteří již dosáhli svými přáními a vlastnostmi duchovních světů a ještě za existence v našem světě současně pociťují dva světy a žijí v nich. Modlitba, o níž se zde hovoří, jsou duchovní činy člověka, který již získal duchovní nástroje a může s nimi zacházet jako my v našem světě pomocí rukou a pomocných náčiní.

Na začátku v písních a chvalozpěvech vyšších andělů a v pořadí zpěvů synů Izraele dole se Malchut zdobí a napravuje, jako se manželka zdobí pro manžela. Synové Izraele jsou ti, kteří si přejí stát se Isra (přímo) a El (Stvořitel), to znamená sblížit se se Stvořitelem. Takoví lidé, kteří se se svými duchovně altruistickými nástroji – přáními nacházejí ve vyšších světech, jsou schopni svými duchovními činy měnit stavy vyšších Sefirot a světů.

Naše modlitební kniha byla sestavena členy Velkého shromáždění před dvaceti stoletími. Předtím se každý člověk obracel ke Stvořiteli, jak to cítil. Vzhledem k tomu, že asi před dvaceti staletími začaly do našeho světa sestupovat hrubší duše, které potřebovaly modlitební řád, členové Velkého shromáždění, velcí kabalisté, vytvořili modlitební knihu, která se dochovala do našich dnů.

V modlitební knize jsou v potřebném pořadí vyloženy veškeré posloupnosti stupňů nápravy člověka. Pod slovy v modlitební knize rozumí chápající osoba ty duchovní činy, které musí uskutečnit. Tato informace je předána v písmenech, v jejich tvaru, spojení, posloupnosti vět i částí celé modlitby.

V modlitbě jde po pořádku nejprve náprava světů jitřními chválami (s. 13 modlitební knihy Tefilat Kol Peh Nusach Sefarat) až k modlitbě Šmone Esreh (s. 57), nápravy v poloze vsedě. Poté, když se dojde ke slovům „Emet ve Jaciv", které zakončují Krijat Šema (s. 54), napravuje se všechno, všechny světy. A když se dojde ke slovům „Gaal Israel" (s. 57), musí zaujmout svoje místa všechno a všechny nápravy, a proto se pokračuje vestoje slovy modlitby Šmone Esreh.

V duchovním stavu, a tedy jako důsledek toho ve stavu materiálním, může být člověk v jednom ze tří stavů: vleže, vsedě a vestoje. V takovémto pořadí se v našem světě vyvíjí novorozenec a v tomtéž pořadí se v duchovním světě vyvíjí duchovní novorozenec. V poloze vleže je ten, jehož hlava, trup a nohy se nacházejí na jedné úrovni. To v duchovním pojetí odpovídá stavu zárodku, kdy to, co je ve všech deseti Sefirot, je stejné. To je nejnižší duchovní stav.

V poloze vsedě je ten, u něhož je hlava výš než trup a trup výš než nohy, ale nemůže nohy používat. Takovýto stav se nazývá malý – VAK. V poloze vestoje je ten, u něhož se zcela odlišuje výška hlavy, trupu a nohou. Je to velký stav, GAR. Tak v souladu se svými prosbami o nápravu člověk postupně dostává vyšší síly od Stvořitele, a tak roste.

Proto když člověk dosahuje slov „Emet ve Jaciv", je již všechno napraveno, všechny světy v sobě nesou Malchut a ona sama v sobě nese Nejvyššího krále. Když člověk dosahuje slov „Gaal Israel", postupuje Nejvyšší král po stupních, v pořadí tří linií, a vychází vstříc, k získání Malchut.

Nejvyšší král, Stvořitel, je vzhledem ke všem stvořením Parcufem ZA světa Acilut, protože Malchut světa Acilut je souhrnem všech stvoření. Všechno, co jen je stvořeno, je částí Malchut, včetně nás, všech světů, jejich obyvatel, našeho světa a všech jeho obyvatel.

V našem obvyklém stavu jsme částmi Malchut, které dostávají nejmenší světlo Stvořitele, Ner Dakik (malá svíce). Tím, že se svými vlastnostmi, jejich shodou se Stvořitelem, přibližujeme k Němu, v souladu s tím, jak se k Němu přibližujeme, dostáváme stále větší vyšší světlo, které pociťujeme jako neomezenou blaženost, pokoj, rozkoš, věčnost a životní sílu.

Míra sbližování se Stvořitelem, to znamená sbližování našich duší, našeho „Já", se Stvořitelem, Malchut a ZA, je popsána v kabale zvláštním jazykem: sbližování vlastností se nazývá přechod ZA a Malchut ze stavu zády k sobě ke stavu tváří v tvář; spojení duší se Stvořitelem je popisováno jako Zivug, pohlavní akt mezi ZA a Malchut, při němž ZA předává Malchut světlo, a tak každá duše, v souladu se svou nápravou, může toto světlo dostat.

Stvořitel se přirozeně nachází ve stavu absolutního pokoje a všechny Jeho zdánlivé pohyby pociťuje Malchut vzhledem k sobě, v závislosti na změně svých vlastností – buď více, nebo méně pociťuje Stvořitele, což vnímá jako Jeho pohyb, jímž jí jde vstříc.

A my jsme povinni stát před nejvyšším králem každý na svém místě, se zatajeným dechem a ve strachu, protože On podává Malchut svoji pravou ruku v Magen Avraham, první chvále z modlitby Šmone Esreh (s. 58), pravé linie. A poté vkládá svoji levou ruku pod hlavu Malchut, jak je řečeno v Šir Haširim (Pís 2, 6): „Jeho levice je pod mou hlavou, jeho pravice mě objímá" – během požehnání Ata Gibor, druhého požehnání modlitby Šmone Esreh (s. 58), levé linie.

Celá velká Šir Haširim (Píseň písní) hovoří o vyšším splynutí všech stvoření se Stvořitelem. Vzhledem k tomu, že náš svět je stvořen jako zrcadlový odraz světa duchovního, popsat duchovní splynutí lze pouze příslušnými slovy našeho světa. Náš svět je egoistický, a proto duchovní altruistické činy splynutí vlastností, přání, jsou popsány slovy našeho světa jako po sblížení vlastnostmi Malchut – lidské duše a Stvořitele. Dochází k jejich postupnému spojení – splynutí vlastností: na počátku objetí, poté polibek a posléze splynutí. Tehdy je lidská duše natolik napravena, že může dostat světlo – Ohr Chochma, od Stvořitele.

A poté se spolu objímají ZA a Malchut a spojují se v polibku v chvále HaEl HaKadoš (s. 59), střední linie. A poté již z tohoto stavu a dále i výše probíhá vše ve stavu polibku až do tří posledních chval modlitby Šmone Esreh. A v tom spočívá duchovní, skutečný smysl tří prvních chval modlitby Šmone Esreh.

Jinak řečeno, jestliže je člověk schopen vykonat duchovní čin odpovídající podmínkám popisovaným ve slovech těchto chval, dosahuje takového sjednocení se Stvořitelem, které se nazývá objetí a polibek. Vysvětlení činů v duchovním světě je podrobně popsáno v Talmudu Deseti Sefirot rabiho Ašlaga. Jazykem Zoharu a Tenachu jsou tyto činy popisovány pozemskými slovy.

V jazyce kabaly jsou tyto činy popisovány názvy Sefirot, Parcufim, světel atd. Nejúplnějším a nejpřesnějším jazykem duchovních činů je jazyk Sefirot, a proto jej kabalisté zvolili pro svoji vnitřní práci a k tomu, aby nám vysvětlili způsoby a metodu duchovního vzestupu.

A člověk je povinen nasměrovat svoje srdce a svoje přání tak, aby se v něm objevily záměry, které vedou k nápravám ve všech duchovních stavech. Ty jsou popisovány touto modlitbou, aby jeho ústa a srdce – přání byla jako jeden celek a aby ústa neříkala to, s čím srdce nesouhlasí. Vždyť Stvořitel očekává pouze upřímnost našich přání k tomu, aby je neprodleně splnil a přiblížil nás k Sobě:

Příteli duše, milosrdný otče, přitáhni svého služebníka,
aby konal Tvou vůli.
Tvůj služebník bude uhánět jako jelen,

skloní se před Tvou nádherou,
a Tvé přátelství mu bude
nad sladkost nektaru a každou jinou chuť.

Velká, překrásná, záři světa!
Má duše stůně po Tvé lásce.
Vroucně Tě, Bože, prosím, uzdrav ji,
dopřej jí pohledět na půvab své záře.
Tak se vzchopí a uzdraví a bude se radovat po věky.

Věčný, projev prosím svůj soucit
a slituj se prosím nad synem svého milovaného.
Nevíš, jak vroucně toužím spatřit Tvou sílu
v celé její kráse.
Vroucně Tě prosím, Bože můj, drahý mého srdce,
věnuj se mi a nebuď netečný.

Zjev se prosím a rozprostři nade mnou,
můj milovaný,
křídla tvého světa.
Země bude svítit Tvojí slávou,
Tebou se budeme radovat.
Pospěš, mě milovat, neboť přišel čas,
buď ke mně laskavý jako za dávných dní.
(Píseň Jedid Nefeš)

Když se Stvořitel a Malchut nacházejí ve splynutí v polibku, může se ten, kdo musí prosit o radu a pomoc, ptát, neboť se tento stav nazývá „doba přání". A protože člověk prosil před Králem a Královnou ve dvanácti prostředních chválách modlitby Šmone Esreh, napravil a připravil tím přání svého srdce na tři poslední chvály, aby vzbudil ve Stvořiteli přání vůči němu, protože díky těmto třem posledním chválám se spojuje se Stvořitelem ve vyšším splynutí.

„Doba přání" je vhodný stav pro prosby a obdržení odpovědi – síly pro nápravu sebe sama. Král a Královna jsou ZA a Malchut. Každá chvála představuje postupnou sérii jednotlivých náprav lidské duše. Jako důsledek toho dochází k duchovnímu vzestupu člověka na ještě vyšší úroveň. Tak člověk postupně dosahuje Vyššího splynutí se Stvořitelem.

V takovém případě musí padnout na tvář a když Malchut v sobě drží duše, předat svoji duši do absolutní Stvořitelovy moci, neboť je to vhodná doba – stav vložit svoji duši mezi ostatní duše, vždyť Malchut je pramen života.

Padnout na tvář, předat duši - člověk má pouze jedno přání: úplně ze sebe vymazat veškerá přání, protože jsou egoistická, a dostat od Stvořitele Jeho přání, altruistická. Když člověk do sebe dostane Stvořitelova přání, stává se podobným Stvořiteli a v souladu s touto podobou splývá, spojuje se se Stvořitelem. Výsledkem splynutí se Stvořitelem je to, že člověk získává všechno, co má Stvořitel – nesmrtelnost, úplnou znalost veškerého stvoření, moc a dokonalost.

Tajemství světla, jejž dosahují pouze vyvolení: když Malchut zadržuje lidské duše svým jediným přáním splynout se Stvořitelem, neboť takové je přání v lidském srdci, odevzdává člověk sebe celého úsilí o toto splynutí, aby zahrnul i svoji duši do všeobecného splynutí Malchut se Stvořitelem. A jestliže Stvořitel duši přijme, člověk neprodleně splyne se Stvořitelem a vchází do zdroje života (Cror HaChaim) v tomto i v budoucím světě.

V kabale nejsou tajemství, i když se nazývá tajným učením. Tajné je pouze pro toho, kdo ještě není schopen vytvořit v sobě duchovní orgány, aby ucítil všechno, co je kolem nás. A skryto je pouze námi samými vzhledem k neexistenci příslušných smyslových orgánů.

Král (Stvořitel) a Královna (Malchut), ZA a Malchut, musí být spojeni ze všech stran s dušemi, shora i zdola, ozdobit se dušemi spravedlivých, tedy těch, kdož si přejí splynout se Stvořitelem, svěřit Mu svoje duše. A jestliže člověk k tomu zaměřuje svoje srdce – přání a dává Stvořiteli k naprosté dispozici svoji duši, Stvořitel s ním uzavírá mír a svazek, jak ve Vyšším svazku nazývaném „Jesod", tak nižším. Žehná tímto svazkem a mírem Malchut a obklopuje ji ze všech stran.

Spojuje se ze všech stran – duše dosahují podobnosti Stvořiteli všemi svými vlastnostmi. Spravedliví jsou ti, kteří si přejí splynout se Stvořitelem, poznat tak veškeré stvoření a jako důsledek objevit, nakolik je Stvořitel spravedlivý, když je stvořil a řídí je. Ti, kteří si přejí ospravedlnit všechny Stvořitelovy činy, se nazývají spravedliví.

A i když ještě nedosáhli tohoto stavu a jsou na cestě k němu, dokonce na začátku cesty, protože nenapravili ani jedno svoje přání, nýbrž pouze prožívají nejnicotnější přání sblížit se se Stvořitelem, již pro toto svoje přání se nazývají spravedliví. Stvořitel obklopuje Malchut ze všech stran a ta vnímá Stvořitele všemi svými napravenými vlastnostmi a pocity.

Rovněž člověk dostává jméno Šalom (mír), protože dole uzavřel svazek s Malchut, podobně jako Vyšší svazek Sefiry Jesod. A když takový člověk odchází z našeho světa, jeho duše, když se pozvedá, prochází všemi nebesy a nikdo jí v tom nepřekáží. Stvořitel ji zve slovy: „Nechť přijde Mír." Duši se otevírá třináct výšin svaté broskve a nikdo jí nepřekáží ve vstupu. Proto je šťasten ten, kdo obětuje Stvořiteli.

Jakmile dochází ke konečnému odtržení duše od egoismu, duše zcela splývá se Stvořitelem a není nucena opět sejít do tohoto světa – odít se do fyzického pozemského těla a obdržet přívažek egoistických přání. Obětování Stvořiteli - odmítnutí egoistických přání těla – se takto nazývá proto, že naše tělo se podobá zvířeti, aniž se od něho čímkoli liší.

Snaha zbavit se živočišného těla a jeho přání se proto nazývá obětováním. V závislosti na tom, jakých přání je člověk již schopen se zbavit, přináší obětinu v podobě ptáka, nebo si přeje odmítnout jinou část svých egoistických přání, nazývaných skot atd. Podrobně je to popsáno v příslušných částech knihy Zohar a děl ARI.

Rabi Chija zvýšil hlas: „Ach, rabi Šimone, ty jsi živ a já jsem tě již oplakával! Nepláču však pro tebe, nýbrž pro přátele a celý svět, kteří zůstanou sirotky po tobě. Vždyť rabi Šimon je jako pochodeň světla, svítící nahoru a svítící dolů. A svým světlem dole osvětluje celý svět. Nešťastný je tento svět, když z něj odejde toto světlo a pozvedne se vzhůru. Kdo bude v tomto světle svítit světlem Tóry?" Povstal rav Aba, políbil rabiho Chiju a pravil: „Jestliže jsou v tobě taková slova, děkuji Stvořiteli, který mne k tobě poslal, abych se ti přiblížil. Jak jsem šťasten, mám-li takový osud!"

Všechny osobnosti, o nichž nám vypráví Zohar, jsou duchovními Parcufim – objekty. Jako celá Tóra, hovoří Zohar pouze o tom, co je v duchovních světech, nikoli v našem světě. Proto všechny předměty, živočichové, rostliny a lidé popisovaní v knize Zohar jsou duchovní stupně – přání – Parcufim.

Stvořitel záměrně posílá do našeho světa zvláštní, jemu blízké duše, aby nám, všem ostatním, pomohly rovněž dojít k pocitu duchovna již v tomto životě, dokud žijeme v tomto světě. Takoví velcí kabalisté jsou něco jako vůdcové pro ty, kdo jsou ochotni je slepě následovat, protože pochopili, že nemají duchovní zrak.

Po něm řekl rav Jehuda: „Když Stvořitel pravil Mošemu: 'Zvolte si lidi moudré a chápající', pohlédl Moše na celý národ a nikoho takového nenašel. Tehdy mu bylo řečeno: 'Vezmi hlavy kmenů, známých svou moudrostí.'" Nebylo však řečeno „chápající". Protože je stupeň chápajícího vyšší než stupeň moudrého. Čím se moudrý liší od chápajícího? Moudrým je nazýván ten, kdo se učí od rava a přeje si poznat moudrost. Moudrý je ten, kdo zná pro sebe všechno, co musí znát.

Chápající představuje několik úrovní – stupňů, neboť hledí na každou věc a zná pro sebe i pro druhé. Příznak toho, kdo je chápající, je formulován ve větě: „Spravedlivý zná svoji živočišnou duši;" spravedlivý je Jesod, vysílající světlo do Malchut – živočicha, neboť gematrie HaVaJaH Malchut se rovná:

$52 = BoN = BeHeMaH = Bet-Hej-Mem-Hej = 2 + 5 + 40 + 5 = 52$. Malchut se nazývá úroveň „moudrý srdcem", protože moudrost se nachází v srdci. Chápající však vidí nahoře i dole, pro sebe i pro druhé. Moudrý je Malchut, protože se od ní odhaluje moudrost. Chápající je Jesod, vyšší než Malchut. Světlo Ohr Chochma v Malchut svítí pouze zdola nahoru. Je tomu tak proto, že nelze dostat světlo shůry dolů – v takovém případě nutně projde do egoistických přání. Proto je řečeno, že moudrý je Hacham, vidí pouze pro sebe, od sebe a výše a nemůže předat světlo dolů, jiným lidem.

Proto je řečeno, že moudrost je v srdci, protože srdce dostává zdola nahoru. A chápající, Sefira Jesod – Cadik – je spravedlivý, svítí světlem milosrdenství – Ohr Chasadim, shora dolů, vidí, že dostává pro sebe, a svítí druhým, to znamená, že svítí do Malchut, jak je řečeno: „Spravedlivý zná svoji živočišnou duši."

Vznesení modlitby

zde Zohar (Vejikahel, s. 32 – 52, § 107 – 157) hovoří o modlitbě, kterou musí člověk vznést svému Stvořiteli. Tento jeho vnitřní čin představuje velkou a nejcennější práci člověka v jeho úsilí ve prospěch Stvořitele.

Stvořitel stvořil člověka na duchovní úrovni, která je Mu nejvzdálenější a protikladná, pouze s přáním po sebenaplnění. A vzhledem k tomu, že v člověku chybí jiné vlastnosti – přání kromě egoistického přání po sebenaplnění, nejen že není schopen sám sebe změnit, nýbrž dokonce není schopen sám si to přát.

Změnit se můžeme pouze za působení Stvořitelova světla, když od Něho dostaneme jeho vlastnosti. Proto lidský úkol spočívá pouze v tom, aby si přál změnit se. Jakmile toto skutečné přání v člověku vznikne, Stvořitel mu dá neprodleně síly k jeho proměně. Proto není problém v tom, jak pozdvihnout modlitbu, nýbrž v tom, jak dosáhnout modlitby či žádosti, aby mu dal Stvořitel sílu stát se jako On!

Modlitba je pocit, přání v srdci, takový pocit, který si člověk plně neuvědomuje a nemůže popsat právě proto, že vjem srdce NEPODLÉHÁ ŽÁDNÉ KONTROLE A VĚDOMÉ NÁPRAVĚ. Člověk jej nemůže „vytvořit" na vlastní žádost, sám. Vjemy srdce jsou důsledkem duševního a duchovního stavu, zrozením toho stupně duchovního rozvoje, na němž se člověk v daném okamžiku nachází.

A tak jsou přání po změně rovněž v Stvořitelových rukou. Stvořitel nám však dal možnost, abychom vyvolali tento proces a určili si sami svůj duchovní postup: 1) Umožňuje kabalistům psát knihy, jejichž čtení v nás vyvolává přání sblížit se s Ním; 2) Umožňuje některým z pravých kabalistů, aby se odhalili širokému kruhu těch, kteří si přejí duchovní rozvoj; 3) Mění v nás přání (mění naše duše), aniž si to uvědomujeme, a my se náhle začínáme zajímat o duchovno; 4) Mění naše přání vůči tomuto světu tím, že v nás vyvolává vědomí jeho nicotnosti a dočasnosti i pocit zklamání a strádání.

Když Stvořitel stvořil člověka jako nicotného egoistu, to znamená když ho stvořil jako ničemné stvoření, zdánlivě zcela nenáležité pro Stvořitele, dal mu možnost, aby sám sebe stvořil a učinil se nikterak menším než Sám Stvořitel; aby dosáhl stupně dokonalosti Stvořitele. Tím Stvořitel odhaluje dokonalost Svého stvoření: i když On sám stvořil člověka ničemným, dal mu tím možnost, aby sám ze sebe učinil „Stvořitele" (z hlediska vlastností).

Člověk nemůže říci, že i když je stvořen pouze s jedním přáním, není schopen sám ovlivňovat to, aby místo svého přirozeného egoistického přání získal jiné přání, altruistické: Tóra, kabala, učitelé, strádání – všechno je připraveno pro to, aby člověk byl stimulován k rychlejšímu dosažení cíle stvoření cestou Tóry, a jestliže nikoli, pak cestou strádání.

Cesta strádání je však nežádoucí nejen pro člověka, který se ve svém životě na zemi cítí jako mezi mlýnskými kameny neúnavně se otáčejícího mlýna, jenž nelítostně, do posledního dne, jej přemílá duševně i fyzicky. Cesta strádání je nežádoucí i ve Stvořitelových očích. Vždyť Jeho cílem je těšit člověka, což se shoduje s cestou Tóry – jde o bezbolestnou a rychlou cestu ke změně našich přání z egoistických na altruistická.

A vzhledem k tomu, že učinit to může pouze Stvořitel (a On to uskuteční bolestivou cestou nebo na naši uvědomělou žádost bezbolestně), je prosba k Němu o to jedinou možností, kterou člověk musí ve svém životě dělat. Proto je řečeno: „Nechť se modlí třeba celý den!" Teď je však již pochopitelné, že nejde o vysedávání nad modlitební knihou, nýbrž o vnitřní práci na sobě.

Existují práce, které člověk musí konat činem, svým tělem, jako plnění Přikázání skutky. A existuje vnitřní práce člověka, ta nejhlavnější ze všech prací, kdy plnění Přikázání závisí na slovech a přáních srdce.

V kabale se nikdy nemá na mysli a nehovoří se o našem fyzickém těle, protože tělo se ničím neliší od těla kteréhokoli živočicha, rodí se, funguje a umírá jako zvíře a ničím se od zvířete neliší. A práce, které vykonává, jsou prostě jeho mechanické úkony, jež nemají žádnou vazbu na vnitřní záměr člověka a mohou mu být zcela protikladné.

Proto se činnosti těla v kabale neberou v úvahu. V úvahu se bere a za čin se považuje samotné přání člověka, vždyť ono samo, oproštěné od fyziologického těla, v němž se v daném okamžiku nachází, pociťuje toto přání, jež je vnitřním, duchovním činem člověka.

Duchovní svět je svět netělesných přání, která nemají objem, rozměry, rychlosti, čas. Jako v našich fantaziích jsou naše přání plněna okamžitě, pouze naší myšlenkou, tak i v duchovním světě je všechno určováno pouze přáními – myšlenkami člověka, nikoli jeho fyzickými skutky.

Vzhledem k tomu však, že my dočasně, během naší existence v tomto světě, jsme ve fyziologickém těle, naším úkolem je plnit Stvořitelova Přikázání fyzicky, naším tělem, i duchovně. Fyzicky je můžeme plnit, jako je obvykle plní člověk díky své výchově buď proto, aby získal odměnu v tomto světě (peníze, zdraví, zdar, mír atd.), nebo v budoucím světě (to nejlepší, co jen si člověk může představit). Člověk je rovněž může plnit proto, že byl od dětství naučen takto automaticky konat a nemůže je neplnit vzhledem k získanému přání v podobě instinktu; cítí se špatně, jestliže je neplní.

Tento špatný pocit jej nutí konat mechanické skutky Přikázání dokonce aniž si přeje dostat za ně odměnu v tomto nebo v budoucím světě: odměna se v tomto případě vydává ihned na místě tím, že člověk nemá nepříjemný pocit, neboť dělá to, nač si zvykl.

Proto se takovému člověku, který plní Přikázání v důsledku získané přirozenosti, zvyku, zdá, že nepotřebuje odměnu za svoje skutky v tomto i v budoucím světě, vždyť vskutku na odměnu nemyslí. Vždyť plnit tyto skutky jej nutí zvyk, který se stal druhou přirozeností. A jestliže to člověk takto cítí, je přesvědčen, že koná svoje skutky pouze „ve prospěch Stvořitele". To, že jeho zvyk, jenž se stal jeho druhou přirozeností, jej nutí mechanicky plnit Přikázání, si neuvědomuje.

Vzhledem k tomu však, že naše tělo není nic více než živočich, stačí mu, když plní Přikázání v živočišné podobě, mechanicky, ze zvyku, za odměnu. Je rozdíl mezi tím, kdo plní Přikázání díky výchově či ze zvyku, a mezi tím, kteří tak činí za odměnu. Prvního ani nezajímá, existuje-li Stvořitel, a koná čistě mechanické úkony, které nemůže nekonat, vždyť ihned pocítí utrpení z toho, že mu schází to, nač si zvykl.

Ten, kdo plní Přikázání díky víře v odměnu a trest, věří v existenci Stvořitele, v Jeho Tóru, Jeho řízení, jenže to využívá pro svoji výhodu. Když plní Přikázání s takovýmto záměrem s tím, že v tomto záměru zůstává po celý život, je přirozené, že duchovně neroste. Ten, kdo v našem světě neroste, je nazýván neživým, protože celou přírodu dělíme na neživou, rostlinnou, živočišnou a na člověka. Z tohoto důvodu lze takovéto lidi nazvat duchovně neživými (Domem de Keduša), již ale „duchovně", na rozdíl od toho, kdo plní Přikázání mechanicky, ze zvyku.

Tělem se v kabale rozumí přání. Přání neboli tělo může být buď egoistické, nebo duchovní, altruistické. Postupné odumírání egoistického těla a jeho náhrada altruistickým se nazývá duchovní zrození člověka.

Duchovní růst je stále větší růst záměru plnit Přikázání jako Stvořitelova přání, pouze proto, že si to tak On přeje, pouze v jeho prospěch, zcela nezištně, jako kdyby člověk za to v žádné podobě nikdy nedostal žádnou odměnu, ani v podobě vlastního uspokojení. Jako kdyby Stvořitel nevěděl, kdo Jeho přání plní, jakoby člověk sám nevěděl, zda plní Přikázání, a přesto tak koná, protože to je Stvořitelovo přání.

Tak se v kabale tělem rozumějí napravená přání člověka. Nenapravená přání, která nemají clonu, nemohou být použita, jako kdyby nebyla částmi těla, jako kdyby se nacházela mimo něj. Proto se nazývají cizí síly nebo přání, Klipot – slupky, nečisté síly.

Jediné, co je stvořeno a co existuje kromě Stvořitele, je Jím stvořené egoistické přání těšit se Jím. Toto přání může být egoistické nebo napravené, duchovně čisté nebo nečisté. Všechny duchovní síly: andělé, nečisté síly atd. – to všechno jsou naše nenapravená nebo napravená přání (přání potěšit Stvořitele). Nic třetího ve světě není!

Existuje dvanáct částí duchovního těla, konajících duchovní skutky: dvě ruce, dvě nohy, v každé z nich jsou tři části, celkem 4 x 3 = 12. Tyto části našeho duchovního těla, naše clonou napravená přání, plní Přikázání činů.

Tělo jsou přání člověka jako tělo duchovního objektu – Parcufu, to jsou jeho altruistická přání, do nichž může dostat, v souladu se svými záměry, clonu, Stvořitelovo světlo. Přání člověka jsou určována jeho záměry.

Veškerá práce se záměrem „ve prospěch Stvořitele" je prováděna: vnějšími částmi těla – dvanácti částmi rukou a nohou, vnitřními částmi těla – dvanácti vnitřními částmi těla: mozkem, srdcem, játry, ústy, jazykem, pěti částmi plic a dvěma ledvinami. Tyto vnitřní nápravy těla jsou určeny k tomu, aby tělo naplnil vyšší duch, světlo, a jsou nejdůležitější prací člověka u Stvořitele. Tyto vnitřní činnosti se nazývají Přikázání, která závisí na řeči, jako modlitba, chvály a opěvování. A ten, kdo tuto práci pozná, je šťasten ve všem. Člověk si neuvědomuje, že jeho modlitba prostupuje veškerá nebesa a klestí si cestu až k samému vrcholu světa, k Samému Stvořiteli.

Jak jsme si již několikrát ukázali, ani jedno slovo v Tóře nehovoří o našem světě, tím méně o našem těle. Všechna slova Tóry jsou svatá Stvořitelova jména, tedy různé pocity Stvořitele, které má člověk, jenž Ho dosahuje. Jak již bylo vysvětleno, dosahování Stvořitele, Jeho vnímání, je možné pouze při existenci clony, altruistického záměru, že všechno, co si člověk přeje, je konat cokoli ve prospěch, ve jménu, pro potěšení svého Stvořitele. Tuto práci mohou vykonat pouze pocity v našem srdci, které jsou veškerou podstatou člověka, v žádném případě toho nejsou schopny vnitřní fyziologické orgány našeho živočišného těla, které se ničím neliší od těla živočichů.

Když začíná svítit jitřní světlo a světlo se odděluje od tmy, nese se všemi nebesy volání: Připravte otevření vchodů, sál, postavte se každý na svoje místo. Vždyť ti, kteří slouží v noci, nejsou ti, kteří slouží ve dne. A když přichází noc, opět jsou vystřídáni sloužící ve dne těmi, kteří slouží v noci.

Když začíná svítit jitřní světlo – když člověk začíná rozpoznávat, že jeho egoistická přání jsou smrt a tma, zatím co altruismus a duchovno je život a světlo, odděluje se tím v člověku „světlo" od „tmy", začíná analyzovat a uvědomovat si svoje stavy. Začíná vnímat duchovní vzestupy a pády, kdy blízkost ke Stvořiteli pociťuje jako světlo a vzdálení, pád do svých egoistických přání cítí jako tmu.

Lze to však pocítit pouze tehdy, jestliže člověk třeba jen málo, dokonce nikoli zjevně, vnímá Stvořitele. Aby člověk mohl začít cítit stud z toho, že dostává od Stvořitele, a aby cítil ničemnost vlastní přirozenosti a měl pocit tmy, je nutno vnímat Stvořitele. Pouze Jeho světlo nese s sebou všechno, co člověk nutně potřebuje – síly nápravy, přání, život. Proto to hlavní, oč člověk musí usilovat, je pocítit Stvořitele, nikoli však pro rozkoš, nýbrž pro nápravu.

Síly, které slouží ve dne, se nazývají správci dne, vláda dne, a síly, které slouží v noci, se nazývají správci noci, vláda noci. A jakmile zazní jitřní volání, všichni zaujímají svoje místa, sestupuje Malchut a Israel a vcházejí do Bejt-Kneset (Dům shromáždění – místo shromáždění všech lidských tužeb, proto se nazývá modlitební dům), aby oslavili Stvořitele, a začínají svoje zpěvy a chvály.

Jak je řečeno: „Chválit zjitra Tvoje milosrdenství a v noci Tvoji víru" – člověk, když vnímá Stvořitelovo světlo, které na něj sestupuje, cítí to jako jitro po tmě a samotným svým pocitem takového stavu chválí ve svém srdci Stvořitele. Za působení Stvořitelova světla ustupují všechny cizí myšlenky a jsou potlačena veškerá nečistá přání.

Člověk, poté co se napravil v Přikázáních činu, v první části, v nápravách Cicit a Tefilin, musí spojit svoje srdce, veškerá svoje přání, ve vnitřní práci, v druhé části, a celé svoje srdce odevzdat této práci v chválách, protože řeč se pozvedá vzhůru.

Je nemožné stručně vysvětlit Přikázání Tefilin a Cicit, které plní pouze ten, kdo se duchovně pozvedl na úroveň Parcufu ZA.

Tito služebníci, kteří stojí na svých místech ve vzduchu, jsou určeni k řízení čtyř světových stran. Na východní straně je postaven ve vzduchu ke správě Gazaria. A s ním rovněž ostatní postavení očekávají slova modlitby, jež se pozvedají zdola z této strany. A tento správce bere modlitbu.

Jestliže jsou slova modlitby vhodná, všichni správci absorbují tyto řeči a pozvedají se s nimi vzhůru k nebeské klenbě, kde stojí jiní správci. Když vstřebávají tyto řeči, slavnostně prohlašují: „Požehnán je Israel." Jsou požehnána ústa, z nichž tyto řeči vycházejí.

Tehdy vylétají písmena, jež stojí ve vzduchu a tvoří svaté jméno z dvanácti písmen, které vládne ve vzduchu. Je to jméno, jímž Elijahu vzlétal, dříve než se pozvedl na nebe. Písmena vylétají do vzduchu a správce, který má v rukou klíče od vzduchu, a všichni ostatní správci, všichni se pozvedají do nebes a tam jsou písmena kladena do rukou jiného správce pro další vzestup.

Poté, co se Malchut oddělila od ZA, naplnil se ZA pouze světlem Chasadim a stal se pravou linií. Malchut vytvořila levou linii. A tyto dvě linie jsou mezi sebou v rozporu, jako jsou v rozporu pravá a levá linie v Bině. Je tomu tak, dokud se ZA nepozvedne do Biny jakožto střední linie, nevyváží pravou a levou a nepřivede je k míru mezi nimi jejich spojením do jedné, střední linie.

Rovněž ZA a Malchut, dvě kontrární linie, potřebují střední linii, která by v nich vytvořila rovnováhu a mír a spojila je do sebe. A k tomu dochází pomocí MAN, Mej Nukvin, modliteb spravedlivých, protože vysílají přání z tohoto světa. Clona, kterou vyzdvihují, nazývaná „clona Chirek", střední linie, vede k tomu, že levá linie se sdružuje s pravou a Malchut se sjednocuje se ZA.

Tak se modlitba proměňuje v prosbu, MAN, a ve střední linii, která vede k míru a spojuje Malchut se ZA. Jako Jesod nahoře, jenž jako střední linie sjednocuje Stvořitele se Šechinou - Malchut, shromážděním, souhrnem všech stvořených duší, tak i modlitba člověka tím, že se pozvedá, vytváří střední linii a sjednocuje všechno. Tím vede ke splynutí a míru mezi Stvořitelem a Šechinou, Jeho stvořeními, k jednotě duší se Stvořitelem.

Proto se i člověk nazývá „Šalom" (mír) jako Sefira Jesod nahoře. A co více, svět dole předchází a určuje svět nahoře, protože stimulace dole předchází, vyvolává stimulaci nahoře. Je tomu tak proto, že není stimulace nahoře, dokud nedojde k stimulaci dole, od proseb nižších.

Duchovní svět je svět přání. Jsou pouze dvě přání:

1) přání Stvořitele vzhledem ke stvořením – naplnit stvoření, jež stvořil, to je člověka, dokonalým potěšením;
2) Stvořitelem stvořené přání po sebenaplnění, které se nazývá stvoření, podstata člověka.

Kromě těchto dvou přání již není nic! Všechno, co jen si můžeme představit, je vytvořeno těmito dvěma duchovními silami. Přání člověka se nazývá modlitba, protože se toto přání záměrně nebo neúmyslně obrací k Tomu, kdo člověka stvořil, ke Stvořiteli. A v souladu se svou modlitbou se člověk duchovně vyvíjí.

Skutečná modlitba člověka je však jeho prosba o duchovní nápravu a povznesení. Takového přání v srdci, takové modlitby lze dosáhnout pouze jako důsledek úporného studia skutečných kabalistických pramenů, působících na egoistické přání člověka svým skrytým vnitřním světlem a povzbuzujících jej k duchovnímu vzestupu (viz Předmluva k Talmudu Deseti Sefirot, sv. 5, § 155).

Duše není nic jiného než altruistické, napravené lidské přání. Duše je duchovní Parcuf člověka: jeho přání dostat Stvořitelovo světlo se clonou – záměrem „ve prospěch Stvořitele".

Lidská řeč v modlitbě není nic jiného než části jeho duše, samotné duše, oděné do těla. Modlitba je lidská duše v tomto světě, VAK de Nefeš od Malchut de Malchut, která je v Malchut světa Asija:

svět AK
svět Acilut
svět Berija
svět Jecira
svět Asija: Keter
    Chochma
    Bina
    ZA
    Malchut = K+Ch+B+ZA+M
            K+Ch+B+ZA+M
                        GAR+VAK = LIDSKÁ DUŠE

Jak se ale může modlitba, lidské přání, pozvednout přes stupně všech světů BJA a dosáhnout Malchut světa Acilut, aby tam stanula v podobě MAN a střední linie a spojila Malchut se ZA? Vždyť je známo, že žádný stupeň se nemůže pozvednout nad sebe, nemluvě o tak velkém skoku od nejposlednějšího stupně duchovního žebříku, našeho světa, ke světu Acilut.

Abychom to poznali, musíme nejprve podrobněji analyzovat, co znamená vzestup Malchut do Biny. Od tohoto vzestupu se každý stupeň rozděluje na polovinu: Keter a Chochma každého stupně zůstávají v ní a Bina, ZA a Malchut klesají dolů, na nižší stupeň. Dochází k tomu proto, že se Malchut pozvedla k Bině, a tím v Bině vytvořila nové zakončení stupně, neboť pro Malchut platí zákon prvního zkrácení, že nemůže dostat světlo. A vzhledem k tomu, že v důsledku druhého zkrácení se Bina, ZA a Malchut nacházejí pod novým zakončením stupně, jsou definovány jako nižší stupeň, protože jsou pod Malchut, jež se pozvedla do Biny.

Keter	- Galgalta	
		nazývají se dohromady GE – Galgalta – Ejnaim
Chochma	- Ejnaim	

_____ Parsa = pozvednutá Malchut _____

Bina	- Ozen	
ZA	- Chotem	nazývají se dohromady AChaP – Ozen-Chotem-Peh
Malchut	- Peh	

A poté od vzestupu MAN, který pozvedají nižší, sestupuje světlo AB-SAG, které poskytuje Malchut, stojící v Bině, síly spustit se na svoje místo: Malchut z Biny sestupuje na svoje místo, čímž vrací všechny Sefirot na jejich místa a sdružuje všechny do jednoho stupně z deseti celých Sefirot. Výsledkem je to, že Bina a ZON, které byly pod každým stupněm, se znovu vracejí na svůj stupeň, na svoji předchozí úroveň. A každý stupeň se obnovuje v deseti Sefirot.

I když se Malchut, stojící v Bině jako nové zakončení stupně, vrací z Biny na svoje místo, na konci všech deseti Sefirot, stejně nové zakončení, které vytvořila v Bině, z Biny zcela nemizí. V důsledku toho se Bina a ZON nespouštějí na svoje místo a musí se pozvednout nad nové zakončení a vytvořit tam levou linii vzhledem ke Keter a Chochmě, které nikdy neklesaly ze svého stupně a jsou pravou linií.

Proto nové zakončení zůstává na svém místě ve všech stupních dokonce po sestupu Malchut z Biny. A toto zakončení se nazývá „nebeská klenba" a Bina a ZON, které klesly ze svého stupně a nyní se opět vracejí, se nazývají „vzduch". Je tomu tak proto, že každý nižší stupeň je definován jako VAK, nazývaný „vzduch", vzhledem ke stupni vyššímu.

Keter	- Galgalta	GE
Chochma	- Ejnaim	Parsa – nebeská klenba
Bina	- Ozen	
ZA	- Chotem	AChaP = vzduch
Malchut	- Peh	

A z toho důvodu, že Bina a ZON klesly ze svého stupně, staly se vzhledem k němu jako VAK (vzduch), jako celý dolní stupeň vzhledem k vyššímu. A po sestupu Malchut z Biny se vzduch (Bina a ZON), který je pod nebeskou klenbou, pozvedá nad nebeskou klenbu a stává se levou linií.

Když se Bina a ZON pozvedají nad nebeskou klenbu, berou s sebou dolní stupeň, v němž se nacházely během své existence dole, a pozvedají jej spolu se sebou nad nebeskou klenbu. Je tomu tak proto, že v duchovnu nejsou vzestupy a poklesy jako v našem světě a že poklesem dolů se nazývá zhoršení duchovních vlastností z jejich duchovní úrovně na úroveň nižšího stupně.

Proto Bina a ZON, které se vyskytují shodou vlastností spolu s dolním stupněm, když se pozvedají, berou s sebou celý nižší stupeň. Je tomu tak proto, že tím, že jsou jednou spolu a staly se podobnými, dostávají pomoc, pozvedají se a již se neodlučují. Výsledkem je, že vzestup Malchut do Biny vytváří pro nižší stupeň vchod – otvor – bránu, skrze niž se Malchut může pozvednout na vyšší stupeň. Proto, když se Malchut spouští z Biny, díky čemuž se pozvedá dolní část, AChaP Biny, vzhůru, může se nižší stupeň pozvednout vzhůru s pozvedajícími se AChaP Biny.

Tak v důsledku vzestupu Malchut do Biny a poté jejího spuštění od světla svíce Ohr AB-SAG byly v každém stupni vytvořeny tři části: 1 – vzduch, Bina a ZON, které klesly dolů; 2 – nebeské klenby, nová zakončení stupňů od vzestupu Malchut do Biny, která již nikdy nemizí, ani jestliže se Malchut vrací na svoje předchozí místo; 3 – vchody pro nižší stupně, které se vytvořily v důsledku vzestupu Malchut do Biny, kdy se spolu s ní pozvedá i dolní stupeň. Bez toho nemá dolní stupeň žádnou jinou možnost pozvednout se na vyšší, protože žádný nižší stupeň se nemůže stát vyšší, než je on sám.

	K		**GE vyššího**
	Ch		nebeská klenba
Celý tento	B		
stupeň	ZA	K	**AChaP vyššího** (vzduch) a **GE nižšího**
se pozvedá	M	Ch	země vyššího
	B		
	ZA		
	M		**AChaP nižšího**

Takovýto proces je popisován v chasidských příbězích jako poslání spravedlivého (vyšší stupeň) v našem světě, které spočívá v tom, aby se spustil k nejnižším a neřestným lidem (nižší stupeň). Tedy aby zůstal v sobě sám sebou, ale aby vzhledem k nižšímu stupni zkazil svoje vlastnosti na jeho úroveň, aby se s ním srovnal, ukázal nižším, že je stejný jako ony, svými vlastnostmi, tedy přáními, myšlenkami i činy.

A poté, když se s nimi úplně sjednotil a oni mu plně důvěřují, stal se „jedním z nich", což znamená i splynutí AChaP vyššího a GE nižšího. Znamená to začít je postupně, nepozorovaně nebo zjevně napravovat svým příkladem a propagovat svoje myšlenky, které od cizího nejsou schopni vnímat, pouze od „vlastního". To znamená, že vyšší dostává dodatečné světlo a síly do svých GE takové, že může k sobě pozvednout svůj AChaP, napravit svoje přání dostávat, začít s nimi pracovat ve prospěch Stvořitele a pozvednout je na svoji úroveň.

A vzhledem k tomu, že není rozdíl mezi přáními AChaP vyššího a GE nižšího, do nějž klesli, oba se pozvedají společně. Tak vyšší pozvedá, to znamená zlepšuje, napravuje část vlastností (GE) nižšího na svoji úroveň a pozvedá je na svoji skutečnou úroveň. Proto je v našem stavu hlavní, abychom cítili AChaP vyššího stupně, který se přesně nachází ve středním bodě našeho srdce, srovnali se s ním co do vlastností a poté se s ním pozvedli.

Tento proces je popsán v knize Dosahování vyšších světů, který poskytuje více osobní pohled na duchovní proces:

Uvnitř kabalistových duchovních pocitů se nachází část (AChaP) vyššího stupně, budoucího stavu člověka. Člověk pociťuje vyšší duchovní stav jako prázdný, nevábný, nikoli jako plný světla, protože nedostává od vyššího světlo. I když je vyšší plný světla, nižší vyššího vnímá podle svých vlastností. A vzhledem k tomu, že svými vlastnostmi ještě není připraven přijmout takové světlo, necítí je.

Možnost pocítit vyšší stupeň vychází z toho, že na žebříku jsou všechny duchovní stupně nejen umístěny postupně zdola nahoru, nýbrž i částečně vstupují do sebe, pronikají se navzájem: nižší polovina vyššího se nachází uvnitř horní poloviny nižšího, AChaP de Elion klesly do GE de Tachton. Proto je uvnitř nás část nižšího, posledního stupně, ale obvykle ji necítíme.

Vyšší stupeň nad námi se nazývá Stvořitel, protože právě on je pro nás naším Stvořitelem, rodí, oživuje a řídí nás. A podle toho, jak jej pociťujeme, tvrdíme, že Stvořitel je velký, milosrdný a hrozný, nebo když jej vůbec nevnímáme, tvrdíme, že Stvořitel neexistuje.

Jestliže je člověk v takovémto stavu, že na vlastní oči vidí vyšší Stvořitelovo řízení všeho tvorstva našeho světa, ztrácí veškerou možnost svobodné vůle, víry a volby činů, protože zjevně vidí pouze jednu pravdu, jednu sílu, jedno přání, které působí ve všem a na všechny.

Vzhledem k tomu, že Stvořitelovým přáním je poskytnout člověku svobodnou vůli, je nutné utajení Stvořitele před stvořeními. Pouze ve stavu Stvořitelova utajení lze tvrdit, že se člověk sám a nezištně snaží o splynutí se Stvořitelem, o činy pro Jeho blaho, „Li Šema". Veškerá naše práce na sobě je možná pouze v podmínkách utajení Stvořitele, neboť jakmile se nám Stvořitel odhaluje, ihned se automaticky stáváme jeho otroky, zcela pod vládou jeho velikosti a síly. Nelze určit, jaké jsou ve skutečnosti pravé úmysly člověka.

Proto k tomu, aby Stvořitel dal člověku svobodu konání, musí se skrýt. Ale k tomu, aby pro člověka vytvořil možnost vytrhnout se z otroctví slepého podřízení egoismu, Stvořitel se musí odhalit, vždyť se člověk podřizuje pouze dvěma silám ve světě – vládě egoismu, těla, nebo vládě Stvořitele, altruismu.

Tak je nezbytné střídání stavů Stvořitelova ukrytí před člověkem, když ten cítí pouze sebe a egoistické síly, které mu vládnou, a Stvořitelova odhalení, kdy člověk pociťuje vládu duchovních sil.

K tomu, aby člověk, jenž je v moci egoismu, dokázal vnímat nejbližší vyšší objekt, tedy svého Stvořitele, ten vyrovnává s člověkem část Svých vlastností - dává části svých altruistických vlastností vlastnost egoismu, a tím se přirovnává k člověku. (Pozvedá Malchut, Midat HaDin, ke své GE, pročež jeho AChaP nabývá egoistických vlastností. Tak se Jeho AChaP jakoby „spouští" na duchovní úroveň člověka tím, že se s ním srovnává co do vlastností).

Jestliže předtím člověk vůbec nijak necítil vyšší stupeň, pak nyní, v důsledku toho, že vyšší skryl svoje altruistické vlastnosti, může člověk pocítit vyššího, protože ten se spouští na jeho úroveň a umožňuje mu vnímat Sebe.

Vzhledem k tomu však, že vlastnosti vyššího člověk pociťuje jako egoistické, má pocit, že ani v duchovnu není nic přitažlivého, co by slibovalo rozkoš, nadšení, jistotu a klid.

A tak zde u člověka vzniká možnost projevit svobodnou vůli. Bez ohledu na to, co cítí, říci si, že nedostatek rozkoše, chuti, které pociťuje v tom vyšším, v duchovnu, v Tóře, je způsoben tím, že vyšší se záměrně skryl člověku k užitku, neboť člověk ještě nemá nezbytné duchovní vlastnosti, jimiž lze pocítit vyšší blaženost, vždyť všem jeho přáním vládne egoismus.

A to je to hlavní pro začátečníka – právě ve stavech úpadku a zdeptanosti nalézt v sobě síly (prosbami ke Stvořiteli, studiem, dobrými skutky) tvrdit, že tento stav je mu dán záměrně proto, aby jej překonal. A to, že necítí rozkoš či život v duchovním úsilí, je záměrně sesláno shůry k tomu, aby měl člověk možnost svobodné vůle. Možnost, aby sám řekl, že necítí v duchovnu rozkoš, protože nemá vhodné altruistické vlastnosti k tomu, aby se mohl těšit antiegoistickými skutky, a proto ten vyšší je povinen skrývat před ním svoje skutečné vlastnosti.

Proto člověk musí pamatovat na to, že počátek vnímání vyššího spočívá právě ve vnímání duchovní prázdnoty.

A jestliže je člověk v stavu tvrdit, že vyšší se skrývá vzhledem k různosti vlastností, a prosí o pomoc v nápravě svého egoismu tím, že vysílá svoji prosbu – MAN, pak se vyšší objekt částečně poodhaluje, pozvedá svůj AChaP, čímž ukazuje svoje skutečné kvality, které dříve skrýval pod egoismem, a jim odpovídající přijímané rozkoše. Člověk začíná pociťovat velikost a duchovní blaženost, které cítí vyšší objekt, neboť má v sobě tyto duchovní altruistické vlastnosti.

Tím, že vyšší pozvedl v očích člověka svoje altruistické kvality, duchovně člověka pozvedl k polovině svého stupně, pozvedl jeho GE se svým AChaP. Tento duchovní stav člověka se nazývá malá úroveň, Katnut.

Vyšší jakoby pozvedal člověka k sobě, na svoji duchovní úroveň, tím, že mu umožňuje uvidět Svoji velikost, velikost altruistických kvalit. Člověk, když vidí velikost duchovna ve srovnání s materiálnem, duchovně se pozvedá nad náš svět. Pociťování duchovna nezávisí na lidské vůli, mění jeho egoistické vlastnosti na altruistické vlastnosti vyššího.

K tomu, aby člověk mohl plně zvládnout první horní stupeň, vyšší se zcela odhaluje, odhaluje všechny svoje duchovní kvality, provádí Gadlut. Přitom člověk pociťuje vyššího jako jediného, dokonalého vládce všeho a dosahuje vyšší znalosti cíle stvoření a jeho řízení. Člověk zjevně vidí, že nelze postupovat jinak, než jak to tvrdí Tóra. Nyní ho k tomu již zavazuje jeho rozum.

V důsledku zjevného poznání Stvořitele vzniká v člověku rozpor mezi vírou a věděním, pravou a levou linií: tím, že člověk již má altruistické vlastnosti, Kelim d´Ašpaa, ve stavu Katnut, člověk by si přál jít cestou víry ve velikost Stvořitelovu, protože to je indikace nezištnosti Jeho přání. To však, že Stvořitel odhalil svoji velikost, Gadlut vyššího, mu v tom překáží. Ze své strany je člověk schopen opovrhnout získaným věděním.

Prosba člověka o to, aby dával přednost jít naslepo tím, že věří ve Stvořitelovu velikost a nikoli v důsledku uvědomění si jeho síly a velikosti, a o to, aby využil rozum pouze v proporci s existující vírou, nutí vyššího, aby zmenšil svoje odhalení.

Tato činnost člověka, která nutí vyššího zmenšit odhalení všeobecného řízení, všemohoucnosti, světla (Ohr Chochma), se nazývá clona de Chirik: člověk zmenšuje odhalení vyššího rozumu, levé linie, do toho stupně, v jakém jej může vyrovnat svou vírou, pravou linií.

Získávaný správný poměr mezi vírou a věděním se nazývá duchovní rovnováhou, střední linií. Sám člověk určuje ten stav, v němž si přeje být.

V takovém případě člověk již může existovat jako duchovní objekt, protože se skládá ze správné proporce víry a rozumu, nazývané střední linie, díky níž člověk dosahuje dokonalosti.

Ta část vědění, odhalení, levé linie, kterou člověk může využít v souladu s velikostí své víry, pravou linií, když jde cestou víry výše než rozum, střední linie, je doplňována k těm duchovním vlastnostem, které získal dříve, ve stavu Katnut. Získaná duchovní úroveň se nazývá „Gadlut", Kelim d´ Lekabel al-Minat Leašpia.

Poté, co člověk získal svoji první úplnou duchovní úroveň, stává se svými kvalitami roven prvnímu, nejnižšímu stupni duchovního žebříku.

Všechny stupně žebříku, jak již bylo řečeno, se částečně prolínají a vzájemně pronikají svými vlastnostmi, a proto když člověk dosáhne úplného prvního stupně, může v sobě objevit část vyššího stupně a podle stejného principu postupovat k cíli stvoření – k úplnému splynutí se Stvořitelem na nejvyšším stupni.

Duchovní vzestup spočívá v tom, že člověk pokaždé, když v sobě objeví stále větší zlo, prosí Stvořitele, aby mu dal síly zvítězit nad ním. A pokaždé síly dostává v podobě stále většího duchovního světla. Do té doby, než dosáhne skutečného původního rozměru své duše – veškerého svého napraveného egoismu, zcela naplněného světlem.

Když člověka napadají postranní myšlenky, domnívá se, že mu překážejí postupovat k ovládnutí duchovna, neboť jeho síly slábnou, rozum je promrháván takovými myšlenkami a srdce se mu naplňuje ubohými přáními. A člověk z toho všeho přestává věřit, že pouze v Tóře je skryt skutečný život.

A když člověk přes to všechno tento stav překoná, směřuje ke světlu, dostává vyšší světlo, které mu pomáhá ještě více se pozvednout. Tak jsou postranní myšlenky pomocníkem člověka v jeho duchovním postupu. Překonat překážky lze pouze za pomoci Stvořitele. Je tomu tak proto, že člověk může pracovat pouze tehdy, vidí-li v tom výhodu pro sebe v jakékoli podobě.

A vzhledem k tomu, že naše tělo, srdce a rozum nechápou, jakou výhodu mohou mít z altruismu, pak jakmile člověk chce vykonat ten nejmenší altruistický skutek, nemůže se mu pohnout rozum, ani srdce, ani tělo. Zbývá mu jediné – prosit Stvořitele o pomoc. A tak se mimovolně přibližuje ke Stvořiteli, dokud s ním zcela nesplyne.

Dolní polovina vyššího duchovního objektu je uvnitř horní poloviny nižšího (GE de Zlion se nachází uvnitř AChaP de Tachton). V dolním objektu je clona v jeho očích (Masach v Nikvej Ejnaim). To se nazývá „duchovní slepota očí" (Stimat Ejnaim), protože v takovémto stavu vidí, že vyšší má pouze polovinu - GE. Vyplývá z toho, že clona nižšího před ním skrývá vyšší objekt.

Jestliže vyšší objekt předává svoji clonu nižšímu, otevírá se nižšímu, který začíná vidět vyššího tak, jako ten vidí sám sebe. Od toho nižší dostává stav „velký" (Gadlut). Nižší vidí, že je vyšší ve „velkém" stavu, a uvědomuje si, že dřívější ukrytí proto, aby byl viděn jako „malý" (Katnut), prováděl vyšší u sebe záměrně nižšímu k užitku. Tak dostává nižší pocit důležitosti vyššího.

Člověk v pravé linii (Kav Jamin) je spokojen s tím, co má (Chafec Chesed), což se nazývá „malý duchovní stav" (Katnut), protože není zapotřebí Tóra, vždyť nepociťuje zlo ani egoismus v sobě, a bez potřeby napravit se nemá pro něho Tóra užitek.

Proto potřebuje levou linii (Kav Smol), kritiku svého stavu (Chešbon Nefeš), poznání, co si přeje od Stvořitele i od sebe, a uvědomění si, zda chápe Tóru a zda se přibližuje k cíli stvoření. A zde vidí svůj skutečný stav a je povinen zahrnout jej do pravé linie, to znamená uspokojit se tím, co má, a radovat se ze svého stavu, jakoby měl všechno, co si přeje.

Levá linie, vytvářející strádání z nedostatku toho, co si přeje, právě tím vyvolává potřebu Stvořitelovy pomoci, která přichází v podobě světla duše.

V pravé linii, ve stavu, kdy si člověk pro sebe nic nepřeje, je pouze světlo milosrdenství (Ohr Chasadim), rozkoš z podobnosti duchovním vlastnostem. Tento stav však je nedokonalý, neboť v něm není znalost dosažení Stvořitele.

V levé linii není dokonalosti, neboť světlo rozumu může svítit pouze tehdy, shodují-li se duchovní vlastnosti světla a příjemce. Shodu dává Ohr Chasadim, které je v prvé linii. Duchovního dosažení lze získat pouze, je-li tu přání, ale pravá linie si nic nepřeje. Přání jsou soustředěna v levé linii. To, co je žádoucí, však nelze dostat do egoistických žádostí.

Proto je nutné sjednocení těchto dvou vlastností, a tehdy vejde světlo poznání a rozkoše levé linie do světla altruistických směrů pravé linie a osvítí stvoření. Beze světla pravé linie se světlo levé linie neprojevuje a je pociťováno jako tma. (Konec citátu z knihy Dosahování vyšších světů.)

Vzestup z našeho světa, v němž zjevně necítíme AChaP vyššího, probíhá takto:

Všechno, co si člověk myslí o Stvořiteli a o duchovnu, je jeho vazbou s AChaP vyššího, vzhledem k danému člověku, Parcufu. Jak tento vyšší Parcuf může sestoupit k člověku? Pouze vyrovnáním svých přání v podobě vlastností. Veškeré myšlenky, které má člověk o duchovnu, a všechna jeho přání nebo jejich nedostatek, to je jeho sepětí s vyšším. Proto když člověk cítí nepřítomnost duchovna, znamená to právě, že se vyšší Parcuf spustil do něho, vyrovnal se s člověkem, a proto ten cítí duchovní prázdnotu.

Právě ve stavu, kdy člověk není přitahován duchovnem, si musí říci, že se mu to jen tak zdá, a ve skutečnosti si vírou nad rozum přeje a koná pro sblížení s vyšším. To znamená, že jestliže člověk ve stavu „pádu" vyššího, pocitu pádu duchovna, pádu duchovních hodnot v sobě přesto může usilovat o duchovno, svazuje se tím, spojuje se s AChaP vyššího. Je tomu tak proto, že AChaP vyššího záměrně pro člověka snížil svoje vlastnosti a přijal navenek na sebe vzhledem k člověku formu podobnou lidským vlastnostem – přáním.

Proto jakmile je člověk schopen spojit se s AChaP vyššího přesto, že AChaP vyššího vypadá absolutně nelákavě, právě v důsledku snížení svých vlastností na úroveň člověka, pak AChaP vyššího neprodleně pozvedá člověka ke svým GE. A tak člověk stoupá na vyšší stupeň.

Prorážení vzduchu znamená, že hranice ve vzduchu, skládající se z Biny a ZON vyššího stupně a vytvořená v důsledku vzestupu Malchut do Biny, je proražena spuštěním Malchut z Biny na její místo, protože tehdy se pozvedá vzduch vzhůru, nad nebeskou klenbu, a dosahuje GAR (GE) stupně.

A tím se vytváří prorážení nebeských kleneb. Vždyť nebeské klenby jsou hranice nových zakončení, které vznikly tím, že se vzduch, Bina a ZON, odrážely od svého stupně na nižší stupeň a neměly povoleno vrátit se na svůj stupeň. Proto je nebeská klenba prorážena od spuštění Malchut a již nepřekáží Bině a ZON pozvednout se a připojit ke stupni.

K	GE	vyššího
Ch		nebeská klenba
B		
ZA	K	AChaP vyššího (vzduch) + GE nižšího
M	Ch	
	B	
	ZA	AChaP nižšího
	M	

1. M-Malchut se pozvedla do Biny = nebeská klenba.
2. M-Malchut se spouští zpět. Tím se vytváří průchod AChaP vyššího k jeho GE. Tak se otevírají vchody pro nižší stupeň: v důsledku pádu Malchut na její místo a prorážení nebeských kleneb se Bina a ZON pozvedají na vyšší stupeň, nad nebeskou klenbu, spolu s nižším stupněm, s nímž byly spolu ve svém stavu pádu.

To znamená, že otevření vchodů provedl záměrně vyšší pro nižší stupeň, aby se ten mohl pozvednout na vyšší stupeň, a nikoli pro Binu a ZON, AChaP vyššího, které se pouze vracejí na svoje místo.

Světlo, spouštějící Malchut z Biny na její místo na konci deseti Sefirot, vychází od Parcufim AB-SAG. Tyto Parcufim představují Parcufim Chochmy a Biny světa AK. I když druhé zkrácení, vzestup Malchut do Biny, probíhalo v Parcufu Biny světa AK, sám Parcuf Biny, SAG, a Parcuf Chochmy (AB) světa AK tím nebyly dotčeny a Malchut je tam na svém místě, na konci deseti Sefirot.

Pouze sám Stvořitel, to znamená vlastnosti světla, mohou napravit, změnit egoistické vlastnosti člověka na altruistické. Vždyť člověk není vskutku schopen vytáhnout se sám za vlasy z toho stavu, v němž se nachází, protože nemá od narození žádné duchovní síly – přání. Z tohoto důvodu může člověka napravit pouze vyšší světlo, přičemž to je světlo Chochma, neboť právě ono vychází od Stvořitele. Světlo Chochma, nezkrácené od druhého zkrácení, je v Parcufu AB světa AK. Parcuf SAG světa AK je Parcuf Biny.

Proto když člověk pozvedá svůj MAN, jeho modlitba dosahuje vyšších Parcufim světa Acilut, které se obracejí na SAG-Bina-Ima (matku) a ta se obrací na AB-Chochma-Aba (otce), dostává od něho světlo Chochma a předává je svým dětem – duším spravedlivých, tedy těm, kdož si přejí stát se spravedlivými, duchovně se pozvednout.

A proto, když se ve světě AK Chochma AB spojuje s Binou-SAG, pak toto světlo (Ohr AB-SAG) od Parcufu Biny světa AK sestupuje do Parcufu Biny světa Acilut, nazývaného EKJEH = Alef-Hej-Jod-Hej. A od Parcufu Biny světa Acilut sestupuje světlo do všech stupňů světů ABJA: Když toto světlo dosáhne dalšího Parcufu, spouští do Biny pozvednutou Malchut každého stupně z Biny tohoto stupně na její předchozí místo.

POČÍNAJE OD AVI, VEŠKERÉ PARCUFIM JSOU V MALÉM STAVU: ACHAP VYŠŠÍHO SE NACHÁZÍ V GE NIŽŠÍHO A PŘIJÍMANÉ SVĚTLO CHOCHMA SESTUPUJE K TOMU, KDO POZVEDL MAN, ČÍMŽ ZPŮSOBIL VELKÝ STAV U VŠECH PARCUFIM, SKRZE NĚŽ K NĚMU SESTUPUJE SVĚTLO. KE KAŽDÉMU PARCUFU SESTUPUJE SVĚTLO NA JEHO OSOBNÍ CESTĚ. TATO CESTA JE TO, CO OSOBNĚ SPOJUJE KAŽDÉHO, KAŽDOU DUŠI SE STVOŘITELEM.

SVĚT AK
Keter – Galgalta
Chochma – AB
Bina – SAG
    ZA – MA ELYON   TYTO PARCUFY VEDOU SVĚTLO AB SAG OD PARCUFU
    Malchut – BON Elyon   SAG SVĚTA AK DO PARCUFU AVI SVĚTA ACILUT.

Svět Acilut
Keter – Atik
Chochma – AA
Bina – AVI = EKJEH
ZA
Malchut

SVĚT BERIJA
SVĚT JECIRA
SVĚT ASIJA
NÁŠ SVĚT

Proto se jméno EKJEH nazývá správcem vzduchu, který přemisťuje hranice vzduchu, v důsledku sestupu Malchut z Biny na její předchozí místo. A protože jsou v každém stupni čtyři Sefirot Ch-B-ZA-M, je každý stupeň a každý svět složen z Ch-B-ZA-M. Přitom je v každém z nich deset vlastních jednotlivých Sefirot, kde v důsledku vzestupu Malchut do Biny v každém stupni klesly Bina-ZA-Malchut každého stupně na nižší stupeň. Tak jsou čtyři vzdušné prostory v každém světě, v nichž vládnou (které spravují) tři jména EKJEH: EKJEH ve vzduchu Chesed, EKJEH ve vzduchu Gevura, EKJEH ve vzduchu Tiferet. Malchut od nich dostává a v ní, v jejím vzduchu, vládnou tato tři jména společně.

Ztrojnásobené jméno EKJEH je složeno ze dvanácti písmen. Je to dvanáctipísmenné jméno a vládne ve vzduchu tím, že spouští Malchut z Biny na její předchozí místo, vrací Binu a ZON, které se nazývají vzduch a sestoupily na nižší úroveň, na stupeň nad nebeskou klenbou. Je tomu tak proto, že v důsledku vzestupu Malchut do Biny se vytvořil vchod pro nižšího, aby se mohl pozvednout na vyšší stupeň, jakmile se tento vchod otevře, to znamená během návratu Malchut na její místo.

Proto když prorok Elijahu (určitý duchovní stupeň) pojal přání vyletět do nebe, pozvedla se Malchut každého stupně do Biny tohoto stupně a Bina a ZON tohoto stupně klesly na nižší stupeň a mezi nimi vznikla nebeská klenba. A došlo k tomu, že každý stupeň se zdvojnásobil: existuje v něm vlastní stupeň a Bina a ZON horního stupně, které klesly a oděly se do dolního stupně.

A k tomu došlo v každém ze stupňů světů ABJA – až do nejnižšího: Bina a ZON Sefiry Malchut světa Asija klesly a vyšly pod Malchut do našeho světa. A Malchut světa Asija končí na její nebeské klenbě, která je novým zakončením, v Bině. A tento stupeň se rovněž zdvojnásobil, protože Bina a ZON od Sefiry Jesod světa Asija klesly a oděly se do jejího stupně.

GE Biny světa Acilut				
AChaP Biny	GE ZA			
	AChaP ZA	GE Malchut		Parsa
		AChaP Malchut	GE Keter světa Berija	
			AChaP Keter	GE Chochma

atd.

GE Biny světa Asija				
AChaP Biny	GE ZA světa Asija			Machsom
	AChaP ZA	GE Malchut světa Asija		
		AChaP Malchut		(GE) lidské duše v našem světě

Na nákrese jsou GE člověka v našem světě dány do závorek, protože člověk v našem světě, to znamená ten, kdo se nachází na stupni našeho světa duchovně a nikoli svým tělem, nemá přání odevzdávat. Proto se říká, že člověk, který je svými vlastnostmi v našem světě, v egoismu, má pouze bod v srdci, od nějž může započít svůj duchovní vývoj.

Rovněž Sefira Jesod světa Asija končí na své nebeské klenbě a je v ní také Bina a ZON Sefiry Hod světa Asija. A rovněž Sefira Necach světa Asija se zdvojnásobila atd. až do Biny světa Acilut. Proto se prorok Elijahu zvedl a spojil s Binou a ZON, které klesly s Malchut světa Asija do tohoto světa. A srovnal se s nimi a oděl se do nich, v důsledku čehož se staly jako on, jeho stupeň.

Na výše uvedeném nákrese není znázorněno všech deset Sefirot světa Asija, ale jak již bylo řečeno, každý stupeň se dělí na svoje GE a AChaP. Úkol člověka spočívá v tom, aby uvnitř sebe vyhledal AChaP vyššího a přijal jej, spojil se a splynul s ním všemi svými pocity i přáními.

Tehdy zapůsobilo dvanáctipísmenné jméno (v důsledku světla AB-SAG), pročež se Malchut světa Asija spustila z Biny Sefiry Malchut světa Asija na svoje místo, Malchut de Malchut, místo zakončení deseti Sefirot. A pozvedla se Bina a ZON na svůj stupeň jako dříve, nad nebeskou klenbu Malchut. A vzhledem k tomu, že Elijahu splynul svými vlastnostmi s tímto vzduchem, to znamená s pozvedajícími se Binou a ZON, pozvedl se spolu s nimi i Elijahu vzhůru, nad nebeskou klenbu Malchut, v důsledku své shody s nimi.

atd.

GE Chochma světa Asija				Sefira Jesod světa Asija
AChaP	GE Bina			
	AChaP Biny	GE ZA		Sefira Malchut světa Asija
		AChaP ZA	GE Malchut	
			AChaP Malchut	(GE) lidské duše v našem světě

A vzhledem k tomu, že se pozvedl nad nebeskou klenbu Malchut světa Asija, vešel do vzduchu (AChaP) Sefiry Jesod světa Asija, tedy do Biny a ZON Sefiry Jesod, které tam klesly. A tehdy splynul svými přáními s tímto vzduchem a má se za to, že se do něj oděl, neboť již byl s ním na jednom stupni. A poté zapůsobilo dvanáctipísmenné jméno, které spouští Malchut z Biny Sefiry Jesod světa Asija na její místo na zakončení deseti jednotlivých Sefirot Sefiry Jesod světa Asija.

Tehdy se pozvedla Bina a ZON, vzduch Sefiry Jesod, nad nebeskou klenbu Sefiry Jesod. A protože Elijahu již splynul s tímto vzduchem, pozvedl se rovněž i on (lidská duše, přání člověka) s nimi nad nebeskou klenbu Sefiry Jesod světa Asija, v důsledku toho, že je s ním ve shodě.

A vzhledem k tomu, že se pozvedl nad nebeskou klenbu Sefiry Jesod světa Asija, setkal se tam se vzduchem (AChaP) Sefiry Hod světa Asija, tedy Binou a ZON Sefiry Hod světa Asija, které tam klesly. Splynul svými vlastnostmi s tímto vzduchem a oděl se do něho, protože je s ním na jednom místě (je v duchovní shodě s ním).

A poté (jakmile člověk dosahuje splynutí vlastnostmi s AChaP vyššího) zapůsobilo dvanáctipísmenné jméno (shůry sestoupilo světlo AB-SAG) a vrátilo Malchut (dalo síly cloně) na konec deseti jednotlivých Sefirot Sefiry Hod světa Asija. A vzduch, to znamená jeho Bina a ZON, se vrátily vzhůru, nad nebeskou klenbu Sefiry Hod světa Asija. A vzaly s sebou rovněž Elijahua (duši, přání člověka), protože s nimi splynul, a pozvedly ho na nebeskou klenbu Sefiry Hod světa Asija, v důsledku shody s nimi.

A když se již nacházel na nebeské klenbě Sefiry Hod světa Asija, setkal se tam se vzduchem (AChaP) Sefiry Necach světa Asija a splynul (svými vlastnostmi) s ním. A když zapůsobilo dvanáctipísmenné jméno (Stvořitel poslal shůry světlo nápravy, světlo AB-SAG) a vrátilo Malchut na místo (Malchut se spustila z Biny této Sefiry na místo Malchut této Sefiry, protože dostalo od světla síly odporovat svým egoistickým přáním AChaP a proměnit je v altruistická), pozvedl se vzduch Sefiry Necach vzhůru, nad nebeskou klenbu, a s ním se pozvedl rovněž Elijahu (lidská duše), protože s ním splynul. A když již byl na nebeské klenbě Sefiry Necach, setkal se tam se vzduchem Sefiry Tiferet atd., dokud se nepozvedl se vzduchem nad nebeskou klenbu Sefiry Tiferet světa Asija.

Stejnou cestou se pozvedl vzduch (AChaP) každého stupně na vyšší stupeň, až do nejvyššího stupně světa Asija. A odtud do Malchut světa Jecira a odtud po stupních vzhůru, po všech stupních světa Jecira a světa Berija, dokud nedosáhl nebe – ZA světa Acilut.

Proto je řečeno o proroku Elijahuovi, že Stvořitelův duch (světlo AB-SAG) jej pozvedl (když splynul s AChaP vyššího) do nebe: duch je Ruach, Sefirot Bina a ZON vyššího stupně, nazývané vzduch a spadlé do nižšího stupně. A tento vzduch, duch, právě on pozvedá z nižšího stupně na vyšší, přes všechny jednotlivé stupně od nejnižšího, od zakončení světa Asija do světa Acilut.

Vyšší stupeň vzhledem k nižšímu je jeho Stvořitelem, jak v tom, že jej tvoří, tak i v tom, že jej oživuje světlem a řídí jej. Vyšší duchovní stupeň vzhledem k sobě považuje člověk pokaždé za Stvořitele a nazývá jej tak. Jak pravil rabi Zuše: „Každý den mám nového Stvořitele!" To znamená, že když se pozvedá na vyšší stupeň, který nazývá den, světlo, odhaluje tím novou Stvořitelovu vlastnost v tomto vyšším stupni.

Ve vzduchu každé ze čtyř světových stran, tedy v Sefirot Ch-G-T-M, jsou vlastní správci, v jejichž rukou jsou klíče k uvedení dvanáctipísmenného jména do akce, aby spustilo Malchut z Biny na její místo. Pořadí čtyř vzduchů zdola nahoru je takové: západ - Malchut, východ – Tiferet (včetně N-H-J), sever – Gevura, Jih – Chesed.

Chesed   - JIH
Gevura   - SEVER
ZA   - VÝCHOD
Malchut - ZÁPAD

Ti, kteří neřídí, pozvedají modlitbu (přání člověka, které cítí v samotné hloubi srdce) ze vzduchu do vzduchu a poté z nebeské klenby na nebeskou klenbu – vzduch pozvedá modlitbu z nebeské klenby, každý vzduch na svoji nebeskou klenbu: zpočátku se pozvedá modlitba do vzduchu Sefiry Malchut světa Asija, to znamená do Biny a ZON (AChaP), které klesly z Malchut světa Asija do našeho světa podobné samotné modlitbě, protože tento vzduch (AChaP) se podobá modlitbě (vyšší se sám záměrně ponížil, aby se vlastnostmi vyrovnal nižším), a proto spolu splývají jako jeden stupeň.

A tehdy Zvuliel, který je tam správce, podněcuje dvanáctipísmenné jméno, spouštějící Malchut z Biny světa Asija na její místo, pročež se vrací vzduch na svůj stupeň a pozvedá se nad nebeskou klenbu světa Asija. A vzhledem k tomu, že se vzduch stal podobným stupni – úrovni samotné modlitby, bere s sebou i modlitbu nad nebeskou klenbu Sefiry Malchut světa Asija. Podobá se to tomu, jak se pozvedal prorok Elijahu.

A vzhledem k tomu, že se modlitba pozvedla na nebeskou klenbu světa Asija, setkává se tam se vzduchem Sefiry Jesod světa Asija, který tam klesl, jako v případě s Elijahuem. Rovněž se tam setkává se správcem vzduchu východu jménem Gazaria, protože východ je Sefira Tiferet (ZA, často se ZA nazývá Tiferet, neboť vlastnosti této Sefiry v něm jsou hlavní a určují všechny vlastnosti ZA), která do sebe zahrnuje Sefiru Jesod, protože Tiferet zahrnuje do sebe Sefirot N-H-J.

Tento správce podněcuje dvanáctipísmenné jméno a spouští Malchut z Biny Sefiry Jesod na její místo dolů, z čehož se vzduch Sefiry Jesod pozvedá na svůj stupeň, na nebeskou klenbu Sefiry Jesod. A v důsledku splynutí podobou vlastností s modlitbou do jednoho stupně bere s sebou rovněž modlitbu a pozvedá ji spolu se sebou vzhůru nad nebeskou klenbu Sefiry Jesod. A poté dochází k něčemu podobnému ve vzduchu a nebeské klenbě Sefirot Necach, Hod a Tiferet.

V důsledku toho, že se modlitba pozvedla na nebeskou klenbu Sefiry Tiferet, setkává se tam se severním vzduchem, to znamená s Binou a ZON Sefiry Gevura světa Asija, které tam klesly. A spojuje se s tímto vzduchem do jednoho stupně. Tehdy podněcuje správce severu Petachia dvanáctipísmenné jméno a spouští Malchut z Biny na její místo, z čehož se vzduch vrací, pozvedá na nebeskou klenbu Sefiry Gevura a bere s sebou modlitbu, která s ním splynula do jednoho stupně během jeho pádu.

A vzhledem k tomu, že modlitba je již na nebeské klenbě Sefiry Gevura, setkává se tam s jižním vzduchem, Binou a ZON Sefiry Chesed světa Asija, které tam klesly, a s tímto vzduchem splývá. Tehdy správce jižního vzduchu Pisgania, Chesed světa Asija, podněcuje dvanáctipísmenné jméno a spouští Malchut z Biny Sefiry Chesed světa Asija na její místo. Jižní vzduch se vrací a pozvedá na svůj stupeň na šestou nebeskou klenbu, Chesed světa Asija, která se nazývá jih.

Z toho důvodu, že se modlitba nachází na šesté nebeské klenbě, setkává se tam se vzduchem, který klesl ze sedmé nebeské klenby a je Bina, zahrnující do sebe GAR. A modlitba splývá s tímto vzduchem do jednoho stupně. A když dvanáctipísmenné jméno spouští Malchut z Biny, sedmé nebeské klenby, na její místo, vrací se vzduch na svůj stupeň, na sedmou nebeskou klenbu, a bere s sebou modlitbu, která s ním splynula ve stavu jeho pádu.

Protože je modlitba na sedmé nebeské klenbě, setkává se se vzduchem, který klesl z Malchut světa Jecira, a splývá s ním. Tehdy ji bere společný správce veškerého světa Asija Sandalfon a podněcuje dvanáctipísmenné jméno, spouštějící Malchut z Malchut světa Jecira na její místo. A pozvedá se vzduch a vrací se na svůj stupeň, na nebeskou klenbu Malchut světa Jecira, bere s sebou modlitbu a pozvedá ji na nebeskou klenbu Malchut světa Jecira.

Stejnou cestou se pozvedá modlitba přes všech sedm Ejchalot – sálů světů Jecira a Berija do světa Acilut. Z toho se stává zřejmou odpověď na otázku, která byla vytyčena na začátku: Jak se může modlitba pozvednout od nejnižšího stupně světa Asija do světa Acilut, vždyť se ani jeden stupeň nemůže pozvednout nad sebe. Výše uvedeným se to však vysvětluje: je tomu tak proto, že modlitba splývá s prvním vzduchem, který klesl z Malchut světa Asija do NAŠEHO SVĚTA. Právě tento vzduch je pozvedl na nebeskou klenbu Malchut a vzduch Sefiry Jesod světa Asija na nebeskou klenbu Sefiry Jesod atd., to znamená, že vzduch, s nímž splývá a pozvedá se modlitba, ji pozvedá do Malchut světa Acilut.

Mluvíme-li o tom, kdo klesl z Malchut světa Asija do našeho světa, máme na zřeteli samozřejmě toho, kdo klesl z duchovního stupně Malchut světa Asija na duchovní stupeň nazývaný náš svět, nikoli toho, kdo se fyzicky nachází v našem světě. Za poklesé jsou tyto AChaP vyššího stupně považovány tehdy, když člověk cítí v sobě, ve svém srdci, centru všech svých přání, přání dosáhnout duchovna, splynout s ním a anulovat svoje egoistické vlastnosti jako sobě překážející a škodlivé.

Nelze se domnívat, že pád Biny a ZON do našeho světa ze světa Asija může svobodně cítit kterýkoli člověk. Pouze ten, kdo to pocítil a může vynaložit potřebné množství a kvalitu úsilí dosáhnout duchovna, je hoden toho, aby jej AChaP vyššího pozvedl nad náš svět.

Na jižní straně, Chesed, je jeden správce vzduchu té strany a jeho pomocníci. Jmenuje se Pisgania a byly mu předány klíče od vzduchu této strany. Všichni, kteří strádají, se modlí ke svému Stvořiteli ze svého zlomeného srdce (sám pocit utrpení již je modlitba. Není přitom třeba žádných slov). Jestliže jejich řeč (jejich přání) jsou toho hodna, pozvedá se ke vzduchu této strany a přijímá ji správce. Líbá ji (druh duchovního spojení Parcufim: objetí, polibek, Zivug) a praví: „Stvořitel se nad tebou slituje a v milosrdenství tě ušetří."

S ním se zvedají všichni svatí (protože světlo Chochma se nazývá svaté) správci a jejich pomocníci té strany a vylétají písmena svatého Stvořitelova jména, dvanáctipísmenného jména EKJEH: po čtyřech písmenech Alef-Hej-Jod-Hej na každou stranu, která spravují příslušné strany vzduchu, se zvedají v této straně vzduchu k jižní nebeské klenbě, Chesed, šesté nebeské klenbě, k správci nebeské klenby jižní strany jménem Anafiel.

Na severní straně, Gevuře, je správce vzduchu Petachia s pomocníky. Jestliže je ten, kdo se modlí za své nepřátele a nenávistníky, kteří mu způsobili utrpení, spravedlivý, pak když se pozvedají slova jeho modlitby do vzduchu této strany, přijímá řeči jeho srdce správce a líbá je (spojuje se svými vlastnostmi, aby je mohl pozvednout výše).

Podněcuje se vzduch vycházející ze severu a volá na všechny nebeské klenby a všechny přijímají tuto řeč a pozvedají ji k severní, páté nebeské klenbě, líbají ji a praví: „Vládce odvrhne tvé nepřátele od tvé tváře." K tomu dochází v této posloupnosti: poté, co správce vzduchu dostal modlitbu a políbil ji, což znamená, že splynula se stupněm vzduchu a správce, podněcuje se vzduch ze severní strany. Je to nové zakončení, které učinila Malchut, když se pozvedla do Biny, nazývané Techum (prostor) od slova Tohu (chaos). Působením dvanáctipísmenného jména se spouští Malchut z Biny Sefiry Gevura světa Asija na svoje místo.

A tehdy se podněcuje vzduch, který klesl do omezení (Dinim) tohoto prostoru, přáním pozvednout se na nebeskou klenbu Sefiry Gevura. A všechny stupně, které s ním splynuly během jeho pádu, se pozvedají spolu s ním na nebeskou klenbu Sefiry Gevura, v důsledku své podobnosti s ním. Rovněž i modlitba, která s ním splynula v jeho pádu, se pozvedá spolu s ním na pátou nebeskou klenbu.

A odtud začíná pořadí vzestupu – vznesení modlitby: ta se pozvedá a probíjí vzduch, AChaP, který klesl z Malchut světa Asija do našeho světa, a pozvedá se s ním na první nebeskou klenbu, na první nebesa, nebeskou klenbu Malchut světa Asija. Pozvedá se modlitba a přibližuje se ke správci (svými vlastnostmi), jemuž je uloženo spravovat západní stranu, tj. Malchut. Tam je devět vchodů, u nichž stojí pomocníci jejich správce jménem Zvuliel.

Existuje devět vchodů do deseti Sefirot samotné Malchut, a nikoli deset vchodů, protože Malchut Sefiry Malchut má zakázáno dostávat do sebe světlo a je spojena se Sefirou Jesod de Malchut. A proto má Jesod a Malchut Sefiry Malchut pouze jeden společný vchod.

Vzniká však otázka: „Proč všechny části vzduchu mají správce vzduchu a zvlášť správce nebeské klenby? Například, ve východní straně je správce východního vzduchu Gzardia a správce východní nebeské klenby, Sefiry Tiferet, čtvrté nebeské klenby, Šimšiel. A rovněž na jižní straně je správce jižního vzduchu Pisgania a zvlášť správce jižní nebeské klenby Anafiel. A rovněž na severní straně je správce severního vzduchu Petachia a správce severní nebeské klenby Gadriel. Proč je pouze v Malchut jen jeden společný správce vzduchu a nebeské klenby Zvuliel?"

Příčina spočívá v tom, že v důsledku vzestupu Malchut do Biny klesají Bina a ZON každého stupně do nižšího stupně na úroveň vzduchu. Dolů však neklesá celá Sefira Bina, nýbrž pouze její dolní polovina, ZAT neboli VAK de Bina, zatím co Keter, Chochma a polovina Biny, GAR de Bina, zůstala na předchozím stupni. A pouze dolní polovina Biny, ZAT de Bina, ZA a Malchut, klesly z tohoto stupně a staly se vzduchem.

Keter	
Chochma	**GE**
GAR Bina	**Parsa = Malchut**
ZAT Bina	
ZA	**AChaP**
Malchut	

Proto vznikla nutnost dvou zvláštních správců: jeden na horním stupni, který zůstal nad nebeskou klenbou, a druhý na dolní polovině stupně, který klesl dolů a stal se vzduchem. Stupeň (deset Sefirot) Malchut, z něhož kleslo všech jejích devět dolních Sefirot dolů, do dolního stupně, během vzestupu Malchut do Biny udržel pouze jednu jednotlivou Sefiru Keter de Malchut, která zbyla jako bod pod Sefirou Jesod de ZA.

Avšak dokonce i tento zbylý bod patří více k Sefiře Jesod, vyšší než Sefira Malchut, protože je jí vlastnostmi více podobná. A vzhledem k tomu, že celá Malchut patří k vlastnostem vzduchu, kromě její jednotlivé Sefiry Keter, tedy v ní, pro ni celou je pouze jeden správce.

A ten si přeje konat na nebeské klenbě ve dne, ale nedostává povolení, dokud nevzejde svit luny, to znamená nenastane noc. Tehdy vycházejí všichni správci a všechny síly. A když začíná svítit den (vyšší světlo), všichni se zvedají (v důsledku působení světla se duchovní vlastnosti napravují a zlepšují) k nejvyššímu z devíti vchodů, k bodu Keter Sefiry Malchut, která zůstala na svém stupni, pod nímž je nebeská klenba (Parsa).

A když se pozvedá modlitba, vchází do tohoto vyššího vchodu a všichni správci a jejich pomocníci vycházejí z tohoto vchodu, v čele se svým vyšším správcem Zvulielem, jediným správcem vzduchu tohoto vyššího vchodu, který je nad nebeskou klenbou Malchut světa Asija. Všichni vycházejí, líbají modlitbu a doprovázejí ji ke druhé nebeské klenbě, Jesodu světa Asija.

Malchut představuje levou linii, Chochmu bez Chasadim. Proto když ona panuje, nesvítí světlo a vládne tma. Vždyť Chochma nemůže svítit bez Chasadim. To znamená když panuje Malchut – noc a nikoli den, vždyť v noci vládne všech jejích devět nižších Sefirot, od nichž vycházejí všichni správci (člověka) a síly (přání v člověku) levé strany.

Proto je řečeno, že Malchut sestupuje z Biny na svoje místo, i když jejích devět nižších Sefirot nejsou zasaženy nečistou silou, neboť se Malchut spustila z nebeské klenby, která ji proměňovala ve vzduch. Přesto nemohou (devět Sefirot) vládnout na jejím místě, nýbrž se musí pozvednout nad nebeskou klenbu k vyššímu vchodu, Keter de Malchut. A tam se včleňují do pravé strany, do Chasadim, a s nimi se pozvedá modlitba, v důsledku (přání, vlastností) podobnosti s nimi, jíž dosáhla během doby, kdy se nacházely pod nebeskou klenbou (ve stavu „náš svět").

A protože modlitba (MAN) se pozvedla nad nebeskou klenbu Malchut (v GE vyššího), setkává se se vzduchem, který tam klesl z druhé nebeské klenby (AChaP ještě vyššího).

Poté, po sestupu Malchut z Biny Sefiry Jesod světa Asija dolů, na její místo, se tento vzduch pozvedá do nebeské klenby Sefiry Jesod a bere s sebou všechny správce, jejich pomocníky a modlitbu, kteří s ním splynuli během jeho pádu, a pozvedá je všechny na nebeskou klenbu Sefiry Jesod světa Asija.

A když se modlitba pozvedá na tuto nebeskou klenbu, Jesod, otevírá se dvanáct bran této nebeské klenby. Ve dvanáctém vchodě stojí zvláštní správce Anael, který řídí mnohé síly. A když se modlitba pozvedá, stojí a hlásí všem vchodům: „Otevřete brány". A všechny vchody se otevírají a do všech vchází modlitba. Dochází k tomu v důsledku toho, že v Tiferet je dvanáct hranic diagonály, určované Sefirot Ch-G-T-M. V každé z nich jsou tři linie Ch-G-T, celkem dvanáct. A vše, co je v Tiferet, je rovněž v Jesod, ale tam se těchto dvanáct hranic nazývá dvanáct bran, jimiž vchází modlitba.

Tehdy se probouzí jeden velmi starý správce, který stojí na jižní straně, jménem Azriel-Saba, někdy nazývaný též Machaniel, protože je odpovědný za 600 000 skupin (táborů – Malchanot). A všechny skupiny mají křídla a oči, stojí a naslouchají všem, kteří se tiše modlí, naslouchají modlitbám vycházejícím z hloubi srdcí, která se modlí pouze ke Stvořiteli – pouze takovým modlitbám naslouchají ti, kteří mají uši.

V Sefiře Jesod de Chesed je zvláštní odhalení vyššího milosrdenství, sestupujícího z pravé linie Biny. Proto se správce tohoto milosrdenství nazývá Azriel-Saba. Saba znamená děd a nazývá se tak proto, že Chochma a Bina mají jméno „starci". A ten má uloženo spravovat 600 000 skupin – táborů, protože 600 je 6 x 100, kde 6 = Ch-G-T-N-H-J Sefirot v Bině. A vzhledem k tomu, že každá Sefira v Bině je stovka, je 6 x 100 = 600. A tisíce pochází od světla Chochma, které svítí v každé ze Sefirot.

Proto 600 x 1000 = 600 000 skupin.

GAR de Tvuna, dolní (ZAT) části Biny, se nazývají „uši". A svítí v nich pouze světlo Chasadim bez Chochmy. VAK de Tvuna se nazývá „oči" a svítí v něm světlo Chochma.

Malchut a Bina jsou dva vzduchy, západ a sever. Spojují se a navzájem mísí, z čehož vzniká diagonála, směs přísnosti a milosrdenství, zmírňující přísnost a soud. Proto slyší dobrá slova od toho, kdo byl uznán za hodna, to znamená přijímají jeho modlitbu v souladu s milosrdenstvím diagonály. A slyší špatné věci o tom, kdo není hoden, a přijímají jeho modlitbu v souladu se soudem diagonály.

Jestliže modlitbu slyší uši samotného člověka (má se na zřeteli, že člověk hovoří nahlas, nikoli z hloubi srdce, nýbrž zvenčí, z úst, natolik vnějškově, že vyslovovanou modlitbu slyší jeho uši a nikoli srdce), není nikoho, kdo by ji nahoře přijal, a nepřijímá ji nikdo. Proto je nezbytná opatrnost: aby nikdo neslyšel lidskou modlitbu, vždyť řeč modlitby se spojuje ve vyšším světě, v ZA, a řeč vyššího světa nesmí být slyšet.

Jak se čte Tóra: jeden čte a druhý mlčí. Jestliže však čtou nahlas dva lidé, způsobují tím zmenšení víry nahoře, protože hlas a řeč jednoho se mísí s hlasem a řečí druhého a poškozují víru, tedy Malchut. Hlas a řeč (ZA se nazývá hlas a řeč je Malchut) jednoho se musí podobat hlasu a řeči druhého.

Výše byly uvedeny dvě příčiny, proč musí být modlitba řečí bez hlasu, kterou uši lidí neslyší: první příčina spočívá v tom, že Malchut, z níž se rodí lidé, má dva body: od Malchut s mírou přísnosti nelze dostat světlo a od Malchut napravené v Bině v míře milosrdenství světlo dostat lze.

Rovněž i člověk se skládá ze spojení těchto dvou bodů. A jestliže je uznán za hodna toho, pak se míra přísnosti skrývá a míra milosrdenství se odhaluje a on je hoden dostat vyšší světlo. Jestliže však nebyl uznán za hodna, pak se odhaluje míra přísnosti a veškeré světlo z něho mizí.

Proto bylo stvořeno vyšší ucho nakloněným, aby dostávalo modlitbu spravedlivého člověka, který byl uznán za hodna, aby se jeho míra přísnosti skryla, aby naslouchající ucho nevzbudilo přísnost skrytou v řečech modlitby. Proto jestliže jiný cizí člověk slyší modlitbu dříve, než se pozvedne vzhůru, vzbuzuje tento člověk přísnost skrytou v řečech modlitby a ta nemůže být uslyšena nahoře.

A je ještě jedna příčina: řeči modlitby jsou části Malchut. A modlící se je povinen být částí Malchut. Proto se modlitba musí pozvednout a zapojit do vyšší Malchut nazývané „řeč". Tehdy se Malchut spojuje se ZA nazývaným „hlas" a modlitba se přijímá, to znamená přijímá se světlo od ZA. Proto při modlitbě nelze zvyšovat hlas, aby na modlícího sestoupil vyšší hlas, světlo ZA. Řeč se pozvedá do Malchut, spojuje se se ZA s pomocí Malchut a dostává zcela napravený hlas od ZA. V důsledku toho je modlitba schopna dostat světlo. Proto je řečeno, že nelze, aby byla slyšet slova modlitby, vyslovovaná lidským hlasem.

Rovněž ten, kdo čte Tóru, musí být částí ZA nazývaného Tóra. A hlas čtenáře Tóry musí být místo hlasu ZA. Proto je zakázáno slyšet jiný hlas, neboť to bude hlas člověka, který je pod přísností a nikoli pod milosrdenstvím.

Proto hlas cizího člověka škodí hlasu toho, kdo čte Tóru, a Malchut není schopna dostat světlo od ZA. Jestliže však je to hlas a řeč jednoho, pak hlas nazývaný ZA a řeč nazývaná Malchut splývají dohromady v jednom spojení. Jestliže však se k čtenáři připojuje cizí hlas a řeč, způsobuje se tím škoda.

Ohledně toho, co bylo výše uvedeno, lze říci pouze to, že jen ten, kdo se blíží popisovanému stavu, může pochopit, o čem Zohar hovoří. Duchovní činy jsou chápany srdcem, přáními i vlastnostmi a jestliže ještě neodpovídají, nejsou podobny těm, které jsou popisovány, žádné vysvětlování nepomůže. Vyslovíme-li slovo „cizí", máme na zřeteli postranní myšlenky a přání člověka (vzdálené od duchovních snah).

Když se pozvedá tichá, skrytá a tajná modlitba, sám správce Azriel-Saba a všichni jeho pomocníci, vůdci 600 000 skupin – táborů, a všichni, kdo mají oči, a všichni, kdo mají uši, vycházejí a líbají pozvedající slovo modlitby.

Je to řečeno ve slovech: „Stvořitelovy oči a uši jsou obráceny k nim." Stvořitelovy oči jsou obráceny k spravedlivým. Stvořitelovy oči jsou ti, kdo mají oči dole, tedy andělé, kteří jsou na nebeské klenbě Jesod světa Asija. Je tomu tak proto, že se nacházejí nahoře na stupni GAR, vždyť oči jsou vlastnost Chochma. Tyto oči však jsou očima Sefiry Jesod, a proto je řečeno: „Stvořitelovy oči jsou obráceny k spravedlivým." Jesod se totiž nazývá „spravedlivý".

Třetí nebeská klenba je Sefirot Necach a Hod světa Asija. Modlitba je pozvedána k této nebeské klenbě. Správce této nebeské klenby Gadria se svými pomocníky koná třikrát za den, během vzestupu tří linií vzhůru do světa Acilut, kdy se svítící žezlo světla pozvedá a sestupuje. Nestojí však na jednom místě, protože si přeje svítit světlo Chochma levé linie, nazývané žezlo světla.

Slovo žezlo (Šarvit) znamená zrak a světlo Chochma se nazývá světlem zraku. Žezlo se třikrát přemisťuje a skrývá, protože se Chochma odhaluje pouze při přemisťování tří linií ve třech bodech – Cholam (tečka nad písmeny), Šurek (tečka uvnitř písmene) a Chirek (tečka pod písmenem).

Když se modlitba, která je střední linií, pozvedá a nese clonu Chirek, spouští se žezlo, tedy světlo levé linie, a sklání se před modlitbou. Sklání hlavu, což znamená ukrytí GAR, nazývaného hlava. Je tomu tak proto, že střední linie zmenšuje levou linii za pomoci clony Chirek. Tato třetí nebeská klenba Sefirot Necach a Hod světa Asija se nazývá nebeská klenba žezla, protože v něm působí světelné žezlo.

Když se pozvedá modlitba, správce se jí uklání (zmenšuje svoji úroveň) a poté udeří žezlem do svítící skály, jež stojí v centru (střední linie) nebeské klenby, a ze skály vychází 365 vojsk, která se v ní skrývala ode dnů sestupu Tóry na zem. Protivila se totiž sestupu Tóry na zem; Stvořitel je pokáral a ona se skryla ve skále.

Zde má čtenář možnost analogií s tím, co bylo vysvětleno výše a v souladu s definicemi pojmů: žezlo, skála, vojska, světlo, ukrytí, poklona atd., překládat z jazyka legend do jazyka duchovních úkonů. A když dokážeš dosáhnout toho, cos přečetl, pocítíš je v sobě!

A nevycházejí odtud, kromě té doby, kdy se modlitba pozvedá vzhůru. Tehdy pějí chválu: „Stvořiteli, Pane náš, jak je velké Tvoje jméno na zemi!" Tato modlitba se nazývá „Velký", protože se pozvedá na všechny tyto nebeské klenby a ty se před ní sklánějí.

Dochází k tomu proto, že tito andělé, kteří se vyslovili proti sestupu Tóry (viz článek Nebe a země), to znamená střední linie, tedy do Malchut a světů BJA, se objevují z levé linie. A přáli si, aby v Malchut a ve světech BJA vládla levá linie a nikoli střední, nazývaná Tóra, která zmenšuje GAR od světla levé linie.

Malchut, nazývaná země, zahrnuje do sebe všechny světy BJA. Avšak Stvořitel, to znamená střední linie, ji napomenul a přinutil přijmout světlo střední linie a skrýt se ve skále, tedy v silách přísnosti, které jsou ve střední linii a stojí v centru nebeské klenby.

Modlitba se však může pozvedat vzhůru pouze v důsledku podnícení levé linie, tedy Biny a ZON, které klesly do nižšího stupně a znovu se pozvedly nad nebeskou klenbu, staly se levou linií a berou s sebou modlitbu, která s nimi byla při jejich pádu do nižšího stupně.

Proto správce dostává žezlo, světlo levé linie, vždyť při vzestupu modlitby svítí levá linie v jeho panství. Tehdy se probouzí 365 vojsk a dostávají světlo levé linie od žezla. Z tohoto důvodu volají: „Stvořiteli, Pane náš, jak je velké Tvoje jméno na zemi!" Vždyť se modlitba pozvedá na tuto nebeskou klenbu, nazývanou „Velký", protože zahrnuje v sobě clonu Chirek levé linie, z GAR. A proto sklánějí hlavu, to znamená nevyužívají GAR světla Chochma, pouze VAK.

Dále se již modlitba odívá do vyšších ozdob a pozvedá se na čtvrtou nebeskou klenbu, Tiferet. Tehdy vychází slunce – Tiferet, na svém stupni, vychází vyšší správce Šimšiel a 365 vojsk se pozvedá spolu s ním na tuto nebeskou klenbu. A nazývají se dny slunce, protože tyto stupně pocházejí od slunce, Tiferet. A všichni odívají a zdobí Malchut na nebesích rajské zahrady.

A tam se modlitba zdržuje, aby splynula se vzduchem Gevura těch stupňů. Je tomu tak proto, že na předchozí nebeské klenbě, N-H-J, se zdržovat nesměla, neboť ty jsou zahrnuty do Tiferet. A prodlévá tam do té doby, než se všechna vojska s ní pozvednou do páté nebeské klenby, Gevury. A tam je správcem Gadriel, to on je pánem všech válek ostatních národů, protože Gevura je levá linie, za kterou se drží ostatní národy.

A když se pozvedá modlitba, která v sobě nese clonu střední linie, jež zmenšuje levou linii, z GAR do VAK, je tím otřesen on i všechna jeho vojska a veškerá jejich síla mizí. Vycházejí, uklánějí se se skloněnou hlavou, to znamená GAR, a zdobí tuto modlitbu.

S ní se pozvedají do šesté nebeské klenby, Chesed a vycházejí síly a vojska a přijímají modlitbu, dokud nedosáhnou sedmdesáti bran, Ch-G-T-N-H-J-M, z nichž každá se skládá z deseti. Je tomu tak proto, že Chesed zahrnuje v sobě všech sedm nižších Sefirot. Stojí tam nejvyšší správce Anafiel a ten zdobí modlitbu sedmdesáti ozdobami.

A vzhledem k tomu, že se modlitba ozdobila těmito ozdobami, spojují se všechny tyto síly a vojska všech nebeských kleneb, které doprovázely modlitbu do tohoto místa z nebeské klenby na nebeskou klenbu, a pozvedají modlitbu na sedmou nebeskou klenbu, Binu, která v sobě obsahuje GAR.

Modlitba vstupuje do sedmé nebeské klenby a hlavní nejvyšší správce Sandalfon, jemuž jsou podřízeni všichni správci vchodů, vpouští modlitbu do sedmi sálů světa Jecira. Těchto sedm sálů je sedm sálů Krále, to znamená sedm sálů Malchut světa Acilut, kde vládne ZA.

Když se tam modlitba, ozdobená všemi těmito ozdobami, pozvedá, spojuje dohromady ZA a Malchut, protože vzniká podobnost všeho se vším. A Stvořitelovo jméno, tedy Malchut, se zdobí shora, zdola i ze všech stran, neboť to znamená, že Malchut splývá v jedno se ZA. A tehdy Jesod – spravedlivý naplňuje Malchut svými požehnáními.

Šťastný je osud člověka, který umí uspořádat svou modlitbu tak, aby se do ní oděl Stvořitel. On čeká, až všechny modlitby Izraele skončí s pozvedáním a spojí se do úplné dokonalé modlitby, kdy se všechno stane dokonalým, dole i nahoře.

Kromě modlitby jsou Přikázání Tóry, která závisejí na řeči i činech. Přikázání, která závisejí na řeči, je šest:

1. bát se Velkého a Mocného Stvořitele,
2. milovat Stvořitele,

3. chválit Stvořitele,
4. provolávat jednotu Stvořitele,
5. Přikázání, aby Kohanim (kněží) žehnali lidu,
6. odevzdat svoji duši Stvořiteli.

Z výše uvedených Přikázání:
První Přikázání má své místo v chválách, jimiž opěvoval Stvořitele král David ve svých obětováních v Tóře, kde je člověk povinen bát se svého Pána, protože tyto písně stojí na místě nazývaném „strach", to znamená Malchut. A všechny tyto napsané chvály jsou podstatou strachu ze Stvořitele, Malchut. A člověk je povinen učinit tyto písně svými přáními ve strachu.

Člověk je povinen dosáhnout takové úrovně svého duchovního vývoje, aby se jeho přání shodovala s tím, co se praví v textech těchto chval. Není možné přinutit někoho, aby si něco přál, všechny naše pocity jsou výplodem, důsledkem té duchovní úrovně, na níž se nacházíme. Světlo stupně působí na egoismus a napravuje jej se silou tohoto stupně. Proto člověk může pouze prosit o nápravu, ale ta přichází shůry, od světla, od Stvořitele.

Zde jsou vyjmenovány stupně, jimiž je člověk povinen ve své nápravě postupně projít. Obvykle se tyto stupně nazývají Přikázání a od nás ke Stvořiteli jich je 620 = 613 Přikázání Tóry pro Izrael (altruismus) a sedm Přikázání Tóry pro všechny národy (egoismus). Zde jsou však vyloženy v jiné podobě, vzhledem k tomu, že to hlavní je prosit o nápravu. Jestliže je prosba skutečná, neprodleně na ni sestupuje shůry odpověď v podobě světla. Veškerá práce člověka na sobě, veškeré jeho snahy ve studiu, práci a skutcích jsou pouze proto, aby v něm byla vytvořena skutečná prosba, MAN. Proto jsou etapy duchovního vývoje člověka popsány jako jeho cesta v modlitbě, jakoby člověk stál a modlil se, i když tento proces v něm pokračuje během všech let jeho života na této zemi.

Druhé Přikázání zní: milovat Stvořitele (již jsme několikrát hovořili o tom, že tento pocit je důsledkem nápravy, viz Předmluva k Talmudu Deseti Sefirot § 45 – čtyři stupně pocitu řízení, od tmy k lásce), kdy člověk v modlitbě dochází k Ahavat Olam (velká láska), Le El (ke Stvořiteli). Tyto dvě chvály předcházejí výzvu „Slyš, Izraeli", „Ve Ahavta Et" (a miluj Stvořitele) – požehnání Stvořitele za lásku člověka k Němu po výzvě „Slyš, Izraeli". A to je tajemství lásky ke Stvořiteli.

Třetí Přikázání zní: vzhledem k tomu, že člověk došel k místu v modlitbě nazývanému Lehištabeach (pochválen je Stvořitel), je povinen dosáhnout svým přáním velebení, chválení Stvořitele, jako v částech modlitby Jocer Ohr (ten, kdo vytváří světlo) a Jocer HaMeohrot (Stvořitel nebeských těles).

Čtvrté Přikázání zní: provolávat jednotu Stvořitele, tedy Šema Israel (Slyš, Israeli, náš Stvořitel je Jediný!), z tohoto místa (stupně) a dále je třeba sdělovat tajemství týkající se toho, že Stvořitel je jediný (ve všech Jeho projevech vůči člověku), jak se vyžaduje, v přání srdce (aby v srdci nebyl nikdo jiný než pocit Jediné Nejvyšší síly). A dále se plní Přikázání paměti a připomínání exodu z Egypta (egoismu), jak je řečeno: „Zapamatuj si, jak jsi byl otrokem v egyptské zemi."

Páté Přikázání zní, aby Kohen žehnal lidu (sestup světla do Parcufu), aby byl zahrnut Israel, když je pozvedána modlitba (požehnání Kohanim) vzhůru, protože v té době (stavu) Kneset Israel (všichni, kdo se napravují bažením po Stvořiteli a jsou částí Malchut světa Acilut), to znamená Malchut, dostává požehnání (světlo).

Šesté Přikázání a žádoucí doba (stav, taková duchovní úroveň, kdy si člověk přeje všechna přání, tedy duši, odevzdat Stvořiteli, to znamená ve všech svých přáních může konat ve prospěch Stvořitele) je odevzdat svoji duši a celou ji svěřit s úplným přáním srdce, kdy padají (dobrovolné přijetí malého stavu) na tvář (Chochma) a prohlašují (pozvedají MAN): „K Tobě, Stvořiteli, lne moje duše." A naplnit svoje záměry srdce a přání úplnou touhou svěřit duši Stvořiteli (toto přání je důsledek tohoto duchovního stupně, přichází přirozeně k člověku, který se na něj pozvedl).

Těchto šest Přikázání modlitby odpovídá 600 Přikázáním Tóry. A zbývajících třináct Přikázání je nezbytných pro to, aby přiblížila třináct vlastností milosrdenství (13 Midot HaRachamim), do nichž jsou vložena všechna ostatní. 600 Přikázáními je zdobena modlitba, což odpovídá Ch-G-T-N-H-J, tedy tomu, co modlitba, Malchut, dostává od ZA.

Šťastný je osud toho, kdo tomu věnoval svoji pozornost a přání (dokázal pozvednout příslušnou prosbu o svou nápravu), vykonal to, co se vyžaduje každý den (ve světle Stvořitelova dne) a upnul záměry srdce a přání na splnění tohoto Přikázání, které závisí na slově.

KONEC

www.ingramcontent.com/pod-product-compliance
Lightning Source LLC
Chambersburg PA
CBHW081404080526
44589CB00016B/2474